849

8° La 29/27

VERSAILLES. — IMPRIMERIE DE E. AUBERT,
6, avenue de Sceaux.

JOURNAL

DES RÈGNES DE

LOUIS XIV ET LOUIS XV

PUBLICATION

DE LA SOCIÉTÉ DES SCIENCES MORALES, DES LETTRES ET DES ARTS

DE SEINE-ET-OISE.

JOURNAL

DES RÈGNES DE

LOUIS XIV ET LOUIS XV

DE L'ANNÉE 1701 A L'ANNÉE 1744

PAR PIERRE NARBONNE

Premier-Commissaire de police de la ville de Versailles.

RECUEILLI ET ÉDITÉ AVEC INTRODUCTION ET NOTES

PAR

J.-A. LE ROI

CONSERVATEUR DE LA BIBLIOTHÈQUE DE VERSAILLES

Correspondant du Ministère de l'Instruction publique pour les travaux historiques

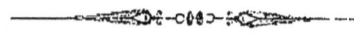

PARIS

A. DURAND ET PEDONE LAURIEL, LIBRAIRES

9, RUE CUJAS (ANCIENNE RUE DES GRÈS, 7)

VERSAILLES

BERNARD, LIBRAIRE | ÉTIENNE, LIBRAIRE
Rue Satory, 9. | Rue de la Paroisse, 46.

1866

PRÉFACE

Ce qui fait le charme et l'attrait des mémoires historiques, c'est d'y voir les personnages comme ils sont le plus souvent dans la vie ordinaire, posant devant vous, au milieu d'une société dont on saisit là, plus facilement que dans l'histoire, les mœurs, les usages et les préjugés. Malheureusement, et c'est là le côté fâcheux de ce genre d'écrits, ces mémoires ne sont bien souvent qu'une longue apologie de celui que l'amour-propre, ou quelque autre sentiment égoïste, a poussé à mettre en relief une personnalité plus ou moins intéressante.

Le temps où nous vivons pourrait nous en fournir un bon nombre d'exemples. Mais il est d'autres écrits où l'écrivain, s'effaçant complètement, se borne à raconter ce qu'il a vu, ce qu'il a entendu, tenant en quelque sorte un journal quotidien de tout ce qui se passe autour de lui, recueillant précieusement les anecdotes, les conversations, tous ces mille petits faits, que ne peuvent faire connaître ni l'historien ni même le journaliste, et faisant ainsi assister son lecteur à toutes les joies, les colères, les espérances diverses qui constituent la vie intime de chaque époque. C'est parmi ces derniers que se range le personnage dont nous publions aujourd'hui le journal.

Pierre Narbonne vint fort jeune s'établir à Versailles dans les dernières années du règne de Louis XIV. Il remplit d'abord pendant quelque temps les fonctions d'huissier. Puis il abandonna sa charge pour entrer dans les bureaux du domaine de Versailles. Louis Blouin, premier valet de chambre du Roi, était alors gouverneur de Versailles. Ces fonctions de gouverneur de Versailles, depuis la construction du Château, avaient toujours été remplies par le premier valet de chambre du Roi. Sous Louis XIII, son valet de chambre Arnault, parent du père Joseph, obtint cette charge. Lorsque Arnault mourut, Louis XIV nomma pour le remplacer Bontemps, son premier valet de chambre, et, en 1701, à la mort de Bontemps, ce fut Blouin qui lui succéda. Blouin avait, comme Bontemps, la confiance du Roi, et connaissait les secrets intimes de Louis XIV et de Mme de Maintenon. « C'était, dit Saint-Simon, un homme de beaucoup d'esprit, qui était galant et particulier, qui choisissait sa compagnie dans le meilleur de la Cour, qui régnait chez lui dans l'exquise chère, parmi un petit nombre de commensaux grands seigneurs ou de gens qui suppléaient d'ailleurs aux titres, qui était froid, indifférent, inabordable, glorieux, suffisant et volontiers impertinent. Ce fut un vrai personnage qui se fit valoir et courtiser par les plus grands et par les ministres, qui savait bien servir ses amis, mais rarement, et n'en servait point d'autres, et ne laissait pas d'être en tout fort dangereux et de prendre en aversion sans cause et alors de nuire infiniment. » Quoi qu'il en soit de ce portrait, que Saint-Simon a peut-être un peu exagéré, car il n'était pas de ses amis, Blouin s'occupa beaucoup de la ville de Versailles, et cette ville lui dut ses principales institutions. Si l'on en croit Narbonne, Blouin, par la facilité qu'il avait de voir le Roi presque à toutes les heures de la journée, et comme premier valet de chambre, et comme gouverneur de Versailles et de Marly, rendit de nombreux services non-seulement à beaucoup de personnes de la Cour, mais encore à un grand nombre d'habitants de Versailles. Un homme si fort avant dans les bonnes grâces du Roi dut recevoir de lui de larges gratifications. Il cumulait en effet les appointements de la charge de premier valet de chambre à ceux des gouvernements de Versailles et de Marly, du gouvernement de Coutances, et le Roi lui avait donné en outre le beau haras du Pin, ce qui fit dire à Saint-Simon indigné : « Le Roi donna 3,000 livres d'augmentation à Saint-Hérem, gouverneur et capitaine de Fontainebleau, qui en avait déjà une pareille, pour qu'il eût 6,000 livres de pension, comme avait son père. En même temps il chargea la province de Normandie de 12,000 livres d'appointements pour le gouverneur de Coutances, en faveur de Blouin, un de ses premiers valets de chambre, à qui il a donné le haras de Normandie qu'avait Monseigneur. Il est vrai que, pour un valet qui avait d'autres pensions, et avec elles la pécuniaire intendance de Versailles et de Marly, c'était peu que le double d'un seigneur fort mal dans ses affaires. » Malgré cette boutade de Saint-Simon, Blouin n'en fut pas moins un homme fort distingué.

Lorsque Louis XIV fut mort, que le duc d'Orléans eut emmené le jeune roi Louis XV à Vincennes, et que la Cour eut abandonné Versailles, Blouin, resté seul au gouvernement de la ville, s'occupa particulièrement de ses intérêts.

L'une des attributions du gouverneur était la police. Sous Louis XIV elle s'était toujours faite par des agents secondaires. Blouin sentit la nécessité de la centraliser. Il créa, sous l'autorité du bailli, un commissariat de police, et ayant remarqué le zèle et l'intelligence de Narbonne, il le nomma à cet emploi.

Narbonne était un de ces hommes d'ordre qui recueillent et classent méthodiquement tous les papiers plus ou moins intéressants qui leur tombent sous la main. Ce goût devait trouver toute sa satisfaction dans la place qui venait de lui être donnée. Aussi, lois, lettres-patentes, arrêts du Conseil, arrêts du Parlement, jugements, décisions du bailli, pamphlets, caricatures, etc., il recueillit tout, classa tout, et en forma un recueil composé de vingt-quatre volumes in-4°, aujourd'hui déposé à la bibliothèque de la ville de Versailles. Mais Narbonne, placé dans une ville séjour de la Cour, protégé par un homme vivant presque dans l'intimité du Roi, obligé par sa charge d'avoir avec lui des rapports journaliers, mis ainsi au courant d'une foule de faits concernant les grands seigneurs, et, d'un autre côté, étant en contact continuel avec les gens composant leurs maisons, dut recueillir un bon nombre de particularités qu'il s'empressa de consigner dans son recueil; aussi la partie la plus intéressante de cette collection est ce qu'il a écrit lui-même. Ce sont les anecdotes qu'il raconte, les faits qui se sont passés sous ses yeux, et les réflexions, souvent originales, dont il les accompagne. Mais Narbonne ne se bornait pas à inscrire chaque jour ce qui était parvenu à sa connaissance de plus intéressant, il aimait à réunir et à grouper tout ce qu'il avait appris sur les grands personnages dont il citait les noms, et il en formait ainsi une sorte de biographie du plus grand intérêt.

Cette partie de sa collection entièrement écrite de sa main, un peu disséminée dans tous les volumes, je l'ai recueillie, classée année par année, mois par mois, et c'est elle que je présente au public aujourd'hui sous le titre de *Journal de Narbonne*. Ce journal comprend les dernières années du règne de Louis XIV et une partie de celles de Louis XV, depuis l'année 1701 jusqu'à l'année 1734. Narbonne mourut au commencement de l'année 1736 ; il est fâcheux que ses successeurs n'aient pas continué ce recueil, nous posséderions ainsi bon nombre de faits qui nous feraient mieux connaître la vie intime de cette Cour de Versailles pendant la fin du règne de Louis XV et le commencement de celui du malheureux Louis XVI.

JOURNAL

DE

PIERRE NARBONNE.

Février 1701.

Le jour de la Chandeleur, le vent dura plusieurs heures avec une violence extraordinaire. Des nappes de plomb furent enlevées des toits des Grandes et des Petites-Écuries du Roi, à Versailles, et portées sur l'avenue de Paris, jusqu'auprès de la maison de M. Bontemps (1). Un grand nombre d'arbres furent déracinés.

8 juin 1701.

MORT DE PHILIPPE DE FRANCE, FRÈRE DE LOUIS XIV.

Philippe de France, duc d'Orléans, frère unique du roi Louis XIV, né le 21 septembre 1640, porta d'abord le nom

---

(1) Bontemps, premier valet de chambre du Roi, et gouverneur de Versailles, sous Louis XIV. Sa maison était située sur l'avenue de Paris, aujourd'hui n° 56. Sous Louis XVI, cette propriété devint l'habitation du comte de Vergennes, ministre des Affaires étrangères.

de duc d'Anjou. En 1660, après la mort de *Gaston*, il prit le titre de Monsieur (par excellence), duc d'Orléans.

Le 1er avril 1661, il épousa Mme Henriette, fille du roi d'Angleterre.

En considération de ce mariage, le roi d'Angleterre céda au roi Louis XIV la ville de Dunkerque, le 27 octobre 1662, moyennant cinq millions. Le Roi en avait déjà fait la conquête sur les Espagnols, en 1658; mais il avait été obligé, par un traité fait avec Cromwell, de la céder à cet usurpateur, ce qu'il avait exécuté, quoique à contre cœur.

De ce mariage est issue Mlle de Montpensier, mariée au roi d'Espagne, à Fontainebleau, le 31 août 1679, et remariée à Victor-Amédée, duc de Savoie, le 10 avril 1684.

Monsieur épousa, en secondes noces, Charlotte-Élisabeth de Bavière (1), sœur de l'Électeur Palatin. La cérémonie s'en fit à Châlons, le 21 novembre 1671.

De ce second mariage est issu Philippe de Bourbon, duc de Chartres (depuis duc d'Orléans, régent), né à Saint-Cloud, le 2 août 1674;

Et Mademoiselle,

Mariée au duc de Lorraine, à Fontainebleau, le 13 octobre 1698. Cette princesse partit de Fontainebleau le même jour, et arriva à Bar où la cérémonie se renouvela. Immédiatement après, elle salua la première le duc du titre d'Altesse royale. Il y a apparence que le Roi en était convenu, puisque cette qualité a été reconnue au duc.

Monsieur mourut d'apoplexie en son château de Saint-Cloud, le 8 juin 1701. Ce même jour, il était venu dîner avec le Roi son frère, à Marly.

---

(1) Plus connue sous le nom de princesse Palatine. Sa correspondance, dont on vient de donner une nouvelle édition, contient des renseignements intéressants et des anecdotes curieuses, quelquefois un peu hasardées, et trop souvent ordurières.

14 août 1701.

Philippe, duc d'Anjou, deuxième fils de Monseigneur (1), né à Versailles le 19 décembre 1683, fut appelé au trône d'Espagne par le testament du roi Charles II.

Il partit de Versailles le 4 décembre 1700, pour aller prendre possession de ses États. Le duc de Bourgogne et le duc de Berry, ses deux frères, l'accompagnèrent jusqu'à l'Ile des Faisans (2), où ils se séparèrent le 22 janvier 1701.

Le 14 avril, le roi Philippe V fit son entrée à Madrid. Il était à cheval. Cette entrée fut magnifique; elle fut cependant un peu contrariée par la pluie.

Il épousa, cette même année, Marie-Louise-Gabrielle de Savoie, sœur cadette de la duchesse de Bourgogne. Cette princesse partit de Turin, le 12 août, pour venir en Espagne. On raconte que, la nuit qui précéda son départ, elle rêva, à trois reprises différentes, qu'une armée de Piémontais voulait l'arracher du trône d'Espagne. On ne doit pas, sans doute, ajouter une grande foi aux songes; l'on ne peut, cependant, s'empêcher de remarquer que l'événement vint en quelque sorte vérifier la réalité de celui-ci, puisque le duc de Savoie, son père, s'allia aux ennemis de la France et de l'Espagne, et fit la guerre à ces deux royaumes. Il faut croire qu'il n'avait pas grande amitié pour les deux princesses ses filles (3), car on raconte qu'il aurait dit qu'on n'avait qu'à les lui renvoyer, et qu'il les mettrait dans un couvent!

Lorsqu'on apprit la mort du roi d'Espagne Charles II, on fit cette épitaphe :

> Ci-gît Charles deux, roi d'Espagne,
> Qui ne fit jamais de campagne,

(1) Fils de Louis XIV.
(2) Sur la Bidassoa, rivière qui sépare la France de l'Espagne.
(3) Son autre fille était la duchesse de Bourgogne.

Point de conquête, point d'enfans.
Que fit-il donc, pendant trente ans
Que l'on vit régner ce grand prince ?
Il eut une santé si mince
Qu'à vous en parler franchement,
Il ne fit que son testament.

1704.

Il vint s'établir à Versailles, en 1704, une bande de bohémiens et de bohémiennes. Ils demeuraient rue Montbauron ; ils disaient la bonne aventure et montraient à danser au son du tambour de basque (1).

M. Blouin, gouverneur de Versailles, les chassa de la ville.

1705.

Lanoue, qui de laquais était devenu gros financier, comme beaucoup d'autres, oubliant son premier état, dépensa des sommes énormes et fit ensuite une banqueroute frauduleuse. Il fut au pilori pendant trois jours. Il méritait d'être pendu, mais les protections qu'il avait su se faire lui sauvèrent la vie. Il en fut quitte pour les galères.

Soyer, huissier, fut dix-huit mois à vendre ses meubles. Il pilla à son tour Lanoue, ce qui lui fit sa fortune.

1708.

En l'année 1708, il vint à Versailles un charlatan trouver *Boudin* (2), premier médecin du Roi. Il lui fit entendre qu'il

---

(1) Ils restaient dans une auberge qui avait pour enseigne : *A la Licorne*, et était située au n° 7 actuel.

(2) Boudin, fils d'un apothicaire, avait passé son enfance au milieu des remèdes et des secrets. Il s'occupait d'alchimie et ne croyait pas impossible de trouver la pierre philosophale et le moyen de faire de l'or. C'était, du reste, un homme de plaisir, et qui ne reculait devant aucun moyen de faire fortune.

avait le secret de la pierre philosophale, et qu'il pouvait faire de l'or et de l'argent. Boudin le crut et en parla au Roi.

Boudin plaça ce charlatan dans une petite maison qu'il avait à Montreuil (1). On lui fit des fourneaux, on y porta des creusets et tout ce qui était nécessaire, et on le fit garder par un sous-brigadier et deux gardes-du-corps. Il y resta ainsi deux mois, pendant lesquels Chamillart, alors contrôleur général des finances, les autres ministres, et jusqu'aux princes et aux seigneurs de la Cour, allèrent le voir travailler et se laissèrent séduire à ses discours.

Malgré tout cela, il ne put réussir. Boudin eut la honte de l'avoir proposé; la Cour, d'avoir été trop crédule et d'avoir laissé travailler un pareil charlatan, à la porte de Versailles et aux yeux de tout le public. Il fallait au moins sauver l'honneur du Roi et de ses ministres, et le faire travailler dans le château de Noisy, sans que personne en eût connaissance; car, par suite de la pénurie des finances et du triste état des armées, les ennemis pouvaient croire que le royaume était dans le plus grand épuisement, puisqu'on cherchait, par des voies tout à fait extraordinaires et tout à fait incertaines, à se procurer de l'argent.

Pour s'être ainsi joué de la Cour, ce charlatan fut enfermé.

Mai 1709.

SECOURS AUX PAUVRES.

L'hiver de l'année 1709 fut extrêmement rigoureux. Les gelées commencèrent dans la nuit du 5 janvier, et se prolongèrent sans interruption jusqu'au 25 du même mois. Un faux dégel qui survint ce jour, et dura jusqu'au 29, fit fondre la neige qui était très abondante; mais le 30, la gelée reprit avec plus de violence, et dura jusqu'au 20 février, qu'il sur-

(1) Cette maison forme aujourd'hui le n° 85 de la rue de Montreuil.

vint un véritable dégel. L'on s'aperçut alors que les blés, qui, par suite du faux dégel, s'étaient trouvés au milieu des eaux, entre deux terres gelées, étaient entièrement pourris. On donna aussitôt l'ordre de labourer de nouveau les terres, et de les ensemencer avec de l'orge; ce qui réussit très bien. Mais pour faire la récolte de ces orges, il fallait attendre six à sept mois, et pendant ce temps, le prix du blé augmenta considérablement, et le pain valut jusqu'à 8 et 9 sols (1) la livre.

Le 19 avril 1709, le Parlement rendit un arrêt qui ordonnait de former dans chaque ville un rôle de taxe des habitants les plus aisés, afin de pourvoir à la subsistance des pauvres.

En conséquence de cet arrêt du Parlement, il y eut à Versailles, le mardi 7 mai, une réunion des principaux habitants, dans la chambre de la Fabrique de la paroisse Notre-Dame (cette paroisse étant la seule qui existât alors).

MM. Huchon, curé de la paroisse, Fresson, Bailly et Regnier, procureur du Roi, présidèrent à cette réunion. L'assemblée nomma *directeurs des pauvres*, MM. Vallée, syndic, Lamy, notaire, et Jean Capet, Guillaume Houet, Spire Basset, Quentin Duclos, anciens marguilliers et quartiniers.

On arrêta ensuite que les directeurs s'assembleraient aux jours et aux heures qui seraient indiqués par MM. le curé, le bailli et le procureur du Roi, afin de procéder avec eux aux taxes dont seraient susceptibles chacun des bourgeois et habitants, selon leurs moyens, pour procurer la subsistance aux pauvres mendiants et nécessiteux de la ville de Versailles, et l'on décida en plus que le rôle qui serait ainsi fait et arrêté, serait exécutoire, conformément à l'arrêt du Parlement, pour chacun des bourgeois et habitants qui y seraient compris en vertu de l'ordonnance de M. le bailli, qui devra accompagner chacun desdits rôles.

(1) Ce qui représentait à peu près 2 francs de notre monnaie actuelle.

Le sieur Jean Attery, marchand de bois, fut créé receveur général; puis on nomma des commissaires des pauvres, dans chacun des quartiers de la ville, tant pour établir les rôles des pauvres, que pour faire la recette des taxes.

Charles Le Page, boulanger, fut ensuite choisi pour cuire le pain. On lui alloua 2 sous 6 deniers par boisseau de farine.

Le 15 mai, le rôle général de tous les bourgeois et habitants fut définitivement arrêté.

Chaque quartinier avait un rôle particulier sur lequel se faisait la recette de son quartier, qu'il versait ensuite dans les mains du sieur Attery, receveur général.

On acheta du blé à 40 liv. le septier. L'on ne payait alors que 30 sous pour la mouture. On acheta aussi des farines au poids le Roi, à raison de 53 sous le boisseau, et l'on fit des pains de 5 livres chacun.

Le samedi 18 mai, on commença à délivrer de ces pains.

On en distribua 1,500 par semaine, de la manière suivante :

Chaque quartinier présentait le rôle des pauvres de son quartier, et on lui donnait autant de pains qu'il y avait de noms inscrits.

On avait préalablement distribué à chaque pauvre une carte avec un cachet; sur chacune de ces cartes était écrit le nom du pauvre, la rue et la maison où il demeurait, ainsi que le jour et l'heure où on devait lui délivrer le pain. Lorsqu'il se présentait, on lui donnait son pain, l'on faisait une entaille à sa carte avec des ciseaux, et le quartinier le marquait sur le rôle.

Rôle général de la taxe, contribution et répartition faite sur les propriétaires des maisons, bourgeois et habitants de la ville de Versailles, pour la subsistance et nourriture en pain des pauvres de ladite ville; arrêté le 15 mai 1709, en exécution de l'arrêt du Parlement du 19 avril 1709.

TAXE POUR SIX MOIS ET DEMI.

La Fabrique...	325 liv. » s.	M. Rayer....	65 liv.	» s.
La Confrérie du S.-Sacrement..	65 »	M. Le Page....	65	»
		M. Basset.....	65	»
M. le Curé et la Communauté..	325 »	M. Duclos.....	65	»
		M. Hottot.....	97	10
M. le Bailli....	130 »	M. Tavernier...	65	»
M. le Procureur du Roi......	130 »	M. Croquoison..	97	10
		M. Auzou.....	97	10
M. Vallée, syndic	130 »	M. Maillard....	39	»
M. Capet.....	130 »	M. Nativelle...	39	»
M. Attery.....	97 10	M. Bourgault..	39	»
M. Gourlier...	97 10	M. Martinet....	65	»
M. Lamy.....	97 10	M. Rolland....	65	»
M. de La Coste..	97 10	M. Adenet....	65	»
M. Baudouin...	65 »	M. Meusnier...	65	»
M. Ducorps....	97 10	M. Baquet....	130	»
M. Houet.....	65 »	M. Bessira....	130	»
M. Laymond...	190 »	M. Tuloupe....	97	10
M. Samson....	65 »	Maison de la Geôle........	39	»
M. Lemoine...	65 »			

Et ainsi des autres, à proportion de leurs biens et facultés.

Rôle des personnes de la Cour, pour la contribution des pauvres de la ville de Versailles, pendant six mois et demi, à commencer du 15 mai 1709.

Le Roi.........	4,220 liv.	Mgr le duc de Berri.	195
Monseigneur.....	2,110	Mgr le duc d'Orléans	600
Mgr le duc de Bourgogne........	397	Mme la duch^{sse} d'Orléans........	300

On établit ces taxes, ainsi que celles des autres seigneurs de la Cour, en proportion des hôtels et maisons que les princes et seigneurs possédaient à Versailles.

Juin 1709.

Par arrêt du Parlement, du 7 juin 1709, il a été ordonné aux boulangers de ne cuire et de n'exposer en vente que deux sortes de pain : l'un bis-blanc, et l'autre bis. Malgré cet arrêt, on n'en fit pas moins du pain blanc que l'on payait 8 à 9 sous la livre.

22 juin 1709.

Le grand hiver de l'année 1709 ayant fait geler les blés, on laboura de nouveau la terre, et on sema en orge. Il en vint une si grande quantité, que l'on considéra cela comme un miracle. On en fit du pain que l'on mangea jusqu'à la récolte de 1710.

Je dinai chez *Ragouleau*, procureur au Châtelet, qui, par parenthèse, était un très habile homme, mais sans conduite. Il ne mangeait que du pain d'orge. Il voulut m'en faire goûter, mais, malgré toute ma bonne volonté, je ne pus le manger.

Le Parlement ayant rendu, le 7 juin, un arrêt portant qu'il ne serait cuit et exposé en vente que de deux sortes de pain, l'un bis-blanc, et l'autre bis, le commissaire *Cailly* se transporta, le 22 juin, chez plusieurs boulangers de Paris. Il y saisit des pains mollets et blancs, et les assigna à la police.

Ces boulangers furent condamnés : les uns à 1,000 livres d'amende, les autres à 600 livres et 400 livres, applicables un tiers au Roi, un tiers aux hôpitaux et un tiers aux dénonciateurs.

Plusieurs regrattiers de pain furent également condamnés, les uns à 300 liv., les autres à 100 liv. d'amende.

1711.

MORT DE Mgr LE DAUPHIN.

Monseigneur Louis, Dauphin, fils unique du roi Louis XIV, est né le 1er novembre 1661. Le 8 mars 1680, il épousa Marie-Anne-Victoire, princesse de Bavière. Le mariage se fit à Châlons, en Champagne, où le Roi, la Reine et toute la Cour s'étaient rendus. Les cérémonies du mariage, qui avaient été faites d'abord à Munich, en Bavière, furent alors renouvelées par le cardinal de Bouillon, grand aumônier de France.

Il y eut, à la suite de ce mariage, des fêtes magnifiques.

De ce mariage naquirent trois princes :

1° Louis, duc de Bourgogne, le 6 août 1682;
2° Philippe, duc d'Anjou, le 19 décembre 1683 ;
3° Charles, duc de Berry, le 31 août 1686 ;

Je reviendrai plus tard sur ces trois princes. Mme la Dauphine de Bavière mourut à Versailles, le 20 avril 1690. Monseigneur ne se remaria point.

Le Dauphin était le meilleur prince du monde, et très soumis aux volontés de son père, qui, du reste, l'aimait tendrement.

Par complaisance pour Louis XIV, Monseigneur allait quelquefois rendre des visites à Mme de Maintenon, qui avait su captiver le cœur du Roi. Dans l'une de ces visites, il arriva que le Dauphin posa, en entrant, son chapeau et ses gants, sur le lit de Mme de Maintenon, puis alla s'asseoir; Mme de Maintenon se leva aussitôt, prit le chapeau et les gants, et les reporta à Monseigneur, en lui disant qu'il n'y avait que le Roi qui eût le droit de mettre sur son lit son chapeau et ses gants. Monseigneur se leva aussitôt, se retira (on dit en pleurant) dans son appartement et s'en alla ensuite à Meudon.

Aussitôt que le Roi eut appris le départ de son fils, il

dépêcha à Meudon M. le duc de Bourbon, le comte de Sainte-Maure, le Marquis d'Antin, le Comte de Roussy et d'autres seigneurs.

Le comte de Roussy, qui voyait toujours Monseigneur sous le poids du chagrin que lui avait causé Mme de Maintenon, proposa à Monseigneur d'enlever Mme de Maintenon sur le chemin de Saint-Cyr, lorsqu'elle allait dans cette maison, et de la faire passer en Angleterre. Mais Monseigneur ne voulut pas y consentir.

Le marquis d'Antin s'empressa d'informer le Roi de ce qui s'était passé à Meudon, ce qui lui valut plus tard la direction des bâtiments, tandis que le comte de Roussy fut obligé d'abandonner son commandement à l'armée.

Le Roi réconcilia deux fois le Dauphin avec Mme de Maintenon, et ce prince continua de lui rendre des visites politiques.

On dit qu'en 1710, pendant un voyage de Fontainebleau, le Roi, qui avait contracté un mariage secret avec madame de Maintenon, proposa à Monseigneur de la reconnaître pour reine, mais que Monseigneur ne voulut point y consentir; il quitta la cour et revint à Meudon.

Cette nouvelle se répandit à Paris, et quelque mauvais plaisant fit placarder dans plusieurs rues des affiches qui contenaient ces mots : *Miracle, miracle, un enfant de 49 ans vient de commencer à parler!!*

Dans la nuit du 6 au 7 avril 1711, Monseigneur se trouva un peu indisposé, dans son château de Meudon. Le 9, il soupa comme à son ordinaire; la nuit, son indisposition le reprit. Le 11, les médecins reconnurent qu'il était atteint de la petite vérole. La maladie alla toujours en augmentant, jusqu'au 14 qu'on perdit toute espérance. Il mourut en effet ce jour, à onze heures du soir.

Le Roi était venu de Marly pour le voir; malgré toute sa grandeur d'âme, Louis XIV ne put s'empêcher de pleurer beaucoup : la nature fut la plus forte.

Aussitôt que Monseigneur fut mort, le Roi retourna à Marly. Il passa par Versailles à une heure et demie après minuit.

Mme la princesse de Conty, première douairière (*Marie-Anne de Bourbon, fille de Louis XIV et de la duchesse de la Vallière*), qui aimait tendrement Monseigneur, ne le quitta point pendant sa maladie, et gagna la petite-vérole. Mais ses médecins et chirurgiens la traitèrent différemment que ne l'avait été Monseigneur, et la tirèrent d'affaire.

Il est certain que les médecins et chirurgiens des princes, qui sont comblés de leurs bienfaits, ne connaissent pas, la plupart du temps, leurs maladies, et les considèrent presque toujours comme des indigestions.

Il est cependant vrai de dire que Monseigneur mangeait beaucoup.

Mais malgré cela, pour la maladie dont il était attaqué, on aurait dû lui donner du vin chaud, avec du sucre et de la canelle, pour échauffer le dedans du corps et en faire sortir les mauvaises humeurs qui transpirent alors au travers de la peau. Les paysans guérissent tous leurs enfants à l'aide de ce simple remède, mais les médecins, qui veulent conserver la beauté de la figure, font beaucoup saigner, pour tirer l'humeur avec le sang, afin que le visage ne soit point marqué, et par cet affaiblissement ils empêchent l'humeur de sortir par la peau.

Monseigneur avait fait ses dévotions le samedi de Pâques, à l'église de la Paroisse de Notre-Dame de Versailles. Je le vis sortir de l'église et je remarquai qu'il avait déjà le visage bouffi et d'un rouge foncé. En sortant de l'église, il monta en carrosse et partit pour Meudon, où il allait dîner et où il devait passer les fêtes.

On ne fit aucune pompe funèbre à Monseigneur, car le défaut d'éruption de la petite-vérole, qui le suffoqua comme une attaque d'apoplexie, avait tellement défiguré son corps et l'avait si fort corrompu, qu'il ne fut pas possible de le garder. Le corps fut porté à Saint-Denis pendant la nuit du 16 au 17 avril 1711.

Il n'y avait pour tout cortége que deux carrosses de deuil, dans l'un desquels on plaça le cercueil. Cette voiture était suivie de vingt gardes-du-corps, commandés par un officier.

L'autre carrosse était occupé par l'évêque de Metz, aumônier du Roi, le duc de la Trimoille, l'un des quatre premiers gentilshommes de la chambre, le marquis de Dreux, grand-maître des cérémonies, l'abbé de Brancas, aumônier, et le curé de Meudon.

La fortune de Monseigneur consistait en trois millions; le Roi la partagea entre ses trois fils.

Monseigneur le duc de Bourgogne, devenu Dauphin, eut comme l'aîné le château de Meudon et ses dépendances.

Le Roi d'Espagne reçut un million en argent; et Monseigneur le duc de Berry eut aussi un million, tant en deniers comptants qu'en diamants et bijoux.

On vendit tous les meubles du château de Meudon, et plus tard le roi Louis XV rendit une déclaration portant réunion du château de Meudon et de ses dépendances, au domaine de la Couronne.

Monseigneur a eu plusieurs maîtresses, entre autres la comtesse du Roure, et quelques autres d'une naissance moins élevée, dont lui sont nés plusieurs enfants, qui n'ont point été reconnus, et sont restés dans l'obscurité, quoique issus d'un si grand prince.

Le Dauphin aimait avec passion la chasse au loup, et le Roi entretenait exprès pour lui un très joli équipage de chasse, que l'on appelait la Louveterie. C'était le plus ordinairement dans un petit pavillon de l'hôtel de Mme la princesse de Conti, première douairière, sa sœur de père, qu'il venait se reposer à ses retours de chasse. Ce pavillon (1)

---

(1) Il forme aujourd'hui le n° 1 de l'avenue de Sceaux. Les peintures d'ornement du plafond de la principale pièce existent encore, et portent, de distance en distance, le chiffre de la princesse (M. A.), Marie-Anne.

était le pavillon des bains de l'hôtel de Conti (aujourd'hui l'hôtel du grand-maître), sur l'avenue de Paris, à Versailles. Il était placé dans un coin du jardin, du côté de l'avenue de Sceaux ; c'est dans ce pavillon que se faisaient les parties secrètes. Il a depuis été acheté par M. le comte de Charolais.

Le Dauphin aimait beaucoup le duc de Vendôme, et allait souvent chasser à sa belle terre d'Anet.

Un jour ces deux princes, après avoir longuement chassé, s'égarèrent, et la nuit étant survenue, ne purent retrouver leur route ; leurs chevaux, harassés de fatigue, pouvaient à peine les porter, et l'inquiétude commençait à s'emparer d'eux, quand ils arrivèrent dans un petit village dont ils ignoraient le nom.

Ils ne savaient à qui s'adresser dans cet endroit, dont tous les habitants paraissaient déjà plongés dans un profond sommeil, lorsqu'ils aperçurent une lumière qui leur servit de guide ; c'était la maison du curé.

Heureusement pour eux le bon prêtre, qui se trouvait alors sans servante, avait été obligé d'ajouter aux soins de la cure, ceux du ménage, ce qui l'avait fait veiller plus longtemps qu'à l'ordinaire.

Ils frappèrent à la porte, et le curé leur ayant ouvert, ils lui racontèrent, sans se nommer, leur mésaventure, en le priant de les recevoir, mourants de faim et de fatigue.

Le curé, à son tour, tout en leur accordant l'hospitalité, leur fit observer qu'étant seul en ce moment, et ne pouvant leur offrir pour tout aliment qu'un mauvais gigot de brebis, ils allaient être bien mal traités.

Mais en pareille circonstance c'était encore une bonne fortune de trouver ce qu'on leur offrait.

La faim surtout les pressait extrêmement. Sans perdre de temps, M. de Vendôme prie Monseigneur de tenir les chevaux, dit au curé de lui apporter son gigot, l'embroche lui-même et le place devant le feu, que le curé venait d'allumer ;

puis, débarrassant le Dauphin des chevaux, il lui recommande d'aller tourner la broche.

Pendant que Monseigneur est ainsi occupé à ses travaux de cuisine, et que M. de Vendôme donne ses soins aux chevaux, le curé descend à la cave, rapporte une cruchée de son meilleur vin et en donne un verre au Dauphin, qui se mourait de soif.

Quand M. de Vendôme eut fini de nettoyer et de donner à manger et à boire aux chevaux, il rentra dans la cuisine: Le Dauphin le voyant entrer dit, en plaisantant, au curé de donner à boire à son palefrenier. Le bon curé prit ses paroles au sérieux, et sans même se donner la peine de rincer le verre dans lequel venait de boire Monseigneur, il l'emplit et le présente à M. de Vendôme, qui, saisissant l'à-propos de son rôle : « Merci, M. le curé, lui dit-il, votre vin est excellent, et si *monsieur* veut bien le permettre, je redoublerai volontiers? Parbleu, ajouta-t-il, après avoir bu d'un trait ce second verre, je vous le répète, M. le curé, votre vin est délicieux et je voudrais en avoir toujours d'aussi bon à boire. »

Le Dauphin, que cette scène faisait beaucoup rire, en laissa tomber le gigot dans le feu, mais M. de Vendôme voyant le rôti compromis, s'empara vivement de la broche, et acheva de le faire cuire.

Le curé dressa sa petite table, la couvrit d'une grosse nappe de toile jaune, y plaça deux assiettes d'étain, deux fourchettes de fer et un gros morceau de pain bis, que Monseigneur, en tournant la broche, avait déjà trouvé excellent, tandis que M. de Vendôme mettait sur un plat d'étain le gigot qu'il venait d'achever de faire cuire.

Le Dauphin offrit alors au curé de s'asseoir à table avec lui, et de partager son repas; mais celui-ci, s'excusant sur ce qu'il avait déjà soupé : « Alors, dit Monseigneur, avec votre permission, mon palefrenier va prendre votre place. »

Chacun d'eux fit honneur au repas, bientôt il ne resta plus

que l'os du gigot; un morceau de fromage et les pommes du petit jardin du presbytère, arrosés de trois cruchées du vin du curé, complétèrent ce souper, qui leur parut l'un des meilleurs qu'ils eussent faits depuis longtemps.

Déjà ils avaient arrêté de coucher tous trois dans le seul lit qui fût dans la maison, lorsque le son du cor de chasse, qui se fit entendre à peu de distance, annonça aux princes que l'on était à leur recherche, et que leurs tribulations allaient enfin cesser.

En effet, pendant qu'ils se tiraient ainsi gaiement du mauvais pas dans lequel ils s'étaient engagés, l'on était dans une grande inquiétude au château d'Anet. Toutes les personnes qui faisaient partie de la chasse, étant successivement rentrées, et les princes ne reparaissant pas, on avait d'abord attendu avec patience, mais à la nuit l'effroi s'emparant de chacun, gentilshommes et piqueurs remontèrent à cheval et parcoururent avec des torches, et en sonnant du cor, afin de se faire reconnaître, tous les bois et les villages par où la chasse avait dû passer.

Le pauvre curé, entendant tout ce bruit et reconnaissant alors que l'un des personnages qu'il avait reçus devait être le duc de Vendôme, qu'il ne connaissait point, car il y avait peu de temps qu'il était dans cette cure, s'adressant au Dauphin qu'il prenait pour le duc, il le pria de l'excuser du peu de respect qu'il avait mis dans sa réception.

Le prince le rassura et lui dit qu'il était au contraire son obligé, puisque sans lui il courait grand risque de périr de faim et de fatigue; et il voulut lui laisser quelques *louis*, que le curé refusa.

Pendant ce colloque de Monseigneur et du curé, le duc de Vendôme se présenta dans la cour aux gentilshommes qui les cherchaient, en leur recommandant de ne les point nommer, et de ne point parler de cette aventure, qui pourrait arriver aux oreilles du Roi.

Puis après un remerciement au curé, le Dauphin et le duc

remontèrent à cheval et arrivèrent à Anet à trois heures du matin.

Malgré les recommandations de M. de Vendôme, dès le lendemain le Roi connaissait cette aventure.

Le Dauphin, qui savait combien Louis XIV voulait qu'il fut circonspect depuis que le chevalier de Rohan avait voulu l'enlever pour le conduire en Angleterre (1), et qui craignait ses remontrances, ne voulut pas rester davantage à Anet, et revint le jour même à Versailles, avec M. de Vendôme. Le soir, au souper, le Roi s'étant contenté de lui demander s'il s'était amusé dans son voyage, il crut qu'il ignorait complétement l'histoire du curé.

Mais Louis XIV, sitôt qu'il avait eu connaissance de cette aventure, avait donné l'ordre de faire venir le curé. Il arriva au château de Versailles le lendemain.

Ce pauvre curé ne savait ce que tout cela voulait dire, lorsqu'ayant été introduit dans le cabinet particulier du Roi, ce prince l'engagea avec bonté à lui raconter sans détour l'aventure des deux cavaliers qu'il avait reçus chez lui quelques jours avant. Rassuré par cet air de bonté du Roi, le curé n'oublia aucune circonstance, et lorsqu'il lui demanda s'il pourrait les reconnaître : « Oh! oui certainement, dit-il avec assurance. » Alors, le Roi, qui, pendant qu'il était ainsi en conférence avec le curé, avait donné l'ordre de faire venir le Dauphin et M. de Vendôme, fit ouvrir les portes de son cabinet.

A peine le curé eut-il aperçu Monseigneur, qui se présenta le

---

(1) Le chevalier de Rohan, perdu de dettes et ne sachant quelles ressources se créer, forma un complot avec un nommé Latruaumont, et un Hollandais nommé Van-den-Euden, pour livrer aux Hollandais la place de Quillebeuf. Dans le procès qui suivit la découverte du complot, il fut accusé d'avoir voulu enlever le Dauphin, pour le remettre aux ennemis de la France, et c'est à cette accusation que Narbonne fait ici allusion. Le chevalier de Rohan eut la tête tranchée, Latruaumont fut tué au moment de son arrestation, et Van-den-Euden pendu.

premier : « *Sire*, dit-il au Roi, *voilà celui qui a tourné la broche le premier ;* » le Roi se mit à rire ; mais lorsque le curé, ayant aperçu M. de Vendôme, qui vint après, se fut écrié : « *Sire, voilà le palefrenier qui a pansé les chevaux et a tourné la broche à son tour !* » le Roi fut pris d'un rire si expansif, qu'il se communiqua à tous les seigneurs qui venaient d'entrer dans le cabinet. Monseigneur et le duc de Vendôme, qui s'attendaient toujours à quelque vive réprimande du Roi, conservaient leur sérieux. Le Roi s'en aperçut et, se tournant vers eux, il se contenta de leur dire qu'ils pourraient bien ne pas trouver toujours un curé pour leur donner un couvert en pareille circonstance, et que le mieux était de quitter la chasse de meilleure heure, ce que, dit-on, ils n'oublièrent jamais dans la suite.

Quant au curé, le Roi recommanda de lui servir un dîner un peu différent du souper qu'il avait donné au Dauphin, et lui fit remettre après le repas une bourse contenant deux cents louis d'or, ce qui fit qu'il s'en retourna bien plus content qu'il n'était venu.

ENFANTS DE Mgr LE DAUPHIN, FILS DE LOUIS XIV.

Mme la Dauphine, Marie-Anne-Victoire de Bavière, accoucha d'un prince, à Versailles, le 6 août 1682. Le Roi lui donna le nom de duc de Bourgogne.

Tout le monde fut si joyeux de cette heureuse naissance, qu'aussitôt après les princes et seigneurs embrassèrent le Roi.

Les porteurs de chaises brulèrent, dans la galerie des princes, les chaises dorées de leurs maîtres ; ils jetèrent même dans le feu le parquet destiné pour la galerie.

On vint le dire au Roi, que cela fit beaucoup rire, et qui ordonna de les laisser faire.

Le duc de Bourgogne avait à peine quinze ans quand le roi Louis XIV, pour rompre la ligue formée contre lui par l'empereur Léopold, le roi d'Espagne, le prince d'Orange, roi d'Angleterre, les Hollandais, et Victor-Amédée, duc de Savoie, fit proposer à celui-ci le mariage de M. le duc de Bourgogne avec la princesse de Savoie, sa fille aînée.

Le duc accepta la proposition et fit la paix.

Le contrat fut signé le 15 septembre 1696.

Le 7 octobre, Marie-Adélaïde, princesse de Piémont, âgée de 11 ans, partit de Turin.

Elle fut reçue au milieu du pont de Bauvoisin, et placée dans un carrosse du Roi.

La ville de Lyon fit une magnifique réception à la princesse.

Le 4 novembre, la princesse arriva à Montargis. Le Roi, qui était à Fontainebleau, vint à Montargis avec sa Cour, pour la recevoir. Le soir, le Roi se trouva à son déshabillé. Il lui fit beaucoup d'amitié, et lui dit qu'il ne savait pas si elle s'ennuierait avec lui, mais que pour lui, il sentait déjà qu'il ne pouvait pas la quitter.

La célébration du mariage fut différée d'une année : elle eut lieu à Versailles, le 7 décembre 1697.

Il y eut de grandes réjouissances à Versailles, à cette occasion. On tira un très beau feu d'artifice sur la pièce d'eau des Suisses ; malheureusement, une forte pluie qui survint, en fit manquer une partie.

La consommation du mariage ne se fit que le 22 octobre 1699; le prince avait alors 17 ans passés, et la princesse 14 ans.

De ce mariage sont nés trois princes :

1° Le premier vint au monde à Versailles, le 25 juin 1704; le Roi le nomma *duc de Bourgogne*. Le lendemain 26, on chanta un *Te Deum*, et Versailles fut illuminé pendant trois jours.

Le mardi 8 juillet, à l'occasion de cette naissance, on tira un très beau feu d'artifice, à Versailles, sur le milieu de la chaussée, au bas de la place d'Armes (1).

---

(1) En voir la description dans le tome 8 de la police, p. 58 (collect. de Narbonne).

Enfin le 13 août, le Roi se trouvant à Marly, on tira, pour célébrer cette naissance, un beau feu d'artifice au bas de l'abreuvoir, en face du château de Marly. — Ce qu'il y eut de remarquable, c'est que le même jour où l'on faisait ces réjouissances, le 13 août 1704, on perdait la grande bataille d'Hochstedt.

Ce prince mourut à Versailles, le 13 avril 1705.

2° Mme la duchesse de Bourgogne accoucha d'un autre prince, à Versailles, le 8 janvier 1707. Le Roi le nomma *duc de Bretagne*, et après la mort de son père, arrivée le 18 février 1712, il reçut le titre de *Dauphin*, le 27 février, titre qu'il ne porta que 9 jours, puisqu'il mourut le 8 mars 1712.

3° Mme la duchesse de Bourgogne accoucha d'un troisième prince, à Versailles, le 15 février 1710. Le Roi, en nommant ce prince *duc d'Anjou*, lui mit le collier de l'ordre du Saint-Esprit, et lui dit: « Duc d'Anjou, je te fais chevalier. »

Il fut baptisé sous le nom de Louis.

Après la mort du deuxième duc de Bretagne, neuf jours après avoir été reconnu Dauphin, il ne restait que le duc d'Anjou, comme héritier présomptif de la couronne.

Le roi Louis XIV, qui voyait ce jeune prince, alors âgé de deux ans, d'une complexion très délicate, et d'ailleurs attaqué de cette maladie de la rougeole qui venait d'enlever son père et sa mère en cinq jours, tint plusieurs conseils sur les mesures à prendre, dans le cas de la mort de ce jeune prince.

Le Roi était dans un accablement et dans une douleur inexprimable; tout autre y aurait succombé, sa grandeur d'âme et son courage le soutinrent.

Il rendit une déclaration qui rappelait le duc d'Anjou, roi d'Espagne, son petit fils, pour succéder à la couronne de France, dans le cas de mort du duc d'Anjou, son arrière petit-fils.

Heureusement, ces mesures devinrent inutiles par la

convalescence du duc d'Anjou. Le Roi le nomma *Monsieur le Dauphin*, le 8 mars 1712 (1).

DEUXIÈME FILS DE Mgr LE DAUPHIN, FILS DE LOUIS XIV.

Le 19 décembre 1683, Mme la Dauphine de Bavière accoucha, à Versailles, d'un prince, que le Roi nomma duc d'Anjou. Il fut baptisé sous le nom de *Philippe*.

Le roi d'Espagne, Charles II, par son testament du 10 octobre 1700, le désigna comme son successeur à la couronne. Les grands d'Espagne étant venus annoncer la mort de leur roi, il fut déclaré roi d'Espagne le 24 novembre 1700, et partit de Versailles le 4 décembre.

Avant son départ, le roi Louis XIV l'avait entouré de tous les honneurs dus à un Roi, et pendant la messe, il le faisait mettre à sa droite, sur un carreau. Mgr le duc de Bourgogne, son frère aîné, et Mgr le duc de Berry, son frère puîné, le conduisirent jusqu'à l'Ile des Faisans, où ils se séparèrent, le 22 janvier 1701.

Le 14 avril de la même année, ce prince fit son entrée à Madrid.

Il épousa, en premières noces, Marie-Louise-Gabrielle, princesse de Savoie, née le 17 septembre 1688, deuxième fille du duc de Savoie. Cette princesse partit de Turin le 12 août 1701 ; elle avait alors 13 ans.

Il est peu de princes qui aient essuyé autant d'événements malheureux, de conspirations et de trahisons que lui.

Le roi Louis XIV, son grand-père, fit des efforts extraordinaires pour maintenir son petit-fils sur le trône d'Espagne. La France était presque épuisée, et Louis XIV aurait laissé volontiers Philippe descendre du trône; mais il ne voulut jamais consentir aux conditions humiliantes que ses ennemis voulaient lui imposer, en le forçant de donner

---

(1) Ce fut depuis le roi Louis XV.

passage à leurs troupes, et même à y joindre les siennes, pour détrôner son petit-fils.

Philippe V venait d'être obligé, après la perte de la bataille de Sarragosse, d'abandonner une seconde fois sa capitale à son compétiteur à la couronne, Charles, archiduc d'Autriche et fils de l'Empereur Léopold, qui prenait le titre de Charles III. Dans cette extrémité, Philippe et la reine son épouse n'eurent d'autre espérance de se maintenir sur le trône qu'en plaçant le duc de Vendôme à la tête de leurs troupes.

Sur la prière de Louis XIV, le duc de Vendôme, qui habitait alors sa belle maison d'Anet, vint à Versailles, et dès le lendemain de son arrivée à la Cour, il partit pour l'Espagne.

On ne saurait trop admirer la grandeur d'âme et le courage du duc de Vendôme. Ce prince apprit en chemin la perte de la bataille de Sarragosse ; il n'en continua pas moins sa route, arriva en Espagne, alla rejoindre le roi Philippe V, et rassembla les débris de son armée. Il assiégea aussitôt Brihuega, y fit 6,000 Anglais prisonniers, et sans s'arrêter, alla livrer bataille au comte de Staremberg, général d'une grande réputation, qui commandait l'armée de l'archiduc Charles, qu'il battit à plate-couture, et par ses talents militaires et son activité, il replaça la couronne d'Espagne sur la tête de Philippe V.

Le duc de Vendôme mourut en Espagne le 11 juin 1712. Quelques personnes ont prétendu qu'il avait été empoisonné par la jalousie des grands d'Espagne.

La reine d'Espagne, Marie-Louise-Gabrielle de Savoie, mourut à Madrid, le 14 février 1714, âgée de 26 ans.

Philippe V épousa en secondes noces, le 24 décembre 1714, Elisabeth Farnèse, princesse de Parme, née le 25 octobre 1692.

Philippe V abdiqua et céda la couronne à son fils aîné, Louis Ier du nom, le 14 janvier 1724; mais ce jeune roi ne régna que 8 mois, et mourut âgé de 17 ans, le 31 août 1724.

Philippe V, qui s'était retiré dans un couvent, en sortit et est remonté sur le trône, mais ce prince laissa le gouvernement de ses États à la reine sa seconde femme.

TROISIÈME FILS DE Mgr LE DAUPHIN, FILS DE LOUIS XIV.

Mme la Dauphine accoucha, à Versailles, le 31 août 1686, d'un troisième prince, qui reçut du Roi le nom de *duc de Berry*.

Charles, duc de Berry, fut marié, le 6 juillet 1710, à Marie-Louise-Elisabeth d'Orléans, fille de M. le duc d'Orléans, qui fut depuis régent

On fixa l'apanage de ce prince à 200,000 francs de revenu.

Il naquit de ce mariage deux princesses qui vécurent très peu de temps.

Un jour que ce prince était à la chasse, il eut le malheur, en tirant sur un lièvre, d'envoyer un grain de plomb dans l'œil de M. le duc de Bourbon, et de le lui crever.

Etant encore à la chasse, en 1714, dans la forêt de Marly, il tomba de cheval, et cacha cette chute au Roi, pour ne pas l'alarmer.

Quelque temps après, le 1er mai, il ressentit quelques douleurs, dont il se plaignit. Mais comme ce prince mangeait beaucoup, et que souvent après le souper du Roi, il faisait des parties secrètes avec la princesse sa femme, le duc d'Orléans, son beau-père, et la demoiselle Devienne, fille publique, que le Roi fit exiler plus tard, les médecins appelés attribuèrent son mal à une indigestion.

Ils le firent saigner, lui donnèrent l'émétique, sans connaître la véritable cause de sa maladie, et le prince succomba, à Marly, trois jours après, à l'âge de 28 ans.

On fit l'épitaphe suivante contre les médecins :

> Cy-gissent les nobles mânes
> De Charles, duc de Berry.
> Par le cheval a-t-il péri?
> Non ! c'est par quatre ânes.

C'est qu'en effet, il est inconcevable combien de princes et de princesses périssent par l'ignorance de leurs médecins.

Mme la duchesse de Berry, qui, du vivant de son mari, commençait à donner avec excès dans tous les plaisirs, s'y livra encore plus après la mort de Louis XIV, arrivée le 1er septembre 1715.

Mgr le duc d'Orléans, son père, qui venait d'être déclaré régent du royaume, pendant la minorité de Louis XV, lui accorda tout ce qu'elle désirait.

Cette princesse occupa le palais du Luxembourg à Paris, le château de Meudon, et celui de la Meute, dans le bois de Boulogne.

On pense qu'elle se maria secrètement avec le comte de Riom.

Etant au château de la Meute, et grosse de sept mois, elle fit une couche prématurée, le 16 juin 1719, à la suite d'excès de plaisirs ; l'enfant mourut le lendemain 17, et la mère succomba à son tour le 20 juillet, à l'âge de 24 ans, des suites de ses couches, ou pour mieux dire, de ses plaisirs.

1711.

Le jour de Sainte-Anne, il fit un vent si considérable, que les blés, qui étaient mûrs et près d'être sciés, furent égrenés dans les champs. On a calculé qu'il pouvait y en avoir environ deux septiers perdus par arpent. C'est une perte considérable.

Février 1712.

MORT DU DUC ET DE LA DUCHESSE DE BOURGOGNE.

Le 12 février, mourut à Versailles Mme la dauphine de Savoie, à l'âge de 27 ans, après quatre jours de maladie.

Mgr le duc de Bourgogne, son mari, qui l'aimait tendrement, voyant que la Faculté l'avait jugée, et qu'elle n'avait plus guère de temps à vivre, l'alla voir, et cette princesse lui ayant marqué un sensible regret de le quitter, il l'embrassa tendrement, et (comme s'il en avait eu l'inspiration divine) il lui dit : « Princesse, je vous suivrai bientôt ; » et, en effet, ce prince étant retourné le 13 à Marly, y mourut le 18, six jours après la mort de la princesse son épouse. Ils moururent l'un et l'autre de la rougeole ; ce fut par l'ignorance des médecins.

Le corps du duc fut apporté le 19 de Marly à Versailles, et le 20, déposé à côté de celui de la Dauphine.

Le 23, les deux corps furent mis sur un char funèbre, attelé de huit chevaux. Le convoi partit de Versailles sur les trois heures du soir, et arriva le 24 à Saint-Denis, à 7 heures du matin.

On peut dire que ces deux morts rapides et ce convoi étaient un triste spectacle à voir.

Des deux enfants qu'ils laissèrent, le duc de Bretagne, qui avait 4 ans, mourut le 8 mars suivant, et le deuxième, le duc d'Anjou, qui n'avait que deux ans, et fort délicat, fut atteint de la rougeole, qui venait d'enlever son père et sa mère. Les mesures que le roi fit prendre, si la mort de ce jeune prince arrivait, furent inutiles, car il entra bientôt en convalescence, fut ensuite appelé Dauphin, et régna sous le nom de Louis XV.

Depuis sa naissance, chaque année, à Notre-Dame (1), on

---

(1) De Versailles.

chante un *Te Deum*, les officiers du bailliage y assistent en robes, et il y a des feux et des illuminations.

Juin 1712.

NOTE SUR LE DUC DE VENDOME, A L'OCCASION DE SA MORT, ARRIVÉE LE 11 JUIN 1712.

Louis-Joseph de Bourbon, duc de Vendôme, de Martigues et d'Étampes, prince d'Anet, général des galères, gouverneur du Languedoc, chevalier des ordres du Roi, généralissime des armées des rois de France et d'Espagne ; grand-vicaire et premier prince d'Espagne, naquit le 30 juin 1654. Il était petit-fils de César de Vendôme, fils naturel de Henri IV et de la belle Gabrielle, duchesse de Beaufort.

Ce prince commença à servir dès l'âge de 14 ans. Il fit ses premières campagnes sous le maréchal de Turenne. Puis il servit ensuite sous le prince de Condé, avec lequel il passa le Rhin à la nage, à l'âge de 18 ans, en 1672, et se signala plus tard, à la bataille de Steinkerque, en 1692, sous le maréchal de Luxembourg, et à la bataille de la Marsaille, en 1693, sous le maréchal de Catinat.

Le duc de Vendôme était véritablement le père des soldats, et, à tous les titres dont il était revêtu, il préférait toujours celui de soldat. Il était extrêmement aimé de Monseigneur (le grand Dauphin), avec lequel il faisait souvent des parties de plaisir.

Le maréchal de Noailles, père de celui actuel, n'ayant pu prendre Barcelonne, le Roi envoya M. de Vendôme en Catalogne.

Ce prince était toujours prêt à partir sur l'ordre du Roi. Jamais il ne retardait d'un jour, tout son équipage consistant dans sa chaise de poste. Très souvent même, il oubliait de se munir de linge, et Mme la princesse de Conty (Marie-Anne de Bourbon, première douairière) avait toujours le soin de lui faire faire des chemises, et de les lui envoyer par les courriers.

Arrivé en Espagne, le duc de Vendôme battit un corps de troupes espagnoles, à Ostalric; en 1697, il vint mettre le siége devant Barcelonne. Son armée était composée de 43 bataillons d'infanterie, de 55 escadrons de cavalerie, et de 20 de dragons : en tout 25,000 hommes. Le prince de Darmstadt défendait la ville, avec 10,000 hommes d'infanterie, 1,500 chevaux et 4,000 bourgeois armés.

La haute réputation militaire du gouverneur, à la tête d'une si nombreuse garnison, et sur le point de recevoir des secours de l'armée que commandait le vice-roi de Catalogne, faisait douter du succès de ce siége, et tout autre que le duc de Vendôme n'aurait peut-être osé l'entreprendre avec si peu de troupes.

La tranchée fut ouverte le 15 juin.

Le prince de Darmstadt, pour montrer son peu de crainte, faisait donner tous les soirs, sur les remparts, des sérénades avec des trompettes, des hautbois, et d'autres instruments; de leur côté, le grand-prieur de France, frère du duc de Vendôme, M. d'Usson, et d'autres officiers généraux, pour répondre avec la même audace au prince de Darmstadt, montaient à la tranchée au son des violons, des trompettes, des hautbois et de toutes sortes d'instruments.

Ces bravades n'empêchaient pas les sorties d'être très meurtrières, car la plupart du temps c'étaient de véritables batailles, dans lesquelles il resta plus de 4,000 morts, et l'on fut obligé de convenir d'une suspension d'armes, pour enterrer les corps.

Le duc de Vendôme payait très bien ses espions. Il apprit par eux que le vice-roi de Catalogne, qui n'était qu'à quelques lieues de lui, se proposait de l'attaquer par derrière dans ses lignes, tandis que le gouverneur de Barcelonne ferait simultanément une sortie considérable, ce qui mettrait son armée entre deux feux.

Ce prince, aussi prudent que brave, afin d'éviter une attaque aussi dangereuse, prit la résolution de prévenir le vice-roi. Il marcha toute la nuit du 14 juillet, avec un détachement de ses troupes, et arriva à la pointe du jour devant le camp du vice-roi, qui était encore au lit, et qui se sauva en chemise ; il força le camp, qui fut pillé et ensuite brûlé. La cassette du vice-roi, dans laquelle il y avait 22,000 piastres (240,000 liv.), ses papiers, sa vaisselle d'argent, ainsi que celles des autres généraux, tombèrent au pouvoir du duc de Vendôme.

Il n'y eut, du côté des Français, que 70 soldats hors de combat, tant de tués que de blessés.

Cette affaire porta le nom de bataille de Saint-Félin. Malgré le résultat de ce combat, le prince de Darmstadt se défendait toujours vigoureusement.

Le duc de Vendôme resserra le siége, et le 5 août il fit sommer la ville de se rendre le jour même, et la menaçait, dans le cas contraire, de la livrer à toutes les fureurs de la guerre.

Le prince de Darmstadt fit aussitôt battre la chamade, et les négociations commencèrent, mais se prolongèrent cependant jusqu'au 10 que la capitulation fut signée.

La garnison sortit de la ville avec les honneurs militaires.

Aussitôt que Louis XIV, qui était inquiet de l'issue de ce siége, eut reçu la nouvelle de la capitulation, il envoya au duc de Vendôme le brevet de vice-roi de Catalogne.

La prise de Barcelonne força le roi d'Espagne à signer la paix, qui fut conclue à Riswick.

Cette paix ne fut pas de longue durée.

Le roi d'Espagne, Charles II, sentait approcher sa fin. Pour éviter le démembrement dont la monarchie espagnole était menacée à sa mort, il fit un testament qui appelait à la succession de la couronne d'Espagne, Philippe, duc d'Anjou, petit-fils de Louis XIV.

Le roi d'Espagne étant mort le 1ᵉʳ novembre 1700, Louis XIV fut véritablement reconnu roi d'Espagne, sous le nom du duc d'Anjou, qui prit le titre de Philippe V. Ce prince partit de Versailles le 4 décembre 1700, pour aller prendre possession de cette grande monarchie.

De son côté, l'empereur Léopold voulut aussi s'emparer de la couronne d'Espagne, et il fit passer en Catalogne son frère puîné, qui prit le titre de roi d'Espagne, sous le nom de Charles III.

Ces deux grands rivaux firent entrer, l'un et l'autre, des troupes en Espagne, et la guerre recommença de nouveau.

Le maréchal de Villeroy, qui avait été envoyé en Italie, ayant été fait prisonnier dans Crémone, par le prince Eugène de Savoie, le 2 février 1702, le roi nomma le duc de Vendôme pour le remplacer.

Ce prince gagna, en Italie, la bataille de Santa-Vittoria; la bataille de Luzara, le 15 août 1702; fut vainqueur dans plusieurs combats, en 1703; prit grand nombre de villes, en 1704; gagna la bataille de Cassano, sur le prince Eugène, le 16 août 1705; eut, dans cette affaire, un cheval tué sous lui, fut blessé et combattit à pied, jusqu'à ce qu'il eût un autre cheval; enfin, le 19 avril 1706, fut encore vainqueur à la bataille de Calcinato, dans laquelle il mit dans une déroute complète l'armée de l'Empereur, commandée par le général Reventlaw, qui y fut tué.

A la suite de cette victoire, le Roi lui écrivit la lettre la plus flatteuse et la plus gracieuse du monde.

Depuis son retour en France, le maréchal de Villeroy avait été chargé de la guerre de Flandre; mais après la perte de la bataille de Ramillies, le 23 mai 1706, on fit revenir en toute hâte M. de Vendôme, que l'on envoya remplacer Villeroy en Flandre, où il arrêta, avec une armée délabrée, les rapides progrès qu'avait déjà faits l'ennemi.

Le duc de Vendôme fut encore chargé de commander en

Flandre, sous le duc de Bourgogne, qui venait d'être nommé généralissime de l'armée, pour les opérations de la campagne de 1708.

L'armée de Flandre était considérable, et tout faisait espérer une glorieuse campagne. Malheureusement, le duc de Bourgogne s'étant engagé précipitamment, et mal à propos, à la bataille d'Oudenarde, cette bataille n'eut point le succès favorable qu'on aurait pu espérer. Cependant tout pouvait se réparer : le duc de Vendôme, qui avait fait pendant le combat des actions extraordinaires, était resté sur le champ de bataille et voulait recommencer le lendemain, mais le duc de Bourgogne s'étant précipitamment retiré à Gand, le duc de Vendôme fut forcé, par cette retraite, d'abandonner le champ de bataille et de se retirer aussi sur les deux heures après minuit.

Les ennemis étant venus mettre le siége devant Lille, le duc de Vendôme fit aussitôt les dispositions nécessaires pour les attaquer et leur faire lever le siége ; mais le duc de Bourgogne ayant changé les dispositions du duc de Vendôme, celui-ci vint aussitôt le trouver *à pointe de cheval*, et lui dit qu'il écoutait le conseil de trois Jean-F... qui étaient à ses côtés.

Aussitôt le duc de Bourgogne lui répondit qu'il lui manquait de respect, et qu'il allait retourner à la Cour. Mais le duc de Vendôme lui répliqua : « Non, Monsieur, je ne vous manque point de respect ! J'ai voulu vous faire acquérir de la gloire en faisant lever le siége de Lille ; vous ne le voulez pas, vous serez témoin de sa prise. Si vous vous en alliez, je serais plus tôt à Anet que vous ne seriez à Versailles. Mais vous êtes le généralissime de l'armée et vous ne pouvez la quitter sans un ordre du Roi. Ainsi, je vous le répète, vous serez témoin de la prise de Lille ! » Après quoi, il se retira.

Lille fut pris, et tout y concourut, à l'exception du duc de Vendôme.

On dit que le Roi avait promis à la marquise de Maintenon de la faire reconnaître comme reine si le duc de Vendôme gagnait une bataille en Flandre, et que le duc de Bourgogne, pour éviter qu'une pareille tache vînt ternir le règne du Roi, avait contrecarré le duc de Vendôme, et fait avorter ses projets.

Quoi qu'il en soit, Lille fut pris parce qu'on le voulut bien.

La mésintelligence continuait de régner entre le duc de Bourgogne et le duc de Vendôme, depuis leur arrivée à la Cour. Un jour, pendant un voyage à Marly, le duc de Vendôme vint dans un salon où se trouvait à jouer la duchesse de Bourgogne. En le voyant entrer, la duchesse dit assez haut : « Verrai-je donc toujours l'ennemi de mon père et de mon mari ? » Ce qu'ayant entendu le duc de Vendôme, il lui répondit vivement : « Non, Madame, je ne suis l'ennemi personnel ni de l'un ni de l'autre, mais si le Roi, mon maître, m'eût laissé faire, j'aurais réduit votre père à de telles extrémités, qu'il n'eût pu nuire à personne ! Et quant à votre mari, j'ai voulu lui faire acquérir de la gloire, et ce n'est pas ma faute s'il n'a pas voulu ! »

Après cette réponse si fière, le duc de Vendôme se retira et partit aussitôt pour Anet.

Le soir, au souper, le Roi ne voyant pas le duc de Vendôme, et l'ayant demandé, on se contenta de lui répondre qu'il était parti pour Anet, et rien de plus, parce que le duc et la duchesse de Bourgogne étaient à table avec Sa Majesté. Mais plus tard, au petit coucher, un courtisan lui ayant raconté tout ce qui s'était passé, le Roi envoya aussitôt plusieurs seigneurs auprès du duc de Vendôme. Ils partirent la nuit même et arrivèrent à Anet quelques heures après le duc.

Parmi ces seigneurs, se trouvait le comte de Chémerault. Jusqu'alors, Chémerault avait été considéré comme le *toutou* du duc de Vendôme, et c'était lui qui ordonnait tout à

Anet. Le duc avait toute confiance en lui, et il fut extrêmement surpris, lorsque le Roi, quelques jours avant la scène de Marly, lui remit les lettres que le même Chémerault avait écrites à Sa Majesté pendant le siége de Lille, à l'instigation du duc de Bourgogne, contre le duc de Vendôme.

Dès que le duc l'aperçut, il le prit à part et l'emmena dans les jardins. Quand ils furent seuls, le prince lui dit : « Chémerault, l'on m'a dit que vous aviez écrit au Roi contre moi, mais je n'en ai rien voulu croire. Dites-moi la vérité, et si vous l'avez fait par complaisance pour le duc de Bourgogne, avouez-le moi, et je vous jure, parole de prince, de l'ensevelir dans un éternel oubli. »

— Ah ! Monseigneur, répondit Chémerault, Votre Altesse peut-elle me soupçonner d'une pareille perfidie, moi qui lui ai tant d'obligations et qui ne serais rien sans elle ! — Je ne vous soupçonne point, lui répliqua le duc de Vendôme, mais je veux que vous me disiez la vérité, et je vous le répète, je l'aurai aussitôt oublié. » Chémerault s'opiniâtra et nia toujours qu'il eût écrit ces lettres. Le prince le pressait d'en faire l'aveu, car il n'attendait que cet aveu pour lui pardonner.

Pendant ce temps, on avait servi le dîner, et quelques-uns des seigneurs qui étaient restés au château, étonnés de ne point les voir revenir, étaient entrés dans le jardin pour les chercher. Le duc de Vendôme, qui les aperçut de loin, pressa de nouveau Chémerault : « Vous ne voulez donc rien m'avouer, Monsieur, lui dit-il, j'en suis fâché pour l'amitié que j'ai toujours eue pour vous ! » Mais Chémerault protestant encore qu'il n'en était rien : « Tenez, Monsieur, lui dit alors le duc de Vendôme, en tirant de sa poche les lettres que le Roi lui avait remises, et les lui montrant, voilà la preuve que vous êtes un misérable ! Tout autre que moi vous ferait jeter dans ce canal ! Retirez-vous, et ne reparaissez jamais devant moi. »

Chémerault se jeta alors à ses genoux et balbutia quelques paroles pour demander pardon, mais le duc de Vendôme lui tourna le dos sans vouloir l'écouter, alla rejoindre sa compagnie et se mit à table.

Pendant le dîner, quelques-uns des seigneurs, inquiets de ne point voir revenir Chémerault, demandèrent au duc de Vendôme ce qu'il était devenu. Le prince leur répondit avec beaucoup de tranquillité que Chémerault n'était point venu pour rester, mais seulement pour lui parler d'une affaire particulière qui l'obligeait à retourner promptement à la Cour; qu'il avait fait tout ce qu'il avait pu pour le retenir à dîner, mais qu'il n'avait pu l'y engager, quelque instance qu'il lui eût faite. Ils prirent cette réponse pour argent comptant et n'en parlèrent plus.

Chémerault ne retourna plus à la Cour à Marly, mais s'en alla droit à Paris.

Les personnes qui ont su ces détails ont admiré la grandeur d'âme du duc de Vendôme, qui lui fit ainsi donner le change aux autres seigneurs sur ce qui venait de se passer entre lui et Chémerault, afin de conserver la réputation que cet officier s'était acquise dans différentes actions.

Le Roi réconcilia plus tard le duc de Bourgogne avec le duc de Vendôme, puis il maria ce prince avec Mlle de Bourbon-Condé, en 1710.

Peu de temps après, le roi et la reine d'Espagne, qui voyaient leur couronne chancelante, écrivirent à Louis XIV, pour le prier de mettre le duc de Vendôme à la tête de l'armée espagnole. Le Roi manda le duc de Vendôme, qui partit aussitôt d'Anet et vint le trouver à Versailles. Sa Majesté lui dit qu'elle n'avait pu résister aux instances du roi et de la reine d'Espagne, qu'elle le priait d'aller prendre le commandement de leur armée, qu'elle avait donné des ordres pour qu'on lui remît, au Trésor royal, 50,000 écus, à son passage à Paris. Le duc de Vendôme répondit au Roi qu'il le priait de garder cette somme pour des personnes moins affectionnées que lui au service de Sa

Majesté et du roi d'Espagne ; qu'il avait trouvé dans ses propres ressources 100,000 livres qui lui suffiraient pour son voyage, et qu'il ne voulait être en rien à la charge du roi d'Espagne. Il prit ensuite congé de Sa Majesté et des principaux personnages de la Cour, et partit le lendemain.

Pendant que le duc de Vendôme se dirigeait ainsi vers l'Espagne, la duchesse de Bourgogne, qui conservait toujours de l'inimitié contre lui, dit avec affectation et aigreur, dans un des cercles de la Cour : Que fera *cet homme de plus* en Espagne ? Propos inconvenant, mais qu'on pouvait excuser, jusqu'à un certain point, dans la bouche de cette princesse, qui ne pouvait apprécier les talents du duc de Vendôme.

Une nouvelle bien grave que *cet homme de plus* apprit à son arrivée à Bordeaux, fut la perte de la bataille de Sarragosse, la retraite du roi d'Espagne sur la frontière, et l'entrée à Madrid de Charles III.

Le duc de Vendôme ne put s'empêcher de manifester quelques inquiétudes sur les suites d'un événement si grave, mais son courage n'en fut point ébranlé, et il continua sa route, pour aller à la recherche du roi, de la reine et du prince des Asturies, dont il ignorait le lieu de retraite.

Le duc de Vendôme fut reçu partout en Espagne avec de grands signes de joie ; à Vittoria, entre autres, où il arriva le 15 septembre, les rues furent tendues de tapisseries, le pavé jonché de lauriers, de lys et d'autres fleurs, et le soir il y eut des feux d'artifice.

Ce fut à Valladolid que le duc de Vendôme rejoignit le roi et la reine d'Espagne et le prince des Asturies. Leur entrevue fut des plus touchantes. Dès son arrivée, le duc s'empressa de rassembler les débris de l'armée ; puis, après les dispositions nécessaires, il marcha pour attaquer l'ennemi à *Brihuega*.

Il communiqua ses plans au roi d'Espagne et engagea ce prince à se mettre à la tête de l'armée, afin d'effacer l'effet fâcheux qu'avait produit son absence à la bataille de Sarragosse.

Brihuega était défendu par un corps de 8,000 Anglais qui s'y étaient retranchés. Pour y arriver, il fallait passer le Tage. Les gardes-du-corps du roi d'Espagne s'étaient déjà emparés du seul pont par où l'armée pouvait passer, et commençaient à y défiler, quand le duc de Vendôme, s'élançant à cheval au-devant d'eux, leur cria : « Retournez, mes amis, retournez ; par où voulez-vous donc que puisse passer l'artillerie et l'infanterie ? voilà votre chemin à vous, et le mien en même temps. » Puis, se jetant dans le Tage, rivière fort dangereuse, il la passe à la nage, au péril de sa vie, mais comme exemple nécessaire pour montrer le chemin. La cavalerie le suit et passe aussi à la nage, tandis que l'artillerie et l'infanterie traversent le pont. Il marche ensuite droit sur *Brihuega*, qu'il attaque vivement, mais qui est défendu avec une grande valeur par milord Stanhope.

Le duc de Vendôme, qui ne s'attendait point à tant de résistance, et qui sentait l'importance d'emporter *Brihuega* avant l'arrivée du comte de Stahremberg, qui venait au secours des Anglais avec une armée déjà pleine de renom, mena le Roi sur les retranchements, et, ayant pris un pistolet à l'arçon de sa selle : « Sire, lui dit-il, c'est ici que l'on gagne des couronnes ! Ne craignez rien ; vos ennemis et les miens ne tirent pas droit, et s'ils eussent tiré juste, il y a longtemps que Votre Majesté et moi aurions été tués. » Puis il força le retranchement et obligea milord Stanhope à se rendre prisonnier avec toute la garnison anglaise, qu'il fit désarmer et envoya sous escorte en différents lieux.

Sans perdre de temps, le duc de Vendôme marcha au comte de Stahremberg, général d'une haute réputation, l'attaqua à Villaviciosa, le lendemain 11 décembre 1710, et le défit entièrement.

Le résultat de ces deux journées fut : 4,000 hommes tués, 9.000 prisonniers, et la prise de 10 paires de timbales, de

14 étendards, de 54 drapeaux, de 20 pièces de canon, de 2 mortiers, de 96 chariots et de 1,000 mulets.

Après cette grande bataille, Charles III et le comte de Staremberg ne se crurent plus en sûreté qu'à Barcelonne, où ils se retirèrent.

Philippe V, comblé de la gloire que le duc de Vendôme venait de lui faire acquérir, rentra triomphant dans Madrid.

Le roi Louis XIV ayant reçu un message du duc de Vendôme qui lui annonçait ces deux grands succès, qui raffermissaient Philippe V sur le trône d'Espagne, s'empressa d'en faire part à toute la Cour, et ajouta, faisant allusion à certain mot : « Voilà pourtant ce que c'est qu'*un homme de plus.* »

On donna au duc de Vendôme le titre de libérateur de l'Espagne, et on le reconnut pour premier prince du sang et grand vicaire d'Espagne.

Au mois de juin 1712, le duc de Vendôme se rendit à Tignaroz, pour l'ouverture de la campagne de cette année. Il y fut bientôt pris d'une indisposition, que l'on attribua à une indigestion, survenue après avoir mangé du poisson et des coquillages de la mer, mais que beaucoup de personnes rejetèrent sur le poison qui lui aurait été donné par les Espagnols jaloux de sa gloire.

Il mourut le 11 juin 1712, âgé de 58 ans.

La France et l'Espagne, en perdant le duc de Vendôme, firent une perte irréparable.

Ce prince, pendant qu'il commandait en chef, a eu la gloire de n'être jamais ni surpris ni battu. La France lui dut toute sa réputation en Italie, l'Espagne son salut, et le roi Philippe V sa couronne.

Le roi d'Espagne eut une vive douleur de la mort du duc de Vendôme. Il en prit le deuil, et fit déposer le cercueil du prince dans le monastère de l'Escurial, ne pouvant mieux marquer sa reconnaissance pour celui qui lui avait remis la couronne sur la tête, qu'en faisant placer son corps dans le lieu même de la sépulture des rois.

Ce prince fut universellement regretté, et moi qui l'ai connu, je le regrette encore comme au premier jour, en l'année 1744.

Il paraît que M. le duc de Gesvres n'a pas voulu hasarder, par un second mariage, de faire preuve de capacité ; car sa femme, qui avait formé contre lui une demande en séparation, fondée sur ce qu'elle l'accusait d'impuissance, étant morte en 1722, il est resté veuf.

14 Février 1714.

Le 14 février 1714, mourut, à Madrid, Marie-Louise-Gabrielle de Savoie, âgée de 26 ans. Il y avait douze ans, cinq mois et trois jours qu'elle était mariée au roi Philippe V.

Mgr le duc de Berry donna trois bals pendant le carnaval.

Il occupait alors l'appartement du Dauphin tout entier, attendu que le jeune Dauphin était encore aux femmes (1).

Ces bals furent magnifiques. Les buffets étaient garnis de toutes sortes de rafraîchissements, et, de plus, un grand nombre de garçons d'office étaient répandus partout et chargés d'en porter aux spectateurs et aux danseurs ; de sorte que l'on n'était pas obligé de quitter sa place pour aller aux buffets.

Dans toutes les salles où l'on dansait, se trouvaient des

---

(1) Cet appartement occupait tout le rez-de-chaussée du Château, sous les appartements de la Reine.

joueurs d'instruments; et rien n'était plus magnifique que l'éclat des lustres et des bougies qui éclairaient les appartements.

Ces bals attirèrent une foule de personnes de Paris, qui y vinrent masquées et en carrosses, et qui firent une très grande dépense à Versailles.

On dit que les officiers de la maison du duc qui étaient du quartier de janvier, et qui servaient, gagnèrent sur les fournitures qu'ils firent, pendant ces bals, le prix de leurs charges.

Le duc de Berry mourut d'une chute qu'il fit à la chasse, à Marly, le 4 mai 1714. Il était âgé de 28 ans.

19 Février 1715.

L'AMBASSADEUR DE PERSE MEHEMET-RIZABEG.

Cet ambassadeur arriva en France après avoir été, dit-on, longtemps ballotté sur mer par les vents. Le jour de son entrée à Versailles fut fixé au 19 février.

Pour faire éclater sa magnificence, Louis XIV s'était fait faire un habit de velours noir brodé d'or, et garni d'une quantité prodigieuse de diamants.

Le trône était placé au bout de la grande galerie de Versailles, du côté de l'appartement de la Reine. Au-dessus de la tête du Roi était un dais d'une grande beauté.

Les princes et les seigneurs étaient vêtus avec une magnificence incroyable.

On avait construit, le long de la galerie, des gradins, sur la droite du Roi, sur lesquels étaient rangées trois cent neuf dames avec des habits superbes et brillantes de diamants.

Les régiments des gardes étaient sous les armes.

L'ambassadeur arriva sur les dix heures du matin. Il se présenta à cheval à la grille de la première cour du château. Sa suite, composée d'environ vingt personnes, assez mal vêtues, était aussi à cheval. Plusieurs de ses gens étaient armés de mousquetons qu'ils tenaient haut et qu'on leur fit ôter.

L'ambassadeur entra avec sa suite, puis monta par le grand escalier (1). Déjà de tous les côtés on ne l'appelait que le *marabout*.

Depuis le grand escalier, les grands appartements, la galerie, jusqu'au trône du Roi, il y avait une telle affluence de monde, richement vêtu, qu'à peine si l'ambassadeur put passer. Il arriva enfin devant le Roi, fit trois génuflexions et ensuite son compliment.

On disait qu'il apportait au Roi des présents considérables; mais le tout se réduisit à un collier de perles et à quelques colifichets d'une valeur de trois mille livres.

Il expliqua qu'il avait été obligé de jeter une partie de ses effets à la mer; que le reste lui avait été volé, et qu'il ne lui était resté que ce qu'il donna.

Il s'éleva quelques soupçons sur cet ambassadeur : les uns le regardèrent comme un imposteur ; d'autres prétendirent que c'était une mascarade pour divertir le Roi, dont l'esprit baissait par suite des chagrins que lui avaient causés la perte de ses enfants.

Quoi qu'il en soit, le Roi, se lassant de la dépense que causait cet ambassadeur, voulut le renvoyer.

Mais pour prouver au public que l'ambassadeur était véritable, on lui donna une audience de congé aussi solennelle que celle de la réception. C'est ce qui obligea le Roi de revenir de Marly, le 10 août.

L'audience de congé eut lieu le 13.

J'assistai à cette audience et je fis remarquer à M. Hardy, procureur au bailliage de Versailles, qu'aussitôt que l'ambassadeur eut pris congé du Roi, il alla chez M. de Torcy,

---

(1) Ce grand escalier a été détruit sous le roi Louis XV, pour faire les appartements de ses filles.

ministre des Affaires étrangères, et que les timbales, hautbois et trompettes qui s'étaient mis devant l'appartement de ce ministre, pour conduire l'ambassadeur en sortant du Château avec la même cérémonie qu'à son entrée, eurent ordre de se retirer.

Un moment après, l'ambassadeur sortit de chez M. de Torcy; il monta à cheval avec sa suite, la pipe à la bouche, et au lieu de passer dans le milieu de la haie des régiments des gardes, il prit derrière et partit pour Paris.

Le Roi lui fit des présents considérables. On lui donna des tapisseries, des montres, des tabatières, des épées et des pistolets. Il partit alors de Paris, emmena avec lui la femme d'un cafetier, et s'embarqua à Rouen.

Lorsqu'il vint à Versailles, les gens des environs de Versailles et les Parisiens vinrent en si grande quantité, que la cour du Château, la place d'Armes et partie de l'avenue de Paris, en étaient remplis.

Il y eut des aubergistes qui louèrent une seule chambre, pour un jour et une nuit, jusqu'à cinquante livres.

A son départ, on était rassasié de cette pauvre ambassade, qui n'avait eu de remarquable que la magnificence du Roi et de la cour, et la grande affluence de monde qui s'était rendue à Versailles.

La curiosité, *quoique au mois d'août, était tout à fait refroidie.*

MORT DE LOUIS XIV.

Louis XIV était âgé de 76 ans. Les tristes événements de la guerre l'avaient profondément affligé, mais la perte de son fils unique, *Monseigneur*, de ses petits-fils et arrière petits-fils, lui portèrent des coups si violents, qu'il lui fallut toute sa grandeur d'âme et son grand courage pour se soutenir au milieu de tant d'accablement.

Il voulait, avant la fin de sa carrière, qu'il sentait approcher, prévenir les troubles que sa mort pouvait causer dans l'Etat.

Au mois de juillet 1714, il rendit un édit qui appelait au trône, à défaut de princes du sang, Louis-Auguste de Bourbon, duc du Maine, et Louis-Alexandre de Bourbon, comte de Toulouse, ses enfants naturels, qu'il avait fait légitimer.

Il fit son testament et des dispositions qu'il croyait devoir être suivies; et pour être plus certain de leur exécution, il les fit déposer au Parlement, qui trompa sa confiance en les cassant.

Dans le mois de juillet 1715, le Roi fit la revue de son régiment, qu'il avait fait camper au-dessus de Marly. On remarqua qu'il avait de la peine à monter à cheval. Pendant la revue, il se plaignit d'un petit frisson, demanda son manteau et le mit. Les courtisans qui l'entouraient *en firent autant, quoique sans aucune nécessité*.

Quelque temps avant, à un souper, le Roi avait mangé beaucoup de figues à la glace, qui lui causèrent une indigestion.

Quoique ordinairement il mangeât beaucoup, il avait pour habitude de ne boire, à chaque repas, que trois coups d'un vin très vieux, usé, et à la glace, avec les deux tiers d'eau. On reconnut, mais trop tard, qu'on devait lui changer cette boisson et lui donner un vin moins usé.

Le 10 août, il revint de Marly à Versailles, où il tomba malade le 20.

Le Roi avait fait venir à Versailles la gendarmerie, pour en passer la revue. Elle s'assembla, monta jusqu'à la première grille du château, mais elle ne put être passée en revue par le Roi, à cause de son indisposition, et reçut l'ordre d'aller au Champs-de-Mars, à Marly, où elle le serait par le duc du Maine.

On s'aperçut presque aussitôt du vif déplaisir que devait

ressentir le duc d'Orléans de cette préférence, et afin de réparer la faute, on y envoya M. le Dauphin, alors âgé de 4 ans et demi, en priant le duc d'Orléans de l'y accompagner. Lorsqu'ils arrivèrent, le duc du Maine avait déjà passé en revue les premières compagnies de gendarmerie; il se retira aussitôt qu'il aperçut le Dauphin et le duc d'Orléans, et M. le Dauphin, ou pour mieux dire M. le duc d'Orléans, continua la revue.

Le Roi était prévenu contre le duc d'Orléans, depuis sa prétendue conspiration en Espagne contre Philippe V.

Le duc d'Orléans avait su tout ce qui s'était passé dans le conseil tenu à ce sujet, l'opinion de Pontchartrain et du duc de Bourgogne, alors Dauphin, qui était de lui faire trancher la tête; et on le soupçonna de s'en être vengé en contribuant à la mort prématurée de M. le Dauphin et de Mme la Dauphine de Bourgogne, ainsi qu'à celle des deux ducs de Bretagne; les rumeurs publiques devinrent même si considérables, qu'elles arrivèrent jusqu'aux oreilles du duc d'Orléans, qui crut devoir en demander justice au Roi, et même offrir de se rendre à la Bastille. Le Roi ne voulut entendre aucune justification, il répondit seulement au prince avec impatience : « Monsieur, on a bien parlé de moi, on peut bien aussi parler de vous. » — Les gens mêmes du duc d'Orléans parlaient de ces faits comme certains.

Le Roi, dans les derniers temps de sa vie, était constamment occupé à concilier les princes, espérant ainsi procurer après sa mort, au royaume, une tranquillité qu'il n'avait pu lui donner pendant son règne, et il cherchait surtout à captiver la bienveillance du duc d'Orléans pour le jeune Dauphin qui devait lui succéder.

La maladie de Louis XIV était tellement augmentée, que les musiciens ne crurent pas devoir lui donner, suivant l'usage, le 25 août, jour de sa fête, leur bouquet ordinaire. Le Roi s'en étant plaint et ne voulant pas que son état fît rien changer aux usages, les musiciens revinrent dans la soirée donner leur aubade.

Depuis le 25 jusqu'au 30 août, la maladie du Roi eut de grandes variations.

Dès le 26, il fit venir les princes du sang, les exhorta à vivre en paix et à ne pas s'écarter des devoirs qu'ils avaient à remplir vis-à-vis du jeune Roi, et de l'obéissance qu'ils lui devaient. Il tint aussi, au Dauphin, plusieurs discours sur le gouvernement (1).

Les jours où le Roi paraissait s'approcher du moment critique, sa chambre se trouvait vide de seigneurs et de courtisans, qui allaient en foule chez le duc d'Orléans ; mais dès qu'il se répandait que le Roi se trouvait mieux, on voyait tout à coup la même foule de seigneurs et de courtisans quitter les appartements du duc d'Orléans, pour retourner chez le Roi. Ces scènes se renouvelèrent plus d'une fois, et l'on voyait alternativement le duc d'Orléans tantôt seul, tantôt environné des grands de l'Etat.

Toute espérance cessa le 30 août. Ce jour, le duc d'Orléans, donna des ordres aux officiers et gardes-du-corps, qui restèrent bottés, jour et nuit, pour être prêts à partir dès que Louis XIV serait mort, et conduire le nouveau Roi à Vincennes. Les médecins et chirurgiens faisaient entre eux des consultations nombreuses. Le Roi leur demanda la vérité sur son état ; il les pria de ne lui rien cacher, car la mort n'avait pour lui rien d'effrayant, et depuis plus de dix ans il y était préparé.

Ils firent alors mettre une de ses jambes dans de l'eau extrêmement chaude, et il ne sentit la chaleur que lorsqu'elle eut pénétré jusqu'à la moëlle. On la retira alors ; la Faculté reconnut qu'elle était attaquée de gangrène, et le

---

(1) Voir, sur les paroles adressées par Louis XIV à son petit-fils, les *Curiosités historiques* sur les règnes de Louis XIV et Louis XV, par J.-A. Le Roi.

dit au Roi. Il leur répondit de la couper sans aucune crainte, et qu'il se sentait assez de courage pour souffrir cette opération ; puis s'adressant à *Maréchal*, son premier chirurgien, homme très habile dans son art, il lui dit : *Maréchal*, n'avez-vous pas là des rasoirs ? coupez ! et ne craignez rien. — Tout le monde fondait en larmes autour de lui.

Les médecins reconnurent qu'il était trop tard, et qu'en coupant la jambe, ils ne pourraient lui conserver la vie.

Le 31 août, le Roi fut encore plus mal.

Le dimanche 1er septembre, on exposa dès le matin le Saint-Sacrement dans la chapelle du Château.

Le Roi baissait de plus en plus, et mourut enfin à 8 heures un quart du matin.

On ôta immédiatement le Saint-Sacrement, qu'on remit dans le tabernacle.

Ainsi finit Louis XIV, plus grand que les Alexandre et les César.

Aussitôt le roi mort, le duc de Bouillon, grand-chambellan, vint sur le balcon au-dessus de la cour de marbre, et cria : Le roi Louis XIV est mort ; et par trois fois : Vive le roi Louis XV.

On dit partout : il est mort en chrétien, en Roi et en héros, quoique dans les bras d'un Jésuite (le père Le Tellier, son confesseur). Ce même jour, 1er septembre, était le dernier jour de la diminution opérée tous les mois (10 sous) sur chaque louis d'or (dit au soleil), qui avait eu cours pour 20 livres, et qui se trouvait réduit à 14 livres, et sur les écus (de deux soleils) qui valaient d'abord 5 livres, et qui étaient réduits à 3 livres 10 sous.

Ce fut à l'occasion de cette réduction que fut dit ce bon mot qui fut plus tard une vérité : « Il voulait qu'il fût dit qu'*on perdait à sa mort*. » Bien des personnes se réjouirent de la mort de ce prince, et de tous côtés on entendait jouer les violons. Ainsi que je l'ai dit, les gardes-du-corps étaient restés bottés et prêts à partir, depuis le 30 août, pour mener le nouveau Roi à Vincennes, immédiatement après la mort de Louis XIV, mais le duc d'Orléans changea cet ordre, et la Cour resta à Versailles jusqu'au 9 septembre, pendant lequel temps le duc fit plusieurs arrangements.

Le 1er septembre, dans l'après-midi, il monta dans sa chaise et courut en poste à Paris, sans attendre ses gardes. Il alla s'assurer de M. d'*Aguesseau*, alors procureur général, qui, dans quelques occasions, avait su résister aux volontés du Roi, et ne les avait pas suivies, et de quelques autres des principaux membres du Parlement, et revint à Versailles, où il arriva sur les neuf heures du soir.

Il fit immédiatement convoquer, par des lettres circulaires, tous les grands du royaume, de se trouver le lendemain au Parlement.

Le 2 septembre, dès le matin, il partit de Versailles pour se rendre au Parlement, qu'il avait fait entourer et garnir de soldats des régiments des gardes françaises et suisses. Il fit un très beau discours, dans lequel il disait ne réclamer que le droit de sa naissance. Il demandait à avoir les mains déliées pour faire le bien, et consentait qu'on les lui liât aussi fort que l'on voudrait pour l'empêcher de faire le mal ; et il ajouta qu'il ne ferait rien que par l'avis du Parlement.

On opina. L'avis du président *Boullanger* (1), et de quelques autres membres, fut de lire le testament du feu Roi, pour en connaître les dispositions, et d'en envoyer des copies collationnées aux autres Parlements, pour avoir leur opinion, avant d'admettre Mgr le duc d'Orléans à la régence du royaume.

Ces sages avis ne furent point écoutés; et M. d'Aguesseau, procureur général, ayant conclu à ce qu'attendu le droit de la naissance de Mgr le duc d'Orléans, et ses qualités per-

---

(1) Le duc d'Orléans, devenu Régent, s'en souvint, et l'exila peu de temps après. (*Note de Narbonne.*)

sonnelles, la régence lui fût déférée, le Parlement, qui avait été emmiellé par le discours flatteur du duc d'Orléans, et d'ailleurs séduit par son opinion même, déclara, conformément aux conclusions du procureur général, le duc d'Orléans Régent du royaume pendant la minorité du jeune Roi.

Ainsi le testament du feu Roi fut anéanti sans même avoir été ouvert.

Louis XIV, qui savait qu'une régence était toujours odieuse en France et dommageable à l'Etat, avait, par son testament, institué seulement un conseil de régence dont le duc d'Orléans aurait été le chef, avec un pouvoir illimité.

Il avait aussi chargé le duc du Maine du commandement des troupes de sa maison, et du soin de l'éducation du Roi mineur ; mais, dès le jour même qu'il fut Régent, le 2 septembre, dans l'après-midi, le duc d'Orléans dépouilla le duc du Maine de ce titre éminent.

Le duc d'Orléans entra dans la régence en renard, et s'y maintint en fin politique. Il humilia et mortifia le Parlement, et lui porta, ainsi qu'au royaume, des coups que le feu Roi, tout puissant qu'il était, n'aurait jamais osé donner.

Le 9 septembre 1715, le jeune Roi Louis XV partit de Versailles à deux heures après midi. Il fit jeter quelques pièces d'argent au peuple, au bas de la place d'Armes.

Le même jour, à 7 heures du soir, partit pour Saint-Denis le corps de Louis XIV.

Peu de temps avant le départ, le corps fut levé, du lit de parade sur lequel on l'avait placé, dans la chambre qui fait face à la Cour de marbre, par le cardinal de Rohan, grand-aumônier de France, en présence du duc de Bourbon, grand-maître de la maison du Roi.

Les gardes-du-corps de la Compagnie écossaise le portèrent sur le chariot d'armes qui était dans la cour.

Le corps était couvert d'un poêle de velours noir, croisé de moire d'argent.

Le chariot était fort élevé, et attelé de huit chevaux de deuil.

Voici l'ordre de la marche :

Pauvres à pied, en deuil, avec des flambeaux. — Les officiers d'office, à pied ; plusieurs à cheval. — Les pages et gens de livrée. — Carrosses des principaux officiers. — Le maître des cérémonies. — Le grand-maître des cérémonies. — Les mousquetaires noirs ; les mousquetaires gris ; les chevau-légers. — Les officiers de la chambre et de la garde-robe. — Premier carrosse du Roi, où étaient les aumôniers ordinaires ; le P. Le Tellier, jésuite, confesseur du Roi. — Deuxième carrosse, où étaient : le duc de Bourbon, grand-maître de France ; le cardinal de Rohan, grand-aumônier de France ; le duc de Tresmes, le duc de la Trimoille, le duc de Mortemart, premiers gentilshommes de la chambre du Roi ; le chevalier de Dampierre, premier écuyer du duc de Bourbon. — Après venaient les trompettes de la chambre, à cheval. — Le Roi, et les hérauts d'armes, à cheval. — Le grand-maître, le maître, et les aides des cérémonies. — Le chariot où était le corps du Roi. — Quatre aumôniers, à cheval, qui portaient les quatre coins du poêle. — Le prince Charles de Lorraine, grand-écuyer, à cheval. — Le duc de Villeroy, capitaine des gardes-du-corps, à cheval. — Les gardes-du-corps du Roi. — Les gendarmes fermaient la marche.

Le convoi, arrivé à une demi-lieue de Saint-Denis, y fut joint par un grand nombre d'officiers des sept-offices, à pied ; par les gardes de la prévôté de l'Hôtel, et par les cent-suisses.

Les religieux de l'abbaye de Saint-Denis, au nombre de cent vingt, revêtus de chapes de velours noir, vinrent au devant du corps, à un quart de lieue de l'abbaye.

Peu de temps après la mort de Louis XIV, et la Cour étant encore en deuil, le duc d'Orléans, Régent, fit ouvrir un bal, au Palais-Royal, dans lequel toutes sortes de personnes avaient la liberté d'entrer en payant un écu. Lorsque l'on sortait de ce bal et qu'on voulait y rentrer, il fallait de nouveau payer un écu, et ainsi chaque fois.

C'est ainsi que le duc d'Orléans, Régent, honora les funérailles du plus grand Roi de la terre.

L'empereur Joseph n'en fit pas ainsi, car il porta le deuil et le fit porter à sa Cour beaucoup plus régulièrement qu'on ne le fit en France.

1716.

Aussitôt après la mort du Roi, en 1715, le duc d'Orléans, Régent, destitua Colbert-Desmarets de la place de contrôleur général des finances, et la donna à M. le duc de Noailles, qui est un seigneur rempli de lumières et de talents.

L'année suivante, 1716, M. le duc de Noailles fit fabriquer des louis d'or que l'on a appelés *louis d'or de Noailles*. Ce sont les plus beaux qui aient été faits depuis les *warins*, sous Louis XIII.

Comme la couronne qui se trouve sur ces louis est un peu en arrière, quelques critiques demandèrent si c'était pour lui ôter ou lui remettre.

M. le duc de Noailles, qui est un des meilleurs sujets du Roi, ne voulut pas toujours suivre les idées du Régent; il lui remit les finances, et prévint ainsi le Régent, qui les lui aurait ôtées.

M. le maréchal de Tessé, qui était un homme d'esprit, m'a dit que M. le duc de Noailles avait beaucoup de talent, mais qu'il était dommage qu'il s'amusât à mille petites minuties qui lui faisaient perdre la plus grande partie de son temps et même oublier les affaires les plus essentielles.

Janvier 1717.

Par arrêts du Parlement des 25 mai 1645, 1ᵉʳ juin 1677 et

4 mai 1682, le pâturage des moutons fut fixé à un par arpent.

Le bailli de Versailles rendit un jugement, le 8 janvier 1717, qui, conformément aux arrêts du Parlement, fit défense au nommé Lardé, et aux bouchers de Marly, de faire pâturer sur le terroir de Marly plus de douze moutons ou bêtes à laine, à peine de 50 livres d'amende.

2 Février 1717.

Le chancelier Voisin mourut subitement, dans la nuit du 1er au 2 février 1717.

Daniel-François Voisin fut conseiller au Parlement, en avril 1674; — maître des requêtes, en novembre 1684; — intendant des armées de Flandre, en mars 1688; — conseiller d'État, en septembre 1694; — ministre secrétaire d'État du département de la guerre, après la retraite de Chamillard, en juin 1709; — garde des sceaux et chancelier, après la retraite de M. le chancelier de Pontchartrain, en juillet 1714.

27 avril 1718.

Le 27 avril 1718, un bateau chargé de foin, et qui était en feu, s'étant arrêté sous l'arche du Petit-Pont, près le Petit-Châtelet, y mit le feu. Le feu ne put être éteint que le samedi 30, au soir. On plaça partout des gardes, et l'on s'attacha surtout à empêcher la communication avec l'Hôtel-Dieu. Pendant plus de dix-sept heures, on crut que tout Paris brûlerait. Vingt maisons furent incendiées, quatorze abattues, pour couper le feu. L'Hôtel-de-Ville en perdit treize.

Le maréchal de Villars, le premier président, le procureur général, le lieutenant de police, le prévôt des marchands étaient accourus sur le lieu du danger. M. le maréchal de Villars voulait absolument que l'on envoyât chercher du canon pour abattre les maisons. Mais on ne voulut pas souscrire à sa proposition, qui aurait pu faire plus de mal que de bien.

Les prêtres de la Congrégation des Missions, qui portaient un petit toupet de barbe au menton (1), suivant la règle de leur ordre, le supprimèrent en 1718. C'est une contravention à la règle de leur institut.

15 avril 1719.

Le 15 avril 1719, Mme de Maintenon mourut à Saint-Cyr, âgée de 83 ans (2).

Personne n'ignore que Mme de Maintenon naquit en Amérique, en 1636; que son père, qui se nommait d'Aubigny, était d'une famille noble du Poitou, assez connue, sous le règne de Henri IV.

Ayant eu une mauvaise affaire, il fut arrêté et renfermé dans une prison en Guyenne, d'où il se sauva d'une singulière manière.

Il cajola la fille du geôlier, et lui promit de l'épouser si elle voulait faciliter son évasion. Cette fille, plus amoureuse que fidèle à son père, écouta les propositions du galant prisonnier. Un dimanche, pendant que les parents étaient à la messe, ils s'échappèrent de la prison et gagnèrent La Rochelle, où ils s'embarquèrent pour la Martinique. Arrivés dans cette île, d'Aubigny tint parole et épousa la jeune fille.

De ce mariage naquit Mme de Maintenon, si connue dans

---

(1) A l'imitation de leur fondateur saint Vincent de Paul; ce qui les fit appeler par Saint-Simon *les barbichets des missions*.

(2) Quoique ce récit soit rempli de faits complétement faux sur la vie de Mme de Maintenon, je n'ai pas cru devoir le supprimer, parce qu'il fait voir la nature des calomnies qui circulaient alors en France sur cette femme célèbre, et qu'il montre la haine que le peuple lui portait.

l'histoire pour avoir gouverné l'esprit du roi Louis XIV jusqu'à sa mort.

A trois ans elle perdit son père et sa mère, et fut recueillie par sa marraine, qui la ramena en France. Elles débarquèrent à La Rochelle, et se retirèrent dans le Bas-Poitou.

En 1650, sa marraine mourut; elle était alors dans sa quinzième année.

On dit qu'elle fut aimée d'un paysan, mais qu'ayant repoussé son amour, il en mourut de douleur.

Le marquis de Chevreuse, épris de ses charmes, et qui connaissait sa naissance, médita sa conquête.

Guillemette, c'est ainsi que s'appelait *la Maintenon* dans sa jeunesse, était entrée chez Mme de Neuillant après la mort de sa marraine. Mme de Neuillant, qui était extrêmement avare, la fit servir à tout (1). Le marquis de Chevreuse l'enleva de son château, et demeura plusieurs années avec *Guillemette*. Le marquis étant las d'elle, voulut la marier à son bailli; mais elle refusa et prit le parti de venir à Paris. Elle y eut bientôt mangé ce que le marquis de Chevreuse lui avait donné, et fut réduite à chercher une condition. Elle s'adressa alors à une vieille entremetteuse qui la mena chez M. Scarron, fameux poète de son temps, et fils d'un conseiller au Parlement. Ils se marièrent ensemble en 1651; mais la conduite de *Guillemette* n'ayant pas été des plus régulières, le pauvre Scarron en mourut de chagrin, en juin 1660. Elle vécut pendant quelque temps du peu de biens que lui avait laissé Scarron, et ensuite de la pension de 2,000 livres que la Reine faisait au mari, et qu'elle lui conserva.

Une de ses compagnes du Poitou, qui était auprès de

---

(1) Mme de Neuillant était mère de la duchesse de Noailles. La Maintenon étant parvenue à la plus haute élévation, fut reconnaissante envers la maison de Noailles, qu'elle a fait accabler de dignités et de biens. Mme de Neuillant était grand'mère du duc de Noailles, gouverneur de Versailles en 1729. (*Note de Narbonne.*)

Mme de Montespan, alors maîtresse de Louis XIV, lui procura une place de gouvernante dans une maison de condition du Portugal, où il fallait qu'elle allât. Elle y consentit; mais, avant de partir, elle désira saluer Mme de Montespan. Son amie lui procura une entrevue, et Mme de Montespan, séduite par son esprit, la retint à son service et ne tarda pas à en faire sa confidente.

Elle devint la gouvernante des enfants du Roi et de Mme de Montespan. Dépositaire des secrets de cette dernière et des lettres qu'elle recevait du Roi, c'était Guillemette qui faisait les réponses. Un jour, elle en écrivit une si spirituelle, que le Roi se douta qu'elle venait d'une autre personne que de Mme de Montespan; il l'en fit convenir, et voulut savoir qui l'avait écrite. Elle lui dit que c'était *la Scarron*. Le Roi voulut la voir, il lui fit mille louanges sur son beau talent à écrire des lettres, et la recommanda, en sortant, à Mme de Montespan.

Le premier médecin du Roi étant mort, d'Aquin promit à Guillemette soixante mille livres, si elle lui en faisait avoir le brevet, ce qu'elle fit.

Le Roi devint amoureux de Mme Scarron, qui supplanta Mme de Montespan, en 1680. Elles eurent ensemble de si vives discussions, que le Roi fut obligé d'envoyer des officiers des gardes leur imposer silence. Mme de Montespan, voyant que l'air de la Cour ne lui allait plus, se retira.

Mme Scarron fut tout à fait en titre en 1683; elle était alors âgée de 46 à 47 ans, et était plongée dans la dévotion. Le Roi lui acheta le marquisat de Maintenon et lui en fit porter le nom.

Jamais faveur n'a été si longue et si absolue que celle de *la Maintenon*. Elle fut maîtresse du Roi et du royaume, et rien de considérable n'était décidé que par ses avis. Elle a causé des maux dont les plaies sont inguérissables.

Quelques-uns prétendent que Louis XIV l'avait épousée; qu'elle avait tenté nombre de fois de se faire reconnaître

Reine, et que c'était la seule chose à laquelle Monseigneur eût résisté au Roi son père. On dit même qu'il se fâcha un jour à ce sujet, à Fontainebleau, ce qui lui fit quitter la Cour et venir à sa maison de Meudon.

Cependant le Roi les réconcilia, et Monseigneur le duc de Bourgogne, les autres princes et princesses du sang royal, allaient avec le Roi, et en particulier, chez Mme de Maintenon. Mme de Bourgogne l'appelait sa bonne maman. Aussi Mme de Maintenon empêcha la ruine du duc de Savoie et la prise de Turin, en 1706.

Le Roi étant mort le 1er septembre 1715, le maréchal de Villeroy conduisit Mme de Maintenon à son carrosse. Elle se retira à Saint-Cyr.

Mme de Maintenon avait connu tous les secrets de l'État. M. Blouin, premier valet de chambre du Roi, et gouverneur de Versailles, était le confident de Louis XIV. Il allait tous les matins chez Mme de Maintenon, et entrait ensuite dans la chambre du Roi, pour lui rendre compte de sa santé. Mgr le duc d'Orléans, quand il fut devenu Régent du royaume, employa Blouin auprès de Mme de Maintenon, pour connaître les secrets les plus importants que le Roi avait pu lui confier sur les affaires de l'État. On prétend qu'elle lui révéla des choses du plus haut intérêt.

On croyait qu'aussitôt la mort du Roi, Mme de Maintenon pourrait bien subir quelques mauvais traitements ; car, comme elle gouvernait despotiquement le Roi et son conseil, on lui attribuait tous les événements désastreux qui avaient accablé le royaume. Mais tout se borna à quelques légers murmures que l'on entendit contre elle dans les appartements et dans la cour des princes, où son carrosse l'attendait, pendant que le maréchal de Villeroy l'y conduisait. Il lui rendit en cela un office de reconnaissance du service qu'elle-même lui avait rendu après la bataille de Ramillies, que le maréchal perdit, et qui entraîna après elle des malheurs infinis.

Mme de Maintenon resta tranquille dans la maison de Saint-Louis de Saint-Cyr, où elle mourut le 15 avril 1719.

L'Anglais Law, qui a établi la Banque et le système des actions, sous la régence du duc d'Orléans, acheta en moins d'un mois, du comte d'Évreux, la terre et comté de Tancarville, en Normandie, 800,000 livres; il offrit de l'Hôtel de Soissons un million 400,000 livres, et acheta en outre le marquisat d'Effiat, en Auvergne, et dix autres terres.

A l'époque où Law fut nommé contrôleur des finances, il fit venir d'Angleterre environ deux cents ouvriers, qui établirent à Versailles, hôtel Deslouits (1), une manufacture de montres. Ils fondirent une quantité prodigieuse de *louis d'or de Noailles* de la fabrication de 1716, pour faire des boîtes et des cadrans à leurs montres. Depuis ce temps, les montres, les tabatières et les cannes à pommes d'or sont devenues si communes, que les plus simples particuliers, et jusqu'aux maîtres laquais en portent; ce qui rend l'or monnoyé plus rare.

Juillet 1720.

Le 11 juillet 1720, le duc d'Orléans, Régent, rendit une déclaration, au nom du Roi, pour transférer le Parlement à Pontoise (2).

---

(1) Rue de l'Orangerie, aujourd'hui n°s 14 et 16.
(2) Le Parlement fut exilé pour avoir fait des remontrances à l'occasion du système de Law, et du surhaussement des monnaies. (*Note de Narbonne*).

Comme le Parlement avait cassé le testament de Louis XIV, on fit cette chanson.

> Le Parlement fait pénitence,
> Je pense,
> De quelque gros péché.
> C'est, dit-on, pour avoir cassé
> Le testament du Roi de France.
> Le Parlement fait pénitence,
> Je pense,
> De quelque gros péché.

Marc Paulmy Le Voyer d'Argenson fut lieutenant de police à Paris; il s'acquitta de cet emploi au gré de la Cour. Sa police *était dure*. Comme il avait la confiance de Louis XIV, on lui délivrait des lettres de cachet avec lesquelles il faisait enfermer à la Bastille, dans les autres prisons, ou dans les hôpitaux, qui bon lui semblait.

Lorsqu'il se présenta à M. de Harlay, premier président du Parlement pour être reçu, il lui donna sa devise en trois mots : *sûreté, netteté* et *clarté*. De subordonné qu'il était au Parlement, il en devint bientôt le supérieur.

Le 28 janvier 1718, après l'exil de d'Aguesseau, il fut fait, par le Régent, vice-chancelier et garde des sceaux.

Le Parlement ne voulut pas reconnaître pour son chef celui qui, auparavant, lui était de beaucoup inférieur. On dit que pour se venger du Parlement, ce fut lui qui suggéra l'idée au duc d'Orléans de le faire venir à pied, en robes rouges, au palais des Tuileries, pour le lit de justice qu'y tint le Roi.

Quoi qu'il en soit, le lit de justice y fut tenu. D'Argenson s'y fit reconnaître, et obligea le Parlement à enregistrer ses provisions de vice-chancelier, et prononça un discours qui déplut fort à la première compagnie du royaume.

On dit qu'il fut empoisonné. Voici ce qu'on en disait dans le temps.

L'Anglais Law, qui avait la Banque, les billets et les actions, remplissait la charge de contrôleur général des finances, et gouvernait pour ainsi dire le royaume avec le duc d'Orléans. Il était impossible que le système de Law subsistât longtemps sans causer quelque grand désordre. Soit que ce fût le bien du royaume que d'Argenson envisageât, ou que la trop grande faveur de Law lui portât ombrage, il conspira sa perte. Pour y réussir il engagea le duc d'Orléans à réduire les billets de Banque de moitié de leur valeur, sous le prétexte du trop grand nombre que Law avait fait fabriquer et introduit dans le commerce. Le duc d'Orléans n'écouta pas d'abord cette proposition. D'Argenson ne se rebuta pas, et le 21 mai 1720, ayant trouvé le duc d'Orléans plus favorable, (on dit qu'il était ivre), il lui fit signer un arrêt qui diminuait les billets de Banque d'un cinquième le même jour, et qui indiquait les autres diminutions jusqu'à moitié.

D'Argenson, descendant l'escalier du Palais-Royal, était si rempli de joie, qu'ayant rencontré un de ses amis, à qui il avait confié son dessein, il lui dit, en parlant du duc d'Orléans : *Le b... a donné dans le panneau.*

Cet arrêt était en effet un coup de foudre qui annonçait la mort de la Banque. Le peuple s'alarma. On fut obligé, par un nouvel arrêt du 28 mai, de rétablir les billets dans leur première valeur. Mais la confiance avait été détruite par le premier arrêt, qu'on regarda comme un poison qui devait causer la mort prématurée de la Banque.

On dit que d'Argenson fut puni du même genre de mort.

FONCTIONS DES COMMISSAIRES DE POLICE EN L'ANNÉE 1720.

Pour la religion. — Les commissaires doivent tenir la main à ce que les dimanches et fêtes soient observés. Dans ces jours consacrés à Dieu, ils doivent faire cesser tout commerce et autres œuvres serviles; faire fermer les cabarets et faire cesser les spectacles pendant le service divin.

Faire arrêter les coupables qui commettraient quelque irrévérence dans l'église.

Faire cesser le commerce de la viande pendant le carême, et empêcher qu'il n'en soit vendu ailleurs que dans les endroits désignés. Visiter les hôtelleries, cabarets et auberges, pour savoir s'il ne s'y commet pas quelques contraventions.

Faire tendre les rues pour les processions, et s'assurer qu'il ne s'y passe rien contre la sûreté publique.

Faire, chez les libraires, la recherche des livres défendus.

Pour les mœurs. — Faire observer les édits, arrêts et règlements; empêcher les chansons et libelles dissolus, les jeux illicites, les lieux de débauche et de prostitution; recevoir les dénonciations, et même faire emprisonner les filles et les femmes de débauche, quand le scandale est public.

Pour les vivres en général. — En procurer l'abondance, et maintenir la bonne foi dans ceux qui en font le commerce. — En empêcher l'accaparement; les faire amener immédiatement sur le marché, sans avoir été déchargés, marchandés ou vendus ailleurs.

Empêcher les regrats (1), les sociétés illicites, les monopoles, les enlèvements ou resserrages des marchandises qui sont exposées dans les marchés, et qui doivent y être vendues le même jour ou le marché suivant.

Faire punir la vente des vivres corrompus, altérés, falsifiés, les faux poids et les fausses mesures.

Se transporter dans les marchés; faire de fréquentes visites chez les boulangers et les cabaretiers; — peser le pain; examiner si les poids sont justes et si les mesures sont étalonnées.

---

(1) *Regrat, regrattier*, celui qui vend de la seconde main.

Dans un temps de disette. — Faire la recherche des prévarications mises en usage par les usuriers; informer contre les coupables ; faire ouvrir les greniers et les magasins et y faire saisir tout ce qui s'y trouve en réserve; se transporter partout où ils en reçoivent la commission, et faire toutes les recherches, perquisitions, ouvertures de greniers et magasins; dresser les procès-verbaux et informations nécessaires; les preuves établies, en référer au magistrat pour y être par lui pourvu, et tenir la main à l'exécution de ses ordonnances.

Pour la santé publique. — Faire nettoyer les rues et les cloaques. Exiger la propreté intérieure des maisons, et la construction de latrines; empêcher les eaux de se corrompre, soit dans les puits, faute de les curer ou de s'en servir, soit dans les caves où elles séjournent.

Faire donner aux ruisseaux les pentes et écoulements nécessaires pour que les eaux ne puissent y croupir.

Pour les aliments. — Faire exécuter les ordonnances qui défendent aux bouchers de vendre les viandes le même jour que les bestiaux ont été tués, et d'exposer en vente les viandes des animaux morts de maladie ou étouffés ;—aux charcutiers, de vendre la chair d'aucun porc ladre ;— aux cabaretiers, de falsifier les vins ;— aux boulangers, de se servir de levure de bière trop vieille ;— et à tous ceux qui font le commerce des vivres d'en vendre de corrompus ou falsifiés... — Il faut aussi empêcher l'usage des melons au commencement de l'automne.

Pour les remèdes. — Il ne faut souffrir personne exercer la médecine, la chirurgie, la chimie, ou distribuer des remèdes, sous quelque prétexte que ce soit, sans avoir les qualités requises, et sans une approbation et permission.

Pour la contagion. — Aussitôt qu'une maladie contagieuse se déclare, les quartiniers, les médecins, les chirurgiens et les apothicaires doivent en donner avis au commissaire.

Le commissaire fait alors fermer la maison où s'est déclarée la maladie, et il la fait marquer d'une croix blanche à l'une des fenêtres et à la principale porte.

Si la maison entière est occupée par la famille du malade, celui-ci peut s'y faire soigner, sinon le commissaire le fait transporter la nuit à l'hôpital destiné à soigner ce genre de maladie.

Les pauvres frappés de la contagion y sont aussi transportés.

Les croix placées sur les maisons y doivent demeurer deux mois, et pendant tout ce temps elles restent fermées.

L'on pourvoit à la nourriture de ceux qui les habitent, ou s'ils veulent les quitter, on les conduit la nuit dans quelques lieux hors la ville, où ils doivent rester renfermés pour y faire quarantaine.

Le magistrat de police est chargé de nommer et de recevoir des prévôts de la santé, un certain nombre d'aides et d'archers attachés à chacun des prévôts. Ces officiers marquent les maisons et exécutent les ordres qui leur sont donnés par le magistrat ou par le commissaire de police.

La Faculté de Médecine, les chirurgiens et les apothicaires doivent faire les visites et panser les malades.

Le curé doit aller administrer les sacrements.

Les corps des morts sont enlevés et enterrés de nuit ; on porte devant eux une torche allumée.

Aussitôt qu'une personne atteinte de la contagion est morte, on nettoie la maison, on y allume des feux ; les fenêtres sont ouvertes, les portes fermées, et les croix restent pendant deux mois.

On allume des feux dans les rues, soir et matin, pendant tout le temps de la maladie. Tous les chefs de famille fournissent du bois deux fois la semaine. Il est défendu de laisser sortir les chiens dans les rues, ou on les tue.

Il est défendu aux huissiers, colporteurs, et en général à toutes personnes, de vendre, acheter et colporter aucuns meubles ni hardes, d'en exposer dans les boutiques, et de loger aucune personne sans une permission expresse du magistrat.

Il est défendu aux boulangers de vendre du gros pain qui ne soit du jour précédent.

Tous vagabonds, femmes de mauvaise vie et mendiants valides sont chassés de la ville, les autres pauvres sont renfermés.

Les rues doivent être bien nettoyées.

Les tanneurs, corroyeurs, mégissiers, teinturiers, les tueries des bouchers, les lavages de tripes, les trempées de morues, sont éloignés du milieu de la ville.

Il est défendu de brûler aucune paillasse ; de jeter aucune chose par les fenêtres, ni d'y étendre des draps ou des habits ; de jeter aucun sang dans les rues et les ruisseaux, mais de les porter hors la ville.

Il est enjoint aux maréchaux de saigner les chevaux dans des vases et de porter le sang aux voieries, et il leur est défendu de brûler du charbon de terre.

Il est aussi défendu de nourrir en ville aucuns porcs, lapins ou volailles.

Les latrines ne peuvent être vidées sans une permission.

Les convalescents ne peuvent sortir de leurs maisons avant quarante jours, certifiés par le commissaire de police du quartier. Il leur est enjoint de faire préalablement des feux dans toutes les chambres et dans toutes les cours de leurs maisons.

Les garde-malades sont obligées d'observer la quarantaine avant de garder d'autres malades, ou de fréquenter aucune personne.

Pour la sureté publique. — Défendre les libelles et chansons diffamatoires. Enjoindre aux habitants de vivre en paix.

Défendre aux charretiers et garçons d'écurie de faire courir les chevaux et mulets dans les rues.

Défendre de tirer des armes à feu et des pétards dans les rues.

Faire abattre les auvents et tout ce qui menace ruine.

Empêcher l'encombrement des rues.

Tous les mois, faire représenter les registres des cabaretiers et de ceux qui tiennent chambres garnies.

Défendre les *tabagies* et les académies de jeux.

Empêcher les lieux de débauche.

Rechercher les vagabonds et gens sans aveu, de l'un et l'autre sexe, et les chasser de la ville.

Défendre de porter des pistolets de poche et des baïonnettes.

Enjoindre aux orfèvres, potiers d'étain, plombiers, fripiers, et autres revendeurs et porte-balles, d'avoir des livres pour écrire leurs achats, avec défense d'acheter de gens inconnus et suspects, sans répondants.

Défendre les jeux de hasard.

Défendre aux soldats de porter un autre habit que l'habit militaire, à moins qu'ils ne soient employés à travailler.

Défendre aux masques de porter aucune espèce d'armes, ni cannes, ni bâtons.

Les commissaires sont obligés d'informer des crimes, aussitôt qu'ils arrivent à leur connaissance, et de faire arrêter les coupables, de les interroger et de les faire mettre en prison.

Pour la sureté de la nuit.—Etablir un guet, et des lanternes publiques. Veiller à ce qu'elles soient exactement allumées et qu'elles aient des chandelles de suif de bonne qualité.

Défendre aux cabaretiers et limonadiers de donner à boire après huit heures du soir en hiver, et après dix heures en été.

Forcer les bourgeois à tenir leurs portes fermées après ces heures.

Défendre à tout le monde de porter des armes pendant la nuit.

Police de la voirie. — Forcer à réparer ou abattre les vieux bâtiments qui menacent ruine ; empêcher les mauvaises constructions des nouveaux, surtout sous le rapport du feu.

Faire enlever les gravois par les entrepreneurs.

Faire vider les fosses d'aisances.

Faire porter à la voierie le sang et les vidanges des abats des bouchers.

Faire retirer toutes les saillies, auvents, étalages et enseignes des maisons, échoppes ou baraques, les bois des charrons et des charpentiers, les pierres, moellons, et tout ce qui peut nuire à la liberté de la voie publique.

Faire rétablir les endroits où le pavé est ruiné et effondré, pour donner l'écoulement aux eaux et empêcher qu'elles ne croupissent.

Pour les domestiques. — Exiger des domestiques qu'avant de se mettre en service, ils déclarent le lieu de leur naissance et qu'ils aient de bons répondants.

Police des pauvres. — Les commissaires doivent informer contre les mendiants valides et libertins.

Ils doivent faire la recherche de ceux qui logent la nuit, et retirent les mendiants, vagabonds et gens sans aveu. — Faire représenter, par ceux qui se diront manœuvres, les certificats de leurs maîtres, sinon les faire emprisonner. — Faire enlever les enfants exposés. Enfin, procurer du soulagement aux pauvres honteux.

Pour remplir toutes ces fonctions, les commissaires ont toujours eu toute l'autorité nécessaire. Les huissiers sont obligés de les accompagner.

Rang des commissaires. — De toutes les prérogatives, il n'y en a point de plus importante que celle du rang. On ne doit jamais l'abandonner à un autre.

Ceux qui s'élèvent injustement, et ceux qui s'abaissent lâchement, sont également répréhensibles.

Les commissaires assistent aux cérémonies, même aux publications de paix, *immédiatement après messieurs les gens du Roi.*

12 juillet 1721.

Le 12 juillet 1721, le Parlement rendit un arrêt contre le duc de la Force et autres, en faveur des marchands épiciers.

Jacques-Henri Nompart de Caumont, duc de la Force, fut fait chef du Conseil de Commerce du dehors du royaume, par le duc d'Orléans, régent, en 1716 (le duc d'Antin était chef du Commerce pour l'intérieur du royaume).

Le duc d'Orléans avait établi les billets de banque et le commerce odieux du papier, ainsi que je l'ai déjà dit.

Le duc de la Force fit d'abord le commerce de l'agio du papier, rue Quincampoix, en 1719 et 1720. Les princes et princesses du sang et les seigneurs de la cour allaient dans cette rue, se mettaient dans des chambres, regardaient les extravagances du peuple et jetaient des dragées et autres épices par les fenêtres.

Le duc de la Force, qui était aussi du Conseil suprême de la Régence, abusant de sa position qui lui donnait connaissance du peu de durée que devaient avoir ces actions et ces billets de banque, les réalisa, sous des noms empruntés, en achat de toutes sortes de marchandises. Il fit venir des quantités prodigieuses de produits des Indes, du Japon et de la Chine. Il en remplit des magasins dans une maison proche son hôtel, et dans le couvent des Grands-Augustins.

Le Parlement en ayant été informé, donna ordre au lieutenant-général de police d'en faire la recherche. Par suite d'une ordonnance du lieutenant de police, en date du 1er février 1721, Crespin, huissier au Châtelet, assisté des commissaires Labbé et Dubois et de plusieurs archers, se transporta aux Augustins et dans la maison près l'hôtel du duc de la Force, où les marchandises furent saisies à la requête des maîtres gardes épiciers. Sans en faire une description en détail, ils mirent les scellés aux portes et aux fenêtres ; ils en dressèrent procès-verbal, et le procureur du

Roi du Châtelet ayant donné ses conclusions, le lieutenant de police rendit, le 6 février, une ordonnance portant qu'il serait informé sur le monopole contenu audit procès-verbal.

Par suite de l'information du commissaire Labbé, il se trouva des preuves convaincantes que les marchandises d'épiceries et autres appartenaient au duc de la Force.

Les officiers du Châtelet se mirent en devoir de saisir les marchandises qui étaient proche l'hôtel de la Force.

Le duc s'y rendit, demanda au commissaire l'ordonnance en vertu de laquelle il prétendait saisir les marchandises.

Le commissaire la lui ayant montrée, le duc s'en empara et la déchira.

Les officiers du Châtelet n'étant pas compétents pour instruire une procédure criminelle contre un duc et pair, se contentèrent de la déposer au greffe du Parlement.

Le Parlement décréta le duc de la Force d'ajournement personnel, tant à cause du monopole, qu'à cause de la rébellion contre le commissaire.

Le duc de la Force présenta alors requête au Roi, qui évoqua cette affaire à son conseil.

Le 1er mars 1721, le Parlement fit ses remontrances au Régent, qui répondit au nom du Roi, et l'affaire fut renvoyée à cette cour. Le duc de la Force y subit plusieurs interrogations ; enfin le Parlement, toutes les chambres assemblées, suffisamment garnies de pairs, rendit, le 12 juillet 1721, un arrêt en faveur du corps des marchands épiciers et apothicaires-épiciers, contre le duc de la Force et autres.

Par cet arrêt, Charles Orient, Bernard Landais et Duport, qui ont prêté leurs noms à M. le duc de la Force, ont été admonestés et condamnés chacun en 20,000 livres d'aumônes pour le pain des prisonniers. Les marchandises confisquées et vendues, à la requête du procureur général, sur la poursuite et diligence des maîtres gardes épiciers.

Et par le même arrêt, ledit Jacques-Henri Nompart de Caumont, duc de la Force, est tenu d'en user avec plus de circonspection, et de se comporter à l'avenir d'une manière irréprochable et telle qu'il convient à sa naissance et à la dignité de pair de France.

Juillet 1721.

Sous la régence du duc d'Orléans, Jean Law ou Lass, Anglais de nation, avait établi une banque d'actions en papier, à la manière d'Angleterre, en vertu de lettres-patentes du Roi, des 2 et 20 mai 1716.

Cette banque fut déclarée banque royale, par lettres-patentes.

Il fut fait pour plus de 3 milliards de billets de banque, et pour plus de cinq milliards d'actions. Ce commerce de papier, qui n'était véritablement qu'un leurre et une chimère, causa la ruine de nombre de bonnes familles, et fit faire des fortunes immenses et incroyables à de misérables valets.

Les gens d'église, évêques, abbés et autres; les personnes de qualité, princes et seigneurs, se confondirent avec le tiers-état pour faire ce commerce odieux, qui occasionna une infinité de meurtres et d'assassinats.

Ce commerce de papier, qui a duré environ une année, a plus ruiné le royaume que toutes les guerres de Louis XIV.

Il courut une gravure qui représente le duc de la Force en crocheteur; il est chargé d'une grande quantité de marchandises de toute espèce, jusqu'au haut des crochets, et au bas de l'estampe, on avait écrit :

« Admirez la Force. »

Cette gravure, et plusieurs autres sur ce commerce de papier, qui se fit d'abord dans la rue Quincampoix, sont devenues très rares et très chères.

Cette estampe fut vendue sous le manteau jusqu'à quatre louis d'or.

M. le duc de La Force en a fait retirer autant qu'il a pu, et l'on dit qu'il y a dépensé plus de cinquante mille livres, mais il n'a pu tout faire enlever. Cette estampe est très rare (1).

Août 1721.

Le 31 juillet 1721, Louis XV tomba malade aux Tuileries. On craignit beaucoup pour les jours de ce prince, si cher à la France ; aussi, lorsque sa santé fut rétablie, l'on s'empressa de chanter partout des *Te Deum*. A Paris, et dans les principales villes du royaume, l'on fit des feux de joie et des illuminations qui durèrent trois jours.

A Versailles, un grand nombre de jeunes gens des meilleures familles formèrent une très belle compagnie ; ils s'armèrent de fusils, puis ils allèrent au château, et lorsqu'ils furent devant l'appartement de M. Blouin, alors gouverneur de Versailles, ils firent trois décharges de mousqueterie.

Le début de cette maladie fut si rapide, que les bruits de poison se répandirent dans le public. Boudin, son premier médecin, parut d'abord le craindre, et en écrivit dans ce sens à M. Blouin.

26 novembre 1721.

Louis-Dominique Cartouche, né à Paris, se plongea de bonne heure dans la débauche et le libertinage ; puis il se livra ensuite au vol et au meurtre. Il avait enrégimenté, pour l'aider dans ses vols et ses assassinats, un nombre infini de libertins et de libertines, et une partie des laquais et des servantes de Paris.

Tous les archers de Paris avaient été mis à la poursuite de Cartouche ; mais il échappait toujours à leur recherche, soit en se sauvant par des cheminées et sur les toits des maisons, soit en se déguisant habilement et changeant à tous moments de costume.

---

(1) Elle existe dans la collection de Narbonne.

Enfin il fut trahi et vendu par un soldat aux Gardes qui faisait partie de sa bande. On l'arrêta; et après l'avoir enchaîné, il fut conduit au Grand-Châtelet, mis au cachot et attaché à un poteau avec des chaînes, d'où il fut sur le point de s'évader.

Par arrêt du Parlement, du 26 novembre 1721, il fut condamné à être rompu vif, à la Grève, avec un grand nombre de ses complices.

En dix-huit mois, il a été pendu plus de trois cents personnes de la bande de Cartouche.

25 février 1722.

Le 25 février 1722, il arriva à Versailles cinq cents Gardes du Roi, composant quatre escadrons. Comme le Roi faisait alors son séjour habituel à Paris, il y avait peu d'hôtelleries et de cabarets pour leur servir de logements. M. Blouin, gouverneur de Versailles, chargea Narbonne, commissaire de police, et le sieur Lamy père, notaire et syndic des habitants, de les loger chez les bourgeois et les habitants, et dans les cabarets, ce qu'ils firent. On leur fournit des chambres et des lits; quant au reste, ils payèrent tout de gré à gré, et il n'y eut ni plainte ni discussion. Leurs chevaux furent logés dans les grandes et petites écuries du Roi, et dans les écuries des Gardes, qui étaient fort mal entretenues, et dont on fut obligé de faire raccommoder les râteliers et les mangeoires, aux dépens du Roi.

C'est la première fois que les Gardes furent logés par billets à Versailles. Avant, sous Louis XIV, il venait une compagnie de Gardes toutes les fois que le Roi en faisait la revue, mais ils se logeaient à leurs dépens dans les cabarets. Leurs fourriers venaient, huit jours avant, chercher des écuries pour les chevaux, et des chambres dans les cabarets pour les officiers et les Gardes.

Pour revenir au détachement des cinq cents Gardes du Roi, ils partirent de Versailles le 2 mars, à six heures du matin, et allèrent au devant de l'Infante (1) jusqu'à Montrouge. Ils l'accompagnèrent à son entrée à Paris, et revinrent à Versailles fort tard.

Le 3 mars, ils séjournèrent à Versailles; le 4, ils partirent à six heures du matin pour retourner dans leurs quartiers. On ne leur fournit aucune voiture; ils en louèrent eux-mêmes, qu'ils payèrent raisonnablement. Il n'y eut aucune plainte d'eux.

15 juin 1722.

Le 15 juin 1722, le Roi revint à Versailles pour y faire son séjour habituel. Dans son carrosse se trouvaient Mgr le duc d'Orléans, régent; M. le duc de Chartres, son fils; M. le duc de Bourbon, chargé de son éducation, à la place du duc du Maine, à qui elle fut ôtée; M. le maréchal de Villeroy, son gouverneur; et l'évêque de Fréjus, son précepteur.

Le Roi arriva sur les cinq heures du soir, et, en descendant de carrosse, il alla d'abord à la chapelle, faire sa prière, et se rendit ensuite à son appartement.

Les bourgeois de Versailles avaient eu l'idée de faire tirer un feu d'artifice pour célébrer l'arrivée du Roi. Je fus député par eux pour aller en demander la permission à M. Blouin, gouverneur de Versailles, qui se trouvait alors à Paris. Il alla sur le champ au Palais-Royal en parler à Mgr le duc d'Orléans; mais Son Altesse Royale ne l'ayant pas jugé convenable, le feu d'artifice n'eut pas lieu.

---

(1) L'Infante Marie-Anne-Victoire, âgée de cinq ans, qui devait épouser le Roi. (Voir, sur son entrée à Paris, et les fêtes qui eurent lieu à cette occasion, la *Gazette de France*, année 1722.)

NOMBRE DES HABITANTS DE VERSAILLES, QUAND LE ROI LOUIS XV VINT HABITER LE CHATEAU.

Dans le Château et son enceinte, princes, seigneurs, officiers et domestiques....................		4,000

Garde simple du Roi :

Gardes-du-corps........................	242	
Chevau-légers..........................	50	
Cent-suisses...........................	100	
Gardes françaises......................	600	1,434
Gardes suisses.........................	400	
Gardes de la porte.....................	12	
Gardes de la prévôté...................	30	
Grande-Écurie..........................		400
Petite-Écurie..........................		400
Grand-Commun..........................		1,500
Hôtel du Chenil........................		200
Hôtel du Grand-Maître, ci-devant hôtel de Conty.		30
Hôtel de Limoges.......................		100
La butte de Montbauron.................		30
Écuries des gardes-du-corps............		80
Château de Clagny......................		100
Habitants de la ville neuve, qui composent les 1er, 2e, 3e, 4e et 5e quartiers.................		11,311
Habitants du vieux Versailles et du Parc-aux-Cerfs, qui composent les 6e, 7e, 8e et 9e quartiers......		4,410
Il peut y avoir dans les chambres garnies, et gens qui vont et viennent.........................		1,000
		24,995

15 août 1722.

Le 15 août 1722, M. le maréchal de Villeroy fut mené sous bonne escorte à Neuville, près Lyon.

Le maréchal de Villeroy était gouverneur du Roi Louis XV

depuis 1717. Le matin du 10 août 1722, le duc d'Orléans, régent, dont la régence allait finir par suite de la majorité du Roi, voulant parler au Roi en particulier, le fit passer dans son cabinet. Le duc de Villeroy le suivit, prétendant qu'il ne devait pas quitter le Roi de vue. Le Régent se retira aussitôt, et l'après-midi, au moment où le duc de Villeroy se rendait chez lui, pour s'expliquer sur l'acte du matin, il le fit enlever. Le Roi qui, dans ce moment, était dans son cabinet, ne parut éprouver aucun mécontentement de cet enlèvement.

Il y a tout lieu de croire que depuis longtemps le Régent méditait l'enlèvement du maréchal, et que ce qui arriva le 10 août n'était qu'un prétexte.

Le maréchal de Villeroy fut placé dans une chaise à porteurs, et M. de Libois, gentilhomme ordinaire du Roi, le conduisit, par l'Orangerie, dans une chaise de poste qui était disposée près de la porte. Puis, accompagné de La Farre, capitaine des gardes du Régent, et de M. d'Artagnan, commandant des mousquetaires, il le conduisit jusqu'à Sceaux, et de là à Villeroy.

Ce gouverneur du Roi l'obligeait à travailler et à faire régulièrement ses exercices, et c'est ce qui a fait penser que le Roi n'avait pas été fâché qu'on le lui eût ôté; mais il connaîtra le tort que cela lui a fait, par la suite des temps.

Septembre 1722.

Le régiment du Roi vint camper au-dessus de la ferme de Porchéfontaine, au commencement du mois de septembre 1722, et construisit un fort appelé Saint-Sébastien, dans la prairie, entre l'église de Montreuil et la Maison-Rouge (1).

M. le chevalier de Pézé, qui était colonel du régiment, et

(1) Le Régent donna ce simulacre de guerre pour amuser le jeune Roi Louis XV, de retour à Versailles. (Voir, pour plus de détails, l'*Histoire des Rues de Versailles*, par M. J.-A. Le Roi.)

tous les officiers, demandèrent avec instance à M. Blouin, alors gouverneur de Versailles, de les faire loger par billets dans les cabarets de la ville ; mais il ne voulut jamais y consentir.

On les logea au grand et au petit Montreuil, et à Viroflay, dans les cabarets, chez les bourgeois et chez les officiers du Roi, sans avoir égard à leurs priviléges. Narbonne fut chargé de faire ces logements, ainsi que de la confection des outils nécessaires pour remuer la terre. On donna à M. Régnier l'argent pour payer ces outils, et il ne laissa pas d'y profiter. Il reçut aussi une gratification de 1,000 livres pour les peines qu'il s'était données. Narbonne, qui s'était donné un mal infini pour l'établissement de ce camp, ne reçut rien (1).

Le fort Saint-Symphorien fut construit pour divertir le Roi, qui allait presque tous les jours voir les travaux. Quand il fut achevé, le Roi le fit investir par le chevalier de Pézé, qui commandait sous les ordres de Sa Majesté. Plusieurs détachements des gardes-du-corps et des mousquetaires y concoururent. Le fort était défendu par le lieutenant-colonel du régiment du Roi. On fit ensuite le siége en règle.

On avait construit un cavalier, sur lequel le Roi et la Cour se tenaient pour voir les attaques. Il y avait aussi un grand nombre d'échafauds qui, tous les jours, étaient garnis d'un grand nombre de Parisiens et de gens de Versailles et des environs, qui venaient pour voir le camp. Ce camp et le siége firent beaucoup gagner les cabaretiers et les chambres garnies de Versailles.

Le lieutenant-colonel, qui était dans le fort, fit une fort belle défense, et une plus belle capitulation, car ayant demandé, pour se rendre, le grand cordon rouge de l'ordre de Saint-

---

(1) M. Régnier était subdélégué et ami de M. Bignon, intendant de Paris, avec lequel il avait étudié, et point de caractère à profiter sur des outils. Pour ses soins, supérieurs à ceux de Narbonne, et table tenue à cette occasion, il a reçu seulement, suivant son registre, le 25 octobre 1722, 717 liv. 6 s., ce qui ne l'indemnisa pas de ses frais. S'il y avait eu quelque chose pour Narbonne, il ne l'aurait assurément pas retenu. (*Note d'une autre écriture.*)

Louis, et une pension de 6,000 livres, le Roi lui accorda l'un et l'autre. Il mit ensuite le feu au clocher du fort, et sortit avec les honneurs de la guerre.

1722.

Il paraît que de mauvais pâtissiers, ou des garçons qui avaient été renvoyés de chez leurs maîtres, faisaient dans leurs chambres des gâteaux qu'ils vendaient par les rues, et qui avaient déterminé quelques accidents, ce qui fit rendre contre eux une ordonnance du lieutenant de police, du 9 septembre 1722.

Voici les mesures de police appliquées aux pâtissiers :

Ils doivent observer les dimanches et les fêtes de Pâques, de la Pentecôte, de la Toussaint, de Noël, du Saint-Sacrement, de la Vierge et de Saint-Michel.

Ils ne pourront vendre de pâtisserie ces jours de fêtes, sous peine d'amende.

Il leur est défendu de faire crier leurs marchandises dans les rues et les cabarets, à peine de 500 livres d'amende.

Ils ne peuvent acheter dans les marchés qu'après l'heure réservée aux bourgeois.

26 juin 1723.

DISCUSSION ENTRE LA PRÉVÔTÉ DE L'HÔTEL ET LE BAILLIAGE DE VERSAILLES.

Le Roi ayant été à Meudon le 4 juin 1723, où Sa Majesté fit un séjour de deux mois, le sieur de Noyon, lieutenant de la prévôté de l'hôtel, prétendit être en droit de tenir ses audiences dans l'auditoire du bailliage de Versailles.

Les officiers du bailliage de Versailles prétendirent, au contraire, que le Roi étant à Meudon, les officiers de la prévôté de l'hôtel ne pouvaient plus tenir leurs audiences à Versailles; et en conséquence, ils firent fermer les portes de l'auditoire.

Le 19 juin, le sieur de Noyon dressa procès-verbal de ce refus, et en porta plainte à Mgr le garde-des-sceaux d'Armenonville.

Mgr le garde-des-sceaux apporta cette affaire au conseil des dépêches, du 26 juin 1723, où il fut jugé :

« Que le séjour du Roi à Meudon doit être considéré comme celui que ferait Sa Majesté à Saint-Germain ou à Fontainebleau, où il n'y a aucune difficulté à ce que le prévôt de l'hôtel transfère son siége dans l'auditoire de la justice ordinaire du lieu ;

« Qu'il n'en est pas de même du séjour du Roi à Trianon ou à Marly, qui sont situés dans le bailliage de Versailles ;

« Que c'est le grand maréchal des logis qui a marqué les logements à Meudon, ce qu'il ne fait ni à Trianon, ni à Marly, d'où il s'ensuit que la maison du Roi étant transférée à Meudon, le siége de la prévôté de l'hôtel doit l'y suivre. »

Cette décision, quoique des plus équitables, déplut très fort aux officiers de la prévôté de l'hôtel ; et il y eut bien de la tiédeur, de la part de M. le bailli de Versailles, de n'avoir point sollicité l'expédition d'un arrêt du conseil sur cette décision.

A la même époque, le sieur Dumesnil-Aubert, lieutenant de la prévôté de l'hôtel, à propos d'une affaire de police, insulta sur le marché le sieur Narbonne, commissaire de police de Versailles.

M. le comte de Maurepas, secrétaire d'État de la maison du Roi, était d'avis que toute la police fût faite par le sieur Narbonne, et qu'un arrêt défendît aux officiers de la prévôté de l'hôtel d'en faire aucune sur le marché, pour éviter les contestations entre les deux juridictions. Mais M. Fresson fils, bailli de Versailles, ayant dit qu'il y avait justice à ne pas tout retrancher aux officiers de la prévôté, et qu'ils avaient une espèce de police sur le marché, M. de Maurepas laissa l'affaire indécise et ne la porta pas au conseil.

Il n'y a eu que M. Blouin, gouverneur, qui ait soutenu le

commissaire de police dans ses fonctions, M. Fresson, bailli et lieutenant-général de police de Versailles, s'étant peu soucié de soutenir ses droits sur la justice.

10 août 1723.

Le cardinal Dubois mourut à Versailles, le 10 août 1723.

Guillaume Dubois, fils d'un chirurgien-apothicaire, naquit à Brives-la-Gaillarde, capitale du Bas-Limousin, le 6 septembre 1656. Il fit ses études à Paris, et il y connut un officier de M. le Duc de Vendôme, qui le présenta au prince. M. de Vendôme, séduit par l'esprit de Dubois, le fit entrer chez Monsieur, Philippe de France, duc d'Orléans, frère unique du roi Louis XIV, qui se l'attacha comme lecteur, et plus tard le plaça comme sous-précepteur auprès de M. le duc de Chartres.

A la mort de son père, le duc de Chartres prit le titre de duc d'Orléans.

Le roi Louis XIV étant mort le 1er septembre 1715, le lendemain 2, M. le duc d'Orléans fut déclaré Régent du royaume. Ce prince, qui avait été élevé par l'abbé Dubois, l'employa pendant la régence à diverses négociations.

En 1720, il fut nommé archevêque de Cambrai; mais le chapitre et la ville de Cambrai n'ayant voulu ni le recevoir, ni le reconnaître, M. le duc d'Orléans donna cet archevêché à l'abbé de Saint-Albin, son bâtard.

Le 16 juillet 1721, il fut nommé cardinal.

Le 22 février 1722, M. le duc d'Orléans admit, dans le conseil suprême de la Régence, le cardinal Dubois, qui prit séance auprès du cardinal de Rohan.

Le duc de Noailles accompagna le Roi jusqu'à son fauteuil, et se retira. Ayant rencontré le cardinal à la sortie du conseil : « Cette journée sera fameuse dans l'histoire, lui dit-il, on y verra que votre entrée dans le conseil en a fait sortir les grands du royaume! »

En effet, le chancelier d'Aguesseau, les maréchaux et les ducs s'étaient abstenus d'assister au conseil.

Quoique le duc de Noailles fût bien vu de M. le duc d'Orléans, celui-ci ne put lui pardonner d'avoir fait un pareil compliment au cardinal, et il l'exila à Aurillac, en Auvergne.

Le 22 août 1722, le cardinal Dubois fut fait premier ministre.

Lors du sacre du Roi, qui eut lieu le 25 octobre 1722, le cardinal se fit faire un magnifique équipage, et une vaisselle d'argent pesant plus de 1,900 marcs. Cette vaisselle revint plus tard au fils de M. le duc d'Orléans. On l'estimait à plus de dix-huit cent mille livres.

Le cardinal Dubois était très vif; il avait une infirmité du côté de la vessie, sur laquelle on fit une chanson, sur l'air du *Mirliton*.

Au mois d'août 1723, le Roi se trouvant à Meudon, le cardinal y fut très incommodé. M. le duc d'Orléans l'obligea à revenir à Versailles, où on lui fit l'opération.

Il mourut le 10 août.

On a remarqué comme un fait singulier qu'au moment de sa mort, et le lendemain, pendant qu'on le portait à l'église paroissiale de Notre-Dame de Versailles, il s'éleva une furieuse tempête, qui se fit ressentir à plusieurs lieues dans les environs de Versailles.

On laisse à l'histoire le soin de rechercher les détails de la vie de ce premier ministre, dont les mœurs n'étaient pas des plus régulières.

On prétend qu'étant prêtre, et ayant dit la sainte messe, il s'était marié; qu'étant premier ministre, il donna ordre à Breteuil, intendant d'Auvergne, de faire disparaître son acte de mariage, et que celui-ci ayant rempli cette mission suivant ses désirs, pour l'en récompenser, il l'appela au ministère de la guerre. On estime sa succession, en argent et en meubles, à environ quatre millions. Il fit avoir à son frère la direction générale des ponts et chaussées, qui lui fut conservée.

Le cardinal Dubois avait la figure petite, mais pleine de feu. Il aimait la grandeur et la magnificence. Lorsqu'il allait chez le Roi, il était toujours entouré d'une foule de courtisans qui l'attendaient pour le reconduire chez lui.

Il y avait toujours, à son hôtel, table ouverte de trente-six à quarante couverts, finement servie.

Il accordait avec discernement les grâces et les récompenses, mais il n'aimait pas à être importuné de discours trop longs.

J'étais un jour chez le cardinal, en 1723, où je travaillais dans son cabinet à un extrait de procès-verbal que j'avais fait contre deux gentilshommes danois, que je laissai à Son Excellence.

Je sortis au moment où il allait chez le Roi. Un abbé lui présenta un placet, et l'accompagna depuis l'antichambre jusqu'aux marches de la porte qui communique à la galerie de l'appartement des Dames de France, tout en lui expliquant l'objet de sa demande. Le cardinal qui jusqu'alors ne lui avait adressé aucune parole, lui demanda, en le regardant, si toutes les explications qu'il venait de lui donner n'étaient pas contenues dans son placet? A quoi l'abbé lui ayant répondu : « Si, Monseigneur, » le cardinal reprit vivement : « Eh bien! M. l'abbé, allez donc vous promener. »

Pour moi, je trouve que l'indiscrétion de l'abbé méritait bien cette réponse.

Un autre jour, Mlle de Bouillon alla le voir dans son appartement de la surintendance du château de Versailles, qu'il occupait en entier. Cette princesse lui ayant demandé quelque chose qu'il ne pouvait ou ne voulait pas lui accorder, elle en fut vivement piquée et lui dit quelques paroles peu agréables. Le cardinal, en colère, s'emporta jusqu'à l'envoyer faire f......

Très blessée du mot offensant du cardinal, la princesse alla sur le champ s'en plaindre à M. le duc d'Orléans, régent. Il la reçut à son ordinaire, avec beaucoup de politesse ; et, après avoir écouté ses plaintes, il lui dit pour la consoler : « Je sais, mademoiselle, que le cardinal Dubois est un grand brutal, mais je sais aussi que parfois il donne de bons conseils. »

C'était lui dire poliment de suivre les conseils du cardinal.

2 décembre 1723.

Le duc d'Orléans, régent, fut attaqué d'apoplexie dans son appartement du château de Versailles (1), le 2 décembre 1723. Ce prince était dans son cabinet, seul avec la duchesse de Phalaris. La duchesse cria aussitôt au secours, mais aucun de ses officiers ni de ses valets ne se trouva dans ce moment à portée de le secourir. Ce prince, ordinairement environné de tous les grands du royaume, d'un grand nombre de favoris, et d'une maison considérable, se trouva privé de tous secours humains.

Le château, qui regorge de médecins et de chirurgiens, lorsqu'on n'en a que faire, n'en avait alors aucun dans son intérieur. On fut obligé d'envoyer dans la ville, et lorsque les secours arrivèrent, il n'était plus temps, et le prince était mort.

Cruelle destinée, pour un des plus grands princes du monde.

On disait qu'il avait répété plusieurs fois qu'il désirait mourir subitement, ce qui est cependant un grand malheur.

Philippe, duc d'Orléans, ci-devant duc de Chartres, petit-fils de France, et fils de Philippe de France, duc d'Orléans, frère unique de Louis XIV, qu'on appelait *Monsieur*, par excellence, et de Charlotte-Elisabeth de Bavière, sa mère, naquit à Saint-Cloud, le 2 août 1674.

Il épousa Marie-Françoise de Bourbon, fille naturelle de Louis XIV, née le 9 mai 1677, de ses amours avec la mar-

(1) Il habitait l'appartement des dauphins.

quise de Montespan, ainsi que le duc du Maine et le comte de Toulouse.

En considération de ce mariage (auquel Madame s'était en vain opposée, ayant donné un soufflet à son fils pour avoir engagé sa parole au Roi, à son insu), le roi accorda à son neveu, alors duc de Chartres, le titre de petit-fils de France, et celui de duc d'Orléans, après la mort de son père, avec les mêmes titres d'honneur, sa maison, ses gardes et ses officiers.

De ce mariage est issu Louis, duc de Chartres, depuis duc d'Orléans, né à Versailles, le 1er août 1703.

M. le duc d'Orléans, régent, employa les premières années de sa jeunesse aux études. Il apprit la peinture; il travailla aux compositions, et à chercher la pierre philosophale, qu'il ne trouva cependant que dans la Régence, en 1715.

Louis XIV l'appelait le docteur de sa famille. C'était le prince le plus savant de la cour.

Après que le maréchal de Villeroy eut perdu la bataille de Ramillies, en Flandre, en 1706, on fit revenir d'Italie le duc de Vendôme, comme le seul capable d'arrêter en Flandre les progrès des ennemis.

On envoya à sa place M. le duc d'Orléans. Il partit de la Cour le 1er juillet et arriva devant Turin le 8, d'où il alla joindre l'armée que le duc de Vendôme avait quittée, et qui tenait l'ennemi en échec. Il n'en fut pas de même du duc d'Orléans.

Il semblait que ce prince devait être général de toutes les troupes que la France avait en Italie, en Lombardie et devant Turin. Mais le maréchal de Marsin avait eu, avant, un ordre secret de la Cour, d'empêcher l'ardeur du duc d'Orléans.

Le duc de La Feuillade était dans les lignes devant Turin, où il était arrivé dès le 13 mai, pour en faire le siége, ce qui avait donné de la jalousie au grand-prieur de France, frère de M. de Vendôme, qui avait regardé comme une injustice de la Cour, la préférence qu'elle avait donnée sur lui au duc de La Feuillade, pour faire le siége de Turin. Cette jalousie l'empêcha d'exécuter les ordres que le duc de Vendôme lui envoya, lors de la bataille de Cassano; et cette mésintelligence empêcha la défaite complète de l'armée que le prince Eugène de Savoie commandait en Italie, pour l'Empereur; ce qui obligea le duc de Vendôme d'en informer la Cour, qui exila le grand-prieur.

Il alla à Rome et dans d'autres pays.

Son frère fit ensuite sa paix, et il revint en France.

Le duc d'Orléans commandait l'armée de campagne. Il faisait son possible pour empêcher le passage du prince Eugène. Mais ce dernier lui ayant dérobé sa marche, ils se dirigèrent tous deux du côté de Turin, le prince Eugène pour secourir le duc de Savoie, et empêcher la prise de la ville, l'unique qui lui restait, et le duc d'Orléans pour empêcher ce secours.

Le prince Eugène avançant toujours, passa une rivière pour attaquer les lignes devant Turin. Le duc d'Orléans ayant eu avis de son dessein, alla à onze heures du soir trouver le général de Marsin, qui était à table. Il lui dit qu'il fallait faire sortir l'armée des lignes, et aller au devant des ennemis pour leur donner la bataille; que si l'événement en était heureux, la prise de Turin s'en suivrait; que si, au contraire, l'armée de France était battue, la retraite se ferait avec plus de sûreté, et qu'il y aurait encore moyen de défendre les lignes. Le maréchal de Marsin fit entrer le duc d'Orléans dans son cabinet, et lui montra l'ordre secret de la Cour, par lequel, en cas d'action, on devait déférer à son avis; et son opinion ayant été d'attendre l'ennemi dans les lignes, l'armée y resta.

Le duc d'Orléans se retira très mécontent, et dit que s'il avait vingt-quatre heures devant lui avant que les lignes fussent attaquées, il retournerait à la Cour; mais que comme elles devaient l'être le lendemain, il s'y trouverait, non comme général, puisque Marsin avait des ordres secrets, mais comme simple volontaire.

En effet, le lendemain, le prince Eugène, qui avait, dans son armée, l'Angallerie, lieutenant général des troupes de France, et le chevalier de Bonneval, colonel du régiment de la Boure, qui tous deux étaient passés du service de France à celui de l'Empereur (1), vint attaquer les lignes sur les huit heures du matin, l'Angallerie lui ayant persuadé que M. le duc d'Orléans ne serait pas le maître de sortir des lignes. Le duc d'Orléans courut à l'endroit attaqué, et se ménagea si peu, qu'il reçut au bras gauche une blessure et une autre dans le côté, qui le mirent hors d'état d'agir.

On dit qu'ayant commandé à un officier d'avancer avec sa troupe, et celui-ci ayant refusé d'obéir, le prince lui donna un coup de plat d'épée sur le visage. Il combattit pendant trois heures, au bout desquelles le retranchement des lignes fut forcé, comme on s'y attendait.

Le duc d'Orléans, en se retirant, rencontra le maréchal de Marsin, auquel il dit : « Monsieur, voilà de belle besogne ! je ne sais pas comment vous vous en tirerez. » C'était lui reprocher le mauvais succès de son avis. Le maréchal parut regretter de n'avoir pas suivi celui du duc d'Orléans, et tâcha de réparer sa faute en s'exposant comme un grenadier ; mais il fut blessé, et mourut le lendemain. On fit l'épitaphe suivante :

> Ci-gît le maréchal Marsin
> Et le bâton de Feuilladin (2).

Le duc d'Orléans, en se retirant, demanda aux officiers généraux s'il y avait parmi eux quelqu'un de bonne volonté qui voulût attaquer Moncaglieri, où il savait n'y avoir que cinq cents paysans, parce qu'en prenant cette place, l'armée

---

(1) Chamillart, beau-père de La Feuillade, alors ministre de la guerre, fut cause de la désertion de ces deux officiers, quoique M. de Vendôme lui eût écrit de ne pas les chagriner.

(2) Ce qui n'empêcha pas le duc de La Feuillade d'obtenir plus tard le bâton de maréchal. (*Notes de Narbonne.*)

rentrerait en plaine et serait en état de continuer le siége de Turin. Personne ne répondit, et l'armée se retira.

On reprocha au duc d'Orléans de n'avoir pas fait arrêter le maréchal de Marsin, et fait sortir l'armée des lignes.

On attribua aussi le mauvais succès de Turin à la duchesse de Bourgogne, fille du duc de Savoie, qui était en bonne intelligence avec la Maintenon, chez laquelle Louis XIV décidait les plus importantes affaires de son gouvernement.

Le duc d'Orléans revint à la Cour après sa guérison.

En 1707, le duc d'Orléans est envoyé en Espagne. Il s'arrête un peu trop à Madrid, et n'arrive à l'armée que le lendemain de la bataille d'Almanza, que le maréchal de Berwick donna et gagna le 25 avril, jour du lundi de Pâques.

On reproche au maréchal d'avoir avancé la bataille pour en dérober la gloire au duc d'Orléans, et surtout de n'avoir pas suivi cette victoire.

Le duc d'Orléans fit le siége de Lérida, qui se rendit le 13 du mois d'octobre.

Le 8 décembre, il tint sur les fonts de baptême le prince des Asturies, et revint à la Cour de France.

Le 23 février 1708, ce prince partit de Versailles, et arriva à Madrid le 11 mars. Il prit Tortose le 15 juillet, et revint ensuite à la Cour de France.

On prétend que, pendant son séjour en Espagne, le duc d'Orléans trama quelques intrigues pour monter sur le trône, en cas que Philippe V abdiquât. Le roi d'Espagne ayant découvert la conspiration, après le départ du duc d'Orléans pour la France, fit arrêter plusieurs officiers français.

On ajoute même que le duc d'Orléans devait répudier sa femme et épouser la reine douairière d'Espagne.

Quoi qu'il en soit, le duc d'Orléans resta à la Cour sans considération. Le Roi ne le regardait pas, et, la plupart du temps, les courtisans en faisaient autant. Il n'avait aucune part aux affaires et n'entrait point au Conseil.

Cependant Louis XIV baissait peu à peu; et, dès le mois d'août, les marques de sa fin prochaine étaient si sensibles, qu'un étranger, le voyant dîner en public, dit que ce prince mourrait bientôt.

Ce prince sentait bien lui-même qu'il était au bout de sa carrière, et il n'était occupé que du soin de prévenir tout ce qui aurait pu causer quelque trouble dans l'État après sa mort.

Les impressions défavorables qu'avait du duc d'Orléans le roi d'Espagne, étaient capables de dégénérer en une haine pernicieuse pour les deux monarchies. Louis XIV écrivit au roi d'Espagne que tout ce qu'on avait avancé contre le duc d'Orléans était faux, et qu'il priait S. M. catholique de vivre en bonne intelligence avec lui (1). La réconciliation eut lieu. C'était en effet la moindre des choses que le roi d'Espagne pût faire pour le Roi son aïeul, qui avait tout risqué pour le maintenir sur le trône.

Louis XIV n'écrivit cette lettre au roi d'Espagne que par politique, car lui-même n'était pas désabusé sur la conspiration du duc d'Orléans.

Il le marqua même, en faisant le passe-droit au duc d'Orléans de lui préférer le duc du Maine, lorsqu'il s'agit de passer la revue des gendarmes à Marly : injustice qu'il chercha à dissimuler, mais qui n'échappa pas au public, qui n'en eut que plus de considération pour le duc d'Orléans.

Louis XIV mourut enfin le 1er septembre 1715. Ce fut alors que le duc d'Orléans fit usage de toute sa capacité.

Il courut aussitôt en poste, à Paris, et s'assura les suffrages des plus accrédités du Parlement.

Le 2 septembre, il se rendit au Parlement, où avaient été convoqués les grands du royaume, et ayant agi en renard et fin politique, il fut déclaré Régent du royaume, sans

---

(1) Louis XIV avait conçu les mêmes soupçons contre le duc d'Orléans.
(*Note de Narbonne.*)

qu'on eût égard au testament de Louis XIV, qui avait établi un conseil de régence, dont le duc d'Orléans était seulement le chef.

Le duc du Maine, fils naturel du Roi, avait été chargé, par son testament, d'avoir soin de l'éducation du Roi mineur, et du commandement des troupes; il le dépouilla de ces titres éminents.

Le 4 septembre, il rendit une déclaration qui prorogea les séances du Parlement jusqu'au 1er octobre.

Le 15 du même mois, il rendit une autre déclaration qui permettait au Parlement de faire des remontrances sur les édits et déclarations avant de les enregistrer, et établit plusieurs conseils pour l'administration des affaires du royaume.

Le 4 octobre, il écrivit à tous les intendants des provinces pour qu'il lui fût envoyé les mémoires et instructions nécessaires afin de parvenir au point qu'il s'était proposé, le soulagement du peuple.

Pendant le règne de Louis XIV, qui dura 72 ans, ce Roi soutint des guerres presque continuelles, dont les événements heureux lui attirèrent la crainte, mais aussi l'inimitié des autres potentats de l'Europe. Celle d'Espagne, entreprise pour soutenir sur le trône le duc d'Anjou, son petit-fils, eut des succès peu avantageux ; mais le Roi qui voulait, même aux dépens de sa couronne, conserver celle d'Espagne au duc d'Anjou, non-seulement épuisa ses finances, mais encore surchargea ses peuples d'impôts, et contracta des dettes immenses.

Le duc d'Orléans, qui n'avait eu aucune entrée dans le conseil du vivant du feu Roi, à cause de son affaire d'Espagne, se voyant alors le maître absolu, s'attacha à connaître l'état du royaume, tant des troupes, des finances, que des dettes contractées sous le règne précédent.

Il fut reconnu de dettes exigibles, tant en billets de monnaie, introduits par Chamillard, en 1706, qu'en billets de la caisse des emprunts, ordonnances des bâtiments et autres papiers faits pour les dettes du Roi, pour la somme de cinq cent trente-trois millions . . . . .   533 millions.

Outre les fonds des rentes constituées sur l'hôtel-de-ville, le clergé, ou autrement, dont le capital montait à quatorze cent millions.   1,400 .   —

Total . . . . . .   1,933 millions.

On regardait ces dettes comme des sommes immenses, et qu'il était impossible à l'État d'acquitter.

M. le duc d'Orléans surpassa l'attente générale. Il fit un règlement pour liquider et fixer les dettes exigibles.

Le 26 décembre, les écus de huit au marc, fabriqués en exécution de l'édit de 1709, qui avaient eu cours pour cent sols, et qui s'étaient trouvés réduits, le 1er septembre, jour de la mort de Louis XIV, à 3 livres 10 sous (ce qui fit dire que tous les Français perdaient à sa mort), furent augmentés et mis à 4 livres.

L'argent étant alors très rare, on refrappa ces écus à l'effigie de Louis XV.

Des 533 millions de dettes exigibles, on composa plusieurs classes. On fit différents retranchements sur ces papiers, auxquels chacun acquiesça volontairement, dans la persuasion où tout le monde se trouvait qu'il était impossible qu'ils pussent être payés. La fixation en fut faite à deux cent cinquante millions.

Pour les payer, on créa des billets de l'État, qui furent délivrés aux particuliers. Ces billets devaient être brûlés à l'hôtel-de-ville, à mesure de leur rentrée dans les caisses du Roi.

La suppression d'une partie des pensions, la réforme sur les troupes, et les autres améliorations introduites par le Régent, ne tardèrent pas à procurer une extinction de 93 millions de ces billets de l'État, qui furent effectivement brûlés à l'hôtel-de-ville. Il n'en restait donc plus que pour 157 millions.

L'on peut supposer que, si cet arrangement eût été suivi jusqu'au bout, le reste des billets de l'État eût été anéanti avant que Louis XV fût parvenu à sa majorité. Ainsi le Roi n'aurait plus eu à payer que les rentes montant à environ 60 millions, dont il aurait pu, par la suite, rembourser quelques capitaux, au fur et à mesure que, par ses épargnes, il se serait trouvé en état de le faire.

Le Régent avait aussi fait plusieurs traités avec l'Angleterre et d'autres puissances, son intention étant d'entretenir la paix que Louis XIV avait faite en 1713 et 1714.

Dans cet État, le Roi Louis XV se serait trouvé trop puissant, et ses peuples trop heureux! Un destin malheureux a enlevé à l'un et aux autres une situation si avantageuse.

Jean Law ou Lass, Anglais de nation, qui s'était réfugié en France quelques années avant la mort de Louis XIV, avait proposé à Desmarets, contrôleur général des finances, d'établir une banque générale dans le royaume. Sa proposition ne fut point lors écoutée. Ce savant ministre, qui avait su faire supporter à l'État les malheurs de la gelée du grand hiver de 1709, et ceux de la guerre des dernières années du règne de Louis XIV, ne voulut point changer la forme du gouvernement dans l'administration des finances, en établissant une banque.

Le Régent ayant congédié Desmarets, et nommé le duc de Noailles contrôleur général des finances, accorda à Law, par lettres-patentes, en date des 2 et 20 mai 1716, l'établissement de cette banque.

Pour la mettre en crédit, le Régent rendit un nombre infini d'édits, arrêts et déclarations.

Par un arrêt du 10 avril 1717, il fut ordonné que les billets de banque qui avaient été fabriqués, seraient reçus comme argent comptant, dans les bureaux du Roi.

Par édit du mois d'août, l'impôt du dixième des revenus, qui avait été établi, par déclaration du 14 octobre 1710, pour régler la manière d'éteindre ce qui restait de billets de l'Etat, fut supprimé.

On a vu alors les billets de monnaie, fabriqués en 1706, et les billets de l'Etat, fabriqués en 1716, tomber dans un discrédit incroyable et perdre 70 et jusqu'à 80 pour cent.

Par édit du mois de mai 1717, on ordonna une fabrication de nouvelles espèces. Il fut fait des louis d'or, qu'on nomma chevaliers, de 30 au marc, qui valaient 36 livres, et des écus de 10 au marc, qui valaient 6 livres.

On accorda la faculté de porter à la Monnaie de vieilles espèces, et les deux cinquièmes en sus de billets d'Etat, que l'on échangeait contre les nouvelles espèces, au moyen de quoi les billets d'Etat s'anéantissaient.

Cet édit ne fut point envoyé au Parlement pour y être enregistré. Cette compagnie, mécontente de l'administration du Régent, qui l'avait dupée, et dont le gouvernement devenait dur et odieux, en fit grand bruit, et rendit, le 20 juin 1718, un arrêt, toutes les chambres assemblées, portant : qu'il serait fait de très humbles remontrances au Roi pour obtenir des lettres-patentes portant révocation du nouvel édit des monnaies, comme étant, ledit édit, préjudiciable au Roi, à l'Etat, au commerce et à la fortune de chaque particulier ; et cependant, par provision, ladite cour faisait défense à toutes personnes d'exposer, débiter, ni recevoir les espèces de la dernière refonte.

Le Roi rendit le même jour un arrêt du conseil qui cassa et annula l'arrêt du Parlement, comme attentatoire à l'autorité royale, et l'édit reçut son exécution, nonobstant les vives remontrances et l'opposition du Parlement.

Le Parlement rendit un nouvel arrêt le 12 août, et ordonna qu'il serait affiché en présence de deux conseillers de la cour. Mais le Régent ayant fait mettre des soldats dans les rues, avec ordre de faire main basse et tirer sur ceux qui afficheraient cet arrêt, le Parlement n'osa passer outre ; et un autre édit du Roi, du 24 août, cassa ce dernier arrêt du Parlement. Mais ce n'était point assez : le Régent fit tenir au Roi un lit de justice, le 26 août; toute la nuit qui précéda ce jour, des ordres furent envoyés aux membres du Parlement de se rendre aux Tuileries. Ils s'y rendirent tous, en effet, à pied et en robes rouges.

Les Parisiens, qui voyaient ainsi aller les membres du Parlement, étaient d'opinions différentes sur leurs actes : les uns les regardaient comme tendant au bien public, d'autres les voyaient avec indifférence, et d'autres enfin contestaient au Parlement le droit de se mêler de ces affaires ; mais aucun d'eux n'appréciait justement les vues du Parlement qui, par ses lumières, prévoyait les événements désastreux que le surhaussement des monnaies allait causer; ce qui n'a pas tardé, en effet, à servir de prétexte aux laboureurs et aux marchands, pour élever leurs denrées et marchandises à des prix excessifs.

L'arrêt du conseil du 21 août, et les lettres-patentes, furent enregistrés dans le lit de justice, et les actes du Parlement furent anéantis.

L'on s'aperçut bien alors qu'il n'y avait plus de *Broussel*, ni de milice bourgeoise. D'*Argenson*, ci-devant lieutenant de police, et qui avait été nommé vice-chancelier, le 28 janvier 1718, à la place de d'*Aguesseau*, exilé à Fresne, fit enregistrer ses provisions, et le Parlement eut la mortification de plier et de recevoir les ordres de celui qui, tant de fois, avait exécuté les siens.

Il fit, à cette occasion, un discours qui n'eut le don de plaire à aucun des membres de cette auguste compagnie.

La banque et le système de Law s'établissaient de plus en plus. Il fut d'abord fait douze cents actions, dites d'occident. Le bénéfice que ces actions devaient produire était imaginaire, n'étant fondé que sur le profit imaginaire que la Compagnie des Indes pourrait faire dans le commerce qu'elle devait établir.

Pour acquérir ces actions, on recevait à la banque les

billets de l'Etat, qui avaient servi à la fixation des dettes exigibles, contractées sous le règne de Louis XIV. Ces billets perdaient alors 70 pour cent.

Au moyen de ces actions, les billets de l'Etat devinrent non-seulement au pair, mais furent même recherchés et gagnèrent jusqu'à 15 pour 100.

Plusieurs personnes auxquelles on avait donné de ces actions, ayant publié les gains immenses et incroyables qu'on leur faisait faire (sans doute pour servir d'appât au reste du royaume), chacun s'empressa d'avoir des actions.

On fera quelques observations à mesure que l'on racontera les événements produits par le développement du système de Law.

Ce système, en moins de deux ans que le duc d'Orléans employa à l'arranger et à prendre les mesures qu'il croyait convenables pour le faire réussir, a causé plus de pertes, de bouleversements et de dommage dans le royaume, que les guerres continuelles que le feu roi Louis XIV avait soutenues, et les dépenses excessives qu'il avait faites en bâtiments, en superbes ameublements, en fêtes et en réjouissances, n'en avaient produit pendant soixante-douze ans de règne.

Sans ce misérable système, que le duc d'Orléans avait établi pour se rendre maître de tout le royaume, et faire réussir une secrète ambition, sa régence eût été pour la France le *siècle d'or*.

Le Régent, par une déclaration du 4 décembre 1718, transforma la banque générale, établie par Law en 1716, en banque royale, à commencer du 1er janvier 1719. Il la plaça sous son autorité, et se chargea de douze cents actions de la compagnie d'Occident, dont le fonds de chacune était fixé à 500 livres, et le capital à 600,000 livres.

Par arrêt du 29 décembre, il fut ordonné qu'il serait fabriqué pour un milliard de billets de banque; un autre arrêt publié en créa deux cent millions; enfin plusieurs autres arrêts, qui n'ont pas été rendus publics, en créèrent dix-sept cent millions, ce qui faisait un total de deux milliards neuf cent millions de billets de banque.

Les douze cents actions de 500 livres de la Compagnie d'Occident ne tardèrent pas à monter à 5,000 livres chaque, et d'une *fumée*, le Régent retira tout d'un coup 6 millions. Les opérations de la Banque les firent même monter jusqu'à 1,400 livres.

On fabriqua bientôt un grand nombre d'autres actions de la Compagnie des Indes; et il s'est passé, au sujet de ces actions et de ces billets de banque, des choses si extraordinaires, que, plus tard, il ne sera pas possible d'y croire.

Ainsi, le nombre de ces billets de banque et des actions s'éleva, en valeurs imaginaires, à plus de 8 milliards, c'est-à-dire à une somme que l'on pourrait à peine trouver en argent dans tous les États qui composent l'Europe.

Un grand nombre de particuliers vendirent leurs biens pour avoir des actions, et se défirent de biens réels pour courir après un fantôme.

Par arrêt du conseil, du 31 août 1719, le remboursement de toutes les rentes sur l'hôtel-de-ville fut ordonné en papier, et les rentiers convertirent ce papier en billets de banque et en actions.

Il s'établit alors, au mois de novembre de cette même année, pour faciliter cet échange, un commerce public d'actions et de billets de banque, dans la rue Quincampoix.

Pendant tout ce mouvement de papiers, et pour l'accréditer encore, le Régent ordonna une diminution sur les espèces d'or et d'argent; et afin que tout cet or et cet argent vînt s'enfouir plus sûrement dans le réservoir de la Banque, il rendit, le 24 novembre 1719, un arrêt qui ordonne que, faute par les dépositaires de deniers de les convertir en billets de banque, les diminutions qui arriveraient sur les espèces seraient supportées par eux.

Il semblait que tout le monde eût perdu la tête et regardât l'or et l'argent comme du poison, car pendant les mois de novembre et de décembre 1719, janvier et février 1720, l'on vit chacun convertir ce qu'il avait en billets de banque ou en actions.

Malgré cet engouement, le Régent ne tarda pas à s'apercevoir qu'il commençait à se manifester quelque méfiance sur la destinée de cette prodigieuse quantité d'actions et de billets de banque, dont il n'y avait pas en France la dixième partie en argent, et qu'on commençait à retirer beaucoup d'espèces de la Banque. Pour faire prendre le change au peuple, il fit rendre un arrêt du Conseil, le 22 janvier 1720, portant permission aux sujets du Roi de faire sortir du royaume leurs espèces, et de les faire valoir dans les pays étrangers, attendu que ces espèces étaient oisives dans leurs caisses, le commerce en étant prohibé et défendu en France. Arrêt incompréhensible, et qui doit rendre odieuse la mémoire du duc d'Orléans.

La ville de Lyon avait très sagement refusé de recevoir les billets de banque. Le Régent rendit un arrêt, le 28 janvier 1720, qui ordonnait de recevoir les billets de banque dans tout le royaume, et qui permettait à la Compagnie de faire des recherches et visites dans toutes les maisons, même royales, pour saisir (chose inouïe) les espèces d'or et d'argent qui y seraient trouvées.

Le 27 février, un arrêt du conseil défend à toutes personnes de garder plus de 500 livres en espèces, soit d'or, soit d'argent, et ordonne la confiscation du surplus, sous de grosses peines.

Par un édit du mois de mars, il est défendu de faire des constitutions de rentes au-dessous du denier cinquante.

Les actions étaient montées à 14,500 livres et jusqu'à 15,000 livres ; par arrêt du 5 mars, elles furent réduites et fixées à 9,000 livres. Le même arrêt permit de convertir les actions en billets de banque, ce qui fut encore une faute grave du Régent.

Enfin, le Régent mit le comble à ce qu'avait d'extravagant et d'odieux ce système, en rendant, le 11 mars 1720, une déclaration pour abolir l'usage des espèces d'or et d'argent dans le royaume, à dater du 1ᵉʳ mai.

Pendant ce temps, les marchandises et denrées furent portées à des prix excessifs; le crédit perdu, le commerce anéanti; alors chacun commença à ouvrir les yeux sur le système de Law et du Régent, et à rechercher cet argent que deux mois auparavant on regardait comme de la boue, dont personne ne voulait, et qui était devenu d'une rareté incroyable; on soupçonna même le duc d'Orléans d'avoir retiré de la Banque une grande partie de l'argent qui y était entré.

Bientôt tout le monde fut alarmé par suite d'un arrêt du conseil, du 21 mai 1720, qui réduisit les actions à 5,000 livres, et qui diminua les billets de banque de vingt pour cent, c'est-à-dire que l'on perdait la cinquième partie sur ce que l'on en avait (1).

On voulut réparer l'effet produit par cet arrêt, en en rendant un autre, le 27 du même mois, qui révoque celui du 21, et qui rétablit les billets dans leur première valeur, mais le coup qui avait été porté avait achevé de faire perdre toute confiance dans le papier.

Pendant toutes les opérations et tous les mouvements que le duc d'Orléans faisait faire à la banque, et qui ne tendaient à rien moins qu'à culbuter de fond en comble le royaume, il fit augmenter juqu'à 15 livres les écus de huit au marc, auxquels il avait fait précédemment subir plusieurs diminutions.

---

(1) On dit que d'Argenson, vice-chancelier, pour culbuter Law et son système de la Banque, avait fait signer cet arrêt au Régent. (*Note de Narbonne.*)

Le Parlement murmurait hautement de la mauvaise administration du Régent; il faisait même ce qu'il pouvait pour le traverser, mais inutilement, car il n'avait personne à sa tête qui pût le seconder.

Cependant le Régent, qui ne voulait rencontrer aucun obstacle, rendit, le 21 juillet 1720, une déclaration qui transférait le Parlement à Pontoise. Le préambule de cette déclaration est complétement faux.

Law, qui avait été fait contrôleur général des finances le 5 janvier 1720, manqua d'être assassiné par la populace, le 1er septembre de la même année; on lui jeta des pierres dans sa voiture, et on l'aurait certainement tué, s'il ne se fût réfugié au Palais-Royal.

Plusieurs personnes avaient été étouffées en portant leur argent à la banque, où il y avait une presse étonnante; mais il en périt encore davantage pour chercher à avoir dix livres en espèces pour un billet de banque de dix francs.

Le commerce du papier avait été transféré de la rue Quincampoix à la place de Louis-le-Grand, ci-devant appelée place de Vendôme, et ensuite à l'hôtel de Soissons, où on fit des bureaux pour les agioteurs.

L'on vit les princes et princesses du sang, les gens d'église et de robe faire cet odieux commerce.

Law fut obligé de sortir de Paris, où il n'était plus en sûreté, le 10 décembre 1720. Ce fut M. le duc de Bourbon qui, pour empêcher qu'il ne fût insulté, le fit conduire dans sa chaise de poste, avec ses gens et sa livrée, jusqu'à Bruxelles, ce qui n'a pas fait beaucoup d'honneur à ce prince.

La femme de Law resta en France, avec une pension du Roi de soixante mille livres, tandis que de bons Français essuyaient une misère effroyable.

L'argent était si rare, que beaucoup de personnes furent obligées de vendre leurs cuillères, fourchettes, gobelets et tasses d'argent pour subsister, ce qui fit rentrer à la Monnaie pour trente millions de ces matières, dont on fit des espèces.

Law avait fait sortir du royaume des quantités prodigieuses d'or et d'argent. Il alla en Angleterre, d'où il fut chassé, et se retira ensuite à Venise, où il mourut le 21 mai 1727.

De tristes événements succédèrent à cette énorme émission de papier.

Le 26 du mois de janvier 1721, un arrêt du conseil ordonne que tous les contrats, actions et billets de banque seront représentés dans les deux mois suivants, pour être vérifiés devant les commissaires du conseil.

Un autre arrêt, du 21 février, règle la manière de procéder à cette vérification.

Le 23 septembre, le conseil fait un règlement pour la liquidation des papiers royaux.

Par un arrêt du 21 novembre 1722, il est ordonné de procéder aux récolement et brûlement des registres et papiers du *visa*.

Enfin, par un arrêt du 22 mars 1723, le nombre des actions de la Compagnie des Indes est fixé à cinquante-six mille, et chaque action à 5,000 livres, ce qui forme un capital de 280 millions, indépendamment des billets de banque qui avaient été liquidés, et qui montaient à des sommes immenses; en sorte que le Roi qui, en 1716, ne devait plus, en dettes exigibles, que 157 millions, en 1723 se trouvait surchargé de dettes incroyables.

Je crois nécessaire de consigner ici quelques réflexions concernant le système de Law.

On était tellement engoué des actions et des billets de banque, depuis le mois de novembre 1719 jusqu'au mois de février 1720, qu'on a vu plusieurs personnes faire porter leur argent dans des tombereaux ou sur des crochets, tandis que d'autres, qui le portaient elles-mêmes, se sont trouvées étouffées, en voulant le changer contre des billets de banque de dix mille, de mille et de cent livres.

Mais ce qu'il y eut de curieux, c'est que quatre mois après, ainsi que je l'ai déjà dit, d'autres personnes furent encore étouffées, pour avoir seulement en argent la monnaie d'un billet de dix francs.

On ne peut, sans frémir, faire le tableau de ce temps d'illusion et d'iniquité.

Plusieurs cadavres de personnes étouffées à la banque ou aux portes des changes, furent jetés dans la cour du Palais-Royal, demeure du duc d'Orléans, régent.

Dans les lieux où se faisait le commerce du papier, il y avait de ces gens à visage éhonté, qui criaient : *Qui veut des actions? J'en vends et j'en achète.*

L'usure était publique et portée à un si haut degré, que la postérité ne pourra jamais y croire.

Ni le clergé de France en général, ni l'archevêque de Paris, ni même le Parlement, n'ont eu la fermeté et le courage nécessaires pour empêcher un si détestable commerce, ce qu'ils auraient dû faire, aux dépens de leur liberté et même de leur vie.

Ce commerce odieux a ruiné des légions de personnes. Les unes s'y sont laissé entraîner par avarice et appât du gain; les autres, qui n'avaient pour vivre que leurs rentes sur l'hôtel-de-ville, par le désir de faire valoir les récépissés de remboursement de ces rentes.

Ce misérable commerce a été la cause d'une infinité de meurtres, d'assassinats et même de suicides.

Le comte d'Horne, d'une naissance illustre, allié à l'Empereur et même au duc d'Orléans, régent, du côté de sa mère, fut rompu vif, le jour du vendredi Saint 1720, pour avoir volé de ces papiers d'iniquité et assassiné les personnes auxquelles ils appartenaient. Son procès fut instruit et jugé en trois jours, afin de ne pas donner le temps à l'Empereur de le réclamer.

Quelques particuliers firent des fortunes immenses, et une madame Chaumont fit monter la sienne à cent vingt millions (1).

D'autres achetèrent, avec ces infâmes papiers, des quantités prodigieuses de marchandises, de la vaisselle d'argent et jusqu'aux objets destinés aux églises, tels que croix, lampes, encensoirs et chandeliers.

Le duc de la Force, qui était président du conseil de commerce, avait établi des magasins de marchandises jusque dans les Grands-Augustins, où le Parlement les fit saisir, et il fut instruit contre ce duc une procédure criminelle, qui fut suivie d'un arrêt portant un blâme sévère contre lui.

Le Roi, pour empêcher la ruine totale d'une partie de son peuple, créa diverses parties de rentes pour remplacer celles qui avaient été remboursées, mais à un denier bien médiocre, et l'on fut obligé de perdre sur le fonds et sur le revenu. Quelque triste que fût ce parti, ce fut encore le meilleur que l'on eût à prendre, car ceux qui le négligèrent perdirent totalement les fonds qu'ils avaient sur l'hôtel-de-ville.

Quant aux actions, qui s'étaient élevées jusqu'à 15,000 livres, elles tombèrent dans un si grand discrédit, que, quoi qu'on en eût fixé le revenu à 150 livres par an, elles se vendirent au-dessous de 100 livres.

Les autres parties en papier, qui se trouvaient au-dessous de 1,000 livres, furent entièrement anéanties.

Ainsi l'établissement de la banque et du commerce de papier auront causé des maux et des plaies que plusieurs siècles pourront à peine faire disparaître.

En faisant la narration de ce qui s'est passé au sujet du

---

(1) Cette dame Chaumont avait acheté, des héritiers du duc de Beauvilliers, son hôtel de la rue de la Bibliothèque, à Versailles. Elle fut obligée de le revendre quand arriva la banqueroute de Law. Le Roi l'acheta et en fit l'hôtel du contrôle général.

système de Law, j'ai laissé de côté les autres événements remarquables arrivés sous la régence du duc d'Orléans; je les reprendrai partie par partie, laissant néanmoins à chacun le soin de les raconter à sa manière, car je n'ai fait ceci que pour me ressouvenir des événements dont j'ai eu connaissance, et il en existe beaucoup d'autres que j'ignore.

CHAMBRE DE JUSTICE ÉTABLIE SOUS LA RÉGENCE DU DUC D'ORLÉANS, EN 1716, POUR LA RECHERCHE DES FINANCIERS.

Bourvallais, l'un des traitants des impositions établies sur le peuple, sous le règne de Louis XIV, avait offert de fournir quatre-vingt-seize millions pour les quarante fermiers généraux. Sa proposition fut rejetée mal à propos, car cette somme aurait suffi pour achever d'éteindre le restant des billets de l'État, dont on a déjà parlé, et l'on n'aurait pas été obligé d'établir la chambre de justice.

Cette chambre tint ses séances aux Grands-Augustins. Elle rendit un grand nombre d'arrêts qui taxaient les gens d'affaires à restituer au Roi des sommes plus ou moins fortes, suivant leurs facultés, et en proportion de ce qu'ils pouvaient avoir volé au Roi, ou pour mieux dire, au public.

Ces taxes montaient à des sommes considérables; mais le duc d'Orléans, régent, ne s'en servit pas pour acquitter les dettes du Roi. Tout au contraire, la plupart des *taxés* ayant trouvé accès auprès de lui, par le canal de ses maîtresses, de ses favoris et de ses domestiques, qui avaient reçu des présents considérables, les uns furent déchargés, il en coûta peu de chose aux autres, et la chambre ne fut ainsi d'aucun secours, ni au Roi ni au peuple.

Il avait été fait neuf rôles de taxes, montant à la somme de cent soixante-cinq millions deux cent trente-quatre mille sept cent quatre-vingt-seize livres.

Le dixième rôle n'a point paru, la Chambre ayant été révoquée au mois d'avril 1717.

Il est aisé de comprendre que, si elle eût continué ses séances et ses taxes, le Roi en aurait touché plus de deux cents millions; ce qui était plus que suffisant pour acquitter et éteindre le restant des billets de l'État.

M. de Fourqueux, procureur général de la chambre des comptes, et qui le fut aussi de la chambre de justice, était pauvre avant d'y être attaché; mais il s'est enrichi considérablement pendant qu'il y faisait bon. Il y aurait bien des choses à dire sur tout cela, que mon scrupule à ne choquer personne m'empêche de dire. La plupart de ceux qui sont dans des places éminentes, sont plus occupés de leurs fortunes, qu'ils dissipent souvent dans leurs plaisirs, que de travailler utilement pour le bien du Roi et de l'État.

DÉCOUVERTE DE LA CONSPIRATION CONTRE LE DUC D'ORLÉANS, RÉGENT.

Le prince de Cellamare était à Paris en qualité d'ambassadeur d'Espagne auprès du Roi. Il reçut des instructions convenables du cardinal Alberoni, premier ministre d'Espagne. Le but de la conspiration était de faire enlever et conduire en Espagne le duc d'Orléans

Pour y réussir, il avait fait entrer dans le royaume beaucoup de soldats déguisés avec des souquenilles de toile, qui rôdaient dans les villages et les bois des environs de Paris, de Versailles et de Saint-Germain, où ils vendaient du sel. Ils étaient dispersés en différentes bandes, qui pouvaient se rejoindre toutes en moins de six heures. On croit qu'il y en avait en tout environ douze cents. On leur donnait le nom de faux sauniers.

Le prince de Cellamare ayant disposé toutes choses, et

7

mis dans le parti d'Espagne autant de créatures qu'il avait pu, particulièrement la duchesse du Maine, nombre de seigneurs et une partie de la noblesse de Bretagne, envoya un abbé (1) en porter la nouvelle en Espagne au cardinal Alberoni, afin d'avoir les dernières instructions, et de savoir quelles mesures il faudrait observer dans le gouvernement du royaume de France, après l'enlèvement du duc d'Orléans, régent.

Le duc d'Orléans ayant été averti de cette conspiration par *la Fillon*, fameuse courtisane de Paris (2), fit arrêter cet abbé à Bordeaux.

Le prince de Cellamare fut aussi arrêté à Paris, et conduit à petites journées hors du royaume.

Cette affaire avait été conduite avec beaucoup de secret et de prudence, et elle aurait certainement réussi sans l'excès de précautions du prince de Cellamare, qui voulut connaître, avant tout, les détails de l'administration que l'on se proposait d'établir dans le royaume, après l'enlèvement du Régent. Il est même probable que, si cet événement fût arrivé, le Parlement n'aurait pas manqué de régler lui-même cette affaire, et de reprendre l'autorité dont le duc d'Orléans l'avait dépouillé, après avoir tiré de lui la déclaration de sa régence.

A l'égard des faux sauniers, ils s'évadèrent du mieux qu'ils purent, à l'exception d'environ deux cents qui s'étaient retirés dans la forêt de Saint-Germain. On y envoya plusieurs brigades d'archers de la maréchaussée, soutenues d'un détachement des régiments des gardes Françaises et Suisses. Ils furent enveloppés et bien attaqués. Ils se défendirent vigoureusement, mais furent enfin obligés de céder au grand nombre. Il y en eut une partie de tués ; les autres se sauvèrent, à la réserve de quinze qui furent arrêtés, avec

---

(1) Porto-Carrero.
(2) C'est elle qui me l'a dit. (*Note de Narbonne.*)

le sel qu'ils portaient encore. On leur fit leur procès, comme faux sauniers, porteurs de fusils et de pistolets. Ils furent pendus dans la forêt de Saint-Germain, et on les attacha aux branches des arbres où le combat s'était donné.

On remarqua que tous les individus qui avaient été chargés de l'enlèvement du Régent, étaient tous gens de courage et de service. On doute que les Français se fussent opposés à cet enlèvement.

Le 19 janvier 1719, le duc d'Orléans rendit une ordonnance portant déclaration de guerre à l'Espagne. Je la publiai à Versailles.

Comme il était question de porter cette guerre dans les États d'un prince du sang de France, oncle du roi régnant, et qui n'avait été maintenu sur le trône d'Espagne qu'aux dépens du sang de la nation française et de l'épuisement de ses finances; que d'ailleurs on savait que le duc d'Orléans voulait exiger du roi d'Espagne une nouvelle renonciation à la couronne de France, à laquelle Louis XIV l'avait rappelé par sa déclaration de 1714, en cas que Louis XV vînt à mourir sans postérité, afin que, ce cas arrivant, lui, duc d'Orléans, fût reconnu pour successeur à cette couronne; et son administration étant devenue odieuse aux Français, il y eut lieu de croire que la France ne prendrait les armes qu'en apparence contre le roi d'Espagne. C'était du moins ainsi que les spéculatifs raisonnaient de cette affaire.

Cependant l'événement a fait voir que la nation française obéit aveuglément à son Roi, ou à ceux qui sont revêtus de son autorité, sans entrer dans aucun examen. Et c'est tout ce qu'il y a de mieux à faire, les vues des particuliers étant toujours bornées, et n'ayant pas assez de discernement pour entrer dans les raisons politiques de ceux qui gouvernent.

Le prince de Conti fut nommé au commandement de l'armée qui devait attaquer offensivement l'Espagne. Il s'y rendit, et, suivant les ordres du duc d'Orléans, il fit le siége de Fontarabie et du fort Saint-Sébastien, qui se rendirent après une faible résistance.

Le maréchal de Villars avait refusé d'y aller. On blâma le prince de Conti d'y avoir été.

Le duc d'Orléans, régent, était le plus grand politique de son temps, ferme dans ses résolutions et hardi dans l'exécution.

Le cardinal Alberoni, premier ministre d'Espagne, était un obstacle aux vues du duc d'Orléans. Ce prince chercha tous les moyens de le faire destituer. Pour y réussir, il écrivit une lettre au roi d'Espagne, dans laquelle il lui mandait que son premier ministre le trompait dans l'administration de son gouvernement; qu'il agissait beaucoup plus dans l'intérêt de son ambition que pour le bien de l'État; et que si Sa Majesté Catholique voulait éloigner d'elle et faire sortir de ses États ce ministre, il traiterait de la paix à des conditions qui seraient avantageuses à Sa Majesté Catholique.

Le roi d'Espagne ne tarda pas à entrer dans les sentiments du duc d'Orléans; il éloigna de ses États le cardinal, après quoi le duc d'Orléans traita tout à son aise avec le roi.

Il arrêta d'abord le mariage du roi Louis XV avec l'infante d'Espagne.

Puis ensuite celui du prince des Asturies, fils aîné de Philippe V, roi d'Espagne; et celui de don Carlos, deuxième fils du même roi, avec deux de ses filles.

Une autre était déjà mariée au duc de Modène.

La future épouse de Louis XV, Marie-Anne-Victoire, infante d'Espagne, née à Madrid, le 31 mars 1718, fut envoyée en France pour y être élevée. Elle arriva à Paris le 2 mars 1722; son entrée fut magnifique : cinq cents gardes du corps du Roi, et plusieurs régiments de cavalerie, allèrent au devant d'elle jusqu'à Montrouge.

Le Parlement de Paris envoya des députés, qui la haranguèrent à peu près en ces termes :

« Nous vous rendons des hommages prématurés ; puisse l'innocence de votre âge être le sceau de la paix entre les deux plus grands royaumes de l'Europe. »

Cette princesse fut appelée l'Infante-Reine ; beaucoup de personnes prédirent que la disproportion d'âge l'empêcherait d'être jamais l'épouse du Roi.

Pendant tout le temps de la régence, et au milieu de ses immenses travaux, le duc d'Orléans se livrait fréquemment, et avec excès, aux débauches les plus outrées de vin et de femmes.

Le jeudi 2 décembre 1723, il devait partir de Versailles dans l'après-midi, pour aller à l'Opéra, à Paris. Son fils, le duc de Chartres, était déjà parti le matin, ainsi que le comte de Maurepas, secrétaire de la maison du Roi.

Le duc de Bourbon, prince du sang, et le marquis de la Vrillière, secrétaire d'État, étaient restés à Versailles.

Dans l'après-midi, le duc d'Orléans se promena quelques instants dans le jardin de Versailles, et l'on remarqua quelques changements dans son visage, dont la couleur était un peu plombée. Il rentra dans son appartement vers les quatre à cinq heures du soir.

Une Italienne, la duchesse de Phalaris, se trouvait seule avec ce prince, dans son cabinet, sur les sept heures du soir. Tout à coup le prince se trouve mal et tombe dans un fauteuil. La duchesse court à la porte et appelle les valets de chambre ; ceux qui se trouvent à portée accourent pour le secourir, mais ce fut en vain. On court dans tous ses appartements et dans ceux du Roi, pour trouver un médecin ou un chirurgien : il n'y en a pas un dans le château. On en cherche alors de tous côtés dans Versailles ; mais lorsqu'ils arrivent, l'attaque d'apoplexie qui l'avait frappé avait été en augmentant, et la saignée devint inutile ; on ne trouva même pas assez à temps une cuillère pour lui faire ouvrir la bouche et lui faciliter la respiration, ni une serviette pour l'essuyer.

Ainsi ce prince, qui voyait tout ce qu'il y avait de plus

considérable dans le royaume soumis à ses volontés, qui marchait entouré d'une multitude de grands seigneurs, d'officiers et de domestiques, se trouva pour ainsi dire seul au moment de sa mort, et abandonné de tout le monde dans le temps où il en avait le plus besoin.

Comme il avait pris le titre de premier ministre à la mort du cardinal Dubois, son exemple fut suivi par le duc de Bourbon.

Ce prince avait placé des émissaires, afin de savoir le moment exact de la mort du duc d'Orléans qui arriva sur les huit heures du soir. Il courut aussitôt chez le Roi et lui demanda la place de premier ministre. Le Roi, trop jeune et de trop peu d'expérience pour réfléchir longtemps sur une si importante affaire, la lui accorda à l'instant; et le marquis de la Vrillière, secrétaire d'État, lui fit aussitôt prêter serment en cette qualité entre les mains du Roi.

On a reproché à S. A. R. Mme la duchesse d'Orléans de n'avoir pas été immédiatement trouver le Roi, au moment de la mort de son mari, pour le prier de ne point nommer à la place de premier ministre avant que son fils ne fût de retour de Paris, et le conseil assemblé.

Ainsi mourut le duc d'Orléans, dont les puissances voisines redoutaient et le génie et la politique.

Quelque temps avant sa mort, ce prince avait dit dans un repas à plusieurs de ses confidents, qu'il se reprochait trois choses :

La première, de n'avoir pas fait mettre aux arrêts le maréchal de Marsin, lorsqu'il ne voulut pas déférer à son opinion devant Turin et faire sortir l'armée des lignes, pour aller au devant des ennemis leur disputer le passage ;

La deuxième, d'avoir rendu un arrêt qui permettait de convertir les actions en billets de banque ;

La troisième, d'avoir rendu un autre arrêt qui défendait à toutes personnes de garder plus de 500 livres en espèces.

Le duc d'Orléans avait une politique si raffinée, qu'il

savait conduire à sa volonté tous ceux qui, dans le royaume, pouvaient balancer son autorité. Il avait l'art de promettre la même chose à plusieurs personnes et de ne tenir à aucune. Il sut semer la discorde et la désunion entre les princes du sang et les princes légitimés, ainsi qu'entre les ducs et le Parlement, et pendant ces divisions, dans lesquelles il ne prenait parti pour aucun, il savait s'arranger pour la réussite de ses projets. L'incontinence du duc d'Orléans fut si grande, qu'il est difficile d'établir le nombre de ses maîtresses et les biens qu'il leur donna.

Il pourvut du généralat des galères le chevalier d'Orléans, un de ses fils bâtards, qu'il eut de la demoiselle Céry.

L'abbé de Saint-Albin, un autre bâtard qu'il eut de la demoiselle Dumas, actrice de l'Opéra, fut pourvu du grand prieuré de France et de l'archevêché de Cambray.

Quoique le duc d'Orléans se fût attiré la haine du peuple, et qu'on eût tramé une conspiration pour l'enlever, cela ne l'arrêta en rien dans ses plaisirs. Il allait souvent dans son carrosse, la nuit, accompagné seulement de La Farre, son capitaine des gardes, et d'un ou deux valets de chambre, pour se divertir avec ses maîtresses, d'où il revenait ivre, sans qu'on ait jamais osé entreprendre de lui faire la moindre insulte.

Au milieu de ses débauches et de ses plaisirs, il n'a jamais fait une confidence des affaires de l'État, ni de ses pensées, à aucune de ses maîtresses.

On lui a attribué, peut-être sans fondement, mais au moins avec beaucoup d'apparence de raison, une ambition criminelle.

Pendant sa régence, le duc d'Orléans n'a pas reculé devant quelques coups d'État très violents.

Ainsi, par exemple, il envoya des commissaires et des troupes à Rennes, en Bretagne, pour instruire le procès contre la noblesse de cette province, qui avait trempé dans la conspiration du prince de Cellamare et de la duchesse du Maine.

Plusieurs nobles se sauvèrent en Espagne, d'autres furent effigiés, et enfin quelques-uns eurent la tête tranchée à Rennes.

On défendit aux habitants de cette ville de mettre la tête aux fenêtres pendant l'exécution.

Les troupes étaient en haie dans les rues, et avaient ordre de tirer sur les habitants qui ouvriraient leurs fenêtres.

Cette expédition fut regardée comme un coup très hardi du Régent.

La mort subite du duc d'Orléans, qui l'a empêché de communiquer ses desseins à son fils, a causé des pertes irréparables.

On croit qu'il avait des réserves d'or et d'argent, et que comme il ne confiait ses secrets qu'à gens dont il était absolument sûr, et en très petit nombre, cet argent aurait été perdu pour le Roi.

Quoi qu'il en soit, et nonobstant toutes les pertes occasionnées sur les espèces d'or et d'argent, et malgré ce que le duc d'Orléans en avait pu détourner à son profit et employer aux mariages de ses filles, et à divers traités et opérations, il laissa encore à sa mort, dans les coffres du Roi, quatre-vingt-onze millions.

Aussi l'opinion générale est que, si le duc d'Orléans régent n'eût pas été ainsi frappé par une mort précipitée, il aurait réparé, au moins en partie, les maux que le système de Law avait causés.

Le duc de Bourbon, qui a succédé au duc d'Orléans dans la place de premier ministre, et qui l'a remplie depuis le 3 décembre 1723 jusqu'au 11 juin 1726, qu'il en fut destitué, a, en deux ans et demi d'administration, non-seulement dissipé toutes les finances que le duc d'Orléans avait laissées dans les coffres du Roi, qu'il a rendus totalement vides, mais encore a exposé Paris et plusieurs grosses villes à périr par la disette de pain; produite par l'administration des Pâris, sous son ministère.

Décembre 1723.

Marie-Anne de Bourbon (Mlle de Blois), connue plus tard sous le nom de première princesse de Conty, douairière, était fille de Louis XIV et de Mlle de La Vallière. A la mort du duc de Vermandois, son frère, arrivée en 1683, elle hérita de deux belles terres, de deux cent mille écus sur la caisse des emprunts, de beaucoup d'autres effets, et enfin du bel hôtel de Conti, situé à Versailles, avenue de Paris (1).

Après la mort de Louis XIV, en 1715, cette princesse, qui se souciait peu de venir à la Cour, mit en vente son hôtel de Versailles.

Lors de l'établissement des actions et billets de la banque de Law, M. Bosc, procureur général de la cour des Aides, l'acheta à Mme de Conti cent mille livres en billets de banque, le 7 décembre 1719.

M. Bosc revendit en bâtiments détachés de cet hôtel, places, bois, plombs, fers et autres objets, pour deux cent cinquante mille livres en deniers comptant ; et le 28 décembre 1723, il céda le grand hôtel, avec le grand jardin, à M. le duc de Bourbon, alors premier ministre, qui le paya cent mille livres pour le compte du Roi.

L'on en fit l'hôtel du grand-maître (de la maison du Roi), et M. le duc y allait souvent en parties de plaisir, avec la marquise de Prie, sa maîtresse.

14 Janvier 1724.

Philippe V, roi d'Espagne, deuxième fils de Monseigneur, fils unique de Louis XIV, né à Versailles le 19 décembre 1683, déclaré roi d'Espagne le 24 novembre 1700, a abdi-

---

(1) Aujourd'hui l'hôtel de la Mairie. Cet hôtel fut construit en 1670 par le maréchal de Bellefont, puis il passa au chevalier de Lorraine. Louis XIV l'acheta 100,000 livres au chevalier, et le donna au duc de Vermandois.

qué la couronne le 10 janvier 1724, en faveur de son fils aîné, Louis, premier du nom, et lui a écrit la lettre suivante (1) :

« La divine Providence, mon bien-aimé fils, ayant
« bien voulu, par son infinie miséricorde, me faire con-
« naître depuis quelques années en deçà, le néant du
« monde et la vanité de ses grandeurs, et m'inspirer, en
« même temps, l'ardent désir des biens éternels, lesquels,
« sans comparaison, doivent être préférés à tous ceux de la
« terre, et que Dieu ne nous a donnés que pour cette fin,
« j'ai cru ne pouvoir mieux répondre aux faveurs d'un si
« bon père, qui m'appelle pour le servir et qui m'a donné
« toute ma vie tant de marques d'une visible protection,
« avec laquelle il m'a non-seulement délivré des maladies
« qu'il lui a plu de m'envoyer, mais encore protégé dans
« les occasions les plus fâcheuses de mon règne, et con-
« servé la couronne contre tant de puissances unies qui
« prétendaient me l'ôter, qu'en sacrifiant et mettant à ses
« pieds cette même couronne, pour penser uniquement à le
« servir, pleurer mes fautes passées et me rendre moins
« indigne de paraître en sa présence quand il lui plaira de
« m'appeler à son jugement, beaucoup plus formidable
« pour les rois que pour les autres hommes, j'ai pris cette
« résolution avec d'autant plus de ferveur et de joie, que la
« reine, que Dieu pour mon bonheur m'a donnée pour
« épouse, entrait dans les mêmes sentiments que moi, et
« était résolue à fouler aux pieds le néant, les grandeurs et
« les biens périssables de cette vie.

« Nous avons donc, tous deux, unanimement résolu, il y
« a quelques années, avec la grâce de la sainte Vierge,

(1) Cette lettre, qui diffère dans beaucoup de points de l'acte d'abdication de Philippe V, placé au tome IV des *Mémoires sur le règne de Philippe V*, par le marquis de Saint-Philippe, paraît avoir été écrite directement par le Roi à son fils.

« d'exécuter notre dessein, et je l'exécute à présent avec
« d'autant plus de plaisir, que je laisse la couronne à un
« fils que j'aime tendrement, digne de la porter, et dont
« les qualités me donnent une espérance certaine qu'il
« remplira les obligations de la dignité royale, beaucoup
« plus terribles que je ne puis l'expliquer.

« Oui, mon fils bien-aimé, connaissez bientôt le poids de
« cette dignité, et pensez à bien remplir tout ce à quoi elle
« vous oblige, plutôt que de vous laisser éblouir par les
« éclats flatteurs qui vous environnent; pensez que vous
« ne devez être roi que pour faire servir Dieu et rendre vos
« peuples heureux ; que vous avez au-dessus un maître qui
« est notre Créateur et notre Rédempteur, qui nous comble
« de biens, à qui vous devez tout ce que vous avez, et à qui
« vous vous devez vous-même. Appliquez-vous donc à tra-
« vailler pour sa gloire, et employez votre autorité à tout
« ce qui pourra contribuer à l'augmenter. Protégez, défen-
« dez son Eglise et sa sainte religion de toutes vos forces,
« même au péril de votre couronne et de votre propre vie,
« s'il le fallait, et n'épargnez rien de ce qui peut servir à
« l'étendre, même dans les pays les plus distants, vous fai-
« sant un bonheur sans comparaison plus grand de les
« avoir sous votre domination, pour que Dieu y soit connu
« et servi, que par l'étendue qu'il donne à vos États. Evitez,
« autant qu'il sera possible, que Dieu soit offensé dans tous
« vos royaumes, et employez tout votre pouvoir pour qu'il
« soit servi, honoré et respecté en tout ce qui sera sujet à
« votre domination. Ayez toujours grande dévotion à la
« sainte Vierge, et mettez-vous sous sa protection, ainsi que
« tous vos royaumes, car vous ne pourrez obtenir par aucun
« autre moyen plus sûr, ce que vous aurez besoin pour
« vous et pour eux ; soyez toujours, comme vous le devez
« être, obéissant au Saint-Siége et au Pape, comme vicaire
« de Jésus-Christ; protégez et maintenez toujours le tribu-
« nal de l'Inquisition, que l'on peut nommer le boulevard

« de la foi, et à laquelle elle doit sa conservation en toute
« sa pureté dans les États d'Espagne, sans que les hérésies
« qui ont affligé les autres États de la chrétienté et causé
« des désordres si horribles et si déplorables, aient jamais
« pu s'y introduire. Respectez toujours la reine et regardez-
« la comme votre mère, non-seulement pendant ma vie,
« mais après, si c'est la volonté de Dieu de me tirer de ce
« monde le premier, correspondant, comme vous le devez,
« à la tendre amitié qu'elle a toujours eue pour vous; ayez
« soin de son assistance, afin que rien ne lui manque et
« qu'elle soit respectée comme elle le doit de tous vos su-
« jets; aimez vos frères, vous regardant comme leur père,
« puisque je vous ai substitué en mon lieu et place, et
« donnez-leur une éducation digne de princes chrétiens;
« faites justice à tous vos sujets, grands et petits, sans
« exception de personne; défendez les petits des violences
« et extorsions qu'on voudrait intenter contre eux; remé-
« diez aux vexations que souffrent les Indiens; soulagez
« vos peuples autant que vous pourrez, et suppléez en cela
« à tout ce que les temps difficiles pendant mon règne ne
« m'ont pas permis de faire, et que je voudrais avoir fait de
« tout mon cœur, pour répondre au zèle et à l'affection
« qu'ils m'ont toujours témoignés, que je garderai toujours
« imprimés dans mon âme et dont vous devez aussi tou-
« jours vous souvenir. Enfin, ayez toujours devant les yeux
« les deux saints rois qui sont la gloire de France et d'Es-
« pagne; je vous les donne pour exemple, et ils doivent
« vous y mouvoir d'autant plus, que vous sortez de leur
« illustre sang. Ils ont été de grands rois et en même temps
« de grands saints; imitez-les dans l'une et l'autre de ces
« glorieuses vertus, mais surtout dans la seconde qui est
« essentielle, et je prie Dieu de tout mon cœur, mon bien-
« aimé fils, qu'il vous accorde cette grâce, et qu'il vous
« comble des dons nécessaires pour bien gouverner, afin
« que j'aie la consolation d'entendre dire, dans ma retraite,

« que vous êtes un grand roi et un grand saint. Quelle joie
« ne sera-ce pas pour un père qui vous aime, et qui vous
« aimera toujours tendrement, et qui espère que vous con-
« serverez pour lui les mêmes sentiments qu'il a éprouvés
« jusqu'ici !

« Signé : Io el Rey. »

BATIMENTS A VERSAILLES.

Le sieur Tannevoi qui, en 1723, avait bâti le poids-le-Roi, fut chargé par M. Blouin, l'année suivante, de construire les prisons et le bailliage de Versailles, ainsi que l'aile de l'hôpital, dans la cour à gauche. Dès que je vis la distribution du bâtiment du bailliage, je dis à M. Blouin que rien au monde ne serait plus mal distribué, et qu'il serait mieux suivant le projet que je lui en donnai; il en convint, mais M. Gabriel père, premier architecte du Roi et conservateur des bâtiments, ne voulut rien changer à son projet, parce qu'il voulait faire la fortune à Tannevoi, sa créature.

Après que ces bâtiments furent faits, M. Blouin reconnut qu'il avait été trompé, et ne voulut plus voir ni le sieur Tannevoi, ni M. Gabriel père, car la distribution des cachots était très mauvaise, et il était ridicule d'avoir mis les salles d'audience entre deux prisons, quand il fallait au contraire mettre les prisons au rez-de-chaussée et les salles d'audience au-dessus (1).

Louis de Bourbon, duc d'Orléans, ci-devant duc de Chartres, seul fils de *Philippe*, petit-fils de France, duc d'Or-

---

(1) Les observations de Narbonne sont justes, et tous ceux qui ont vu la distribution du bâtiment de la Geôle, *aujourd'hui Cité des Trois-Passages*, pourront les apprécier.

léans, Régent du royaume, et de Marie-Françoise de Bourbon, fille naturelle du roi Louis XIV et de la marquise de Montespan, premier prince du sang, naquit à Versailles, le 3 août 1703.

Ce prince, après la mort subite du duc d'Orléans, régent, son père, arrivée le 2 décembre 1723, commença à fouler aux pieds les grandeurs humaines.

Le 18 juin 1724, il épousa Auguste-Marie-Jeanne de Bade, petite fille du prince Louis de Bade.

De ce mariage est issu Louis-Philippe de Bourbon, duc de Chartres, né à Versailles, le 12 mai 1725.

La duchesse d'Orléans, régente, désirait que les couches de sa belle-fille se fissent au Palais-Royal; aussi lorsqu'au mois d'août 1726, la jeune duchesse d'Orléans se trouva arrivée presqu'au terme de sa deuxième grossesse, S. A. R. Mme la duchesse d'Orléans, régente, l'obligea-t-elle de quitter Versailles pour retourner à Paris.

La jeune princesse partit de Versailles le 4 août; à peine en route, elle ressentit quelques douleurs et voulut revenir, mais on lui fit continuer sa route, et elle arriva à Paris, où elle accoucha d'une princesse qui mourut aussitôt. Quatre jours après, le 8 août 1726, la mère suivait sa fille au tombeau.

M. le duc d'Orléans la regretta beaucoup; le deuil de cette princesse fut général, car elle était belle, bonne et très vertueuse, rares qualités à trouver.

M. le duc d'Orléans est d'une dévotion très édifiante. Il vient peu à la Cour, et n'assiste jamais au conseil du Roi, Sa Majesté s'étant plainte que, lorsqu'il y venait, il y dormait toujours.

M. le duc d'Orléans va souvent en retraite chez les moines de Sainte-Geneviève.

LETTRE DU COMMISSAIRE NARBONNE, DU 16 NOVEMBRE 1724, A
Mgr LE COMTE DE MAUREPAS (1).

« Monseigneur,

« J'ai reçu la lettre que Votre Grandeur m'a fait l'honneur de m'écrire le 13 de ce mois. Pour y répondre, j'aurai celui de lui dire que Mme la princesse de Talmont ne veut point du tout se départir de croire qu'il revient un esprit dans la chambre du nommé Merlin, épicier, rue de Paris (2), surtout depuis qu'elle a pris elle-même la précaution d'arranger et de placer tant les meubles de la chambre, que les reliques et croix qu'elle a apportées ; de se saisir de la clé de la serrure de la porte de cette chambre, sur laquelle elle mettait des *sceaux*, de crainte d'être trompée par une double clé, et que le lendemain elle trouvait tout dérangé, ce qui l'a confirmée dans la croyance qu'il y revenait un *esprit*. Je n'aurais jamais pris la liberté, Monseigneur, de vous mander cette historiette, si je n'avais vu Mme la princesse de Talmont suivre cette affaire avec toute l'attention possible, et si M. le curé de Versailles n'y avait pas été avec elle plusieurs fois, et même jusqu'à y faire coucher des prêtres.

« Si Monseigneur m'avait envoyé un ordre pour éclaircir cette affaire, j'aurais eu la précaution de faire boucher la cheminée en haut et en bas, de faire détendre toute la chambre, visiter et sonder les murs et le plancher ; d'arranger la chambre de la même manière qu'on a prétendu qu'elle était, lorsque le prétendu *esprit* est venu la première fois. — Ensuite, j'aurais fait mettre un cadenas à la porte, que j'aurais d'ailleurs scellée, et du tout dressé procès-verbal, en présence de gens dignes de foi.

---

(1) Le comte de Maurepas était, à cette époque, ministre d'État.
(2) Aujourd'hui rue de la Paroisse, n° 67, à Versailles.

« J'aurais fait garder le dedans et le pourtour de la maison ; avec ces précautions il aurait été impossible d'être trompé. Alors, si on avait trouvé les effets de la chambre dérangés, il n'y aurait plus eu lieu de douter de cet *esprit*. Mais je n'ai pas pu, sans un ordre de Votre Grandeur, m'opposer aux mesures que Mme la princesse de Talmont prenait dans la maison de Merlin, pour éclaircir cette affaire, qui, selon moi, reçoit beaucoup de doute.

« J'ai vu M. le curé qui m'a dit n'avoir fait coucher des missionnaires dans cette maison que pour satisfaire Mme la princesse de Talmont. Il me semble qu'il pouvait la laisser croire et penser ce qu'elle voulait, sans y entrer.

« Enfin le prétendu *esprit* n'est plus revenu depuis la nuit du 21 au 22 octobre, que les missionnaires y ont couché.

« On attribue le repos de cette maison aux actes de dévotion de Mme la princesse de Talmont, aux messes qui ont été dites et aux prières qui ont été faites. Vos lumières supérieures vous feront penser sur cette affaire plus décisivement que moi, qui ne suis ni crédule ni incrédule.

« A l'égard des chambres garnies de Versailles, outre les hôtelleries, il y a au moins 400 personnes qui donnent à loger. Du temps du feu Roi, il n'y en avait pas 50.

« Voici ce qui a donné lieu à cet accroissement :

« Après la mort du feu Roi, Versailles se trouva presque désert. L'exemption de la taille, la modicité des loyers, et les vivres qui y sont à meilleur marché qu'à Paris, y attirèrent beaucoup de personnes, tant de Paris que de la campagne. Il n'y avait alors environ que deux cents cabarets ; et comme on faisait jouer les eaux tous les quinze jours, et que d'ailleurs les ambassadeurs qui venaient voir Versailles y attiraient beaucoup de compagnie, les hôteliers et cabaretiers qui donnent à loger, se trouvant garnis de plus de monde qu'ils n'en pouvaient loger, priaient les bourgeois et les habitants de leurs amis de loger le surplus. Ils leur insinuaient même de faire payer le loyer de leurs chambres et lits plus que les cabaretiers mêmes, et par ce retour artificieux, faisaient croire qu'ils louaient les leurs avec plus de modération. Aussi la plupart de ceux qui revenaient à Versailles avaient la précaution de leur écrire, quelques jours avant, de leur garder une ou plusieurs chambres (1).

« Le Roi étant venu, le 15 juin 1722, faire son séjour à Versailles, nombre de personnes sont venues s'y établir. Les loyers y ont augmenté considérablement, et le prix excessif de ces loyers a engagé la plupart des habitants à donner à loger en chambres garnies, pour s'indemniser de leurs loyers; de manière qu'on voit les officiers du Roi, les commis, les bourgeois, même les cordonniers, boulangers, savetiers, laquais, les femmes veuves, et jusqu'aux filles, tout donner à loger en chambres garnies. Cela n'a pas peu contribué à faire augmenter les loyers. Les prix excessifs où ils sont portés, et les longues absences du Roi, causent beaucoup de petites banqueroutes. Il y aurait de l'équité à modérer les loyers de ceux qui ont excédé le prix qui existait du vivant du feu Roi.

« Les motifs qui ont porté le conseil à diminuer les espèces n'ont pas eu le succès qu'il s'était proposé, puisqu'au lieu de diminution, les denrées et le blé augmentent. De là il est aisé de juger combien les mœurs sont corrompues.

« Je vous assure, Monseigneur, que beaucoup de personnes souffrent leurs maux patiemment, et qu'avec beaucoup d'économie elles subsistent malaisément.

« Je suis avec un très profond respect, Monseigneur,
« Votre très humble et très obéissant serviteur,
« NARBONNE. »

Juillet 1724.

Le chancelier de Pontchartrain a donné sa démission au Roi, à Marly, le 2 juillet 1714.

---

(1) C'est encore ce que l'on voit faire dans les lieux très fréquentés par les étrangers, comme aux bains de mer et aux eaux minérales.

Louis-Phelypeaux de Pontchartrain fut nommé conseiller aux requêtes du Palais, à Paris, en 1661; premier président de Bretagne, en 1677; intendant des finances, en 1687; contrôleur général des finances, en 1689; ministre secrétaire d'État, en 1690; garde des sceaux et chancelier de France, le 5 septembre 1699.

Il avait bien servi le Roi dans tous ses emplois; aussi Sa Majesté, en recevant sa démission, l'embrassa et lui dit: « M. le chancelier, je suis très content de vos services, et j'espérais bien que la mort seule nous aurait séparés. » M. le chancelier s'excusa sur son âge, ses longs travaux et ses infirmités; mais le véritable motif de sa démission, c'est qu'il voyait le Roi s'affaiblir tous les jours, qu'il pensait qu'après sa mort le duc d'Orléans deviendrait Régent du royaume, et qu'il redoutait son arrivée au pouvoir. Voici pourquoi : dans un conseil tenu à l'occasion de la conspiration tramée par le duc d'Orléans, en Espagne, il avait été agité si l'on ferait arrêter ce prince. M. le chancelier fut d'avis que, si l'on faisait tant que de l'arrêter, il fallait lui faire trancher la tête; car si on se contentait de l'enfermer à la Bastille, il n'y avait pas de doute qu'à la mort du Roi le peuple le délivrerait, et qu'il y avait les plus grandes craintes qu'alors son ressentiment ne se tournât contre le successeur de Sa Majesté. M. le duc de Bourgogne ayant été de l'avis de M. le chancelier, on laissa tranquille le duc d'Orléans. M. le chancelier pensait bien que le duc d'Orléans avait été informé de ce qui s'était dit au conseil, et voilà ce qui le détermina surtout à donner au Roi sa démission.

M. de Pontchartrain avait un fils qui était borgne. Le Roi l'ayant nommé comte, Mme la duchesse (1), qui se mêle de dire des bons mots, dit, un an ou deux après, que Sa Majesté faisait des *comtes borgnes*.

Le fils fut fait secrétaire d'État de la maison du Roi;

---

(1) De Bourbon.

ensuite ministre d'État pour la marine, où il n'entendait rien.

Il était très malfaisant; il se faisait une règle étroite de ne pas rendre justice, même à la recommandation de son père.

Après la mort de Louis XIV, le duc d'Orléans ôta tous ses emplois au comte de Pontchartrain. Le chancelier étant allé le voir, il lui dit que s'il trouvait une seule personne qui dît du bien de son fils, il le conserverait dans ses emplois.

La charge de secrétaire de la maison du Roi fut conservée au comte de Maurepas, fils aîné du comte de Pontchartrain, qui n'avait alors que quinze ans. M. de la Vrillière en a fait les fonctions jusqu'au mois d'avril 1724, que le comte de Maurepas a commencé d'assister au conseil et de signer les expéditions.

M. le comte de Maurepas a été fait ministre de la marine par M. le duc de Bourbon, premier ministre, en 1724.

On prétend que le comte de Maurepas sera un des plus grands ministres de son temps.

1724.

MARCHÉ DE VERSAILLES.

Ce marché, ainsi que les trois foires franches de Versailles, a été créé et institué par le roi Louis XIII, en 1634, deux ans après que Sa Majesté eut fait l'acquisition du bourg de Versailles.

Voici le texte des lettres-patentes :

« Louis, par la grâce de Dieu, roy de France et de Navarre, à tous présens et à venir, salut. Désirant l'accroissement et décoration de notre château et bourg de Versailles, où nous faisons souvent séjour, nous avons estimé qu'il étoit nécessaire d'y établir trois foires franches en l'an, et un marché chacune semaine, aussi franc, afin de le rendre plus fréquent et que nos sujets, tant marchands que autres, du dit lieu et des environs, même de notre bonne ville de Paris, en puissent recevoir la commodité, proffit et utilité, que le trafic et débit de bétail, grains et autres marchandises qui s'y fera, pourra apporter aux uns et aux autres.

« Savoir faisons que pour ces causes et autres bonnes considérations à ce nous mouvans, avons, au dit bourg de Versailles créé, ordonné, institué et établi, et de notre certaine science, pleine puissance et autorité royale, créons, ordonnons, instituons et établissons les dites trois foires, en l'an, franches, pour y être tenues, à savoir : la première, le premier jour de may ; la deuxième, le jour saint Julien, 28me d'août ; et la troisième et dernière, le jour saint Denis, 9 octobre. Et le dit *marché*, le mardi de chaque semaine, aussi *franc* ; pour y être, aux dits jours et au dit lieu et bourg de Versailles, dorénavant, perpétuellement et à toujours, gardées, observées et entretenues.

« Voulons et ordonnons que, aux dits jours, tous marchands y puissent aller, venir, séjourner, troquer et échanger toutes sortes de marchandises licites, et qu'ils jouissent et usent de tous les droits, priviléges, franchises et libertés que l'on a accoutumé de faire ès-autres foires et marchés francs de notre royaume, pourvu toutes fois que, à quatre lieues à la ronde du dit bourg, n'y ait autres foires et marchés aux jours dessus dits, auxquels ces présentes puissent nuire ni préjudicier, ni à nos droits. Si donnons en mandement à notre bailly et juge royal du dit Versailles, que de nos présentes création et établissement des dites foires et marchés francs, il fasse, souffre et laisse les marchands, allants, venants et fréquentants icelles foires et marché, jouir et user pleinement, paisiblement et perpétuellement ; les faisant crier, publier et signifier ès-lieux circonvoisins et ailleurs, où et ainsi qu'il appartiendra. Et pour les dites foires et marché tenir et conserver, nous voulons qu'il soit fait, construit et édifié, au dit bourg de Versailles et au lieu le plus commode et à propos que faire se pourra, halles, bancs, étaux et autres choses nécessaires pour loger les marchands, sans en ce faire mettre ou donner, ni souffrir être fait, mis ou donné aucun trouble ni empêchement au contraire. Car tel est notre plaisir, et afin que ce soit chose ferme et stable à toujours, nous avons fait mettre notre scel aux dites présentes. Sauf en autres choses, notre droit et l'autruy en toutes. Donné à Saint-Germain-en-Laye, au mois de novembre, l'an de grâce 1634, et de notre règne le vingt-cinquième. Signé : Louis. » — Et au dos : par le Roy, Clément. — Avec grille et paraphe.

En 1669, le roi Louis XIV confirma par de nouvelles lettres-patentes l'établissement des foires et marché de Versailles, fait par son père.

Les voici :

« Louis, par la grâce de Dieu, roy de France et de Navarre, à tous présens et à venir, salut. Le feu Roy, notre très honoré seigneur et père, de glorieuse mémoire, aurait, par ses lettres-patentes du mois de novembre 1634, créé et établi trois foires franches par chacun an, au bourg de Versailles, pour y être tenues, savoir : la première, le premier jour de may ; la deuxième, le jour de saint Julien, 28 août ; et la troisième, le jour de saint Denis, 9 octobre; comme aussi un *marché*, pour y être tenu le mardi de chacune semaine ; et voulant, à l'imitation de notre dit seigneur et père, contribuer tout ce qui sera en notre pouvoir, tant pour l'accroissement et décoration de notre château de Versailles, où nous faisons souvent notre séjour, que pour rendre le dit bourg de Versailles plus fréquenté, en confirmant et autorisant les trois foires et marchés, et abolissant tous les droits qui pourraient avoir été accordés, au préjudice des lettres-patentes et de la franchise des dits foires et marché, afin que nos sujets, tant marchands qu'autres du dit lieu et des environs, même de notre bonne ville de Paris, puissent recevoir la commodité, profit et utilité, que le trafic et le débit de bétail, grains et autres marchandises qui s'y fera, pourra apporter aux uns et aux autres; savoir faisons que pour ces causes et autres, à ce nous mouvans, et de notre grâce spéciale, pleine puissance et autorité royale, nous avons, en confirmant les lettres-patentes de notre dit feu seigneur et père, du dit mois de novembre 1634, et en tant que besoin est ou seroit de nouveau, créé, ordonné, institué et établi, créons, ordonnons, instituons et établissons, par ces présentes, signées de notre main, trois foires franches par chacun an, au dit bourg de Versailles, pour y être tenues, savoir : la première, le 1ᵉʳ jour de may; la deuxième, le jour de saint Julien, 28ᵉ d'août; et la troisième, le jour de saint Denis, 9ᵉ d'octobre ; comme aussi un marché tous les mardis de chacune semaine, aussi franc, pour y être aux dits jours et au dit lieu et bourg de Versailles, dorénavant, perpétuellement et à toujours, tenu, gardé et observé. Voulons et ordonnons qu'aux dits jours, tous marchands y puissent aller, venir, séjourner, troquer et changer toutes sortes de marchandises licites, et qu'ils jouissent de tous les droits, privilèges, franchises et libertés que l'on a accoutumé de faire aux autres foires et marchés francs de notre royaume, pourvu toutes fois qu'à quatre lieues à la ronde du dit bourg n'y ait autres foires et marchés aux jours sus dits, auxquels ces présentes puissent nuire ni préjudicier à nos droits. Et afin que les dites foires et marché par nous ci-dessus créés, puissent se tenir en toute franchise et sans faire préjudice à nos sujets, nous avons révoqué et révoquons, par ces dites présentes, tous les droits qui pourroient avoir été accordés au préjudice des dites lettres-patentes du feu Roy notre dit seigneur et père, ou de partie d'icelles. Si donnons en mandement à notre bailly et juge royal du dit Versailles, que de nos présentes lettres de confirmation, création et établissement des dites foires et marché francs, il fasse, souffre et laisse jouir et user les marchands, allans, venans et fréquentans icelles foires et marché, pleinement, paisiblement et perpétuellement, les faisant crier, publier et signifier ès-lieux circonvoisins et ailleurs, où et ainsi qu'il appartiendra ; et pour tenir et conserver les dites foires et marché, nous voulons qu'il soit fait, construit et édifié audit bourg de Versailles, aux lieux les plus commodes que faire se pourra, des halles, bancs, étaux et autres choses nécessaires, pour loger les marchands et mettre à couvert et en sûreté leurs marchandises, sans en ce, faire, mettre ou donner, ni souffrir être fait, mis ou donné aucun trouble, ni empêchement au contraire. Car tel est notre plaisir, et afin que ce soit chose ferme et stable à toujours, nous avons fait mettre notre scel à ces dites présentes, sauf, en autre chose, notre droit et l'autrui en toutes. Donné à Paris, au mois de mars, l'an de grâce 1669, et de notre règne, le vingt-sixième. Signé : Louis. » Et au dos : Par le Roy, Le Tellier. Avec grille et paraphe.

Le marché fut établi dans une grande place située entre les rues de la Paroisse, de Paris, Duplessis et de l'Étang.

On y avait construit quelques baraques, sans aucune régularité ni alignement, et d'ailleurs, ce marché n'étant point pavé, était un véritable cloaque de boue et de vilenies.

Narbonne (1), nommé en 1724 premier commissaire de police de Versailles, engagea M. Blouin, alors gouverneur de Versailles, à le faire paver. Puis le même Narbonne, après en avoir reçu l'ordre de M. Blouin, procéda à l'arrangement et à l'ordre du marché.

Il donna les diverses places vacantes, y fit construire de nouvelles baraques et obligea ceux qui avaient les anciennes à les faire reconstruire.

Malheureusement, il est très difficile de faire entendre raison à la plupart des gens de marché, presque tous grossiers et rustiques, et, malgré toutes les recommandations, cette reconstruction fut très mal faite par leur faute et devint beaucoup plus coûteuse qu'elle ne l'eût été, s'ils eussent voulu s'entendre les uns avec les autres.

(1) Il parle ainsi souvent de lui à la troisième personne.

Lorsque tout fut achevé, Narbonne fit délivrer des brevets par M. Blouin, sans qu'il en coûtât un liard à qui que ce fût.

Ce marché produisait au Roi environ 5,000 livres, et, depuis le nouvel arrangement, il en produit 10,000 livres.

1724.

M. Blouin, gouverneur de Versailles, fit élever plusieurs bâtiments importants dans la ville de Versailles.

En 1723, il fit construire le Poids-le-Roi (1).

En 1724, les prisons et le bailliage, et une aile de l'hôpital (2).

Ces divers bâtiments ont été construits fort solidement par le sieur Tannevot, mais ils sont généralement mal distribués.

5 avril 1725.

Le 5 avril, Marie-Anne-Victoire, infante d'Espagne, qui devait épouser le Roi, partit de Versailles pour retourner en Espagne.

M. le duc d'Orléans, régent, déclara la guerre au roi d'Espagne Philippe V, ci-devant duc d'Anjou; mais dans le plus fort de la guerre, il négociait secrètement de la paix et y mettait pour condition le mariage de Louis XV et de l'Infante. Cette princesse, née le 13 mars 1718, n'avait alors que quatre ans.

Elle vint en France et arriva à Berny, où elle coucha le 1er mars 1722. Le duc d'Orléans, plusieurs cardinaux et seigneurs s'y étaient rendus pour la recevoir. Le lendemain

---

(1) Le Poids-le-Roi, ou poids à la farine, était le lieu où l'on déposait les farines pour le marché qui avait été créé à Versailles.

(2) De l'ancien hôpital, aujourd'hui abattu, et remplacé par l'hôpital actuel.

2 mars, les princes et princesses l'y allèrent saluer. Le Roi vint ensuite la recevoir à Montrouge.

Il y avait un détachement de cinq cents gardes du Roi, formant quatre escadrons, qui avaient logé pour la première fois par billets à Versailles ; deux escadrons de gendarmes et chevau-légers ; deux escadrons de mousquetaires ; le duc de Tresmes, gouverneur de Paris ; le prévôt des marchands, la compagnie du prévôt de l'Ile-de-France ; le guet à cheval et les quarante inspecteurs, placés d'abord à l'entrée du faubourg Saint-Jacques, et qui marchaient en tête du cortège.

Les rues par lesquelles l'Infante passa pour aller au Louvre étaient tapissées, et de distance en distance, il y avait des arcs de triomphe.

Le Roi lui donna un bal magnifique le 8 mars.

Le lendemain, un autre bal, avec un feu d'artifice.

Le 12 mars, on chanta un *Te Deum* à Notre-Dame, pour cette arrivée. Le Roi et la Cour y assistèrent, ainsi que le Parlement, la Chambre des Comptes, la Cour des aides et le Corps de ville.

Après la mort du duc d'Orléans, M. le duc de Bourbon, étant devenu premier ministre, fit renvoyer l'Infante en Espagne. A son départ de Versailles, beaucoup de personnes versaient des larmes. Elle était très spirituelle et aimait beaucoup le Roi, mais ce prince paraissait indifférent pour elle.

Juillet 1725.

MÉMOIRE ADRESSÉ A Mgr LE COMTE DE MAUREPAS, MINISTRE ET SECRÉTAIRE D'ÉTAT.

« Le lundi 2 juillet 1725 (quoique ce ne fût point jour de marché au pain à Versailles, puisque ce marché ne tient que les mardi et vendredi), une partie des boulangers de

Versailles étala, dès six heures du matin, sur la place où se tient le marché au pain, une quantité de pain plus que suffisante pour les besoins des personnes qui sont dans l'usage d'en acheter plutôt sur le marché que dans les boutiques. A huit heures du matin, tout ce pain avait été vendu à des individus qui n'en avaient pas besoin, ou qui, s'ils en avaient besoin d'un ou de deux, en prirent, les uns quatre, d'autres six et huit, et quelques-uns jusqu'à dix, en sorte que ceux qui vinrent passé huit heures, ne trouvant plus de pain et ne voulant point en aller chercher dans les boutiques des boulangers, commencèrent à murmurer.

« Le commissaire de police ayant eu avis de ce qui se passait, se transporta seul sur le champ sur la place du marché ; la populace commençait alors à s'échauffer. Il engagea les plus turbulents à prendre patience, et leur promit qu'avant une demi-heure tout le pain qui se trouvait dans les boutiques des boulangers allait être apporté sur le marché. Puis il fit aussitôt prévenir la patrouille des Suisses (1), de se rendre auprès de lui. Malheureusement dans l'intervalle de temps que mit la patrouille à arriver, la populace brisa en un instant les tables et les planches qui servaient aux boulangers pour étaler leur pain.

« Aussitôt que la patrouille des Suisses fut arrivée, le commissaire de police alla chez tous les boulangers, et fit porter sur le marché le pain qu'ils avaient dans leurs boutiques. Ils le débitèrent alors de gré à gré, sans que le plus beau ait dépassé 42 sols les 12 livres. Puis, lorsque tout fut vendu, le commissaire fit dissiper la populace. Il n'y eut rien de pillé, aucun coup de donné, et tout fut calme en un moment.

« S'étant ensuite informé auprès des bourgeois dont les

---

(1) Il n'y avait alors, pour le service de police de la ville, qu'un détachement de Suisses placé au château, et qu'on appelait, à cause de ce service, *la patrouille*.

maisons donnent sur le marché, du nom de ceux qui avaient causé cette émotion, il en fit arrêter et mettre en prison cinq, au nombre desquels sont le nommé *Saint-Ange*, soldat au régiment de Bassigny, compagnie de Maubuisson, et *Charles Nausé*, cordonnier, et soldat aux gardes-françaises, compagnie de Ponty, sans qu'il y ait eu le moindre empêchement de la part du peuple.

« Si ce commencement d'émotion n'eût pas été calmé avec promptitude, il y avait lieu de craindre une sédition.

« Le lendemain mardi, 3 juillet, jour de marché au pain, la patrouille des Suisses se rendit, dès cinq heures du matin, sur le marché, où, suivant l'ordre donné par le commissaire de police, tous les boulangers de la ville ont apporté du pain en abondance et l'ont vendu 42 sols les 12 livres le plus beau.

« Tout est maintenant tranquille sur le marché et dans la ville.

« Comme la petite émotion de lundi, 2 juillet, était peu de chose, M. Blouin, gouverneur de Versailles, et M. le procureur du Roi, qui étaient venus tous deux au Poids à la farine (1), n'ont pas jugé à propos d'interrompre Votre Grandeur, Monseigneur, pour une si petite affaire, ce qui a fait que le commissaire de police s'est contenté d'en rendre compte à M. Mesnard.

« Votre Grandeur, Monseigneur, aura la bonté d'envoyer les ordres qu'elle jugera à propos, au sujet des individus qu'on a arrêtés et mis en prison. »

Nota. — Le bruit s'étant répandu à la Cour, qui se trouvait alors à Chantilly, que l'affaire s'était passée tout autrement, j'envoyai copie de ce mémoire à Mgr le comte de Maurepas, le 6 juillet 1725.

J'avais été d'avis, et je le dis à M. Blouin, que dès le même jour, 2 juillet, on informât la Cour de cette petite émotion,

---

(1) Ou Poids-le-Roi, bâtiment placé dans le marché, et qui servait de halle à la farine.

parce que je pensais qu'il était plus à propos qu'elle en fût informée par lui ou par les officiers de police, que par toute autre personne; mais M. le procureur du Roi ayant été d'un avis contraire, il n'en fut point donné connaissance.

Sur ces entrefaites, M. Dodon, contrôleur général, ayant écrit à M. le procureur du Roi qu'il était étonné qu'il ne lui eût point donné connaissance de cette affaire, celui-ci composa un rapport et l'envoya au contrôleur général, sans s'être concerté avec moi et sans m'en avoir aucunement parlé; aussi est-il tombé dans une grande erreur en disant que l'étalage du pain, au 2 juillet, avait été fait par des regrattiers, tandis qu'il n'y a, ni ne doit y avoir aucun regrattier de pain [a] (1). J'ai eu alors l'idée de faire le mémoire ci-dessus; je l'ai montré à M. Blouin, qui l'a trouvé mieux que celui de M. le procureur du Roi, et m'a engagé à l'envoyer à M. de Maurepas (2).

Le jour de l'émotion, M. le procureur du Roi était venu un instant au Poids-le-Roi, et il se retira sans avoir mis le pied ni dans le marché, ni chez aucun boulanger. Mais il voulut cependant s'attribuer la gloire (3) d'avoir calmé cette émotion, et c'est ce qui fit qu'il envoya son rapport sans consulter le commissaire de police, ce qu'il aurait dû d'autant plus faire, que ce fut ledit commissaire qui, seul avec la patrouille, fit dissiper la populace et garnir le marché (4).

Le commissaire de police avait voulu prévenir ce mouvement, car dès le 19 juin 1725, il dressa procès-verbal

---

[a] Les notes suivantes, qui accompagnent ce mémoire, paraissent avoir été écrites par le fils du procureur du Roi, dans les mains duquel tomba le manuscrit à la mort de Narbonne.

(1) Ce n'est pas là une malice de sa part. Le regrat, toujours défendu, exista toujours par la négligence des commissaires.

(2) Si M. Blouin a parlé ainsi, il a eu tort, car il devait chercher à lui inspirer du respect pour son supérieur.

(3) S'il eût voulu s'attribuer cette gloire, il en aurait écrit d'abord.

(4) S'il l'a fait, il n'a fait que son devoir.

contre les boulangers qui commençaient à ne plus porter autant de pain sur le marché. Puis il prépara la formule d'un jugement de police, qu'il soumit à M. le procureur du Roi. Le procureur du Roi le trouva bien, mais il ne jugea pas à propos de le faire rendre, dans la crainte de donner quelques inquiétudes à la populace. Ce fut ce retard, joint à la mauvaise volonté des boulangers, qui causa l'émotion (1).

Il est de la prudence de prévenir ces sortes de mouvements ; c'est pour cela que le commissaire de police donna l'ordre verbal à tous les boulangers d'aller tous les jours sur le marché au pain, d'y être étalés dès sept heures du matin, et qu'il a fait cuire jusqu'à cinq et six fournées de pain à ceux des boulangers qui étaient en état de le faire (2).

Lorsque le pain devient cher, on doit obliger les boulangers à cuire, et avoir grande attention à faire tenir leurs boutiques et le marché toujours bien garnis de pain.

Il est encore bien nécessaire de s'occuper de faire garnir de farine le Poids-le-Roi (3).

Comme on ne peut fixer le prix du pain, tant que ceux du blé et de la farine ne le sont pas, il faut que le commissaire de police ait grand soin que le pain soit de poids et bien fabriqué.

Quant aux mesures qu'il serait nécessaire de prendre pour procurer l'abondance des farines au Poids-le-Roi, et, par conséquent, du pain, dans le cas de disette, elles doivent être concertées entre M. le gouverneur, M. le bailly, en qualité de lieutenant général de police, M. le procureur du Roi et le commissaire de police. Dans ce cas, on doit se comporter avec une grande prudence, bien réfléchir, et

---

(1) C'était une sage précaution de faire garnir le marché. Il le devait faire de lui-même, ou en référer à M. Fresson (le bailli), s'il fallait absolument une ordonnance de police.

(2) Tout cela est bien.

(3) Cela n'est point si aisé, les fariniers ne demeurant pas dans sa juridiction.

méditer sur ce que l'on doit faire; surtout éviter de donner aucune inquiétude à la populace, qui est toujours aveugle, et qui ne se conduit souvent que par des mouvements capricieux ; enfin, par des voies douces et imperceptibles, disposer le peuple à diminuer sa consommation.

Le commissaire de police doit aussi être bien informé du prix du blé sur les marchés voisins.

Versailles étant une ville très considérable, et renfermant beaucoup de menu peuple, il serait fort utile d'y établir un marché aux grains. Ce marché, que l'on pourrait placer dans la place du Parc-aux-Cerfs, se tiendrait les mardi et vendredi, à cause de ceux des environs (1). Il y aurait alors moins de crainte de disette ; car actuellement, s'il n'arrive pas une quantité suffisante de farine, au Poids-le-Roi, comme c'est le seul endroit où il puisse en venir, le prix en augmente, ainsi que celui du pain qui suit celui de la farine. L'opinion de M. Regnier, procureur du roi, fut toujours de laisser les boulangers maîtres de vendre le prix qu'il leur plaisait. Il en résulta que, dans un seul jour, ils augmentèrent trois fois leurs prix. Narbonne fit alors observer à M. Blouin que, sans taxer le pain, on pouvait cependant, sans injustice, forcer les boulangers à se conformer pour leur prix à celui de la farine (2). M. Blouin trouva juste et raisonnable l'observation de Narbonne, et il l'autorisa à régler non-seulement le marché au pain, mais tous les autres marchés, en approuvant d'avance tout ce que Narbonne déciderait, et il ordonna même au sieur Louis, sergent commandant les Suisses de la patrouille, d'exécuter tous les ordres de Narbonne, et de ne faire sortir les Suisses que sur son injonction, quand même il en serait requis par M. le bailly et par M. le procureur du Roi.

---

(1) Il y a longtemps qu'on l'a proposé, et qu'on ne le juge pas à propos.

(2) Il fallait dresser procès-verbal de cette contravention, et non en référer à M. Blouin.

La confiance que M. Blouin avait dans Narbonne lui attira la jalousie de M. le procureur du Roi (1); ils furent en froid pendant quelque temps, mais ayant plus tard reconnu qu'il avait tort, et en étant convenu, ils se réconcilièrent ensemble.

Sur ces entrefaites, il s'introduisit un assez mauvais usage. Depuis quelque temps, les meuniers et fariniers affectaient de répandre dans le public qu'ils ne trouvaient plus de blé dans les marchés, et ils amenaient très peu de farine au Poids-le-Roi.

Le Roi, par le canal de M. Blouin, fit alors remettre à M. Régnier, inspecteur du domaine, de l'argent qui devait être distribué par forme de gratification ou d'indemnité aux meuniers et fariniers, pour les engager à apporter au Poids-le-Roi le plus de farine qu'ils pourraient. M. Régnier donnait 24 livres pour chaque charretée de farine qu'ils amenaient au Poids. On ne sait point quelles étaient les conventions particulières (2); mais M. Régnier a dit lui-même que c'était à condition que le prix de la farine serait diminué d'autant en faveur du public, et cependant tout le contraire arriva, car pendant six semaines que dura cette manœuvre (3), la farine augmenta toujours de prix et arriva à six livres le boisseau, à la fin du mois d'août, ce qui faisait 150 livres le sac; et le jour du mariage du Roi, à Fontainebleau, le 5 septembre 1725, on paya le pain dans cette ville, ainsi qu'à Versailles, 8 sols la livre.

On cessa donc de donner cette indemnité aux meuniers, puisqu'elle ne servait qu'à leur persuader qu'on avait besoin d'eux; et qu'au lieu de tourner au bénéfice du peuple, cette gratification ne servait qu'à leur profit particulier.

Il aurait beaucoup mieux valu donner cette indemnité

---

(1) C'eût été une jalousie bien déplacée de sa part.
(2) Qui est-ce qui lui a dit que ce fût un mauvais usage?
(3) Cette manœuvre était donc, selon lui, la cause de l'augmentation du prix de la farine par tout le royaume.

aux boulangers pauvres, et les engager par ce moyen à diminuer le prix du pain à proportion (1). Cette opération, faite avec précaution et secret, aurait eu pour résultat de forcer les boulangers plus aisés à baisser aussi le prix du leur ; et alors cette diminution, telle faible qu'elle eût été, aurait eu pour avantage de détruire cette fâcheuse présomption du menu peuple, qui attribue toujours aux boulangers la cherté du pain.

Il est vrai que quelques-uns parmi eux spéculent sur la cherté, mais ce sont toujours les plus riches, parce qu'ils ont fait d'avance leurs achats de blés ou de farines ; mais le plus grand nombre étant très pauvre, ne peut se soutenir que par le crédit des meuniers et des fariniers, et ce crédit venant à manquer dès que la farine devient chère, il est important alors de les soutenir.

Plusieurs causes concourent à la cherté du pain : la première provient de l'exportation des blés hors du royaume.

La deuxième, de ce que les laboureurs et marchands de blé, voyant la sortie des blés du royaume, diminuent les approvisionnements des marchés, ce qui est un moyen sûr pour faire monter les prix (2).

La troisième, de ce que les gros laboureurs et les marchands de blé, au lieu d'en vendre, en achètent.

La quatrième, enfin, de ce que les meuniers viennent ajouter à tous ces embarras, par leurs manœuvres déloyales.

Il est bien vrai que quelques riches boulangers contribuent encore à l'augmentation du pain, mais la plupart des boulangers, étant plus pauvres que riches, ne peuvent en rien contribuer à cette augmentation ; et cependant le peuple qui ne voit que sa propre misère, et qui est incapable de distinguer les causes de la disette, l'attribue

---

(1) Cela peut être, mais n'aurait pas été beaucoup plus facile à répartir pour le bien public.
(2) C'est ce à quoi il faut remédier d'abord.

aux boulangers en général. Aussi les officiers de police qui savent que les boulangers qui ne peuvent faire de provisions d'avance, paient dans ces circonstances la farine beaucoup plus cher, ne peuvent équitablement faire autre chose que de les obliger à baser le prix de leur pain sur celui que la farine éprouve d'un marché à l'autre. C'est ce que Narbonne fit toujours observer.

Août 1725.

Le Parlement vient de rendre un arrêt, le 21 août, qui ordonne de ne faire que du pain bis-banc et du pain bis.

Septembre 1725.

Le duc de Bourbon, premier ministre de Louis XV, après avoir fait partir pour l'Espagne l'infante, dès le 5 avril, songea à marier le Roi.

Ainsi qu'on le sait, le Roi est né à Versailles, le 15 février 1710; il fut nommé Dauphin en mars 1712, et parvint à la couronne le 1er septembre 1715. La déclaration de régence eut lieu le 2 septembre 1715; il fut sacré à Reims le 25 octobre 1722, et déclaré majeur le 22 février 1723. Il était âgé de 15 ans et demi lorsque le duc de Bourbon lui fit épouser Marie Leczinska, fille de Stanislas, roi de Pologne, qui était âgée de 22 ans, étant née le 23 juin 1703.

La cérémonie du mariage eut lieu à Fontainebleau, le 5 septembre 1725.

Il y eut de grandes réjouissances dans ce palais. La Cour était magnifiquement vêtue. Pour donner une idée de la richesse des vêtements, je dirai que la plupart des bas des seigneurs étaient d'or trait, de la valeur de 300 livres la paire, et tout le reste en proportion.

Il y eut aussi de très beaux feux d'artifice, ainsi que dans toutes les autres villes, et partout on chanta le *Te Deum* en actions de grâces de ce mariage.

Et cependant les peuples n'avaient pas la joie dans le cœur, au contraire. Ils étaient plongés dans la misère, par suite de la mauvaise administration de M. le duc de Bourbon, et surtout par suite de la cherté du blé. Voici ce que l'on raconte à ce sujet. On dit que M. le duc, pour faire des libéralités à la marquise de Prie, sa maîtresse, faisait le commerce, par l'entremise de Ravost-d'Ombreval, lieutenant de police à Paris, frère de la marquise de Prie, et des frères Pâris, *des vivres*, ses émissaires. Le duc de Bourbon, ajoute-t-on, aurait fait faire des achats considérables de blés avec l'argent qu'il avait ramassé dans la rue Quincampoix, où il avait fait lui-même et fait faire l'odieux commerce des actions et billets de banque du système de Law, pendant les années 1719 et 1720, durant lesquelles il gagna, ou plutôt escamota au pauvre peuple plus de sept à huit millions d'espèces.

Aussi, ayant si bien commencé, il ne voulut pas rester en si beau chemin ; et les sergents aux gardes ainsi que les soldats placés dans la halle même de Paris, pour empêcher la révolte du peuple, avaient la douleur de voir et d'entendre dire que pour que les blés fussent vendus plus cher, d'Ombreval achetait lui-même le blé des laboureurs à un prix plus élevé que celui qu'ils en demandaient à la halle, faisait fermer leurs sacs et les envoyait payer dans ses bureaux.

Le jour du mariage du Roi, le pain valut à Fontainebleau 8 sous 6 deniers (1) la livre ; encore était-il moins bon que celui vendu à Paris et à Versailles, où il valait le même prix.

Ces deux commerces odieux, des actions et billets de banque et du blé, terniront à jamais l'illustration de la naissance du duc de Bourbon, premier prince du sang, que

---

(1) Ce qui, d'après les calculs de M. Pierre Clément, ferait 2 fr. 15 c. de notre monnaie actuelle.

le Roi, à cause de sa mauvaise administration, fut obligé d'exiler à Chantilly, le 11 juin 1726.

Quant à d'Ombreval, lieutenant de police, il fut obligé de se sauver de Paris, où il aurait été déchiré par lambeaux, par le peuple. Il s'est retiré en Angleterre, où il a fait passer plusieurs millions du sang du peuple.

1725.

VERSAILLES.

Versailles était une petite terre située à quatre lieues de Paris, où il y avait un petit château et un médiocre village. Cette terre appartenait à Martial de Loménie, secrétaire du Roi de Navarre. Comme il professait la religion prétendue réformée, il fut fait prisonnier au temps de la Ligue et mis au petit Châtelet.

Le massacre de la Saint-Barthélemy, appelé les matines de Paris, ayant été résolu dans le conseil du roi Charles IX, par l'influence de la reine-mère Catherine de Médicis et du duc de Guise, le comte de Retz, l'un des favoris de Charles IX, contraignit le sieur de Loménie de lui abandonner sa terre de Versailles, ainsi que sa charge de secrétaire du Roi, en promettant de lui faire obtenir sa grâce. Mais à peine Loménie eut-il cédé le tout au comte de Retz, que celui-ci le fit massacrer avec quinze autres protestants. Ce fut ainsi que la terre de Versailles passa dans la maison de Retz, par une action odieuse.

Le roi Louis XIII avait un petit château à Versailles, dans lequel il venait quelquefois.

Ce fut dans ce château qu'eut lieu la journée des Dupes, le 19 novembre 1630.

Il fallait que ce château fût peu de chose (1), puisque ce même jour, en arrivant à Versailles, le Roi envoya coucher

---

(1) Voir *Louis XIII et Versailles*, par J.-A. Le Roi.

à Glatigny le garde des sceaux de Marillac. Le 8 avril 1632, Louis XIII fit l'acquisition de la terre de Versailles, moyennant la somme de soixante-six mille livres, de Mgr l'illustrissime et révérendissime Jean-François de Gondy, archevêque de Paris, grand-maître de la chapelle du Roi, baron de Marly, seigneur de Bailly, de Noisy, de Versailles, la Grange-Lessart et autres lieux, lequel en avait hérité du maréchal de Retz, son père.

Le premier gouverneur de Versailles fut le sieur Arnault, valet de chambre du roi Louis XIII, qui fut nommé, en 1632, à la recommandation du père Joseph, capucin, son parent.

Les gages du concierge et du jardinier de Versailles étaient alors fixés à 600 livres.

Louis XIV, par suite des troubles fréquents de Paris, avait établi son séjour à Saint-Germain. Il venait fréquemment se promener à Versailles et y faire des parties de plaisir avec ses maîtresses. Soit que ce lieu lui parût plus agréable que tout autre, soit qu'il ne fît que suivre le goût de ses maîtresses, il résolut de fixer son séjour ordinaire à Versailles.

En 1672, il fit l'acquisition de tous les bois, fiefs, terres et seigneuries des environs.

Il fit construire les superbes bâtiments que l'on voit aujourd'hui, tout en conservant le petit château que Louis XIII, son père, avait habité, et qui forme l'enceinte de la petite cour de marbre.

Louis XIV distribua des terrains à tous ceux qui désiraient faire bâtir à Versailles ; et afin d'engager un plus grand nombre de personnes à faire de ces constructions, il déclara que les maisons de Versailles étaient exemptes d'hypothèques et ne pouvaient être vendues pour dettes contractées par leurs propriétaires, autres que celles pour fournitures de matériaux de ces mêmes maisons, ou pour le salaire des ouvriers ou des entrepreneurs qui les avaient construites. Ces priviléges firent en effet former en peu de temps une ville considérable, mais ils furent aussi la cause que la plupart des bourgeois, ne payant aucune de leurs dettes, quand il s'agissait de fournitures de pain, de vin, de viande ou d'habits, on fut enfin obligé de les révoquer, le 6 mars 1713.

Pendant que le Roi faisait travailler au Château, il venait fréquemment faire des voyages de huit à quinze jours, durant lesquels il y avait toujours des fêtes.

Le château de Versailles passe actuellement pour le plus beau de l'univers.

Ce fut au mois d'avril 1682 que Louis XIV vint y établir son séjour ordinaire.

On dit que les bâtiments de Versailles, de Trianon, de la Ménagerie et de Marly, réunis, ont coûté plus de six cents millions (1).

1725.

Un garde du corps, avec lequel j'ai dîné chez M. d'Estain, contrôleur de la maison de M. le duc de Bourbon, premier ministre, mangea en 1725, à la Saint-Martin, un cochon de lait et un gros dindon.

(1) D'après le relevé fait par Marignier, premier commis de Mansart, dont une copie se trouve à la Bibliothèque de la ville de Versailles, le total des dépenses faites à Versailles, depuis l'année 1661 jusqu'en 1689, c'est-à-dire pendant le temps des plus grandes constructions, s'élève à 108,477,271 liv. 18 s. 9 d. Si l'on ajoute à cette somme 3,250,341 liv. 19 s. pour la construction de la chapelle, qui a été élevée par Mansart, de 1699 à 1710, on aura un total de 111,737,613 liv. 17 s. 9 d.

J'ai relevé moi-même, aux Archives de l'Empire, sur les registres des dépenses des bâtiments du Roi, commencés par Colbert en 1664, et continués jusque sous le règne de Louis XV, les sommes dépensées pour Versailles, et j'ai trouvé que, de 1664 à 1688 (année où j'ai suspendu mes recherches), elles s'étaient élevées à 91,503,695 liv. 15 s. 3 d. ; ce qui, d'après les calculs de M. Pierre Clément, dans son *Recueil des Lettres et Instructions de Colbert*, ferait 457,518,478 f. 85 c. de notre monnaie actuelle.

Jean Petit, rôtisseur à Versailles, déjeuna un jour avec M. Dikpy, interprète du Roi ; et pendant le temps que M. Dikpy mangeait un demi-poulet, il en mangea onze et demi.

Il paria, un autre jour, qu'il mangerait un fort mouton ; mais personne ne tint son pari. C'était, du reste, un fort honnête homme, avec lequel j'ai dîné nombre de fois.

Il mourut en 1738.

1725.

Les pluies continuelles retardèrent la récolte ; les blés germèrent. Le pain valait 8 à 9 sous la livre, à cause des mauvaises manœuvres que l'on fit sur les blés. La viande valait 5 sous la livre.

FAMINE DE 1725.

Au commencement du mois de mai de cette année, la récolte paraissait devoir être si abondante en blés, menus grains et foins, que les plus anciens laboureurs disaient que de mémoire d'homme on n'avait jamais vu une si belle apparence, et que si rien ne venait la contrarier, elle produirait autant que trois années ordinaires.

Mais les pluies qui avaient d'abord été nécessaires, et qui étaient tombées pendant le mois d'avril, ayant continué avec abondance dans le courant de mai et de juin, commencèrent à faire craindre pour la récolte.

Les pluies continuaient toujours. La crainte commença à s'emparer de tout le monde ; on eut recours aux prières publiques, et le jeudi 5 juillet, après les cérémonies ordinaires, on descendit la châsse de sainte Geneviève et on la porta en procession.

On profita du beau temps qui eut lieu pendant une douzaine de jours, pour rentrer une partie des foins. Mais les pluies ayant recommencé avec plus d'abondance, on continua ce travail dans les quelques heures d'intervalle qui avaient lieu de temps en temps, ce qui n'empêcha pas qu'une partie resta pourrie dans les champs.

On coupa une partie des blés et des autres grains, mais il fut très difficile de les rentrer, à cause de ces pluies continuelles.

Beaucoup de blés ayant versé par suite du mauvais temps, les herbes, qui poussaient en quantité, s'élevèrent au-dessus et les empêchèrent de mûrir.

Les blés versés, qui furent coupés et mis en javelle, germèrent, tandis que ceux qui restèrent sur pied se conservèrent parfaitement bien.

Il résulte de ce fait qu'il faut laisser les blés sur pied pendant les pluies, et qu'ils ne doivent être coupés qu'après qu'elles ont cessé : observation que l'on doit mettre à profit pour l'avenir, si Dieu affligeait encore le royaume d'un pareil temps de pluies continuelles.

On ne saurait se représenter le triste tableau que le peuple présentait partout. La consternation était générale, surtout dans les provinces de l'Île de France, de la Picardie, de la Champagne, de la Normandie et de la Bretagne, qui manquaient de vieux blés, et qui se voyaient à la veille de périr.

On recommença les prières publiques, et le temps, qui avait toujours été à la pluie pendant cinq lunes consécutives, se mit enfin au beau le 6 septembre. Pendant que toute la France implorait ainsi la miséricorde de Dieu, les fermiers, les marchands de blé, les meuniers et les fariniers mettaient tout en usage pour entretenir la cherté du pain.

Les fermiers ne portèrent aux marchés qu'une très petite quantité de blé, et ils le vendirent dans leurs fermes. Les marchands de blé suivirent leur exemple, et les uns et les autres répandirent le bruit qu'il ne restait plus de vieux blé.

La vérité est qu'il n'en restait pas beaucoup, parce que

des spéculateurs en avaient fait passer des quantités prodigieuses dans les îles de Jersey et de Guernesey.

Le prix du grain augmenta considérablement. Le peuple commença à remuer. Il y eut à Caen, au mois de juin, une émotion populaire. La maison de l'intendant fut entièrement pillée et ses meubles jetés dans la rivière ; et pour sauver sa vie, il fut obligé de se réfugier dans le château.

A Rouen, le peuple se souleva aussi. M. de Luxembourg fut insulté par la populace, qui jeta des pierres dans son carrosse.

Paris fut aussi agité. Au faubourg Saint-Antoine, plusieurs boulangers furent pillés. Le guet et les officiers de police réprimèrent ce mouvement, dans lequel il y eut quelques personnes de tuées, et entr'autres un mousquetaire qui revenait tranquillement de la chasse, et qui n'était pour rien dans ce tumulte.

Plusieurs des séditieux furent arrêtés et pendus, le 16 juillet.

Le 2 juillet, il y eut à Versailles un commencement d'émotion populaire. Le Roi était alors à Chantilly. Quoique ce fût un lundi, qui n'est pas un jour de marché, les boulangers étaient venus apporter leur pain. Beaucoup de personnes, craignant d'en manquer, en avaient acheté jusqu'à huit et dix. La populace ne voyant plus rien à leur étalage, se jeta sur les planches sur lesquelles on plaçait les pains, les brisa et les brûla.

Ce commencement de trouble fut apaisé sur le champ par le commissaire de police, qui fit arrêter publiquement et mettre en prison deux soldats et trois autres particuliers qui se trouvaient à la tête des perturbateurs. Ils en furent quittes pour huit jours de prison. Ils auraient certainement mérité une punition plus sévère pour servir d'exemple.

Les fermiers, toujours habiles à profiter des malheurs des temps, augmentèrent de plus en plus le prix du blé, qui valut jusqu'à 82 livres le septier.

Le pain coûtait alors 8 sols 6 deniers la livre.

Les pauvres gens, ne pouvant pas avoir de pain, se nourrissaient de toutes sortes de mauvais fruits.

Un arrêt du Conseil de 1722 avait permis la sortie des blés et autres grains hors du royaume. Ces événements montrent que jamais on ne devrait permettre l'exportation des grains.

Les fermiers et les meuniers s'entendaient parfaitement ensemble. Les fermiers vendaient leurs blés dans leurs fermes, et les meuniers allaient disant partout qu'ils ne trouvaient plus de blés sur les marchés.

M. d'Ombreval, lieutenant de police de Paris, parent de M™ de Prie, maîtresse de M. le duc de Bourbon, alors premier ministre, et M. d'Angervilliers, intendant de Paris, envoyèrent, chacun de leur côté, faire des visites chez les fermiers, mais sans aucun résultat.

Paris se trouvait à la veille de manquer de pain, ce qui aurait causé un immense désordre. Le lieutenant de police fit lui-même des visites dans les hôpitaux et dans les couvents, et y trouva une assez grande provision de blé. Il en fit ausitôt porter une partie à la halle, ce qui calma un peu le menu peuple, qui commençait à murmurer.

On fut obligé, pendant quelque temps, de maintenir sur pied, jour et nuit, le guet à pied et à cheval et même les mousquetaires. Dans tous les marchés, on plaça une garde de soldats commandée par des officiers.

M. Dodun, ancien président au Parlement, l'un des plus actifs partisans de M. le duc d'Orléans, régent, et qui en fut récompensé par la charge de contrôleur général des finances, fit délivrer des fonds à M. d'Ombreval. Celui-ci, dans le but d'engager les meuniers et fariniers à entretenir dans l'abondance le marché de Paris, leur donna 24 livres pour chaque voie de six sacs de farine qu'ils menaient à la halle. On en fit autant à Versailles, mais tout cela ne procura aucune diminution sur le prix du pain, et le jour même du mariage du roi Louis XV, à Fontainebleau, le 5 septembre, le pain valait encore 8 et 9 sous la livre.

Le bruit courait qu'il y avait eu des manœuvres coupables dans le prix du blé, et que Mme de Prie, avec les sieurs Pâris du Verney et Samuel Bernard, avaient gagné des sommes considérables en faisant revenir des blés français des îles de Jersey et de Guernesey, où, selon toute apparence, ils les avaient mis en dépôt. C'est un mystère qu'il est difficile de pénétrer et qu'il est prudent de ne pas trop approfondir.

Les blés que Samuel Bernard fit ainsi venir se gâtèrent rapidement. Ils étaient si mauvais qu'on les donnait à vingt sous le septier, et que personne n'en voulait. On en jeta une quantité prodigieuse dans la Seine.

Les manœuvres coupables attribuées à d'Ombreval le rendirent odieux au peuple. Il fut chassé et passa en Angleterre avec des sommes considérables.

M. Hérault, intendant de Tours, fut nommé à sa place. Dans les commencements il semblait compâtir à la misère du peuple, mais bientôt il entra dans les vues de Mme de Prie, de Pâris du Verney et de Samuel Bernard. Chaque fois qu'il écrivait aux ministres, il leur annonçait le prix du pain à un sou au-dessous de sa valeur. J'ai vu l'une de ses lettres, datée du 6 octobre 1725, dans laquelle il dit au ministre que le plus beau pain s'était vendu 4 sous la livre, tandis qu'il valait encore 5 sous; et il ajoute qu'il faut laisser reposer les choses pendant quelques marchés sur le pied où elles sont, sans presser davantage les boulangers; qu'on peut espérer encore quelque légère diminution, qu'il sera facile d'obtenir par la seule voie de l'invitation.

A Versailles, le commissaire de police obligea tous les boulangers à garnir de pain le marché, tous les jours jusqu'à sept heures du soir, et de se conformer pour le prix du pain à celui de la farine amenée au Poids-le-Roi, dont il se faisait donner les prix les jours de marché.

Cette mesure, qu'il établit avec la permission de M. Blouin, gouverneur de Versailles, était très utile; car avant, les boulangers étant libres de se livrer aux plus odieuses spéculations, ne craignaient pas de renchérir le pain jusqu'à deux et trois fois dans la même journée.

On conçoit que cette mesure ne s'établit pas sans résistance, et il fut obligé d'en faire condamner douze à chacun cent livres d'amende.

Il est étonnant combien il est nécessaire de prendre de précautions contre le mauvais vouloir des hommes qui dépasse toujours ce que l'on peut prévoir.

Malgré toutes les pluies, qui empêchèrent la maturité des blés versés et étouffés par les mauvaises herbes, et qui firent germer ceux en javelle, la récolte fut encore assez abondante.

16 novembre 1725.

Par un jugement de police du 17 août, les boulangers furent tenus à avoir du pain de trois façons, un tiers de blanc, un tiers de bis-blanc et un tiers de bis.

Quelques jours après, le 21 août, le Parlement rend un arrêt qui supprime le pain blanc et qui ordonne aux boulangers de ne cuire et de n'exposer en vente que de deux sortes de pains, l'un bis-blanc, composé de pure fleur de farine, moitié de farine blanche après la fleur, et moitié des fins gruaux. Le bis, composé de moitié de farine blanche après la fleur, moitié de fins gruaux et de tous les gros gruaux, avec toutes les recoupettes.

Le même arrêt fait défense à toutes personnes, de quelques qualités et conditions qu'elles soient, de faire cuire ou façonner d'autres pains, à peine de confiscation et de 1,000 livres d'amende; et à tous meuniers de moudre autrement qu'en farine bise, sous les mêmes peines.

Le 16 novembre, le nommé Aubert, boulanger, fut condamné en 3,000 livres d'amende pour n'avoir pas garni suffisamment de pain sa boutique.

Le pain doit être marqué des deux premières lettres du nom des boulangers, et du poids qu'il doit avoir.

Il doit être bien façonné et cuit raisonnablement. Pour faire que le pain conserve son poids, il faut faire bouillir du son dans l'eau pour la rendre blanche, ensuite faire la pâte avec cette eau ; le pain en sera plus pesant et également bon.

Le pain blanc de blé froment valut en septembre 8 à 9 sous la livre, et on en fit, nonobstant l'arrêt du Parlement.

11 juin 1726.

DISGRACE DU DUC DE BOURBON.

Louis-Henri de Bourbon-Condé est né le 18 août 1692. Il est le fils aîné de Louis de Bourbon, troisième du nom. Après la mort de son père, arrivée en 1710, on l'appela M. le duc. Il épousa en premières noces Louise-Élisabeth de Bourbon-Conti (d'autres lui donnent le nom de Marie-Anne), le 9 juillet 1713, dont il n'a point eu d'enfants.

En 1712, M. le duc de Berry étant à la chasse, et tirant sur un lièvre, lui creva un œil avec un grain de plomb.

Il est grand-maître de la maison du Roi et gouverneur de Bourgogne et du Berry.

Après la mort de Louis XIV, M. le duc d'Orléans ayant été déclaré Régent du royaume, ôta au duc du Maine l'éducation du roi Louis XV, et en chargea M. le duc.

Il est à remarquer que pendant l'époque des billets de banque et des actions, M. le duc, qui en avait eu pour rien, fit des gains immenses, que l'on évalue à plus de dix millions.

M. le duc d'Orléans étant mort d'apoplexie, le 2 décembre 1723, M. le duc, auquel il avait frayé le chemin de premier ministre, demanda cette place au Roi qui la lui accorda sur le champ.

Comme M. le duc était peu versé dans les affaires, il appela aussitôt auprès de lui les Pâris.

Le premier acte de son administration fut de rompre l'alliance arrêtée par le duc d'Orléans, entre le roi Louis XV et l'infante d'Espagne. Il renvoya en Espagne cette princesse, que l'on avait fait venir en France pour lui faire épouser le Roi. Elle partit le 5 avril 1725.

A la sollicité des Pâris, le ministère de la Guerre fut ôté à M. Le Blanc. Puis Le Blanc fut enfermé à la Bastille, où il fut traité très inhumainement.

Il fut accusé : 1° d'avoir donné du papier aux troupes et d'avoir retenu 12 ou 15 cent mille livres ;

2° D'avoir fait faire un faux registre par Sendrier, commis de La Jonchère, trésorier de l'extraordinaire des guerres, et d'avoir fait ensuite assassiner Sendrier, à cause, dit-on, que M. le duc d'Orléans aurait détourné les fonds portés sur ce registre ;

3° D'avoir donné à La Barre, exempt de Paris, un ordre d'enterrer un particulier qui était sous la garde de cet exempt, et qui s'était pendu derrière la porte de la chambre où il était détenu.

On instruisit le procès de Le Blanc ; Jolly de Fleury, procureur général au Parlement, conclut à ce qu'il fût décrété de prise de corps. Mais par un arrêt, rendu toutes les chambres assemblées, M. le duc d'Orléans et M. le prince de Conti présents, Le Blanc fut déclaré innocent.

Au lieu de faire sortir Le Blanc de la Bastille, et de le remettre en place, M. le duc l'envoya en exil.

Les Pâris, qui ont provoqué la disgrâce de Le Blanc, sont quatre frères, que l'on distingue en :

Pâris, l'aîné, mort en 1733.

Pâris du Verney.

Pâris de la Montagne.

Et Pâris de Montmartel, qui a épousé sa nièce, fille de Pâris l'aîné, et jouit de douze cent mille livres de rente.

Ils sont fils d'un cabaretier, sur la route de Lyon. Trois d'entre eux eurent de petits emplois dans les vivres de l'armée d'Italie, où l'on sait que tous ceux qui voulurent être fripons firent leur fortune. Le quatrième fut soldat dans le régiment des gardes françaises.

Les trois commis des vivres se poussèrent et devinrent eux-mêmes entrepreneurs des fournitures des vivres de l'armée d'Italie. Ils cherchèrent quelques protections à la Cour. Pâris l'aîné et Pâris la Montagne épousèrent deux filles du sieur La Roche (1), concierge de la Ménagerie, à Versailles.

Mme la duchesse de Bourgogne allait souvent se promener et faire des collations à la Ménagerie. La veuve La Roche avait occasion de parler à la princesse, et elle n'en perdit aucune pour lui recommander ses gendres. Ils obtinrent ainsi les fournitures des vivres de l'armée de Flandre.

M. Le Blanc avait été très longtemps intendant de l'armée de Flandre, et s'en était acquitté avec beaucoup de probité. Là il eut connaissance des pilleries des Pâris. Parvenu au ministère de la guerre, il donna des preuves évidentes à M. le duc d'Orléans, régent, qu'ils avaient fait passer dix millions en Hollande et en Angleterre.

Les Pâris, qui s'étaient acquis la protection du duc de Bourbon, engagèrent ce prince à demander à M. le duc d'Orléans la destitution de M. Le Blanc. Le Régent répondit au duc qu'il le voulait bien, pourvu qu'il lui trouvât un plus honnête homme que M. Le Blanc.

L'affaire en resta là; mais aussitôt que M. le duc d'Orléans fut mort, et que M. le duc de Bourbon devint premier ministre, les Pâris agirent de nouveau pour perdre M. Le Blanc, et on lui fit le procès dont nous venons de parler.

(1) Ce La Roche était fort riche. Il possédait à Versailles plusieurs maisons dans la rue de la Pompe, l'avenue de Saint-Cloud, et toutes celles de la rue des Deux-Portes.

M. le duc ayant mis les Pâris à la tête des affaires, ils mirent tout le royaume en partie double. Ils établirent une quantité prodigieuse de bureaux et de commis, sous le nom de contrôle de la régie.

Le contrôle, en trente mois de temps que M. le duc a été premier ministre, a coûté au Roi plus de douze millions. Les appointements du plus petit commis étaient de 2,400 livres, les autres étaient de 3, 4, 6, et jusqu'à 20,000 livres.

M. le duc de Bourbon avait pour maîtresse la femme du marquis de Prie, parrain du Roi.

Les Pâris, pour contenter l'avarice du duc de Bourbon et de la marquise de Prie, proposèrent de mettre les blés en partie. On fit alors des levées de blés qui furent mis en dépôt dans les îles de Jersey et de Guernesey. Puis des émissaires furent envoyés dans tous les marchés, pour faire augmenter les blés.

Ravost-d'Ombreval, frère de la marquise de Prie, qui venait d'être fait lieutenant de police de Paris, excitait sourdement à la cherté du blé. Bientôt le blé arriva à un prix excessif. Le pain se vendit neuf sous la livre, à Paris, à Versailles et dans les environs, et souvent on avait beaucoup de peine à en avoir.

On prétend que les Pâris firent des gains immenses sur le commerce des blés, et l'on disait même qu'ils gagnèrent en un seul jour plus de 500,000 livres.

Le duc de Bourbon traita du mariage du Roi avec la fille du roi Stanislas. Il fut bientôt conclu, et Sa Majesté l'épousa le 5 septembre 1725. Lors des réjouissances qui furent faites à cette occasion, à Fontainebleau, le peuple était accablé de misère sous la tyrannie des Pâris, soutenus par M. le duc; on payait le pain neuf sous la livre. A Paris, les farines devinrent si rares, qu'on fut obligé de prendre celles des couvents; on craignait même des mouvements populaires, et les mousquetaires et le guet restèrent plusieurs nuits sous les armes.

Les finances du Roi s'épuisaient. On répandit le bruit que M. le duc n'avait marié le Roi avec la princesse Stanislas, dont le père avait été forcé d'abdiquer la couronne de Pologne, que pour lui-même se faire roi de Pologne, et qu'il avait envoyé dans ce royaume dix-neuf millions. D'autres disaient qu'il voulait se faire souverain de Neufchâtel, en Suisse, et même qu'il couchait en joue le duché de Bourgogne. Quoique tous ces bruits paraissent fort douteux, il est cependant certain que les quatre-vingt-onze ou douze millions qui, après la mort du duc d'Orléans, régent, étaient dans les coffres du Roi, ainsi que l'avoue lui-même M. le duc, dans un arrêt qu'il a rendu au commencement de son ministère, se trouvèrent dissipés; que le ministère de ce prince a été très dur; qu'il a eu une molle complaisance pour la marquise de Prie, et que toutes les affaires les plus importantes se décidaient par les avis de cette femme et des Pâris.

Le Parlement de Bretagne fit, au sujet de la levée du cinquantième, de vives et solides remontrances qui ne furent point écoutées. Cette imposition n'en reçut pas moins son exécution. Elle fut seulement convertie en argent.

La mauvaise administration de M. le duc de Bourbon attira sur sa tête les clameurs publiques. On dit, peut-être sans fondement, qu'on lui avait mis dans l'esprit que le peuple était trop nombreux en France, qu'il en fallait faire périr une partie de misère. Pensée digne des plus cruels barbares!

Quoi qu'il en soit, il est toujours certain qu'il y avait quelques idées analogues. Il y eut en effet des émissaires qui allèrent, au mois de juin, dans les fermes, marchander et acheter les blés sur pied; ils firent ainsi vendre très cher les blés qu'on avait emmagasinés, et dont une partie était déjà convertie en farines, et entretinrent la cherté du pain.

Dans une si triste position, qui devait entraîner la perte

totale du royaume, personne ne pouvait y remédier, hors ceux qui pouvaient entretenir familièrement le Roi. On dit, et il y a tout lieu de le croire, que l'ancien évêque de Fréjus, précepteur du Roi, en qui Sa Majesté a beaucoup de confiance, et qu'il aime beaucoup parce qu'il le gêne beaucoup moins que le maréchal de Villeroy, et le R. P. Lignières, confesseur du Roi, firent connaître à Sa Majesté la mauvaise administration du duc de Bourbon. Ils lui dirent que le royaume était à la veille d'un bouleversement, et conseillèrent le renvoi de M. le duc. Le Roi se rendit à ces raisons et se décida immédiatement au coup d'autorité qu'il exécuta contre M. le duc.

On dit que Saint-Remy, l'un des valets de chambre du duc (c'était un joueur de profession, qui perdit un jour 1,200 louis à Chantilly), ayant eu avis de ce qui se passait, prévint le duc de Bourbon de prendre garde à lui, et du complot que l'on tramait pour le faire tomber, mais que le duc répondit à Saint-Remy qu'il était un fou.

Le prince ne pouvait croire en effet qu'on pût lui porter un pareil coup. Il s'imaginait que personne n'oserait entreprendre de parler au Roi, et que Sa Majesté ne serait jamais capable d'une pareille résolution. Il se trompait dans son calcul et comptait, comme on dit, sans son hôte.

Le 11 juin fut le jour choisi pour l'exécution.

Le Roi, à son dîner, parut de bonne humeur, donna à M. le duc un morceau de son pain de la Ménagerie, et lui jeta ensuite dans son chapeau un petit pain de fleur d'orange, en lui disant : « Monsieur, dépêchez-vous de faire vos affaires et de venir de bonne heure à Rambouillet, parce que je souperai à huit heures et demie. »

Après le dîner, le Roi partit pour Rambouillet. M. le duc alla dîner dans son appartement, qui est aujourd'hui l'appartement de Mgr le Dauphin. Ensuite il continua le travail qu'il avait commencé le matin avec Pâris du Verney.

Pendant ce temps, M. le duc de Charost, capitaine des

gardes du corps, fit investir l'appartement de M. le duc, sans que ce prince s'en aperçût, ne pouvant imaginer, après ce que le Roi lui avait dit à son dîner, que Sa Majesté eût donné l'ordre de l'arrêter.

Sur les six heures un quart, M. le duc de Charost entra dans l'appartement de M. le duc; mais n'ayant pu lui parler, parce que le prince était alors enfermé pour travailler avec Dodun, contrôleur général, il se retira. Quelques instants après, il se présenta de nouveau. M. le duc, qui était libre alors, croyant que M. le duc de Charost avait le dessein de travailler avec lui, lui dit qu'il n'en avait pas le temps et qu'il était pressé de partir pour aller rejoindre le Roi à Rambouillet. — « Je vous prie, Monseigneur, répliqua M. de Charost, de passer dans votre cabinet. » A peine entrés : « Monseigneur, lui dit-il, j'ai ordre d'arrêter Votre Altesse Sérénissime. — M'arrêter, Monsieur ! dit M. le duc tout surpris, en faisant deux ou trois pas en arrière. — Oui, Monseigneur, répartit M. de Charost, à moins que Votre Altesse Sérénissime me donne sa parole de prince de se rendre à Chantilly. » A quoi M. le duc répliqua : « Oui, Monsieur, je vous la donne et j'obéirai aux ordres du Roi. »

M. le duc demanda à parler à la Reine, on le lui refusa. Il écrivit ensuite une lettre au Roi, en présence de M. de Charost. Ayant voulu prendre quelques papiers dans ses armoires, M. de Charost s'y opposa et se fit apporter le portefeuille qui était déjà dans la chaise de poste de Son Altesse Sérénissime.

M. le duc partit à huit heures un quart du soir, pour aller à Chantilly.

Le Roi était alors très tranquille à Rambouillet; l'heure du souper s'approchant, on voulut servir, mais il s'y opposa en disant qu'il fallait attendre un moment M. le duc, qui ne pouvait tarder à arriver. Quelques instants après, un courrier arriva avec la nouvelle du départ de M. le duc, de Versailles pour Chantilly. Alors le Roi ordonna qu'on servît le souper.

Le lendemain 12 juin, toute la maison de Condé se rendit à Chantilly.

Le même jour, la marquise de Prie, maîtresse de M. le duc, partit de Versailles à quatre heures du matin, dans une consternation extraordinaire.

Elle mourut à Rouen, quelques temps après, comme une misérable et une forcenée, au milieu de ses immenses richesses acquises au prix du sang du peuple.

Tous les ministres allèrent, dès sept heures du matin, rendre leur visite à M. Fleury, évêque de Fréjus, qu'ils regardèrent dès ce moment comme celui qui occuperait le poste de premier ministre.

Les ducs d'Orléans et du Maine y allèrent aussi.

Le même jour, 12 juin, l'évêque de Fréjus envoya, sur les huit heures du matin, dire à M. Blouin, son ami particulier, d'aller chez lui.

Tout le monde resta très surpris de ce qu'on ne donna pas d'ordre pour arrêter à la même heure et au même moment que M. le duc, les frères Pâris, et surtout de se saisir de leurs papiers, pour savoir où avaient passé les finances du Roi pendant qu'ils avaient régi le royaume sous le ministère et l'autorité de M. le duc. C'était un second coup de partie qu'il aurait fallu gagner.

Mais, soit que l'évêque de Fréjus fût assez occupé du dessein de faire éloigner M. le duc, soit qu'on craignît de trouver des preuves trop fortes de la mauvaise administration de ce prince, on n'en fit rien. On laissa pour ce moment les Pâris en repos, et il y a tout lieu de croire qu'on s'en est depuis repenti, mais il n'était plus temps. En effet, aussitôt que M. le duc fut arrêté, il dit à Chéron, son premier valet de chambre, d'en donner avis à Pâris du Verney, qui était retourné à Paris. Le courrier fit diligence, car Pâris arriva dans son hôtel, à Versailles, rue Saint-François (1), sur les

---

(1) Aujourd'hui rue de Gravelle, n° 8.

huit heures et demie du soir du même jour, 11 juin. Il s'enferma dans son cabinet, où il brûla des quantités prodigieuses de papiers qui auraient sans doute servi à démontrer la mauvaise administration du royaume, et à les compromettre eux et M. le duc.

Après la destitution de M. le duc, le roi fit publier une pièce dans laquelle, tout en mettant à couvert l'administration du duc de Bourbon, il annonce qu'il va gouverner par lui-même.

Malgré cette déclaration, le Roi ne s'est pas plus adonné aux affaires qu'auparavant. Il va à la chasse tous les jours, et se repose totalement du gouvernement de son royaume sur l'ancien évêque de Fréjus, qui exerce toutes les fonctions de principal ministre, sans en avoir voulu prendre le titre. Tous les ministres vont travailler chez cet évêque.

Maintenant M. le duc, après avoir été à la tête des grands du royaume pendant son ministère, et avoir vu tout fléchir à son nom, est continuellement seul à Chantilly, belle maison à dix lieues de Versailles. Il a fait faire dans cette maison de grandes constructions et de magnifiques appartements pour le Roi et pour la Reine.

On dit que ce prince, sans compter ce qu'il a escamoté des coffres du Roi, jouit de seize cent mille livres de rentes.

Lors du commencement des actions, M. le duc est convenu en avoir quinze cents à lui. Elles ont valu, dans leur plus grande splendeur, quinze mille livres chaque, ce qui fait vingt-deux millions. Mais depuis leur réduction elles sont tombées à cinq mille livres chacune, ce qui lui fait encore sept millions cinq cent mille livres.

M. le duc de Bourbon a épousé en secondes noces, le 23 juillet 1728, Charlotte de Hesse-Rinsfels, née le 18 août 1714. Elle est très petite et très belle.

30 juillet 1726.

Charles de Bourbon-Condé, comte de Charolais, est né le

19 juin 1700. Il est le deuxième fils de Louis de Bourbon, troisième du nom, et frère de M. le duc.

Ce prince est grand, beau et bien fait. Mais en récompense on n'a à citer de lui que de mauvaises actions.

Après la mort de Louis XIV, il détruisit tout le gibier des parcs de Marly et de Versailles. Il en tuait six à sept cents pièces par jour, tant faisans, perdrix, que lièvres et lapins. La plus grande partie se corrompait et était perdue.

Ses palefreniers et les gens de sa suite mangeaient les faisans à leur déjeuner.

Lors de ses chasses, dans les mois de juillet et d'août, il faisait passer son équipage plusieurs fois de suite dans une même pièce de blé, par pure méchanceté et pour le plaisir de ruiner le fermier.

Outre cela, il est cruel; il a maltraité et même tué plusieurs personnes.

Un jour, le duc d'Orléans, régent, à qui il demandait une grâce, lui répondit : « Je vous l'accorde, mais s'il arrive que quelqu'un vous tue, je lui accorderai aussi sa grâce. »

Il a fait une campagne en Hongrie contre les Turcs. En revenant, il passa quelque temps à la Cour du duc de Bavière, et ruina l'équipage de chasse du duc.

Dix-neuf jours après l'exil du duc son frère, il vint à Versailles, pour faire sa cour au Roi. Sa Majesté le reçut très mal. Elle lui fit des reproches sur ce qu'il s'amusait à chasser dans les blés. Ce n'était point des perdreaux dont elle s'embarrassait, lui dit-elle, mais des blés gâtés et détruits. Le Roi ajouta qu'il eût à remercier l'évêque de Fréjus de ce qu'il n'était pas à la Bastille, et ce fut une grande humiliation pour le comte de Charolais.

Il passe pour avoir trois cent mille livres de rentes.

19 octobre 1726.

Le 19 octobre 1726, sur les sept heures du soir, on vit dans l'air deux arcs lumineux, d'où il paraissait sortir des colonnes de feu qui répandaient une aussi vive lumière que la pleine lune.

Ce phénomène se montra à Fontainebleau, où était la Cour, en même temps qu'à Versailles, où l'on crut que Paris et les villes voisines, comme Saint-Germain, étaient en feu.

Quelques personnes prétendent avoir entendu du bruit dans l'air, et même y avoir vu des légions d'hommes armés.

Ce phénomène dura trois heures dans sa plus grande force, et on cessa de le voir à deux heures après minuit.

Ces *lumières septentrionales* paraissent quelquefois en Europe et en Asie. Il en parut une à Bordeaux, le 12 septembre 1621.

Mai 1727.

ÉPITAPHE DU SIEUR PARIS, APPELANT DE LA CONSTITUTION
Unigenitus (1).

Ci-gît le bienheureux, qui droit au ciel monta,
   Tout aussitôt qu'il eut quitté la terre;
     A la porte se présenta.
   Que voulez-vous? lui dit saint Pierre;
   Alors, d'un ton respectueux :
   Sacré portier des bienheureux,
Je viens, dit-il, vous demander passage
   Pour arriver au céleste héritage,
   Où toujours ont tendu mes vœux.
Je vous loue, dit Pierre, en votre ardeur extrême,
   Mais je n'ai pas l'autorité suprême
D'ouvrir et de fermer la porte quand je veux;
   Il faut assembler les apôtres,
   Je n'ai ma voix qu'avec les autres,
   Vous avez prêché ce point là.
De ce saint lieu l'entrée est difficile,
   Nous assemblerons un concile;
   En attendant, demeurez là.

(1) A propos de la bulle *Unigenitus*, le diacre Pâris avait nié l'autorité du pape, et en avait appelé à un concile.

Août 1727.

NAISSANCE DE MESDAMES PREMIÈRE ET DEUXIÈME.

La Reine accoucha de deux princesses, à Versailles, le 14 août 1727, à 11 heures 10 minutes du matin.

La première venue fut nommée *Madame Première*, et l'autre *Madame Seconde*. Elles furent ondoyées sur le champ, par l'abbé de Pezé, en présence du sieur Bailly, curé de la paroisse Notre-Dame de Versailles.

Le Roi les alla voir.

Le même jour, à cinq heures du soir, on chanta dans la chapelle du château un *Te Deum*, auquel le Roi assista, ainsi que toute la Cour.

Le lendemain 15 août, Narbonne, alors premier et seul commissaire de police de Versailles, dressa et fit publier, dès neuf heures du matin, l'ordonnance suivante :

DE PAR LE ROI,
ET M. BLOUIN, GOUVERNEUR DE VERSAILLES,

Il est ordonné à toutes personnes, de quelque qualité et condition qu'elles soient, bourgeois et habitants de Versailles, de faire des feux devant leurs portes, maisons et hôtels, et de mettre des illuminations sur leurs fenêtres, ce jourd'hui 15 août, à 8 heures du soir.

Le même jour 15 août, à 6 heures du soir, on chanta un *Te Deum* en musique dans l'église de la paroisse de Notre-Dame de Versailles.

14 août 1727.

Le 14 août 1727, le chancelier d'Aguesseau revint à la Cour en qualité de chancelier.

D'Aguesseau fut reçu fort jeune comme procureur général au Parlement de Paris. En le recevant, le premier président lui adressa ces paroles : « Monsieur, la Cour est très obligée au Roi du choix que Sa Majesté a bien voulu faire de votre personne. Vous commencez par où nous finissons. » Il était le rempart de cette compagnie. Sa capacité et son équité lui avaient acquis l'estime de tous, grands et petits.

Il s'opposa avec courage à ce que le Roi Louis XIV voulait exiger de lui, contre sa conscience et le bien de l'État, à propos de la Constitution *Unigenitus*. Le Roi lui reprocha de ne trouver que lui sur son chemin, et le menaça d'aller au Parlement pour se faire obéir. Sur ces entrefaites, le Roi étant mort, le duc d'Orléans courut à Paris et mit de son parti le procureur général.

A la mort du chancelier Voisin, le duc d'Orléans, régent, connaissant toute l'influence dont jouissait M. d'Aguesseau dans le Parlement, lui donna, le 2 février 1717, la charge de chancelier et de garde des sceaux. Ce choix fut approuvé de tout le royaume.

Le matin du jour où le chancelier d'Aguesseau reçut au Palais-Royal ces importants emplois, il alla en porter la nouvelle à son frère, le conseiller, qu'il trouva encore au lit. Ayant ouvert le rideau : « Mon frère, je suis chancelier, lui dit-il ! — Tant pis, lui répondit celui-ci, comme s'il eût prévu ce qui allait bientôt arriver. » En effet, un an après, le 28 janvier 1718, le duc d'Orléans, n'ayant pas trouvé le chancelier assez docile à toutes ses volontés, envoya le marquis de la Vrillière lui redemander les sceaux et lui annoncer son exil. Il obéit et se retira à Fresne.

Quelque temps après, courut la chanson suivante :

> Le chancelier d'Aguesseau
> S'étant mis en tête
> Qu'on doit lui rendre les sceaux,
> Jour et nuit répète :
> Va-t'en voir s'ils viennent, Jean,
> Va-t'en voir s'ils viennent.

D'Argenson, lieutenant de police, fut fait alors vice-chancelier garde des sceaux.

D'Argenson étant mort en juin 1720, le chancelier d'Aguesseau fut rappelé. Le duc d'Orléans le fit alors consentir à l'acceptation de la Constitution *Unigenitus*, après l'avoir aussi obtenue du cardinal de Noailles, qui, comme le chancelier, s'y était opposé de toutes ses forces sous Louis XIV. Aussi le Régent disait-il tout haut qu'il avait été plus malin que les deux plus malins du royaume.

Ce fut alors que le premier magistrat du royaume perdit en un moment l'estime de tout le peuple.

Chose étrange, que les plus grands hommes soient comme les autres hommes, sujets aux plus grandes fautes.

Il en fut de même du cardinal de Noailles.

Le 1er mars 1722, le chancelier d'Aguesseau fut de nouveau exilé à Fresnes.

Enfin le chancelier revint de nouveau à la Cour, le 14 août 1727. Le Roi lui donna une pension de 60,000 livres et lui accorda, comme honneur, d'être accompagné d'un lieutenant et de deux gardes de la prévôté.

Le chancelier d'Aguesseau n'est aujourd'hui à la Cour que comme un simple particulier qui y exerce sa charge; le public même n'a plus de considération pour lui.

Il est à plaindre d'avoir perdu l'amour public.

14 août 1727.

Fleuriau d'Armenonville avait été intendant des finances sous le ministère de Desmarests, et il les entendait fort bien.

Le 1er mars 1722, après le deuxième exil de d'Aguesseau, il fut nommé garde des sceaux, et, en cette qualité, il exerça les fonctions de chancelier, où il n'entendait rien.

Bizarrerie de la fortune, ou plutôt de ceux qui tiennent le timon du gouvernement, qui se plaisent à donner aux uns et aux autres le contraire de ce qui leur convient, d'où dérive la mauvaise administration des affaires !

Le comte de Morville, fils de d'Armenonville, qui montra beaucoup de talent et de capacité dans les négociations de Cambray, fut fait ministre d'État des affaires étrangères.

Le 14 août 1727, on manda à Versailles le chancelier d'Aguesseau, pour assister aux couches de la Reine. On dit que d'Armenonville partit aussitôt pour Paris, et que craignant qu'on ne lui redemandât les sceaux pour les rendre au chancelier, il les laissa à son fils qui les remit au Roi le lendemain. Le Roi, après les avoir reçus, les remit à Bachelier, l'un des quatre premiers valets de chambre, pour les serrer.

Quelques jours après, Morville se retira volontairement. Leurs emplois furent donnés à Chauvelin, président au Parlement et ami du cardinal de Fleury.

Louis XIV avait obligé d'Armenonville de céder sa terre de Rambouillet à M. le comte de Toulouse. On lui donna en échange le bois de Boulogne, que Louis XV lui a ôté à son tour, pour faire une maison de plaisir du château de la Meutte.

1727.

M. Titon, conseiller au Parlement, s'est déclaré un des plus zélés défenseurs du jansénisme. C'est un magistrat rempli d'intégrité, mais qui se fâche facilement.

J'avais un procès au Parlement, dont Petit fut l'un des examinateurs. Dans le temps de l'examen, j'allai un jour le voir. Il me dit que la veille il avait travaillé avec les autres conseillers, chez le premier président de la chambre, pendant quatre à cinq heures de suite. « Ce sont des vacations bien longues, lui répliquai-je. » (Ordinairement elles ne sont que de deux à trois heures.) Je conviens que ma réponse pouvait paraître un peu équivoque ; cependant je n'avais véritablement eu d'autre intention que de dire que c'était travailler trop longtemps de suite. Mais il paraît que M. Titon prit ma réponse dans un autre sens, et crut que j'avais voulu dire qu'il allongeait les vacations, pour qu'elles lui produisissent davantage.

Mon procès se jugea; je le gagnai. J'allai remercier les juges et M. Titon de la bonne justice qu'ils m'avaient rendue. M. Titon me répondit très froidement que, quand les procès étaient justes, on les gagnait. Mais je sais qu'il dit à une autre personne que j'étais honnête homme, mais que je parlais mal.

1728.

NOUVELLES ECCLÉSIASTIQUES.

Ces *Nouvelles* (1) ont commencé à paraître le 23 février; elles rapportent tout se qui se passe pour et contre la constitution *Unigenitus*; pour et contre les prétendus miracles de M. Pâris. Elles contiennent bien des faussetés.

Il n'a pas été au pouvoir de M. Hérault, lieutenant de police à Paris, de découvrir l'auteur ni l'imprimeur des *Nouvelles ecclésiastiques*, quoiqu'il ait fait et fait faire beaucoup de recherches et perquisitions. Et à cette occasion, il a tiré de la Cour des sommes immenses, qui n'ont servi qu'à l'enrichir et tous ses émissaires, auxquels il donne plus d'argent qu'ils ne veulent, et qui font tous des fortunes au delà de l'imagination.

Janvier 1728.

Le 7 janvier 1728, des pages de la grande écurie du Roi louèrent une chambre chez le nommé Tavernier, cordonnier au coin de la rue de Conty (2), sous le prétexte d'y tra-

---

(1) Elles étaient écrites par les abbés Boucher, Berger, de la Roche, Troya, Guidy, Rondet, Labrière, et de Saint-Mars. (*Barbier*.)

(2) Aujourd'hui rue Sainte-Anne, à Versailles.

vailler, mais en réalité pour y introduire une fille libertine.

Tavernier s'en étant aperçu, voulut s'opposer à l'entrée de cette fille ; mais les pages le maltraitèrent, ainsi que sa femme et son garçon, cassèrent les meubles, et menacèrent même de mettre le feu à la maison ; enfin on ne sait pas jusqu'où le désordre aurait pu aller, si les gouverneurs et la patrouille ne fussent arrivés pour le faire cesser.

Il serait très essentiel de ne pas souffrir que les pages louent ainsi des chambres dans la ville.

Il faudrait aussi que les gouverneurs des pages leur défendissent les repas de réception ou autres, à moins de permission particulière, avec indication du lieu de la réunion, parce que souvent, à la suite de ces repas, ils courent les rues et cassent les lanternes publiques.

4 mars 1728.

Le prince du Mont-Liban vint pour voir les beautés du château et des jardins de Versailles, le 4 mars 1728. Il alla chez le gouverneur, M. Blouin, et lui demanda un appartement au château, où il pensait être logé et nourri pendant son séjour. Mais M. Blouin lui refusa l'un et l'autre.

Ce prince fut obligé d'aller loger chez les RR. PP. Récollets. Apparemment que l'argent lui avait manqué, ou que c'est un bien pauvre prince, car il aurait été beaucoup mieux dans une bonne hôtellerie.

Ce prince court de royaume en royaume. Beaucoup de personnes le regardent comme un imposteur.

Juillet 1728.

NAISSANCE DE MADAME TROISIÈME.

La Reine accoucha de Madame Troisième, à Versailles, le 28 juillet 1728. Les médecins et chirurgiens avaient assuré que ce serait d'un fils que la Reine accoucherait, et l'on avait en conséquence fait des préparatifs de réjouissances ; aussi, dès que la Reine fut délivrée, tout le monde paraissait dans la consternation.

On envoya des ordres à Paris, pour enlever tout ce qui avait été préparé pour les fêtes. A Versailles, le feu d'artifice qui avait été préparé fut rentré dans les magasins.

Le lendemain 29 juillet, on chanta un *Te Deum* dans la chapelle, et le même jour, à six heures du soir, on en chanta un fort simple dans l'église de Notre-Dame de Versailles.

Le premier ministre, M. le cardinal de Fleury, décida qu'il n'y avait pas lieu d'ordonner des feux et des illuminations, et il n'y en eut point.

Septembre 1728.

Pendant l'hiver de 1725 à 1726, il s'était fait à Versailles plusieurs vols, particulièrement de portes d'allées, de caves, de lieux et de baraques.

Le commissaire de police ayant été informé qu'un nommé Salle, menuisier, était un fainéant et un rôdeur de nuit, et le soupçonnant d'être l'un des voleurs, se rendit dans sa chambre, sous le prétexte de vérifier la déclaration des locataires, qu'il s'était fait fournir en exécution de l'ordonnance du Roi du 27 mai 1721.

Il n'y trouva que sa femme. Ayant remarqué qu'il y avait dans cette chambre une assez grande quantité de planches cassées, il demanda à cette femme d'où elles provenaient, et celle-ci lui ayant répondu que son mari les avait achetées de différentes personnes, il lui enjoignit de dire à son mari qu'il vînt lui indiquer d'où elles provenaient.

Salle, qui selon toutes les apparences, avait volé ces portes et les avait cassées pour en vendre les ferrures et en brûler les bois, se garda bien de venir chez le commissaire, et celui-ci, sur de simples soupçons, ne put le faire arrêter.

Mais dans la nuit du 7 au 8 avril, Salle ayant forcé la porte et la fenêtre d'une baraque rue de l'Orangerie, et ayant déjà pris et porté dans sa chambre une partie des effets qui s'y trouvaient, et étant revenu dans la baraque pour reprendre le reste, y fut surpris et arrêté.

Le commissaire de police s'y transporta à cinq heures du matin. Il constata le vol de Salle, le fit conduire dans les prisons et fit porter au greffe les effets volés, pour servir à l'instruction.

Par jugement rendu par M. Fresson, bailli de Versailles, assisté de deux avocats du Parlement, Salle fut condamné à être pendu.

Salle avait une parente, servante d'une femme de chambre de la Reine, qui présenta un placet à cette princesse, afin d'obtenir sa grâce.

Le Roi, à la prière de la Reine, commua sa peine et manda au Parlement de le condamner aux galères. Mais le Parlement y ayant ajouté le fouet et la fleur de lys (la marque), le Roi commua une seconde fois sa peine en un bannissement perpétuel du royaume. Ce qui prouve que le Roi fut jaloux de ce que le Parlement n'avait pas exécuté l'ordre qu'il lui avait envoyé, c'est qu'il fit mander le président de la Tournelle et le conseiller rapporteur, et qu'il leur fit faire des réprimandes par M. le cardinal de Fleury.

Mais Salle ayant rompu son ban et ayant été arrêté de nouveau le 10 juin 1728, fut traduit devant le Parlement, qui rendit un arrêt par lequel Salle fut condamné aux galères à perpétuité, et à être préalablement marqué sur l'épaule droite des lettres G. A. L.

Cet arrêt fut exécuté à Versailles, le 3 septembre 1728.

Octobre 1728.

Au mois d'octobre 1728, M. d'Angervilliers, secrétaire d'État de la guerre, fit mettre aux Invalides un soldat âgé de cent treize ans. Il avait quatre-vingt-dix ans de service dans les troupes, sans avoir quitté. Tous ses certificats étaient en bonne forme. On le fit venir de son quartier, qui est à Mézières. On a grand soin de lui.

Janvier 1729.

L'hiver de 1729 fut excessivement rude. Les pauvres surtout souffraient de toutes manières.

Pour adoucir un peu leurs peines, M. Blouin, gouverneur de Versailles, donna l'ordre à Narbonne, commissaire de police, de faire faire des feux publics dans les carrefours de Versailles.

On commença à faire allumer ces feux le dimanche 16 janvier 1729, à huit heures du matin.

On en établit dans le marché, dans la place Dauphine et aux Quatre-Bornes de la rue de l'Orangerie.

On mettait, pour chaque feu, dix fagots et une demi-corde de gros bois. — Ce bois était fourni par le sieur Martin, et payé sur un bon du commissaire de police, par M. Liart, receveur du domaine.

On avait placé un suisse à chaque feu pour le garder et pour empêcher qu'on ne l'emportât.

On fit ces feux pendant sept jours que le froid fut excessif; puis, le froid ayant beaucoup diminué, on les cessa.

On aurait dû commencer les feux publics beaucoup plus tôt, et les augmenter de deux : un dans le carrefour du Bel-Air, et l'autre dans la grande place du Parc-aux-Cerfs, ainsi qu'on l'avait fait pendant le grand hiver de 1709.

Il neigea pendant quatre jours, et il y avait sur terre un pied de neige environ, ce qui fit beaucoup de bien pour la conservation des biens de la terre.

Le froid fit périr un grand nombre de lièvres et de perdrix; aussi la grande quantité de ces animaux, que l'on trouva morts, fit que pendant huit à dix jours, les perdrix ne se vendaient pas plus de dix sols.

La Seine fut totalement prise cette année.

16 avril 1729.

Le jubilé fut ouvert à Versailles, le 1ᵉʳ avril.

Pour le gagner, il fallait faire quinze jours de stations dans quatre églises, dire dans chacune cinq *Pater* et cinq *Ave*, et autres prières marquées; ou bien il fallait suivre les cinq processions qui allèrent dans chacune des quatre églises.

La première eut lieu le 4 avril; il fit beau. La deuxième le 5; il tomba de la pluie. Le Roi la suivit à pied. La troisième le 6; il plut. Le Roi y alla aussi à pied. La quatrième le 7, où il y eut encore de la pluie. Le roi la suivit. La cinquième, le roi n'y alla point.

Sa Majesté fit six jours de stations, et alla aux églises en carrosse.

Le samedi Saint, 16 avril, le Roi fit en même temps ses Pâques et son jubilé; ensuite il toucha huit cents malades des écrouelles.

Juin 1729.

Les gardes du corps de la compagnie de Noailles arrivèrent à Versailles le 23 juin, jour de la petite Fête de Dieu, que le Roi alla à Marly.

Il y avait six brigades; la première de la Billardère, dont les chevaux furent placés à l'hôtel de Toulouse; la deuxième de Saint-Paul, à l'hôtel de Courtanvaux; la troisième de Druy, à l'hôtel de Limoges; la quatrième de Fauvel, chez Gallerand; la cinquième de Balleroy, à l'hôtel de Noailles; la sixième de la Grange, aux écuries des gardes.

Le 24, il y eut une revue à pied, devant M. le duc de Noailles; le 25, revue à cheval; le 27, revue à cheval; le 28, revue du Roi, à Marly; le 29, séjour à Versailles; le 30, partis à cinq heures du matin pour Saint-Denis. L'état major était composé de deux lieutenants, trois enseignes, un aide major, un commissaire, dix exempts, dix-huit brigadiers et sous-brigadiers, vingt-trois gardes de la Manche (il n'y en a pas dans les autres compagnies), un timbalier, six trompettes, six selliers, six maréchaux, un aumônier, un chirurgien major, six fraters, et trois cent soixante gardes.

Dans les logements, les gardes couchent deux dans un lit, quand il est assez grand.

17 juillet 1729.

Le dimanche 17 juillet 1729, on fit à Versailles une procession de douze captifs (1), que la Reine, dit-on, avait fait racheter. Il y en a dans le nombre qui coûtèrent vingt mille livres. Chacun de ces captifs était conduit par deux anges, parmi lesquels on voyait figurer de jeunes filles habillées en anges. Trente-huit pères de la Merci les accompagnaient.

La procession sortit de l'église de Notre-Dame à onze heures du matin, et alla à la chapelle du Roi, où Sa Majesté la vit.

La Reine ayant été saignée, ne put venir la voir.

Septembre 1729.

NAISSANCE DU DAUPHIN.

Le dimanche 4 septembre, à trois heures quarante minutes du matin, la Reine accoucha, à Versailles, de Mgr le Dauphin.

Dans la chambre de Sa Majesté, et au moment de la naissance, se trouvaient le Roi, Mgr le duc d'Orléans, Mgr le duc du Maine, le comte de Toulouse, M. le chancelier, les mi-

(1) Venant d'Alger.

nistres, un grand nombre de seigneurs et de dames, ainsi que les vidames.

Aussitôt que Mgr le Dauphin fut venu au monde, on le plaça dans un bassin d'argent, et on le fit voir aux princes, aux princesses, aux seigneurs et aux dames, qui en paraissaient tous dans la joie.

Lorsque la Reine fut délivrée et remise dans son lit, on lui annonça le sexe de l'enfant, et le Roi l'embrassa et la remercia du présent précieux qu'elle venait de lui faire ; puis il alla se coucher.

Mgr le Dauphin fut ondoyé par Mgr le cardinal de Rohan, grand aumônier de France, en présence du sieur Bailly, curé de la paroisse Notre-Dame de Versailles. Puis M. le marquis de Breteuil, prévôt et maître des cérémonies des chevaliers du Saint-Esprit, vint apporter au petit prince la croix et le cordon bleu (le grand trésorier étant absent).

Des courriers partirent aussitôt, afin de répandre partout cette heureuse nouvelle.

Le Roi assista à midi, à la chapelle, à la messe, à la suite de laquelle on chanta le *Te Deum*.

Dès le matin, on envoya avertir de cette naissance M. Blouin, gouverneur de Versailles, qui se trouvait indisposé à sa maison de Marly. Il fit répondre qu'il serait à Versailles vers les trois heures de l'après-midi ; mais comme à cette heure il n'était pas encore arrivé, Narbonne, premier et alors seul commissaire de police de Versailles, fit l'ordonnance suivante, qui fut publiée au son du tambour par toute la ville, sur les cinq heures du soir.

« DE PAR LE ROI,
ET M. BLOUIN, GOUVERNEUR DU CHATEAU ET DE LA VILLE
DE VERSAILLES.

« Il est ordonné à toutes personnes, de quelque qualité et condition qu'elles soient, et aux bourgeois et habitants de la ville de Versailles, de faire des feux devant les portes de leurs hôtels et maisons, et de mettre des illuminations à leurs fenêtres, cejourd'hui dimanche, 4 septembre 1729, à huit heures du soir;

« De continuer lesdits feux et illuminations le lundi et le mardi suivants;

« Et à tous marchands et artisans, de tenir leurs boutiques fermées et cesser leurs travaux lesdits jours de lundi et mardi. »

Avant la publication de cette ordonnance, et dès deux heures de l'après-midi, S. A. R. Madame, duchesse d'Orléans, M. le duc d'Orléans, M. le chancelier et autres seigneurs, avaient envoyé leurs écuyers chez le commissaire de police, pour lui demander s'il avait ordre de M. Blouin d'ordonner de faire des feux et des illuminations, à quoi il s'était empressé de répondre *oui*.

Le même jour 4, à six heures du soir, on chanta dans l'église de la paroisse de Notre-Dame un *Te Deum* en musique, avec timbales et trompettes, auquel le Roi assista ainsi que toute la Cour.

Les officiers du bailliage, en robes, étaient placés dans l'œuvre de la Fabrique.

A huit heures, les feux et illuminations furent allumés partout, ainsi que les deux jours suivants. Les acclamations les plus vives et les cris de : Vive le Roi et Monseigneur le Dauphin! accueillirent partout Louis XV dans sa route à travers la ville.

Le soir du dimanche, à dix heures et demie, le Roi fit tirer sur la place d'Armes un feu d'artifice qui dura environ six à sept minutes. Il était composé de soixante-dix caisses, qui partirent toutes à propos et formèrent un magnifique éventail.

Le mardi 6 septembre, M. le duc d'Épernon, fils de M. le duc d'Antin, directeur général des bâtiments du Roi, fit disposer un feu d'artifice sur le canal de Versailles.

Dès onze heures du soir, M. le prince de Dombes, M. le comte d'Eu, Mlle de Clermont, Mlle de Charolais, Mlle du Maine et Mlle la comtesse de Toulouse, confondus avec le menu peuple, étaient venus se placer sur les marches de Latone, en face du château et du canal, pour voir ce feu d'artifice qui devait être tiré à l'issue du dîner du Roi, aussitôt que le signal aurait été donné d'une des fenêtres de la galerie.

Pendant ce temps, on amusait le public en faisant partir de temps en temps quelques serpenteaux sur le canal. Mais soit que le Roi voulût se divertir, soit par toute autre cause, le signal ne fut donné qu'à une heure après minuit, que Sa Majesté parut à l'une des croisées de la galerie, avec plusieurs flambeaux allumés.

Immédiatement on tira le feu, qui était composé de trois décharges d'une vingtaine de boîtes, de vingt-quatre fusées volantes et de quelques serpenteaux, ce qui dura environ trois minutes.

On ne pouvait croire que ce feu d'artifice se composât de si peu, et l'on attendait toujours quelque chose de plus beau. Mais enfin, après plus d'un quart d'heure d'attente, et lorsque l'on vit que tout était bien fini, le public, qui gelait, se retira fort mécontent d'avoir attendu si longtemps pour si peu.

J'étais avec ma femme, Delisle, procureur, avec la sienne, et d'autres personnes de mes voisins, près des princes et des princesses. Delisle s'étant levé, dit par plaisanterie, en parlant à sa femme : « Allons, mon mal de côté, partons; en voilà assez pour nos cinq sols ! » Mlle de Charolais lui ayant alors demandé ce que c'était que son mal de côté, et Delisle lui ayant répondu que c'était sa femme, toutes les dames se mirent à rire aux éclats, et cette plaisanterie parut les réjouir beaucoup plus que le feu d'artifice.

Il faisait du reste un temps superbe. Le mercredi 7, le Roi partit à trois heures après midi de Versailles, pour assister au *Te Deum* qui devait être chanté à Notre-Dame de Paris. Son cortège était ainsi composé :

Les mousquetaires noirs et les chevau-légers marchaient en avant. Ensuite venait le Roi, en carrosse, avec M. le duc d'Orléans, M. le comte de Clermont, M. le prince de Conti, M. le prince de Dombes, M. le comte d'Eu, M. le comte de Toulouse. Les officiers des gardes se tenaient à cheval aux portières ; puis les gardes du corps marchaient derrière le carrosse et les gendarmes fermaient la marche.

Un relais était placé à Sèvres et un autre à la barrière de la Conférence.

Le Roi arriva à la barrière de la Conférence à cinq heures un quart. Il continua sa marche au pas, le long du jardin des Tuileries et du Louvre, passa sur le Pont-Neuf, le quai des Orfèvres, le petit Marché-Neuf et arriva à Notre-Dame à six heures.

Tout le long de la route suivie par le Roi, les officiers des gardes jetaient au peuple des pièces d'or et d'argent, dont on évalue la valeur totale à plus de 30,000 livres.

Avant que le Roi arrivât dans Notre-Dame, les gardes y avaient déjà pris leurs postes.

Le *Te Deum* chanté en musique fut magnifique et dura plus d'une heure.

En sortant de Notre-Dame, le Roi vint à l'Hôtel-de-Ville, dont les postes intérieurs étaient gardés par les gardes du corps, tandis que les cent Suisses, les officiers et les gardes de la prévôté occupaient le dehors.

Toutes les rues dans lesquelles le Roi devait passer, étaient bordées de soldats des gardes françaises et suisses. Le Roi arriva à sept heures et demie.

On tira dans la place de l'Hôtel-de-Ville un magnifique feu d'artifice qui commença à huit heures et dura jusqu'à neuf.

Le Roi fit jeter au peuple, par les fenêtres de l'Hôtel-de-Ville, un grand nombre de demi-louis d'or de 12 livres, d'écus de 6 livres, de demi-écus de 3 livres et des pièces de 24 sols. Un particulier de Versailles, qui avait été voir le feu, me montra le lendemain à son retour trois demi-louis d'or, deux écus de six livres et huit pièces de 24 sols qu'il avait ramassés.

Le Roi s'était mis aux fenêtres pour voir tirer le feu d'artifice et pour voir ensuite jeter et ramasser l'argent par le menu peuple, ainsi que pour entendre les acclamations de vive le Roi et Mgr le Dauphin. Après que le feu fut tiré, il soupa à l'Hôtel-de-Ville qui était illuminé en dehors jusque sur les combles.

Le Roi se plaça à une table de trente couverts, que M. Turgot, prévôt des marchands, avait fait préparer pour Sa Majesté, pour les princes, et pour les seigneurs de sa suite.

D'autres tables avaient aussi été préparées pour les personnes moins qualifiées.

Ce fut le pourvoyeur du Roi qui fournit pour ce repas, aux officiers de la bouche du Roi, tout ce qui était nécessaire pour sa confection, mais ce fut la ville qui paya.

La foule du peuple était si grande aux alentours de l'Hôtel-de-Ville, que plusieurs officiers, et notamment Lecoq, pâtissier de la bouche, ne purent entrer pour faire leur service.

Le service se fit avec une extrême confusion, et tout était si mal distribué au milieu de l'abondance, que beaucoup d'officiers eurent de la peine à trouver de quoi se rafraîchir.

Quelques accidents vinrent encore ajouter à la confusion; ainsi, pendant le concert qui avait lieu dans la cour, la baguette d'une fusée volante tomba sur une basse de viole et mit en fuite tous les musiciens; dans une autre partie de l'Hôtel-de-Ville, le feu s'étant manifesté, commençait à produire une certaine rumeur, qui cessa du reste assez vite, par suite des secours qui y furent rapidement portés.

Tout Paris était couvert de feux et d'illuminations. A onze

heures et demie, le Roi sortit de l'Hôtel-de-Ville pour revenir à Versailles.

Il suivit la rue Saint-Honoré. Arrivé à la hauteur de la place Vendôme, qu'on appelle à présent de Louis-le-Grand, à cause de la statue du roi Louis XIV qui y a été placée, le Roi en fit deux fois le tour, pour admirer la magnificence des illuminations qui décoraient cette place, puis il reprit la rue Saint-Honoré, aussi toute couverte d'illuminations, et arriva à Versailles à deux heures un quart du matin du 8 septembre.

Le fameux juif Samuel Bernard, qui a fait bâtir cette magnifique maison que l'on voit sur la hauteur de Passy, fit aussi tirer, à l'occasion de cette naissance, un feu d'artifice à la place des Victoires. En même temps la porte de son hôtel était ouverte, et ses officiers avaient l'ordre de régaler toutes les personnes qui se présentaient.

On voyait dans toute la maison des quantités prodigieuses de pâtés, de jambons, de langues fourrées et de cervelas, ainsi que des fontaines de vin.

On dit qu'il dépensa, dans ces réjouissances, de 50 à 60,000 livres.

Enfin, Paris ne vit jamais tant de magnificence en feux et illuminations, ni tant d'acclamations de joie, qu'il y en eut à l'occasion de la naissance de Mgr le Dauphin.

Depuis le dimanche 4 septembre jusqu'au dimanche 11 septembre, Versailles offrit un singulier spectacle. Des bandes de garçons bouchers, charpentiers, menuisiers, maçons, tonneliers, décrotteurs, harangères et autre menu peuple, les uns à pied, les autres à cheval, et violons en tête, montaient au château jusque dans la cour de marbre, et, arrivés sous les fenêtres du Roi, se mettaient à danser aux cris de : Vive le Roi et Mgr le Dauphin.

Chaque fois qu'il venait une de ces bandes, le Roi se montrait aux fenêtres pour les voir, et leur faisait distribuer quelques louis d'or et des écus d'argent; aussi ces bandes ne décessaient chaque jour de venir faire ainsi des promenades au château.

M. le cardinal de Fleury, premier ministre, qui commençait à se lasser de voir ainsi apparaître tous les jours ces bandes d'ouvriers, fit venir, le samedi 10 septembre, M. Blouin, et lui donna l'ordre de faire cesser ces promenades. M. Blouin m'ayant immédiatement transmis cet ordre, je fis publier dès le soir même du samedi, au son du tambour, l'ordonnance suivante, qui fit cesser toutes ces réunions :

« DE PAR LE ROI
ET M. BLOUIN, GOUVERNEUR DU CHATEAU ET VILLE DE VERSAILLES.

« Sa Majesté étant satisfaite des marques de joie des habitants de la ville de Versailles, pour l'heureuse naissance du Dauphin, qu'il a plu à Dieu de donner à la France ;

« Il est ordonné à tous marchands, artisans, leurs garçons et domestiques, de se retirer chez eux pour vaquer à leur travail, et de ne plus paraître assemblés par bandes dans les cours du château, ni dans la ville de Versailles. »

On dit que les dépenses qui ont été faites pour les réjouissances qui ont eu lieu à l'occasion de cette heureuse naissance, tant au dedans qu'au dehors du royaume, montent à plus de trente millions.

Le même jour, samedi 10 septembre, le Roi, étant dans son cabinet, reçut, à onze heures du matin, les compliments des diverses Cours du royaume :

1° Le Parlement, précédé de M. le comte de Maurepas, secrétaire d'État de la maison du Roi, du grand maître des cérémonies, et du maître des cérémonies;

2° La Chambre des comptes;

3° La Cour des aides.

Ces trois Cours furent reconduites, avec la même cérémonial qu'à leur entrée, jusqu'à la salle où on avait été les prendre.

Vinrent ensuite la Cour des monnaies, que M. de Maurepas ne vint point accompagner, et le corps des officiers de l'Hôtel-de-Ville. Ce dernier corps avait à sa tête M. le duc de Gesvres, gouverneur de Paris, et M. Turgot, prévôt des marchands.

Tous les échevins étaient en robes de velours cramoisi; et lorsqu'ils furent devant le Roi, ils se mirent tous à genoux.

Le dimanche 11 septembre, sur les onze heures du matin, une députation des bourgeois de Versailles s'était réunie dans le grand salon qui précède la chapelle. Au moment où le Roi, en allant à la messe, passait devant elle, M. le cardinal de Fleury arrêta Sa Majesté en lui prenant la manche de son justaucorps, et lui dit: « Sire, voilà les bourgeois de Versailles. » Le Roi s'étant placé devant eux, les bourgeois lui firent la révérence sans lui dire un mot, et ne surent pas même lui présenter un placet pour demander quelque grâce ou quelque privilége pour la ville.

M. le cardinal leur dit alors, probablement pour se moquer, qu'ils avaient fort bien fait de se présenter, puisque c'était le dernier jour que le Roi recevait des compliments.

Ces bourgeois étaient : les sieurs Ligon, boulanger, Le Page, boulanger, marguilliers en charge ; Boutard, bonnetier, Gerrin, tonnelier, Guyot, maître de la poste, anciens marguilliers en manteaux, et les sieurs Poitier, David et Desmoulins, en simples habits, et qui s'étaient joints à la députation, par curiosité.

M. Blouin, gouverneur de Versailles, n'avait pas voulu présenter au Roi ces bourgeois, par souvenir de ce qui lui était déjà arrivé. Ce fut Barjac, valet de chambre du cardinal de Fleury, qui pria son maître de les présenter, ce qu'il fit, comme on vient de le dire.

Les bourgeois de Versailles voulurent aussi faire tirer un feu d'artifice, sans avoir obtenu la permission de M. Blouin.

Ils se cotisèrent entre eux, et ramassèrent 8,000 livres, qu'ils déposèrent entre les mains du sieur Martin, marchand de bois et marguillier.

M. Blouin ayant été informé de leur projet, alla trouver M. le cardinal, qui fut d'avis, ainsi que lui, de refuser aux bourgeois l'autorisation de tirer ce feu. Il les fit, en conséquence, venir chez lui, leur défendit de faire aucune espèce de fête, refusa au curé la permission de chanter pour eux un *Te Deum*, et donna l'ordre au commissaire de police Narbonne de faire mettre à l'instant en prison le premier qui s'ingérerait de faire le moindre préparatif pour un feu.

D'après l'ordre qu'il en reçut de M. Blouin, le sieur Martin fut obligé de rendre l'argent qu'il avait reçu, et les bourgeois de Versailles furent ainsi forcés de renoncer à leur *Te Deum* et à leur feu d'artifice.

Les musiciens du Roi avaient aussi demandé la permission de chanter un *Te Deum*. Cette permission leur ayant été donnée, ils firent de très grands préparatifs pour son exécution dans l'église de Notre-Dame de Versailles. A l'intérieur, tout le chœur et la nef furent garnis de lustres, et plus de deux mille bougies ornaient les croisées et les corniches de l'église. Extérieurement, le portail était orné d'une immense décoration de lampions artistement arrangés, au milieu de laquelle était un transparent représentant un soleil, au-dessous duquel se trouvait un dauphin.

Le dimanche 11 septembre fut le jour fixé pour l'exécution du *Te Deum* ; sur les cinq heures du soir on commença à allumer les bougies et les illuminations.

Le Roi et la Cour arrivèrent à six heures. Le *Te Deum* commença aussitôt l'arrivée du Roi. Il fut chanté en musique et accompagné d'un grand nombre d'instruments. Il dura une heure ; à peine avait-on eu le temps d'allumer toutes les bougies, cependant l'intérieur de l'église était d'un magnifique effet.

On tira deux décharges de boîtes, dans le petit jardin qui sépare l'église de la maison des Missionnaires (1).

La cérémonie fut un peu troublée par un accident qui pouvait être fort sérieux. Pendant qu'on chantait le *Te Deum*, le feu prit à un sac qui contenait environ soixante livres de poudre; quatre personnes qui se trouvaient dans le jardin, furent légèrement blessées, et l'une des portes du jardin sauta avec les gonds. Fort heureusement que cette poudre était renfermée dans un sac, au lieu de l'être dans un baril, car on ne sait pas ce qui aurait pu alors arriver.

Le Roi retourna au château un peu après sept heures.

Sur les huit heures, le feu prit au transparent du portail; par bonheur on put l'arrêter à temps, car il commençait à gagner l'horloge, et aurait pu ainsi se communiquer à l'orgue et détruire une partie de l'église.

Le lundi 12 septembre, M. le cardinal de Fleury, premier ministre, alla dîner à Paris, à l'Hôtel-de-Ville, où M. Turgot, prévôt des marchands, avait fait préparer un magnifique repas pour Son Excellence et les seigneurs qui l'accompagnèrent.

On remarqua que M. Turgot avait aussi fait préparer une table de trente couverts, pour le gascon Barjac, le valet de chambre de M. le cardinal.

5 octobre 1729.

M. le duc de Mortemart, premier gentilhomme de quartier de la chambre du Roi, fit exécuter un très beau concert pour la naissance du Dauphin. Une espèce de théâtre avait été construit dans la cour de marbre, vis-à-vis la chambre du Roi. Ce théâtre, qui tenait toute l'enceinte de la cour, fut achevé le 5 octobre 1729, jour où devait avoir lieu le concert.

Dans la matinée, il arriva un accident dont le Roi fut très affecté.

(1) Pour la disposition du bâtiment, voir les *Rues de Versailles*.

Toute la cour de marbre était couverte de grandes bannes et serpillières de toile, dont les cordes étaient attachées aux figures de pierre, aux trophées et aux balustrades qui forment un cordon le long du toit du château, et en font la décoration. Il faisait ce jour-là un très grand vent. Dupont, maître d'hôtel de M. le prince de Lorraine, grand écuyer de France, vint sur les onze heures du matin pour voir les préparatifs; il était accompagné d'un de ses amis, teinturier à Paris. Tandis qu'ils étaient tous deux à regarder, il survint tout à coup un violent coup de vent, qui détacha une tête de renommée et la fit tomber sur celle du teinturier de Paris, la lui fracassa, et le tua sur le coup.

Le concert eut lieu ce jour même, sur les sept heures du soir. Il y avait plus de deux cents musiciens, tant chanteurs que joueurs d'instruments de la musique du Roi et de l'Opéra.

On y dansa ensuite; mais il plut si abondamment, que les toiles furent traversées et que les danseurs glissaient et tombaient à chaque instant.

Cette pluie contraria beaucoup M. le duc de Mortemart, qui fut très faché d'avoir choisi la cour de marbre au lieu d'une des salles du château pour donner ce concert, qui fut forcé de finir à neuf heures du soir, et qui cependant coûta, dit-on, 40,000 livres.

6 octobre 1729.

Le jeudi 6 octobre 1729 le Roi monta avec plusieurs seigneurs dans la lanterne, sur le comble de la chapelle du château de Versailles. Il voulut voir ensuite combien il y tiendrait de personnes. Il fit monter des couvreurs, des maçons, des charpentiers et des soldats aux gardes; il en tint en tout cent trente-neuf (1).

(1) Dans les réparations qu'on fit au toit de la chapelle, quelques années après, on supprima cette lanterne, qui se trouvait au milieu.

Le Roi leur fit donner ensuite, par Gabriel, contrôleur des bâtiments, une somme de douze livres. C'était 20 deniers pour chacun !

Octobre 1729.

GRACES ACCORDÉES A DES CRIMINELS, A L'OCCASION DE LA NAISSANCE DE Mgr LE DAUPHIN.

Le nombre d'individus soupçonnés ou convaincus de crimes, qui adressèrent des recours en grâce, s'élevait à neuf cents. On inscrivit toutes ces demandes sur un registre qui fut remis au concierge des prisons du bailliage de Versailles, par M. de Noyon, lieutenant de la prévôté de l'hôtel.

Le Roi nomma une commission pour examiner les mémoires et les pièces remis par les prisonniers.

Cette commission était composée de : M. le cardinal de Rohan, grand aumônier de France ; de MM. de Rouillé, Lefèvre, de Caumartin, commissaires du Conseil, et de MM. Le Pelletier de Beaupré, Le Nain, Pallu, d'Aguesseau de Fresne, Trudaine, et Chauvelin, maîtres des requêtes.

Sur le rapport de la commission, le Roi accorda deux cent soixante-quatorze grâces, et le 22 octobre 1729 rendit une déclaration portant que les prisonniers compris au rôle attaché à ladite déclaration, en forme de lettres-patentes, seraient incessamment délivrés et mis hors de prison, à la charge par lesdits prisonniers d'obtenir, de Sa Majesté, des lettres de rémission ou pardon, en la forme accoutumée, dans trois mois à compter du jour de l'enregistrement de ladite déclaration, pour être, lorsqu'ils se seront remis en état, procédé à l'entérinement desdites lettres ; et faute par eux d'obtenir lesdites lettres dans ledit temps de trois mois, et icelui passé, ils seront déchus de l'effet et bénéfice de cette déclaration, qui fut adressée au Parlement, et enregistrée le 25 octobre, en vacations, et l'enregistrement réitéré le 25 novembre 1729.

Un mauvais sujet de Versailles profita de cette amnistie; voici comment.

Louis Leloup, peintre d'impression, natif de Versailles, assassina, le 2 novembre 1727, à neuf heures du soir, sur le marché de Versailles, un compagnon corroyeur du sieur Blot. Ce fut Narbonne, commissaire de police, qui, sur la requête du procureur du Roi, dressa procès-verbal de cet assassinat, et reçut la déposition de Marchand, potier d'étain, qui donna des renseignements positifs sur l'assassinat du corroyeur. Leloup se sauva et resta plus d'un an absent de Versailles; mais Narbonne ayant su son retour, le fit arrêter, le 15 décembre 1728, dans un cabaret de la rue de l'Étang, où il était à boire.

M. Fresson, bailli de Versailles, ayant tardé à lui faire son procès, Leloup lui dut la vie, car se trouvant encore dans les cachots à l'époque de l'heureuse naissance de Mgr le Dauphin, il profita de l'amnistie qui eut lieu à cette occasion, et fut compris au nombre des deux cent soixante-quatorze graciés.

7 novembre 1729.

La Reine désirait aller à Notre-Dame de Paris, pour remercier Dieu de lui avoir donné un Dauphin; elle choisit le lundi 7 novembre, et partit de Versailles à dix heures du matin.

Elle dîna au vieux Louvre, dans l'appartement qui avait été occupé par l'Infante d'Espagne.

Elle revint à Versailles à huit heures du soir.

11 novembre 1729.

Le 11 novembre 1729, Blouin, gouverneur de Versailles, mourut dans son appartement du château de Versailles, à cinq heures du matin. Il était âgé de 69 ans 6 mois et 11 jours, étant né le 30 avril 1660.

Le lendemain 12 novembre, à neuf heures du matin, le corps partit de l'hôtel des petits équipages du Roi, où il avait été exposé dès la veille.

M. le duc de Noailles, auquel Blouin avait fait obtenir le gouvernement de Versailles, assista à son convoi.

Les officiers du bailliage y vinrent aussi. On ne suivit aucun ordre de marche.

Le corps étant arrivé à l'église, les parents se placèrent dans le chœur à droite, à la place du curé et des vicaires ; les officiers du bailliage se mirent du même côté, et M. le duc de Noailles et le marquis de Mouchy, son second fils, qui a la survivance du gouvernement de Versailles, à gauche, aussi dans le chœur.

On dit une grand'messe. Puis M. Blouin fut inhumé dans la vieille église, où l'on avait préparé un dais dans le chœur. (1).

Le Roi était à Rambouillet, où les premiers valets de chambre firent tous leurs efforts pour faire rentrer dans leur corps le gouvernement de Versailles. M. le duc de Noailles se rendit aussitôt à Rambouillet, le 13 au matin, afin de déjouer leur complot. Il réussit parfaitement et revint le même jour pour entrer en fonctions.

A cinq heures du soir du 13, les officiers du bailliage allèrent en corps et en robes à l'appartement de M. le duc de Noailles, à qui M. Fresson, bailli de Versailles, les présenta à son arrivée de Rambouillet.

M. le duc de Noailles les reçut très gracieusement. Il leur dit qu'il espérait qu'ils n'auraient ensemble que de bonnes relations, et qu'il espérait qu'il trouverait plus d'une occasion de leur être agréable.

(1) Voir les détails sur la vieille église, dans l'*Histoire des Rues de Versailles*.

Le lendemain 14 novembre, les marguilliers de Versailles allèrent saluer M. le duc de Noailles ; Guyot, président du grenier à sel, fut chargé de porter la parole. *Il ne dit mot!!*

(A l'occasion de la mort de Blouin, gouverneur de Versailles, et du peu de regrets qu'en parurent manifester les habitants de Versailles, Narbonne raconte les anecdotes suivantes sur les bourgeois de cette ville.)

En quittant Saint-Germain, au mois d'avril 1682, le roi Louis XIV avait dit qu'il rendrait Versailles si beau qu'il ne serait jamais abandonné. Il était très disposé à accorder à ses habitants les plus grands priviléges. Mais les bourgeois de Versailles, pour la plupart gens grossiers et sans éducation, ne pensèrent qu'à leurs propres intérêts, et ne songèrent jamais à demander au Roi d'autres priviléges et exemptions que ceux accordés par Sa Majesté de son propre mouvement.

Cependant, parmi ces bourgeois, ceux qui parvinrent à être marguilliers de la paroisse furent tellement orgueilleux de ce titre, qu'ils se regardèrent comme beaucoup au-dessus des autres bourgeois, et prétendirent être les représentants du corps général, quoique aucune espèce de talents particuliers ne leur eût fait mériter cette distinction.

Le 6 août 1682, à la naissance de M. le duc de Bourgogne, les marguilliers allèrent trouver M. Bontemps, alors gouverneur de Versailles, et le prièrent de les présenter au Roi pour lui faire leur compliment sur la naissance du jeune prince.

M. Bontemps les présenta au Roi, mais dès qu'ils virent Sa Majesté, Collette, épicier et marguillier, qui devait complimenter le Roi, au lieu d'attendre, suivant l'usage, que M. Bontemps les eût présentés en disant : « Sire, voici les bourgeois de Versailles que je présente à Votre Majesté, » se mit à chanter à gorge déployée : *Domine salvum fac Regem.* Aussitôt Baudouin, sellier, Hottot, épicier et les autres marguilliers lui répondirent de même : *Et exaudi nos in die qua invocaverimus te.*

Le Roi regarda M. Bontemps en riant, et tous les seigneurs qui étaient autour du Roi se mirent aussi à rire.

M. Bontemps, furieux, se retourna vers les marguilliers en leur disant : « *On m'avait bien dit que vous étiez bêtes ! Allez-vous-en.* »

Les marguilliers se retirèrent de la chambre du Roi, honteux et confus. Ils ne demandèrent rien et n'obtinrent rien. A cette occasion on fit une chanson dont le refrain était :

> Laissez passer ces bêtes
> Conduits par des bedeaux ;
> Voici venir la fête
> Qu'on en fait de nouveaux.

C'était le jour des Saints-Innocents. — Cette chanson, qu'ils entendaient répéter de toutes parts à leurs oreilles, les mortifia beaucoup ; elle est même restée populaire, et on la chante encore aujourd'hui.

Louis XIV, pour engager un plus grand nombre de personnes à bâtir à Versailles, avait déclaré que les maisons de cette ville étaient exemptes d'hypothèques, et qu'elles ne pouvaient être vendues pour dettes contractées par leurs propriétaires. Mais ayant été informé que la plupart des propriétaires, qui étaient regardés comme des banqueroutiers, abusaient de ces priviléges, et d'ailleurs plus de neuf cents maisons étant déjà construites, Sa Majesté rendit, le 13 mars 1713, une déclaration portant révocation des priviléges accordés aux bourgeois de Versailles, sur leurs maisons.

Il est impossible de peindre leur surprise lorsque cette déclaration fut publiée dans Versailles. Eux qui jusqu'alors se moquaient de leurs créanciers et touchaient tranquillement leurs loyers, furent tout interdits lorsqu'ils virent ces mêmes créanciers saisir leurs revenus et même les maisons, et les forcer enfin à acquitter leurs dettes.

Louis XIV étant mort à Versailles, le 1er septembre 1715, le duc d'Anjou, troisième fils du duc de Bourgogne, alors âgé de quatre ans et demi, resté seul héritier présomptif à la couronne, y succéda sous le nom de Louis XV. Le 2 septembre, M. le duc d'Orléans fut déclaré Régent, et le nouveau Roi partit de Versailles le 9 septembre pour aller à Vincennes, tandis que le même jour on portait à Saint-Denis le corps de Louis XIV.

Après la mort de Louis XIV, la plupart des habitants de Versailles suivirent la cour à Vincennes, ou furent s'établir à Paris. La ville était presque déserte. Toutes les boutiques du Vieux-Versailles étaient fermées, à la réserve de celle d'un rotisseur, nommé Petit.

M. Blouin, gouverneur de Versailles depuis la mort de M. Bontemps, arrivée en 1700, alla à Vincennes et pria M. le duc d'Orléans, régent, d'accorder quelques priviléges à la ville de Versailles. Il obtint, par lettres-patentes du mois de novembre 1715, l'exemption de la taille.

Versailles était alors comme une ville abandonnée ou le feu aurait passé pendant dix-huit mois.

Au mois d'avril 1717, M. Blouin obtint la permission de faire jouer les eaux du parc de quinze jours en quinze jours, le dimanche ; il accorda de plus des logements dans les ailes du château, au Grand-Commun et aux Écuries, à tous ceux qui lui en demandaient, en sorte que ces avantages, joints à l'exemption de la taille, attirèrent à Versailles bon nombre de bourgeois de Paris et d'ailleurs, qui vinrent y demeurer et peuplèrent la ville d'une grande quantité d'honnêtes gens heureux d'y jouir en paix de la beauté des promenades et de la bonté de l'air.

En 1721, le roi Louis XV créa à Versailles un commissaire de police, et donna cette charge à Narbonne.

Sa Majesté ayant résolu de venir faire son séjour à Versailles, à partir du 15 juin 1722, les baux des maisons furent cassés par arrêt du Conseil, et les propriétaires chassèrent, pour ainsi dire à coups de pieds au cul, les personnes qui étaient venues loger dans leurs maisons et qui les avaient fait vivre pendant l'absence du Roi.

Les marguilliers vinrent prier Narbonne, commissaire de police, d'aller à Paris afin d'obtenir de M. Blouin la permission de tirer un feu d'artifice entre les deux Écuries, le jour de l'arrivée du Roi. M. Blouin l'accorda ; mais, cependant, en ayant référé à M. le duc d'Orléans, régent, et ce prince l'ayant défendu, ce feu ne fut pas tiré.

Pour faire plaisir aux bourgeois de Versailles, M. Blouin annonça aux marguilliers qu'il les présenterait au Roi le jour de son arrivée.

Le 15 juin, peu de moments avant que le Roi n'entrât dans la ville, il les fit placer dans l'antichambre et leur recommanda de ne pas quitter, afin d'être prêts à faire leur compliment aussitôt que le Roi serait entré dans sa chambre ou dans son cabinet.

Sur les six heures du soir, le Roi arriva dans la cour du château. Il alla descendre droit à la chapelle, où il fit sa prière, et monta le grand escalier pour se rendre dans son appartement. A peine entré, M. Blouin le prévint, ainsi que M. le duc d'Orléans, régent, du désir qu'avaient les bourgeois de Versailles d'être présentés à Sa Majesté pour la complimenter.

M. le duc d'Orléans, régent, prenant alors la parole, répondit à M. Blouin que le Roi voulait bien recevoir les bourgeois et entendre leur compliment.

Pendant ce temps, les marguilliers, curieux de voir l'entrée du Roi, avaient quitté l'antichambre et s'étaient dispersés de tous côtés pour regarder par les fenêtres, de sorte que quand M. Blouin vint pour les prendre, il n'en trouva pas un seul.

M. Blouin fut alors obligé de rentrer dans la chambre du

Roi, pour s'excuser auprès de lui et de M. le duc d'Orléans de l'impolitesse des marguilliers. Depuis cette époque, le Roi, M. le duc d'Orléans et M. Blouin conservèrent une impression peu favorable des bourgeois de Versailles.

Je tiens tous ces détails de M. Blouin lui-même.

En 1729, à la naissance de M. le Dauphin, arrivée le dimanche 4 septembre, les marguilliers, accompagnés des sieurs Poitier, David et Dumoulin, bourgeois, allèrent chez M. Blouin pour le prier de les présenter au Roi à cette occasion. M. Blouin était indisposé, et ils ne purent lui parler. Il leur fit dire par M. Régnier, procureur du Roi, qu'ils ne pouvaient être admis à présenter leurs hommages au Roi sur cette naissance, qu'avec une lettre de cachet; qu'ils vinssent le voir le lendemain matin, et qu'il leur dirait ce qu'il y avait à faire.

Ils revinrent en effet le lendemain; mais M. Blouin était parti pour Marly. Ils restèrent un peu mortifiés de ce départ, et pensèrent que M. Blouin, encore fâché de ce qui leur était arrivé à l'entrée du Roi, ne voulait pas les présenter à Sa Majesté.

Ils vinrent alors trouver Narbonne, et lui dirent que leur intention était de faire chanter un *Te Deum*, et de faire tirer un feu d'artifice, mais qu'ils désiraient surtout être présentés au Roi, et qu'ils ne savaient que faire, puisque M. Blouin était parti à Marly et qu'il n'avait pas voulu les recevoir la veille.

Narbonne leur conseilla alors de prier M. le curé d'aller avec eux à Marly trouver M. Blouin; que c'était le seul parti raisonnable, puisque, comme gouverneur de Versailles, il était le seul qui pût les présenter au Roi.

Mais au lieu de suivre ce conseil, ils allèrent trouver Barjac, premier valet de chambre de M. le cardinal de Fleury, premier ministre, qui parla à son maître et obtint que le cardinal les présentât au Roi, le lendemain.

En conséquence, le dimanche 11 septembre, Guyot, maître de la poste, et président du grenier à sel, Lignon, boulanger, Lepage, boulanger, Boutard, bonnetier, Guérin, tonnelér, tous marguilliers et en manteaux, et les bourgeois Poitier, David et Dumoulin, en habits, se réunirent dans le grand salon qui précède la chapelle.

Lorsque le Roi passa pour aller à la messe, et qu'il fut vis-à-vis des marguilliers, M. le cardinal de Fleury le tirant par sa manche, lui dit : « Sire, voilà les bourgeois de Versailles. » Ils firent la révérence, et Guyot, qui devait faire le compliment, s'avança, ouvrit la bouche à plusieurs reprises et se retira sans prononcer un seul mot. Le Roi, après avoir attendu quelques instants, tourna le dos et continua sa marche vers la chapelle.

On voit, par tout ce que je viens de raconter, que les bourgeois de Versailles, et singulièrement les marguilliers, sont peu propres à faire ces sortes de compliments.

Cependant les marguilliers, tout bouffis d'orgueil d'avoir été présentés au Roi par le cardinal de Fleury, crurent qu'ils pouvaient se passer de la permission de M. Blouin pour faire chanter le *Te Deum* et faire tirer un feu d'artifice dans la place d'Armes.

Ils se réunirent dans une salle de la Mission, et y convoquèrent les principaux bourgeois. Ils espéraient trouver au moins cent bourgeois, donnant chacun 200 livres, ce qui aurait fait un capital de 20,000 livres, somme à laquelle était évaluée la dépense que le *Te Deum* et le feu d'artifice devaient coûter; mais ils ne purent réunir que 8,000 livres qui furent versées dans les mains de Martin, marchand de bois et marguillier en charge.

M. Blouin, informé des projets des marguilliers, alla le 29 septembre chez M. le cardinal, premier ministre, et son intime ami, auquel il en rendit compte. A son retour, il envoya chercher les sieurs Guyot et Martin, et leur défendit de faire tirer un feu d'artifice, attendu que le Roi en faisait tirer un ; défendit aussi au curé de chanter le *Te Deum*, et ordonna à Martin de rendre l'argent qu'il avait reçu, et de le porter lui-même à ceux qui le lui avaient donné, ce qui fut exécuté.

Ainsi il n'y eut ni compliment, ni *Te Deum*, ni feu d'artifice de la part des marguilliers et des bourgeois de Versailles ; et par leur faute, leur orgueil et leur bêtise (car dès qu'ils sont marguilliers ils se croient au-dessus de tous les autres), ils n'ont obtenu d'autres grâces que celles procurées par MM. les gouverneurs de Versailles, qui sont l'exemption du logement à la craie (1), et de l'imposition de la taille. Du reste, il est à ma connaissance que M. Blouin, par le grand crédit dont il jouissait, a empêché bon nombre de droits d'être établis à Versailles, à l'insu des bourgeois.

M. Blouin, qui était l'homme le meilleur qu'il fût possible de voir, m'a souvent dit que les bourgeois de Versailles, et particulièrement les marguilliers, étaient des *bénêts*. C'était son mot.

M. Blouin mourut le 11 novembre 1729. Les bourgeois de Versailles ne l'ont connu et regretté qu'après sa mort.

M. le duc et le comte de Noailles lui ont succédé au gouvernement de Versailles.

Janvier 1730.

François-Étienne, duc de Lorraine, arriva à Versailles le mardi 31 janvier 1730. Ce prince, qui est âgé de vingt-et-un ans, est venu sous le nom de comte de Blasmont, pour rendre au Roi foi et hommage pour son duché de Bar.

Le Roi était dans son cabinet, assis dans un fauteuil et un carreau de velours devant lui.

Aussitôt que le prince fut annoncé, l'huissier de la Chambre ouvrit un des côtés de la porte. En entrant, le prince donna son épée, son chapeau et ses gants à M. le duc de Mortemart, premier gentilhomme de la Chambre du Roi,

(1) Lorsque le Roi allait en voyage, les maréchaux-des-logis ou les fourriers du Roi étaient dans l'usage de marquer à la craie un certain nombre de maisons pour loger toute sa suite, ce qui devait être une charge des plus onéreuses pour les propriétés voisines des habitations royales, lorsque ces voyages se renouvelaient fréquemment.

et se mit ensuite à genoux sur le carreau, en joignant les mains.

M. le chancelier fit la lecture de l'acte de foi et hommage; puis le Roi prit les deux mains du prince entre les siennes, et le releva. Ensuite M. le duc de Mortemart lui rendit son épée, son chapeau et ses gants.

Le vendredi 3 février, le duc de Lorraine chassa avec le Roi dans la forêt de Marly. M. le duc de Noailles, comme gouverneur de Versailles et de Marly, lui donna un magnifique souper le 7 février.

Le 8, il vint chasser dans le parc de Versailles et dit n'avoir jamais tant vu de gibier, ni avoir pris plus de plaisir. Il tua soixante-cinq faisans. M. le duc de Noailles lui donna, à la suite, une très belle collation à la Ménagerie.

Le jeudi 9, il vit jouer les eaux et vint à onze heures assister au manége des grandes Écuries. M. le prince Charles de Lorraine, grand écuyer de France, s'y trouvait avec plusieurs autres seigneurs.

MM. de la Salverre et Mesmond, écuyers, y montèrent les premiers chevaux, ensuite les pages de la grande et de la petite Écurie. Les exercices du manége durèrent une heure et demie.

Après avoir dîné dans l'appartement du prince Charles, il fit présent de montres d'or aux écuyers, et fit distribuer de l'argent aux palefreniers.

Le 10 février, il alla encore à la chasse avec le Roi, puis il retourna à Paris, au Palais-Royal. Tous les officiers de M. le duc d'Orléans reçurent de lui de fort beaux diamants.

Ce prince, rempli de grâce, retourna dans ses États le 15 février.

Juillet 1730.

Le 16 juillet 1730, Mme la duchesse de Gontault-Biron, dame du palais de la Reine, donna à Sa Majesté un concert dans le jardin de Versailles, au bosquet de l'Etoile.

C'était un véritable colifichet; il y avait des lampions à tous les portiques, qui dégouttaient sur les habits des spectateurs.

Le lendemain 17, Mlle de Clermont-Bourbon, surintendante de la maison de la Reine, donna aussi une fête à Sa Majesté dans le Labyrinthe.

On y avait dressé un théâtre, et il y avait de très belles illuminations. Il y eut d'abord un concert qui commença à l'arrivée de la Reine, à onze heures du soir. Puis on joua la comédie d'*Ésope à la Cour*, et la soirée se termina par un bal qui dura jusqu'à cinq heures du matin.

La collation était préparée dans l'Orangerie couverte.

Août 1730.

NAISSANCE DU DUC D'ANJOU.

Le mercredi 30 août 1730, la Reine accoucha d'un prince, à neuf heures du matin. Le Roi le nomma duc d'Anjou.

Il paraît que cette naissance avait mis de bonne humeur Sa Majesté, car elle riait de bon cœur en recevant les révérences des seigneurs qui se trouvèrent sur son passage dans la Grande-Galerie, au moment où elle sortait de la chambre de la Reine, pour aller dans la sienne.

M. le duc de Noailles remplissait en ce moment les fonctions de gouverneur de Versailles, pour son fils, M. le comte de Noailles. Il alla immédiatement chez M. le cardinal de Fleury, avec lequel il resta en conférence un quart d'heure.

En sortant, il dit au commissaire de police Narbonne, qui l'avait suivi chez M. le cardinal, mais était resté dans l'antichambre, que M. le cardinal était d'avis que l'on fît faire simplement des feux devant les maisons des habitants, mais que l'on n'ordonnât point d'illuminations aux fenêtres.

Le Roi alla à onze heures à la messe à la chapelle, et l'on y chanta le *Te Deum*.

M. Jomard, curé de l'église et paroisse de Notre-Dame de Versailles, alla chez M. le duc de Noailles, et ils décidèrent qu'un *Te Deum* tout simple, sans musique, serait chanté le même jour, à six heures du soir. M. le duc de Noailles y assista, ainsi que les officiers du bailliage, qui y vinrent en robes et se placèrent dans l'œuvre de la Fabrique. On remarqua l'absence de M. le procureur du Roi.

A sept heures un quart, le *Te Deum* étant fini, M. le duc de Noailles, accompagné de M. le curé et de M. Fresson, bailli de Versailles, vint allumer le feu de fagots qui avait été préparé devant le portail de l'église.

Il y eut une très belle symphonie pendant le souper du Roi, qui mangea seul. Le souper finit à dix heures trois quarts. Durant tout le souper, le comte de Charolais parla beaucoup au Roi. A ouze heures un quart, on tira sur la place d'Armes un feu d'artifice qui dura environ un quart d'heure.

Ce même jour 30 août, le Parlement rendit un arrêt qui ordonnait aux marchands et artisans de Paris de fermer leurs boutiques à midi dudit jour 30.

Le samedi 2 septembre, à trois heures et demie, le Roi partit de Versailles pour assister au *Te Deum* qui devait être chanté dans la cathédrale de Paris. A dix heures du soir, le Roi était de retour à Versailles.

20 mars 1730.

Le Pelletier Desforts, contrôleur général des finances, ayant eu une altercation avec le cardinal de Fleury, se retira de la Cour le 20 mars 1730.

On prétend que sa femme avait fait le commerce des actions, et qu'elle n'était pas sans reproche.

Pour lui, il entend bien les finances. Il n'a pas voulu recevoir de pension de la Cour.

Juillet 1730.

Les gardes du corps de la compagnie de Noailles arrivèrent à Versailles le 22 juin 1730, à onze heures. Ils étaient habillés à neuf. Le 26, ils passèrent une revue, à pied, dans une galerie du château. Le 27, ils en passèrent une à cheval dans l'avenue de Paris. Le 30, ils en passèrent une du Roi, à Marly, qui fut très contrariée par la pluie. Les timballes et les six étendards avaient été placés dans la chambre de M. le Dauphin. Ils partirent le 1ᵉʳ juillet pour Saint-Denis.

4 juillet 1730.

Le 4 juillet 1730, il y eut à Reims un orage considérable, accompagné de grêle qui a cassé toutes les couvertures et les vitres des maisons.

Tout le pays, sur plus de vingt-cinq lieues en longueur et cinq lieues en largeur, a été ruiné. Des moutons, des bestiaux et jusqu'à des lièvres ont été tués dans les campagnes; on parle même de quelques personnes qui auraient succombé. Les arbres fruitiers ont été jetés à terre. On a trouvé des monceaux de grêle, et plusieurs grêlons qui pesaient, dit-on, jusqu'à quatre livres (1).

19 juillet 1730.

Dans la nuit du 18 au 19 juillet 1730, le tonnerre est tombé dans l'église de Notre-Dame de Versailles. Après avoir

---

(1) Ce récit de Narbonne paraîtra peut-être exagéré, et cependant voici ce qu'on lit dans le numéro du 11 mai 1865 du *Journal des Débats* :

« Au pont de Vend'huise (département du Nord), la grêle est tombée en si grande abondance, que le courant s'est trouvé complétement interrompu, et que, à l'heure où nous écrivons ces lignes, on peut en toute sécurité traverser à pied sec cette voie d'eau transformée en glacier; c'est ce que font, du reste, les ouvriers occupés au déblaiement. Cet amas de glace s'étend en amont et en aval du pont, sur une longueur d'environ 250 mètres; sa largeur varie de 20 à 30 mètres, et il mesure au milieu du canal au moins 5 mètres de profondeur. C'est environ 35 à 40,000 mètres cubes de grêle à déblayer.

« La plupart des grêlons avaient la dimension d'un œuf de poule, et pesaient 250 grammes. »

passé sur les orgues, il sortit par les croisées de la chapelle de sainte Geneviève.

Dans le premier moment, on ne s'aperçut d'aucun dégât dans l'église; mais le lendemain, l'organiste, le sieur Marchand, ayant voulu se servir de l'orgue, fut très surpris de s'apercevoir qu'aucun des tuyaux ne répondait. Il en rechercha la cause, et il s'aperçut alors que les tuyaux étaient percés d'une quantité innombrable de trous de toute grandeur. L'on fut au moins six semaines à les réparer, et il en coûta 12 à 1500 livres.

1730.

Louis XV a traité de son joyeux avénement moyennant vingt-quatre millions. Les fermiers en tireront au moins trente-six millions.

Le Roi lève ce droit par une déclaration, et les intendants font des rôles de taxes qu'ils distribuent en plusieurs classes.

A Versailles, quoiqu'il n'y ait que la communauté des chirurgiens qui y soit établie, on n'en a pas moins payé le droit de joyeux avénement. On taxa d'abord la ville à 30,000 livres, qui est le double de ce qu'elle paie de capitation; on l'a réduit à 8,000 livres et les deux sous pour livre.

Mais les habitants n'ayant pas porté leurs taxes en corps de métiers et commerce, ce qui les aurait fait profiter de la réduction, ils ont été taxés en détail et n'ont point eu de diminution.

On prétend que ce droit de joyeux avénement n'est point dû en ligne directe, mais seulement en ligne collatérale; c'est mon opinion.

A Versailles, il n'était vraiment dû que par la communauté des chirurgiens, la seule formée. M. le procureur du Roi, à qui je le fis remarquer en travaillant avec lui au rôle de taxe, en convint; mais il me fit observer que, quoique Versailles eût été à tort compris dans le traité, on ne pouvait aujourd'hui l'en exempter sans donner une indemnité au fermier. La taxe fut donc maintenue.

Le droit de joyeux avénement est pour la confirmation que le Roi fait des offices, communautés, charges, octrois et autres concessions faites en faveur de ceux qui en ont été pourvus par le Roi prédécesseur, et pour les priviléges des villes du royaume.

13 janvier 1731.

Le nommé Dominique Exinard étant venu à Versailles, alla au Grand-Montreuil, passa par dessus plusieurs murs, et vola de nuit, dans la maison du sieur Bourlet, cafetier du Roi, plusieurs outils de menuisier. Il vint pour les vendre sur le marché de Versailles. Le nommé Barré, ferrailleur, auquel il voulut les vendre, lui ayant demandé des répondants, et Exinard ne pouvant lui en donner, retint les outils. Il s'emporta alors en menaces, et voulut les reprendre; mais Barré ayant fait avertir les Suisses de la patrouille, ils arrêtèrent Exinard, et le conduisirent en prison. Son procès fut instruit par M. Fresson, bailli de Versailles, qui le condamna au fouet et au bannissement de la ville et du bailliage du Versailles.

Après avoir été fouetté, il fut mis hors des prisons de Versailles.

Etant passé dans le parc de Meudon, il rencontra un tailleur de Paris qui venait à Versailles, avec son enfant âgé de douze ans; il l'assassina. Après plusieurs autres meurtres, il fut arrêté à Meaux, en Brie.

Le sieur Durel, de Versailles, lieutenant particulier criminel, à Meaux, instruisit son procès, et, par sentence du 13 janvier 1731, il fut condamné à être rompu vif.

15 février 1731.

Le 15 février étant le jour de la naissance de Louis XV, on est dans l'usage, à Versailles, de chanter un *Te Deum*, à cinq heures du soir, dans l'église de Notre-Dame.

Le jeudi 15 février 1731, le Père Jean Chrysostôme, récollet, devant prêcher à Notre-Dame, la Reine fit dire à M. Jomard, curé de cette église, qu'elle s'y rendrait à trois heures.

Le commissaire de police écrivit aussitôt des lettres à tous les quartiniers, pour qu'ils eussent à avertir les bourgeois et habitants de la ville, d'illuminer leurs fenêtres et de faire des feux devant les portes de leurs maisons, à six heures du soir.

Il fit balayer la chaussée ou rampe du château, depuis la grille jusqu'à la paroisse. Puis, à une heure après midi, il fit fermer les boutiques. Il alla ensuite dans le cloître de la Mission, pour se rendre dans le banc occupé dans le chœur par les officiers du bailliage.

Avant l'arrivée de la Reine, il y eut un petit scandale. Il y avait, parmi les avocats du bailliage, un sieur de Beauregard, fils de Barthélemy Paix, écuyer, seigneur de Beauregard, capitaine de vaisseau, chevalier de Saint-Louis, et de Catherine Salvatory, fille d'un propriétaire de Versailles. Quoique d'une médiocre instruction, il avait obtenu de M. Regnier, procureur du Roi de Versailles, la permission de plaider au bailliage, grâce à la protection de M. Jolly de Fleury, procureur général au Parlement.

Quelques jours avant, Beauregard avait eu une vive discussion dans la chambre du conseil, avec M. le bailli et avec M. le procureur du Roi, et avait parlé en termes peu mesurés à ces deux magistrats. Ce même jour 15 février, il vint en robe à l'église, entra dans le chœur, et vint se mettre à la place du bailli, dans le banc réservé aux officiers du bailliage, en sautant par dessus les stalles des prêtres.

Tous les officiers du bailliage prièrent aussitôt M. le curé de faire sortir du banc le sieur de Beauregard. Deux fois, M. le curé vint, accompagné du sieur Allard, sergent de la patrouille, qui était dans l'église avec douze Suisses; Beauregard ne voulut pas sortir.

On envoya avertir M. le bailli Fresson, qui arriva sur les trois heures et demie, et attendit à la porte de la sacristie Mgr le duc de Noailles. Aussitôt que le duc de Noailles fut entré, le sieur Allard vint lui rendre compte de l'obstination de Beauregard, et du refus que deux fois il avait fait d'obtempérer aux ordres de M. le curé. Le duc vint lui-même enjoindre à Beauregard de sortir du banc, et d'obéir à l'instant même, s'il ne voulait qu'il le fît jeter de force à la porte de l'église. Beauregard obéit, passa par la sacristie devant M. le bailli et les autres officiers, qu'il ne salua pas, et sortit rouge de colère.

La Reine arriva à quatre heures. Le sermon commença un quart d'heure après, et dura une heure. La Reine, avec sa suite, était placée dans la nef, au devant de l'œuvre.

Le Père Jean Chrysostôme, quoique jeune encore (il avait 34 ans), était un prédicateur très en renom. Son sermon fut très applaudi, et surtout le compliment qu'il fit à la Reine, quoique cette princesse l'eût fait prier de n'en point faire.

Le compliment fut très court et très éloquent. Il alla jusqu'à prier Dieu de raccourcir ses jours, s'il le fallait, ainsi que ceux de ses auditeurs et de tout le peuple français, pour prolonger ceux du Roi et de la Reine, qui faisaient le bonheur de leurs peuples.

Le *Te Deum* commença à cinq heures et demie, et fut précédé de la bénédiction du Saint-Sacrement.

Les orgues seules jouèrent, la Reine, ayant craint, à cause du froid, que la musique ne fît durer trop longtemps le *Te Deum*.

M. le duc de Noailles ayant ordonné d'empêcher qu'on n'allûmât les feux et qu'on ne tirât des fusées avant que la Reine ne fût passée, le commissaire de police sortit avant la fin du *Te Deum*, afin de faire exécuter cet ordre.

25 avril 1731.

Plusieurs criminels, ou soupçonnés tels, ont souffert la question sans rien avouer.

Robert de la Motte, fils d'un charretier sur les ports de Paris, ayant, à ce qu'on prétend, gagné de grands biens à l'agio du papier, se mit à faire le petit maître. Il fut soupçonné d'avoir une intrigue galante avec la femme de Bruny, limonadier à Paris, et d'en avoir assassiné le mari.

Il fut arrêté, et l'on instruisit son procès en 1730. Les indices se trouvèrent assez forts pour qu'on dût l'appliquer à la question. Avant de l'y appliquer, il fut interrogé suivant la règle. Le rapporteur lui demanda s'il n'avait pas eu commerce avec la femme de Bruny; il répondit qu'elle n'était pas assez jolie pour cela, et que, d'ailleurs, s'il avait tué tous les maris qu'il avait faits c...., il aurait enrichi bien des marchands de deuil.

Cette gasconnade si peu attendue déconcerta le rapporteur, magistrat d'une modestie rare.

Il fut appliqué à la question le 25 avril 1731, et il avala les huit pots d'eau avec une constance héroïque, et sans rien avouer. Au sortir de la question il dit seulement d'une voix mourante : « Hélas! est-il possible qu'un honnête homme soit si maltraité. »

Depuis, il été jugé définitivement. On a ordonné un plus ample informé, mais comme il n'est point survenu de preuves, on l'a mis hors des cachots. Il se promène dans le préau.

On dit qu'il ne veut pas sortir qu'on ne lui ait rendu onze cent mille livres d'effets, qu'il prétend lui avoir été pris lors de son arrestation. Ce ne peut être qu'en papiers;

— mais lorsque les exempts arrêtent quelqu'un, ils requièrent le commissaire de police, qui dresse procès-verbal des effets.

12 août 1731.

Le dimanche 12 août 1731, après trois jours d'une excessive chaleur, il se forma un orage au couchant de la ville de Versailles. Le ciel était jaune, mêlé de diverses couleurs, et plusieurs personnes en furent effrayées.

Sur les trois heures du matin, le tonnerre commença à gronder. Il était sec et pas une goutte d'eau ne tombait. A quatre heures, le tonnerre éclata avec un grand fracas sur la geôle du bailliage; enfin sur les cinq heures la pluie commença à tomber violemment. Elle était accompagnée de grêle, et tomba ensuite presque toute la journée. Quand le tonnerre tomba sur la geôle, les prisonniers, effrayés, frappèrent à leurs portes. Le concierge de la prison étant aussitôt monté pour faire sa ronde, deux soldats enfermés dans une même chambre, et le nommé Mesnard, charron, enfermé à côté de celle des soldats, lui dirent que le tonnerre était entré dans leur chambre et les avait blessés. Le concierge ayant immédiatement prévenu le commissaire de police, celui-ci se rendit dans la chambre des soldats, qui lui firent le récit suivant :

Au moment du grand coup de tonnerre qui éclata sur la geôle, il entra dans la chambre, par la fenêtre, en passant par le troisième et le quatrième barreau. Cette fenêtre est située au nord, du côté de l'étang de Clagny (1), et a environ quatre pieds de large sur dix pouces de hauteur. Une flamme de feu d'environ un pied de diamètre vint frapper le carreau de la chambre, le long du gros mur, avec une telle violence, que tout le bâtiment en parut ébranlé. Le feu

---

(1) Cet étang a été comblé en 1735. Son emplacement forme aujourd'hui l'un des quartiers de Versailles.

prit à un petit tas de paille, au milieu de la chambre, et à celle sur laquelle les soldats étaient couchés, que l'un d'eux éteignit.

Un des deux soldats ressentit une légère douleur au petit doigt de la main droite, l'autre fut frappé à la fesse gauche. Il est resté une contusion qui s'étend environ de la longueur de la main, et la partie de la chemise qui couvrait cette place a été entièrement enlevée. Sa veste de drap rouge, qu'il avait pliée et mise sous sa tête, a été aussi percée de deux trous, l'un au coude et l'autre au côté. Un des chapeaux, qui était accroché à un clou contre le gros mur, a été porté au milieu de la chambre et la cocarde d'un autre côté. La tabatière de ce soldat, qui est en fer-blanc et qui était remplie de tabac, a été percée de deux trous au couvercle et le tabac dispersé.

Ensuite le tonnerre a fracassé le carreau de la chambre, le long du gros mur, dans la longueur d'environ une toise sur un pied de large, puis a fait un trou au gros mur, comme pour le passage d'une souris, et est entré dans la chambre mitoyenne, a soulevé le charron, qui y était couché sur la paille, mais sans lui faire aucun mal.

Mgr le duc de Noailles, gouverneur de Versailles, accompagné du sieur Dulatier, chirurgien, et du sieur Foirestier, commandant des Suisses, est aussi venu à la geôle, où le même récit lui a été fait.

On a remarqué que les nuées paraissaient venir à l'encontre les unes des autres, de quatre points différents.

Ce même jour, et dans un rayon de moins de deux lieues autour de Versailles, le tonnerre est tombé derrière la Mission ; sur la maison de l'abbé Vassout ; sur la porte du parc, près Jouy ; dans la maison du sieur Champot, concierge de M. le duc de Noailles, où il a tué un homme qui s'était levé pour aller prendre de l'eau bénite ; au village de Saint-Rémy, près Chevreuse ; sur une grange, à Ville-d'Avray, où il a brûlé le foin ; sur le clocher de l'église de Louveciennes, où il a mis le feu ; sur la maison de M. Boulin, à Bailly ; sur un chêne du parc de Noisy ; sur un noyer, près Sceaux.

16 août 1731.

Le jeudi 16 août 1731, six compagnies de gendarmerie vinrent loger à Versailles.

Les gendarmes forment seize compagnies composant trente-deux brigades. Le Roi en est le capitaine. Chaque compagnie est formée d'un premier capitaine-lieutenant, d'un sous-lieutenant, d'un enseigne, d'un guidon, de quatre maréchaux-des-logis, et de soixante-quinze gendarmes.

Ces six compagnies séjournèrent à Versailles les 17, 18, 19, 20 et 21 août. Le 22, ils allèrent à Marly, passer une revue du Roi, qui fut très belle. Le 23, ils restèrent à Versailles, et ils partirent le 24.

Les autres compagnies furent logées dans le bourg de Marly et dans les villages des environs.

Les six compagnies logées à Versailles furent très sages, et il n'y eut aucune plainte contre elles.

On les logea dans les cabarets. On ne leur fournit rien, et ils payèrent tout de gré à gré.

29 septembre 1731.

Le duc de Savoie, père de la duchesse de Bourgogne et de la reine d'Espagne, ayant abdiqué en faveur de son fils, celui-ci, qui redoutait les intrigues de son père, le fit enfermer dans une tour, le 29 septembre 1731.

Ce prince, toujours traître, ne fut plaint de personne.

Novembre 1731.

On vient de juger le procès de Catherine Cadière, contre le P. J.-B. Girard, jésuite, à Toulon.

Suivant les mémoires que j'avais lus dès le commencement

de ce procès, je vis bien qu'on regardait cette affaire comme une simplicité du P. Girard, qui voulut approfondir l'effet des évanouissements ou prétendues extases dans lesquels tombait la Cadière, et qui étaient dûs évidemment à des révolutions de matrice. Mais comme il peut avoir poussé la curiosité trop loin, il n'y aurait point eu d'inconvénient à le faire enfermer pour le reste de ses jours dans un séminaire, pour l'exemple de la discipline ecclésiastique.

On verra ce qui sera prononcé pour le délit commun, sur le renvoi devant le juge ecclésiastique.

Beaucoup de partisans du jansénisme répandaient le bruit que le P. Girard allait être brûlé. L'événement a fait voir la légèreté de leurs jugements, et qu'ils étaient plutôt dirigés par leur passion que par la justice et l'équité.

Après le jugement du procès du P. Girard, le menu peuple de Toulon s'attroupa, fit un homme de paille qu'il habilla en jésuite, avec cet écriteau : *Jésuite suborneur et violeur de fille*, le promena par les rues et le brûla dans la place publique ; puis, avec des torches de paille allumée, il alla mettre le feu à la maison des jésuites.

Le gouverneur de la ville fut obligé de venir à la tête des troupes de la garnison, pour faire retirer le peuple et éteindre le feu.

1731.

Louis Ier du nom, roi d'Espagne, mourut à Madrid, le 31 août 1724. Il était âgé de dix-sept ans et six jours. Son règne fut de huit mois. Il avait été marié à quinze ans avec Mlle de Montpensier, Louise-Elisabeth d'Orléans, fille de Philippe de France, duc d'Orléans, régent de France en 1715.

Après la mort de Louis Ier, le roi son père, Philippe V, sortit du couvent où il s'était retiré, et remonta sur le trône.

L'un de ses officiers, le sieur Chevry, de Versailles, revenu en 1731, nous a dit que ce prince ne faisait absolument rien, et qu'il avait totalement abandonné le gouvernement de ses États à sa seconde femme, Élisabeth Farnèze, qu'il épousa le 24 décembre 1714.

Il nous raconta que ce Roi est entièrement livré au plaisir de la table ; qu'il y reste sept à huit heures par jour, et s'y endort très souvent ; qu'alors on le réveille et on le couche, et qu'aussitôt son réveil on le remet de nouveau à table, car il est devenu tellement gros qu'à peine si il peut se remuer.

Il observe régulièrement la chanson de Dubuisson,

> Il ne dort qu'après avoir bu,
> Et né s'éveille que pour boire.

Quand il partit de France pour aller en Espagne, ce prince était le plus beau et le mieux fait des trois enfants de Mgr le Dauphin.

Le comte de Bonneval, d'une très ancienne maison de France, était lieutenant aux gardes françaises en 1706. Il acheta le régiment de Labour et alla servir en Espagne, c'est-à-dire en Italie, sous les ordres du duc de Vendôme. Ayant levé quelques contributions avec M. Langalerie, dont Chamillart leur demanda compte, ils s'en allèrent en Allemagne.

L'Empereur leur donna des dignités et un commandement. Bonneval, devenu un personnage important à la Cour de l'Empereur, s'y comporta mal. Il passa alors au service de la Porte Ottomane, acquit beaucoup de considération à Constantinoble, et fut fait pacha.

On a écrit les mémoires du comte de Bonneval, mais moi qui ai connu particulièrement ce comte avant qu'il passât au service de l'Empereur, je puis affirmer qu'on y a mis une foule de faits qui n'ont pas la moindre vérité.

Le duc d'Antin est fils du marquis de Montespan, de la

maison de Gondrin, en Gascogne. Le Roi Louis XIV ayant fait sa maîtresse de sa mère, son père prit le deuil et se retira de la Cour.

Le duc d'Antin n'a pas été brave à l'armée. Fait d'abord surintendant, et depuis seulement directeur des bâtiments, il s'est parfaitement accommodé de sa position et fait très bien le courtisan à la Cour.

Le duc d'Epernon, son petit-fils, et le duc de Gesvres donnèrent, en 1730, un mémoire au Roi, contre le cardinal de Fleury, et furent exilés.

L'année suivante, 1731, le duc d'Antin fit frapper une médaille à la louange du cardinal. Cette flatterie amena la grâce du duc d'Epernon et son retour à la Cour.

A Versailles il ne faut faire arroser les rues que lorsque les chaleurs sont extrêmement fortes, car l'eau manque dans la plupart des puits si l'on fait arroser trois jours de suite.

En 1731, les chaleurs furent très grandes. Je fis arroser les rues pendant les mois de mai et de juin. Au mois d'août les chaleurs recommencèrent; je fis arroser avec ménagement, de crainte du feu.

Janvier 1732.

Louis-François de Bourbon, prince de Conty, naquit le 13 août 1717.

Il fut marié le 22 janvier 1732, à l'âge de quatorze ans cinq mois et neuf jours, à Mlle de Chartres, fille du duc d'Orléans, régent, qui était née le 18 juin 1716, et était, par conséquent, âgée de quinze ans et demi.

Elle fut baptisée à Versailles le 19 janvier 1732. avant-veille de son mariage.

On ne fit aucune réjouissance à l'occasion de ce mariage ; il y eut simplement comédie, comme à l'ordinaire.

Le Roi donna à souper à la mariée chez la Reine. Il y avait seulement une table de douze couverts, pour le Roi, la Reine, la mariée et neuf dames, tant princesses que duchesses.

Février 1732.

Le 23 février 1732, on conduisit à la Bastille l'abbé Becheran, célèbre janséniste et patriarche des convulsifs du diacre Pâris. Il tenait une académie de postures et d'attitudes, qu'on allait ensuite exécuter sur la tombe de M. Pâris, à Saint-Médard.

Mars 1732.

NAISSANCE DE MADAME QUATRIÈME.

Le dimanche 23 mars 1732, à cinq heures du soir, la Reine accoucha d'une princesse.

Elle fut ondoyée sur-le-champ par M. le cardinal de Rohan, grand aumônier de France, en présence de M. Jomard, curé, et du sieur Yvert, vicaire de la paroisse Notre-Dame.

Il n'y eut ni *Te Deum*, ni feux, ni illuminations. On ne donna même avis de cette naissance ni aux Cours étrangères, ni aux gouverneurs de provinces.

Mai 1732 (1).

Le 11 mai, on signifia, de la part du Roi, une défense au Parlement, de se mêler des affaires ecclésiastiques. Les chambres s'assemblèrent le 12 et le 13, dès cinq heures du

---

(1) Le Parlement avait cessé ses audiences à l'occasion du mandement de Mgr l'archevêque de Paris, du 27 avril, portant condamnation des *Nouvelles ecclésiastiques* (libelle).

matin; il y fut résolu de prier le Roi de laisser jouir son Parlement de Paris de tous les droits et attributions dont il avait toujours été en possession, et entre autres de prendre connaissance des appels comme d'abus.

On convint, en outre, que le premier président serait chargé de prier Sa Majesté de dispenser le Parlement d'administrer la justice sur aucun point, si elle leur refusait la continuation de cette grâce.

Pendant qu'on était occupé à prendre ces conclusions, les gens du Roi entrèrent et communiquèrent à l'assemblée une lettre de cachet qui ordonnait au Parlement d'envoyer des députés à Compiègne, pour y apprendre la volonté du Roi.

La députation partit le même jour, composée du premier président, de tous les présidents à mortier, du doyen des conseillers de la grand'chambre, de l'abbé Pucelle (ce célèbre Caton de nos jours), du procureur général et des avocats généraux.

Ces députés furent admis à l'audience du Roi, qui leur déclara qu'il était très mécontent de leur conduite, et leur dit qu'il voulait être obéi, sous peine de sa disgrâce.

Le premier président se mettait en devoir d'exécuter sa commission, lorsque Sa Majesté lui imposa silence; sur quoi l'abbé Pucelle, s'approchant du Roi, et fléchissant le genou, lui présenta un papier en lui disant qu'il contenait la délibération du Parlement. Sa Majesté le prit et le donna à M. de Maurepas, secrétaire d'Etat, avec ordre de le déchirer sur-le-champ, ce qu'il fit; et, s'adressant aux députés, elle leur dit : « Je vous ai fait savoir ma volonté, et je veux être obéi. Je ne veux point de réplique ni de remontrances; vous avez trop mérité mon courroux. Retournez à Paris et administrez la justice. »

La députation retourna à Paris, où elle trouva plusieurs lettres de cachet.

L'abbé Pucelle fut arrêté à Soissons, et relégué à son abbaye de Corbigny, en Nivernais.

M. Titon, conseiller de la cinquième chambre des enquêtes, fut arrêté, la nuit du 15 mai, par des mousquetaires qui le menèrent à Vincennes ; il fut ensuite transféré au château de Ham.

Le Parlement fit fermer tous ses tribunaux.

Le 22 mai, les députés du Parlement retournèrent à Compiègne. — Le 25 mai, le Roi envoya des lettres-patentes au Parlement, pour enjoindre à chacun de ses membres de continuer l'exercice de sa charge, à peine de désobéissance et d'encourir l'indignation de Sa Majesté. — Le 26 mai, le Parlement rentra pour tenir ses audiences. Il s'occupa de nouveau du mandement de l'archevêque de Paris. M. Joly de Fleury, procureur général, n'ayant pas voulu donner de conclusions, le Parlement commit M. Ogier, président de la seconde chambre des enquêtes, pour en donner, et rendit un arrêt le 13 juin, portant défense de mettre ce mandement à exécution.

Le 16 juin, quarante députés du Parlement allèrent à Compiègne, et le Roi rendit un arrêt le même jour, qui casse et annule celui du Parlement.

M. Ogier, qui avait fait les fonctions des gens du Roi, et donné ses conclusions sur l'arrêt du 13 juin, a été relégué aux îles Sainte-Marguerite.

M. Robert, conseiller de grand'chambre, fut exilé à Belle-Isle.

Le Parlement a bien senti d'où partait l'arrêt du Conseil du 16 juin, et il en a pénétré les vues ; on ne lui ôte pas la connaissance des appels comme d'abus, mais la Cour prétend que ce tribunal n'en connaîtra qu'avec sa permission, qu'elle lui refusera toutes les fois qu'elle le jugera convenable ; elle exige que le Parlement casse et annule son propre arrêt. Cette condition lui a paru trop dure.

Aussi tous ces magistrats, à l'exception du premier président de la grand'chambre et de quelques autres membres des enquêtes, ont été de l'avis du président à mortier, fils du premier président : *Qu'il vaut mieux être sans charge que sans honneur*. Ils ont alors envoyé leurs démissions à M. le chancelier, ainsi qu'on le rapportera ci-après.

Cette démarche a été applaudie de ceux qui aiment la nouveauté et le désordre ; mais elle a été blâmée de ceux qui pensent que les gens constitués en dignité ne doivent jamais se décourager, et que leur honneur et leur conscience les engagent à remplir les devoirs de leurs charges, quelque injustice qu'on leur puisse faire.

Quand le Parlement, depuis trois cent cinquante ans, a dépouillé peu à peu la grande autorité qu'avait auparavant la juridiction ecclésiastique, les prélats ne se sont pas découragés et n'ont pas abandonné le service de Dieu, ni la conduite de leurs ouailles.

De même quand, dans l'art militaire, il se fait des passe-droits en faveur d'un grand officier, à l'exclusion de plusieurs autres, ces derniers n'abandonnent pas pour cela leurs emplois ; au contraire, ils obéissent aveuglément aux ordres de celui qu'ils devraient commander.

Le Roi a eu de justes raisons de déclarer, au premier président et aux députés de la grand'chambre, qu'il était irrité au souverain degré contre son Parlement.

Le 19 juin, M. le premier président avait dit dans son hôtel, aux présidents et conseillers des enquêtes et requêtes, qu'il avait pris *pour lui* tout ce qu'on trouvait d'affligeant dans l'arrêt du 16 juin ; qu'il ne croyait pas pouvoir leur donner un meilleur conseil que celui de continuer l'exercice de leurs charges, suivant les intentions et les ordres de Sa Majesté.

Sur quoi, ces messieurs répondirent qu'ils avaient fait sur cela leurs réflexions, et qu'ils y avaient porté l'attention nécessaire ; mais qu'ils ne pouvaient concilier les ordres du Roi avec la fidélité qu'ils lui devaient ; qu'ils avaient cru ne pouvoir donner à Sa Majesté une plus grande marque de leur soumission et de leur respect, qu'en la suppliant, comme ils le faisaient encore, d'accepter purement et simplement la démission de leurs charges, puisqu'ils n'ont plus la liberté d'en faire les fonctions en disant ce qu'ils pensent en honneur et en conscience, sans déplaire au Roi et sans être exposés à se voir traités, comme leurs confrères, par des enlèvements et des emprisonnements rigoureux, sans aucune formalité et justice, pour avoir seulement, par leur avis, donné des preuves de leur attachement aux lois de l'État, à la conservation des droits et de l'indépendance de la couronne, à la sûreté de la personne du Roi, et au maintien des maximes fondamentales du royaume. Qu'ainsi ils persistaient à supplier M. le premier président de recevoir leurs provisions qu'ils lui offraient, et d'obtenir du Roi qu'ils en fissent leurs démissions.

Les amateurs de nouveautés firent paraître un mémoire pour justifier la conduite du Parlement.

Il est certain que cette compagnie, étant revêtue d'une portion de l'autorité du Roi, a par conséquent le droit d'approcher du trône, pour lui présenter ses opinions dans les affaires particulières qui ne regardent point le gouvernement de l'État, cette administration étant réservée au seul souverain et à son Conseil; mais elle doit toujours agir plus par des motifs qui tendent à maintenir le bon ordre dans toutes les matières qui y ont rapport, que pour des intérêts personnels tels que ceux qui l'ont fait agir.

Quand le Parlement a fait des remontrances sous la régence du duc d'Orléans, pour montrer le désordre que le système de Law et le surhaussement des monnaies allaient produire, il n'a pas été écouté, et a été exilé à Pontoise. Il a obéi alors, parce qu'il ne s'agissait que du bien de l'État, et qu'il savait qu'il n'avait que le droit de faire des remontrances; mais lorsqu'il a cru qu'on voulait diminuer ses prérogatives (peut-être n'y pensait-on pas à la Cour), il n'a rien ménagé, et a tout mis au pire, c'est-à-dire qu'*il a jeté le manche après la cognée* ; démarche peu mesurée pour une compagnie respectable.

La grand'chambre, par un trait de politique raffinée, n'a pas voulu lever le masque comme ont fait celles des enquêtes et des requêtes ; aussi elle se trouve en état de faire l'office de médiatrice entre la Cour et sa propre compagnie.

M. le premier président et les députés de la grand'chambre ont fait plusieurs voyages à la Cour.

Voici à quelles conditions les démissionnaires veulent bien reprendre leurs fonctions.

1° Le rappel de leurs confrères exilés ;

2° La liberté entière des suffrages ;

3° Le rétablissement de toutes choses comme elles étaient avant l'arrêt du 7 septembre 1731 ;

4° Que tout ce qui a été innové depuis cet arrêt, sera réputé comme non avenu ;

5° Que le Parlement pourra connaître de tous les appels comme d'abus, sans qu'ils puissent être évoqués au conseil du Roi ;

6° Que les évocations faites jusqu'ici seront renvoyées au Parlement ;

7° Qu'à l'avenir, le Roi fera savoir ses intentions à son Parlement par des lettres-patentes et non par des lettres de cachet ;

8° Que le Parlement s'adressera directement au Roi, et non à ses ministres, lorsqu'il fera quelque députation en Cour.

Les démissionnaires s'en tiennent aux articles ci-dessus. Mais la Cour ne veut pas révoquer son ordonnance du 1er septembre 1731 ; elle prétend, au contraire, que le Parlement vienne se jeter aux pieds de Sa Majesté, pour lui demander pardon de sa rébellion.

Les présidents et conseillers des enquêtes et requêtes disent que le Roi est le maître de leurs biens et de leur vie ;

mais qu'ils aiment mieux tout perdre et s'exposer à l'indignation de Sa Majesté, que de s'avouer lâchement coupables de rébellion et de désobéissance.

On dit, peut-être sans aucun fondement, que les jésuites mettent tout en œuvre pour empêcher l'accommodement et la réconciliation entre la Cour et le Parlement.

Il est certain que le Roi a usé de beaucoup de modération envers son Parlement, et que si Sa Majesté avait déclaré impétrables les charges des démissionnaires, et fait procéder à la vente d'icelles au profit de messieurs les démissionnaires, il y en a beaucoup qui auraient *mis de l'eau dans leur vin*, et qui auraient sur-le-champ redemandé leurs démissions. Quant à ceux qui auraient persévéré, on les aurait déclarés incapables de posséder aucune charge de justice, de police et de finance.

Mai 1732.

Le lundi 26 mai 1732, la Reine est partie de Versailles pour aller accomplir un vœu qu'elle avait fait à Notre-Dame de Chartres. Elle a couché à Rambouillet; M. le comte et Mme la comtesse de Toulouse sont venus exprès de Compiègne, où est le Roi, pour la recevoir.

Le mardi 27, la Reine dînera à Maintenon, où M. le duc de Noailles, gouverneur de Versailles, s'est rendu pour la recevoir, et ira coucher à Chartres.

Le mercredi 28, elle fera ses dévotions à Chartres, et y couchera. Le jeudi 29, elle viendra dîner à Maintenon, chez M. le duc de Noailles, et couchera à Rambouillet.

Le vendredi 30, la Reine reviendra à Versailles.

Le Roi reviendra aussi de Compiègne le même jour, à cause de la cérémonie des chevaliers.

On dit que M. le cardinal de Fleury, premier ministre, a consenti avec beaucoup de peine au voyage de la Reine, à cause de la dépense.

Juin 1732.

Le jeudi 12 juin 1732, la grande procession de la Fête-Dieu sortit de l'église Notre-Dame de Versailles à neuf heures et demie. Le Roi était à Compiègne; la Reine, qui était à Versailles, n'y vint pas. M. le duc de Noailles était à Saint-Germain. M. le duc de la Force marchait le premier après le dais. Il y avait dix gardes du Roi, douze pages du Roi, huit de la Reine, six des cent Suisses du Roi, quelques valets de pied et palefreniers. Hotôt, exempt de la prévôté de l'hôtel, suivait avec six gardes.

Le vendredi 20 juin, les présidents et conseillers des cinq chambres des enquêtes et des deux chambres des requêtes du palais, rentrèrent pour obéir au Roi; mais ils mirent leurs démissions au greffe, et les firent signifier au Roi en la personne de M. le chancelier, et à M. le procureur général.

Il y en avait aussi quatorze de la grand'chambre.

La grand'chambre voulut tenir son audience de l'après-midi. M. Lepelletier fils, président à mortier, monta au siége. Le greffier appela une cause; il ne se trouva aucun avocat.

Le peuple s'assembla en grand nombre au palais; beaucoup cherchaient à exciter le trouble et la sédition.

Les présidents et les conseillers se retirèrent à la buvette, et y restèrent jusqu'à neuf heures du soir.

On appelait *carcasse du Parlement* les présidents et conseillers de la grand'chambre qui étaient restés soumis aux volontés du Roi.

Observation. — On a regardé comme une chose honteuse et indigne, dans les présidents et conseillers qui se sont démis, de se priver eux-mêmes de leurs fonctions, et les gens sages les ont regardés comme des *capots*.

L'abbé Pucelle n'a jamais été de cette opinion (qui, en effet, est un coup d'étourderie des plus éclatants) ; il a toujours été d'avis de ne se pas rebuter de faire de très humbles remontrances au Roi.

Le 21 juin, M. le premier président Portail et les députés de la grand'chambre allèrent à Compiègne. Ils eurent une audience du Roi. Ils allèrent ensuite chez M. le cardinal de Fleury, et lui dirent qu'ils avaient pris le parti de l'obéissance, non parce qu'ils pensent autrement que le reste du Parlement, mais pour être à portée de faire envisager à Son Excellence l'extrémité où l'affaire était poussée, et que certainement le Parlement ne changerait jamais d'avis.

On répandit alors, comme nouvelle certaine, que Mgr le cardinal était resté de l'opinion générale du Parlement, c'est-à-dire du plus grand nombre; et que Son Eminence avait chargé M. le premier président et les autres députés de la grand'chambre de dresser un projet sur les mesures qu'il y aurait à prendre pour calmer tout, sans compromettre l'autorité du Roi.

Le 23 juin, le Roi dit à M. le premier président et aux autres députés qu'il était content d'eux, mais qu'il ne voulait pas recevoir la démission de leurs confrères. Qu'il accordait trois jours à ceux qui avaient donné leur démission, pour se joindre au corps, sinon qu'ils encourraient son indignation pour leur vie.

Le mercredi 25 juin, M. le premier président envoya avertir les procureurs d'aller au palais en robes. Ils y allèrent; il tint l'audience d'après midi.

Les enquêtes restèrent fermées.

Les avocats persistèrent toujours dans leur opiniâtreté à ne vouloir point plaider.

M. l'abbé Languet, curé de Saint-Sulpice, a imaginé de faire une loterie, à la faveur de laquelle il fait construire une superbe église.

On fait la remarque qu'à mesure que la construction de l'église avance, les revenus de ce curé augmentent.

Il entretient une communauté de filles ! Il est magnifique dans ses dépenses ! Les princes, les prélats, les seigneurs sont souvent traités chez lui avec profusion et délicatesse !

Le 24 juin 1732, ce pasteur donna un splendide repas au cardinal de Polignac, à son frère le vicomte et à plusieurs autres personnes de distinction. Il leur fit voir ensuite les beautés de son église, ainsi que de sa communauté. L'on y examina ce fameux rouet, de nouvelle invention, à l'aide duquel une femme seule peut filer en une heure plus que vingt autres ne pourraient le faire en un jour avec des rouets ordinaires.

Au retour de ces visites, la compagnie trouva une superbe collation toute préparée. Les demoiselles servirent à table ; mais on ne dit pas qu'elles aient fait leurs exercices ce jour-là ; ce qui a attiré à M. le curé de Saint-Sulpice un brevet du régiment de la Calotte (1).

La loterie et le fameux édifice font gloser sur ce curé. Il vaut mieux, en effet, loger Dieu dans les cœurs que dans un orgueilleux bâtiment.

(1) L'abbé Margon, l'abbé Desfontaines, Aymon, Gacon et plusieurs autres, se réunirent avec la prétention de corriger les mœurs, de réformer le style à la mode en le tournant en ridicule, et d'ériger enfin un tribunal opposé à celui de l'Académie française. Ils attaquèrent alors tous ceux qui, d'après eux, présentaient quelques ridicules dans leurs paroles ou dans leurs actions. Ils créèrent ainsi un régiment qu'ils nommèrent régiment de la Calotte, et dans lequel ils donnaient des grades plus ou moins élevés à chacun de ceux qu'ils y plaçaient suivant leur plus ou moins de ridicule, et auxquels ils envoyaient un brevet, en vers ou en prose, de la Calotte ou de Calottins. Voir *Recueil de pièces du régiment de la Calotte*, 1726, 1 vol. in-12, et *Mémoires pour servir à l'histoire de la Calotte*, 1752, 4 vol. in-12.

Juillet 1732.

Le 1ᵉʳ juillet, M. le premier président et quelques députés arrivèrent le soir à Versailles, le Roi étant de retour de Compiègne.

Le 2 juillet, M. le premier président retourna à Paris, et le soir, sur les neuf heures, il y eut un grand conseil.

Le 4, M. le premier président et deux autres revinrent à Versailles.

Le dimanche 6, M. le premier président vint encore à Versailles, y coucha, et le lendemain matin alla chez le Roi. On dit que dans cette audience il demanda pardon au Roi, pour tous ceux du Parlement qui avaient mis au greffe leurs démissions, et les avaient envoyées à Sa Majesté à Compiègne.

Le mardi 8, M. le premier président, quatre autres présidents et les gens du Roi revinrent à Versailles. Après la messe du Roi, ils eurent une audience de Sa Majesté. On fit sortir tout le monde de la chambre.

Ce qui s'y passa a été tenu très secret. On sait seulement que le Roi remit à M. le premier président les démissions des présidents et conseillers des enquêtes et requêtes, en disant qu'il aimait mieux pardonner que châtier, pourvu qu'ils ne voulussent point abuser de sa bonté.

Le 10, M. le premier président rendit aux présidents et conseillers des enquêtes et requêtes leurs démissions; ils les reprirent et les brûlèrent dans leurs chambres.

Le 14, tout le Parlement rentra, mais ne fit rien.

M. le premier président et les autres présidents et conseillers de la grand'chambre ayant fini par réconcilier leurs confrères avec la Cour, les chambres s'assemblèrent et résolurent de faire de très humbles remontrances au Roi :

1° Pour prier ce monarque de faire attention à la bonne foi et à la droiture que la compagnie a montrée dans tous ces démêlés;

2° De lui demander le rappel de leurs confrères exilés;

3° Et enfin d'obtenir une entière liberté dans leurs suffrages.

C'est, dit-on, à ces conditions que le Parlement s'est rendu. On voit qu'il s'est bien réduit de ses premières demandes.

Le 24 juillet, toutes les chambres s'assemblèrent pour lire ces fameuses remontrances; elles furent adoptées de tout le Parlement.

Juillet 1732.

M. le duc de Bourbon étant parti de Chantilly pour venir à Paris, le 3 juillet 1732, reçut à Saint-Denis un ordre du Roi pour retourner à son exil, à Chantilly.

On conjecture que ce nouvel exil a pour motif la situation des affaires du temps.

Août 1732.

Le dimanche 3 août, les gens du Roi vinrent voir M. le cardinal de Fleury, pour lui communiquer les remontrances que le Parlement avait dressées; ils dînèrent avec Son Eminence. M. le cardinal leur dit que le Roi ne voulait point que le Parlement envoyât de députés, mais qu'il recevrait M. le premier président et deux autres présidents.

Le lundi 4 août, M. le premier président Portail, M. le président Lepelletier et M. le président de Maupeou vinrent apporter au Roi les remontrances du Parlement.

Le Roi les reçut dans son cabinet et les donna à M. le cardinal de Fleury.

On ne sait pas ce qu'elles contiennent.

On conjectura alors que le mandement de Mgr l'archevêque de Paris, du 27 avril 1732, serait anéanti.

Mais on changea bien d'avis quand on eut appris la réponse du Roi aux remontrances. Cette réponse fut la déclaration du 18 août 1732.

Le Roi vient de mander le premier président et les gens du Roi, à Marly, pour y recevoir ses ordres.

Ils partirent de Paris le mardi matin, 19 août. On fit la remarque que leur carrosse versa à la porte de la Conférence.

Étant arrivés à Marly, le Roi leur dit que les enquêtes se comportaient de manière à éprouver sa patience; qu'ils évitassent de le forcer à leur marquer son indignation! Qu'il avait rendu une déclaration, que son chancelier la leur remettrait, en leur faisant connaître plus particulièrement ses volontés.

Le mercredi 20 août, toutes les chambres s'assemblèrent et refusèrent d'enregistrer cette déclaration, parce qu'elle ne contient rien de tout ce qui avait été promis à M. le premier président Portail, dans les pourparlers qu'il a eus avec les ministres avant le raccommodement qui a donné occasion à MM. des enquêtes de reprendre leurs commissions.

Le Parlement continue à insister sur la permission de faire d'itératives remontrances, et la Cour continue à refuser de l'écouter, tout le temps qu'il suspendra ses fonctions publiques.

Le Châtelet ne tient plus ses audiences, les avocats de cette juridiction ayant suivi l'exemple de ceux du Parlement.

Août 1732.

S. Em. Mgr Delci, nonce de N. S. P. le Pape, fit courir dans Paris un libelle contre l'État et le Parlement. Les gens du Roi le dénoncèrent au Parlement, ce qui n'empêcha pas le nonce de faire son entrée à Paris, le 3 août 1732, et à Versailles le mardi 5 août, par un temps de pluie.

CHANSON A L'OCCASION DU LÉGAT.

> Le Parlement enfin,
> Mon cousin,
> A frisé la potence.
> Du Légat peu bénin,
> Mon cousin,
> On casse la sentence.
> Mon cousin,
> Voilà, mon cousin, l'allure, mon cousin,
> Voilà, mon cousin, l'allure.

Le bon Parisien,
Mon cousin,
Dans sa juste colère,
Voudrait voir l'Italien,
Mon cousin,
Et fl.... aux galères,
Mon cousin.
Voilà, mon cousin, l'allure, mon cousin,
Voilà, mon cousin, l'allure.

Août 1732.

Les mousquetaires arrivèrent à Versailles le 27 août 1732. Le 28, ils passèrent une revue à Marly, d'où ils retournèrent à Paris.

Chaque compagnie de mousquetaires est composée de deux sous-lieutenants, un enseigne, un cornette, huit maréchaux des logis, un aumônier, un chirurgien major, six tambours, quatre hautbois, trois maréchaux, trois selliers, trois éperonniers, un écuyer, un piqueur, quatre brigadiers, seize sous-brigadiers, un porte étendard, un porte drapeau, et deux cent seize mousquetaires. (Depuis la guerre de 1733, ils ont été portés à deux cent cinquante-huit.)

On les logea dans les cabarets, par billets, mais la plupart furent assez généreux pour payer leurs lits.

Septembre 1732.

Le Roi, qui depuis plusieurs jours habitait Marly, en partit le 3 septembre et arriva à Versailles à neuf heures et demie du matin.

Les gens du Parlement auxquels Sa Majesté avait donné l'ordre de s'y rendre, arrivèrent sur les neuf heures. Le Roi tint son lit de justice dans la salle des gardes. Il dura depuis onze heures du matin jusqu'à une heure après midi.

Il y avait cent cinquante-neuf présidents et conseillers en robe rouge.

Le Roi fit enregistrer la déclaration concernant la levée des 4 sous pour livre, que le Parlement avait déjà refusé d'enregistrer, et la déclaration du 18 août, qui n'est point avantageuse à cette compagnie.

On a remarqué que le duc du Maine, prince d'Ombes, comte d'Eu, et le comte de Toulouse ne vinrent point à cette séance; mais, ce qui est sans exemple, c'est que le premier président ne s'y est point trouvé.

Dans l'après-midi du même jour, M. de Maurepas, secrétaire d'État, alla travailler pendant une heure avec M. le duc d'Orléans.

Le lendemain, 4 septembre, M. le cardinal de Fleury, premier ministre, alla trois fois chez M. le duc d'Orléans, et y resta deux heures. On ne sut point quel en était le motif; on conjectura seulement que c'était à l'occasion de l'exil des gens du Parlement, qui fut arrêté dès ce jour, quoiqu'il ne leur ait été notifié que deux jours après.

Septembre 1732.

De retour à Paris, le Parlement fit ses protestations contre l'enregistrement des deux déclarations.

Le 6 septembre, tous les sénateurs s'étant réunis au palais, réglèrent que toutes les chambres resteraient assemblées, mais qu'elles n'exerceraient point leurs fonctions jusqu'à la Saint-Martin; et il ne fut point nommé de chambre de vacations.

Le Roi fut indigné de la conduite du Parlement, et le 7 septembre, à 6 heures du matin, les membres des cinq chambres des enquêtes et des deux des requêtes, au nombre de cent cinquante-six, reçurent des lettres de cachet qui furent signifiées à chacun d'eux par deux mousquetaires. Ces lettres contenaient l'ordre de sortir dans les vingt-quatre heures de Paris, pour se rendre à leur exil.

MODÈLE DES LETTRES DE CACHET SIGNIFIÉES AUX MEMBRES DU PARLEMENT QUE LA COUR A JUGÉ A PROPOS D'EXILER.

« Monsieur N..., conseiller en mon Parlement, comme j'ai des raisons d'être mécontent de vous, je vous ordonne de sortir, dans les vingt-quatre heures, de ma ville de Paris, et de vous rendre à. . . . . . . pour y attendre mes ordres.

« Je prie Dieu, Monsieur, qu'il vous ait en sa sainte garde.

« Signé : LOUIS. »

Et plus bas :

« PHÉLYPEAUX.

« A Versailles, le 6 septembre 1732. »

Après l'exil de la plus grande partie des membres du Parlement, la grand'chambre eut ordre de s'assembler le 9 septembre, et d'établir une chambre de vacations. Cette chambre fut nommée et tint ses séances deux fois la semaine.

Septembre 1732.

Les écrivains suivant la Cour avaient le droit de venir s'établir et ouvrir boutique dans les cours et dans l'intérieur même des châteaux du Roi. Quelques abus s'étant glissés parmi eux, M. de Montsoreau, grand prévôt, fit le règlement suivant :

« Nous, Louis de Bouschet, chevalier seigneur, comte de Montsoreau, marquis de Sourches et du Bellay, lieutenant général des armées du Roi, conseiller d'Etat, prévôt de l'hôtel de Sa Majesté, grand prévôt de France, étant informé que plusieurs particuliers s'ingèrent de venir s'établir écrivains à la suite de la Cour, et d'y avoir même des boutiques ou échopes auxquelles ils apposent leurs noms et inscriptions sans notre permission, et que quelques-uns d'entre eux, peu versés dans les affaires, glissent dans leurs ouvrages des termes équivoques, qui jettent les personnes qui les emploient dans de grands embarras dont elles ont peine à se relever, avons résolu, afin de remédier à cet abus, de faire le présent règlement.

« ARTICLE PREMIER.

« Connaissant la capacité des nommés Besnard, La Boexière, Devaux, André et Nouillard, nous les avons admis et admettons pour écrivains ordinaires à la suite de la Cour, et leur permettons d'y avoir chacun une ou deux boutiques, pourvu que leurs noms et inscriptions ordinaires ne soient qu'à l'une des deux, à condition par eux de se conformer aux règlements de police ; défense à eux de transcrire ou faire transcrire aucuns ouvrages prohibés et contre les bonnes mœurs, sous peine de punition corporelle.

« ARTICLE DEUXIÈME.

« Aucun autre écrivain ne pourra s'établir, à l'avenir, à la suite de la Cour sans notre permission par écrit.

« ARTICLE TROISIÈME.

« Ordonnons que tous écrivains, excepté ceux ci-dessus nommés, seront tenus de fermer leurs boutiques ou échopes, et d'effacer leurs noms et inscriptions qui seront sur icelles, vingt-quatre heures après que le présent leur aura été notifié.

« Fait à Fontainebleau, le Roi y étant, le 26 septembre 1732.

« Signé : DE MONTSOREAU (1). »

---

(1) A Versailles ces écrivains, comme tous les marchands suivant la Cour, avaient boutiques ouvertes dans l'intérieur même du château. Elles étaient situées de chaque côté des grandes ailes, dans les longs corridors du rez-de-chaussée et du premier étage, où sont aujourd'hui les statues des rois de France et des grands personnages.

Septembre 1732.

ADIEU DU PEUPLE AUX MAGISTRATS PROSCRITS.

Sur les ailes de la victoire,
Partez sénateurs généreux ;
Vos vainqueurs, confus et honteux,
Ne terniront pas votre gloire.

Ainsi dans la Grèce, autrefois,
On vit une ingrate patrie
Immoler à sa jalousie
Les vrais défenseurs de ses droits.

Quand Rome aux attentats s'anime,
Porte ses coups contre nos rois,
Vous réclamez les justes lois,
Et le devoir fait votre crime.

Fuyez cette terre ennemie !
Mais hélas ! que demandons-nous ?
Le seul frein de la tyrannie
Ne s'en va-t-il pas avec vous ?

Novembre 1732.

Le Roi vient de donner de nouvelles marques de sa bonté. L'accommodement entre la Cour et le Parlement vient enfin de se terminer dans un conseil extraordinaire tenu à Fontainebleau, le 9 novembre 1732.

La plupart des membres de cette auguste compagnie commençaient à s'ennuyer dans leur exil, au milieu des plaisirs qu'ils y prenaient.

Comme on est convaincu à la Cour et à la ville que cette compagnie ne fera pas une seconde fois la fausse démarche de se démettre de ses charges, elle doit s'attendre à essuyer autant de mortifications qu'il s'en présentera d'occasions du côté de la Cour.

Voici la réponse du Roi, dans le conseil extraordinaire du 9 novembre.

« Ayant été mécontent de mon Parlement, je lui ai fait sentir les effets de ma colère. Je veux bien attribuer à son zèle sa conduite, et lui rendre ma confiance, et suspendre en conséquence l'exécution de ma déclaration du 18 août 1732.

SUR LES DISPUTES DES PRÉLATS ET DU PARLEMENT.

L'on voit incessamment deux partis disputer,
Sur le double pouvoir raisonner sans s'entendre ;
Le peuple, sans y rien comprendre,
Pour l'un ou l'autre s'entêter ;
Et d'une dispute authentique,
Qu'on entend moins, plus on l'explique,
Après un ennuyeux débat,
Après mille raisons, réplique sur réplique,
La haine des partis en est le résultat.

Novembre 1732.

Les brouilleries du Parlement de Paris ont duré dix-huit mois. Cela a fait plus de mal que de bien à cette compagnie et à ses petits membres, comme greffiers, avocats et procureurs, sans compter que cela a été très coûteux aux parties.

Enfin il n'en est rien résulté d'avantageux au Parlement, qui est heureux d'avoir un Roi clément et sans ressentiment.

Un autre exemple de bonté et de clémence de Sa Majesté, c'est à l'occasion de l'archevêque d'Arles, réfractaire et brouillon. Il a fait lui-même un triste portrait de son caractère, en publiant son mandement au sujet de la bulle qui ordonnait un jubilé pour l'exaltation du Saint-Père.

Le Roi, pour punir l'archevêque de sa désobéissance, l'exila dans une bonne abbaye de Bénédictins (l'abbaye de Saint-Valery, en Picardie), où ce prélat est le maître, où l'on boit d'excellent vin, où l'on fait chair de *commissaire*.

Malgré toutes ces aisances, on se flatte que le prélat pourra y réformer ses idées et apprendre chez les moines la doctrine de l'obéissance que tout sujet doit à son souverain et aux tribunaux dépositaires de l'autorité royale.

1732.

M. LE DUC DE NOAILLES.

Le duc de Noailles, fils du maréchal, est né en 1678. Rien n'a été épargné pour son éducation. Il passe pour le plus savant et l'un des plus braves seigneurs de la Cour.

Il est capitaine de la première compagnie des gardes du corps que l'on nomme compagnie écossaise, duc et pair de France, gouverneur du Roussillon, de Saint-Germain, et grand d'Espagne.

Blouin, l'un des quatre premiers valets de chambre de Louis XIV, fut nommé au gouvernement de Versailles, en 1700, à la mort de Bontemps. Blouin et le fils de Bontemps, qui était aussi l'un des quatre premiers valets de chambre du Roi, ne vivaient pas en très bonne intelligence. Bontemps désirait beaucoup avoir la survivance du gouvernement de Versailles, que possédait son père. Pendant un voyage de Blouin aux eaux de Forges, une des maîtresses du duc d'Orléans, régent, fit obtenir à Bontemps cette survivance qu'il désirait tant. Dans sa joie, il le publia partout. Aussitôt que Blouin apprit cette nouvelle, il hâta son retour. Il était très bien avec les premiers valets de chambre du duc d'Orléans. Dès son arrivée, il leur fit demander si le Régent était indisposé contre lui; et sur leur réponse que non-seulement le prince n'avait rien contre lui, mais que Son Altesse Royale le verrait avec plaisir, il se rendit aussitôt à Paris. Blouin avait ses petites entrées familières chez le duc d'Orléans; il entra dans sa chambre comme le prince était encore au lit, et le pria de révoquer la survivance du gouvernement de Versailles, qu'il avait accordée à Bontemps. Celui-ci n'avait pas eu le soin de s'en faire expédier les provisions et de les faire enregistrer avant de parler, de sorte que le duc d'Orléans, qui ne se trouvait lié que par sa parole, la révoqua facilement et accorda à Blouin ce qu'il lui demandait. Ainsi, parce que Bontemps, quoique vieilli à la Cour, avait agi en jeune homme écervelé, il n'eut rien.

Quelque temps après, en 1719, Blouin et le duc de Noailles sollicitèrent le duc d'Orléans d'accorder cette survivance du gouvernement de Versailles au comte de Noailles, fils cadet du duc, et alors âgé de quatre ans. Le Régent leur accorda d'autant plus volontiers cette faveur, qu'il était le parrain de l'enfant. Et voilà comment, par la faute de Bontemps, le gouvernement de Versailles, qui avait toujours appartenu à l'un des quatre premiers valets de chambre du Roi, passa dans la maison de Noailles.

Le duc de Noailles ayant assez bien servi dans les troupes du Roi, obtint, par le canal de la Maintenon, le commandement de l'armée sur la frontière d'Espagne. Il s'y conduisit assez bien, jusqu'au moment où le duc de Vendôme fut envoyé en Espagne pour consolider sur la tête du Roi une couronne qui y était bien chancelante. Mais après la victoire remportée par le prince sur le comte de Staremberg, et qui rétablit les affaires du Roi, il paraît que le duc de Noailles reçut l'ordre d'empêcher les troupes qui venaient d'être battues d'entrer dans Barcelonne; et qu'il n'exécuta pas ou ne put pas exécuter cet ordre.

Le duc de Noailles était du parti du duc d'Orléans, et l'on dit qu'il lui a révélé bien des choses qu'il savait par sa parente Mme de Maintenon. A peine le duc d'Orléans fut-il parvenu à la régence, que le duc de Noailles le pria d'être le parrain du comte de Noailles, son second fils, qu'il tint sur les fonts de baptême avec Mme la princesse de Conti.

Le 1er septembre 1715, le Régent ôta l'administration des finances à Colbert-Desmarets, et la donna au duc de Noailles.

Le 26 décembre 1715, le nouveau contrôleur général des

finances fit remettre à 4 livres les écus qui avaient été réduits à 3 livres 10 sous le 1ᵉʳ septembre ; il fit aussi frapper, à l'effigie de Louis XV, les écus de huit au marc et à trois couronnes fabriqués en 1709, et leur donna la valeur de cent sols ; enfin, il fit frapper des louis d'or de 20 livres au marc, à l'effigie de Louis XV, avec une couronne sur la tête. Comme cette couronne était placée un peu en arrière, les plaisants demandaient si c'était pour lui mettre ou pour lui ôter ; sur le revers, il y a quatre écussons. C'est la monnaie la plus belle qui ait paru depuis les Varins, sous Louis XIII ; on a donné à ces pièces le nom de *louis d'or de Noailles*.

La faveur ne dure pas toujours à la Cour, et comme le duc de Noailles s'aperçut que la sienne commençait à diminuer, il remit au duc d'Orléans l'administration des finances.

Le 22 février 1722, le duc de Noailles ayant rencontré le cardinal Dubois, que le duc d'Orléans venait de faire premier ministre après lui avoir donné entrée dans le conseil, lui adressa les paroles suivantes :

« Cette journée, Monsieur, sera inscrite dans l'histoire, et l'on ne manquera pas de remarquer que votre entrée au Conseil en a fait déserter tous les grands du royaume. »

Le duc de Noailles fut exilé en Auvergne, pour avoir fait ce compliment.

Le maréchal de Tessé, qui passe pour homme d'esprit et fin politique, me dit un jour que le duc de Noailles était un des meilleurs sujets du Roi, et qu'il aurait rétabli les finances s'il en avait conservé la direction ; que ce qui avait été la cause de son exil était non-seulement ce qui s'était passé dans sa rencontre avec le cardinal Dubois, mais encore son opposition à certaines choses que le duc d'Orléans voulait exiger de lui contre sa conscience et le bien du service du Roi.

Une de ses filles a été mariée au prince Charles de Lorraine, grand écuyer de France. On dit que le duc de Noailles lui ayant payé en billets de banque sa dot, qui était de deux millions, le prince lui renvoya et la dot et la femme.

Une autre de ses filles s'est mariée avec le marquis fils du maréchal de Villars.

Enfin, une troisième a été mariée au fils du duc de La Force, frère de celui dont il a été tant parlé à l'occasion de marchandises qu'il avait achetées et mises en magasin aux Grands-Augustins, et contre lequel le Parlement a rendu un arrêt qui ne lui fait pas grand honneur.

Le fils aîné du duc de Noailles, qui se nomme comte d'Ayen, a obtenu la survivance de toutes les charges et des gouvernements dont son père est revêtu; et quoiqu'il ne soit âgé que d'environ dix-huit ans, il a été agréé pour faire les fonctions de capitaine des gardes, à commencer du 1er janvier 1732.

Le comte de Noailles, son second fils, qui a la survivance du gouvernement de Versailles, ne s'étant trouvé âgé que de quatorze ans lors de la mort de Blouin, le duc fut obligé d'en exercer les fonctions jusqu'à ce que son fils fût en âge convenable de les exercer lui-même.

Le duc de Noailles a hérité considérablement à la mort de Mme de Maintenon.

Le 11 novembre 1729, M. le duc de Noailles prit les fonctions de gouverneur de Versailles, pendant la minorité du comte de Noailles.

Un de ses valets de chambre, qui était avec lui depuis vingt-cinq ans, me dit un jour que le duc aimait beaucoup la nouveauté; que dans le commencement, il prendrait connaissance de toutes les affaires de ce gouvernement, qu'ensuite il s'en dégoûterait, et chargerait quelques personnes de confiance du menu détail des affaires.

En effet, six mois après environ, ce seigneur fit entendre à M. le cardinal de Fleury, premier ministre, que s'il venait à se déclarer quelque guerre, il ne pourrait se dispenser de préférer le métier des armes aux fonctions du gouvernement de Versailles; qu'il pensait qu'il serait convenable de créer un inspecteur, pour le remplacer pendant son absence, et il proposa une de ses créatures pour remplir cet emploi. M. le cardinal, bien loin de rejeter cette proposition, dit à M. le duc de Noailles, qu'il avait parfaitement raison, et qu'il en parlerait au Roi. Mais au lieu de nommer la personne que le duc de Noailles avait proposée, le Roi et M. le cardinal firent choix de M. Bachelier, l'un des quatre premiers valets de chambre de Sa Majesté, auquel il fut expédié, en 1730, des provisions d'inspecteur général des châteaux et domaines de Versailles et de Marly. M. le duc de Noailles reconnut alors sa faute; mais il n'y avait plus de remède. Il dissimula son chagrin; mais Tourterel, l'un de ses secrétaires, dont nous allons parler, dit qu'il en fut si fort ébranlé, qu'il voulut se retirer de la Cour, et que ses conseils l'en empêchèrent.

Il est certain que M. le duc de Noailles, qui a cependant beaucoup d'esprit, a fait là une démarche bien inconsidérée; car sans elle, le Roi et M. le cardinal n'auraient jamais pensé à créer un inspecteur au gouvernement de Versailles, qui ne peut être là que pour le contrôler. *Voilà une preuve que les grands ne sont pas exempts de faire des fautes.*

PROCÈS ENTRE M. LE DUC DE NOAILLES ET LE SIEUR TOURTEREL, CI-DEVANT SON SECRÉTAIRE.

Claude-Philibert-Michon de Tourterel est originaire de Bourg en Bresse. On appelait par dérision son père l'Évangéliste, parce qu'il ne disait jamais la vérité. Il fit d'assez bonnes études, et se livra d'abord à l'enseignement. Il a été jésuite pendant sept ans; il se maria ensuite, en 1718, à une fille dont il avait eu un enfant. Il dit aussi avoir exercé la profession d'avocat à Dijon. Il se livra ensuite à des spéculations, et s'associa avec M. de Lotichy, baron allemand, qu'il trompa, et qui fut obligé de faire rompre leur société, et d'obtenir contre Tourterel plusieurs sentences et arrêts, confirmés au Parlement de Paris, qui le condamnent par corps à lui payer une somme montant à six mille livres.

Le baron de Lotichy ayant menacé Tourterel de faire mettre ces arrêts à exécution, celui-ci, pour en empêcher l'effet, se fit recevoir garde du corps dans la compagnie de Charrost. Le sieur de Lotichy s'adressa alors au ministre qui lui accorda une lettre de cachet dont M. le duc de Charrost parvint à empêcher l'effet.

Un peu plus tard, Tourterel fit la connaissance du sieur de Saint-Pierre, habile architecte, qui s'occupait beaucoup de recherches géographiques. Tourterel ayant eu en sa possession le manuscrit du sieur de Saint-Pierre, fit de son côté quelques recherches, et en forma un ouvrage complet. Quoique la plus importante partie de cet ouvrage fût évidemment du sieur de Saint-Pierre, Tourterel se l'attribua tout entier. Il le dédia ensuite et le présenta au Roi, dont il reçut des récompenses en argent, et le titre de géographe du Roi, qu'il porta aussitôt, sans en avoir la capacité.

M. le duc de Noailles, persuadé que les ouvrages présentés au Roi par Tourterel étaient véritablement de lui, le fit sortir des gardes du corps en 1729, pour en faire un de ses secrétaires ; et comme depuis la mort de Blouin il avait été obligé d'établir son séjour ordinaire à Versailles, il donna à Tourterel un logement dans son hôtel.

Versailles est une ville très considérable. Elle renferme beaucoup de peuple parmi lequel il s'élève de fréquentes contestations ; et l'on y est dans l'usage d'adresser au gouverneur des placets qui contiennent les plaintes des particuliers.

Le duc de Noailles avait une entière confiance dans Tourterel, et comme celui-ci était toujours à ses côtés, afin de se rendre plus nécessaire, il lui remettait tous les placets qui lui étaient présentés, pour les adresser aux diverses personnes chargées d'instruire ces affaires. Mais Tourterel s'était attribué une autorité que M. le duc de Noailles ne lui avait pas donnée.

Il envoyait chercher par les Suisses de la patrouille les uns et les autres de ceux qui se plaignaient, et après leur avoir adressé des menaces, et souvent fait subir de mauvais traitements, il les condamnait de sa propre autorité, soit à des peines pécuniaires, soit à la prison.

Ces violences ne pouvaient pas durer longtemps, sans que M. le duc de Noailles en fût informé. Mais comme il n'est pas toujours facile d'approcher des grands, et que d'ailleurs on est obligé de prendre bien des précautions pour les prévenir des vexations que font éprouver ceux à qui ils ont donné leur confiance, ce ne fut que plus d'un an après les avoir commises, que M. le duc de Noailles fut instruit de celles que Tourterel commettait en son nom.

Exploitant toujours la confiance que M. le duc de Noailles avait en lui, Tourterel lui persuada de lui faire accorder par le Roi, en pur don, le terrain et même les matériaux des écuries des gardes du corps du Roi, sous la condition de faire construire un hôtel pour le logement des gardes du guet, à Versailles (1). Le duc étant entré dans ses vues, Tourterel dressa une requête en forme d'arrêt du conseil, au bas duquel le Roi mit *bon*. Le bon du Roi lui ayant été remis dans les premiers jours de décembre 1730, il courut aussitôt à Paris, sans avoir eu la précaution de faire expédier des lettres-patentes et de les faire enregistrer, et pour trouver plus facilement des personnes qui voulussent lui prêter de l'argent, et des entrepreneurs pour la construction de cet hôtel, il prit le titre d'intendant de M. le duc de Noailles. Déjà, depuis deux mois, il était établi à Paris dans une auberge, dont il n'osait pas sortir sans payer, et

(1) Les gardes du corps n'avaient pas alors d'hôtel à Versailles. Il n'y avait que des écuries où l'on mettait les chevaux du détachement de service auprès du Roi, que l'on nommait le guet. Les écuries étaient situées sur l'emplacement de la caserne actuelle de la rue Royale.

comme il n'avait pas d'argent et qu'il craignait un scandale qui l'aurait empêché de contracter les engagements nécessaires à son entreprise, il écrivit à sa femme de chercher à Versailles quelqu'un qui pût lui prêter la somme nécessaire pour le tirer avec honneur de son auberge.

Déjà, pour se faire une sorte de position, Tourterel avait fait répandre dans le public qu'il allait être lieutenant général de police à Versailles, dont il s'était déjà ingéré de faire quelques fonctions, dans la partie qui s'exerce sous l'autorité du gouverneur, et qu'on nomme *police militaire*.

Petit, huissier à Versailles, qui voyait déjà Tourterel secrétaire de confiance de M. le duc de Noailles, et bientôt lieutenant général de police, crut qu'il lui procurerait quelque poste avantageux, et alla lui porter à Paris deux mille livres. Cette somme le tira d'affaire ; il paya son aubergiste, le notaire qui avait passé ses marchés avec les entrepreneurs, et revint à Versailles.

Pendant le séjour de Tourterel à Paris, M. le duc de Noailles avait été informé de l'abus qu'il avait fait de son nom, en se faisant passer pour son intendant, et des violences qu'il avait exercées à Versailles. Dès ce moment, et sans découvrir son dessein, il chercha les moyens convenables de faire révoquer le don du Roi et de congédier Tourterel.

A son retour à Versailles, Tourterel s'aperçut bien que M. le duc de Noailles n'avait plus en lui la même confiance.

Il commençait à s'en inquiéter, lorsque, quelques jours après, M. le duc de Noailles lui retira tous les papiers qu'il lui avait confiés, et lui ordonna de quitter son hôtel.

Ainsi la faveur de Tourterel a duré environ un an, et, pendant cette année, il a fait un grand nombre de vexations aux habitants de Versailles, et a su escamoter de l'argent à un plus grand nombre.

M. le duc de Noailles ne se contenta pas de renvoyer

Tourterel, il rendit compte de sa conduite au ministre. Il reçut l'ordre d'aller en Bourgogne, dans son lieu de naissance, et comme il ne voulut pas obtempérer à cet ordre, il fut arrêté et conduit au fort l'Evêque le 4 octobre 1731.

Dans cette prison, Tourterel, assisté de M° Lefébure, avocat au conseil, a fait une requête et un mémoire contre M. le duc de Noailles. Dans ce mémoire, que l'on peut considérer comme un libelle diffamatoire contre M. le duc de Noailles, Tourterel révèle des faits odieux et tout à fait étrangers à son entreprise de l'hôtel des Gardes, dont il aurait dû seulement s'occuper, et pour laquelle il aurait pu demander une indemnité, puisqu'il avait plu au Roi de révoquer son don et de le faire passer à tout le corps de ses gardes.

Par un arrêt du Conseil d'Etat, rendu sur le propre mouvement du Roi, au commencement de mars 1732, M. Lefébure fut interdit de ses fonctions d'avocat et forcé de se défaire de sa charge, pour avoir prêté son ministère à ce libelle.

Vers la fin du mois de mars, il a paru une seconde requête de Tourterel contre le duc de Noailles. Lorsqu'elle parut, tout le monde disait que la première n'était que des roses, en comparaison de la seconde qui était un véritable poison.

C'est une cruelle mortification pour ce seigneur de se voir ainsi calomnié par un homme dont il voulait faire le bien, et qu'il a été forcé de chasser d'auprès de lui, à cause de ses violences et de sa mauvaise conduite.

Quoique les requêtes et les mémoires de Tourterel aient été supprimés par arrêt du Conseil, Narbonne en a précieusement conservé la copie, malgré toutes les attaques qu'on y trouve contre le duc de Noailles, le chef du gouvernement de Versailles. C'est que, malgré tout le respect que le commissaire de police affecte pour les grands, on voit, dans toutes les occasions, percer le plaisir qu'il éprouve, ainsi que toute la bourgeoisie de cette époque, de les trouver en défaut.

Nous donnons ces mémoires, qui contiennent des détails curieux, et montrent en effet à combien de tripotages se livraient alors les gens les plus haut placés.

Première requête.

« AU ROI ET A NOS SEIGNEURS DE SON CONSEIL D'ÉTAT.

« Sire,

« Claude-Philibert Michon de Tourterel, ingénieur et géographe de Votre Majesté, lui représente très humblement :

« Que depuis l'avénement de Votre Majesté au trône, qu'elle remplit si dignement, il ne s'est peut-être encore présenté aucune affaire particulière qui ait mérité plus d'attention que celle pour laquelle le suppliant ose prendre la liberté de réclamer aujourd'hui la justice de Votre Majesté et de son Conseil d'Etat.

« En effet, il ne s'agit pas seulement de la fortune d'un sujet fidèle qui, depuis plusieurs années, n'a cherché qu'à procurer le bien du service de Votre Majesté ; d'un sujet dont la ruine entraînerait nécessairement celle d'un grand nombre d'entrepreneurs, qui n'ont contracté des engagements considérables que pour mettre le suppliant en état de remplir ceux qu'il avait pris avec Votre Majesté. Mais ce qui est encore plus important, il s'agit, dans cette affaire, quoique particulière, de l'autorité que doit avoir une décision respectable donnée par Votre Majesté, en connaissance de cause, et sollicitée par le premier corps de vos troupes. Enfin, il est question de décider si l'on punit avec justice un prévaricateur, ou si l'on opprime, de la manière la plus injuste et la plus odieuse, un sujet digne de récompense.

« La cause du suppliant sera établie sur des fondements si solides, qu'il ne craint point de se soumettre respectueusement à la punition la plus sévère, s'il a commis quelque prévarication dans cette affaire. Mais aussi ose-t-il espérer de l'équité de Votre Majesté une justice proportionnée, s'il n'est pas coupable. C'est dans cette confiance qu'il prendra la liberté d'exposer à Votre Majesté toute la conduite qu'il y a tenue.

« Le suppliant ayant eu le bonheur de se faire connaître à Votre Majesté en 1727 et 1728, par deux ouvrages qu'elle daigna récompenser chacun dans son temps, fut chargé, au commencement de 1729, de composer un règlement général pour le service, la police, la discipline et les priviléges des gardes du corps et des autres compagnies de la maison de Votre Majesté, ensemble des grenadiers à cheval et de la gendarmerie ; il y travailla pendant près de deux ans, avec assez de succès pour ne laisser que peu de chose à désirer sur cette matière.

« La parfaite connaissance que ce pénible travail lui donna des besoins des gardes du corps, lorsqu'ils servent auprès de Votre Majesté, lui inspira le dessein de les rassembler à Versailles, de les loger et de les faire vivre dans un même hôtel, où les moins aisés pourraient subsister commodément pendant leur guet, quand même ils y seraient venus sans argent, ce qui ferait aussi cesser tout à la fois et les plaintes continuelles inséparables du crédit que l'on est obligé de faire à plusieurs, et les affaires que leur occasionne la malheureuse nécessité d'être compromis avec toutes sortes de gens, dans les petites auberges où ils mangent.

« L'idée du suppliant, et les conditions qu'il proposa, furent fort goûtées de tous les officiers qui servaient pour lors.

« Le sieur de la Billarderie, major, eut ordre de ses supérieurs de les faire proposer à Votre Majesté, qui jugea à propos d'autoriser cet établissement par le *bon* qu'elle mit, le 1ᵉʳ décembre 1730, sur la requête du suppliant, en forme d'arrêt du conseil, dont copie est ci-jointe.

« Sur la foi de ce titre respectable, que l'on remit le lendemain au suppliant, et par lequel Votre Majesté lui fit don du terrain nécessaire, ordonna qu'il lui serait expédié brevet et lettres-patentes, et lui permit de déléguer le produit annuel à ceux qui lui fourniraient les sommes nécessaires pour cette entreprise, le suppliant, après avoir fait tous ses marchés avec les entrepreneurs, et emprunté ce dont il avait besoin de fonds pour les travaux qu'il devait faire faire pendant l'année, fit mettre de toutes parts la main à l'œuvre.

« Jamais ouvrage ne fut poussé avec plus de vivacité, et un des principaux officiers du corps (M. le duc de Noailles) lui prêta des matériaux pour en accélérer l'exécution.

« Mais après que le suppliant et ses entrepreneurs eurent amassé pour plus de 20,000 écus de bois, de pierres et autres matériaux, ils eurent la douleur de se voir traverser avec violence, contre toutes les règles de l'équité, sans aucun prétexte légitime. En effet, quels motifs pouvait-on avoir ?

« 1° On convenait, comme on convient encore, que l'entreprise était avantageuse au corps, et même absolument nécessaire pour le bien du service de Votre Majesté ;

« 2° Ni Votre Majesté ni le corps n'ont fourni aucuns deniers pour l'exécution, et par conséquent point de risques ;

« 3° Les entrepreneurs, gens riches et solvables, ont déclaré qu'ils ne demandent rien à Votre Majesté ni au corps, mais seulement qu'on les laisse travailler conformément aux engagements qu'ils ont avec le suppliant; par conséquent point de sujet de craindre qu'ils manquent à leur entreprise.

« Malgré tout cela on s'est raidi à vouloir enlever au suppliant le fruit de son travail, pour donner lieu à une nouvelle idée qui ne fut jamais approfondie, ni assez réfléchie, et dont la dépense et l'entretien seraient infiniment à charge à Votre Majesté et au corps de ses gardes ; car il est aisé de voir, par le mémoire ci-joint du suppliant, que la dépense nécessaire pour l'exécution et l'entretien du nouveau projet excéderait de trois cinquièmes le capital du revenu annuel qui a été réglé au suppliant par Votre Majesté.

« C'est pour favoriser l'exécution de cette nouvelle idée, qu'on surprit à la religion de Votre Majesté un ordre qui fut notifié au suppliant le 3 octobre 1731, par lequel il lui fut enjoint de se retirer en Bourgogne; que le lendemain on voulut le forcer de signer, moyennant une somme de trois mille livres, un acte contenant désistement et du don de Votre Majesté, et de tous dédommagements pour raison de son entreprise.

« Inutilement demanda-t-il qu'on lui fît voir s'il avait plu à Votre Majesté de révoquer le titre du 1er décembre 1730, et de casser et annuler tout ce qui avait été fait en conséquence; en vain représenta-t-il qu'il avait lui seul dépensé le double de ce qu'on lui offrait, et que les entrepreneurs avaient fait plus de 60,000 livres de dépenses, et qu'il ne pouvait, par conséquent, ni en honneur, ni en conscience, leur faire un tort si considérable, et s'exposer à leurs justes poursuites. Rien ne fut capable de fléchir la dureté avec laquelle on le traita; et, sur son refus de signer un tel acte, on le fit conduire sur le champ au fort l'Évêque, où on essaie, par les voies les plus odieuses, de le faire périr.

« Telle est, en peu de mots, l'extrémité où l'on réduit un fidèle sujet, parce qu'il demande justice à l'occasion d'une entreprise pour l'exécution de laquelle il a été autorisé; entreprise applaudie et favorisée par ceux mêmes qui l'en veulent priver; et enfin, parce qu'il se plaint que depuis trois ans entiers qu'on l'a employé à toutes sortes d'affaires, non-seulement on ne lui a pas tenu une seule des paroles qu'on lui a si souvent données, mais qu'on lui a même injustement enlevé un ouvrage qu'il a composé, et pour l'impression duquel on lui avait expressément promis le privilége, ainsi que le tout est plus au long détaillé dans le mémoire ci-joint.

« La ferme confiance du suppliant en la justice de Votre

Majesté, en l'équité et la religion de votre Conseil d'Etat, est le seul motif de consolation qui lui reste sur la terre, dans les maux dont il est si injustement accablé. Il espère que Votre Majesté, rompant les fers dans lesquels il est détenu, voudra bien juger cette affaire dans son Conseil d'Etat.

« A ces causes, plaise à Votre Majesté ordonner que, conformément à sa décision du 1er décembre 1730, il sera expédié, au profit du suppliant, des lettres-patentes confirmatives du don que Votre Majesté lui a fait du terrain où sont actuellement les écuries de ses gardes du corps, pour y bâtir un hôtel qui sera à perpétuité destiné à loger lesdits gardes du corps, servant sur le guet, aux clauses et conditions énoncées dans ladite décision, et ce, nonobstant toutes lettres de don et autres décisions postérieures, si aucunes y a, qui pourraient avoir été surprises à la religion de Votre Majesté, lesquelles lettres et décisions postérieures, seront et demeureront révoquées, nulles et de nul effet ; et le suppliant continuera ses vœux et ses prières pour la santé et prospérité de Votre Majesté. »

Extrait des pièces justificatives du contenu ez-requête et mémoire ci-joint.

« 1° Par le dispositif de l'arrêt du Conseil, avec le *bon* du Roi, du 1er décembre 1730, Sa Majesté a agréé et agrée la proposition faite par le sieur de Tourterel, de bâtir un hôtel pour loger à perpétuité les gardes servant sur le guet ; a ordonné et ordonne qu'il lui soit expédié, pour lui, sa veuve, héritiers et ayants cause, un brevet du don que Sa Majesté lui a fait du terrain et des matériaux des vieilles écuries des gardes.

« Que le montant de la retenue ordonnée par Sa Majesté lui sera payé à la fin de chaque mois, ou sur ses quittances, à ceux qui seront par lui délégués, pour raison des deniers qui lui auront été fournis pour la construction dudit hôtel, et que pour l'exécution de cet arrêt, toutes lettres-patentes lui seront expédiées.

« 2° Par traité du 20 février 1731, reçu par Desplasse et son confrère, notaires, les sieurs Gaubier et Bernier, maîtres maçons et entrepreneurs à Paris, se sont obligés de rendre fait et parfait, au 1er décembre suivant ; le corps de logis d'habitation, en sorte qu'il puisse être habité ledit jour, et les bâtiments des écuries, en sorte qu'elles puissent servir au 1er septembre de l'année suivante, et pour sûreté de l'exécution desdites promesses, se sont soumis à déposer ez-mains du même notaire une somme de trente mille livres.

« 3° Par traité du 1er février 1731, fait avec les frères Guyard et Denis Lamy, ils se sont engagés à fournir le bois et construire toute la charpente et couverture, savoir : du corps de logis d'habitation, au 1er novembre de la même année, et celle des écuries, au 1er septembre de l'année suivante ; et pour sûreté desdites promesses, de faire voiturer sur les lieux la quantité au moins de quatre milliers de bois de charpente qui seront destinés pour les écuries, outre ceux qui seront nécessaires au bâtiment.

« 4° Par le traité fait avec le couvreur, par devant les mêmes notaires et le même jour, il s'est obligé de rendre toute la couverture faite et parfaite dans les mêmes délais ; et pour sûreté, de déposer l'été suivant, dans les magasins du sieur de Tourterel, l'ardoise, les clous, lattes et contre-lattes nécessaires auxdits bâtiments.

« 5° Par autres traités, le vitrier, le fabricant de couvertures de lit et autres, se sont obligés à exécuter tout ce qui regarde leurs professions.

« 6° Par acte du 8 mars 1731, M. le duc de Noailles a prêté et fait délivrer au sieur de Tourterel cent huit toises cubes de moellons, que ce seigneur avait fait tirer à Satory, pour accélérer l'exécution du bâtiment de l'hôtel que ledit sieur de Tourterel a entrepris de faire pour loger les gardes du corps, à condition par ledit sieur de Tourterel d'en faire tirer une pareille quantité, l'hiver suivant, au même lieu, pour rendre audit seigneur. »

MÉMOIRE POUR LE SIEUR DE TOURTEREL, INGÉNIEUR ET GÉOGRAPHE DU ROI.

« Si la persécution outrée que M. le duc de Noailles fait exercer contre moi, sous le nom du Roi, ne pouvait avoir d'autres suites que la perte de mon temps, de ma santé et de mon bien, on ne m'entendrait point aujourd'hui former de plainte, et je tairais au public le récit d'une vexation que je ne me suis attirée par aucune faute ; mais comme le bien d'autrui, ma réputation et ma propre conscience y sont également intéressés, je ne crois pas qu'il me soit permis de garder plus longtemps un silence aussi dangereux. Ce sont là les seuls motifs qui me forcent enfin de prendre malgré moi un parti que j'ai déjà différé beaucoup plus longtemps que je n'aurais dû ; je sais mieux qu'un autre la distance qu'il y a d'un simple particulier à un seigneur du rang de M. le duc de Noailles ; sur ce principe, je me renfermerai comme un honnête homme le doit faire, dans les règles de la plus exacte vérité, et détaillant ce qui sera nécessaire à ma cause, qui consiste à démontrer que jamais homme n'a été plus intimement et plus essentiellement attaché à M. le duc de Noailles, et cependant que jamais homme n'en a été plus injustement ni plus odieusement persécuté. Ainsi j'espère qu'eu égard à la violente situation où il me met, on me pardonnera aisément la liberté que je prends de parler à mon avantage, parce que j'y suis forcé pour ma propre défense, et qu'on ne désapprouvera pas la respectueuse hardiesse avec laquelle j'ose faire connaître au Roi, à son principal ministre, à son conseil et à tout le royaume l'injustice peut-être la plus marquée qui ait été faite depuis que Sa Majesté est montée sur le trône. Le récit simple de ce qui s'est passé entre M. le duc de Noailles et moi, depuis le jour qu'il m'a attiré à lui, suffira pour faire connaître les variations auxquelles je me suis trouvé exposé, et l'oppression sous laquelle on me fait gémir.

« Au commencement du mois de janvier 1729, je connaissais à peine de vue M. le duc de Noailles, lorsque les deux ouvrages imprimés que j'avais eu l'honneur de dédier et de présenter à Sa Majesté, en 1727 et sur la fin de 1728, inspirèrent à ce seigneur le dessein de m'attacher à lui. Il se servit pour cela, le 8 janvier, de son écuyer qu'il avait pris quelques mois auparavant dans la maison du Roi, où nous étions l'un et l'autre gardes du corps. J'étais si peu prévenu du dessein de M. le duc de Noailles que, dans la première conversation que j'eus avec lui, je n'hésitai pas à lui répondre en badinant sur certaines matières peu sérieuses. La conversation fut longue ; et ceux qui connaissent M. le duc de Noailles n'auront pas de peine à croire qu'il la fit rouler à sa manière ordinaire sur plusieurs sciences, sur les belles-lettres, sur les intérêts des différentes puissances de l'Europe, sur le droit, etc.

« Il parut que M. le duc de Noailles me goûtait, car il exigea que je le visse tous les jours, et dès le lendemain il me chargea d'une longue procédure criminelle instruite dans la ville de Laon, contre un particulier qu'il protégeait, et pour lequel il m'avoua qu'on lui avait refusé des lettres de grâce, parce que l'avis de M. l'intendant n'était pas favorable au prisonnier.

« Je dressai un mémoire, par lequel je fus assez heureux pour établir solidement que le crime dont il s'agissait, et qu'on voulait faire passer pour un assassinat, n'était qu'un homicide forcé, ou du moins très graciable ; et M. le duc de Noailles eut la satisfaction d'obtenir les lettres qu'il désirait.

« De toutes les affaires dans lesquelles M. le duc de Noailles m'employa pendant le reste de son quartier, je n'en rapporterai qu'une, parce qu'elle est seule capable de faire connaître le cas que ce seigneur faisait de moi. Voici de quoi il s'agissait. M. le cardinal de Noailles ayant reçu une lettre du Pape, dans laquelle Sa Sainteté lui marquait que la sincérité de son retour à l'union du chef et des membres était violemment attaquée par la rétractation, écrite de sa main, qui paraissait dans le public; et que ces soupçons étaient appuyés par sa tolérance pour le grand nombre de curés de son diocèse et surtout de la capitale, qui étaient éloignés des sentiments qu'il avait adoptés, et par le peu de faveur qu'il accordait aux jésuites; la matière était délicate. On avait dressé à Paris un projet de réponse à la lettre du Saint-Père, et on l'avait envoyé à Versailles à M. le duc de Noailles, qui, n'en trouvant à son gré ni la substance ni le style, et ne pouvant lui-même écrire en latin, me choisit pour refondre cet ouvrage. Je le fis, le dictai à un de ses secrétaires; nous l'envoyâmes à deux heures après minuit à Paris, à gens de confiance qui le firent signer par M. le cardinal de Noailles, et le firent partir pour Rome, où il y a lieu de croire qu'on en fut content, puisque cette Eminence ne fut plus inquiétée à ce sujet. M. le duc de Noailles me fit depuis traduire en français cet ouvrage, avec quelques autres, et les lettres italiennes du Pape à ce prélat.

« La satisfaction que M. le duc de Noailles eut de ma façon de travailler sur diverses matières l'engagea à consommer, pendant son quartier, le dessein de m'attacher à lui. Il me fit la proposition d'*abjurer*, ce fut son terme, toute autre vue d'établissement, pour exécuter plusieurs projets qu'il avait formés. Il me fallut donc abandonner tout, et faire venir de cent lieues mon épouse avec son domestique, pour m'établir à Paris, où il m'engagea d'abord à composer un règlement général pour les différents services, la police et les priviléges des gardes du corps, gendarmes, chevau-légers, mousquetaires, grenadiers à cheval et la gendarmerie. J'y travaillai pendant deux ans, et j'en ai fait une ordonnance de mille articles, que j'ai distribués sous soixante et quelques titres dont M. le duc de Noailles m'a expressément promis de me faire avoir le privilége nécessaire pour l'impression.

« Ce fut au commencement du mois d'avril que j'allai m'établir à Paris avec mon épouse, sans faire aucune condition avec M. le duc de Noailles, et uniquement sous la promesse d'un établissement des plus gracieux, qu'il s'engagea de me procurer. Ce fut là que, pendant neuf mois entiers, ma déférence pour M. le duc de Noailles me fit livrer à un travail si excessif sur toutes sortes d'affaires, que je courus grand risque de la vie, par une complication de maux dont je ne sortis qu'après une opération des plus dangereuses, et de laquelle je me sentirai le reste de mes jours ; de même que je n'oublierai jamais la sensibilité que M. le duc de Noailles me témoigna dans le cours de cette maladie.

« A peine eut-il l'administration du gouvernement de Versailles, qu'il m'y fit transférer mon domicile ; et pour éviter l'embarras dans lequel il m'avait mis à Paris, en me faisant changer trois fois de logement, toujours pour m'avoir plus près de lui, il me promit de m'en donner un dans une des maisons du Roi. Je me laissai encore conduire et j'acceptai quelques chambres très incommodes, en attendant un logement plus convenable qu'il me promit, et que je n'eus pourtant point.

« Pendant une année entière, M. le duc de Noailles me flatta des plus gracieuses espérances ; car, sous prétexte de me faire connaître, il me surchargea de toutes les affaires épineuses du gouvernement de Versailles. Voulant tout voir et tout conduire par lui-même, il fallait que pour lui en rendre compte j'écoutasse généralement tout ce qu'on lui demandait, ce qu'on lui proposait et ce dont on se plaignait.

« La manière dont je remplis toutes ces fonctions lui ayant fait connaître que le ciel m'avait doué de quelque talent pour accommoder les procès, il souhaita que je m'y employasse sérieusement, et ce ne fut pas inutilement, car j'y réglai à l'amiable plus de trois cents affaires de quelque conséquence, ce qui m'attira bientôt la jalousie des gens de justice au point de me regarder comme un ennemi qui leur coupait les vivres.

« Le parfait désintéressement avec lequel je me suis comporté, n'ayant jamais reçu le moindre présent et en ayant constamment refusé de toute nature, me rendit presque l'arbitre général de tous ceux qui avaient le malheur d'avoir des procès, et inspira à M. le duc de Noailles l'idée de me faire créer lieutenant de police; ce qu'il prit tellement à cœur, qu'il m'obligea de m'aller faire immatriculer au nombre des avocats du Parlement de Paris, ce que je fis pour le satisfaire. Mais ayant connu à mon retour que ce seigneur s'était inconsidérément avancé, et qu'il n'avait pas assez de crédit pour faire unir à ce poste des appointements capables de me faire subsister, sans jamais rien tirer du peuple, je lui fis comprendre qu'il fallait attendre qu'il pût faire attacher des gages convenables à cette charge, dont les fonctions, pour être faites avec dignité et exactitude, ne sauraient s'accommoder de ce qu'on appelle *tour de bâton* ou *savoir faire*. Ainsi il prit le parti de me faire exercer sous son nom et sous ses ordres les pénibles devoirs de cet emploi.

« Toutes les affaires du district dont j'étais chargé ne m'empêchèrent point de travailler au règlement général que j'avais entrepris pour les troupes de la maison du Roi. Mais comme si tant d'occupations n'étaient pas suffisantes, il n'arrivait aucune affaire particulière de quelque importance dont M. le duc de Noailles ne me chargeât.

« Je dressai les mémoires sur lesquels fut décidée la contestation qui survint au commencement de 1730, entre M. le duc de Noailles pour lors en quartier, et M. le grand chambellan et premier gentilhomme de la chambre, pour la place du milieu, derrière le fauteuil du Roi, à l'audience des députés de Bourgogne. Je fus chargé d'aplanir avec Mgr l'archevêque de Paris toutes les difficultés qui se rencontrèrent lors de l'érection de la paroisse Saint-Louis, au Parc-aux-Cerfs. — Je moyennai un accommodement pour la conservation des bois et chasses entre M. le duc de Luynes et les dames de la maison de Saint-Louis, établie à Saint-Cyr. M. le duc de Noailles me fit faire des mémoires pour obtenir qu'on insérât, dans la déclaration qu'il sollicitait pour le jugement du grand procès de M. le marquis de Béthune contre M. le comte d'Orval, une clause qui permît aux ducs et pairs, dont les duchés-pairies n'étaient pas de quinze mille livres de rente, de les augmenter jusqu'à ce revenu par des acquisitions dans leur voisinage, en dédommageant les seigneurs malgré eux, et pour faire exempter ces mêmes duchés-pairies des substitutions faites avant leur érection.

« Je fus de même chargé de tirer au clair la malheureuse affaire de l'abbé de....., qui, détenu à la Bastille pour vol de vases sacrés, avait accusé madame de..... sa cousine, parente de M. le duc de Noailles, d'avoir voulu empoisonner la dame de..... sa mère, M. D..... son oncle, et plusieurs personnes.

« Je mis en règle l'affaire du prieur-curé de Saint-Germain avec Mgr l'archevêque de Paris et son archidiacre.

« J'accommodai à l'amiable le procès des sieurs Fonton, contrôleur de S. A. R. Mme la duchesse d'Orléans, et de Mareil, huissier de la chambre du Roi, dans lequel il était à craindre, par la nature de l'affaire, qu'ils ne dépensassent en procédure la valeur de leurs terres.

« La satisfaction que M. le duc de Noailles témoigna de quelque capacité que je fis paraître dans toutes ces affaires, me suscita des envieux parmi les gens qui l'approchaient. Comme je ne donnais dans ma conduite aucune prise, je m'en embarrassai peu ; et je pourrais ici prendre à témoin la conscience de M. le duc de Noailles que, malgré cette jalousie, jamais homme ne lui a parlé et n'a agi avec plus de fermeté, plus de droiture et plus de désintéressement que moi, surtout quand il a été question de soutenir la cause du pauvre et de l'opprimé.

« Mais dans le temps que je travaillais avec le plus de zèle, parut le nuage de la prétendue disgrâce dont M. le duc de Noailles fut menacé dans le public, lorsqu'il plut au Roi de nommer M. Bachelier, inspecteur du gouvernement de Versailles. J'aperçus des premiers le chagrin qu'il ressentait des bruits qui couraient contre lui, et le dessein qu'il avait de se retirer de la Cour. Je lui parlai avec l'attachement le plus désintéressé, et après l'avoir assuré qu'il me serait aussi cher dans les montagnes d'Auvergne qu'au milieu de la Cour, simple particulier qu'au faîte des grandeurs, et lui avoir offert de l'accompagner partout où il irait, je crus devoir lui représenter le tort qu'il ferait à ses enfants, encore tout neufs, pour ainsi dire, et inconnus à la Cour, s'il quittait un gouvernement qu'il avait recherché peut-être avec plus d'empressement que de délicatesse. Je l'engageai même, depuis, à différer à un autre temps l'échange qu'il voulait faire proposer, pour son fils cadet, du gouvernement de Versailles contre quelque autre gouvernement, crainte qu'il ne parût entièrement disgracié.

« Ce ne sont pas les seuls chefs sur lesquels M. le duc de Noailles s'est bien trouvé d'avoir suivi mes conseils, car je lui en ai donné de très importants qui l'ont mis et le mettront en état de ne jamais rien craindre des préventions qu'il prétend qu'on a contre lui.

« Je lui ai fait rejeter la demande que lui faisait un seul particulier du grand terrain du Parc-aux-Cerfs, pour y construire, à son profit, un marché public; et je fis comprendre qu'il était de la grandeur du Roi de faire distribuer ce même terrain à une infinité de pauvres gens chargés de famille, ou de domestiques fidèles, comme avait autrefois fait le feu Roi.

« Je suggérai encore à M. le duc de Noailles une autre idée, en cas que celle dont je viens de parler ne lui plût pas;

car je lui proposai de faire accorder par Sa Majesté tout ce terrain au nouvel hôpital qu'on veut bâtir au bout du Potager, et je lui fournis dès lors le moyen de procurer par là plus de deux mille écus de rente aux pauvres, sans qu'il en coûtât rien à Sa Majesté.

« Si j'avais été bien auprès de M. le duc de Noailles, il y a quelques mois, je l'aurais pareillement détourné, autant que j'aurais pu, de donner, comme il a fait, la recette des aides de Versailles à un homme à ses gages, qui est en même temps son receveur.

« L'inquiétude où M. le duc de Noailles me parut être, sur la fin de 1730, de ce qu'il n'avait pas profité du temps de sa faveur pour me procurer un établissement convenable, me fit prendre le dessein de m'en faire un par mon travail ; et ce fut par l'entreprise que je fis de la construction d'un hôtel pour les gardes du corps. J'eus soin de mûrir ce projet avec toute l'attention qu'il méritait, et d'en disposer avec justesse et proportion toutes les parties. Mais comme cette entreprise a donné lieu à l'oppression que je souffre, je me crois obligé d'en faire le détail d'une manière également vraie et circonstanciée.

« Cet établissement avait pour premier objet de procurer l'observation de la plus exacte discipline dans cette troupe, dont je connais, sans exagération, pour le moins aussi bien que personne, l'esprit et les besoins ; et pour second motif, le soulagement de ce corps, dont le service, quoique le plus honorable et le plus pénible de toute la maison du Roi, se trouve cependant un des moins avantageux, pour ne pas dire très onéreux aux subalternes, quoiqu'il fût très facile d'y remédier et d'en faire une pépinière intarissable d'officiers pour toutes les troupes du Roi, comme je l'ai démontré dans plusieurs articles du règlement général que je compose.

« Pour remplir les deux principaux objets dont je viens de parler, je proposai donc de rassembler dans un même hôtel les deux cents brigadiers et gardes du corps qui servent sur le guet pendant chaque quartier ; qui sont obligés d'aller toutes les semaines, une moitié à Saint-Germain où il faut qu'ils louent à leurs dépens des chambres pour se loger, et presque tous des écuries pour leurs chevaux, tandis que l'autre moitié, qui sert à Versailles, est contrainte de manger à grands frais dans des auberges, où ils sont très souvent compromis avec des gens de toute espèce. J'offris de construire, de meubler et d'entretenir à perpétuité cet hôtel à mes dépens, et même de faire voiturer les meubles lors des voyages de Fontainebleau, Compiègne, etc., le tout à deux conditions : 1° que le Roi me ferait don du terrain où sont actuellement les mauvaises écuries des gardes ; 2° que Sa Majesté ordonnerait une retenue de cinq sols par jour sur la paie de ceux qui profiteraient de ce logement meublé, dans lequel je leur ferai fournir tous les linges de table, les ustensiles de cuisine, et même les lits pour ceux qui couchent dans les salles ; et je trouvai dès lors plusieurs moyens d'éteindre, dans peu d'années, cette retenue à la décharge du corps, sans en faire supporter la dépense ni l'entretien à Sa Majesté.

« M. le duc de Noailles approuva ce projet, et après qu'il eût été agréé des trois autres capitaines, de tous les officiers et même des brigadiers qui servaient pour lors, il chargea M. le major de me mener à Son Éminence M. le cardinal de Fleury, auquel j'eus l'honneur de remettre ma requête en forme d'arrêt du conseil, à la fin du mois de novembre. Son Eminence en fit le rapport au Roi, et Sa Majesté eut la bonté de l'agréer et d'ordonner qu'il me serait incessamment expédié un brevet et des lettres-patentes du don qu'elle me fit du terrain par son *bon* dudit jour, qui me fut remis le lendemain par M. le major.

« Sur la foi de ce titre, je travaillai à remplir mes engagements, et pour y parvenir, je fis tous mes marchés avec les entrepreneurs et ouvriers dont j'avais besoin, et je m'assurai des sommes nécessaires pour cette entreprise, conformément à la permission expresse portée par le même titre.

« Jamais ouvrage ne fut poussé avec plus de vivacité. Les entrepreneurs, après avoir aussi fait leurs traités particuliers avec ceux qui devaient leur fournir leurs matériaux, ne perdirent pas un jour de l'hiver. On fit tirer et voiturer la pierre de taille de Saint-Leu, de Saint-Cloud, et le moellon de meulière. On fit travailler et voiturer le bois pour la charpente, fabriquer les couvertures pour les lits, et préparer généralement toutes choses; on commença la fouille des terres dès le mois de février, en sorte que le corps de logis d'habitation aurait été bâti et meublé au mois de décembre suivant, et les écuries construites dans l'été d'après. M. le duc de Noailles me prêta lui-même, le 8 mars, cent et quelques toises de moellon, qu'il avait fait tirer pour son hôtel, à condition que je lui en rendrais l'année suivante une pareille quantité, ainsi que j'en justifie par un acte du même jour.

« Mais ces heureuses dispositions furent interrompues le 12 mars 1731 par M. le duc de Noailles lui-même, qui changea tout à coup, sur ce que certaines gens de sa maison lui firent entendre que j'allais me faire une fortune immense. Il fit cesser les travaux, sous prétexte de vouloir encore examiner les plans plus à loisir. Il passa de là à l'examen des fonds dont je voulais me servir. On me chercha là-dessus des difficultés qu'il serait inutile de rapporter, et il me suffira de dire que mes entrepreneurs, pour les faire cesser, remirent au bureau du secrétaire d'Etat plusieurs actes par lesquels ils déclarèrent qu'ils ne demandaient aucun argent au Roi ni au corps, qu'ils étaient contents des engagements qu'ils avaient avec moi, comme j'étais sûr de leur exécution; qu'ils s'obligeaient d'exécuter ce que j'avais promis, et qu'ils ne demandaient autre chose, sinon qu'on les laissât travailler.

« Il n'y avait rien à répliquer à cette réponse. Les entre-

16

preneurs étaient riches et solvables, on ne pouvait pas craindre que l'entreprise ne fût pas exécutée, et le Roi et le corps ne risquaient rien, puisqu'on ne m'avançait aucun argent et que je ne devais rien faire démolir des vieilles écuries qu'après que mon grand bâtiment serait fait et meublé. Mais comme ce n'était pas là le motif de l'opposition de M. le duc de Noailles, on me fit insinuer qu'il fallait que j'abandonnasse mes entrepreneurs, et que je me désistasse de la propriété de la chose, pour n'en être que le conducteur, et qu'on me ferait un bon parti. Ces paroles me furent portées par des entremetteurs choisis par M. le duc de Noailles.

« Je conviens, et j'en fais gloire, que ni la crainte du crédit de ce seigneur ni ses flatteuses promesses ne furent point capables de me faire trahir ce que je devais à des entrepreneurs honnêtes gens, qui avaient déjà fait pour près de vingt mille écus d'avances, et avaient refusé plusieurs ouvrages pour ne s'attacher qu'à exécuter le mien ; et je ne crus pas qu'il me fût permis en conscience de donner la moindre atteinte à des traités que nous avions faits dans la plus exacte bonne foi de part et d'autre. J'épargne volontiers à M. le duc de Noailles le chagrin que lui causerait le récit que je pourrais faire ici de toutes les voies de conciliation qui lui ont été proposées dans le cours de cette affaire par les personnes qu'il choisissait lui-même pour la traiter ; car assurément on serait effrayé de son obstination à ne vouloir point me rendre justice, parce qu'il aurait fallu qu'il avouât son tort.

« Dans ces dispositions de soutenir la démarche qu'il avait faite, en empêchant de son autorité privée, et par le ministère des suisses du château qu'il a sous ses ordres, que je ne continuasse des ouvrages, pour la plus prompte exécution desquels il m'avait lui-même prêté, quatre jours auparavant, des matériaux, il chercha par des voies obliques le moyen de m'opprimer. En effet, tandis qu'il m'empêchait d'en parler à Son Éminence M. le cardinal de Fleury, il fit donner sous main, à ce sage ministre, par M. de la Billarderie, major des gardes, un mémoire sous le nom du corps, pour faire examiner de nouveau cette affaire par des personnes qu'il choisit lui-même, auxquelles il déclarait en ma présence que j'étais honnête homme et capable, tandis qu'en secret il leur suggérait de me faire abandonner mon entreprise. J'ai entre mes mains ce mémoire écrit de la main d'un des valets de chambre de M. le duc de Noailles. Il me mena lui-même chez une de ces personnes, qui me dit de lui apporter mes titres, mes mémoires et mes plans, et surtout le *bon* du Roi, ce que j'exécutai le lendemain, sans autre précaution que d'en garder les copies, collationnées par devant notaires et controlées, que j'en avais fait prendre par mes entrepreneurs.

« M. le duc de Noailles commença peu de jours après à suivre cette affaire comme une espèce de procès par écrit. Il prit d'abord en communication tous mes titres, qu'il avait eus cent fois entre ses mains. On lui remit même un mémoire détaillé, non-seulement de tous les moyens dont je devais user pour la consommation de mon entreprise, mais encore de tous les bénéfices que mon industrie pourrait me procurer pendant et après la construction, mémoire que j'avais donné dans la parfaite candeur, sans soupçonner qu'on pût jamais être tenté d'en profiter à mon préjudice. Cependant ce fut la première chose dont on abusa; car après avoir gardé mes pièces trois semaines, sans avoir pu y trouver de quoi m'entamer sur la moindre chose, M. le duc de Noailles, pressé enfin de répondre, donna, au nom du corps, un mémoire par lequel il fut forcé de convenir que l'établissement que j'avais entrepris était également avantageux au Roi et à la troupe, et qu'il était très indifférent que ce fût moi ou tout autre qui en eût l'exécution, pourvu qu'on accordât au corps certaines conditions.

« Je répondis à tous les articles de ce mémoire, et quoique

j'eusse pu dire que dans une affaire aussi avancée qu'était celle-là, il n'y avait pas de justice à vouloir m'imposer d'autres conditions que celles qui avaient été convenues, cependant je me prêtai à tout ce qui parut non-seulement être convenable, mais avoir quelque ombre de bienséance. Ma façon d'agir déconcerta M. le duc de Noailles. Il s'obstina à exiger de moi une condition que tout autre aurait cru déraisonnable ; elle consistait à me faire consentir de laisser le corps des gardes locataire et propriétaire tout à la fois d'un établissement que je faisais à mes dépens. *Locataire*, parce qu'on exigeait que le corps ne payât rien, en cas que le Roi s'absentât de Versailles, et que je fusse pourtant toujours chargé de l'entretien. *Propriétaire*, c'est-à-dire que le corps, ou gens sous son nom, eussent droit de m'expulser dès que quelque homme avide voudrait s'emparer du fruit de mon travail.

« Il ne me fut pas difficile de démontrer l'injustice et même l'absurdité de cette demande, et j'appuyai ma réponse de raisons si fortes et si solides, que M. le duc de Noailles se vit à la veille d'être forcé de convenir qu'il m'avait cherché de mauvaises difficultés. L'extrait de mes objections et de ses réponses était déjà fait au bureau ; on l'envoya à Marly, où la Cour était pour lors ; mais M. le duc de Noailles en ayant eu communication, mit tout en usage pour faire changer cet extrait et ne laisser rendre compte à Son Eminence que d'un nouveau projet qu'il inventa.

« C'est ainsi que le Roi et Son Éminence n'ont jamais eu une véritable connaissance de l'état de la question. Quoiqu'on ne m'ait point communiqué cette nouvelle production de M. le duc de Noailles, j'en ai assez appris par différentes voies pour être en état d'assurer qu'on ne pouvait jamais prendre une idée plus à charge au Roi, ni plus dispendieuse au corps de ses gardes. En effet, selon ce nouveau projet, le seul bâtiment coûterait plus de quatre cent mille livres en principal, et comme on voudrait le faire payer par la voie d'une imposition sur le corps, et qu'aucun entrepreneur ne travaillerait dès à présent sur des fonds à venir, qu'à condition qu'on payerait le prix des ouvrages avec intérêt, jusqu'au remboursement du capital, ou sur un pied beaucoup plus fort, il est aisé de conclure qu'il en coûterait au corps bien près de six cent mille francs pour le bâtiment seul. Or je suis très certain, et je l'ai fait toucher au doigt dans plusieurs assemblées du corps, qu'outre le prix du bâtiment, il en coûterait annuellement, à perpétuité, au moins dix-huit mille livres de rente, pour la fourniture des meubles, lits, linge de table, ustensiles de cuisine, voitures, réparation des bâtiments, et autres dépenses, ce qui ensemble excéderait de près des trois cinquièmes ce que le corps est tenu de me donner annuellement par mon traité.

« Telle est pourtant l'idée que le duc de Noailles voudrait faire substituer à l'entreprise que j'ai formée sous les yeux et avec le consentement de tout le corps, sur la foi d'un *bon* du Roi qui m'accorde brevet et lettres-patentes. Tel est le nouveau projet que ce seigneur voudrait faire préférer au mien, contre toutes les règles de la plus saine politique de l'Etat, qui n'ont pas permis de souffrir que des corps militaires eussent en France la propriété d'aucun établissement. Cependant c'est pour l'établissement d'un tel dessein que l'on commence, dit-on, à faire retenir un sol six deniers par jour sur la paye de tous les gardes du Roi, auxquels il ne reste, par conséquent, que douze sols six deniers. Je ne sais point de quelle façon se fait cette retenue, mais je sais seulement que lorsque j'ai proposé la retenue sur la paye des deux cent quarante brigadiers et gardes qui servent sur le guet, j'ai demandé qu'elle se fît par le ministère du trésorier, ce qui ôtait tout sujet d'y trouver à redire, parce que je sais que c'est la règle générale que l'on suit dans le royaume pour toutes les retenues qui se font sur la paye des troupes.

« Au reste, mon dessein n'est pas de répandre aucun mauvais soupçon sur les différentes retenues qui se font dans les gardes du corps, soit sur le louis de gratification que Sa Majesté a conservé chaque année à ses gardes, depuis la dernière paix, soit sur le quatrième denier que l'on retient de la paye de l'ancien guet, dont les ordonnances ne s'expédient pas au bureau de la guerre, etc. Je suis très persuadé que tous ces fonds s'administrent bien, quoiqu'il n'y ait point eu d'ordonnance qui ait permis ni réglé ces retenues, ni qui ait encore autorisé M. le duc de Noailles à les faire depuis si longtemps sur sa compagnie ; et je ne doute pas que le soin qu'il aura eu d'en placer les fonds à mesure qu'il les a ramassés, ne les ait déjà bien augmentés.

« Ce fut sur la fin du mois de mai 1731 que M. le duc de Noailles fit proposer son nouveau projet, sans que depuis j'aie pu obtenir qu'on me montrât aucune décision sur mon affaire. On me dit seulement qu'on voulait que le corps eût la préférence, et qu'on me dédommagerait. Mais après m'avoir fait faire plusieurs voyages inutiles, parce qu'on persista à refuser de me donner connaissance de la décision de Sa Majesté, M. le duc de Noailles, craignant que je ne fisse connaître et l'injustice qu'il me faisait et l'irrégularité de son projet, sollicita une lettre de cachet pour me faire retirer en province, fondée sur ce que je n'avais plus rien à faire à Versailles.

« Quoique la fausseté du prétexte fût plus que suffisante pour faire connaître qu'on avait surpris la religion du ministre, puisqu'aucune de mes affaires n'était réglée, et qu'une seule entreprise m'avait fait prendre des engagements considérables qui exigeaient absolument ma présence, je reçus avec un profond respect la notification qui m'en fut faite le 3 octobre 1731, et comme il n'y avait point de terme fixé, je fis ma soumission de partir dans huit jours, ce qui fut accepté par l'officier porteur de l'ordre.

« Quelle nouvelle façon d'empêcher un fidèle sujet du Roi de demander justice ! Quelle récompense d'un travail des plus assidus et des plus pénibles pendant près de trois années ! Quel dédommagement de tant de dépenses ! Mais ce n'a pas été là le seul effet des flatteuses promesses de M. le duc de Noailles, car l'exempt ne fut pas plus tôt sorti de chez moi, qu'il alla rendre compte de ce qui s'était passé au bailli de Versailles, et demi-heure après celui-ci, créature de M. le duc de Noailles, vint me dire de sa part qu'il avait déposé chez un notaire de ma connaissance trois mille livres, pour me donner de quoi exécuter l'ordre que je venais de recevoir, mais qu'il fallait que je donnasse une quittance, de laquelle il était chargé de concerter les termes avec moi : 1° qu'on ne voulait point y déclarer de qui venait cette somme ; 2° que, moyennant ces trois mille livres, je me désisterais purement et simplement du *don* que le Roi m'avait fait du terrain sur lequel j'avais commencé mes travaux, et de tous dédommagements pour raison de mon entreprise. Je répondis au bailli que je ne pouvais point renoncer à mon droit sans avoir une décision, s'agissant d'une affaire aussi considérable et qui m'avait occasionné une dépense de beaucoup plus forte que ce qu'on m'offrait ; mais que quand même on me proposerait pour moi seul des dédommagements convenables, je ne pourrais les accepter qu'après qu'on aurait tiré de perte les entrepreneurs avec lesquels j'avais traité, et qui avaient fait de grandes avances. Le bailli partit sur l'heure pour aller rendre compte du tout à M. le duc de Noailles qui était à Marly.

« Le lendemain 4 octobre, je reçus un ordre de me rendre à Paris, où on voulut exiger de moi la même signature. A quoi n'ayant pu consentir, malgré les menaces réitérées, on me fit conduire au fort l'Evêque, où je suis encore, sans avoir ouï parler de rien. C'est là que, non content de ne m'accorder aucun des besoins de la vie, quoique j'aie écrit plusieurs fois à ce sujet, pour y faire pourvoir, on a poussé la vexation jusqu'à essayer, par une lettre anonyme que j'ai en main depuis le 12 décembre, d'empêcher le concierge de suivre les mouvements que l'humanité lui inspire en faveur d'un malheureux opprimé, et dans laquelle lettre on l'exhorte à ne point se laisser toucher par ma douceur et ma bonté naturelle.

« Quoique les caractères de cet écrit charitable soient extrêmement déguisés, le style en est trop reconnaissable pour croire qu'il vienne d'autre part que de la main qui m'a porté tant de coups, surtout après les démarches odieuses auxquelles M. le duc de Noailles n'a pas dédaigné de se commettre auprès de trois de mes amis, pour les engager à rompre le commerce de l'ancienne amitié qui était entre nous.

« Je ne doute point que les honnêtes gens qui liront ce mémoire ne soient pénétrés de sentiments peu flatteurs pour l'auteur d'une telle persécution ; car enfin pour quel sujet y suis-je exposé? et quel est mon crime? on l'a vu ci-dessus: de n'avoir pas laissé recueillir par autrui le fruit d'une entreprise qui m'a beaucoup coûté, et dont on ne saurait nier que je sois l'auteur ; de n'avoir pas voulu trahir ce que je devais, par honneur et en conscience, à des entrepreneurs qui ont comme moi agi dans la plus parfaite sécurité, sur la foi d'un *bon du Roi*, sollicité par tout un corps sous les yeux duquel les travaux ont été faits, et nommément favorisés par M. le duc de Noailles, qui, pour accélérer l'exécution, m'a lui-même prêté des matériaux.

« Mais voici quelque chose de plus incroyable encore ! On a vu, au commencement de ce mémoire, ce qui donna lieu à M. le duc de Noailles de m'attacher à lui ; la capacité et surtout le travail qu'ont exigé les affaires importantes dans lesquelles il m'a employé depuis le mois de janvier 1729. J'ai rapporté les promesses réitérées qu'il m'a faites d'un établissement gracieux. J'ai dit un mot de la dangereuse maladie où l'excès de fatigue me fit tomber, et dont il m'est demeuré une infirmité pour le reste de mes jours. Mais j'ai réservé exprès ici à parler de la récompense que j'ai eue. Qui pourrait se l'imaginer? l'honneur de travailler à tout ce dont il a plu à M. le duc de Noailles de me charger, et la nécessité où j'ai été de dépenser pour ma subsistance et celle de mon ménage, depuis trois ans, le bien de mon épouse et le mien : voilà toute ma récompense, tout le fruit de mon travail et tout le succès des promesses solennelles qui m'ont été faites. Car je ne crois pas faire tort à M. le duc de Noailles en disant que trois logements qu'il m'a fait prendre à Paris, deux autres que nous avons été contraints de payer à Versailles, et l'obligation où j'ai été pendant près de deux ans de nourrir, loger, blanchir, chauffer, éclairer des commis, et leur payer des appointements, que tout cela m'a coûté plus de 4,700 livres, à quoi se montent toutes les sommes que l'on m'a fait remettre sous le titre exprès de gratifications, et que je n'ai reçues que pour m'indemniser de ces frais extraordinaires.

« Je conviens que je serais injuste si je demandais des appointements à M. le duc de Noailles car je n'ai jamais été homme à gages ou à appointements, ni de lui ni de qui que ce soit que du Roi. Je puis même avancer hardiment que j'ai travaillé tout ce temps gratuitement, en qualité d'avocat, pour tous ceux qui ont eu besoin de mon ministère. Mais je dis que rien ne saurait, ce me semble, justifier en aucune façon M. le duc de Noailles de la persécution outrée dont il m'accable si injustement, pour me faire perdre le fruit de mes travaux, malgré la parole d'honneur qu'il m'a si souvent donnée, de me procurer un établissement convenable. Il me la réitéra l'été de l'année 1730, dans des termes qui méritent d'être rapportés : *Fiez-vous à moi*, me dit-il, dans un de ces épanouissements de cœur dont il n'est pas chiche quand il a besoin des gens, *fiez-vous à moi, je vous procurerai un établissement gracieux; je vous en ai donné ma parole, je vous la tiendrai.* Et sur ce que je lui répondis que je ne lui demandais point de nouvelles protestations, il m'ajouta : *Qu'il me parlait ainsi, parce qu'il con-*

naissait les Bourguignons pour gens défiants, qui croient perdre d'une main ce qu'ils tiennent de l'autre.

« On s'étonnera sans doute de voir aujourd'hui M. le duc de Noailles si différent de ce qu'il était autrefois à mon égard, mais on sera peu surpris de son changement si on fait attention à tout ce que j'ai raconté ci-dessus, et à la manière dont je me suis comporté avec lui. Mon parfait désintéressement et ma fermeté à lui parler toujours vrai, et à l'éloigner de tout ce qui était tant soit peu contraire au bien public et à sa propre gloire, n'ont pu sympathiser avec leurs contraires, et j'éprouve combien il est dangereux d'être trop bien ou trop mal avec un seigneur tel que M. le duc de Noailles.

« Quoi qu'il en soit, je me crois bien fondé à demander, comme je le fais depuis près d'un an, et comme je vais le faire en justice réglée, que M. le duc de Noailles me restitue le code militaire, que j'ai composé sous le titre d'*Ordonnance portant règlement général pour la maison du Roi*, ouvrage que ce seigneur me retient après me l'avoir enlevé d'une façon peu digne de son rang. Voici comment la chose se passa :

« Au mois de janvier 1731, M. le duc de Noailles me demanda de lui envoyer le *mis au net* de mon travail, sous le prétexte de l'examiner et de le corriger, comme il avait déjà commencé à le faire. Je le lui fis porter à Marly, où la Cour était pour lors ; et peu de jours après, étant de retour à Versailles, il fit venir mon commis et lui dit qu'il avait besoin de mes minutes, en marge desquelles étaient plusieurs citations et plusieurs notes. J'étais pour lors à Paris, et mon commis, ne se méfiant de rien, les lui porta, sans que j'aie pu venir à bout de les retirer. On m'a seulement fait insinuer qu'on pourrait me faire donner une somme par celui qui en aurait l'impression. Mais j'ai appris depuis que M. le duc de Noailles ne dédaignait pas de se dire auteur de mon ouvrage, et ce qui est encore plus particulier, M. de la Billarderie, major des gardes, a cru pouvoir aussi se l'attribuer.

« La parfaite connaissance que le public a de la vivacité du tempérament de M. le duc de Noailles, ne laisse pas douter qu'il ne fut jamais capable d'un travail de si longue haleine, et qui a demandé tant d'ordre et tant de choix. A l'égard de M. de la Billarderie, je lui ai fait avouer le contraire au mois de septembre dernier, en présence d'un magistrat à qui il avait cru pouvoir avancer la même chose; et si cet aveu n'était pas encore suffisant, que répondrait-il, si je le convainquais par lui-même? Mais, pour le faire sans lui laisser matière à répliquer, il me suffira de lui rapporter l'extrait d'une lettre qu'il m'écrivit de Fontainebleau, le 30 mai 1730. En voici les termes : « Je viens d'écrire à M. le « duc de Noailles, Monsieur, pour lui rendre compte d'une « prétention de MM. les officiers des cent suisses, qui veulent « s'établir ici un droit nouveau. Il vous dira sans doute de quoi « il est question. Voici le fait, et vous allez voir combien il est « important de finir le grand ouvrage que vous avez fait sous « ses ordres, parce qu'insensiblement toutes choses devien- « draient dans la confusion. »

« Que doit-on penser de la complaisance et de la facilité avec laquelle M. de la Billarderie se prête à la passion que M. le duc de Noailles a conçue contre moi?

« Enfin quelque peu aisé que je sois, c'est là un chef sur lequel on essayerait inutilement de m'entamer; c'est mon ouvrage, il est juste que j'en aie l'honneur. En vain quelqu'autre voudrait-il se l'approprier, je le revendiquerai jusque au dernier soupir, et j'en prendrai à témoin tous les officiers des gardes du corps, ceux des chevau-légers et de la gendarmerie, en présence desquels je l'ai lu, mais surtout M. de Maisonneuve et plusieurs autres, qui ont fourni une partie des pièces sur lesquelles j'ai travaillé et qui, pendant près d'un mois entier, ont pris la peine d'en prendre lecture et de me redresser sur les fautes et les omissions que j'avais faites. C'est là toute la part qu'y a eue M. de la Billarderie.

« Il n'est pas aisé de comprendre sur quel fondement

M. le duc de Noailles me refuse sur cela la justice qui m'est due. Il m'est seulement revenu qu'il prétend m'avoir payé le temps que j'ai employé tant à cet ouvrage qu'aux autres affaires dont j'ai été chargé.

« Mais sur quel fondement pourrait-il soutenir cette injuste exception? Car apparemment que si j'avais voulu être son secrétaire ou son commis, comme il semblerait vouloir l'insinuer, nous aurions réglé les appointements qu'il me donnerait, et je puis assurer que si j'avais été homme à me louer pour de l'argent, je ne l'aurais fait qu'à un prix proportionné à ce que je me sentais en état de faire. M. le duc de Noailles en peut juger par la façon dont j'ai vécu avec lui, car je n'en ai exigé ni appointements ni nourriture. Mais pour ne laisser aucun doute là-dessus, qu'il ait la bonté de représenter les quittances de l'argent que j'ai reçu depuis le commencement de 1729 ; on verra, par le montant de ces quittances, que je n'ai reçu que 1,700 livres, et par les termes dans lesquels elles sont conçues, que je n'ai reçu cet argent qu'à titre de gratification, et uniquement pour m'indemniser des frais extraordinaires que M. le duc de Noailles m'a causés par les différents logements qu'il m'a fallu prendre, et pour la nourriture, l'entretien et les appointements des commis qu'il m'a fallu successivement. Il est sensible que ces deux articles m'ont coûté beaucoup au delà.

« En un mot, je me crois bien fondé à demander la continuation de l'entreprise que j'ai faite d'un hôtel pour les gardes du corps, et la restitution du projet d'ordonnance pour la maison du Roi, puisque toute la manœuvre employée jusqu'ici par M. le duc de Noailles ne saurait effacer la vérité des moyens sur lesquels j'ai établi la justice de ma demande. J'ai d'autant plus lieu d'espérer que Sa Majesté, à laquelle j'ai pris la liberté de m'adresser, aura la bonté de me rendre justice, qu'il n'est que ce seul moyen de réparer le tort considérable que m'a fait M. le duc de Noailles, par la persécution dont il m'a accablé. Au reste, quoi qu'il en arrivé, les fers dans lesquels je gémis ne m'arracheront jamais rien de contraire à la vérité ni à mon honneur, ni à l'intérêt de ceux qui sont engagés dans mon entreprise. Voilà au naturel ce qui s'est passé entre M. le duc de Noailles et moi, depuis le commencement du mois de janvier 1729. Je l'ai écrit sans affectation, sans aigreur et uniquement parce que j'y ai été forcé par la nécessité où l'on m'a mis de me défendre; et je suis persuadé qu'il n'est personne qui ne soit aussi touché de ma situation, qu'indigné de l'ingratitude de M. le duc de Noailles, dont j'ai eu l'honneur d'être le conseil, mais un conseil vrai, solide, désintéressé et toujours attentif à lui faire faire tout le bien que j'ai pu, et non pas un secrétaire ou un commis à gages, comme il voudrait l'insinuer, pour me priver de mon bien et du fruit de mes travaux.

« Signé : MICHON DE TOURTEREL.

« Mᵉ LEFÉBURE, avocat. »

La requête et le mémoire de Tourterel furent regardés comme un libelle diffamatoire. M. le duc de Noailles s'en étant plaint, le Roi rendit un arrêt du Conseil d'Etat, de mars 1732, portant interdiction contre Mᵉ Lefébure, avocat au Conseil, qui avait composé la requête et le mémoire, avec injonction de se défaire de sa charge.

Les motifs de l'arrêt étaient que le Roi ayant fait retirer, par M. de Maurepas, le bon de Sa Majesté des mains de Tourterel, l'avocat avait fait la requête et le mémoire sans fondement, et sur les idées suggérées par Tourterel.

Celui-ci en fit répandre un grand nombre d'exemplaires aux seigneurs et aux gens de la Cour qui étaient à Marly, au mois de février 1732. On en voyait même dans les cafés de Paris et de Versailles, ce qui montre la malignité et le venin du caractère de Tourterel.

On dit même qu'on en a fait lecture un soir, au coucher du Roi.

Voilà pourtant comme souvent des coquins tels que Tourterel trouvent accès jusqu'au trône, tandis que l'entrée en est souvent interdite à des personnes de probité.

Le Roi a nommé des commissaires pour examiner cette affaire, au sujet des marchés faits par Tourterel, et des matériaux qu'il a fait voiturer aux écuries des gardes.

SECOND MÉMOIRE, POUR LE SIEUR DE TOURTEREL, INGÉNIEUR ET GÉOGRAPHE DU ROI, CONTRE M. LE DUC DE NOAILLES.

« Je me croirais indigne de la bonté avec laquelle le public, aussi exempt de toute passion qu'équitable dans ses jugements, a reçu le détail du commencement de la persécution que je souffre, si je n'en apprenais la suite à ceux qui ont daigné y prendre quelque part. Je comprends que bien des gens frémiront pour moi du danger où j'ose m'exposer; mais quand il s'agit de se voir réduit à la misère le reste de ses jours, et ce qui est encore plus sensible, de voir sa réputation exposée à être ternie dans l'esprit de beaucoup de gens, faute de faire connaître son innocence, un honnête homme doit-il appréhender d'autre péril? non, je ne le pense pas, ou du moins je n'ai pas été nourri dans les principes d'une timidité si préjudiciable. M. le duc de Noailles eût-il encore plus de crédit, il ne saurait m'empêcher de me plaindre, jusqu'à ce que le Roi m'ait fait rendre justice. Telle est la force de l'innocence de ne s'effrayer de rien, même dans la plus affreuse situation, surtout quand il s'agit de la conservation de l'honneur et de l'acquit de sa conscience, motifs bien plus puissants que toutes les passions qui font agir le commun des hommes.

« Ainsi, quoique dans la malheureuse affaire que M. le duc de Noailles m'a suscitée, je puisse peut-être me flatter que la voix publique a décidé en ma faveur, du moins s'il est permis d'en juger par l'empressement avec lequel on a cherché mon premier mémoire, et par la sollicitude de M. le duc de Noailles a en faire ramasser à grands frais le plus d'exemplaires qu'il lui a été possible, et par la diligence dont ses partisans ont usé pour en empêcher la réimpression,— je me crois cependant encore redevable de quelque chose au public, pour ne laisser aucun doute sur ma conduite.

« On m'a jugé avec justice, incapable d'en imposer. La noble fermeté avec laquelle je me suis plaint, la circonstance des fers au milieu desquels j'ai formé mes plaintes, le caractère même trop connu de M. le duc de Noailles, ont concouru à lever tout soupçon sur la vérité de ce que j'ai dit. Les partisans les plus zélés de ce seigneur n'ont trouvé à reprendre dans mon ouvrage qu'un prétendu défaut de connexité entre certains faits et l'entreprise d'un hôtel pour loger les gardes du corps à Versailles. Mais comme je dois être également jaloux de ma réputation sur tous les chefs, je me crois indispensablement obligé de forcer les propres amis de M. le duc de Noailles à me rendre sur ce point la justice qu'ils n'ont pu me refuser sur tout le reste. C'est ce que je ferai avant d'entrer dans le détail de la suite de mon affaire.

« Ces faits, que quelques-uns ont regardés comme étrangers à ma cause, sont : la lettre qui fit cesser pour toujours les inquiétudes que la Cour de Rome donnait à M. le cardinal de Noailles sur les matières du temps; l'affaire du poison, dont je fis voir qu'on avait mal à propos accusé Mme de...., cousine de M. le duc de Noailles; et enfin, si l'on veut, le récit de la terreur panique dont ce seigneur fut saisi lorsqu'on lui donna M. Bachelier pour inspecteur à Versailles.

« Je conviens que ces traits n'avaient par eux-mêmes aucun rapport à la construction de l'hôtel des gardes du corps du Roi, et je puis assurer que je ne les aurais pas employés dans mon mémoire si je n'avais eu à me plaindre de M. le duc de Noailles qu'à l'occasion de cette entreprise.

« Mais j'espère qu'on voudra bien faire attention : 1° que M. le duc de Noailles, pour m'enlever le fruit de mon travail, avait porté l'animosité jusqu'à me dépeindre aux ministres avec les plus affreuses couleurs. M. de Maurepas ne saurait disconvenir que les mauvaises impressions que ce seigneur lui avait données contre moi, furent les seules causes de la lettre d'exil qui me fut notifiée le 3 octobre, et des menaces effrayantes qu'il me fit le lendemain, lorsque je refusai de donner pour mille écus le désistement qu'on voulait exiger de moi; 2° que M. le duc de Noailles, ne colorant sa vexation qu'en me faisant passer pour un homme à ses gages, et dont il ne jugeait plus à propos de se servir, il m'était indispensable de me garantir de l'effet d'une telle prévention.

« Dans ces circonstances pouvais-je me dispenser de faire connaître mon caractère, l'importance des affaires dont j'avais été chargé, et enfin quelle avait été mon union avec M. le duc de Noailles? Or comment la prouver cette union intime qu'en citant quelques-unes des affaires dans lesquelles j'avais travaillé! Et dans la nécessité où j'étais d'en agir ainsi, pouvais-je mieux ménager M. le duc de Noailles qu'en me restreignant à des affaires qui s'étaient terminées selon ses désirs, à son honneur et à son avantage?

« Mais afin qu'on ne puisse pas me reprocher d'avoir abusé de la confiance de M. le duc de Noailles, je suis obligé de faire remarquer ici, qu'outre que je n'ai jamais été aux gages ni aux appointements de ce seigneur, toutes les affaires dont j'ai parlé étaient publiques. Qu'il avait lui-même consulté sur chacune plusieurs personnes; et enfin qu'il ne me les a jamais confiées sous le sceau du secret, sur lequel je suis si religieux que je me ferais scrupule de le violer dans les moindres bagatelles. M. le duc de Noailles en peut juger par ma discrétion à taire tous les grands projets dont il m'a souvent entretenu.

« Je pousse la délicatesse encore plus loin; car j'espère prouver qu'on ne doit pas seulement me soupçonner d'avoir eu dessein de nuire à M. le duc de Noailles par le récit de ces faits, ni par l'usage d'aucun des autres traits qui se trouvent dans mon mémoire; et qu'en le donnant au public, je n'ai eu en vue que de réparer le préjudice considérable que me fait dans le monde la vexation qu'il exerçait publiquement contre moi.

« J'atteste donc ici pour cela sa propre conscience, s'il n'est pas vrai qu'il n'a dépendu que de lui d'empêcher que ce mémoire ne vît le jour. Qu'on ne s'imagine pas que je veux peut-être dire que, s'il ne m'avait pas persécuté, je n'aurais jamais écrit contre lui. Il y a plus, car quoique je fusse dans la plus violente oppression, avant que de faire imprimer mon mémoire, avant même que de le communiquer en manuscrit au ministre, je priai M. Fantin, curé de la paroisse Saint-Louis de Versailles (1), de s'en charger pour le faire voir à M. le duc de Noailles; ce que cet ecclésiastique n'ayant pas voulu accepter, je lui en fis par deux fois la lecture, dans un temps où personne ne l'avait encore vu. M. le duc de Noailles pourrait-il nier que lorsque M. Fantin lui en parla, il n'y voulut avoir aucun égard, et que rien ne fut capable de lui ôter l'injuste dessein qu'il avait formé de me perdre?

« Que peut-on penser après cela, je ne dirai pas de la droiture, mais seulement de la prudence de M. le duc de Noailles? Ne doit-on pas regarder le tort que ce mémoire lui a fait dans le public comme son propre ouvrage et un effet de son aveuglement. Car, comment s'est-il pu persuader que la seule crainte de son crédit m'obligerait à me laisser écraser sans me plaindre, et que j'abandonnerais à ses idées les intérêts de mes entrepreneurs, qui s'étaient engagés avec moi dans la plus parfaite bonne foi? Et d'ailleurs, sur quel fondement a-t-il pu croire qu'il lui fût permis de s'approprier les fruits de mon travail; de détruire la fortune naissante d'un homme de trente-neuf ans, de la droiture et du zèle

---

(1) Voir plus loin ce que dit Narbonne du curé Fantin.

duquel il avait par lui-même une si parfaite connaissance; d'un homme enfin auquel il ne manquait pour se soutenir auprès de lui, qu'un caractère moins vrai et une humeur plus portée à la flatterie?

« De quoi s'agissait-il, et de quoi s'agit-il encore entre M. le duc de Noailles et moi? On l'a vu dans mon premier mémoire. J'ai imaginé, entrepris et commencé à exécuter le projet d'un établissement pour les gardes du corps à Versailles ; M. le duc de Noailles l'a approuvé, appuyé et favorisé jusqu'à me prêter des matériaux. Tout est bien allé tandis qu'il n'a pas réfléchi sur l'avantage que cette entreprise devait me procurer, ou qu'il a douté intérieurement de sa réussite. Mais dès qu'il a vu que la conclusion de mes marchés en avait rendu certain le succès, il a cherché à me l'enlever. Mon intérêt, mon honneur et ma conscience ne m'ont pas permis d'entendre aux propositions particulières qui m'ont été faites, parce qu'elles étaient également préjudiciables à mes entrepreneurs et à moi. Dès lors il a résolu ma perte ; et après avoir inutilement essayé de me faire abandonner mon entreprise, il a substitué une autre idée, qu'il voudrait faire préférer aujourd'hui. J'en ai démontré les défectuosités et les inconvénients ; M. le duc de Noailles en est même convaincu ; mais ce serait trop exiger que de lui demander de convenir que son projet serait également dispendieux au Roi et au corps ; et comme s'il était infaillible, un tel aveu, qui au fond lui ferait un honneur infini, lui paraît une faiblesse. Il aime mieux sacrifier plusieurs familles et priver un zélé et fidèle sujet du Roi de la récompense que mérite un projet, aussi également réfléchi et approfondi, que généralement approuvé.

« Il est temps d'entrer dans le détail de ce qui s'est passé depuis mon mémoire. Je le donnai sur la fin du mois de janvier, après avoir employé, pour en faire parvenir quelques exemplaires à la Cour, tous les moyens que peut avoir un prisonnier épié de toute part.

« A la lecture de cette pièce, ceux dont j'avais l'honneur d'être connu se rappelèrent tout ce qu'ils m'avaient vu faire. La maison du Roi et les habitants de Versailles rendirent témoignage à l'innocence opprimée dans ma personne. Ceux dont je n'avais pas l'honneur d'être connu particulièrement, s'étant informés de la vérité des faits, en jugèrent bientôt comme les autres, et si je l'ose dire, les sentiments ne furent pas même partagés à la Cour. Tout le monde me plaignit d'avoir affaire à un ennemi aussi dangereux ; et chacun attendait avec impatience la réponse que M. le duc de Noailles y ferait. Ses partisans, quoiqu'en petit nombre, en promettaient une. On le vit s'enfermer pendant plusieurs jours avec un avocat au Conseil, dont il a plus d'une fois employé la plume, pour un de ses alliés, contre un ministre aimé et respecté, même depuis qu'il n'est plus en place.

« Mais toutes réflexions faites, et après s'être retourné de tous côtés, on ne trouva ni de quoi satisfaire, ni de quoi tromper le public.

« Quel parti prendre dans cette étrange situation ? on s'agite beaucoup et tout se réduit à faire semblant d'être incommodé et à prêter trop facilement l'oreille aux mauvais discours de ses domestiques et de quelques flatteurs.

« Le public, peu content de cette façon d'agir, reconnaît que je ne lui en ai point imposé dans mon mémoire. Les amis se trouvent dans l'occasion. On a donc recours à des personnes publiques auxquelles on fait entendre tout ce qui n'est pas, et on obtient un arrêt du conseil qui, sans rien prononcer sur le fond de ma demande, supprime ma requête et mon mémoire avec les qualifications de *téméraires, injurieux, calomnieux, et contraires aux décisions de Sa Majesté.*

« A ces termes, qui ne croirait qu'on aura ordonné en même temps que mon procès me serait fait. Mais non, on n'a rien prononcé contre moi, et on s'est contenté d'interdire jusqu'à nouvel ordre l'avocat au conseil qui m'avait accordé son ministère, que son serment en justice ne lui permettait pas de me refuser. C'est ainsi que M. le duc de Noailles essaya d'étouffer, par son crédit, ce qu'il ne pouvait détruire par de bonnes raisons.

« Quel nouveau genre de réponse, s'écrie-t-on universellement ! Quoi ! ce mémoire est *calomnieux et contraire aux décisions du Roi*, et on n'en punit pas l'auteur, *qui s'est soumis lui-même à la punition la plus sévère, s'il a prévariqué !* Quelle contradiction, ou pour mieux dire, quelle preuve de la vérité de ce qu'il a avancé !

« Mais pour ne rien laisser à désirer sur cet arrêt, que l'on sait être l'ouvrage des partisans zélés de M. le duc de Noailles, et l'effet de la complaisance qu'a eue pour lui un de ses amis de tous les temps, je suis forcé de détailler ici les contradictions qu'il renferme. Le profond respect que j'ai pour tout ce qui porte quelque caractère de l'autorité du Roi, m'oblige à ne point relever les expressions peu correctes de l'exposé de cet arrêt, pour ne m'attacher qu'à en faire voir l'injustice.

« 1° On traite de supposé *le don* qui m'a été fait par Sa Majesté du terrain où sont actuellement les écuries des gardes du corps, et cela au préjudice du titre dont mes entrepreneurs et moi avons en main des expéditions signées de deux notaires, et duement contrôlées, titre dont j'ai déposé l'original au bureau de M. de Maurepas, pour me faire expédier le brevet et les lettres-patentes qui m'étaient accordés. Rien n'est donc plus certain et plus réel que ce *don*, et par conséquent rien de si mal à propos qualifié de *supposé*. Ce titre a été la base de mon entreprise et le fondement de tous mes traités. Comment a-t-on pu espérer de le faire passer pour chimérique et abuser de la confiance que j'ai eue de le remettre entre les mains du secrétaire d'Etat qui devait m'en délivrer l'expédition ? A quoi seraient exposés les sujets du Roi, s'il fallait prendre des précautions en pareil cas contre l'usage suivi de remettre dans les bureaux de Sa Majesté les *bons* du Roi, qui servent aux secrétaires d'État de minutes pour les brevets et lettres-patentes qu'ils expédient, comme exécuteurs de ses ordres?

« En vain M. de Maurepas prétendrait-il avoir d'autres droits en cette matière. Le Roi n'a pas eu besoin de lui pour me faire ce *don*, ni pour agréer m'a proposition, qui lui fut présentée par Son Eminence Mgr le cardinal de Fleury ; et c'est manquer également de respect à Sa Majesté et à Son Eminence que de différer, pour satisfaire les vues particulières de M. le duc de Noailles, à m'expédier le brevet et les lettres-patentes qui m'ont été accordés par Sa Majesté, au rapport de Son Eminence, à la sollicitation du corps.

« 2° L'arrêt dont il s'agit traite de *téméraires* ma requête et mon mémoire, dans la présupposition que l'affaire a été décidée par la propre personne de Sa Majesté, dans la plus grande connaissance de cause. Si cela est, où est cette décision ? Je la demande depuis huit mois, sans avoir encore pu l'obtenir. Mais quand même il serait vrai qu'il y en eût une, je croirais pouvoir avancer avec respect et sans témérité, qu'elle aurait été surprise à Sa Majesté. En effet, sur quoi aurait-elle été donnée ? Mon titre était entier. Je n'avais point de parties légitimes qui le combattissent. Le seul M. le duc de Noailles, se laissant trop entraîner par son *génie*, m'avait fait des difficultés, qui se réduisaient à demander que j'ajoutasse à ma soumission quelques clauses, qu'il s'imaginait devoir être plus utiles au corps ; mais il avait été forcé de convenir, par un mémoire que j'ai en main, que mon entreprise était également avantageuse à Sa Majesté et à la troupe, et qu'il était indifférent que ce fût moi ou tout autre qui en eût l'exécution.

« J'avais répondu à tous les articles de son mémoire ; et afin que les vétilleuses demandes qu'on me faisait après coup ne retardassent pas mes travaux, je me prêtai à tout ce qui parut convenable, et j'ajoutai à mon ancienne soumission, qui était déposée au bureau de M. de Maurepas, de nouvelles clauses qu'on souhaita. Il ne s'était agi, et il ne s'agissait donc que du plus ou du moins de prétendues commodités que M. le duc de Noailles exigeait en faveur de la troupe. Ainsi l'affaire, en cet état, n'était pas susceptible d'une décision qui pût m'ôter le *don* qui m'avait été fait, ni m'enlever le fruit de mon entreprise, si M. de Maurepas en avait fait un rapport impartial à Sa Majesté.

« Qu'on ne s'étonne donc plus aujourd'hui de l'affectation avec laquelle on m'a caché et on me cache encore cette prétendue décision, ni de l'abus qu'on a fait de l'autorité pour essayer de m'arracher un désistement de mon droit; désistement qu'il aurait été également inutile et indécent de me demander, si la décision eût été réelle, ou du moins assez équitable pour paraître au jour ; car je suis intimement pénétré de l'équité de Sa Majesté, et j'y ai encore une si parfaite confiance, que je n'ai jamais cessé d'en espérer la justice qui m'est due.

« 3° Il ne m'a jamais été fait, de la part de Sa Majesté, aucune défense de présenter des requêtes et des mémoires sur cette affaire, comme il est énoncé dans cet arrêt; et je frémis à la lecture de cette expression, à cause de l'idée peu convenable que de pareilles défenses seraient capables de donner au public. En effet, que penseraient les sujets du Roi de la justice, qui est le principe et la règle de toutes les actions de Sa Majesté, si elle ôtait à qui que ce soit, par de telles défenses, tout moyen de se pourvoir, et si elle fermait tout accès auprès d'elle à un sujet chargé d'engagements contractés pour le bien de son service et sur la foi de son seing?

« 4° Il est vrai que pendant longtemps on m'a entretenu de différentes propositions d'accommodement auxquelles j'ai prêté l'oreille, tandis qu'on m'a laissé entendre qu'on mettrait à couvert l'intérêt de mes entrepreneurs, en faveur desquels j'ai voulu plus d'une fois me relâcher du mien propre ; mais lorsque j'ai vu que loin d'y avoir égard, on ne cherchait qu'à les sacrifier avec moi, contre toutes les règles de l'équité, j'ai cru qu'il serait indigne à moi de me laisser intimider par les menaces et par les mauvais traitements. Voilà les motifs de ma résistance aux propositions peu équitables que M. le duc de Noailles m'a fait faire par M. Hérault (1), dont le ministère m'a toujours paru aussi étranger à cette affaire que le choix qu'en a fait M. le duc de Noailles a été peu capable de m'effrayer, comme ce seigneur se l'était proposé.

« 5° Le profond silence auquel M. le duc de Noailles s'est trouvé réduit, faute de pouvoir répondre à mon mémoire, prouve assez que cet ouvrage ne méritait pas le titre de *calomnieux*, dont on l'a aussi frappé dans cet arrêt. Et sans que j'aie besoin de m'étendre beaucoup là-dessus, il me suffira de dire que j'ai même prié inutilement M. le chancelier, par une lettre du 5 mars, d'obliger M. le duc de Noailles de répondre au moins à chaque article par *oui* ou par *non*.

« Enfin, l'arrêt dont il s'agit n'a rien décidé sur le fond de mon affaire, et ne contient pas même la teneur de la décision qu'on prétend avoir été donnée par Sa Majesté en pleine connaissance de cause. En sorte que mes entrepreneurs et moi restons toujours chargés de tous les engagements que nous n'avons contractés que pour le service du Roi. Cet arrêt n'a pas même statué sur la requête d'intervention donnée par ces mêmes entrepreneurs, tendant *à ce qu'en adhérant aux conclusions de ma requête, il fût ordonné : Que les devis et marchés qu'ils ont faits avec moi sur la foi et à la vue du bon de Sa Majesté, seraient attachés sous le contre-scel des lettres-patentes qui devaient m'être expédiées pour être exécutées selon leur forme et teneur*.

« Cependant, depuis cet arrêt, M. le duc de Noailles se croit en possession de mon entreprise, et m'a suscité huit instances, sous le nom de différents particuliers, dans l'une desquelles il est ma véritable partie, sous un nom emprunté uniquement pour s'approprier mes matériaux. Aucun avocat

---

(1) M. Hérault était procureur du roi au baillage de Versailles.

n'ose occuper pour moi, et je gémis dans les fers sans avoir encore pu obtenir qu'il fût pourvu à ma subsistance.

« Il y a plus, M. le duc de Noailles, non content de rechercher publiquement, et sans égard pour son rang, les gens avec qui j'avais des intérêts à démêler, de leur ordonner de me poursuivre, de remettre lui-même leurs pièces à son avocat, si propre à toutes ses vues, et qui pour mieux jouer son rôle occupe sous le nom de son voisin, ce seigneur a porté la passion contre moi jusqu'à me priver du seul secours qui me restait dans mes maux : c'était la consolation de voir de temps en temps mon épouse, et d'adoucir par le mélange de nos larmes l'amertume de notre commune douleur.

« La conduite exemplaire et la naissance de cette épouse infortunée, que M. le duc de Noailles sait être d'une maison, à la vérité moins illustre, mais bien plus ancienne que la sienne, n'ont pu la mettre à l'abri de sa persécution. A peine fut-il parvenu à me faire constituer prisonnier par ordre du Roi, qu'elle fut environnée d'espions qui la suivaient partout. Elle n'osait entrer, et on n'osait même la recevoir de jour dans aucune des maisons de Versailles, où nous avions les plus intimes liaisons.

« Quoiqu'elle fût devenue *un oiseau de nuit et une pauvre brebis errante*, ce sont les propres termes de la lettre d'un de mes amis, homme aussi respectable par sa profonde piété que par son caractère et ses charges chez le Roi, elle parut encore trop capable de faire connaître la vexation de M. le duc de Noailles. Les émissaires de ce seigneur la menaçaient chaque jour d'un pareil traitement, si elle ne s'en allait dans sa province. Mais ses menaces n'ayant pas d'abord réussi, il y employa d'autres voies, comme on le verra ci-après.

« J'eus donc la douleur de la voir revenir de Versailles dans le temps que sa présence m'y était le plus nécessaire ; et, sans oser me rien faire connaître des véritables motifs de son retour, elle m'annonça qu'elle se trouvait obligée de partir, parce que mon affaire n'ayant pas apparence de finir sitôt, elle craignait de tomber dans la misère. Comme je ne me doutais de rien, il est aisé de juger si je fus extrêmement surpris d'un procédé si peu régulier de la part d'une femme avec laquelle je vis depuis quatorze ans dans la plus parfaite union. J'attribuai cette résolution à la timidité de son sexe et à la douceur de son naturel. Je tâchai même de la rassurer par la justice de ma cause, sans lui exagérer l'indignité d'une pareille démarche.

« Ainsi combattue d'un côté par la crainte des menaces qu'on lui avait faites, et de l'autre par son attachement pour moi et par son devoir, elle prit, sans m'en rien dire, un parti qui marque également et combien on l'avait effrayée, et combien elle avait honte de sa faiblesse : ce fut de s'enfermer dans une chambre à Paris, chez de très honnêtes gens de ma connaissance, pour être à portée d'apprendre de mes nouvelles, en attendant l'événement de mon affaire, sans qu'elle ait osé me venir voir ni sortir de sa retraite.

« Enfin je n'ai su toute la manœuvre qu'on avait employée, que le 17 mars, que j'appris, par la voie de M⁰ Lefébure, mon avocat, que M. le duc de Noailles, qui avait, comme je l'ai dit, usé des plus terribles menaces pour obliger mon épouse à m'abandonner à sa haine, au milieu des fers, lui fit en outre remettre, pour faire son voyage, dix louis d'or par M. Fantin, curé de la paroisse Saint-Louis de Versailles, dont on se fit donner une quittance, et écrire un remercîment qu'on a voulu faire voir à M⁰ Lefébure. J'espère qu'il voudra bien attester ici la surprise que me causa une nouvelle si étrange, que je ne pus pas croire moi-même.

« Mais je n'en suis devenu que trop certain, par une réponse baignée de pleurs qu'elle me fit enfin le 23 mars, du fond de la solitude où elle gémit. J'ai en main la lettre de mon ami et celle de cette épouse infortunée ; et M⁰ Lefébure ne doit pas trouver mauvais que je cite son témoignage pour ce qu'il en sait, et ce qu'il en a appris des personnes les plus dévouées à M. le duc de Noailles.

« Tel est l'excès où la passion l'a porté, avant que j'eusse fait imprimer mon premier mémoire. Je laisse au public à prononcer entre ce seigneur et moi, et à juger de quel œil on doit regarder cette manœuvre si éclaircie par la précaution de tirer la quittance dont il est parlé ci-dessus. Mais je puis assurer que, malgré tous les efforts d'une telle persécution, on ne me verra jamais rien faire contre ce que je dois à mes entrepreneurs et à moi-même, jusqu'à ce que j'aie obtenu pour eux et pour moi une justice complète. J'ai même fait assigner M. le duc de Noailles au Châtelet de Paris, pour le faire condamner à me faire restituer l'ouvrage que j'ai fait pour la maison du Roi, sous le titre d'*Ordonnance portant règlement général pour les différents services*; la police, la discipline, les prérogatives et les priviléges des quatre compagnies de gardes du corps et autres compagnies de la maison du Roi, et je vais renouveler mes très humbles instances auprès de Sa Majesté, pour qu'elle ait la bonté de se prononcer sur le choix qu'il lui plaira faire entre mon entreprise pour l'établissement des gardes du corps, et la nouvelle idée que M. le duc de Noailles voudrait y substituer. Et afin que le public ait une parfaite connaissance de l'un et de l'autre projet, j'en ajoute ici un parallèle, également vrai et détaillé.

« Signé : DE TOURTEREL. »

Et au-dessous : « MICHON, avocat. »

PARALLÈLE DES DEUX PROJETS DONNÉS POUR L'ÉTABLISSEMENT DES GARDES DU CORPS A VERSAILLES.

Projet du sieur de Tourterel, agréé par décision du Roi du 1ᵉʳ décembre 1730.

« Le sieur de Tourterel ayant été chargé, dès le commencement de l'année 1729, de travailler au projet qu'il a dressé pour faire régler, par une nouvelle ordonnance, tous les différents services : la police, la discipline, les prérogatives et les priviléges des quatre compagnies des gardes du corps, s'est surtout appliqué à connaître l'esprit et les besoins de ce corps, auquel il est très sincèrement attaché.

«Il a été touché de voir que son service, qui est sans contredit le plus honorable et le plus pénible de toute la maison du Roi, soit en même temps un des moins avantageux et même le plus onéreux.

«Mais après avoir soigneusement recherché ce qui pouvait avoir diminué, pendant certain temps, l'empressement d'y entrer, que la valeur et les belles actions de ce corps ont toujours si légitimement inspiré à toute la noblesse du royaume, il a reconnu que cela ne pouvait provenir que de la dépense qu'il fallait nécessairement faire, et de ce que la plupart des bons sujets qui y entraient en temps de guerre, ne se trouvant pas en état de soutenir cette dépense indispensable, avaient été contraints de quitter, dans le temps qu'ils commençaient à prendre l'esprit et à savoir le service de ce corps; que ceux mêmes qui s'y étaient sérieusement attachés, s'étaient souvent trouvés réduits à la misère, après avoir dépensé pour s'y soutenir tout ce qu'ils avaient de fortune.

« Enfin il a remarqué que, même en temps de paix, les gardes les plus rangés sont obligés de dépenser beaucoup au delà de leur paye de toute l'année, pour fournir aux frais des voyages, et pour subsister pendant les trois mois du guet qu'ils font tous les ans, et quelquefois même plus souvent; en sorte que plusieurs sont forcés, malgré eux, de contracter des dettes qu'ils ne sont pas toujours en état de payer, ce qui occasionne des plaintes et discrédite le corps.

«Animé d'un véritable zèle pour cette troupe, et du désir sincère de lui être utile, il s'est d'abord attaché, dans ce temps de paix, à remédier à la dépense exorbitante à laquelle sont exposés les gardes qui servent sur le guet, en attendant qu'une plus longue expérience lui ait acquis plus de crédit auprès des chefs, dont le concours lui est absolument nécessaire pour parvenir à procurer à ce corps les moyens de subsister en temps de guerre encore plus honorablement qu'il n'a fait jusqu'ici, pour y attirer la noblesse la plus choisie du royaume, et pour qu'il soit regardé comme une pépinière d'excellents officiers pour toutes les troupes du Roi.

« Dans ces différentes vues, pour commencer à mettre les gardes à l'abri de la cherté trop fréquente des fourrages au moindre dérangement des saisons, pour les tirer de la malheureuse nécessité où ils sont de manger à grands frais dans de petites auberges, dans lesquelles ils se voient malgré eux très souvent compromis avec gens de toute espèce, et pour leur épargner la fatigue que leur cause dans le service la séparation d'une moitié de la troupe, qui est obligée d'aller chaque semaine loger au village du Pecq et à Saint-Germain, il résolut, sur la fin de 1730, de les rassembler tous dans un hôtel à Versailles. Ainsi, après avoir mûrement réfléchi sur ce projet, il a cru pouvoir allier dans cette entreprise et l'avantage du corps et sa propre utilité, en l'exécutant par lui-même.

« Cet établissement a pour objets : 1° le soulagement des gardes, lesquels, ainsi réunis, seront à portée de se secourir en cas de maladie; 2° l'adoucissement de leurs différents services, en ne laissant que celui de pied à ceux qui servent auprès du Roi, et faisant faire celui de cheval aux gardes qui sont à l'hôtel; 3° la diminution de la dépense, en facilitant à tous le moyen de faire ordinaire ensemble; 4° de procurer aux moins aisés la faculté de subsister sur le guet, quand même ils y viendraient sans un sol.

« En effet, le sieur de Tourterel se propose de leur faire fournir à crédit, dans cet hôtel, généralement tout ce dont ils auront besoin pour leur nourriture et leur entretien pendant le guet, et même à meilleur marché que le taux ordinaire, en sorte qu'à la fin de chaque guet, tous les gardes puissent retourner dans leur quartier et chez eux sans qu'on entende aucune plainte à l'occasion du crédit qui leur aura été fait. Et pour cela, il ne demande autre chose, si ce n'est qu'à la fin de chaque guet, les gardes qui auront été dans le besoin soient tenus d'arrêter leurs comptes, dont il sera donné des doubles aux brigadiers qui auraient soin, à leur retour dans les quartiers, de les remettre aux payeurs des brigades, qui en feront la retenue sur la paie, pour l'envoyer au sieur de Tourterel qui en aura fait son propre avec les fournisseurs, avec lesquels les gardes n'auront jamais rien à démêler.

« Le sieur de Tourterel s'est obligé à construire, meubler et entretenir cet hôtel à ses frais ; à faire fournir aux gardes du linge de table deux fois la semaine, des draps toutes les semaines, la vaisselle et les ustensiles de cuisine, les lits de sangle dans les salles du château, des lits gratis pour leurs valets, et entretenir le tout à perpétuité ; enfin à faire porter les lits de sangle, les linges de table et ustensiles de cuisine nécessaires aux brigadiers et gardes, lorsqu'ils serviront le Roi à Fontainebleau, Compiègne et autres maisons royales, dans les logements qu'il plaira à Sa Majesté de leur faire fournir en ces endroits.

« Il n'a demandé, pour toute indemnité, qu'une retenue de cinq sols par jour sur la paie des brigadiers et gardes du corps, qui profiteront de tous ces avantages ; et il se propose de parvenir bientôt à faire décharger la troupe du paiement de cette somme, toute modique qu'elle est, sans qu'il en coûte rien au Roi ni au corps, pour peu que les supérieurs veuillent l'aider de leur crédit.

« Mais afin qu'on ne craigne point que les fournisseurs du sieur de Tourterel puissent jamais rançonner la troupe sur les denrées ni sur les fourrages, dont il y aura toujours bonne provision dans l'hôtel, les brigadiers et gardes auront une entière liberté de s'en pourvoir où bon leur semblera ; et, pour la leur laisser tout entière, le sieur de Tourterel s'est soumis de leur mettre en état un magasin et un caveau par compagnie, en sorte qu'ils puissent ne prendre les denrées chez les fournisseurs qu'autant qu'ils trouveront que ceux-ci les leur livreront meilleures et à meilleur prix, et même point du tout, si les gardes ne veulent.

« Tel est, en substance, le projet entrepris par le sieur de Tourterel, projet qui a été approuvé et pour l'exécution duquel il a plu au Roi lui faire don du terrain et des matériaux des mauvaises écuries, où sont actuellement les chevaux des gardes à Versailles. Tous les marchés des différents ouvrages sont faits, et les entrepreneurs, qui ont déjà amassé des matériaux pour plus de 60,000 livres, sur la foi du *bon du Roi*, ne demandent rien à Sa Majesté ni au corps, mais seulement qu'on les laisse travailler et exécuter les engagements qu'ils ont pris avec le sieur de Tourterel. »

Projet formé par M. le duc de Noailles, au mois de juin 1731.

« M. le duc de Noailles, après avoir approuvé le projet du sieur de Tourterel, et lui avoir même prêté des matériaux, a imaginé de faire cette entreprise sous le nom du corps, sous prétexte, dit-il, d'en assurer au corps la propriété, sans vouloir faire attention que cette propriété, chimérique pour le corps, coûterait à la troupe trois cinquièmes en sus de l'exécution du projet du sieur de Tourterel.

En effet, outre la dépense de la construction de l'hôtel (laquelle, selon le projet de M. le duc de Noailles, coûterait au corps plus de 400,000 livres en principal, et plus de 200,000 livres d'intérêts, avant que le capital puisse être acquitté par la retenue qu'il fait faire sur tout le corps), outre cette dépense, il en coûterait annuellement au corps, pour la fourniture et l'entretien, autant, à peu de chose près, que tout ce que les gardes sont chargés de payer au sieur de Tourterel, comme on le verra par le détail ci-après, ce qui serait une double et inutile dépense.

D'ailleurs le corps n'est pas en état de supporter la

retenue que fait faire M. le duc de Noailles, et il ne serait pas juste que les gardes d'aujourd'hui payassent tous les frais d'un établissement si dispendieux, qui doit durer à perpétuité, et dont, tout bien examiné, ni eux ni leurs successeurs ne tireront aucun fruit, si l'on suit le projet de ce seigneur.

« Car on demande à M. le duc de Noailles de faire voir, s'il le peut, comment les gardes pourraient trouver dans l'exécution de son projet tous les avantages qu'ils retireront de celui du sieur de Tourterel. Qui est-ce, par exemple, qui pourra, sans la propriété de cet établissement, leur faire les avances que le sieur de Tourterel leur procurerait pendant leurs guets, de trois mois en temps de paix et d'une année en temps de guerre ?

« Cependant, sous prétexte de cette propriété imaginaire et absolument inutile au corps (puisque ayant l'usage perpétuel de cet établissement, il lui sera même très avantageux de n'être point chargé de l'entretien ni des risques inséparables de la propriété), M. le duc de Noailles voudrait assujettir le corps aux frais immenses de la construction, outre une dépense indispensable au moins de 20,500 livres par an, pour la fourniture des lits, linge de table, ustensiles de cuisine et réparations, que le sieur de Tourterel s'est soumis de supporter avec les frais de la construction, le tout moyennant la retenue de cinq sols par jour, laquelle, au bout de l'année, ne monte qu'à 21,000 livres.

« Voici l'état de cette dépense, dont le corps serait chargé, si l'on suivait le projet de M. le duc de Noailles. Elle est tirée ici selon qu'elle a été estimée dans plusieurs assemblées des officiers du corps, tenues dès le commencement des difficultés que M. le duc de Noailles a faites au sieur de Tourterel :

« 1° Le loyer des cent vingt lits de sangle nécessaires dans les salles, sur le pied qu'ils se louent aujourd'hui, à raison de vingt sols par semaine, à Versailles, et vingt-cinq sols à Fontainebleau et Compiègne, coûterait comme il coûte effectivement par année. . . . . 6,500 livres.

« 2° Le loyer d'un pareil nombre de lits dans l'hôtel, avec les paillasses et rideaux qu'il faut à ceux-ci, coûterait au moins une somme égale, et il est fort douteux qu'on en pût trouver à ce prix. 6,500

« 3° La fourniture et le blanchissage du linge de table à deux cent quarante brigadiers et gardes, à raison de cinq sols par semaine chacun, à cause du dépérissement du linge, monterait à. 3,500

« 4° La fourniture et transport de tous les ustensiles de cuisine, ne pourraient se faire à moins de 500 livres par chacune compagnie, et même on ne trouverait pas des entrepreneurs à ce prix, ci. 2,000

« 5° L'entretien de la couverture, des vitres et les autres réparations du bâtiment de l'hôtel et des écuries, iraient au moins à 2,000 livres par an, sans parler des réparations plus considérables, à mesure que l'édifice vieillirait, et des cas fortuits d'orage, de feu et autres accidents 2,000

Total. . . . . . . 20,500 livres.

« On ne met point ici en compte les gages du portier, l'entretien des lanternes pour l'hôtel et des lampes pour les écuries, et plusieurs autres choses de pareille nature, aussi indispensables que dispendieuses, pour lesquelles le sieur de Tourterel ne demande rien au corps, et qui feraient pourtant un objet assez considérable si la dépense en devait être supportée par la troupe, ce qui arriverait infailliblement en suivant le projet de M. le duc de Noailles.

Conclusion.

« Ainsi il est aisé de juger que le projet de M. le duc de Noailles ruinerait la troupe avant qu'il pût être exécuté par la voie de la retenue qu'il fait faire depuis le 1ᵉʳ octobre 1731, et que le corps serait, outre cela, surchargé pour toujours d'une dépense pour laquelle il faudrait faire à perpétuité une autre retenue aussi forte que ce qui a été promis au sieur de Tourterel pour le tout. Au lieu que l'exécution du projet du sieur de Tourterel serait infiniment plus avantageuse, sans pouvoir jamais être à charge à la troupe, de laquelle il n'exige rien pour la construction, mais seulement une rétribution modique, tandis qu'il fournira et entretiendra bien ce dont il est chargé.

« Tout ce qui vient d'être dit n'est point avancé au hasard, mais solidement démontré. C'est à M. le duc de Noailles à faire voir le contraire, sans quoi le Roi, son sage ministre, le corps et le public seront bien fondés à croire qu'il a au moins essayé trop inconsidérément de substituer une idée chimérique et très dispendieuse, à un projet également réel et avantageux.

« C'est donc par un sérieux examen de ces deux projets, que le sieur de Tourterel espère que Sa Majesté fera finir l'oppression inouïe sous laquelle on le fait gémir, contre toutes les règles de l'équité. Il y a lieu de croire que, lorsque ces deux projets auront été approfondis, on ne balancera pas sur le choix, et que le Roi lui fera rendre l'exécution de son entreprise qu'il est en état de conduire à sa perfection, malgré les violences outrées qu'on lui fait depuis six mois. Il n'a besoin pour cela d'autre chose, sinon qu'il plaira à Sa Majesté le prendre comme un fidèle sujet sous la protection royale, et lui faire l'honneur de mettre elle-même en usage les instruments qu'il a fait faire depuis plus d'un an, pour la cérémonie de la pose de la première pierre de cet hôtel. »   « Michon de Tourterel, avocat. »

Tout le monde s'attendait véritablement à une réponse de M. le duc de Noailles au premier mémoire de Tourterel, et c'est l'absence de réponse qui lui a fait donner le second.

Il est certain que si ledit Tourterel avait autant de probité qu'il s'en donne, M. le duc de Noailles serait très embarrassé de se justifier, après avoir donné sa confiance à Tourterel, avoir approuvé son Règlement pour la maison du Roi, et l'idée d'un hôtel pour loger les gardes, et même de lui avoir procuré le *don que le Roi* lui avait fait du terrain des écuries des gardes; d'avoir changé tout à coup sa confiance et d'avoir fait ôter à Tourterel ce qu'il lui avait fait accorder par le Roi. Mais il paraît qu'il a rassemblé beaucoup de preuves que Tourterel est un mauvais sujet, et s'il n'a pas répondu au premier mémoire, c'est que son avocat a été d'avis de laisser Tourterel jeter tout son venin. D'ailleurs, après tout ce qu'il a dit et révélé de faits tout à fait étrangers à ceux qui concernent son code militaire et son entreprise d'un hôtel pour les gardes, il est peu à craindre qu'il en dise davantage.

Il est présumable qu'à présent, M. le duc de Noailles va faire répondre par son avocat aux deux mémoires de Tourterel.

LETTRE DU SIEUR DE TOURTEREL A SON EMINENCE Mgr LE CARDINAL DE FLEURY, PREMIER MINISTRE.

« Monseigneur,

« J'ai eu l'honneur d'envoyer à Votre Eminence, dès le 14 avril dernier, ma requête, par laquelle je supplie Sa Majesté de donner enfin une décision sur la malheureuse affaire que M. le duc de Noailles m'a suscitée.

« Si Votre Eminence a la bonté de se faire rendre compte de ce mémoire en forme de lettre, qui contient l'état actuel de l'affaire, elle comprendra que M. le duc de Noailles n'a d'autre but que de me faire périr dans la prison où on me retient contre toutes les règles de l'équité, depuis huit mois, sous le nom du Roi.

« Quel est mon crime? si ce n'est d'avoir fait connaître l'injustice criante que M. le duc de Noailles m'a faite et continue de me faire. Quand est-ce que j'ai rendu mes plaintes publiques? Votre Eminence le sait; ce n'a été qu'après quatre mois de séjour dans une prison où je serais mort de faim et de misère, si le concierge n'avait eu la charité de me fournir la table et un lit.

« Il se lasse avec raison de voir qu'on ne finisse rien. C'est ce qui m'oblige à recourir à l'équité de Votre Eminence, pour la supplier d'ordonner qu'on pourvoie à ma subsistance pour le passé et pour l'avenir, si on a dessein de continuer ma détention et ma captivité, car je ne crois pas que Votre Eminence veuille se prêter à l'injustice de M. le duc de Noailles, jusqu'à vouloir me faire périr de misère.

« Le public, instruit de l'injustice qu'on me fait, réclame hautement en ma faveur la religion et l'équité de Votre Eminence, et demande sur quel fondement, ou du moins sur quel prétexte on m'a mis et on me retient depuis huit mois dans les fers. L'injustice de M. le duc de Noailles, à mon égard, est trop connue pour que personne puisse prendre le change.

« Si je suis coupable, il faut me faire mon procès et me condamner aux peines que j'aurai méritées; mais si je ne le suis pas, comme Votre Eminence n'en doit point douter, quelle couleur peut-on donner à l'oppression outrée que je souffre?

« L'autorité du Roi, dont vous êtes le dépositaire, et mes fers m'autorisent, Monseigneur, à vous le dire, exige que vous me tiriez de la vexation sous laquelle je gémis, parce que rien n'avilit tant cette même autorité que l'abus qu'on en fait contre un innocent.

« On fait sans doute entendre à Votre Eminence qu'on m'a donné des commissaires et que l'affaire est en règle. Mais j'ose vous assurer, Monseigneur, qu'on vous en impose, et que les partisans de M. le duc de Noailles, qui vous environnent, ne savent pas eux-mêmes de quoi il s'agit.

« Les trois commissaires nommés depuis le mois d'octobre 1731, n'ont pouvoir que de connaître ce qui est dû à quelques manœuvres qui ont tiré du moellon pour les bâtiments dont il est question. On a gardé en poche leur commission pendant cinq mois, et elle est absolument inutile à l'affaire qui fait tant de bruit. Quand même M. le chancelier leur donnerait tout son pouvoir, ils n'en auraient pas assez pour la finir en règle, à moins que Sa Majesté ne donne auparavant sa décision sur le choix d'un des projets, par un arrêt du conseil qui détermine lequel des deux doit être exécuté, ou que Sa Majesté déclare qu'elle ne veut ni de l'un ni de l'autre.

« Au cas que Sa Majesté accepte celui de M. le duc de Noailles, que j'ai démontré devoir coûter à un corps qui n'a pas le premier sol, 600,000 livres plus que le mien, il faut nécessairement que cet arrêt casse tous les engagements pris par mes entrepreneurs et moi. La même chose est nécessaire si Sa Majesté rejette les deux projets. Or nuls commissaires ne peuvent casser les engagements contractés par devant notaire, si le Roi, auparavant, n'a prononcé cette cassation, parce qu'à lui seul appartient d'annuler de pareils actes, auxquels son bon du 30 décembre a donné lieu.

« Dès que Sa Majesté aura bien voulu donner sa décision, tout le reste finira bien vite et il n'y aura pas besoin de commissaires. Car, si elle décide en faveur du projet de M. le duc de Noailles, on lui remettra le moellon au prix coûtant, et les commissaires n'auront rien à juger. Si Sa Majesté décide en faveur de mon projet, mes entrepreneurs, pour qui le moellon a été tiré, payeront sur le champ ce qui en restera dû, et les commissaires n'auront rien à décider.

« Si enfin Sa Majesté déclare qu'elle ne veut ni de l'un ni de l'autre projet, j'ai lieu d'espérer qu'elle aura la bonté d'ordonner les dédommagements convenables pour mes entrepreneurs et pour moi, et qu'elle cassera et annulera tous les engagements que nous avons pris, et en ce cas le ministère des commissaires devient également inutile.

« Daignez, Monseigneur, faire mettre fin à la persécution que je souffre faute de cette décision indispensablement nécessaire, ordonner que l'on paye ma dépense, et m'accorder la liberté d'aller solliciter mon affaire.

« Je suis avec un très profond respect, Monseigneur, de Votre Eminence, le très humble et très obéissant serviteur,

« DE TOURTEREL. »

« *Au For-l'Evêque, le 18 mai 1732.* »

M. le duc de Noailles ne voulut pas répondre en son nom aux mémoires de Tourterel. Il donna, sous le nom des capitaines des gardes, une requête au Roi, dans laquelle il réfute les faits allégués par Tourterel ; et, sans déclamer contre lui, il fait connaître, comme c'est la vérité, que Tourterel est un mauvais sujet et très dangereux. Cette requête parut le 20 septembre 1732.

Tourterel donna encore une grande requête qui ne fut pas mieux goûtée que les premières.

Le 18 octobre 1732, la Cour étant à Fontainebleau, le Roi rendit un arrêt du conseil par lequel Tourterel fut débouté de toutes ses demandes.

Le lendemain de l'arrêt, on le fit sortir du For-l'Evêque, la maréchaussée le conduisit de brigade en brigade à Bourg-en-Bresse, lieu de sa naissance, avec défense d'en sortir, à peine de désobéissance.

Cette punition, quoique très douce, est l'une des plus mortifiantes que pût subir Tourterel, car il est obligé de rester dans un pays où il jouit d'une très mauvaise réputation.

Tourterel est un homme qui n'a pas su tirer parti de ses talents. Il avait au suprême degré la confiance de M. le duc de Noailles; il en a abusé. Il a fait à Versailles, sous le nom et l'autorité de ce seigneur, des choses qui ont compromis la réputation et l'honneur de M. le duc de Noailles, qui, comme gouverneur de la ville, devait s'opposer à toute espèce d'oppression et d'injustice; et c'est beaucoup trop tard qu'il s'en est aperçu. Cependant par un trait de bonté, assez rare chez les hommes, M. le duc de Noailles a non-seulement oublié les calomnies de Tourterel, mais il vient de lui procurer la charge d'avocat du Roi, à Bourg-en-Bresse.

1732.

L'abbé Pucelle est en grande considération, pour son profond savoir, pour son intégrité et pour sa probité.

Il n'a jamais été de l'opinion des membres des enquêtes, qui ont abandonné leurs fonctions et donné leurs démissions; il a toujours été de l'avis de persévérer à faire des remontrances au Roi.

Voici une chanson faite à l'occasion de son exil :

> La Cour, pour plaire à Fleury
> Et à sa sequelle,
> Vient d'exiler de Paris
> Un sujet fidèle.
> Que de filles vont pleurer !
> Que de femmes vont crier !
> Rendez-nous Pucelle
> Au gué,
> Rendez-nous Pucelle.

VERS TOUCHANT LA MATIÈRE DE LA GRACE.

> Ces jeux de mots et de paroles
> Scandalisent tout vrai chrétien ;
> Disputes d'autant plus frivoles,
> Qu'au salut elles ne font rien.

Pourquoi troubler la confiance
D'un chrétien qu'une humble ignorance
De tout orgueil a préservé ?
Et qu'a-t-il besoin de connaître
De quelle grâce il est sauvé,
Quand Dieu lui fait celle de l'être ?

Le livre intitulé : *Le moyen de parvenir*, qui fut débité à Fontainebleau, en 1732, pendant le voyage du Roi, est un livre diabolique. L'auteur annonce que l'ambition et l'impiété des grands, l'ignorance des prêtres, la présomption des ministres, le désordre des moines, l'envie des chanoines, la fausse science des docteurs, les usures des Huguenots, les piperies des papistes et toutes les autres contradictions qu'il a remarquées parmi les hommes, l'ont engagé à faire cet ouvrage.

Un tel livre n'est propre qu'à être brûlé, aussi bien que nombre de livres, livrets et libelles qui courent sans noms d'auteur.

Il faut faire choix de bons livres en matière de religion. La plupart des auteurs, enivrés par leur amour-propre, n'écoutent que ce qu'ils appellent leur raison. On a eu la douleur de voir des prélats et des laïques très savants donner dans des erreurs que de simples particuliers auraient évitées.

Le Pape avait envoyé en France une bulle, pour publier le jubilé à l'occasion de son élévation au Saint-Siége.

Cette bulle ayant été examinée dans le conseil du Roi, on y trouva des expressions qui ne permirent pas de la porter au Parlement, suivant l'usage, pour y être enregistrée, afin d'être autorisée dans le royaume. La Cour prit alors le parti de la renvoyer au Saint-Père.

Nonobstant une marque si éclatante de réprobation, Mgr Jacques Forbin de Janson, archevêque d'Arles, primat de la Gaule narbonnaise, prince de Salons et de Mondragon, n'a pas craint de demander cette bulle au Pape ; et sans avoir égard au respect et à la soumission qu'il doit au Roi, il vient de donner un mandement pour la publier sans permission, dans toute l'étendue de son diocèse.

Cet archevêque, contre son serment de fidélité, s'est écarté jusqu'à vouloir prouver que le Roi, qui l'a établi archevêque, n'a pas le droit de commander à un sujet, dès que Sa Majesté l'a élevé à l'épiscopat. C'est ce qui résulte des termes de son mandement :

« Si les évêques ne défendent pas l'autorité qu'ils tiennent immédiatement du ciel, le Roi s'en emparera et deviendra le chef de l'Église. Nous devons donc exercer dans toute son étendue le pouvoir ecclésiastique, indépendamment des Rois, qui n'ont aucune autorité que sur le temporel. »

Le Parlement d'Aix vient de censurer le mandement de M. Forbin, archevêque d'Arles, d'une manière qui lui a attiré l'estime des honnêtes gens.

CHANSON SUR L'ALLURE.

L'archevêque Forbin,
Mon cousin,
A fait un bel ouvrage
Contre son souverain,
Mon cousin.
Il y fait pis que rage,
Mon cousin,
Voilà mon cousin, l'allure, mon cousin,
Voilà mon cousin, l'allure.

Ce prélat girardin,
　Mon cousin,
Dit qu'il faut du désordre ;
Qu'il faut être matin,
　Mon cousin,
Pour que tout soit dans l'ordre,
　Mon cousin,
Voilà mon cousin, etc.

De Rome ce Forbin,
　Mon cousin,
Sait jouer la marotte.
Le Pape a dit fort bien,
　Mon cousin,
Il aura la calotte,
　Mon cousin.
Voilà mon cousin, etc.

1733.

Le vendredi 13 mars 1733, la femme d'un charcutier de la rue du Bel-Air, à Versailles, nommé Etienne Lebrun, âgée de quarante-deux ans, enceinte pour la dix-neuvième fois, fut prise des douleurs de l'enfantement, vers les onze heures du matin.

A une heure après midi, elle mit au monde une fille ; à deux heures et demie, une seconde, et à trois heures une troisième.

Elles sont toutes trois très ressemblantes et de la même force, deux étaient dans la même poche, et la troisième seule.

On les baptisa sur-le-champ.

Le lendemain samedi, la dame Larivière, la sage-femme qui reçut ces enfants, les porta, à une heure de l'après-midi, chez la Reine qui voulut les voir, et lui fit donner un louis d'or. Elle les porta ensuite chez Mme la duchesse de Tallard, qui lui donna aussi un louis d'or, et chez Mme de

Ventadour, qui lui donna six livres, ce qui lui fit en tout soixante dix-huit livres.

En l'année 1700, la femme Doisy, belle-mère de Lachapelle, portier du chenil, à Versailles, accoucha de cinq enfants, les deux premiers ont vécu; les trois derniers, qui étaient fort petits, vinrent morts.

La grand'chambre envoie souvent des députations à Fontainebleau, auprès du Roi, pour fléchir Sa Majesté. Mais la Cour ne paraît pas encore disposée à accorder le retour des exilés du 6 septembre. Seulement, on veut bien rappeler les premiers, c'est-à-dire l'abbé Pucelle et trois ou quatre autres.

CHANSON SUR LE PARLEMENT.

En vacance on voit assis,
Lâchement, sur les fleurs de lys,
  Du Parlement la crasse ;
    Eh bien !
  La lie et la carcasse,
    Vous m'entendez bien.

Tous ces traîtres à leur devoir,
Sur l'épaule devraient avoir
  Pour prix de leur bassesse,
    Eh bien !
  Ce qu'ils ont sous la fesse (1),
    Vous m'entendez bien.

---

(1) La fleur de lys. On marquait alors les criminels sur l'épaule avec une fleur de lys.

LETTRE ADRESSÉE A S. ÉM. Mgr LE CARDINAL DE FLEURY, PAR LE CURÉ AUVRAY, A FONTAINEBLEAU.

« Il faut aimer autant que je le fais et estimer Votre Eminence, pour oser entreprendre la liberté que je me donne de lui écrire des choses aussi importantes, selon moi, à l'État, qu'à votre respectable personne. Les fonctions de notre ministère me mettent à portée de voir ce qu'il y a de plus considérable dans ma paroisse. J'y trouve tant d'agitation et d'inquiétude sur les affaires présentes, qu'en bon citoyen, je me crois en obligation de rendre compte à Votre Eminence des discours que j'entends, qui font voir la situation des esprits.

« En général, tout le monde se plaint d'avoir un Roi qui semble ne se pas soucier de l'être; de lui voir un conseil qui paraisse négliger les plus importantes attentions, pour n'exécuter et ne suivre que les intérêts particuliers qui le préviennent et le font agir; de voir que tout le fruit d'une longue paix ne procure qu'un abâtardissement général en toute espèce, funeste présage de l'anéantissement entier de cette jadis florissante monarchie. Les subsides énormes, la perte du commerce, la parcimonie dans les grâces, la justice annihilée par caprice ou par d'autres vues, la dépravation des mœurs tolérée, les jeux publics soutenus et protégés au grand scandale des gens de bien; les délateurs autorisés et chèrement payés, l'autorité royale prostituée en nombre d'occasions; en un mot tout bien omis, et tout mal opéré.

« Votre Eminence juge bien que l'on s'en prend à elle, comme étant le seul moteur du Gouvernement. On ne vous épargne point. Selon les uns, vous n'avez de bonnes qualités que celles qui existent dans le commerce du monde; douceur d'esprit, agrément, petits propos qui plaisent dans la société, et avec cela les talents d'un très adroit et très ambitieux courtisan.

« Les autres soutiennent que vous n'êtes vertueux que par art, et non par sentiment ; que vous n'avez jamais rien aimé que ce qui pouvait vous être utile pour vos vues ; que même votre désintéressement n'est qu'un raffinement d'avidité ; que vous n'avez quitté Fréjus et refusé Reims que parce que ces deux places vous écartaient de celle que vous désiriez occuper.

« D'autres assurent que, quoique vous ayez été le précepteur du Roi, vous n'en n'avez jamais fait les fonctions ; on entend que vous n'avez jamais instruit, ni corrigé, parce que vous n'aviez rien en vous de ce qu'il faut pour une éducation royale, et que vous n'aviez garde de reprendre un enfant que vous vouliez vous assujettir.

« D'autres enfin vont plus loin, et disent que la droiture et la probité vous sont inconnues, comme la reconnaissance ; que vos paroles et vos engagements ont rarement l'effet.

« Vous pouvez bien juger, Monseigneur, que je ne suis pas assez téméraire pour vouloir vous condamner sur de pareils discours. Quelle apparence, en effet, qu'un évêque, âgé de près de quatre-vingts ans, prêt à paraître devant le sévère tribunal de Dieu, ne donne pas chaque jour quelques instants pour dresser ses comptes, lorsque ce juge souverain vous dira : Rends-moi compte de ton administration. Ce compte, Monseigneur, est effrayant pour tout particulier : que sera-ce donc pour le conducteur d'un royaume ? Quel scrupuleux examen cette réflexion ne vous demande-t-elle pas ?

« Pardonnez si je vais plus loin. Que pourrez-vous dire, pour vous justifier d'avoir laissé votre royal pupille livré à une dissipation perpétuelle, sans l'exciter à prendre les rênes du gouvernement ? N'est-il pas d'âge à veiller et à travailler pour sa gloire ? Est-ce ainsi que le comte de Chièvres élevait Charles-Quint ? Avait-il envahi l'autorité souveraine ? Exposait-il son souverain à être soupçonné d'incapacité? S'était-il associé un étourdi universellement méprisé (**M.** Chauvelin, garde des sceaux), pour perpétuer la servitude de son maître? Ce parallèle doit sans doute vous effrayer. Cet illustre gouverneur était honnête homme, et n'eut jamais d'autres vues et d'autre objet que l'honneur et la grandeur de son élève.

« Voilà, Monseigneur, ce que ma conscience m'oblige de vous dire. Plaise au ciel que mes avis, peut-être trop hardis, vous portent à en faire usage! Si vous les souffrez. ils pourront être suivis de ce que j'ai pu omettre.

« J'ai l'honneur d'être, etc.

« Signé : François Auvray (1). »

Il n'est pas douteux que la tendre amitié que M. l'ancien évêque de Fréjus avait conçue pour le jeune roi Louis XV, monté sur le trône à l'âge de cinq ans huit mois et demi, ne lui ait fait avoir pour ce prince toutes sortes de condescendances, et qu'il n'ait pris, depuis, l'administration du royaume que dans la vue de réparer les fautes des précécédentes administrations.

Mais ce pesant fardeau était trop lourd pour que, dans un âge si avancé, et d'ailleurs sans expérience du gouvernement, il pût remplir ce qu'il s'était proposé.

Sa bonne volonté doit le faire excuser.

PERSONNAGES DE CE TEMPS, PERSONNIFIÉS PAR LES TITRES DE QUELQUES COMÉDIES.

Les Horaces et les Curiaces. — Les Jansénistes et les Molinistes.
La Femme juge et partie. — La Cour de Rome.

(1) Il est fort à douter que cette lettre ait été envoyée au cardinal, mais dans tous les cas elle montre ce que l'on pensait alors dans les masses du gouvernement de Louis XV.

Arlequin Cartouche.	— Les Jésuites.
Médée.	— La constitution.
Le Menteur.	— Le formulaire.
Le Légataire.	— Le curé de Saint-Sulpice.
Le Grondeur.	— Le desservant de Saint-Médard.
La Foire de Bezons.	— La Sorbonne moderne.
L'Inconnu.	— L'auteur des *Nouvelles ecclésiastiques*.
Le Médecin malgré lui.	— Le bienheureux Pâris.
L'Amour précepteur.	— Le père Girard.
La Surprise d'amour.	— La Cadière.

Février 1733.

Les 6, 7, 8 et 9 février 1733, il fit un si grand brouillard à Paris, que l'on fut obligé de marcher avec des flambeaux.

Les carrosses allaient au pas et les domestiques marchaient devant les chevaux, en portant des torches allumées, et malgré cela avaient beaucoup de peine à trouver les maisons où ils devaient aller.

Les brouillards ont occasionné un grand nombre de rhumes. Le roi Louis XV les appela *la folette*.

A Paris, à la fin du mois de février, on a compté plus de 200,000 personnes enrhumées. — Toute la Cour, qui était à Marly, en fut incommodée.

Il y a douze ans environ, Bouilhac, un gascon, arriva à Versailles pour y exercer la médecine. Il était alors si gueux, que tout son vêtement ne valait pas 20 livres. Il ne tarda pas à s'attacher à M. Regnier, procureur du roi au bailliage de Versailles, chez lequel il allait tous les matins visiter le pot de chambre. Le procureur du roi l'ayant prôné à M. Blouin, gouverneur de Versailles, celui-ci le fit médecin de l'hôpital, en 1721, aux appointements de 300 livres.

Bouilhac ayant gagné l'esprit de M. Blouin, abandonna le procureur du roi, son bienfaiteur, et n'alla plus chez lui.

Il devint bientôt, avec la protection de M. Blouin, médecin des Enfants de France. Il est inouï qu'on ait confié le plus pur sang du royaume à un aventurier et à un ignorant, au préjudice de tant d'habiles gens qu'on aurait pu trouver à Paris.

Madame, troisième fille de Louis XV, née le 28 juillet 1728, âgée de près de cinq ans, étant tombée malade des fièvres, Bouilhac commença par lui faire faire une saignée du bras, puis il la fit saigner trois fois du pied, et à chaque fois, l'on tirait trois palettes de sang. On peut juger par là qu'il ne lui en laissa pas dans les veines.

Il lui fit ensuite donner l'émétique, puis le kermès, et pour couronner le tout, lui fit appliquer les ventouses.

Enfin la jeune princesse succomba le jeudi 19 février 1733, à quatre heures du matin, dans son appartement, au château de Versailles, à l'âge de quatre ans six mois vingt-et-un jours.

Cette princesse était fort aimable, et sa mort a fort affligé le Roi et la Reine.

Son corps a été exposé le 19, dans un lit de parade.

Le 20, il a été ouvert et embaumé.

La Cour, qui est à Marly, d'où elle devait revenir à Versailles le 21, restera à Marly jusqu'au 3 mars, la Reine ayant été, à ce que l'on dit, saignée deux fois.

Le lundi 23 février, sur les cinq heures de l'après-midi, le détachement des troupes de la maison du Roi, commandé pour accompagner le corps de la princesse jusqu'à Saint-Denis, entra dans la première cour du château; savoir :

Vingt-quatre gardes du corps du Roi, avec leurs officiers;

quarante gendarmes de la garde, avec leurs officiers, M. le prince de Soubise en tête; quarante chevau-légers, avec leurs officiers; quarante mousquetaires gris et quarante mousquetaires noirs, tambours battant.

Les gardes du corps entrèrent seuls dans la petite cour; les gendarmes, les chevau-légers et les mousquetaires restèrent dans la première cour.

Aucuns de ces corps n'avaient ni timbales, ni trompettes.

A cinq heures et demie on a distribué à tous ces corps des flambeaux allumés.

La Cour portait le deuil du roi de Sardaigne, ci-devant duc de Savoie, aïeul maternel du Roi; mais il ne fut pas pas pris pour la jeune princesse, puisqu'on ne le porte pour les Enfants de France que lorsqu'ils ont sept ans.

La marche s'est faite dans l'ordre suivant :

Les mousquetaires noirs; les mousquetaires gris ; trois carrosses de deuil à six chevaux, remplis d'officiers; trois carrosses du Roi, drapés, à huit chevaux, remplis de dames; douze pages de la grande écurie ; douze pages de la petite écurie; huit pages de la Reine; les chevau-légers ; M. le marquis de Dreux-Brézé, maître des cérémonies ; un écuyer de la grande écurie ; un écuyer de la petite écurie; deux autres; tous les cinq en rabat, en manteau et en crêpe, leurs chevaux caparaçonnés de drap noir; le quatrième carrosse du Roi, aussi à huit chevaux, dans le milieu duquel on plaça le corps de la princesse.

Le cercueil était couvert d'un poële de moire d'argent.

Le cœur, placé dans un cœur d'argent, couvert de moire d'argent, était porté sur un carreau par M. le cardinal de Rohan, grand aumônier de France. Dans ce carrosse, M. le cardinal de Rohan était placé au fond, à droite ; Mme la princesse de Conti, qui conduisait le deuil, au fond à gauche; Mme la duchesse de Tallard, gouvernante des Enfants de France, en survivance de Mme la duchesse de Ventadour; sur le devant, vis-à-vis M. le cardinal, et Mme la princesse de Soubise aussi sur le devant, vis-à-vis Mme la princesse de Conti ; un aumônier était à chaque portière, et huit valets de pied de la Reine entouraient le carrosse.

Le clergé de la paroisse de Notre-Dame de Versailles a accompagné le carrosse du corps jusqu'à la porte de la grille de la petite cour.

Les gendarmes fermaient la marche.

Venaient ensuite quatre carrosses dans l'un desquels se trouvait M. Jomard, curé de la paroisse Notre-Dame de Versailles.

Dans la marche, on doit changer sept fois de flambeaux. Lorsque le convoi sera arrivé à Saint-Denis, on descendra dans le caveau le corps de la princesse, sans aucune cérémonie ; puis on portera de suite le cœur au Val-de-Grâce, du faubourg Saint-Jacques.

On pense que cette marche, depuis le départ de Versailles jusqu'à l'arrivée à Saint-Denis et au Val-de-Grâce, durera dix-huit heures.

Avril 1733.

Mgr le duc d'Anjou, né le 30 août 1730, mourut à Versailles, le mardi de Pâques, 7 avril 1733, à neuf heures du matin.

Le Roi et la Reine se trouvant à Versailles, on porta son corps, le même jour à cinq heures du soir, au palais des Tuileries, dans un carrosse du Roi.

Il n'y avait ni cortége ni flambeaux ; il était simplement accompagné d'un officier et de dix gardes du corps.

On le porta à Saint-Denis, le 9 avril, sur les sept heures du soir.

Le cortége fut le même que pour Madame Troisième.

Mai 1733.

Le 1er mai 1733, sur les six heures du soir, il éclata un orage violent sur Saint-Germain et Versailles. Cet orage s'étendit jusqu'à Rouen, et causa beaucoup de désastres depuis Saint-Germain, Poissy, et autres lieux. Il y eut beaucoup de moulins emportés, et l'on a compté jusqu'à cent trente-quatre personnes de noyées.

Mai 1733.

Par arrêt de son Conseil d'Etat du 1er mai 1733, le Roi ayant cassé et annulé celui du 25 avril précédent, rendu par le Parlement, cette compagnie s'est assemblée le 5 mai, pour délibérer sur ce qu'elle devait faire en cette occasion, où il paraît que le Roi ne veut pas qu'elle connaisse des écrits qui ont rapport à la religion.

Le 6 mai, le Parlement se rassembla, et il fut arrêté :

Qu'il serait fait de très humbles et très respectueuses remontrances au Roi sur le contenu de l'arrêt de son conseil du 1er mai, et notamment sur les conséquences qui en naîtraient, en ce que l'on en pourrait inférer que la Constitution peut être proposée comme règle de foi ; — en ce que ceux dont les démarches tendent au schisme se croiraient autorisés par cet arrêt ; — en ce que l'on pourrait en inférer que le Parlement ne serait pas compétent pour connaître des matières qui font l'objet de l'arrêt du 25 avril, et dont le Parlement ne connaît que comme exerçant l'autorité du Roi, ce qui serait donner atteinte à l'autorité dudit seigneur Roi, exposer sa personne sacrée, sa couronne et son Etat aux entreprises que l'on pourrait faire en attribuant le caractère de foi aux opinions les plus contraires à nos libertés. Et que cependant la Cour continuera de donner des marques de son zèle pour la tranquillité et de son attachement en réprimant toutes les démarches tendantes au schisme.

M. Titon, conseiller de la cinquième chambre des enquêtes, janséniste outré, tout en donnant son opinion, sortit des bornes de la modération. Il en est résulté qu'un individu s'est amusé à composer un libelle, le plus odieux et le plus pernicieux que l'on puisse imaginer, et à le faire courir sous le nom de M. Titon. Mais on rend la justice à ce magistrat de ne pas croire qu'il soit l'auteur d'un ouvrage si peu mesuré, et que les vrais honnêtes gens, partisans du jansénisme, ont en horreur.

Le vendredi 15 mai, M. le premier président, accompagné de deux autres présidents et de quelques conseillers, apportèrent au Roi leurs remontrances au sujet de l'arrêt du 1er mai. Sa Majesté les reçut et ces messieurs sortirent aussitôt du cabinet.

Le lundi 18 mai, M. le premier président et plusieurs autres membres du Parlement, au nombre de vingt-deux, se rendirent à Versailles pour recevoir la réponse du Roi à leurs remontrances. Sa Majesté leur a expliqué ses intentions et le mécontentement qu'elle avait de la conduite de cette compagnie, qui se retira aussitôt, fort peu satisfaite de la réponse du Roi. On ne la sait pas au juste, et ceux qui la débitent n'en parlent que par conjectures.

Mai 1733.

NAISSANCE DE MADAME CINQUIÈME.

Le lundi 11 mai 1733, à sept heures un quart, la Reine accoucha, à Versailles, d'une princesse.

Cet accouchement se fit d'une manière singulière. Pérard, accoucheur de la Reine, était depuis six semaines à Versailles, attendant le moment où la Reine aurait besoin de son secours. Lorsque les premières douleurs se firent sentir, il venait de quitter le château, et était allé rendre une visite à la veuve de Lalande, l'ancien surintendant de la musique du Roi, qui restait au Parc-aux-Cerfs.

On le fit chercher partout, et comme on ne savait où il était allé, et qu'on ne pouvait le trouver, on eut l'idée de faire battre la caisse par toute la ville, afin de lui faire savoir qu'on réclamait ses soins au château. Tout cela fut inutile et l'on ne put pas le trouver.

Pendant toutes ces allées et venues, la Reine accouchait et était délivrée par la demoiselle Loisel, sa garde-malade; heureusement M. Helvétius, médecin de la Reine, était présent, et il reçut la princesse. A peine la Reine venait d'être remise dans son lit, que Pérard arriva. Il se présenta aussitôt chez la Reine, lui demanda pardon, et voulut s'assurer par lui-même si tout était convenablement arrangé, mais la Reine refusa ce service après coup.

Pérard alla ensuite chez le Roi, pour lui présenter ses excuses, mais le Roi ne voulut point l'écouter, et lui tourna le dos.

Il n'y eut pour cette naissance ni *Te Deum* ni feux.

Mai 1733.

MÉMOIRE ADRESSÉ A Mgr LE DUC DE NOAILLES, PAIR DE FRANCE, GOUVERNEUR DE VERSAILLES.

« Le bon ordre, d'où dépend la sûreté et la tranquillité publique, a toujours été un des principaux objets du Gouvernement.

« Versailles, lieu de naissance et séjour ordinaire du Roi, pour plusieurs considérations demande beaucoup d'attention.

« Cette ville est d'une vaste étendue; les habitants qui s'y sont réfugiés de tous les coins du royaume sont, pour la plupart, gens rustiques et sans mœurs. De là, il est aisé aux lumières supérieures de conclure : que par rapport au grand nombre d'habitants, qui roule sur environ quarante mille âmes, il y a beaucoup de menu peuple sujet à des discussions continuelles.

« La patrouille des Suisses, établie pour la sûreté des officiers du Roi, de la Reine, des princes et seigneurs, des commis des bureaux dont les fonctions les forcent à retourner de leur devoir chez eux, à des heures de nuit, n'est pas assez considérable pour empêcher qu'il ne se fasse de temps à autre quelques insultes, soit auxdits officiers, commis, habitants, et même aux prêtres qui sont obligés d'aller la nuit administrer les sacrements.

« Il serait d'une nécessité indispensable d'établir une patrouille sédentaire sur le marché de Versailles, qui se tient tous les jours, et où il se trouve toujours douze à quinze cents personnes. Cette patrouille serait à portée de faire des opérations qui ne demandent aucun retard.

« La nécessité n'est pas moins grande d'avoir des *mouches* (1).

« Le nombre des *archers des pauvres* (2), qui n'est que de trois, n'est pas suffisant pour une ville aussi vaste et aussi peuplée que Versailles.

« D'ailleurs il est à observer qu'ils sont dispersés aux portes des trois églises, et qu'il n'est moralement pas possible à un homme ou deux d'arrêter un mendiant, pour le peu qu'il fasse résistance.

« Il est à remarquer qu'il y a plusieurs portes aux églises, et que quand un archer serait à une, il n'empêcherait pas qu'il n'entrât des mendiants par les autres portes. Il n'est pas même décent de les arrêter dans l'église, crainte de scandale, ainsi qu'il se pratique à Paris.

« Si la mesure proposée de donner des marques aux pauvres de la ville se réalise, cela facilitera aux archers le moyen de faire plus de captures des mendiants qui y affluent de toutes parts, et dont même une partie s'y établit.

« Monseigneur, qui pense mieux que personne, jugera aisément de la nécessité de ces augmentations, ainsi que de

---

(1) Agents de police.
(2) Les archers des pauvres étaient des agents de police chargés d'arrêter les mendiants qui n'étaient pas de Versailles, et de les faire sortir de la ville.

celle d'établir un nombre d'ouvriers couvreurs, charpentiers, maçons et ramoneurs, tout prêts à porter des secours contre les incendies ; car il est toujours bien plus aisé de prévenir le désordre, que d'en arrêter le progrès quand une fois il est commencé.

« L'établissement de quelques pompes serait encore très utile (1). »

Mai 1733.

Le 22 mai 1733, la compagnie des gardes du corps de Villeroy arriva à Versailles. Elle y séjourna les 23, 24, 25, 26 et 27, passa la revue du Roi, à Marly, le 28, et partit pour Saint-Denis le 29.

Mai 1733.

Dans le discours de M. Titon au Parlement, il dit, en parlant de l'arrêt du Parlement annulé par celui du Conseil d'État : « La Cour elle-même a si bien reconnu la bonté et la nécessité de cet arrêt, qu'elle l'a laissé publier dans les lieux ordinaires. »

Cela est supposé. Les colporteurs qui vinrent à Versailles n'eurent garde de demander la permission de débiter cet arrêt ; ils ne firent que passer en courant dans quelques rues. Ils en débitèrent au plus une douzaine d'exemplaires et s'en retournèrent bien vite à Paris, sans quoi ils auraient été mis en prison à Versailles.

Juin 1733.

Le 11 juin 1733, une couturière de Paris, nommée Marie Luquiet, âgée de 35 ans, vint à Versailles et alla au salut de la chapelle du château. C'était le jour de l'octave du Saint-Sacrement. Elle se plaça sur une forme de la se-

(1) A cette époque, il n'y avait encore aucun secours organisé dans Versailles contre les incendies.

conde travée à gauche, derrière Mme la duchesse d'Urfé. Comme elle était habillée en noir, les gardes la laissèrent placer.

Voilà qu'au moment où le prêtre donnait la bénédiction du Saint-Sacrement, elle se mit à crier tout haut : « Sire, vous avez une paralysie sous la langue ! vous n'êtes point marié ! les enfants de la Reine ne sont point à vous ! »

Aussitôt les gardes ne lui donnèrent pas le temps de débiter ses folies et la firent retirer. Ils la remirent entre les mains du sieur Foirestier, commandant des Suisses des appartements, qui la conduisit en prison. Elle a été, depuis, enfermée à l'hôpital comme folle.

Cette fille disait qu'elle avait des révélations.

12 juin 1733.

Le Roi partit de Versailles le vendredi 12 juin, lendemain de l'octave du Saint-Sacrement, pour aller à Compiègne ; il y resta jusqu'au milieu du mois d'août. Quand le Roi est à la chasse, il court d'une force extraordinaire. A Compiègne, il a crevé le plus beau et le meilleur de ses chevaux, que l'on nommait l'*Empereur*.

Le dimanche 16 août, le Roi partit de Compiègne et vint coucher à Chantilly, où il séjourna trois jours. M. le duc fit de grandes réjouissances à cette occasion ; on tira un beau feu d'artifice.

Le Roi partit de Chantilly le mercredi 19, et arriva à Versailles sur les huit heures du soir. En arrivant il se fit descendre de carrosse vis-à-vis le chenil, où il entra pour visiter ses chiens, il remonta ensuite dans sa voiture et se rendit au château, où la Reine l'attendait dans ses appartements. Cette princesse en sortit après qu'il l'eut embrassée. Un moment après, entra pour la première fois le Roi Stanislas, qui venait saluer Sa Majesté, puis le Roi passa chez la Reine, femme du Roi Stanislas.

Le lendemain 20 août, le Roi, aussitôt qu'il eut dîné, partit pour la Meute, où il coucha, et revint dans la nuit du vendredi au samedi.

Juillet 1733.

Le 17 juillet 1733 a eu lieu, à l'extinction des feux et en présence de M. le duc de Noailles, l'adjudication de la grille que l'on doit mettre au bout de l'avenue de Sceaux, à Versailles. C'est au sieur Gamain (1), serrurier, que cette adjudication a été faite, à raison de 800 livres (2).

Les quatre-vingt-dix toises du mur qui prendra depuis celui du parc jusqu'à la grille, et qui aura quinze pieds de haut, coûteront 3,500 livres ce qui, réuni aux 800 livres de la grille, fera une somme de 4,320 livres.

Août 1733.

Pâris l'aîné jouit de 400,000 livres de rentes. Il n'a qu'une fille, qu'il a mariée à Pâris de Montmartel, son frère.

Pâris l'aîné est mort en exil, au mois de juillet 1733, au moyen de quoi Pâris de Montmartel, son frère et son gendre, a recueilli seul sa succession de plus de dix millions, savoir : en rentes 400,000 livres, 1,600 marcs de vaisselle, bijoux et meubles, deux millions.

Pâris de Montmartel n'a jamais été dans les affaires du Roi. Il est associé avec Samuel Bernard et ils ont beaucoup de vaisseaux sur mer.

Le 16 août 1733, le sieur Malarme, homme d'affaires de Pâris de Montmartel, m'a dit qu'il jouissait de douze cent mille livres de rente.

---

(1) Ce Gamain était le père de celui qui dénonça l'amoire de fer du malheureux Louis XVI, à la Convention.

(2) Le mur placé au bas de la butte de Gobert fut fait pour enclore la ville de ce côté, et la grille pour séparer l'avenue du chemin de Sceaux qui se trouvait où est aujourd'hui la rue de Noailles.

Cela n'est-il pas odieux que le fils d'un cabaretier ait plus de revenu que plusieurs princes souverains !

Août 1733.

Le mercredi 19 août, le nommé Lemarquant, commandant la brigade de Chevreuse, arrêta quatre particuliers qui plantaient une croix sur le terrain où était ci-devant le couvent de Port-Royal-des-Champs, et les conduisit dans les prisons de Versailles.

M. de Harlay de Cely, en qualité d'intendant de la généralité de Paris, interrogea ces quatre particuliers et en rendit compte à la Cour.

SUR LE ROI STANISLAS. — 1733.

Le Roi de Pologne, Auguste IIe, étant mort à Varsovie le 1er février 1733, le roi Stanislas, qui avait été forcé d'abdiquer la couronne de Pologne, partit de Versailles le 28 août 1733.

La Cour de France fit répandre le bruit que ce prince allait s'embarquer à Brest, où se trouvait une flotte de dix-sept vaisseaux, commandés par le marquis de la Luzerne. On fit passer pour lui le marquis de Thianges, qui s'embarqua, décoré comme le Roi, du cordon bleu.

Grenier, valet de chambre de M. le comte de Maurepas, ministre de la Marine, avait été chargé de porter l'ordre à la flotte de mettre à la voile. De retour de Brest, il répandit à Versailles le bruit que le Roi Stanislas était parti avec un vent favorable.

Pendant ce temps, ce prince prit sa route par terre, n'ayant avec lui qu'un simple cavalier qui lui servait de valet de chambre. Il passa dans les États de l'Empereur, et arriva à Varsovie dans la nuit du 8 au 9 septembre 1733.

Aussitôt son arrivée, M. de Monti fit avertir les Palatins; puis, le 10, le Roi, habillé à la polonaise, le cordon bleu de l'ordre du Saint-Esprit par dessus son habit, alla à la messe. Il fut salué par les plus vives acclamations du peuple, et le 12, il fut élu Roi. Ensuite, suivant l'usage, le feu fut mis à la maison dans laquelle se fit l'élection.

Le courrier porteur de cette grande nouvelle arriva à Versailles le 20 septembre, sur les onze heures et demie du soir. Le cardinal de Fleury, premier ministre, était couché. Il se leva et porta au Roi et à la Reine cette agréable nouvelle. La Reine alla aussitôt à la chapelle en rendre grâce à Dieu, et ne se coucha qu'à quatre heures du matin.

Le matin, le Roi et la Reine reçurent les compliments sur ce grand événement. Leur joie se peignait sur leurs visages.

Toute la Cour et tout le peuple ont applaudi au secret et à la sagesse avec lesquels cette grande affaire a été conduite. On ne peut disconvenir, en effet, qu'il y a lieu d'en être surpris.

La postérité aura peine à croire qu'un prince, à quatre cents lieues d'éloignement, se soit rendu à Varsovie avec un seul homme, et se soit fait proclamer Roi en quinze jours de temps.

Cet événement est un des plus mémorables de l'histoire, qui ne manquera pas d'en rapporter toutes les circonstances.

Décembre 1733.

Lundi 21 décembre 1733, les députés du Parlement arrivèrent à Versailles, et descendirent à l'hôtel du Grand-Maître.

A onze heures un quart, ils allèrent chez le Roi. Lorsqu'ils furent entrés, Sa Majesté dit à M. le garde des sceaux, à M. le comte de Maurepas, à M. le comte de Saint-Florentin, aux autres ministres et aux seigneurs qui étaient dans sa chambre d'en sortir. Tous se retirèrent dans l'antichambre.

Les députés firent alors leurs remontrances au sujet de la

déclaration portant levée du dixième des revenus, à commencer du 1er octobre 1733.

Sa Majesté voulut bien se relâcher de cette levée pendant le quartier d'octobre 1733, et ne la faire commencer qu'au 1er janvier 1734.

On dit que les députés insistèrent beaucoup auprès de Sa Majesté pour qu'elle s'engageât à leur donner sa parole de Roi que cette imposition du dixième, si extraordinaire dès la première année de la guerre, serait ôtée trois mois après la paix générale, mais que Sa Majesté, changeant les termes, répondit aux députés qu'elle leur donnait sa foi et sa parole d'homme d'honneur qu'elle ôterait l'imposition du dixième trois mois après la paix.

L'on doit s'en rapporter aux bontés de son prince et croire qu'il ne lève des impositions si extraordinaires que par de bons motifs, et pour avoir des troupes supérieures à celles des ennemis ; car il est de son intérêt de soulager ses peuples, lorsque la situation de l'Etat le permet.

M. le cardinal de Fleury ne parut point à l'audience des députés du Parlement. Il était placé dans une double porte, d'où il entendit tout ce qu'ils dirent au Roi.

Ainsi tout le fruit des remontrances du Parlement a été trois mois de retranchement de l'impôt du dixième, qui a commencé le 1er janvier 1734, et qui finira quand il plaira à Dieu et au Roi.

Il dura trois ans et finit au dernier décembre 1736.

Décembre 1733.

Le 23 décembre 1733, on chanta dans l'église de Notre-Dame de Paris un *Te Deum* en actions de grâces de la prise de Pizzighitone, en Italie.

Le lieutenant de police fit publier une ordonnance portant injonction aux habitants de faire des feux de joie devant leurs portes, à peine de 15 livres d'amende.

Le lendemain matin, 24 décembre, à sept heures, pour remercier les habitants de Paris des marques de joie extérieure qu'ils avaient données la veille, on publia la déclaration du Roi pour la levée du dixième des revenus, à commencer du 1er janvier 1734.

Le dimanche 27 décembre, à cinq heures du soir, on chanta aussi le *Te Deum*, pour la prise de Pizzighitone, dans l'église de Notre-Dame de Versailles. Il fut tout simple et ne fut pas suivi de l'*Exaudiat*, et on ne tira aucune boîte.

Le commissaire de police avait demandé le matin à M. le duc de Noailles, gouverneur de Versailles, s'il jugeait nécessaire qu'on ordonnât aux habitants de faire des feux devant les portes de leurs maisons, et il lui avait répondu que la prise de Pizzighitone ne valait pas la peine d'allumer une poignée de paille, et qu'il ne fallait ordonner des feux que lors du gain d'une grande bataille, ou lors de la prise de villes considérables, comme le château de Milan ou quelque autre grand événement qui puisse décider quelque chose.

J'ai fait ces observations afin de me régler, pour les événements qui suivront, sur les sentiments de M. le duc de Noailles.

1733.

Louis de Bourbon-Condé, comte de Clermont, est né le 15 juin 1709. Il est le troisième fils de Louis de Bourbon, troisième du nom, et frère de M. le duc. Il est abbé et jouit de 300,000 livres de revenus en bénéfices.

Pendant ses jeunes années, il était toujours avec le Roi. A peine eut-il atteint l'âge de quinze à seize ans, il se plongea dans la débauche.

En 1733, il obtint une dispense du Pape pour aller à l'armée. Il était à la prise du fort de Kehl, sur le Rhin.

Le Roi Louis XV ayant déclaré la guerre à l'Empereur Charles VI, envoya en Italie le maréchal de Villars. Il fit la conquête du duché de Milan, et y mourut âgé de quatre-vingts à quatre-vingt-deux ans. Le maréchal de Villars était hardi, entreprenant et heureux.

Le marquis de Villars, son fils, a épousé une fille du maréchal duc de Noailles; il a été fait duc. Il a bien dégénéré de la bravoure de son père. Il s'est laissé donner des nazardes sans avoir eu le courage de mettre l'épée à la main, quoique sa mère l'y ait excité, autant qu'elle l'a pu.

Il ne vit point avec sa femme, qui est devenue dame d'atours de la Reine.

BATIMENTS DU ROI.

L'état des gages, appointements, entretiens et autres dépenses ordinaires des bâtiments pour l'année 1733, a été arrêté par le Roi, à Marly, le 9 février, à la somme de 952,139 livres 8 sols.

Savoir :

Gages d'officiers en charge............	154,795	liv. 18 s.
Autres gages d'officiers.............	2,350	»
Gages aux sculpteurs...............	550	»
Pensions annuelles.................	36,825	»
Pensions aux peintres...............	7,800	»
Pensions aux Gobelins..............	2,750	»
Académie de Rome.................	38,900	»
Celle d'architecture................	11,400	»
Celle de peinture..................	7,214	»
Observatoire......................	700	»
Loyers des maisons................	30,485	»
Appointements des employés.......	50,400	»
Bureaux.........................	43,000	»
A reporter........	387,169	liv. 18 s.

Report......	387,169 liv.	18 s.
Marbre..................	23,300	»
Château de Versailles.............	94,690	»
Dehors du château................	40,190	»
Grand et petit parc..............	3,000	»
Trappes et Saclay................	10,500	»
Marly.........................	37,150	»
La machine....................	53,120	»
Saint-Germain..................	23,965	»
Paris { Entretiens et gages.........	29,178	»
Luxembourg...............	7,150	»
Vincennes.................	10,600	»
Cours-la-Reine............	1,100	»
Appointements.............	13,200	»
Gobelins......................	10,100	»
Savonnerie....................	3,600	»
La Meute	4,300	»
Fontainebleau..................	44,421	»
Meudon et Châville..............	26,791	»
Chambord.....................	8,310	»
Monceaux.....................	3,620	«
Compiègne..	11,700	»
Pépinières et plants d'arbres........	22,600	»
Le sable de rivière pour les jardins des maisons royales et menues fournitures..	12,384	10
Les fonds pour entretenir les manufactures des Gobelins et de la Savonnerie..	70,000	»
	952,139 liv.	8 s.

« J'ai arrêté le présent état de dépense fixe de mes bâtiments à la somme de neuf cent cinquante-deux mille cent trente-neuf livres huit sols.

« Fait à Marly, le 9 février 1733.

« *Signé :* LOUIS. »

Au-dessous : « LE DUC D'ANTIN. »

M. le duc d'Antin, directeur général des bâtiments, pour ses appointements, gages et pensions, a 40,200 livres.

Le sieur Delamotte a, comme ancien commis.	1,000 liv.
Comme ancien intendant..................	4,500
Comme premier commis des bâtiments.......	12,000
Comme chargé des états et ordonnances des académies et imprimerie royale.............	6,000
Pour bois, bougies, chandelles, papier, plumes, cire, encre pour les bureaux............	10,000
Total........	33,500 liv.

Outre le tour du bâton et son savoir-faire, qui va aussi loin qu'il veut.

Il jouit de plus de cent mille livres de revenu. Avec tant de bien, il est mort *affronteur* (1), en 1739. Cela n'est pas concevable.

M. le duc d'Épernon, petit-fils de M. d'Antin, comme ancien surintendant des bâtiments, a, de pension. 8,000 liv.

Denis, trésorier-général, pour gages et appointements................................ 38,000 liv.

Ledit Denis, pour épices, vacations et reddition de comptes, par an........................... 11,000 liv.

Denis, maître fontainier.................... 3,000 liv.

Pour pension............................. 100 liv.

A M. le marquis de Ménars, pour loyer de son château de Ménars, occupé par le Roi de Pologne......... 10,000 liv.

---

(1) *Affronteur*, celui qui affronte, qui trompe. (*Dict. de l'Académie*, 1835.)
Affrontailles, aboutissans d'un héritage, selon Nicot; héritage touchant du large et étendu de son front à plusieurs héritages appartenans à différens seigneurs. (*Dictionnaire des termes du vieux françois*, par Borel, 1750.)
Affronteur, qui trompe, qui affronte. — Paris est plein de devins, de donneurs d'advis, de faux chymistes, qui sont tous des gueux, des filous et des *affronteurs*. (*Dict. universel*, par Furetière, 1690.)

Au marquis d'Antin, capitaine commandant du canal de Versailles.................................... 2,400 liv.

ENTRETIEN DES COUVERTURES DES MAISONS ROYALES.

La veuve Nativelle et son fils, pour le château de Versailles, Trianon et la Ménagerie, à la charge de faire, outre l'entretien, deux cents toises de couverture neuve, et deux cents toises de remanié à bout................ 9,000 liv.

Pour les couvertures des bâtiments de dehors du Château, compris les grandes et petites Écuries et le Chenil, à la charge de faire, outre l'entretien, cinq cents toises de couverture neuve, et cinquante toises en tuile..... 13,276 liv.

A Paris, le Louvre et les Tuileries........... 10,000 liv.
Les Gobelins et Vincennes.................. 2,500 liv.
Marly...................................... 1,900 liv.
Saint-Germain.............................. 4,000 liv.
Fontainebleau.............................. 8,100 liv.
Meudon..................................... 6,391 liv.
Compiègne.................................. 800 liv.
Chambord................................... 360 liv.
Monceaux................................... 350 liv.

CHANSON SUR LE GOUVERNEMENT,

SUR L'AIR : *Ritata tantaleri.*

Après la mort du grand Louis,
Nous étions tous bien ébaubis;
Mais le régent nous rassurit,
Sur le ritata, tantaleri.

Venu le temps si souhaité,
Le temps de la majorité,
Le gibier tombait tout rôti,
Sur le ritata, tantaleri.

Pour ministre, le Roi fit choix
De ce grand cardinal Dubois;
C'était un bigre bien bâti,
Sur le ritata, tantaleri.

Par malice, il mourut exprès.
Son écolier (1) suivit de près.
Ils sont tous deux en paradis,
Sur le ritata, tantaleri.

Monseigneur le duc de Bourbon,
Après leur mort, prit le timon.
Voyez comme il a réussi,
Sur le ritata, tantaleri.

Après, dans le Gouvernement,
On a fait un grand changement;
Il est devenu tout Fleury,
Sur le ritata, tantaleri.

Les disciples de Loyola
En ont chanté l'*Alleluia;*
Notre Saint-Père en a bien ri,
Sur le ritata, tantaleri.

Ceux-là qui sont du Parlement
En ont jasé bien autrement,
Disant que le Roi est trahi,
Sur le ritata, tantaleri.

Ayant retourné son bonnet,
Le chancelier leur dit tout net :
Messieurs, vous en avez menti,
Sur le ritata, tantaleri.

Celui-là qui garde les sceaux,
L'a fait tomber dans ses panneaux,
Quoiqu'il ne soit qu'un étourdi,
Sur le ritata, tantaleri.

(1) Le duc d'Orléans.

De justice tenant son lit,
Le monarque a fièrement dit :
Je veux voir finir tout ceci,
Sur le ritata, tantaleri.

Pour répondre à vos longs propos,
Il me suffit de quatre mots :
Paix... Je veux être obéi,
Sur le ritata, tantaleri.

Des Conseillers et Présidents
En ont été bannis aux champs,
Et la grand'chambre en est aussi,
Sur le ritata, tantaleri.

Qui croirait que tout ce fracas,
L'exil des plus grands magistrats,
Vint pour un chapeau cramoisi ?
Sur le ritata, tantaleri.

A Vintimille il est promis,
Quand les curés seront soumis.
Il ne l'aura brin d'aujourd'hui,
Sur le ritata, tantaleri.

LOGEMENTS DES AUTEURS DU TEMPS.

Le Roi, — à la Beauté-Couronnée, près les Innocents.

Le cardinal de Fleury, — à la Tête-de-Diamant, rue Mauvais-Conseil.

L'archevêque de Paris, — à l'Ange-d'Argent, rue Geoffroy-l'Asnier.

Hérault, lieutenant de police, — à l'Occasion, rue Tire-Chappe.

Le Chancelier, — à la Casaque-Retournée, rue Judas.

Le père Girard, — au Buisson-Ardent, rue de la Monnaie.

L'archevêque de Sens, — au Grand-Baudet, rue Jean-Fleury.

Le curé de Saint-Sulpice, — à l'Enfant-Jésus, rue des Maçons.

Le cardinal de Rohan, — au Bon-Valet, rue du Paon.

Le confesseur du Roi, — au Rémouleur, rue Serpente.

L'archevêque d'Embrun, — à l'Incendie, rue Quincampoix.

Le cardinal Bissy, — à la Discorde, rue des Mauvaises-Paroles.

La nouvelle Sorbonne, — aux Squelettes, cour des Quinze-Vingts.

Le duc d'Orléans, — à l'Image, rue des Marmousets.

Les jansénistes, — à l'Espérance, près le Val-de-Grâce.

M. Pâris, — à la Bonne-Foi, rue de Paradis.

M. de Sénez, — rue de la Perle, au bon Pasteur.

Le cardinal de Polignac, — à la Thiare, rue de la Clef.

Le Parlement, — à la Justice, rue Traversine.

Le maréchal de Villars, — à la Pie, rue du Petit-Lion.

L'auteur des nouvelles ecclésiastiques, — à la Vérité.

Le peuple, — vis-à-vis l'Hôpital, à la Besace.

Le nonce, rue de l'Echelle, à la Potence.

Les molinistes, — rue d'Enfer, à l'Hydre.

Janvier 1734.

La ville de Milan s'était rendue au maréchal de Villars, mais on croyait généralement que le château, qui était regardé comme presque imprenable et que l'on savait d'ailleurs muni de tout ce qui était nécessaire à une longue défense, tiendrait fort longtemps, lorsqu'on reçut la nouvelle qu'après treize jours de tranchée ouverte, il s'était rendu le 30 décembre 1733.

Par une lettre de cachet, en date du 10 janvier 1734, le Roi pria Mgr l'archevêque de Paris d'ordonner des prières publiques en l'honneur de cet heureux événement. Mgr l'archevêque donna aussitôt un mandement pour chanter le

Te Deum, à Notre-Dame de Paris, le jeudi 14 janvier 1734, et dans toutes les églises paroissiales de son diocèse, le dimanche 17.

Mgr le duc de Noailles, gouverneur de Versailles, qui se trouvait à Marly, écrivit le 15 janvier à Narbonne, premier commissaire de police de Versailles, pour lui dire de faire ordonner des feux dans la ville pour le jour du *Te Deum*.

En conséquence, Narbonne fit publier l'ordonnance suivante :

DE PAR LE ROI

ET MONSEIGNEUR LE DUC DE NOAILLES, GOUVERNEUR DE VERSAILLES,

Il est ordonné à tous bourgeois, habitants et concierges des hôtels de la ville de Versailles, de faire des feux devant les portes de leurs maisons et hôtels, ce jourd'hui dimanche, 17 janvier 1734, à six heures du soir, en réjouissance de la prise et réduction du château de Milan.

Le *Te Deum* fut chanté à 4 heures et demie, à l'issue des vêpres, et les officiers du bailliage y assistèrent en robes.

Les mêmes cérémonies furent renouvelées à Versailles, le 18 juillet 1734, pour le succès de la bataille de Parme, et le 1er août de la même année, pour la prise de Philipsbourg.

En janvier 1726, le pain valait encore 4 sous la livre et à diminué peu à peu.

En janvier 1727, il valait 2 sous.

En janvier 1728, 1 sou 6 deniers.

Et il s'est toujours maintenu à ce taux.

En janvier 1734, le pain des bourgeois vaut 1 sou 6 deniers la livre. Le mollet vaut 2 sous, et, sur le marché, il y en a de beau pour les pauvres à 1 sou.

Le blé, à Rambouillet, ne vaut, le beau, que 9 livres et 9 livres 5 sous.

Ce serait le vrai temps de faire des approvisionnements, car il est également dangereux que le blé soit à trop bas prix ou d'un prix trop élevé.

Il serait utile de prendre des mesures pour qu'à Paris le blé ne valût jamais plus de 18 à 20 livres. — Ce serait un bien pour tout le pays.

C'est ce qui a lieu dans plusieurs États étrangers, et même dans plusieurs villes de France. Pourquoi donc ne pas le faire à Paris, qui est la capitale, et où il est le plus nécessaire d'empêcher la misère du menu peuple qui y est en grand nombre?

Mars 1734.

RETRAITE SPIRITUELLE ÉTABLIE PAR M. JOMARD, CURÉ DE L'ÉGLISE NOTRE-DAME DE VERSAILLES.

Elle commença le lundi 29 mars 1734, dans la chambre des marguilliers, où 39 femmes se trouvèrent.

Il y en eut d'assez indiscrètes pour débiter en public de petits traits de jalousie sur le cérémonial.

Celle des hommes fut ouverte le 5 avril. Sept hommes seulement s'y étant trouvés, elle cessa le lendemain.

Le clergé de France a accordé au Roi, par forme de don gratuit, 12 millions, pour lui tenir lieu de l'imposition du dixième pendant trois ans.

Le clergé jouit de plus de 330 millions de revenu; s'il en payait le dixième, il en reviendrait au Roi, par an, 33 millions.

Mais le clergé, en accordant ce don gratuit par le contrat

passé entre lui et les commissaires du Roi, le 19 mars 1734, non-seulement a fait insérer que le Roi n'avait pu le comprendre dans la déclaration du 17 novembre 1733, pour l'impôt du dixième, mais encore que Sa Majesté et ses successeurs ne pourront jamais demander au clergé aucun secours extraordinaire, ni autres taxes, ni imposition telle qu'elle puisse être, lesdits commissaires y ayant renoncé au nom du Roi et de ses successeurs.

Par le même contrat, le Roi a accordé au clergé des exemptions de contrôle, papier marqué et autres prérogatives.

Enfin, les harangues du clergé (1) et ce contrat sont moralement opposés.

Les harangues disent que les revenus du clergé sont le patrimoine des pauvres, et qu'ils ne seront jamais détournés à des usages profanes, lorsqu'ils seront employés à soutenir une guerre qui intéresse la justice ; et le contrat exige du Roi et de ses successeurs une renonciation à ne pouvoir jamais demander aucun secours au clergé.

Le clergé, dont la charité doit s'étendre sur tout ce qui compose l'État, et contribuer d'une très petite portion des biens qu'il tient du Roi et possède dans l'État, devait-il exiger de Sa Majesté cette renonciation? Que de choses à dire sur cette conduite, et que je tais par respect pour un ordre qui devrait être saint dans toutes ses parties!

Les prélats conviennent qu'ils tiennent leurs rangs, leurs dignités, leurs honneurs et leurs biens de la libéralité du Roi! et cependant ils ont exigé de Sa Majesté une renonciation à leur demander jamais aucun secours, quelque nécessité qu'elle en eût.

Le clergé ignore-t-il que nécessité n'a pas de loi? et que, quoique le Roi, par condescendance, lui ait accordé cette

---

(1) Voir la harangue faite au Roi à Marly, le 24 février 1734, par l'archevêque de Paris, et celle du 19 mars 1734, à Versailles, par l'archevêque de Tours.

renonciation, si la nécessité l'exige, il pourra, en tout temps, le forcer à contribuer aux dépenses nécessaires de la guerre ou pour d'autres besoins de l'État.

Suivant saint Bernard, toute seigneurie a été interdite aux apôtres; et les prélats, qui s'en disent les successeurs (mais non pas les imitateurs), veulent posséder les dignités de ducs, comtes et seigneuries de l'État, sans vouloir contribuer à maintenir le lustre du même État.

Le Sénat de Rome, voyant que le peuple était surchargé seul des impositions, pour le soulager ne fit-il pas lever des tailles sur les prêtres?

L'histoire n'apprend-elle pas que le pape Adrien, dans un concile, ordonna que les archevêques et évêques seraient investis de leurs prélatures par Charlemagne? et, dans tous les temps, le clergé n'a-t-il pas contribué à soutenir les guerres pour la défense de l'État?

Sur quel principe le clergé de France veut-il se rendre libre de tributs, tandis que Jésus-Christ les a autorisés, en a payé, et que le clergé y a toujours été assujéti?

Le clergé, si rempli de lumières et de biens, n'ignore pas qu'Adolphe, deuxième fils de Balduin, comte de Flandres, et de Mme Eltrude, fille d'Alfred, roi d'Angleterre, eût pour partage le comté de Saint-Pol et l'abbaye de Saint-Bertin; que Robert, comte d'Angers, jouissait de celles de Saint-Germain des Prés, de Sainte-Croix et de Saint-Ouen.

Charles le Chauve et ses successeurs n'ont-ils pas conféré des bénéfices à leurs gens d'armes pour leur aider à supporter les dépenses de la guerre?

Il est vrai qu'il est plus convenable que tous les bénéfices soient possédés par les gens d'église; mais il y a aussi un fond de justice et d'équité que le clergé, comme le premier et le plus riche corps de l'État, contribue à maintenir la splendeur de l'État duquel il tient ses illustrations et ses biens.

La noblesse y contribue de son sang et de ses biens. Le

tiers-état supporte tout le fardeau des impositions. Et si ces deux derniers corps sont entièrement épuisés, faute d'avoir été secourus et aidés par le premier, et que, de là, il s'ensuive une invasion de l'ennemi qui aurait été prévenue au moyen des secours du clergé, que deviendrait alors ce premier corps? Il se trouverait dans la nécessité de supporter à son tour la plus forte partie des impositions.

Si le clergé aida Louis le Jeune de secours pour envoyer le comte de Sancère faire la guerre en Afrique ; si le concile tenu à Paris accorda des dîmes de l'Église à Philippe-Auguste ; pourquoi le clergé voudrait-il aujourd'hui, pour un secours de douze millions, s'affranchir, ou pour mieux dire anéantir son zèle pour l'avenir, d'aider de ses biens le Roi, de qui il les tient ?

Il y aurait trop d'exemples à citer, et qui ne sont pas ignorés du clergé, qui prouvent évidemment que le clergé n'a pu équitablement exiger du Roi cette renonciation.

Nos rois tiennent leur couronne de Dieu seul, qui a établi les puissances temporelles. Ils possèdent le royaume à titre de conquête, en la première race, et ils ont le droit de réformer tout l'État. Cette réformation ne pourrait-elle pas, par nécessité d'État, s'étendre à remettre la partie qui regarde le bien ecclésiastique telle qu'elle était dans la *primitive* Église, suivant le principe : *nécessité n'a pas de loi ?*

Il est à désirer que cette nécessité n'arrive jamais ; mais il est aussi à propos que le clergé ne fasse pas usage de cette renonciation.

Avril 1734.

Le Roi a fait à Versailles la revue des régiments des gardes françaises et suisses.

Celle des mousquetaires fut faite le 6 avril, dans la place d'Armes. M. le duc de Chartres et M. le prince de Conty accompagnèrent le Roi à cheval.

Le 14 avril, les chevau-légers passèrent la revue de M. le duc de Chaulnes dans le camp des Fainéants (1), à Versailles. Ils n'ont point passé devant le Roi. Ils sont partis de Versailles le 24 avril, sont allés à Saint-Denis, d'où ils doivent partir pour l'armée. Ils ont beaucoup d'équipages et de chevaux de bâts.

Les gendarmes de la garde, ni les gardes du corps n'ont point passé la revue du Roi. Ainsi, il n'y a eu aucun logement de troupe cette année à Versailes.

Le Roi avait ordonné à M. le duc de Chaulnes, capitaine-lieutenant des chevau-légers, de faire assembler cette compagnie à Versailles. On oublia d'écrire aux chevau-légers. M. le duc de Chaulnes en rejeta la faute sur son secrétaire. On ne leur écrivit que trois semaines après. Une fois les chevau-légers réunis à Versailles, le Roi ne parut plus avoir envie d'en passer la revue, ce qui fâcha fort les chevau-légers.

Le Roi étant allé à la chasse dans la plaine de Saclay, M. le duc de Chaulnes les rassembla sur les sables de Montreuil, sur le bord du chemin de Sceaux, par où le Roi devait revenir, afin que Sa Majesté, les apercevant, eût l'idée d'en faire la revue. Mais le Roi passa droit son chemin sans les regarder, ce qui les mortifia beaucoup.

MÉMOIRE ADRESSÉ A M. DUBOIS, DIRECTEUR GÉNÉRAL DES PONTS ET CHAUSSÉES DE FRANCE.

« Les commissaires de police de Versailles représentent la nécessité qu'il y a pour l'utilité publique de faire paver les endroits ci-après, savoir : le tour de

---

(1) On appelait ainsi tout l'espace compris aujourd'hui entre la rue des Chantiers, la rue Saint-Martin, jusqu'à l'avenue de Sceaux, les réservoirs de Gobert, et la rue de la Porte-de-Buc, où il n'y avait alors aucune construction.

l'hôtel de Berry (1), les quatre carrés de la place Dauphine, et, en attendant que le tout soit pavé, à cause de la procession du très Saint-Sacrement, il est très nécessaire de faire un revers de pavé au pourtour de deux carrés de la place, la procession étant très resserrée du côté des maisons, où il n'y a que le revers du pavé des bourgeois. — Faire une patte-d'oie au coin de la grande écurie qui vienne à l'alignement du ruisseau de l'hôtel de Gêvres (2), ce passage étant très étroit. — Faire paver les rampes par lesquelles on descend de la place d'Armes pour aller chez Mgr le chancelier et au bureau de la guerre (3), plusieurs officiers y étant tombés, et l'un d'eux s'y étant même cassé la jambe. — Faire achever de paver les chaussées des rues Royale et d'Anjou ; la plus grande partie du Parc-aux-Cerfs étant impraticable depuis le mois d'octobre jusqu'en avril, les ministres de l'Église ne peuvent aller administrer les sacrements qu'ils ne passent au milieu des eaux et des boues, et, si ces deux chaussées étaient achevées de paver, tous les propriétaires du Parc-aux-Cerfs feraient paver devant leurs maisons, et cet endroit deviendrait praticable.

« Le Roi honorant Versailles de son séjour ordinaire, et tout ce qu'il y a de plus grand dans l'État y résidant, cette ville mérite bien quelque attention, et on lui doit quelque préférence pour des ouvrages si utiles au bien public et dont la dépense est très médiocre pour les ponts et chaussées.

« On espère que M. Dubois voudra bien y donner quelque marque de sa bonne volonté (4). »

(1) L'hôtel de Berry était situé rue des Réservoirs, depuis la rue de la Paroisse, la rue des Bons-Enfants, jusqu'à l'hôtel de Condé, en face le théâtre.
(2) Au coin de l'avenue de Saint-Cloud.
(3) Rue de la Chancellerie.
(4) On voit dans quel état se trouvait Versailles en 1734.

Mai 1734.

Le vendredi 7 mai 1734, quatre pages de la grande écurie passaient dans la rue de la Paroisse, devant la boutique de Lebœuf, marchand boucher. Un de ses garçons était alors appuyé sur le devant, près d'une balance, lorsqu'un des pages la lui poussa sur le visage. Le garçon boucher s'élança aussitôt sur le page, et d'un coup de sa main le frappa, partie sur l'épaule, partie sur le visage. Les quatre pages poursuivirent alors jusque dans la boutique le garçon qui parvint à se sauver. Ils sortirent et ne tardèrent pas à revenir avec plusieurs de leurs camarades armés d'un fusil. Pendant ce temps, le boucher avait fermé sa porte. Le commissaire de police, qui voulait prévenir le désordre qu'il redoutait, envoya prévenir le gouverneur des pages et le commandant de la patrouille. Mais, dans cet intervalle, la porte du boucher fut enfoncée, et les pages entrèrent dans la maison pour y chercher le garçon boucher qu'ils voulaient tuer. Fort heureusement il avait pu se sauver.

Ce tumulte ne cessa que lorsque M. Perrin, gouverneur des pages, les eut fait retirer.

Le 14 mai 1734, on a adjugé au sieur Villionne l'entreprise pour la construction d'un logement pour un suisse et d'un autre pour un commis, ainsi que celle d'une grille de fer, pour la fermeture de l'avenue de Saint-Cloud, à Versailles, moyennant la somme de 12,950 livres. — La grille coûtera 900 livres (1).

(1) Cette grille était placée à l'extrémité de l'avenue de Saint-Cloud, avant le carrefour Montreuil. Le logement du suisse se trouvait à la place qu'occupe aujourd'hui la pension de M. Fleury, successeur de M. Membré.

Juin 1734.

M. le duc de Noailles, qui était à l'armée d'Allemagne, a été fait maréchal de France le 14 juin 1734. Il est allé ensuite en Italie, pour agir de concert avec le roi de Sardaigne, duc de Savoie. Ils n'ont pas fait grand'chose.

Le roi de Sardaigne a donné son portrait, enrichi de diamants, à M. le duc de Noailles. On estime la valeur des diamants à deux cent mille livres.

Dans la première tontine créée par le roi Louis XIV, M. François de Gormis, avocat à Aix, en Provence, avait placé à fonds perdus une somme de 300 livres dans la onzième classe de sept cent un rentiers.

Le 14 février 1732, il se trouva rester le seul rentier de sa classe, et il put jouir de tout le revenu, qui montait à 57,313 livres.

Le 4 juin 1734, il est mort âgé de 95 ans.

Il a donc disposé de ce revenu pendant deux années, trois mois et vingt jours, ce qui donne un produit de 132,138 liv. 6 sols, sans compter le revenu dont il avait joui au fur et à mesure que les autres rentiers mouraient.

Voilà un terrible revenu pour une somme de 300 livres.

Le duc de Richelieu, étant dans la tranchée, au siége de Philipsbourg, se battit en duel contre le prince de Licksin (1), et le tua.

On attribua ce duel à ce que le prince de Licksin aurait

---

(1) Henri-Jacques de Lorraine, brigadier de cavalerie, né le 24 mars 1698, fils de Charles de Lorraine, comte de Marsan.

dit à M. de Richelieu qu'en épousant la princesse de Guise il s'était décrassé, et lui aurait tenu d'autres propos du même genre ; et que M. le duc de Richelieu, furieux, lui aurait fait mettre à l'instant l'épée à la main.

———

Le sieur Dufort, ci-devant gendarme de la garde, âgé de 22 ans, fils de M. Dufort, gouverneur du fort d'Escarpe, près Lille, et seigneur de la Cour de Senlisse, près Chevreuse, ayant quitté le corps des gendarmes, alla trouver M. le maréchal de Coigny, qui avait pris le commandement de l'armée d'Italie après la maladie de M. le maréchal de Villars. M. de Coigny fit Dufort son aide de camp, et, après la bataille de Parme, il l'envoya porter la nouvelle de la victoire au roi d'Espagne. Ce prince lui donna son portrait enrichi de diamants, cadeau d'une valeur de soixante mille livres, et la Reine lui fit présent d'une bague aussi en diamants.

Le Roi le chargea de la Toison-d'Or pour M. de Coigny, avec un brevet de grand d'Espagne, et de dépêches pour la Cour de France.

Il apporta ses dépêches à M. Chauvelin, garde des sceaux et ministre des affaires étrangères. Il montra à ce ministre et à M. d'Angervilliers le présent du roi d'Espagne, qu'ils trouvèrent très beau.

En attendant les dépêches qu'il devait reporter en Italie, Dufort alla se divertir à Paris. Comme l'argent lui manquait, il ne trouva rien de mieux que de vendre huit des diamants qui entouraient le portrait, ce dont il fut généralement blâmé.

Un de ses amis, commis de M. d'Angervilliers, lui avait conseillé de vendre les diamants du portrait pour libérer les terres de sa mère qui étaient chargées de dettes; mais il ne l'écouta pas. Il mangera le reste des diamants; les dettes s'accumuleront sur sa terre et les créanciers la feront vendre. Voilà le peu de conduite de la plupart des jeunes gens.

Juillet 1734.

Le fils du roi Auguste, de Pologne, ayant un puissant parti, et appuyé d'ailleurs par l'empereur et par la Moscovie, fut aussi proclamé roi.

Le roi Stanislas fut obligé de se retirer à Dantzick. Il y fut assiégé le 27 mai, il y eut un combat dans lequel M. de Pleto fut tué.

Le roi Auguste avait une bonne armée, tandis que le roi Stanislas n'avait presque pas de troupes, ce qui le força de méditer sa fuite. Dans la nuit du 28 au 29 juin, il sortit de Dantzick déguisé en paysan, traversa dans une barque l'inondation qui entourait la ville, les troupes de la Czarienne, et, après avoir couru le risque de sa vie et fait six lieues à pied, errant, il monta sur un chariot qui le conduisit à Marien-Werder, sur les terres du roi de Prusse, où il arriva le 3 juillet. Il se fit connaître à l'officier prussien qui y commandait et qui le reçut favorablement.

Il avait avec lui le général Steinflesche, soldat de fortune, qui avait servi de partisan en Pologne et qui connaissait bien le pays, et M. Dandela.

Le 5 juillet 1734, le Roi étant à souper dans ses petits appartements, le comte de Coigny, fils du maréchal, apporta la nouvelle de la bataille de Parme. Le Roi le fit souper avec lui, et Sa Majesté but à la santé du maréchal de Coigny. Tous les seigneurs en firent autant.

Le 9, on chanta le *Te Deum* à la chapelle du Roi, et le 12, à Notre-Dame.

On fit des feux dans toutes les rues.

M. Hérault, lieutenant de police, avait ordonné d'arrêter les personnes qui tireraient des fusées dans les rues. Dans la rue de la Harpe, une escouade du guet arrêta M. Marchand, procureur au parlement, et voulut le conduire en prison.

Le commissaire du quartier, son voisin, le réclama aux archers qui refusèrent de lui obéir. La populace s'ameuta, l'ôta des mains des archers et le fit entrer chez le commissaire. Duval, le commandant du guet, vint alors chez le commissaire qui voulait que les archers allassent en prison pour lui avoir désobéi. Mais Duval lui expliqua qu'ils avaient des ordres particuliers.

Deux jours après, M. Hérault fit afficher partout qu'il était défendu de tirer des fusées.

***

Le dimanche 18 juillet 1734, on chanta le *Te Deum* dans l'église de Notre-Dame de Versailles, à quatre heures et demie, à l'issue des vêpres.

M. le bailli et les officiers du bailliage y assistèrent en robes.

Le même jour, à huit heures du soir, on fit des feux dans les rues, mais sans illuminations, suivant les ordres de M. le cardinal de Fleury.

***

NAISSANCE DE MADAME SIXIÈME.

Le mardi 27 juillet 1734, dès quatre heures du matin, la Reine ressentit quelques douleurs pour accoucher. Vers les cinq heures, on alla réveiller le Roi, qui se rendit dans la chambre de la Reine, dans laquelle arrivèrent successivement les princes, les princesses, les seigneurs et les dames de la Cour, ainsi que les ministres.

Les douleurs de la Reine étaient très lentes.

A neuf heures, le Roi alla à la messe.

Vers quatre heures de l'après-midi, la Reine s'endormit jusqu'à six heures.

Quelques personnes pronostiquèrent alors que la Reine accoucherait d'une princesse. En effet, les douleurs ayant repris sur les dix heures du soir, elles se continuèrent avec intensité jusqu'à onze heures et demie, heure à laquelle la Reine accoucha d'une sixième princesse.

Dès sept heures du matin, tous les courriers étaient prêts à partir dans toutes les directions, dans le cas de la naissance d'un prince ; mais, aussitôt que l'on sut que c'était une princesse, tout demeura tranquille.

Il n'y eut ni *Te Deum*, ni feux.

Le Roi parut très contrarié de ce que la Reine n'était pas accouchée d'un prince. En sortant de la chambre de Sa Majesté, il entra vivement dans la sienne et dit brusquement : « Qu'on me couche. »

Le lendemain, 28 juillet, il fut à la chasse, courut deux cerfs et n'en prit aucun.

OBSERVATION.

Les personnes qui avaient pensé que la Reine accoucherait d'une princesse fondaient leur opinion sur ce que Sa Majesté avait passé le temps de la pleine lune sans accoucher, et que l'on était alors à la fin du dernier quartier, et aussi sur les lenteurs des douleurs depuis leur apparition.

Août 1734.

Le dimanche 1ᵉʳ août 1734, on chanta le *Te Deum* dans l'église de Notre-Dame de Versailles, pour la prise de Philipsbourg. Le même jour, à huit heures du soir, on fit des feux dans les rues, mais point d'illuminations.

MÉMOIRE A L'OCCASION DU GRAND NOMBRE DE FIÈVRES QU'IL Y EUT A VERSAILLES PENDANT L'ÉTÉ DE 1734, REMIS A M. BACHELIER, INSPECTEUR GÉNÉRAL DU DOMAINE DE VERSAILLES, LE 11 AOUT 1734.

Le feu roi Louis XIV, pour rendre les bâtiments de Sa Majesté et des habitants plus sains, et retirer les eaux des caves, a fait construire des aqueducs en différents endroits dans les chaussées des rues de Versailles.

L'avarice de la plupart des bourgeois des rues Dauphine, de la Pompe, de la Paroisse, des Bons-Enfants, de l'Etang et de l'Orangerie, a fait qu'ils ont fait communiquer aux pierrées (qu'on leur a permis de faire pour tirer les eaux de leurs caves (1) et les faire tomber dans les aqueducs) leurs fosses-latrines dont les matières et les urines se sont vidées en partie dans les aqueducs qui se déchargent dans l'étang de Clagny (2) et dans la pièce près de l'ancien Mail (3).

Ces matières et les vases qui se forment dans les aqueducs ayant presque rempli celui de la rue Dauphine et de la Paroisse, on a été dans la nécessité de le faire nettoyer.

M. Mollet, contrôleur général des bâtiments du Roi, a fait commencer cet ouvrage par le bas de la rue de la Paroisse, près l'étang, vers le mois de mars 1734; on a ouvert l'aqueduc à trois endroits différents à la fois, on en a tiré la

---

(1) C'est la faute tant du voyer que du contrôleur des dehors, de n'y avoir pas tenu la main, chacun de son côté.
(2) L'étang de Clagny occupait l'espace compris entre la rue Neuve et la plaine de Glatigny, d'une part, et la rue Duplessis et la rue de Maurepas, d'autre part.
(3) Cette pièce occupait une partie de la plaine, qui se trouve auprès de la pièce d'eau des Suisses.

vase (1) que l'on a mise sur la chaussée, où on l'a laissée séjourner longtemps et même sécher.

On a aussi laissé les trous de cet aqueduc ouverts, sans les couvrir le soir, en sorte que plusieurs personnes et des chevaux sont tombés dedans, en ont été blessés, et un cheval tué.

Après plusieurs remontrances inutiles, faites par Narbonne, commissaire de police, tant aux ouvriers qu'à M. Mollet, il fut forcé d'en donner un mémoire à M. Bachelier, qui en parla à M. Mollet. Alors on commença à couvrir ces trous le soir, avec des bouts de soliveaux, pour empêcher qu'il ne tombât plus personne dedans la nuit.

On a continué le nettoiement de cet aqueduc seulement dans la rue de la Paroisse, jusque vis-à-vis la fontaine (2), et il n'a été achevé que vers le mois de juin.

Mais les immondices qui en sont provenues étant toujours restées sur les chaussées jusqu'à ce temps, et M. Mollet ayant toujours refusé de les faire enlever, quelque instance que ledit Narbonne ait pu lui faire, elles ont répandu dans le quartier une puanteur insupportable pendant un très long temps. Narbonne rendit compte à MM. Bachelier, Fresson, bailli de Versailles, et Regnier, procureur du roi, du refus de M. Mollet de faire enlever lesdites immondices, et même dans la galerie du château à M. Gabriel fils, contrôleur, M. Fresson présent, qui convinrent que M. Mollet avait très grand tort.

Enfin, M. Mollet, convaincu de son tort, les fit enlever par les tombereaux de la ville qu'il promit de payer de cet ouvrage extraordinaire. M. Mollet dit au sieur Narbonne qu'il restait encore quelque chose à nettoyer dans cet aqueduc, mais que les matières étaient si puantes, que les ouvriers n'en pouvaient continuer l'ouvrage et s'y trouvaient mal.

(1) Cela causait une grande puanteur.
(2) Au coin de la rue de la Paroisse et de la rue Hoche.

Quant à la puanteur que l'on ressentait du côté de la rue de l'Etang, où demeurent la plupart des bouchers, M. Helvétius, médecin de la Reine, lui ayant dit que cette puanteur provenait et était causée par les sangs et matières des abatis des bouchers, et M. Bachelier me l'ayant répété, je lui répondis que cette puanteur, de laquelle M. Helvétius pouvait avoir parlé à la Reine, ne provenait point du défaut de nettoiement de cette rue, qui était, comme les autres, tenue très propre, ni des sangs et matières des abattis des bouchers, qui avaient soin de les faire porter à la voirie. Il est vrai que les eaux rousses, qui proviennent des tueries des bouchers, s'écoulant par les ruisseaux pour se rendre à l'étang, il n'en séjourne aucune dans la rue.

Mais le pavé qui était à la tête du fossé que le Domaine a fait faire à la gauche du quai Notre-Dame (1) étant effondré, il y reste des eaux croupies qui y causent une grande puanteur, et l'opinion commune est qu'il serait très dangereux de faire curer et nettoyer ce fossé.

Il y a au moins trois ans que Narbonne avait représenté la nécessité de réparer ce pavé, afin de donner l'écoulement de l'eau. Il l'avait dit plusieurs fois à M. Lécuyer, architecte du Domaine, et que messieurs de la Mission (2) se plaignaient avec raison de la puanteur excessive que ce fossé causait.

M. Bachelier a donné ses ordres pour faire combler ce fossé.

Causes des fièvres à Versailles.

1° Le nettoiement des vases et immondices de la pièce du Dragon, qu'on a laissés à la porte du parc appelée le Dragon;

2° Le nettoiement que M. Mollet a fait faire de l'aqueduc du bas de la rue de la Paroisse, et dont les vases et immondices ont resté et même séché sur la chaussée;

---

(1) La rue Neuve.
(2) Les missionnaires qui desservaient l'église de Notre-Dame.

3° Le baissement qu'a fait faire M. Mollet, de deux pieds de l'eau de l'étang de Clagny, ce qui a fait que les vases des extrémités et pourtour de cet étang s'étant trouvées découvertes et ayant des flaques d'eau croupie, le soleil donnant dessus, cela a causé de mauvaises exhalaisons (1) ;

4° Le fossé derrière l'étape, faute de rétablissement, étant devenu un cloaque de puanteur et d'infection ;

5° La disette d'eau à Versailles, n'y ayant que le quart des fontaines publiques qui en aient fourni seulement comme une saignée du bras (2), les officiers des bâtiments l'ayant prise pour eux ;

6° Les eaux croupies des deux bassins du Parterre, vis-à-vis le château, et des puits de la ville, où les porteurs d'eau l'allaient prendre pour mettre dans les futailles de réserve (où elles croupissaient encore) pour fournir leurs pratiques (3) ;

7° Et enfin les premières eaux que l'on fut forcé de faire venir de Marly, et que l'on tira de la pièce, près les deux portes où il y avait longtemps qu'elles séjournaient, et qui, passant par des aqueducs qui ne servaient pas depuis longtemps, ramassèrent le venin que les crapauds et autres animaux y avaient pu répandre, et, arrivant à Versailles en cet état, elles servirent d'aliment au corps humain. D'où il résulte que les mauvaises exhalaisons que les habitants ont respirées pendant plus de trois mois du nettoiement des immondices de l'aqueduc de la rue de la Paroisse, et les eaux de mauvaise qualité qu'ils ont bues, sont les seules causes auxquelles on peut vraisemblablement attribuer le grand nombre de fièvres dont les habitants de Versailles, et

---

(1) C'est M. Lefebvre, administrateur de l'Hôpital, qui l'a dit, le 17 octobre 1734.

(2) Il fallait deux heures pour remplir un seau d'eau.

(3) M. Bachelier a vu les porteurs d'eau aller prendre de cette eau, et il m'a dit l'avoir dit au Roi, et que le Roi l'avait aussi remarqué. (*Notes de Narbonne.*)

singulièrement de la paroisse Notre-Dame, ont été attaqués, qui ont repris à plusieurs fois, et qui cependant n'ont point été dangereuses.

Il n'est mort à Versailles, depuis le dimanche de Quasimodo, arrivé le 1ᵉʳ mai 1734, jusqu'au samedi 23 octobre suivant, qui font cent soixante-seize jours, que quatre cent soixante personnes.

Dans ce nombre, il se trouva beaucoup de personnes âgées ou infirmes, et beaucoup d'enfants. C'est le témoignage qu'en a rendu M. Maréchal, prêtre de la Mission, au commissaire de police, ledit jour 23 octobre 1734, en présence des sieurs Foirestier, commandant des Suisses, Delisle, substitut de M. le procureur du roi, et du sieur Castel.

Le grand nombre des fièvres commença dès le mois d'août et continua en septembre. Les prêtres de la Mission étaient si fatigués d'aller jour et nuit administrer les sacrements, qu'ils tombèrent tous malades, les uns après les autres, au nombre de vingt-six, de vingt-huit qu'ils étaient à la Mission, tant prêtres que frères. Mᵐᵉ la comtesse de Toulouse dit au Roi qu'il fallait quitter Versailles. Le Roi lui répondit qu'il ne voulait point changer d'air; et, en effet, les fièvres ne furent point dangereuses. Cependant le bruit courut à Paris que la peste était à Versailles.

Septembre 1734.

Le jeudi 23 septembre 1734, il arriva à Versailles un courrier qui apporta la nouvelle de la surprise du camp du maréchal de Broglie, par les Impériaux, qui avaient passé l'Oglio.

Les Impériaux étaient entrés dans le camp, après avoir égorgé la grand'-garde. Ils mirent toutes les troupes en désordre, et, las de tuer les soldats piémontais et français, ils avaient pillé le camp et brûlé ce qu'ils n'avaient pu emporter.

Le maréchal de Broglie et ses deux fils se sauvèrent en

chemise. Le maréchal avait chargé M. de Caraman de sauver sa cassette, mais il n'en eut pas le temps, car les ennemis entrèrent presque aussitôt et le firent prisonnier.

La cassette du maréchal, dont ils s'emparèrent, contenait tous ses papiers et cinquante mille écus en or.

On dit que la veille le maréchal de Broglie avait fait débauche. Il a été plaint, mais n'a pas été excusé.

Le dimanche 26 septembre 1734, à dix heures du matin, le fils du maréchal de Broglie, âgé de 16 ans, arriva à Versailles et apporta au Roi la relation de la victoire de Guastalla.

Octobre 1734.

ORDRE DU ROI, POUR LA VIDANGE DES FOSSES D'AISANCES DES MAISONS DE VERSAILLES.

Il est ordonné à M. Coste, grand voyer de Versailles, de visiter toutes les maisons où l'on a fait des pierrées, pour communiquer des fosses d'aisances dans les aqueducs, et de les faire toutes murer, sous quelque prétexte que ce soit, attendu l'excessive puanteur, cause de maladies considérables dans tous les quartiers. Il prendra, de plus, toutes les précautions nécessaires pour éviter les autres puanteurs, qui sont d'un grand inconvénient, même pour le château.

Fait à Versailles, le 12 septembre 1734,

Signé : le duc d'ANTIN.

M. Coste remit cet ordre de Mgr le duc d'Antin, directeur des bâtiments du Roi, au sieur François Lesueur, architecte et commis à la voirie de cette ville, et, le dimanche 3 octobre, M. Bachelier, conseiller, premier valet de chambre du Roi et inspecteur général du domaine de Versailles, manda à Narbonne, commissaire de police de Versailles, de se rendre ledit jour, à dix heures du matin, dans le cabinet du Roi, ce qu'il fit, et en présence de M. Coste, qui avait reçu l'ordre de Mgr le duc d'Antin, il chargea ledit commissaire de le faire exécuter.

LETTRE A Mgr LE MARÉCHAL DUC DE NOAILLES.

« Monseigneur,

« Je n'interromprais point les occupations plus nobles et plus intimes de Votre Grandeur, si M. Bachelier ne m'en venait de donner l'ordre, et c'est pour y satisfaire que je prends la liberté de vous adresser le mémoire ci-joint, que je lui ai communiqué. Il m'a chargé de vous l'envoyer, et de décider d'après vos profondes lumières, Monseigneur, ce que vous estimerez le plus convenable, auquel je me conformerai exactement.

« Je suis, avec un très profond respect, Monseigneur,

« Votre très humble et très obéissant serviteur,

« NARBONNE. »

Versailles, ce 18 octobre 1734.

MÉMOIRE A Mgr LE DUC DE NOAILLES.

« Le grand nombre de personnes attaquées de la maladie des fièvres, à Versailles, et singulièrement dans la partie de cette ville qui se trouve la plus proche de l'étang de Clagny, a occasionné différentes opinions et un plus grand nombre de discours populaires sur la cause de ces maladies.

« Dans ces circonstances, il est très essentiel de prendre les choses dans leur origine.

« Le feu roi Louis XIV, ayant formé le dessein d'établir

son séjour ordinaire à Versailles, fit travailler à l'augmentation du château, et construire plusieurs édifices, comme le grand Commun, les grandes et petites Écuries, le Château-d'Eau et plusieurs hôtels particuliers.

On sait que Versailles était alors dans un terrain marécageux. Pour le rendre praticable et retirer les eaux des endroits marqués et alignés pour y construire les hôtels des seigneurs et les maisons des habitants, Sa Majesté fit construire plusieurs grands aqueducs pour recevoir les eaux, tant superficielles que celles qui pouvaient survenir dans les caves.

Le château et les bâtiments qui en dépendaient étant en état, le Roi vint établir son séjour à Versailles en 1682.

Par le séjour ordinaire de Sa Majesté, il s'y est formé une ville très vaste et nombreuse en peuple, la plupart gens rustiques, sans mœurs et d'une avarice extraordinaire.

Les aqueducs du Roi ayant leurs décharges, les uns pour le vieux Versailles et le Parc-aux-Cerfs, à une pièce d'eau près l'Orangerie, sur le chemin de Saint-Cyr, appelée aujourd'hui *la Pièce puante;* et les autres dans l'étang de Clagny, derrière l'église Notre-Dame.

Ces deux pièces ont reçu, depuis cinquante-deux ans, non-seulement toutes les eaux de Versailles et les immondices qu'elles entraînent avec elles, mais encore d'autres immondices des rues, poussées par quelques habitants, dans les ruisseaux au courant de l'eau. C'est là le moindre mal. Mais le grand mal, et auquel il est urgent de remédier, c'est que les inspecteurs des bâtiments du Roi, auxquels le soin des aqueducs de Sa Majesté a été confié (soit par négligence ou autrement), ayant permis à plusieurs propriétaires de maisons de faire des pierrées pour retirer les eaux de leurs caves et les conduire dans les aqueducs du Roi, la plupart de ces propriétaires, abusant de ces permissions, par une avarice qu'on pourrait punir par de grosses amendes, ont fait faire ces pierrées de manière à communiquer aux fosses-latrines de leurs maisons et à en conduire les matières et eaux corrompues dans les aqueducs du Roi, et de là à la pièce puante et dans l'étang de Clagny.

On observe que, depuis cinquante-deux ans, la pièce puante n'a été nettoyée qu'une fois, il y a environ vingt-huit ans, et qu'à l'égard de l'étang de Clagny, il ne l'a jamais été. Or, depuis cinquante-deux ans, ces deux pièces d'eau ont été remplies par les matières et eaux corrompues des fosses-latrines des maisons dont les pierrées se déchargent dans les aqueducs du Roi, et, par la succession des temps, elles en ont été infectées de manière que, pendant l'été, lorsque le vent donne sur la ville, il y porte leurs mauvaises exhalaisons.

La disette d'eau dans laquelle se trouve la ville de Versailles, les fontaines n'en fournissant que comme une saignée, a obligé les porteurs d'eau d'avoir recours à l'eau des puits et à celle des bassins du Parterre du Château, qui sont très mauvaises, en sorte qu'il est à présumer que ces eaux ont concouru à occasionner le grand nombre de fièvres qu'il y a eu, et dont une partie des habitants sont encore attaqués.

Pour remédier, autant qu'il est possible, aux causes qui ont contribué à remplir l'étang de ces matières et eaux corrompues, M. Bachelier a fait donner au commissaire un ordre, par M. le duc d'Antin, en vertu duquel messieurs les principaux officiers du bailliage de Versailles et de la police ont rendu, le 1er octobre 1734, un jugement de police pour faire vider les fosses-latrines des maisons adjacentes aux aqueducs, afin de les visiter et faire murer et boucher les pierrées qui communiquent aux aqueducs.

Quant aux particuliers, il sera aisé au commis de la voirie et aux commissaires de police de les contraindre à faire vider leurs fosses pour être ensuite visitées, et faire boucher et murer les pierrées qui se trouveraient communiquer aux aqueducs du Roi, et on a déjà commencé par eux; mais à l'égard des princes et seigneurs, comme il y a plus de mesures à prendre, ils se conformeront aux ordres que Mgr le maréchal de Noailles prescrira. Mgr le maréchal duc de Noailles est très humblement supplié d'avoir la bonté de donner sur ce mémoire les ordres qu'il jugera convenable.

Novembre 1734.

Antoine Prieur, garde de la gabelle de Versailles, âgé d'environ 60 ans, avait épousé Anne Marcou, veuve d'un nommé Gilleson. Ils étaient établis cabaretiers, rue du Bel-Air, et tenaient une maison garnie.

La femme Prieur avait eu trois filles de son premier mariage, savoir : Marie-Madeleine Gilleson, âgée de 18 ans ;— Marie-Anne Gilleson, âgée de 15 ans ; — et Claudine-Louise Gilleson, âgée de 13 ans.

La mère, qui était encore d'un âge à écouter la galanterie, et ses deux filles aînées, très jolies, attirèrent chez elles plusieurs chevau-légers, dont une partie de la profession est d'en conter aux femmes et aux filles qui veulent bien les écouter.

Plusieurs d'entre eux prenaient leurs repas chez Prieur, et quelques-uns même y couchaient.

Prieur devint jaloux. Soit que sa jalousie fût fondée, soit qu'il n'ait eu que des soupçons sans réalité, toujours est-il que la mésintelligence ne tarda pas à se mettre entre lui et sa femme, et qu'il se retira dans une petite chambre, au troisième étage de la maison qu'il habitait, appartenant au sieur d'Esmont.

Déjà à plusieurs reprises, il avait trouvé fort blâmable la conduite de sa femme et de ses belles-filles, et avait voulu les empêcher de recevoir chez elles des chevau-légers, ce qui avait occasionné entre eux plusieurs querelles assez vives.

Le jour du Vendredi-Saint 1734, Prieur, voulant prendre chez lui quelques vêtements, descendit de sa chambre, vers quatre heures du matin, et vint frapper à la porte de celle où sa femme et ses deux belles-filles couchaient, la mère dans un lit, et ses deux filles dans l'autre.

La femme fit d'abord quelque difficulté, mais Prieur s'opiniâtrant à frapper à la porte, elle se décida à se lever et vint lui ouvrir.

Prieur profita du moment et voulut s'assurer si sa jalousie avait quelque fondement. Il jeta d'abord les yeux sur le lit des deux filles, et n'en voyant qu'une de couchée, il se retourna brusquement pour regarder dans celui de sa femme; mais celle-ci plus prompte, se plaça devant lui et lui couvrit les yeux avec ses mains.

Cependant un chevau-léger, qui couchait habituellement dans la chambre voisine, mais qui alors était vraisemblablement dans le lit de la femme avec l'une des filles, parut tout à coup en chemise, comme s'il eût effectivement été éveillé par la querelle de Prieur et de sa femme et qu'il fût venu pour les séparer, et mit Prieur hors de la chambre. Alors celui-ci fit un bruit épouvantable et alla crier partout qu'il avait trouvé sa femme et l'une de ses filles couchées avec un chevau-léger. Il alla même raconter cette aventure jusque chez le sieur Lacombe, receveur du grenier à sel, et concierge de l'hôtel de M. Fagon, rue de l'Orangerie.

Pendant ce temps, le chevau-léger partit, sur les six à sept heures du matin, et s'en alla à Paris. Le sieur Lacombe, étant venu dans la matinée au grenier à sel, qui est rue du Bel-Air, vis-à-vis le cabaret de Prieur, entra dans ce cabaret et y trouva un autre chevau-léger qui y dînait. Gascon et vif, il voulut avoir une explication avec lui et le menaça; mais le chevau-léger, impatienté, s'étant levé en mettant l'épée à la main, Lacombe sortit et s'enfuit dans le grenier à sel. Là il rencontra un écuyer de M. le duc de Charrost, et ils allèrent ensemble à l'hôtel des chevau-légers. Lacombe s'étant plaint alors à M. de Fortisson, major des chevau-légers, de la conduite de ces deux officiers, ils furent aussitôt éloignés de Versailles.

Le même jour, Prieur vint chez le commissaire de police porter plainte contre sa femme et sa fille. Le lendemain, la femme vint à son tour, et raconta une partie de l'aventure; elle ajouta que son mari était *jaloux et impuissant!* et, ajouta-t-elle en riant, comme il avait voulu découvrir son lit, elle s'était jetée sur lui et lui avait caché les yeux; tour fort bien imaginé, et qui me fit juger que cette femme, âgée d'environ quarante ans, et qui avait encore assez d'agréments, ne s'était ainsi jetée sur Prieur et ne lui avait couvert les yeux que pour donner le temps au chevau-léger de sortir du lit. Comme on le pense bien, je lui fis une mercuriale, et l'engageai à faire cesser les soupçons de son mari en ne recevant plus de chevau-légers, ce à quoi elle me répliqua qu'eux seuls lui faisaient gagner sa vie et qu'elle ne faisait presque rien d'ailleurs.

Le même soir, Prieur ayant fait encore quelques reproches à sa femme, fut blessé à la tête par sa fille aînée, qui lui lança un demi-setier, en le traitant de vieux jaloux et de chien.

Il retourna chez le commissaire de police, et alla même chez le lieutenant de la prévôté de l'hôtel, et fit une plainte verbale qu'il ne voulut point signer, parce que, disait-il, il ne voulait pas encore faire de peine à sa femme, et tout en resta là.

Quelque temps après, Prieur voyant qu'il ne pouvait plus vivre avec sa femme, prit le parti de louer une chambre dans le quartier du vieux Versailles; il y fit transporter son lit et quelques meubles, et vint y habiter, en laissant sa femme et ses filles parfaitement libres dans leur ancienne habitation.

Tout paraissait donc ainsi terminé; mais, soit destinée, soit faiblesse humaine, le pauvre Prieur, revenant de Paris le soir du dimanche 1er août, eut, pour son malheur, l'idée de passer chez sa femme.

Ce jour même, on avait chanté un *Te Deum* pour la prise

de Philipsbourg, dans l'église de Notre-Dame de Versailles, et, suivant les ordres qu'il en avait reçus, le commissaire de police avait ordonné de faire, à cette occasion, à huit heures du soir, des feux devant les portes de chaque maison.

Prieur avait soupé avec sa femme. Leurs discussions habituelles recommencèrent. Prieur lui ayant dit de faire un feu devant sa porte, comme ses voisins, elle lui répondit quelques paroles qui lui déplurent. La dispute s'échauffa ; les filles prirent le parti de leur mère, et l'une d'elles, traitant, à l'exemple de la mère, son beau-père de b... de chien et de jaloux, lui jeta à la tête un pot qui le blessa assez grièvement.

Le pauvre homme revint encore chez le commissaire de police, qui lui conseilla d'aller d'abord se faire panser, et de se retirer ensuite prudemment dans sa chambre. Puis il l'engagea à porter le lendemain un placet à M. le comte de Maurepas, et un autre à M. le gouverneur de Versailles, puisqu'il ne voulait pas laisser suivre à cette affaire le cours de la justice ordinaire.

Prieur ne suivit pas ce conseil et retourna au contraire sur ses pas. Il approchait de sa maison lorsque sa femme, qui l'aperçut venir, appela le sieur Pampelune, l'un des chevau-légers qui soupait alors chez elle, en lui disant : voilà le b... de chien qui revient, il faut le tuer.

Pampelune sort, trouve en effet Prieur auprès de la maison, et lui porte aussitôt un coup de l'épée qu'il tenait à sa main. Prieur chancelle et va tomber devant l'hôtel de la Louveterie, où il meurt sur le champ, sans prononcer un seul mot.

Averti presque aussitôt de ce malheur, j'envoyai chercher le sieur Foirestier, commandant de la patrouille des Suisses. Il m'envoya un sergent et quatre Suisses, qui furent assez longtemps à venir, et, comme je me rendais au domicile de Prieur, je rencontrai au coin de la rue Saint-Pierre le sieur Pelletier, exempt de la prévôté de l'hôtel, qui faisait transporter le cadavre à la morgue.

J'appris alors que la femme Prieur, ayant vu tomber son mari, envoya sa fille aînée pour s'assurer de ce qu'il avait, et que cette fille étant venue lui rapporter qu'il était mort, elle et ses trois filles se sauvèrent chez sa sœur qui demeurait dans les grandes écuries du Roi.

Le lendemain, elles furent arrêtées toutes quatre et menées en prison.

Quant à Pampelune, le chevau-léger, il se sauva sans qu'on pût savoir ce qu'il était devenu, et son procès fut instruit par contumace par la prévôté de l'hôtel.

Le Roi fut informé de cette affaire. Il déclara qu'il n'accorderait aucune grâce au chevau-léger. Cette affaire fut généralement considérée comme un assassinat. Que pouvait faire en effet, contre un homme jeune et vigoureux, ce pauvre Prieur, âgé, de petite taille, et ne portant pour toute défense qu'un très petit couteau de chasse?

Sans la déclaration si positive du Roi, qu'il n'accorderait point de grâce, bien des personnes eussent importuné Sa Majesté, tant en faveur du chevau-léger que de la veuve Prieur et de ses trois filles.

Cette femme Prieur est nièce de Mme Guyon, qui a nourri Mme d'Armagnac, Mme de Villars, et M. le comte de Noailles, enfant de M. le duc de Noailles, fait maréchal à la mort de M. de Berwick; ces trois enfants, qui sont remplis de bonté pour leur mère-nourrice, s'intéressèrent à sa nièce, et, comme le recours au Roi ne pouvait avoir lieu après sa déclaration, ils ne se cachèrent point pour faire des démarches auprès des officiers de la prévôté de l'hôtel, afin d'obtenir la grâce de la mère et des filles.

L'instruction du procès par contumace du chevau-léger étant terminée, la femme Prieur et ses trois filles furent transférées, le 17 novembre, des prisons de Versailles dans celles du For-l'Evêque, à Paris, où elles furent interrogées.

M. de Mont-Masse, intendant de Mgr le maréchal de Noailles et receveur des aides à Versailles, avait été chargé de la part de M. le maréchal et de celle de ses filles, Mme d'Armagnac et Mme de Villars, de solliciter les juges de Paris en faveur de la Prieur et de ses filles, tandis que Lacombe sollicitait de son côté pour les faire condamner.

Le lendemain, le grand-conseil s'étant assemblé, entendit le rapport de ce procès et rendit un arrêt par lequel le chevau-léger de la garde du Roi fut déclaré atteint et convaincu d'avoir assassiné le sieur Prieur; pour réparation de quoi, il fut condamné à avoir la tête tranchée, à trois cents livres d'amende pour être employées à faire prier Dieu pour l'âme du défunt, à cent livres d'amende envers le Roi, et ses biens confisqués.

Quant à la femme Prieur et ses filles, elles furent acquittées et mises en liberté, ce qui surprit tout le monde, car on croyait que, même en leur faisant grâce, on les aurait forcées à assister à l'exécution, et qu'on les aurait ensuite renfermées dans un hôpital pour le reste de leurs jours.

Le mardi 22 novembre, à neuf heures du matin, un des valets du bourreau de Paris fit dresser, dans le carrefour du Bel-Air (1), un petit échafaud, composé de deux tréteaux et de deux planches, et plaça sur cet échafaud un montant en bois, large de quatre doigts et élevé de deux pieds, puis le greffier de la prévôté de l'hôtel, qui aurait dû s'y trouver à dix heures, étant arrivé à midi et demi, l'exécuteur, escorté du greffier, d'un exempt, d'un huissier et de deux gardes de la prévôté, vint y attacher un tableau qui représentait le sieur Pampelune, en chevau-léger de la garde du Roi, et le bourreau qui lui tranche la tête, et au-dessous l'arrêt de condamnation.

Ce tableau resta jusqu'au soir. Les pages du Roi, qui étaient à Versailles, allèrent le regarder comme tout le monde, mais il ne vint pas un seul chevau-léger, quoi qu'ils fussent tous de retour de l'armée.

(1) Place Charrost.

On pense que, par considération pour ce corps, Pampelune ne fut condamné qu'à avoir la tête tranchée ; car, pour tout autre, on aurait appliqué le supplice de la roue.

Cependant, quelques personnes qui le connaissaient m'ont assuré que c'était un homme très sage, et qu'il céda au premier mouvement de colère, lorsque la femme Prieur l'appela. Dans tous les cas, il fallait qu'il eût bien peu d'expérience et beaucoup d'imprudence pour que, dans sa position, il courût ainsi comme un furieux sur un homme sans défense ; et que, s'il eût refusé à cette femme de se mêler de ses querelles avec son mari, il est très probable que celle-ci se serait passée, comme toutes les autres, par quelques gros mots, ou plutôt par quelques coups de poing échangés entre l'homme, la femme et les enfants.

Tout le monde trouva que c'était trop de coucher avec la femme ou la fille, et de tuer le mari ! Voilà la cruelle destinée des amours illicites !! Lors de cette exécution, la Cour était à Fontainebleau.

Avant la Révolution de 1789, il était défendu d'élever dans Versailles des poules, pigeons, etc., ainsi que des lapins et des porcs ; l'arrêt suivant en fait foi :

« A tous ceux qui ces présentes lettres verront, François-Alexandre Fresson, conseiller du Roy, bailly, juge criminel et lieutenant général de police de Versailles, salut : Savoir faisons que, sur le rapport fait devant nous à l'audience de police de ce bailliage, par M. Pierre Narbonne, commissaire de police de cette ville, du procès-verbal par lui fait le 7 octobre dernier, contre les nommés Dumier, cordonnier, et Sauvageot, cabaretier, place Dauphine, défendeurs; sur quoy, ouy ledit commissaire de police en son rapport, et le procureur du Roy en ses conclusions, nous avons donné défaut contre lesdits défendeurs, et, pour le profit, disons que nos jugements de police seront exécutés selon leur forme et teneur, et en conséquence ordonnons que dans huitaine pour tout délai, lesdits Dumier, Sauvageot et tous autres habitants de cette ville, seront tenus d'ôter leurs poules, poulets, pigeons, cannes, oyes, poulets d'Inde, lapins et porcs des maisons de cette ville, sinon et à faute de ce faire dans ledit temps et iceluy passé, en vertu du présent jugement, et sans qu'il en soit besoin d'autre, avons permis audit commissaire de police de faire enlever lesdits poules, poulets, pigeons, cannes, oyes, poulets d'Inde, lapins et porcs, et de les donner et délivrer à la charité des pauvres de la paroisse de Notre-Dame de cette ville, et sera le présent jugement lu, publié et affiché où besoin sera, et exécuté nonobstant oppositions ou appellations quelconques, attendu le fait de police dont il s'agit. Mandons aux commissaires de police de ce bailliage de tenir la main à l'exécution. En témoignage de quoi nous y avons fait mettre le scel de ce bailliage. Ce fut fait et donné par nous bailly-juge et lieutenant général de police susdit, le mardi, seizième novembre 1734.

« Talbot.

« Scellé gratis, à Versailles, le 19 novembre 1734.

« Le Normand. »

« Le présent jugement de police a été par moi, Marc-Antoine Le Cocq, huissier à cheval, au Châtelet de Paris, et audiencier au bailliage royal de Versailles, y demeurant, place du Marché, lu et publié à son de tambour, tant dans la place publique du marché que dans les rues et autres places de cette ville de Versailles, par Jean Lebœuf, tambour ordinaire de ladite ville, qui a battu de sa caisse. Et a été affiché par moi, huissier susdit, aux lieux ordinaires et accoutumés de cette ville, ce jourd'hui vendredi 19 novembre 1734, avant midi, à ce que personne n'en ignore.

« Le Cocq.

« Contrôlé gratis, à Versailles, le 19 novembre 1734.

« Le Normand. »

DISETTE D'EAU A VERSAILLES.

Les fontaines publiques de Versailles sont peu nombreuses. Il y en a deux place du Marché. Celle du côté du Mouton-Rouge (1) ne fournit point d'eau depuis plus de dix ans ; celle du côté de la Rose-Rouge (2) n'en a point fourni pendant l'été de 1734. M. Bachelier, premier valet de chambre du Roi et inspecteur général du domaine et gouvernement de Versailles, a fait faire deux puits : l'un, dans le Marché aux herbes ; l'autre, dans le carré à la Boucherie.

Il y a une fontaine rue de la Paroisse, au coin de la rue Dauphine ; deux, place Dauphine ; une, Petite-Place ; une, rue des Réservoirs, au coin de l'hôtel de de La Trémoïlle ; il n'y en a point dans le quartier du Bel-Air, où il en faudrait une dans le carrefour ; il y en a une au coin du jardin de la Chancellerie et de la rue Saint-François ; une au coin la rue Satory et de celle de l'Orangerie ; une au coin de la rue du Potager ; ce qui donne un total de dix fontaines. Il n'y a pas eu la moitié de ces fontaines qui aient fourni de l'eau, et encore celles qui allaient n'en donnaient que comme une saignée. Il n'y a point de fontaines dans le quartier du Parc-aux-Cerfs.

Du temps du roi Louis XIV, les fontaines étaient garnies de robinets au moyen desquels l'eau se conservait la nuit, et dans le jour elles fournissaient abondamment ; mais depuis, les robinets ont été supprimés, sous le prétexte que l'on en volait.

Le roi Louis XV étant venu faire son séjour à Versailles, les officiers des Bâtiments prirent pour leur commodité la plus grande partie de l'eau des fontaines ; plusieurs seigneurs en firent aussi venir dans leurs hôtels ;

---

(1) Rue des Fripiers.
(2) Rue Ducis.

en sorte que peu à peu la plupart des fontaines sont devenues stériles, et les autres ne fournissant plus qu'un filet d'eau, il fallait deux heures pour pouvoir remplir un seau.

Pendant les années 1730, 1731, 1732 et 1733, le commissaire de police fit d'inutiles représentations sur le mauvais état des fontaines et sur la nécessité qu'il y aurait d'y mettre des robinets ; tout fut sourd à ses observations.

En 1734, le manque d'eau devint si considérable, que les porteurs d'eau furent obligés d'avoir recours aux eaux croupies des bassins du Parterre du Château et à celles des puits.

Le commissaire de police écrivit un mémoire qu'il présenta à M. Bachelier qui le donna à M. le Cardinal, et qui fut ensuite remis par le ministre à M. le duc d'Antin, ce qui détermina celui-ci à faire venir à Versailles les eaux des fossés du Trou-d'Enfer, près Marly, qui y croupissaient depuis longtemps.

Voilà les eaux que les habitants de Versailles ont bues pendant l'été de 1734, et qui ont occasionné le grand nombre de fièvres dont ils ont été attaqués. Cette disette d'eau à Versailles ne peut être attribuée qu'aux officiers des Bâtiments, qui ne s'occupent que de travailler à leur propre fortune, et qui s'intéressent fort peu au bien public. Leurs habitations sont largement fournies d'eau, et ils ne pensent seulement pas à mettre aux fontaines des robinets pour conserver une partie du peu qu'ils laissent au public. La modération m'empêche seule de dire bien des choses en cette occasion, où l'on oublie si complètement les premiers principes de l'amour du prochain.

Il serait cependant très utile, pour plusieurs bonnes raisons, d'empêcher le peu d'eau que fournissent les fontaines de se perdre pendant la nuit : la première, à cause de la disette où l'on se trouve ; la deuxième, en cas d'incendie ;

la troisième, parce que, si l'eau ne coulait pas ainsi continuellement, il y aurait beaucoup moins de glace à l'époque des gelées.

Il serait même assez à propos que l'eau pût se jeter directement dans les aqueducs. J'ai déjà adressé plusieurs mémoires sur cette question, approuvés par M. Bachelier, à M. le maréchal de Noailles; mais, comme cela regarde les officiers des Bâtiments, et qu'ils sont peu portés, par inclination, à faire le bien public, il est peu probable que cela se fasse.

Décembre 1734.

Le 25 décembre 1734, il y eut un incendie considérable à Madrid. Presque toutes les archives d'Espagne furent brûlées, c'est une perte considérable et irréparable. On n'a pu savoir l'origine de ce malheur.

1734.

MÉMOIRE CONCERNANT LES LANTERNES DE VERSAILLES.

Dans l'établissement des lanternes publiques de Versailles, elles furent mises d'abord des deux côtés des maisons où il y a des chaussées.

Par la suite on reconnut qu'elles avaient été mal posées, elles furent alors mises dans le milieu des rues, où elles font un plus bel effet et sont plus utiles, parce que les carrosses, les cavaliers et gens de pied suivent toujours le milieu de la chaussée, sous laquelle passent les aqueducs; et, s'il arrive qu'il y en ait quelqu'un d'ouvert, la lumière qui porte dessus en découvre l'ouverture de loin, et les passants s'en garantissent.

Il en fut ainsi dans toutes les rues où il y a des chaussées, à l'exception de la rue de l'Orangerie, qui devait être arrangée pour l'hiver de 1715 ; mais la mort du Roi Louis XIV étant arrivée le 1er septembre 1715, et la ville de Versailles s'étant trouvée presque abandonnée d'habitants, les lanternes publiques cessèrent d'être allumées.

Le roi Louis XV étant venu y faire son séjour le 15 juin 1722, les lanternes publiques furent rétablies. Mais le peu de temps qu'on eut fit que ce rétablissement fut très imparfait.

On rassembla des lanternes de différents calibres et hauteurs, auxquelles il a fallu se conformer, et mettre des chandelles de dix à onze pouces, au lieu d'avoir treize à quatorze pouces, comme à Paris.

Mais, par les nouvelles adjudications qui ont été faites, pour commencer au 1er octobre 1734, toutes les lanternes de Versailles devant être du même calibre que celles de Paris, la chandelle aura la même dimension ; et, comme on a pris la précaution de mettre des doubles couvercles et des portes aux lanternes, on peut être sûr que la ville sera toujours éclairée jusqu'à trois heures du matin, quelque temps qu'il fasse, soit pluie ou grand vent.

Il me semble donc à propos, sous le bon plaisir de Msr le duc de Noailles, pour rendre la ville de Versailles uniforme, de mettre les lanternes de la rue de l'Orangerie dans le milieu de ladite rue, ainsi qu'elles sont dans le reste de la ville. Elles feront un plus bel effet et seront plus utiles pour la sûreté publique, par rapport à l'aqueduc qui est au milieu de la chaussée, qu'on ouvre très souvent.

Le bourreau de Paris prélevait autrefois un droit sur les marchandises et denrées qui se vendaient dans tous les marchés de la capitale. Ce droit, que l'on nommait *ha-*

vage (1), occasionnait souvent des disputes, suivies de batteries, entre ses valets et les marchands.

M. le duc d'Orléans, régent du royaume, qui était extrêmement jaloux du bon ordre, ordonna qu'à l'avenir, pour éviter toutes ces discussions, les appointements du bourreau seraient de 15,000 livres par an, pour toutes les exécutions à faire dans Paris, et payables sur le domaine de la ville.

L'on tient que l'emploi de bourreau de Paris vaut au moins 25,000 livres par an.

En 1734, M. Mallet, de l'Académie, et chevalier de l'ordre du Mont-Carmel, qui est chargé de la direction du dixième de Paris, voulut obliger le bourreau à payer le dixième.

Ce M. Mallet est fils du charpentier du Roi pour les bâtiments de Versailles, où il a gagné beaucoup d'argent.

A cette occasion, on fit la pièce de vers suivante, que l'on attribue à l'un de ses confrères de l'Académie :

REQUÊTE DU BOURREAU A M. MALLET, SUR CE QU'ON VOULAIT L'OBLIGER A PAYER LE DIXIÈME.

Monsieur le Chevalier, grand-maître du dixième,
Bel esprit qu'on admire, et maltotier qu'on aime,
De votre part, un exploit m'est venu,
Pour décimer mon revenu.
Que voulez-vous rogner sur les fruits d'un office
Dont le fatigant exercice
Fait la sûreté de l'État ?
Mon salaire est d'ailleurs taxé par la justice,
Et jamais je ne fus suspect de péculat ;

---

(1) *Havage*, subs. masc. Vieux mot qui signifie un droit qu'on a de prendre sur les grains, dans les marchés, autant qu'on en peut prendre avec la main. Il vient apparemment du mot havir, qui n'est plus en usage au sens de prendre. Le bourreau de Paris a un droit de havage dans les marchés ; et, à cause de l'infamie de son métier, on ne le lui laisse prendre qu'avec une cuiller de fer-blanc qui sert de mesure. En quelques lieux on a dit havée. En latin, *havagium*, *havadium*. — Dict. univ. de *Furetière*.

C'est en quoi mon emploi de vos emplois diffère.
Mais si quelque rapport peut tous deux nous lier,
Mon cher Seigneur, pouvez-vous oublier
Que je prenais chez votre père
Tous les outils de mon métier ?
S'il arrive qu'on rétablisse
Les recherches qu'on fit en mil sept cent dix-sept,
Quand je piloriai Gruet,
Je suis tout à votre service.

Le titre de Mademoiselle, tout court, n'appartient qu'à la fille aînée du frère du Roi.

On vient cependant de donner ce titre éminent à mademoiselle de Charolais, sœur de M. le duc. Cet acte est daté de Fontainebleau, en l'année 1734.

A Paris, le nettoiement et l'enlèvement des boues et l'entretien des lanternes se fait aux dépens du Roi. Il lui en coûte 450,000 livres.

A Versailles, ce sont les propriétaires des maisons et hôtels qui paient suivant le rôle des taxes établies d'après le prix des adjudications ; cela revient à peu près à la vingtième partie de Paris, et monte à 22,500 livres.

Le quinquina a été apporté des Indes par les Jésuites, vers l'année 1652 ; on en fit d'abord beaucoup d'usage, mais on en reconnut bientôt l'abus.

Le fameux médecin Guy-Patin rapporte, lettre 46, qu'il avait traité une fille de la fièvre quarte, et que l'accès était réduit à deux heures. La mère impatiente, ayant entendu les louanges que l'on faisait de la poudre de quinquina, en acheta une prise 40 livres, qu'elle fit prendre à sa fille. Le premier accès après cette prise fut de dix-sept heures et beaucoup plus violent.

Cette poudre est fort chaude et ne purge point. Avant de prendre le quinquina, il faut être saigné et purgé.

Le quinquina, par sa chaleur, peut détruire la fièvre, mais elle revient après.

A Versailles, il y eut beaucoup de fièvres, en 1734; on y fit un grand usage du quinquina qui n'eut pas une grande réussite.

Cependant son usage est devenu général.

Avril 1735.

Le Roi a passé la revue des régiments des gardes françaises et suisses.

Celle des mousquetaires fut passée dans la place d'Armes, à Versailles, le mercredi 13 avril. M. le Dauphin vint à deux heures, et passa dans les rangs en carrosse. Le Roi arriva à deux heures et demie.

Celle des gendarmes et des chevau-légers fut faite au même endroit, le mardi 19 avril. M. le Dauphin y vint en carrosse ainsi que le Roi.

M. le maréchal d'Estrée, comme premier maréchal de France, reçut le duc de Péquigny, fils de M. le duc de Luynes, en survivance de capitaine-lieutenant des chevau-légers.

La duchesse de Modène, fille du feu duc d'Orléans, régent, qui est venue en France avec son mari pendant que les armées française et allemande occupent le Modènois, était à cette revue, et passa aussi en carrosse dans les rangs. Le Roi, en la rencontrant, la salua en lui ôtant son chapeau.

Les chevau-légers partirent de Versailles, le vendredi 22 avril, à neuf heures et demie, pour aller à Saint-Denis.

Septembre 1735.

Le sieur Martinot, officier de M. le comte de Toulouse, vient de mourir rapidement à Versailles, le 10 septembre 1735. On attribue sa mort à ce qu'il a mangé un melon tout entier à son souper.

Décembre 1735.

Le lundi 5 décembre 1735, M. le duc d'Antin, surintendant des bâtiments du Roi, réunit au château M. Bachelier, premier valet de chambre du Roi et inspecteur général du domaine et gouvernement de Versailles, en l'absence du maréchal de Noailles, et M. Jomard, curé de la paroisse Notre-Dame, pour délibérer sur la suppression de l'étang de Clagny, ordonné par le Roi.

Il a été arrêté que M. le duc d'Antin fera faire une rue pavée, à revers élevés, depuis le bout de la rue de l'Etang, le long du quai Notre-Dame, jusqu'au bout de la rue des Bons-Enfants (1) ;

Qu'il sera fait un aqueduc, depuis le haut de la rue des Bons-Enfants, jusqu'à une pièce d'eau qui doit être creusée derrière la porcherie de Saint-Antoine, pour recevoir les eaux de la ville neuve (2) ;

Qu'un abreuvoir sera creusé au bout de la rue des Réservoirs (3) ; qu'une pièce d'eau sera conservée dans la plaine pour recevoir les eaux des sources de Clagny, et fournir de glaces les glacières (4) ; qu'ensuite l'étang sera desséché, le petit bois des Glacières arraché, et la petite montagne, sur laquelle se trouvait ce petit bois, rasée, et les terres em-

---

(1) C'est la rue Neuve.
(2) Cette pièce n'a pas été faite.
(3) On l'a fait.
(4) Cette pièce a été faite.

ployées à combler l'étang; que du foin sera semé sur ce terrain, contenant plus de cinquante arpents. Après quoi, ce terrain sera vendu et adjugé par parties, à rente foncière envers le Domaine, pour y être fait des marais (1).

1735.

M. le comte de Montsoreau, grand prévôt de France, ayant dit au Roi, à l'occasion de la récolte de l'année 1735: « Sire, nous mangerons le foin et l'avoine à bon marché; » le Roi lui répondit : « Je vous souhaite bon appétit, monsieur le comte. »

La Reine fit une fausse couche.
On répandit le bruit que c'était d'un Prince.

MARCHÉS DE PARIS.

Les Halles.

C'est dans ce lieu où toutes les marchandises qui arrivent à Paris doivent aborder. On y vend le blé qui vient par terre, la farine, l'avoine, les grenailles, l'orge; le poisson d'eau douce, la saline et la marée; le beurre, les œufs, le fromage, les légumes, les fruits; le porc, la chandelle, la viande de boucherie; le pain, les toiles, les draps, la filasse, les habits neufs et vieux, des meubles, des tapisseries.

Ce lieu est partagé en plusieurs halles qui portent chacune le nom de ce qui s'y vend; et, dans les rues qui y abordent, se vendent toutes sortes d'étoffes de soie et de laine et autres marchandises.

(1) Ce terrain forme aujourd'hui une partie du quartier Notre-Dame.

Marché des Quinze-Vingts.

Ce marché est situé rue Saint-Honoré, vis-à-vis la rue de Richelieu, proche le Palais-Royal. On y vend le pain, le poisson d'eau douce, saline et marée ; œufs, beurre et fromage ; les fruits et les légumes ; la viande de boucherie. Comme la place de ce marché est petite, le pain s'y vend une partie dans la place du Palais-Royal, et l'autre dans la place du Carrousel, qui n'en sont pas éloignées.

Marché du faubourg Saint-Honoré.

Ce marché a été établi, en 1723, pour y vendre le pain, le poisson et toutes sortes de denrées, mais il n'a pas réussi, ne subsiste plus, et on n'y débite aucune denrée.

Marché de Saint-Nicolas-des-Champs.

Ce marché est situé rue Saint-Martin, proche l'église Saint-Nicolas. On y vend du pain, du poisson d'eau douce, saline et marée ; œufs, beurre et fromage ; des légumes et des fruits, et il y a une boucherie.

Petit Marché du Marais.

Ce marché est situé rue de Beauce, au Marais. Il est enclos de murs. On y vend du pain, le poisson d'eau douce, saline et marée ; œufs, beurre et fromage ; les légumes et fruits, et la viande de boucherie.

Marché du faubourg Saint-Antoine.

Ce marché est dans la grand'rue du Faubourg, au lieu où il y avait ci-devant une halle couverte. On y vend le pain, le poisson, œufs, beurre et fromage, des légumes et des fruits.

Marché Saint-Paul.

Ce marché est situé dans la rue Saint-Antoine, proche l'église Saint-Paul. On y vend de toutes sortes de poissons, œufs, beurre et fromage ; les légumes, les fruits et la viande de boucherie.

Marché du Cimetière Saint-Jean.

Ce marché est situé dans une grande place qui n'est pas éloignée de l'église Saint-Gervais, laquelle était anciennement un cimetière. On y vend de toutes sortes de poissons, du pain, œufs, beurre et fromage ; les légumes et fruits. On y vend aussi la viande de boucherie.

Le Port.

C'est en ce lieu où abordent toutes les marchandises qui arrivent à Paris par eau. On y vend le blé, l'avoine, les grenailles, le foin, le bois, le charbon, les fruits et le vin.

La place aux Veaux.

Cette place est située proche le port, à l'extrémité de l'aile du Pont-Marie. On y vend les veaux.

Marché de l'Apport-Paris.

Ce marché est vis-à-vis la porte du Grand-Châtelet, où est une grande halle couverte que l'on nomme la Grande-Boucherie, où l'on vend la viande ; autour de laquelle halle on vend du poisson d'eau douce, saline et marée ; beurre, les œufs et fromage ; mais on n'y vend point de pain.

Marché aux Tripes.

Ce marché est proche la Grande-Boucherie.

Marché aux Suifs.

Ce marché se tient dans la vieille place aux Veaux, proche la rue Planche-Mibray ; on n'y vend que des suifs.

Marché aux Arbres et Fleurs.

Ce marché se tient deux fois la semaine, le mercredi et

le samedi. On n'y vend rien que des arbres et des fleurs.

Marché-Neuf.

Ce marché est situé proche le Palais. On y vend le pain, le poisson d'eau douce, saline et marée ; les légumes et fruits, beurre, œufs, fromage, et la viande de boucherie.

Marché aux Oiseaux.

Ce marché se tient sur le quai de la Mégisserie, proche le bas du Pont-au-Change, les dimanches.

Marché de la Vallée.

Ce marché se tient sur le quai des Grands-Augustins. On y vend la volaille et le gibier. Sur le même quai se tient un marché où l'on vend du pain.

Petit-Marché du faubourg Saint-Germain.

Ce marché est situé rue Sainte-Marguerite, vis-à-vis la prison de l'Abbaye. On n'y peut vendre que du poisson d'eau douce, saline et marée, et il n'est permis d'y vendre aucune autre denrée. Joignant ce marché est une boucherie, appelée la Petite-Boucherie, qui est située dans l'enclos de l'Abbaye, et a deux portes qui ouvrent dans le Petit-Marché.

Marché-Neuf de l'Abbaye-Saint-Germain.

Ce marché est pris dans le préau de la Foire ; il a sa principale entrée vis-à-vis le Petit-Marché. Il est enclos de murs. C'est un nouvel établissement. On y vend le pain, le beurre, œufs et fromage ; les légumes et fruits ; le porc et toutes sortes de denrées, mais on n'y peut pas vendre de poissons d'eau douce, ni saline, ni marée, ni viande de boucherie.

A quelque distance de là, dans la rue appelée la rue des Boucheries, il y a vingt échoppes à bouchers, où se vend la viande.

Marché de la Porte-Saint-Michel.

Ce marché est situé rue Saint-Hyacinthe, faubourg Saint-Michel. On n'y vend que du pain.

Marché de la rue Mouffetard.

Ce marché se tient dans le faubourg Saint-Marceau, dans la graud'rue proche Saint-Médard, dans une cour appelée le Patriarche ; on y vend du poisson d'eau douce, saline et marée ; beurre, œufs et fromage.

Marché de la place Maubert.

Dans ce marché, on vend le pain, le poisson d'eau douce, saline et marée ; les légumes et les fruits ; le beurre, les œufs et le fromage.

A quelque distance de ce marché, au haut de la montagne Sainte-Geneviève, est une boucherie.

Marché aux Chevaux.

Ce marché est situé au bout du faubourg Saint-Victor, proche l'hôpital de la Salpêtrière. On n'y vend que des chevaux.

Translation de Marché.

La première chose qui est à observer, pour transférer un marché d'un lieu dans un autre, est de savoir quel avantage le public en peut retirer : si ce transfèrement de marché n'augmentera pas les denrées ; si, au contraire, cela en diminuera le prix ; si cela sera plus commode dans le lieu où l'on veut le transférer que dans celui où il est. Consulter les habitants les plus entendus et les plus portés pour le bien public, préférablement à leurs intérêts particuliers ; savoir si ce changement de marché ne détournera point les forains et autres d'apporter leurs denrées dans le nouveau. Mais on ne doit point faire d'information par écrit, ni en forme juridique qu'elle n'ait été ordonnée ou par des lettres-patentes, ou par l'enregistrement.

La translation d'un marché en un autre lieu ne peut se faire qu'en vertu de lettres-patentes régistrées au Parlement, sur les conclusions de M. le procureur général.

Si néanmoins il survenait quelque accident, ou quelque ouvrage public à faire dans un marché, qui empêchât pour un temps l'apport des denrées, la facilité du commerce, et le débit, le juge à qui la police appartient pourrait ordonner la tenue du marché dans un autre lieu, le plus prochain, pendant ce temps seulement.

Pour l'établissement du marché du faubourg Saint-Honoré, en 1723, on observa toutes les formalités nécessaires. On obtint des lettres-patentes qui furent présentées au Parlement. Elles furent ensuite communiquées au lieutenant de police, qui, en ayant pris communication, donna son avis, après lequel intervint arrêt sur les conclusions de M. le procureur général, qui en ordonna l'enregistrement.

En conséquence des lettres-patentes et de l'arrêt d'enregistrement, l'ouverture de ce nouveau marché fut faite par le lieutenant de police, assisté du procureur du roi et du commissaire du quartier. Le lieutenant de police dressa un procès-verbal de cette ouverture.

Ce marché n'a pas réussi; les marchands y ont porté peu de chose, et il ne subsiste plus.

NOUVEAU MARCHÉ DE VERSAILLES.

Louis XV ayant fixé son séjour habituel à Versailles, cette ville prit alors un grand accroissement. Un quartier nouveau s'était élevé comme par enchantement, l'on avait été obligé d'y placer une seconde paroisse; l'on crut devoir y créer aussi un second marché. En conséquence le Roi promulgua, le 14 juin 1735, les lettres-patentes suivantes :

« LOUIS, par la grâce de Dieu, Roy de France et de Navarre, à tous présents et à venir, salut. Le séjour ordinaire que notre très honoré seigneur et bisayeul a fait à Versailles pendant un grand nombre d'années, et celui que nous y faisons depuis l'année 1722, ayant attiré en cette ville un grand nombre d'habitants, elle s'est tellement accrue, que nous avons été obligé d'établir une seconde paroisse pour la commodité des habitants du quartier du Vieux-Versailles et Parc-aux-Cerfs, qui compose aujourd'hui la moitié de cette ville, et un commissaire pour y faire exactement la police. Depuis cet établissement, il nous a été représenté qu'il ne serait pas moins utile, pour le bien public, d'y établir un marché pour le débit des marchandises, attendu que la grande quantité de voitures de foins, pailles et avoines, chevaux et bêtes de charge qui arrivent de toutes parts dans le marché ordinaire de cette ville pour y apporter les vivres et denrées nécessaires pour la nourriture et subsistance des habitants de ladite ville, causent souvent du désordre et de la confusion, eu égard au nombre d'habitants, tant de la ville que des lieux circonvoisins, qui viennent s'y approvisionner, et qu'il seroit du bien de la ville et de la commodité des habitants du quartier du Vieux-Versailles et Parc-aux-Cerfs d'établir en ladite ville un nouveau marché; que la place la plus propre et la plus convenable pour cet établissement étoit celle du Parc-aux-Cerfs, qui, sous le règne de notre très honoré seigneur et bisayeul avoit déjà été désignée pour cet usage, attendu que l'ancien marché est très éloigné de ce quartier. Ces motifs nous ont déterminé à écouter les propositions que nous ont fait faire les nommés Jean Bully et Charles Bruneteau, tous deux bourgeois de ladite ville, de faire construire à leurs frais et dépens, dans ladite place du Parc-aux-Cerfs, quatre cent seize baraques en maçonnerie et couverture d'ardoises, de largeur de huit pieds et demi, sur douze pieds de longueur environ, et huit pieds de hauteur, avec caves et cheminées, chacune sur le derrière, de deux en deux, le tout suivant les alignements et plans qui seroient dressés à cet effet; de faire à leurs frais et dépens la croix du pavé de ladite place, de la largeur des rues, qui n'excèdera point les limites des maisons; de paver en outre le pourtour extérieur de devant des baraques jusqu'à la chaussée, de la largeur de douze pieds jusqu'au revers bourgeois, pareillement leur pourtour intérieur en neuf pieds de largeur, ainsi que les passages en toute leur longueur et largeur; de faire deux puits dans deux des quatre quarrés de la place, de la même profondeur, forme et construction que ceux du marché de la paroisse Notre-Dame, comme aussi pour une borne à chacune des encoignures desdites baraques, si nous voulions leur accorder la propriété de la superficie desdites baraques, pour les vendre et en disposer comme bon leur sembleroit; que le fond de chacune baraque seroit chargé de payer annuellement à notre domaine de Versailles la somme de quinze livres, duquel droit ils seroient exempts pendant onze années consécutives, à commencer du 1er janvier 1707. A ces causes : désirant procurer aux habitants de notre ville de Versailles tout ce qui peut contribuer à leur avantage et commodité en facilitant le commerce des vivres et denrées; après avoir fait examiner en notre conseil les propositions desdits Bully et Bruneteau, et le plan qui a été dressé des ouvrages à faire en conséquence, qui ont été trouvés très utiles au bien public et à notre domaine; nous avons approuvé, agréé et accepté par ces présentes signées de notre main, approuvons, agréons et acceptons les offres desdits Bully et Bruneteau, et en conséquence leur permettons de faire construire, à leurs frais et dépens, dans la grande place du Parc-aux-Cerfs, conformément à leurs offres et au plan qui a été dressé desdits ouvrages, dont copies sont ci-attachées sous le contre-scel des présentes, quatre cent seize baraques en maçonnerie et couverture d'ardoises, de la largeur de huit pieds et demi sur douze de longueur ou environ, et huit pieds de hauteur chacune, avec caves et chemi-

nées sur le derrière, de deux en deux, à la charge par lesdits
Bully et Bruneteau de faire faire la croix du pavé de ladite
place de la largeur des rues ; de faire paver le pourtour extérieur du devant des baraques, jusqu'à la chaussée, de la
largeur de douze pieds, jusqu'au revers bourgeois ; pareillement leur pourtour intérieur, en neuf pieds de largeur,
ainsi que les passages en toute leur longueur et largeur ; de
faire deux puits dans deux desdits quarrés de la place, de
la même profondeur, forme et construction que ceux du
marché de la paroisse Notre-Dame, comme aussi de poser
une borne à chacune des encoignures de toutes lesdites baraques, le tout à leurs frais et dépens, sans pouvoir par
eux prétendre contre Sa Majesté aucune indemnité pour
quelque cause et sous quelque prétexte que ce soit, à condition que tous lesdits ouvrages seront faits et parfaits avant
le 1er janvier 1737, dont lesdits Bully et Bruneteau seront
tenus de faire leur soumission entre les mains de l'inspecteur général du gouvernement de Versailles, pour l'absence
de notre cousin le maréchal de Noailles : en considération
de quoi nous avons donné, octroyé et accordé, donnons,
octroyons et accordons par ces présentes, à perpétuité, auxdits Bully et Bruneteau, leurs veuves, enfants, héritiers
et ayant-causes, la propriété de la superficie desdites quatre
cent seize baraques ; en conséquence, leur permettons de
les vendre et en disposer en faveur de qui bon leur semblera, comme de chose à eux appartenante, à la charge,
néanmoins, par lesdits Bully et Bruneteau, leurs hoirs et
ayant-causes, de payer annuellement à notre domaine de
Versailles la somme de 15 livres de redevance annuelle pour
tous droits de place, au payement de laquelle redevance
chacune desdites baraques demeurera par privilége et préférence affectée et hypothéquée, dont mention sera faite
dans les contrats de vente d'icelles. Et, attendu les avances
que lesdits Bully et Bruneteau sont tenus de faire pour
la construction desdites baraques, puits et pavés, nous leur

avons fait remise, par ces présentes, de ladite redevance de 15 livres par chacune desdites baraques pendant onze années consécutives à commencer audit 1ᵉʳ janvier 1737 jusqu'à pareil jour de l'année 1748, leur en faisant don et remise par ces présentes en tant que besoin est ou seroit, à la charge par eux d'entretenir bien et duement à leurs frais et dépens le pavé tant de la croix de ladite place que celui des pourtours et passages desdites baraques, et les deux puits pendant lesdites onze années, et de les rendre en bon état après l'expiration d'icelles, dont il sera alors dressé procès-verbal par le contrôleur des bâtiments, des maisons et fermes de notre domaine; après lequel temps de onze années expirées, ladite redevance de 15 livres par chacune baraque sera annuellement payée par les propriétaires d'icelles entre les mains du receveur général de nos domaines de Versailles, Marly et dépendances, pour en être par lui compté à notre profit, ainsi que des autres deniers de sa recette. Ordonnons que dans ce nouveau marché il sera vendu, étalé et débité de toutes sortes et espèces de marchandises et denrées de quelque nature qu'elles soient, ainsi que sur l'ancien marché, et que les droits des places qui seront occupées par les marchands forains et ceux de ladite ville, dans les quatre quarrés de ladite place et ailleurs autres que celles occupées par les baraquiers, seront perçus comme dans l'ancien marché par les fermiers et adjudicataires desdits droits, suivant le bail qui en sera fait, à commencer le 1ᵉʳ janvier 1737, en la manière accoutumée : Si donnons en mandement à nos amés et féaux conseillers, les gens tenant notre cour de Parlement, chambre des Comptes et cour des Aydes à Paris, à tous nos sujets et officiers qu'il appartiendra que ces présentes ils ayent à faire lire et registrer, et du contenu en icelles jouir et user lesdits Bully et Bruneteau, leurs hoirs, successeurs et ayant-causes, et les bourgeois et habitants de notre dite ville de Versailles, pleinement et paisiblement, cessant et faisant cesser tous troubles et empêchements quelconques selon leur forme et teneur, nonobstant tous édits, déclarations, règlements et autres choses à ce contraires, auxquels nous avons dérogé et dérogeons par ces présentes : car tel est notre plaisir; et, afin que ce soit chose ferme et stable à toujours, nous y avons fait mettre notre scel. Donné à Versailles, le 14 juin, l'an de grâce 1735, le vingtième de notre règne.

« Signé LOUIS, et plus bas, par le Roy, PHELYPEAUX.

« Visa CHAUVELIN.

« Registrées, ouy le procureur général du Roy, pour être exécutées selon leur forme et teneur, et jouir par les impétrans, leurs hoirs et ayant-causes, et les bourgeois et habitants de la ville de Versailles, de leur effet et contenu, aux charges, clauses et conditions y contenues, suivant l'arrest de ce jour. A Paris, en Parlement, le 16 juillet 1735.

« *Signé* YSABEAU.

« Registrées en la chambre des Comptes, ouy le procureur général du Roy, pour être exécutées selon leur forme et teneur, et jouir par lesdits bourgeois et habitants de la ville de Versailles et les impétrants, leurs héritiers, successeurs et ayant-causes, de l'effet et contenu en icelles, aux charges, clauses et conditions portées par lesdites lettres, et en outre à la charge qu'il sera fait recette par le receveur des domaines et bois de Versailles, en son compte de l'année 1737, et dans ceux des années suivantes, tant et jusqu'à néant des droits des places qui seront occupées par les marchands forains et ceux de ladite ville de Versailles, dans les quatre quarrés de ladite place et ailleurs, autres que celles occupées par les baraques, et de la redevance annuelle de 15 livres par chacune desdites baraques, suivant l'arrest sur ce, fait le 21 juillet 1735.

« *Signé*, DUCORNET.

« Collationné aux originaux, par nous écuyer, conseiller,

secrétaire du Roi, maison, couronne de France et de ses finances. »

Les constructions du nouveau marché furent aussitôt commencées par les entrepreneurs, et au commencement du mois de juin de l'année suivante, les baraques qui croisent la place, et celles de quatre des pourtours des quatre carrés étaient achevées. Il restait encore, pour le terminer entièrement, à construire de pareilles baraques dans les quatre pourtours restant des quatre carrés. Les deux entrepreneurs demandèrent alors que le projet primitif fût modifié, et qu'on leur accordât l'autorisation de construire, à la place de baraques, dans les quatre pourtours restant, des halles découvertes, beaucoup plus commodes que des baraques fermées, pour y vendre les viandes de boucherie, les volailles, le gibier et le poisson. Cette modification au premier projet leur fut accordée par l'arrêt suivant :

« Arrest du conseil d'Estat du Roy, du 20 juin 1736, qui permet à Bully et Bruneteau de faire construire, à leurs frais et dépens, dans les quatre pourtours restant des quatre quarrés de la place aux Cerfs de la ville de Versailles, des échopes en forme de halles, au lieu des baraques qu'ils devoient y faire construire.

EXTRAIT DES REGISTRES DU CONSEIL D'ÉTAT.

«Sur ce qui a été représenté au Roy en son conseil, par Jean Bully et Charles Bruneteau, entrepreneurs du nouveau marché de la ville de Versailles, que, conformément aux lettres-patentes du 14 juin 1735, registrées où besoin a été, ils se sont soumis de faire construire à leurs frais et dépens dans la grande place du Parc-aux-Cerfs à ce destinée, quatre cent seize baraques en maçonnnerie et couvertures d'ardoises, de la largeur de huit pieds et demi sur douze de longueur ou environ, et huit pieds de hauteur chacune, avec cave et cheminée sur le derrière de deux en deux, de faire la croix du pavé de ladite place de la largeur des rues, de faire paver le pourtour extérieur du devant des baraques de la largeur de douze pieds jusqu'au revers bourgeois, le pourtour intérieur d'icelles de neuf pieds de largeur, les passages en longueur et largeur, et de faire faire deux puits, dans deux des quatre quarrés de ladite place ; en considération de quoy Sa Majesté a bien voulu leur accorder par lesdites lettres la propriété de la superficie desdites quatre cent seize baraques, à la charge que chacune d'icelles seroit chargée de 15 livres de redevance annuelle envers le domaine de Versailles, dont ils seraient exempts pendant onze années, à commencer du 1ᵉʳ janvier 1737, pendant lesquelles ils entretiendroient à leurs dépens le pavé de la croix de ladite place, et celui des pourtours et passages desdites baraques. Qu'en exécution de ces conventions ils ont déjà fait construire les baraques qui croisent ladite place jusqu'au pavé du revers bourgeois, et même celles de quatre des pourtours des quatre quarrés de ladite place, de la hauteur et largeur portées auxdites lettres, en sorte qu'il ne restoit plus pour achever cet ouvrage qu'à faire construire de pareilles baraques dans les quatre pourtours restant des quatre quarrés de ladite place, qui, aux termes desdites lettres, doivent être closes et fermées. Mais avant de continuer cet ouvrage, ils ont cru devoir représenter à Sa Majesté que, comme il se vend dans les marchez différentes natures de marchandises qu'il faut indispensablement exposer à l'air, pour éviter la corruption et la puanteur, telles que sont les viandes de boucherie, les volailles et gibier, le poisson de mer et d'eau douce, et autres provisions de bouche aisées à se corrompre lorsqu'elles sont renfermées ; il seroit beaucoup plus utile et plus commode, tant pour le public que pour les marchands étaliers, qu'il fût construit dans les quatre pourtours restant des quatre quarrés de ladite place, des échopes en forme de halles, telles qu'elles se construisent dans tous les marchez du Royaume, ce qu'ils offroient d'exécuter ainsi aux mêmes charges, clauses et conditions portées ès-dites lettres, s'il plaisoit à Sa Majesté le leur permettre, le nombre des baraques qui se trouvent construites dans le pourtour des quatre quarrés de ladite place, étant plus que suffisant pour l'utilité publique. A quoy Sa Majesté voulant pourvoir, et ayant égard aux offres desdits Bully et Bruneteau, et aux représentations que lui ont fait faire à ce sujet les habitants du Parc-aux-Cerfs, Sa Majesté étant en son conseil, a permis et permet auxdits Bully et Bruneteau de faire construire à leurs frais et dépens, suivant leurs offres, dans les quatre pourtours restant des quatre quarrés de ladite place du Parc-aux-Cerfs, des échopes en forme de halles, au lieu des baraques qu'ils devoient y faire construire, à la charge que lesdites échopes seront construites avec bois de charpente et couvertures d'ardoises des mêmes longueurs, largeurs et hauteurs desdites baraques, en sorte que le tout soit sur les mêmes allignements; qu'elles seront pavées en petits pavés à chaux et sable, et que chacune d'icelles sera chargée envers le domaine de Versailles de pareille redevance annuelle que lesdites baraques payables dans les temps et aux charges, clauses et conditions portées ès-lettres-patentes du 14 juin 1735, que Sa Majesté veut être au surplus exécutées en tout leur contenu, suivant leur forme et teneur en ce qui n'est point contraire aux dispositions du présent arrêt, pour l'exécution duquel, si besoin est, toutes lettres nécessaires seront expédiées. Fait au Conseil d'État du Roy, Sa Majesté y étant, tenu à Versailles, le 20 juin 1736.

« *Signé*, Phelypeaux.

« Collationné à l'original par nous, conseiller-secrétaire du Roy, maison, couronne de France et de ses finances. »

Le marché se termina avec cette nouvelle modification; mais il fallait y faire aller les marchands, et ceux qui avaient l'habitude de se rendre à l'ancien ne voulaient pas se diriger sur le nouveau. Le bailli de Versailles, en magistrat équitable, sentant la nécessité de protéger également les deux quartiers, rendit, en date du 11 janvier 1737, un jugement qui forçait les marchands de foin et de paille, jusqu'alors réunis sur l'ancien marché, à se rendre dorénavant sur le nouveau.

Voici en quels termes :

EXTRAIT DES REGISTRES DU GREFFE DU BAILLIAGE, DU VENDREDI 11 JANVIER 1737.

« Ce jourd'huy, l'audience de ce bailliage tenante, sur ce qui nous a esté remontré par le procureur du Roy, que Sa Majesté ayant étably, par lettres-patentes registrées au Parlement, du 16 juillet 1735, un marché dans la grande place du Parc-aux-Cerfs, il croit qu'il seroit nécessaire d'ordonner que le foin et la paille, qui se vendent ordinairement sur la place de l'ancien marché de cette ville et dans la rue de Paris, soient vendus à l'avenir sur le marché du Parc-aux-Cerfs; que la situation de ce nouveau marché, dont toutes les rues qui y aboutissent étant larges, en rendroit le commerce plus facile, les voitures ayant la facilité d'entrer et sortir plus aisément; que ces mêmes voitures embarrassent fort le commerce de l'ancien marché, et que les voituriers sont obligés de s'étendre le long de la rue de Paris, ce qui cause beaucoup d'embarras dans cette rue et occasionneroit de graves inconvénients, si, par malheur, le feu prenoit dans les maisons de cette rue, qui est très peuplée ; nous requérant qu'il soit ordonné qu'à commencer du 1ᵉʳ février prochain, les voituriers qui amèneront du foin et de la paille pour être vendus sur le marché de cette ville, soient tenus de conduire leurs voitures chargées sur le marché du Parc-aux-Cerfs, et que deffenses soient faites à tous voituriers, fermiers et marchands de foin et de paille, de vendre à l'avenir leurs marchandises sur l'ancien marché et dans les rues de cette ville ; enjoint à eux de les vendre sur le marché du Parc-aux-Cerfs, à peine de 20 livres d'amende, qui demeurera encourue à la première contravention.

« Nous, ayant égard au requisitoire du procureur du Roy, ordonnons qu'à l'avenir tous voituriers, fermiers et marchands, qui amèneront du foin et de la paille pour être vendus en cette ville de Versailles, soient tenus de conduire leurs voitures chargées sur le nouveau marché du Parc-aux-Cerfs, à commencer du 1er février prochain, leur faisons deffenses de vendre du foin et de la paille sur l'ancien marché de cette ville et dans les rues, à peine de 20 livres d'amende, qui demeurera encourue à la première contravention. Enjoint aux commissaires de police de la ville de Versailles de tenir la main à l'exécution de la présente ordonnance, qui sera lue, publiée et affichée partout où besoin sera.

« Ce fut fait et donné par nous, François-Alexandre Fresson, conseiller du Roy, bailly, juge ordinaire civil criminel et lieutenant général de police au bailliage royal de Versailles, lesdits jour et an que dessus.

« Signé : MARCELAT. »

En conséquence de cet arrêt, le 1er février 1737, jour de vendredi, le marché au foin et à la paille fut transféré de l'ancien marché dans la place du Parc-aux-Cerfs.

Le nommé Aulard, charretier, à Trappes, y étant arrivé avec une charrette de paille, Bully et Bruneteau, les deux entrepreneurs pour la construction de baraques et échopes de ce nouveau marché, mirent une cocarde de rubans au chapeau d'Aulard, et lui donnèrent un (écu) demi-écu de trois livres pour boire.

Mgr le maréchal de Noailles, gouverneur de Versailles, ne fut pas content du jugement rendu par le bailli de Versailles, pour forcer les marchands de foin et de paille de quitter l'ancien marché et d'aller sur le nouveau. Il était de l'avis qu'il fallait laisser la liberté aux marchands d'y aller ou de n'y pas aller.

Les entrepreneurs du nouveau marché, enhardis par le jugement du bailli, tâchèrent, à l'aide de nouveaux moyens, de faire venir d'autres marchands.

Le mardi 5 février, M. Le Paige, commissaire de police du Vieux-Versailles, qui s'entendait avec eux, envoya, sur la chaussée de l'Etang, dire aux marchands d'avoine de conduire leurs charrettes et leurs marchandises sur le nouveau marché du Parc-aux-Cerfs. Ces marchands, qui croyaient y être forcés, comme ceux de paille et de foin, y allèrent tous. Mais le vendredi suivant, 8 février, lorsqu'ils connurent la vérité, ils revinrent tous d'eux-mêmes sur l'ancien marché.

Ces diverses tentatives mirent en émoi les habitants du quartier Notre-Dame, qui crurent devoir adresser le mémoire suivant au maréchal de Noailles :

« Monseigneur,

« Le Roy, par lettres-patentes du 14 juin 1735, a accepté les offres faites à Sa Majesté, par les sieurs Bully et Bruneteau, et, en conséquence, leur a permis de faire construire, dans la place du marché du Parc-aux-Cerfs, le nombre de 416 baraques, avec caves et cheminées, de deux en deux.

« L'idée de ces entrepreneurs, en faisant ces baraques avec caves et cheminées, a été de faire plutôt des logements pour des ménages entiers, qui tendent à détruire en partie les maisons du Parc-aux-Cerfs, par une diminution de locataires et de loyers, que de simples baraques pour le débit des denrées.

« Les lettres-patentes rendues avec toutes les réflexions

possibles, portent que dans le nouveau marché il sera vendu, étalé et débité de toutes sortes et espèces de marchandises et denrées, de quelque nature qu'elles soient, ainsi que sur l'ancien marché.

« Mais ces mêmes lettres-patentes ne portent point que l'ancien marché sera détruit, anéanti ou démembré.

« Les entrepreneurs du nouveau marché ont une liberté naturelle, qui est de louer leurs logements ou baraques à toutes sortes de marchands et revendeurs de toutes espèces de marchandises dont le commerce est permis, ainsi que sur l'ancien marché.

« Mais les bourgeois et habitants, marchands et commerçants établis sur le territoire de la paroisse Notre-Dame, sur lequel se trouve l'ancien marché, se croient bien fondés, sous le bon plaisir de Mgr le maréchal de Noailles, à représenter :

« 1° Que l'ancien marché ne doit pas être détruit ni démembré pour en établir un nouveau ;

« 2° Que l'ancien marché ne pourroit même être démembré qu'en vertu de lettres-patentes ou arrêts du conseil, qui fixent nommément la nature des marchandises ou denrées qui en seroient détachées pour aller sur le nouveau.

« Cependant, sans attendre que Sa Majesté eût, sur cela, expliqué ses intentions par un arrêt, ces entrepreneurs, qui auroient dû se contenter d'une ordonnance de police du 11 janvier 1737, qui leur est des plus favorables, en ce qu'elle oblige les marchands de foin et de paille de porter leurs marchandises sur le nouveau marché, ont, à la faveur d'émissaires envoyés aux portes de l'Orangerie, de Buc et sur la chaussée de l'Etang, fait dire aux marchands d'avoine d'aller sur le marché nouveau. Ceux-ci y ont véritablement été, croyant de bonne foi qu'il y avoit une ordonnance de police qui les y obligeoit. Mais s'en étant informés et ayant appris qu'il n'en avoit point été rendu à ce sujet, ils sont retournés sur l'ancien marché.

« Enfin, les habitants de la paroisse Notre-Dame se croient bien fondés à représenter :

« 1° Qu'il n'y a jamais eu aucune voiture qui ait causé nul embarras ni aucun accident sur l'ancien marché ;

« 2° Que la rue de Paris et les chaussées de l'ancien marché ont la même largeur que la rue d'Anjou et la rue Royale, adjacentes au nouveau marché.

« Et à supplier Mgr le maréchal de Noailles d'ordonner que le foin et la paille reviennent sur l'ancien marché.

« Et que les choses étant ainsi rétablies dans leur ancien état, la liberté soit laissée à tous marchands de foin, de paille, d'avoine et autres, d'aller sur l'ancien ou le nouveau marché à leur choix, ainsi que bon leur semblera. »

Cette supplique des habitants du quartier Notre-Dame n'empêcha pas Bully et Bruneteau d'envoyer de leur autorité privée, le samedi 23 février 1737, un tambour des gardes-suisses battre la caisse sur l'ancien marché, et publier que le marché à la marée et au poisson était au Parc-aux-Cerfs, et que tous les marchands eussent à y aller.

Le Bœuf, tambour de la ville, vint en avertir Narbonne, commissaire de police, qui lui répondit qu'il ne voulait prendre parti, ni pour ni contre les sieurs Bruneteau et Bully, et qu'il allât en rendre compte à M. le bailli.

Le Bœuf alla donc chez M. le bailli, qui envoya aussitôt chercher le commissaire Le Paige. Celui-ci n'ayant pu venir parce qu'il avait la goutte, le bailli envoya chercher Bully et Bruneteau, les réprimanda très fort et leur fit observer qu'en leur accordant le foin et la paille, il avait fait un acte dont ils devaient se trouver fort contents, et qu'il ne fallait pas qu'ils espérassent autre chose.

Ces réprimandes n'empêchèrent pas qu'une guerre sourde continuât entre les deux marchés.

Le mardi 12 mars 1737, Gilbert Berry, garçon boucher

de la pourvoirie de la Reine, demeurant au Parc-aux-Cerfs dans les baraques de Bruneteau, dont la femme revend de la marée, alla au-devant des marchands de marée, sur la chaussée de l'Etang et arrêta le nommé Cauchois, marchand forain de marée, pour le forcer d'aller au marché du Parc-aux-Cerfs. Mais Cauchois résista et ne voulut pas y aller. Narbonne, qui se trouvait sur les lieux, en dressa procès-verbal, et fit assigner Gilbert à la police. Mais M. le bailli, ne voulut pas encore condamner pour cette fois, et lui fit grâce.

Février 1736.

DISCUSSIONS ENTRE LE BAILLIAGE DE VERSAILLES ET LA PRÉ-VOTÉ DE L'HOTEL DU ROI.

La prévôté de l'hôtel a toujours, en toute occasion, fait des entreprises sur la justice ordinaire du bailliage de Versailles. Pour bien faire comprendre les torts des officiers de la prévôté, nous allons donner le règlement de 1684, entre la prévôté de l'hôtel et le bailliage de Versailles, plusieurs mémoires, concernant quelques différends survenus entre les deux juridictions, et quelques décisions de Mgr le Chancelier.

RÈGLEMENT ENTRE LES OFFICIERS DE LA PRÉVOTÉ DE L'HOTEL ET LES OFFICIERS DU BAILLIAGE ROYAL DE VERSAILLES.

Du 21 août 1684.

De par le Roi : Sa Majesté ayant été informée des contestations survenues entre le prévôt de l'hôtel et grand prévôt de France, et le bailli, juge ordinaire de Versailles, au sujet de leur juridiction ; et voulant régler pour l'avenir ce qui regarde les fonctions des uns et des autres, tant pour les procès criminels et autres que pour la police, afin que, chacun d'eux s'appliquant à ce qui est commis à ses soins, contribue à établir le bon ordre et la règle où Sa Majesté fait son principal séjour, et que les conflits de juridiction qui sont arrivés entre ces officiers ne puissent, à l'avenir, empêcher que la justice ne soit exactement rendue à ceux de sa Cour et suite, et aux habitants dudit lieu de Versailles: Sa Majesté a ordonné ce qui suit :

ARTICLE PREMIER.

Le prévôt de l'hôtel et ses officiers connoîtront de tous procès civils entre les officiers de Sa Majesté et des maisons royales; comme aussi entre les domestiques des gens de la Cour et autres non habitants et domiciliés à Versailles, le tout conformément aux édits, ordonnances, et arrêts donnés sur ce qui regarde la juridiction dudit prévôt de l'hôtel, et sauf l'appel, suivant l'usage ordinaire.

ART. 2.

Connoîtront pareillement de tous crimes, commis par lesdits officiers et autres gens de la Cour et suite, sans que le juge ordinaire puisse recevoir les plaintes, ni faire aucunes procédures criminelles contre eux.

ART. 3.

Les instances dans lesquelles les officiers et autres gens de la suite de la Cour seront parties principales ou intervenantes contre un habitant, seront pareillement de la compétence du prévôt de l'hôtel.

ART. 4.

Connoîtra le bailly de Versailles, de toutes matières civiles et criminelles contre les habitants.

ART. 5.

Seront réputés habitants tous ceux qui ont des maisons à Versailles, ou qui y font leur séjour ordinaire en l'absence de Sa Majesté, même les officiers des maisons royales qui ne seront point actuellement en service, et qui y demeureront pendant leur quartier fini.

ART. 6.

Tous vagabonds et gens sans aveu seront justiciables du prévôt de l'hôtel, en quelque lieu qu'ils se puissent retirer, même dans les maisons des habitants dans lesquelles les officiers pourront en faire la recherche, et les faire punir ensuite, suivant les ordonnances.

ART. 7.

Pourra ledit prévôt de l'hôtel, lorsque Sa Majesté, Mgr le Dauphin et Mme la Dauphine iront à Versailles, y aller, ou envoyer son lieutenant pour mettre le taux convenable aux vivres, dont sera dressé un rôle de la valeur desdits vivres, et fera publier les ordonnances qu'il estimera nécessaires sur ce sujet; et les contraventions qui pourront y être faites, même par les habitants, seront jugées par ledit prévôt de l'hôtel.

ART. 8.

Pourra faire de nouveau publier les ordonnances pour la police de la Cour, même en faire seul de nouvelles, suivant l'exigence des cas, sans que le bailly, juge ordinaire, puisse prendre connoissance de leur exécution.

ART. 9.

Fera faire la visite des poids et mesures chez les marchands privilégiés suivant la Cour, et non chez les cabaretiers et autres marchands habitants de Versailles, chez lesquels le bailly, juge ordinaire, pourra se transporter pour tenir la main à l'exécution des ordonnances de Blois et de Moulins rendues sur ce sujet.

ART. 10.

Le bailly fera faire devant lui les assemblées pour la nomination des directeurs du nettoyement des boues, fera les règlements pour les lanternes, dressera les rôles des impositions sur les contribuables, et connoîtra généralement de toutes les contraventions qui pourroient être faites auxdits règlements.

ART. 11.

Fera la visite les fêtes et dimanches dans les cabarets, même les privilégiés, pour empêcher qu'on n'y donne à manger qu'après l'heure du service divin, tiendra la main à l'entretien du marché, du pavé et de l'alignement des rues, et aura à cet égard les mêmes fonctions pendant le séjour de Sa Majesté, qu'il doit avoir pendant son absence.

ART. 12.

Tous propriétaires et locataires des maisons situées à Versailles seront tenus de porter au greffe de la justice ordinaire le rôle de ceux qui sont logés chez eux, afin que ledit bailly connoisse ceux qui demeurent actuellement à Versailles et qu'il puisse empêcher qu'on n'y donne retraite à des gens de mauvaise vie.

ART. 13.

Lorsque Sa Majesté, Mgr le Dauphin, Mme la Dauphine, séjourneront à Versailles pendant le carême, le prévôt de l'hôtel nommera le boucher qui pourra débiter la viande, et y mettra le taux, et où ils n'y demeureraient qu'une partie du carême, le bailly aura droit de nommer un autre boucher (1).

ART. 14.

Veut et entend Sa Majesté, que le présent règlement soit exécuté à Versailles, sans qu'il puisse tirer à conséquence pour les autres lieux où sont situées les maisons royales, dans lesquelles Sa Majesté veut que l'usage observé jusqu'à présent soit suivi à l'avenir sans difficulté. Fait à Versailles, le 21 août 1684, signé : LOUIS ; et plus bas : COLBERT.

(1) En temps de carême, aucun boucher ne pouvait vendre de viande, excepté celui désigné par l'autorité.

Extrait d'arrêts et Règlements du conseil d'État, qui maintiennent les officiers de la juridiction ordinaire dans la police générale, contre les entreprises des officiers de la prévôté de l'hôtel.

Par arrêt du 5 novembre 1666, il est fait défense aux lieutenants du grand prévôt de l'hôtel d'entreprendre de faire la police générale.

Edit du mois de décembre 1666, qui attribue au Parlement la police générale, et arrêt du 11 décembre 1666, qui la place aussi dans les attributions des juridictions ordinaires, relativement aux ordonnances de Blois et de Moulins.

Les boulangers et autres marchands, dépendant du grand pannetier et autres grands officiers de la Couronne, sont aussi assujétis à la police ordinaire, pour les contraventions aux règlements de police.

L'édit du 25 février 1318 fait connaître que le prévôt de l'hôtel n'a le droit de juridiction personnelle que contre les officiers et marchands privilégiés de la suite de la Cour, et que la police a toujours été conservée aux juridictions ordinaires.

Les lettres-patentes de François Ier, du 19 mars 1543, expliquent pourquoi les privilégiés doivent suivre la Cour et observer le taux des officiers de la prévôté de l'hôtel, ce qui n'est utile que dans les lieux de passage. Elles fixent le nombre des privilégiés à 160.

Le pouvoir et la juridiction du grand prévôt consistent :

1° A choisir des marchands et à leur donner des commissions ;

2° A leur faire observer une discipline ;

3° A les maintenir dans leurs priviléges ;

4° A juger les différends qui peuvent s'élever entre eux, à raison du prix de leurs ouvrages et marchandises de leur commerce.

Or, la police de Paris ni des autres villes où le Roi fait un séjour ordinaire, comme à Versailles, n'est point comprise dans ses attributions.

Par les arrêts des 19 février, 19 août 1588 et 19 mars 1603, les marchands privilégiés sont assujétis, pour leurs achats, à observer les heures réglées par les officiers de police des juridictions ordinaires.

D'où il s'ensuit que la police des officiers de la prévôté de l'hôtel, vis-à-vis les privilégiés, consiste à les obliger à suivre la Cour, y faire porter des vivres par ces privilégiés, et à en faire le taux, ce qui souffre encore bien des exceptions.

Par lettres-patentes du 16 septembre 1606, le nombre des privilégiés est augmenté et porté à 320.

Le motif donné pour cette augmentation est que le Roi se trouve souvent à la tête de ses armées ou dans des châteaux éloignés des villes.

Autres lettres-patentes du 13 et du 30 juin 1618, rendues par Louis XIII, qui signalent les abus commis par les privilégiés, et qui fait défense au grand prévôt d'en augmenter le nombre.

Arrêt en forme de règlement, en date du 30 janvier 1625, qui permet aux privilégiés de tenir boutique dans la ville où le Roi établit son séjour, et leur ordonne de fermer leurs boutiques trois jours après le départ du Roi pour un autre lieu, à peine de confiscation de leurs marchandises, s'ils ne le suivent en personne et ne tiennent à la Cour d'autres boutiques bien garnies.

Lorsque le Roi est à Paris ou dans une autre ville suffisamment garnie de marchands et de marchandises pour la suite de la Cour, le taux et les privilégiés y deviennent inutiles.

Quant à Versailles, les taux n'y ont jamais été observés; les marchandises y ont toujours été à toutes sortes de prix; et, malgré le grand nombre de contraventions, les lieutenants du prévôt de l'hôtel ont bien senti que l'observation des taux y eût été la ruine du commerce et y aurait plutôt amené la disette que l'abondance.

Comme il y a aussi suffisamment de marchands pour fournir la suite de la Cour, M. le grand prévôt n'a pas obligé les privilégiés à venir à Versailles.

Aux termes de l'article 9 du règlement de 1684, les lieutenants du grand prévôt ne peuvent exercer à Versailles, sur les privilégiés, qu'une partie de police sur les poids et mesures, puisque, par l'article 11, la police pour la visite des cabarets *même des privilégiés*, a été conservée aux officiers du bailliage, comme faisant partie de la police générale réglée par les ordonnances de Blois et de Moulins, que ces officiers sont chargés de faire observer.

Ce sont les officiers des juridictions ordinaires qui sont chargés de fixer les heures de l'ouverture du marché, celle de l'achat pour les bourgeois et habitants, et celle pour les rôtisseurs, cabaretiers, pâtissiers et autres, comme appartenant à la police générale. Aussi un arrêt du Conseil, du 13 novembre 1637, a renvoyé à la juridiction ordinaire un rôtisseur privilégié qui avait contrevenu aux règlements de police. Enjoignant, Sa Majesté, à tous marchands suivant la Cour, d'observer les règlements de police.

Un arrêt du Conseil, du 11 décembre 1637, enjoint aussi aux marchands privilégiés d'observer les règlements de police et de procéder en la juridiction ordinaire sur les contestations et non ailleurs, sans préjudice de la juridiction du prévôt de l'hôtel en ce qui concerne leurs priviléges.

Autres arrêts du Conseil, des 18 septembre 1648 et 17 novembre 1656, qui attribuent la connaissance des affaires de police contre les privilégiés, aux juridictions ordinaires.

Lettres-patentes du mois de mai 1659, portant augmentation de quarante privilégiés. Ces lettres donnent aussi pour motif que le Roi, étant obligé de faire de longs voyages ou de se trouver dans ses armées, la suite de la Cour y manque souvent des vivres et des commodités nécessaires lorsque Sa Majesté s'éloigne des villes importantes.

Par arrêt du Conseil, du 5 novembre 1666, Sa Majesté, pour conserver l'ordre public, fait défense à tous officiers, même aux lieutenants du prévôt de l'hôtel, d'entreprendre sur la police générale et d'y troubler les officiers de la juridiction ordinaire.

Nombre d'arrêts ont établi cette jurisprudence : 3 février 1674 ; — 18 juillet, 3 avril, 14 août, 18 septembre, 6 novembre 1675 ; — 22 janvier, 14 mars, 26, 28 mars, 11 avril, 20 mai, 19 août, 10 septembre, 21 octobre, 23 décembre 1676 ; — 21 juillet 1685, — et une infinité d'autres postérieurs.

Par arrêt du 8 mai 1688, la connaissance d'une saisie de dix-neuf pains qui n'avaient pas le poids, faite chez un boulanger privilégié, fut renvoyée à la juridiction ordinaire, nonobstant l'intervention du prévôt de l'hôtel.

Déclaration du Roi, du 16 décembre 1698, pour l'observation des ordonnances de Blois et de Moulins, qui attribuent la police aux justices ordinaires.

M. le cardinal de Fustemberg, grand aumônier, étant décédé dans son hôtel, rue de l'Orangerie, à Versailles, les officiers du bailliage y apposèrent les scellés. Ils furent croisés par les officiers de la prévôté de l'hôtel. Cela donna lieu à un conflit.

M. le chancelier décida en faveur des officiers du bailliage, qui firent l'inventaire, la vente et la distribution des deniers.

Il en fut de même du scellé apposé chez M. le marquis de Ricous, qui décéda à l'hôtel des Petits-Équipages et du Gouvernement de Versailles (1) ; M. le chancelier décida aussi en faveur des officiers du bailliage.

Suivant les arrêts et règlements ci-dessus rapportés, il

---

(1) Rue des Réservoirs.

est évident que les officiers de la prévôté de l'hôtel, bien loin d'avoir le droit de police sur les marchés et les marchands des villes réglées où le Roi fait son séjour ordinaire, n'en ont au contraire aucun; qu'ils ont seulement celui de poids et mesures sur les marchands privilégiés qui y sont établis, ce qui n'est qu'une petite partie de la police, puisque ces mêmes privilégiés sont assujétis à observer la police générale de la juridiction ordinaire, qui comprend l'observation des dimanches et fêtes, l'heure de la vente et achat dans les marchés, la façon dans les marchandises, le nettoiement des rues, l'entretien du pavé, les alignements, les lanternes publiques, et tout ce qui est réglé par les anciennes et les nouvelles ordonnances, arrêts et règlements généraux et particuliers.

Le feu Roi, ayant été informé que les sieurs Renard, exempt, et Thiersant, procureur de la prévôté de l'hôtel, avaient été, en 1709, faire la police sur le marché de Versailles, leur fit enjoindre de se rendre en prison, et à Renard de se défaire de leur charge, ce qui fut exécuté (1).

Les officiers du bailliage, durant les disettes de 1709, 1710 et 1725, sont donc restés en possession d'exécuter seuls la police sur le marché et chez tous les marchands et habitants, à l'exclusion des officiers de la prévôté de l'hôtel.

Les arrêts du Conseil, des 28 novembre 1698, 3 février 1703 et 10 octobre 1722, obligent, même les princes et seigneurs de la Cour, à nommer des concierges pour satisfaire aux règlements de police des officiers du bailliage.

L'ordonnance du Roi, du 27 mai 1721, concernant les habitants et les chambres garnies, est adressée aux officiers du bailliage.

(1) On trouve en marge, d'une autre main :
Renard avait pris mon père par le bras pour le faire retirer du marché. M. Leclerc-Duboillet, lieutenant général de la prévôté de l'hôtel, en 1749, voulut me faire retirer du marché. Je m'y maintins en faisant mettre la baïonnette aux fusils des Invalides. M. le comte de Saint-Florentin, ministre de la maison, le trouva mauvais ; je ne fut point soutenu. Je n'y ai point retourné.

L'arrêt du conseil du 7 janvier 1716, rendu sur les contestations des officiers de la prévôté de l'hôtel et ceux de la justice de Vincennes; et celui du 4 mars 1716, rendu sur les contestations survenues entre les officiers du Châtelet et ceux de la prévôté, quelque favorables qu'ils soient aux officiers de la prévôté de l'hôtel, n'en conservent pas moins la police générale aux juridictions ordinaires.

Enfin, la déclaration du 19 avril 1723 et toutes celles qui l'ont précédée et qui se rapportent aux blés, farines et grains, ont toutes été adressées aux juridictions ordinaires pour les faire observer.

Le 19 juin 1723, le Roi étant à Meudon, M. de Noyon (1), lieutenant de la prévôté de l'hôtel, voulut tenir l'audience à Versailles. Les officiers du bailliage s'y opposèrent et firent fermer les portes. M. de Noyon en dressa procès-verbal.

M. d'Arménonville, garde des sceaux, fit le rapport de cette affaire au Conseil des dépêches du 26 juin 1723, et la prétention de M. de Noyon fut totalement désapprouvée.

Le 11 novembre 1729, M. Blouin, gouverneur de Versailles, mourut dans son appartement du Château. M. l'abbé de Montlaur, son exécuteur testamentaire, alla trouver M. le cardinal de Fleury, et lui demanda la permission de faire mettre les scellés par les officiers du bailliage, ce qui lui fut accordé.

Les officiers de la prévôté de l'hôtel croisèrent.

M. le cardinal manda les officiers des deux juridictions pour les entendre. Ceux de la prévôté de l'hôtel y allèrent,

---

(1) Note d'une autre écriture, ainsi que celles qui suivent.

Lieutenant général. M. son père et M. son frère sont morts revêtus de cette charge qui leur coûta soixante mille livres. Leurs successeurs l'ont eue gratuitement, c'est-à-dire qu'ils ont eu mille écus de rente de plus, ou deux mille écus en y comprenant l'intérêt du fonds de la charge. Ils se plaignent. M. Davant, l'un d'eux, a tellement désolé la ville par ses scellés et entreprises, qu'il a donné lieu au nouveau règlement du Conseil. Ce règlement n'a pas été enregistré au Parlement, ni au grand Conseil, parce que les changements qu'on y a faits le rendaient trop favorable à cette juridiction.

mais ceux du bailliage ne s'y rendirent pas et abandonnèrent cette affaire dont ils n'avaient pris connaissance que sur la réquisition de M. l'abbé de Montlaur.

M. le cardinal décida en faveur des officiers de la prévôté de l'hôtel.

Peut-être que si les officiers du bailliage se fussent présentés à M. le cardinal et lui eussent représenté que M. Blouin était leur chef (1), et qu'il pouvait avoir parmi ses papiers quelques titres concernant le domaine de Versailles, M. le cardinal aurait pu, sans tirer à conséquence, leur permettre de lever les scellés qu'ils n'avaient apposés qu'avec sa permission.

D'où il résulte que les officiers du bailliage n'ont rien entrepris de leur propre mouvement.

Il n'en est pas de même des officiers de la prévôté de l'hôtel, qui, sans réquisitoires et sans aucun fondement, ont toujours fait des entreprises sur la juridiction ordinaire qu'ils voudraient anéantir (2).

Le grand nombre d'édits, arrêts et déclarations, et les décisions de MM. les chanceliers et gardes des sceaux font un concours de lois qui devraient restreindre dans leurs limites les officiers de la prévôté de l'hôtel; mais comme ils n'en connaissent point, on ne doit pas être surpris que de temps en temps ils renouvellent leurs entreprises.

En enfreignant ainsi les lois, arrêts et règlements, qui atteignent-ils? sinon le Roi, son Conseil, le Parlement et, en particulier, les droits du domaine et la juridiction du bailliage de Versailles, que le gouverneur est chargé de maintenir sous l'autorité du Roi et de son Conseil.

---

(1) Son logement était dans le Château, ce qui donnait droit à la prévôté de l'hôtel.
(2) Ils sont toujours autorisés par le ministre de la maison du Roi, qui est leur rapporteur au Conseil.

MÉMOIRE POUR LES OFFICIERS DU BAILLIAGE DE VERSAILLES CONTRE LES OFFICIERS DE LA PRÉVÔTÉ DE L'HOTEL.

Si on jette les yeux sur les ordonnances du Roi, arrêts et règlements, et notamment sur le règlement du 21 août 1684, qui fixe les fonctions de ces deux juridictions royales, on reconnaîtra aisément que les officiers de la prévôté de l'hôtel, n'ayant aucun territoire, ne sont que des juges d'exception. C'est sur ce principe que l'article 5 du règlement de 1684 veut que l'officier de la Cour qui fera son séjour ordinaire à Versailles, après son quartier de service fini, soit, pendant neuf mois, justiciable du bailli de Versailles. Suivant l'article 6, les officiers de la prévôté ont le droit d'entrer dans les maisons des habitants pour y arrêter les vagabonds et gens sans aveu qui s'y seraient réfugiés ; mais ils n'ont pas le droit d'arrêter un domicilié de l'un et de l'autre sexe, quelque irrégulière que soit sa conduite, étant de la compétence du juge ordinaire. Par l'article 7, les officiers de la prévôté ont le droit de faire le taux des vivres ; mais en même temps, ils doivent assujétir tous les marchands privilégiés, suivant la Cour (1), à venir à sa suite et y apporter les vivres et denrées nécessaires pour les y vendre aux prix réglés ; et, dans ce cas, les marchands de Versailles doivent s'y conformer.

L'article 8 attribue au prévôt de l'hôtel la faculté de faire des ordonnances pour la police de la Cour. Ce droit ne lui a jamais été contesté ; mais ces ordonnances se réduisent à ce qui peut concerner les gens de la suite de la Cour et les domestiques, et non les habitants de Versailles.

L'article 9 donne au prévôt de l'hôtel le droit de faire faire la visite des poids et mesures chez les marchands pri-

---

(1) Le taux des vivres n'est bon que pour les lieux de passage, et non dans une ville suffisamment fournie de tout, telle qu'est Versailles.

vilégiés suivant la Cour ; il semble s'en suivre qu'il doit les y faire venir.

Par le même article, la police générale chez les autres marchands et habitants de Versailles, pour l'exécution des ordonnances de Blois et de Moulins, appartient à la juridiction ordinaire.

L'article 10 attribue aux officiers du bailliage la police des boues et lanternes qui font partie de la police générale.

L'article 11 ordonne que la visite des cabarets, même des privilégiés, pour l'observation des fêtes et dimanches, sera faite par les officiers du bailliage.

L'article 12 maintient les officiers du bailliage dans la police générale. L'article 13 est mixte entre le prévôt de l'hôtel et les officiers du bailliage.

Par l'article 14, Sa Majesté s'explique et veut que ce règlement soit exécuté à Versailles, parce que cette ville, après Paris, est réputée le séjour ordinaire de Sa Majesté, sans cependant tirer à conséquence pour les autres lieux où sont situées les maisons royales.

Les officiers de la prévôté de l'hôtel ont été maintenus à exercer la police en entier à Vincennes, Fontainebleau et Compiègne, lors des séjours de Sa Majesté, parce que ces lieux ne sont point un séjour ordinaire, comme Versailles, mais seulement un séjour momentané.

Suivant le règlement de 1684, la police générale a été conservée au bailli de Versailles. Il y a été confirmé pour les provisions du lieutenant-général de police, en 1702. L'exécution de l'ordonnance du Roi, du 27 mai 1722, est confiée aux officiers du bailliage de Versailles, et elle renferme plusieurs parties de la police générale. L'arrangement des foires et marchés, pour l'heure de la vente et achat des marchandises, la qualité et le poids, la distribution des places, sont de la compétence des officiers du bailliage, et les officiers de la prévôté ne peuvent s'en mêler.

Ils ne doivent point se mêler non plus des particuliers qui viennent s'établir à Versailles pour y faire voir quelque spectacle (1); non plus que de ceux qui y viennent pour y vendre des arrêts, chansons ou autres choses de cette espèce (2).

Et cependant, non-seulement les lieutenants de robe longue et de robe courte, mais même les commis du greffe et les gardes de la prévôté de l'hôtel, veulent connaître de ces matières qui ne regardent uniquement que les officiers de la juridiction ordinaire.

Narbonne était l'un des officiers du bailliage de Versailles qui mit le plus de zèle à s'opposer aux empiètements de la prévôté. Il eut surtout de vives discussions avec M. Colinet, lieutenant de la prévôté. Celui-ci ayant adressé, à cette occasion, ses plaintes au chancelier, Narbonne adressa de son côté le mémoire suivant à ce ministre.

MÉMOIRE PRÉSENTÉ A Mgr LE CHANCELIER, LE 6 FÉVRIER 1736.

« MONSEIGNEUR,

« Narbonne, commissaire de police de Versailles, n'aurait jamais osé interrompre les précieux moments de Votre Grandeur, si les officiers de la prévôté de l'hôtel, en portant des plaintes contre lui à votre suprême tribunal, eussent consulté leur conscience et la vérité. Mais, comme la vérité et la justice, qui doivent présider à toutes les actions, ont été altérées dans les faits qui vous ont été signalés, il se trouve forcé de les rétablir.

« Le règlement de 1684 a fixé la conduite que les officiers de la prévôté de l'hôtel et ceux du bailliage doivent tenir.

« Les officiers de la prévôté de l'hôtel, qui ne voudraient

(1) Ils sont actuellement en possession de s'en mêler seuls, depuis que la police de la comédie leur a été attribuée.
(2) Ils sont plus à portée de s'emparer de cette police, par leurs robes courtes, très nombreuses : c'est ce qu'ils ont fait.

reconnaître aucune autorité supérieure, ont souvent fait des entreprises contre cette autorité. Les décisions équitables de Mgr le chancelier de Pontchartrain les ont souvent arrêtés, mais ne les ont pas empêchés de recommencer.

« La conduite qu'a tenue Narbonne depuis trente-quatre ans, dans les différentes fonctions qu'il a exercées et qu'il exerce à Versailles, lui a mérité la confiance de Mgr le chancelier de Pontchartrain, de plusieurs princes, princesses et ministres; et, du côté de la Cour et du côté du Parlement, il ne s'est pas attiré le moindre reproche.

« Narbonne est pleinement convaincu que les clameurs mal fondées des officiers de la prévôté de l'hôtel n'ont trouvé aucun accès auprès de Votre Grandeur, Monseigneur.

« Mais, si quelqu'un doit se trouver blessé, il va démontrer avec évidence que ce doit être lui.

« En 1725, Narbonne, faisant la police sur le marché au pain, y fut insulté avec violence par M. Dumesnil-Aubert, lieutenant-général de la prévôté de l'hôtel, dont M. Colinet remplit aujourd'hui les fonctions. Narbonne se tint dans les bornes de la modération et se contenta de prendre le peuple à témoin de la violence qui lui était faite.

« Après la mort du sieur Lemoine, lieutenant de robe courte de la prévôté, que sa capacité n'avait pourtant pas empêché de tenter quelques entreprises mal fondées, le sieur Legrain, secrétaire de M. le grand prévôt, fut nommé lieutenant de la prévôté. Narbonne le connaissait depuis longtemps pour un homme d'une grande probité; ils s'entendirent tous deux et firent une convention pour concourir à l'établissement du bon ordre.

« Narbonne fit connaître cette convention à Mgr le duc de Noailles, gouverneur de Versailles, qui l'autorisa de son approbation.

« Par cette convention, tous les vagabonds et gens sans aveu, même les libertins et les libertines, habitants et domiciliés à Versailles, arrêtés sous l'autorité du duc de Noailles et méritant la correction des hôpitaux, devaient être remis aux officiers de la prévôté de l'hôtel. Cette convention a été exécutée pendant plusieurs années. Monseigneur voit que tout l'avantage de cette convention était du côté des officiers de la prévôté.

« Cependant ces officiers, contrevenant toujours au règlement de 1684, ont préféré rompre cette convention, pour être plus libres de faire de nouvelles entreprises, que nous ne rapporterons pas ici pour abréger.

« Son Éminence Mgr le cardinal de Fleury étant convenu, avec M. le duc de Noailles, d'empêcher les colporteurs de Paris et autres de débiter à Versailles aucune relation ou chanson, sans les soumettre préalablement à l'examen et à l'approbation de M. Hérault, Narbonne communiqua cet ordre d'abord au sieur Legrain, ensuite à MM. de Noyon et Colinet. MM. de Noyon et Legrain s'y sont conformés. Mais M. Colinet n'en a tenu aucun compte ; au contraire, il a affecté de donner des permissions par écrit à ces colporteurs, au bas même de chansons et de relations contre les bonnes mœurs, et quelque chose de plus, qu'on tait par bienséance.

« Narbonne convient qu'il s'est opposé au débit de quelques-unes de ces chansons et relations qui se chantaient pendant le service divin. Il avoue même, en avoir ôté quelques-unes aux colporteurs, quoiqu'elles fussent signées de M. Colinet, et qu'il les a remises à M. Bachelier, qui les a gardées. Car il semble que M. Colinet aurait dû faire plutôt arrêter ces colporteurs que d'autoriser le débit de choses contre le bon ordre.

« Le Roi accorda à la dame Carillon, femme d'un de ses officiers du gobelet, le bureau général pour le débit des billets de loterie. Son Éminence Mgr le cardinal chargea M. Bachelier, inspecteur général du gouvernement de Versailles, de la faire jouir de la grâce du Roi. M. Bachelier transmit les ordres de Son Éminence au sieur Foirestier, commandant des Suisses du château et de la patrouille de Versailles, et à Narbonne. Pouvaient-ils se dispenser d'obéir, et devaient-ils demander un ordre écrit à Son Éminence?

« Il est certain que, par l'établissement de ce bureau, on gênait la volonté de ceux qui désiraient prendre des billets plutôt dans tel bureau que dans tel autre ; cependant il n'avait été établi que sur l'avis de M. Hérault.

« M. Colinet, avant de rendre son ordonnance du 9 janvier 1736 (1), devait faire connaître à Son Éminence que le bureau de la dame Carillon gênait le public, et savoir de Son Éminence quelle était l'intention du Roi, sans aller, de son autorité privée, amoindrir la grâce accordée par Sa Majesté.

« Il est encore vrai que, dans cette occasion, Narbonne alla porter un exemplaire de cette ordonnance à M. Bachelier, dans le cabinet du roi ; et que M. Bachelier l'ayant communiqué à Son Éminence, il reçut l'ordre de Mgr le cardinal de faire mettre en prison et au cachot tout particulier débitant des billets de loterie. M. Bachelier chargea le commandant de la patrouille d'exécuter cet ordre, qui le fut contre quatre.

« C'est donc de l'ordre du Roi et de Son Éminence que ces individus ont subi la peine de leur désobéissance.

« Il n'appartient qu'au souverain qui a accordé une grâce, ou à son ministre, sur de justes représentations, de la restreindre. Et M. Colinet n'était nullement en droit de s'en faire l'interprète.

« Cependant, pour colorer sa conduite, il avance, contre toute vérité, dans le Mémoire présenté à Son Éminence le 31 janvier, que non-seulement Narbonne seul avait fait

---

(1) Ordonnance qui permet aux colporteurs de vendre des billets de loterie comme à l'ordinaire.

mettre ces individus en prison, mais encore que c'était lui qui, de son autorité privée, empêchait de débiter des billets de loterie des bureaux de Paris.

« Si M. Colinet disait vrai, Narbonne mériterait un juste châtiment. On est surpris de voir un juge comme lui se servir de pareils subterfuges pour excuser sa faute.

« Il aurait beaucoup mieux fait, avant de rendre son ordonnance, de faire une démarche auprès de Son Éminence qui lui aurait appris la vérité sur l'emprisonnement de ces particuliers.

« Quant au débit des billets de loterie des bureaux de Paris, un seul individu est venu demander à Narbonne son avis pour savoir s'il devait en débiter, et il l'a renvoyé à qui de droit.

« Narbonne, dans l'exercice de la police civile, n'a jamais eu pour objet que de faire exécuter les arrêts et règlements.

« Quant à la police militaire que l'on est obligé d'exercer à Versailles, où il y a une nombreuse populace de toute espèce, en l'exerçant, il s'est toujours conformé aux ordres du Roi et de messieurs les gouverneurs. Il ose dire que ces ordres ont toujours été équitables et nécessaires pour maintenir le bon ordre, et qu'ils ont toujours été exécutés avec la plus grande modération, et que la violence n'y a jamais eu de part.

« Narbonne espère que Votre Grandeur, Monseigneur, en arrêtant les entreprises et les violences des officiers de la prévoté de l'hôtel, fera aussi cesser les calomnies qu'ils ont répandues contre lui, puisque dans tout ce qu'il a fait il s'est conformé aux ordres de ses supérieurs. »

Observations.

Le 27 janvier 1736, deux servantes, domestiques du sieur Ollivier, hôtellier *à la Belle-Image*, eurent une dispute entre elles à l'occasion d'un écu de six livres. Des officiers de la prévôté de l'hôtel, qui virent cette dispute, arrêtèrent les deux servantes et les conduisirent à l'hôpital. Cet enlèment est non-seulement une atteinte à la justice ordinaire mais, de plus, elle doit être considérée comme une véritable vexation ; car il n'y avait eu de plaintes ni de la part des servantes ni de la part des maîtres, puisque le sieur Ollivier était en Bourgogne, et sa femme malade au lit.

Cet acte des officiers de la prévôté contre la justice ordinaire indique que ces officiers ne reconnaissent ni règle ni modération.

Narbonne a fait rentrer à la caisse du domaine de Versailles plus de 200,000 livres, pour droits de lots et de ventes.

Par l'arrangement du marché, fait en 1724 (1), il a procuré une augmentation de cinq mille livres par an au Roi.

Il peut affirmer qu'il n'a jamais reçu de présent à cause de la police des huit cents cabaretiers qu'il y a à Versailles, pas plus que des autres marchands.

Il soumet sa conduite à toute espèce d'examen.

Décision de Monseigneur le Chancelier.

Le 20 janvier 1736, François Sortais, marchand de chevaux à Versailles, rue de Paris, *au Soleil levant*, battit et accabla de coups la femme de Claude Brissois, blanchisseur à Versailles, rue des Coches.

Ces deux particuliers vinrent sur-le-champ porter plainte à Narbonne, commissaire de police.

Cette affaire ayant eu lieu entre deux habitants domiciliés à Versailles, et étant de simple juridiction, Narbonne leur dit à tous deux de se pourvoir devant M. le bailli de Versailles, juge naturel des deux parties.

Brisois rendit sa plainte le jour même, 20 janvier 1736;

(1) Ce fut à cette époque que l'on permit la construction des baraques détruites depuis, en 1841, pour faire le marché actuel.

mais Sortais, qui était l'agresseur, et qui voulait éviter la peine que méritaient ses voies de fait, rendit sa plainte le lendemain, en l'antidatant, au sieur Colinet, lieutenant de la prévôté de l'hôtel, juge incompétent dans cette affaire, lequel, au lieu de renvoyer Sortais devant le bailli de Versailles, lui donna acte de sa plainte (1).

Cette affaire, étant des plus légères, ne méritait pas la voie extraordinaire. Cependant le lieutenant de la prévôté de l'hôtel, ayant fait informer devant lui, décréta d'ajournement personnel Brisois, sa femme et autres qui avaient été les premiers attaqués, et adjugea 30 livres de provision, que les officiers du bailliage, sans approuver cependant cette sentence, firent payer sur-le-champ, pour éviter les poursuites des officiers de la prévôté.

Le bailli de Versailles, de son côté, informa et décréta d'assignation, seulement pour être ouï, Sortais, et adjugea 40 livres de provision à la femme de Brisois.

Sortais s'étant refusé de payer les 40 livres de provision, Blanchet, huissier au bailliage, procéda, le 27 janvier, à la saisie et à l'enlèvement de ses meubles.

Les officiers de la prévôté auraient dû, suivant l'exemple de ceux du bailliage, faire payer les 40 livres de provision, tout en protestant contre, et se pourvoir par devant Monseigneur le chancelier, pour faire décider le conflit et juger à laquelle des deux juridictions la compétence de cette affaire devait appartenir. Mais une conduite si sage n'était pas de leur goût; et, sans attendre que la question eût été jugée par une autorité supérieure, un lieutenant de la prévôté de l'hôtel, assisté de Pichenet, huissier au Châtelet, et de cinq ou six gardes de la prévôté, armés de mousquetons, vinrent à la rencontre de l'huissier Blanchet, porteur de la sentence du bailli de Versailles. Les gardes commencèrent par le bourrer de coups de mousquetons, tout en jurant et blas-

---

(1) Voilà l'abus des deux juridictions.

phémant; pendant ce temps, l'huissier Pichenet coupait les cordes des crochets d'un porte-faix qui portait les meubles saisis à la porte de la geôle, et les faisait enlever de force.

Une rébellion et une violence pareille, commise par Pichenet, le lieutenant de robe courte, et les gardes de la prévôté de l'hôtel, contre la justice et sous les yeux du Roi, obligèrent Narbonne d'en aller rendre compte à M. Bachelier le lendemain 28 janvier. M. Bachelier fut extrêmement surpris d'un acte si violent, et, le dimanche 29, il alla en rendre compte à Mgr le chancelier, revenu la veille de Paris, qui désapprouva la conduite des officiers de la prévôté.

Le mercredi 1er février, Mgr le chancelier fit venir M. Fresson, bailli de Versailles, et M. Colinet, lieutenant de la prévôté de l'hôtel.

M. Colinet, qui savait fort bien que l'acte de rébellion des officiers de la prévôté contre la sentence du bailli pouvait amener leur destitution, et pour que le bailli ne s'en fît pas une arme contre eux, convint que la querelle de Brisois et de Sortais était de la compétence du bailli ; et il ajouta que si Brisois lui avait demandé le renvoi devant la justice ordinaire, il le lui aurait accordé.

Mgr le chancelier lui observa que dans une affaire de cette nature, qui était des plus simples, la partie n'avait pas besoin de paraître devant lui pour demander son renvoi, et qu'il aurait dû reconnaître son incompétence et renvoyer Sortais devant le bailli. Il décida, en conséquence, que cette affaire appartenait au bailli, et il ordonna au sieur Colinet de lui remettre les minutes de la procédure qu'il avait commencée.

M. Fresson, content d'avoir gain de cause, a promis de ne pas faire de poursuites pour l'acte de rébellion à l'exécution de sa sentence. M. le bailli a été beaucoup trop vite ; il aurait dû profiter de cette affaire pour obtenir de Mgr le chancelier un arrêt qui fît exécuter strictement le règlement de 1684, et qui eût empêché les officiers de la prévôté de faire, à l'avenir, de pareilles entreprises (1).

M. Fresson, ayant fait l'instruction de toute cette affaire, aurait pu porter toutes les pièces à Mgr le chancelier, qui aurait décidé s'il devait punir ou faire grâce à une pareille violence faite à la justice, et qui blesse et l'autorité du Roi et celle du chancelier lui-même.

M. Fresson est bon par excellence. Rien n'est mieux que d'être bon, mais l'être trop, bien des gens en abusent. Et, pour l'avoir été trop, il a perdu la juridiction du bailliage qui aujourd'hui est réduite à rien (2). La prévôté de l'hôtel a pris le dessus, et cette juridiction ambulante ne trouve rien de trop chaud ni de trop froid.

Je me pique d'être aussi bon que qui que ce soit, et je serais fâché de faire tort ou d'être contraire à quelqu'un quand il s'agirait de la valeur d'un liard ; mais je soutiens que l'on ne doit jamais, par faiblesse, complaisance, désintéressement ou autre cause, se laisser ôter ce qui vous est dû ; que chacun doit conserver scrupuleusement et équitablement tous ses droits ; et que si quelqu'un cherche à s'en emparer, il faut recourir à l'autorité supérieure pour en obtenir justice (3).

---

(1) Cela aurait donné trop de peine à M. Fresson, et fort inutilement, comme son successeur, M. Régnier, ne l'a que trop éprouvé. Jamais d'arrêt en sa faveur, ayant contre lui le ministre de la maison du Roi. M. Fresson eût été mal venu à faire le procès à ces officiers de la prévôté de l'hôtel.

(2) Cela est vrai, il n'aimait que sa liberté et son plaisir. Il était mieux soutenu par M. Blouin que par ses successeurs. Rien de plus triste pour un juge ordinaire que d'être ainsi tourmenté dans ses fonctions. L'excès de l'abus seul a produit le nouveau règlement.

(3) Cela est fort bien dit, et fort inutile à Versailles pour un juge qui ne se piquera que de remplir ses devoirs exactement, s'il n'est vendu à la Cour et à l'intrigue. Encore la prévôté de l'hôtel y aura-t-elle toujours le dessus par sa nature même d'être en tout aux ordres du ministre et de n'observer aucune loi. J'ai pensé comme tout le monde d'abord sur M. Fresson. J'ai cru pouvoir rétablir la juridiction par mon zèle. Je n'ai pas été deux ans à voir qu'il avait pris le meilleur parti ; surtout M. Hennin, procureur du Roi, n'ayant

pendant le gouvernement de M. Blouin, non-seulement les officiers de la prévôté de l'hôtel faisaient de temps en temps des empiétements sur les fonctions des officiers du bailliage pour ce qui concernait les appositions de scellés et les affaires de justice ordinaire, mais encore ils voulaient se mêler d'étendre leurs fonctions de police, qui sont très bornées, sur ce qui est de la compétence des officiers de police du bailliage ; mais M. Fresson père allait aussitôt trouver M. le chancelier qui, par ses décisions, contenait dans les bornes les officiers de la prévôté.

M. Blouin me soutenait, de son côté, dans mes fonctions de police sur le marché et sur les habitants, et savait aller, s'il le fallait, chez M. le chancelier et garde des sceaux, et chez M. de Maurepas.

Mais, depuis son décès, ces officiers ont fourré leur nez partout, jusqu'à vouloir diriger le Poids-le-Roi, ce qu'ils n'avaient jamais osé entreprendre du temps de M. Blouin. A présent, ils se mêlent de tout et on les laisse faire.

Février 1736.

M. d'Angervilliers mourut à Versailles, le 15 février 1736.

Baouyn d'Angervilliers était intendant de Strasbourg ; après la mort de M. Bignon, il fut fait intendant de Paris.

Le 20 mai 1728, après la mort de M. Le Blanc, il fut nommé secrétaire d'Etat au département de la guerre. Il passait pour être très sévère.

Il a fait faire des augmentations à son petit château d'Angervilliers, à six lieues de Versailles.

---

jamais voulu faire aucun réquisitoire, ni aucune démarche à ce sujet pendant trente années, lui qui est la cheville ouvrière de la juridiction.
(*Cette note, de la même écriture que les autres, semble, par ses détails, avoir été faite par M. Régnier, le successeur de M. Fresson dans la charge de bailli de Versailles.*)

Dans la nuit du mardi gras, 18 février, il y eut un incendie considérable dans la rue des Petits-Champs, près le Palais-Royal. Une maison entière brûla et deux furent abattues.

Il paraît qu'un locataire de cette maison étant allé à l'Opéra, avait laissé le feu allumé dans sa chambre ; que des tisons tombèrent sur le parquet et y mirent le feu, qui se communiqua ensuite aux meubles de la chambre.

Dans la chambre, immédiatement au-dessus de celle enflammée, un tapissier-logeur avait réuni une douzaine de personnes à souper.

Le feu, qui avait fait de grands progrès, éclata avec une grande force ; lorsque le locataire de la chambre eut ouvert la porte en revenant de l'Opéra, déjà les solives du plafond étaient consumées. Les douze personnes réunies au-dessus tombaient avec le plancher dans le foyer avant qu'aucune d'elles s'en fût aperçu. Presque toutes périrent. On en retira vivant, un procureur au Parlement, une autre personne et un officier qui revenait de l'Inde.

Les porteurs de chaises (1), qui sont très nombreux à Versailles, avaient fini par être si désagréables pour le public, que M. de Montsoreau, grand-prévôt, fut obligé de faire le règlement suivant :

« Par les plaintes à nous faites par diverses personnes de distinction de la suite de la Cour, que, nonobstant les rè-

---

(1) Les chaises à porteurs étaient des espèces de petites voitures qui étaient portées à l'aide de brancards par deux hommes, un en avant et l'autre en arrière. En 1667, on les donna par privilège à Versailles, à une compagnie. Ces chaises étaient nommées chaises bleues, à cause de leur couleur, et pour les distinguer de celles des seigneurs de la Cour. En 1751, le sieur Caperon, dentiste du Roi, obtint le privilège d'une autre sorte de chaises, suspendues sur deux roues, et tirées par un seul homme, on les appela, à cause de cela, brouettes.

glements ci-devant faits, tant par nous que par nos prédécesseurs en notre charge, les porteurs de chaises bleues établies à la suite du Roi commettent journellement beaucoup de désordres, se querellent et maltraitent même jusque dans les cours et galeries du château; qu'ils exigent des personnes qui se font porter dans des temps pluvieux beaucoup au-delà de ce qui a été réglé pour chaque voyage, et refusent de porter ceux qui ne veulent leur payer que ce qui a été fixé pour chaque voyage ; que les uns sont d'une conduite très dérangée, et les autres très violents et emportés, qu'ils cassent et brisent leurs chaises, soit en les traînant avec violence, soit en les laissant dans le milieu des cours du château ou des rues de la ville ; que les uns se reposent et passent la nuit et le jour dans leurs chaises, et les autres souffrent que d'autres personnes y entrent et dorment, ce qui les remplit de vermine et de mauvaises odeurs, dont les personnes qui se servent desdites chaises sont infectées, et que d'ailleurs la plupart desdits porteurs sont personnellement malpropres et vêtus de mauvais habits de différentes couleurs :

Art. 1er

« Ordonnons qu'à commencer du jour de la publication du présent, tous les porteurs qui ont actuellement des chaises bleues à loyer seront tenus d'apporter à notre secrétariat et par écrit leurs nom, surnom, âge, demeure et lieu de leur naissance.

Art. 2.

« Enjoignons pareillement au fermier ou régisseur desdites chaises, de remettre incessamment à notre dit secrétariat un état contenant les noms et surnoms des porteurs qui en tiendront à loyer, et de mettre en marge dudit état, et à côté des noms desdits porteurs, le numéro des chaises qu'ils auront.

Art. 3.

« Enjoignons à tous porteurs de chaises, vulgairement appelés bricoliers, de se retirer dans vingt-quatre heures de la suite de la Cour, à peine d'être punis comme vagabonds et gens sans aveu.

Art. 4.

« Enjoignons pareillement aux porteurs qui auront des chaises bleues à loyer d'être tous proprement vêtus d'habits bleus de la livrée du Roi, à peine d'être chassés de la suite de la Cour.

Art. 5.

« Enjoignons aussi auxdits porteurs de payer exactement et par avance au fermier ou régisseur le loyer des chaises qu'ils tiendront, lequel loyer a été réglé par le Roi à trois livres par semaine, à peine de prison contre les refusants.

Art. 6.

« Défendons auxdits porteurs de chaises bleues de se battre, quereller, ni injurier, soit dans les galeries et cour du Château, soit dans aucun autre endroit de la ville, à peine de prison, et même d'être chassés de la suite de la Cour.

Art. 7.

« Leur défendons pareillement, sous les mêmes peines, de se servir de termes ironiques et insultants contre les personnes qui ne se serviront point de leurs chaises, ni d'exiger plus de dix sous par chaque voyage de ceux qui s'en serviront, en quelque temps et en quelque saison que ce soit.

Art. 8.

« Leur défendons aussi très expressément, et sous les peines portées en l'article sept, d'entrer et se reposer, ni de laisser entrer ni reposer qui que ce soit dans leurs chaises, excepté les personnes qu'ils porteront d'un endroit à l'autre, soit le jour, soit la nuit.

Art. 9.

« Leur défendons encore de laisser leurs chaises, soit le jour, soit la nuit, au milieu des rues pendant qu'ils prendront leurs repas, à peine de faire réparer à leur dépens les torts et dommages que les voitures et personnes pourraient y faire en passant.

Art. 10.

« Enjoignons pareillement auxdits porteurs de reporter leurs chaises au magasin, quand le fermier ou le régisseur les avertira de le faire, à peine de prison.

Art. 11.

« Enjoignons encore auxdits porteurs, et sous la même peine, lorsqu'ils se retirent le soir chez eux, après leur travail fini, de le faire sans aucun bruit ni désordre.

Art. 12.

« Enjoignons et ordonnons aux lieutenants, exempts, et gardes de la prévôté de l'hôtel du Roi et grande prévôté de France, sous notre charge, de veiller et tenir la main à ce que le présent règlement de police soit exécuté selon sa forme et teneur ; et en conséquence d'arrêter et mettre en prison ceux desdits porteurs qui y contreviendront ; et, afin qu'aucun d'eux n'en ignore, il sera imprimé, lu, publié et affiché partout où besoin sera.

« Fait à Versailles, le Roi y étant, le 27 février 1736.

« De Montsoreau. »

Avril 1736.

Une déclaration du Roi, du 3 avril 1736, ordonne à toutes les communautés séculières ou régulières d'avoir en provision la quantité nécessaire de blé pour leur subsistance pendant trois années.

Mai 1736.

Le lundi 14 mai 1736, le duc du Maine mourut sur les deux heures après midi, dans son château de Sceaux.

Louis-Auguste de Bourbon, prince légitimé, duc du Maine, naquit le 31 mars 1670. Il était fils naturel de Louis XIV et de Mme de Montespan. Il a été fait colonel-général des suisses, grand-maître de l'artillerie, gouverneur du Languedoc. Feu Mlle de Montpensier lui a donné la souveraineté de Dombes et autres terres.

Le 19 mars 1692, il épousa Louise-Bénédictine de Bourbon-Condé, fille de M. le prince de Condé, et petite-fille du grand prince de Condé.

De ce mariage sont nés : Louis-Auguste de Bourbon, prince de Dombes, né à Versailles le 4 mars 1700 ; Louis-Charles de Bourbon, comte d'Eu, né à Sceaux le 15 octobre 1701 ; Louise-Françoise de Bourbon, née à Sceaux le 4 décembre 1707.

Le duc du Maine s'est adonné aux lettres, et passe pour avoir de l'esprit. Il a fait quelques campagnes à l'armée et ne s'y est acquis aucune réputation.

L'amour que Louis XIV avait pour le duc du Maine et pour le comte de Toulouse fut extrême et donna contre eux beaucoup de jalousie aux princes du sang.

Il leur avait conféré le titre de princes du sang et la faculté de succéder à la couronne de France, à défaut d'autres princes, par l'édit de juillet 1714 et la déclaration du mois de mai 1715.

Par son testament, Louis XIV chargea le duc du Maine de veiller à la sûreté, conservation et éducation du roi Louis XV pendant sa minorité, et du commandement des troupes et officiers de la maison du Roi.

Après la mort du Roi, le duc d'Orléans s'étant fait déclarer régent, ôta au duc du Maine le soin de l'éducation du Roi et le commandement des troupes de la maison du Roi. On dit même qu'à son instigation les princes du sang firent faire le procès aux princes légitimés, et dans un lit de justice tenu exprès par le Roi, les ducs du Maine et le comte de Toulouse furent dépouillés des titres et facultés qui leur avaient été concédés par l'édit de 1714 et la déclaration de 1715.

La duchesse du Maine ayant été soupçonnée d'avoir trempé dans la conspiration du prince de Cellamare, le duc d'Orléans fit arrêter le duc du Maine dans son château de Sceaux, le 29 décembre 1718, et l'envoya à Doullens; la duchesse du Maine fut envoyée à Dijon.

Pendant son exil, le duc du Maine fit beaucoup d'épargnes et acquitta les dettes considérables contractées par sa femme pour les fêtes, comédies et repas qu'elle faisait à Sceaux. Ils furent remis en liberté le 7 janvier 1721. Le duc du Maine, qui n'avait en aucune façon trempé dans la conspiration, alla, le 2 avril, saluer à Saint-Cloud le duc d'Orléans qui lui donna des marques d'une estime particulière. Quant à la duchesse du Maine, qui y alla aussi et voulut se justifier, le duc d'Orléans l'interrompit en lui disant : « N'en parlons plus, madame, je vous prie, tout est oublié. »

Depuis, le duc du Maine était très bien à la Cour, où il venait cependant peu souvent. Il était fort riche, et encore plus dévot, et faisait peu de dépenses pour lui, ce qui n'empêchait pas qu'on ne payât fort mal dans sa maison.

Ce prince s'étant arraché lui-même une dent au mois d'octobre 1735, la bouche devint malade, et au bout de quelque temps il lui survint un chancre. Les médecins et chirurgiens du Roi l'examinèrent et trouvèrent le mal incurable. Ils le dirent au Roi et le prévinrent du danger du prince.

Abandonné par la Faculté, le duc du Maine chercha ailleurs des secours. Malheureusement le remède a été pire que le mal.

Un charlatan nommé Canet, natif de Lyon, composa un onguent (1) avec lequel il entreprit de guérir le prince. Il commença à le panser au mois de novembre 1735.

Le duc du Maine vécut plus longtemps que la Faculté ne l'avait pensé. Mais on ne peut l'attribuer qu'à son tempérament et à sa bonne constitution et non aux remèdes de Canet. Les remèdes ont en effet peu à peu pourri la bouche et le visage du duc, à tel point que l'on fut obligé de faire une incision sur le côté du col, afin de pouvoir lui administrer quelques bouillons.

Le vendredi 11 mai 1736, le prince perdit un œil qui tomba en pourriture. Il était alors dans un si triste état que c'était affreux à voir.

Pendant sa maladie, le duc du Maine mit ordre à ses affaires. Il fut obligé de cesser tout travail quelques jours avant la perte de son œil.

Le prince fit alors congédier Canet et vécut encore jusqu'au 14 mai, qu'il succomba.

Le Roi a donné au prince de Dombes et au comte d'Eu, fils de M. le duc du Maine, la survivance de ses charges.

On doit prendre le deuil le vendredi 18 mai 1736.

Le Roi le portera 21 jours.

On dit que M. le prince de Conti avait demandé le commandement des carabiniers, dont le duc du Maine était pourvu depuis 1693, mais que le Roi le refusa. C'est à M. le prince de Dombes qu'il a été donné.

(1) On vend encore cet onguent, que beaucoup de personnes regardent toujours comme un remède à tous maux.

NAISSANCE DE MADAME SEPTIÈME.

Le mercredi 16 mai 1736, à 4 heures demi-quart, la Reine accoucha d'une princesse, à Versailles.

Il n'y eut ni *Te Deum*, ni feux.

On avait préparé un feu d'artifice et d'autres réjouissances, pour le cas où la Reine serait accouchée d'un prince, mais on les enleva aussitôt et on les remit en magasin.

M. le duc d'Orléans, qui se trouvait à Paris, se mit en route pour Versailles, dès qu'il eut connaissance des premières douleurs de la Reine; mais ayant appris à Viroflay que Sa Majesté était accouchée d'une princesse, il rebroussa chemin et retourna à Paris.

Juin 1736.

La compagnie des gardes du corps de Villeroy, composée de six brigades, arriva à Versailles le lundi 28 mai 1736. Le 30, elle fut passée en revue par M. de Villeroy. Le samedi 2 juin, revue du Roi à Marly. Il fit beau. Le 3 juin, ils partirent avec leurs équipages; on leur fournit neuf charettes. Cinq brigades allèrent à Saint-Denis et une à Montfort. Il plut toute la journée.

Le 31 mai 1736, jour de la grande Fête-Dieu, le Roi arriva à l'église Notre-Dame de Versailles, à neuf heures trois quarts. Il était accompagné de M. le comte de Clermont, de M. le prince de Dombes et de M. le comte d'Eu.

La procession se mit en marche aussitôt, alla au château et rentra à l'église un peu avant onze heures et demie. Il fit très beau, mais beaucoup de vent, ce qui fit que la procession alla plus vite qu'à l'ordinaire.

Le 7 juin, le Roi vint à dix heures à l'église de Notre-Dame, pour assister à la procession de la petite Fête-Dieu.

Il pleuvait un peu. Cette petite pluie continua tout le temps de la procession, qui rentra à l'église à dix heures trois quarts.

Le Roi avait un manteau rouge, et il tenait de la main son chapeau sur sa tête.

Les dispositions et arrangements pour la procession du Très Saint Sacrement se font par les officiers de police du bailliage de Versailles; jamais les officiers de la prévôté de l'hôtel ne s'en sont mêlés.

MÉMOIRE ADRESSÉ A M. LE COMTE DE MAUREPAS, CONCERNANT LA POLICE POUR LA PROCESSION DU TRÈS SAINT SACREMENT.

Le mercredi 30 mai 1736, veille de la fête du Très Saint Sacrement, le commissaire de police fit publier au son du tambour, par un huissier, le jugement de police de M. le bailli, lieutenant général de police de Versailles, portant injonction aux concierges des hôtels, bourgeois et habitants, de tendre le devant des hôtels et maisons de tapisseries décentes le lendemain avant huit heures du matin, avec défense de tirer aucune arme à feu, ni fusées pendant la procession du Très Saint Sacrement, à peine de cent livres d'amende et de prison. Il fit nettoyer les chaussées, depuis la grille du Château, jusqu'à l'église Notre-Dame et la place Dauphine.

Le lendemain, dès quatre heures du matin, il les fit encore nettoyer et continua sa police. Il ordonna ce qui convient concernant la tenture des tapisseries, la couverture des enseignes et des bouchons; il fit ôter les pots à bouquets, et exécuta tout ce qui regarde la police.

A neuf heures, il fit décharger par tas la jonchée fournie par le gouvernement de Versailles.

Il faut trois charretées de cette jonchée à la grande Fête-

Dieu : la première depuis l'église de Notre-Dame jusqu'au reposoir (1); la deuxième depuis le reposoir jusqu'à la grille du Château; la troisième depuis la grille jusqu'à la chapelle. A la petite Fête-Dieu, il ne faut que deux charretées, la procession n'allant pas au Château.

Aussitôt que le Roi fut entré à l'église, le commissaire de police fit répandre la jonchée, et il cessa ses fonctions dès que la procession fut en marche, et se retira.

S'il arrive quelque bruit ou quelque autre chose contre le bon ordre pendant la marche de la procession, cela regarde les officiers de la prévôté de l'hôtel, et jamais ceux du bailliage ne lui ont contesté ce droit; c'est ce qui devrait les engager à ne rien entreprendre sur les fonctions du commissaire de police pour les dispositions et arrangements qui précèdent la marche de la procession.

Cependant, ledit jour de jeudi 31 mai 1736, le commissaire de police ayant fait les dispositions nécessaires depuis l'église de Notre-Dame jusqu'à la grille du Château (car il n'entre pas dans les cours), et revenant dans la place Dauphine, aperçut un bouchon de cabaret au coin de la rue de la Pompe. Quoiqu'il fût hors de la route de la procession, il s'y transporta pour ordonner au cabaretier de l'ôter.

Le sieur Gaillard, commis greffier de la prévôté de l'hôtel, qui accompagnait M. de Noyon, lieutenant, avec plusieurs exempts et gardes armés de leurs mousquetons, étant entré dans ce cabaret, et ayant donné le même ordre, le commissaire de police fit alors observer au sieur Gaillard qu'il ne devait pas se mêler de rien ordonner.

C'est une nouvelle entreprise sur la police générale, dont les officiers du bailliage sont en possession. Il ne peut y avoir concurrence de police pour les dispositions et arran-

---

(1) Le reposoir était placé au coin de la rue Hoche et de la place d'Armes, dans l'ancien hôtel de Conti (aujourd'hui chemin de fer Américain). Sous Louis XV, en 1769, on en construisit un à demeure dans le même hôtel, c'est aujourd'hui le Temple protestant.

gements de cette procession. Le commissaire de police les commence la veille, il les continue le lendemain dès le matin, et il les met à la fin avant que la procession soit en marche.

La jonchée étant répandue, le commissaire de police observe le long de la rue Dauphine jusqu'au reposoir, si personne ne se met en devoir de tirer des armes à feu, afin de les en empêcher, puisqu'il en fait publier la défense.

Si des *lumières supérieures* estiment qu'il en doit être autrement, il se soumet à rester dans les bornes qui lui seront prescrites.

Le roi Stanislas arriva à Meudon le lundi 4 juin 1736.

Le mardi, il vint voir la Reine sa fille, et resta avec elle trois heures, puis s'en retourna à Meudon.

Le jeudi 7 juin, jour de l'octave de la Fête-Dieu, le roi Stanislas arriva à Versailles à six heures trois quarts de relevée, dans un carrosse attelé de huit chevaux gris. Son grand écuyer était devant lui dans une chaise de poste, et il y avait deux carrosses derrière sa voiture. Le roi Stanislas était accompagné d'un brigadier et de huit cavaliers du régiment de Saint-Simon, armés de mousquetons. Ils restèrent dans la place d'Armes et n'entrèrent point dans la première cour du Château.

Les régiments des gardes françaises et suisses étaient sous les armes et battirent aux champs. Le roi Stanislas, arrivé dans la dernière cour du Château, descendit de carrosse, monta par l'escalier de marbre à gauche, traversa la salle des gardes, le salon, l'antichambre et la chambre du Roi. On ouvrit alors les deux battants de la porte du cabinet. Le Roi, qui y était, marcha au devant jusqu'à la porte, où il reçut le roi Stanislas qui fit une génuflexion, comme s'il eût voulu mettre un genou à terre. Le Roi lui prit les mains et l'embrassa. Ensuite ils se retirèrent dans un coin du cabinet, et parlèrent ensemble une demi-heure.

Le roi Stanislas, étant sorti du cabinet, alla chez la Reine, chez Mgr le Dauphin, et chez Mmes de France, après quoi il s'en retourna à Meudon.

Le Roi a pris le deuil en justaucorps noir, pour la mort du duc du Maine. Le deuil a duré trois semaines.

Le deuil pour la mort de don Carlos, infant de Portugal, a été de huit jours.

Le deuil pour la mort du prince Eugène de Savoie, qui s'était mis au service de l'Empereur, était de quinze jours. Les trois deuils ont fini le samedi au soir, 24 juin 1736.

Le mercredi 27 juin 1736, les mousquetaires arrivèrent à Versailles à dix heures du matin. Ils mirent leurs chevaux dans les cours des Grandes et Petites-Écuries. Il faisait un très mauvais temps et il tombait une pluie très forte et très froide.

Sur les deux heures après midi, par une pluie très forte, ils montèrent à pied dans la seconde cour du Château. A trois heures, le Roi descendit de son appartement couvert de son manteau, sans épée, et passa dans les rangs des deux compagnies pendant la pluie; ensuite Sa Majesté se mit au bas des marches de la petite cour de marbre.

Les mousquetaires gris firent l'exercice au son du tambour. Ils le firent ensuite à un seul coup de tambour.

Les mousquetaires noirs vinrent après, mais ne firent pas tout à fait si bien que les gris.

Ils passèrent ensuite quatre à quatre devant le Roi, puis allèrent se botter, montèrent à cheval, et revinrent passer par quatre devant le Roi.

Jusqu'à la fin de la revue et pendant la pluie, le Roi resta sur ses pieds. La revue dura une heure et demie. M. le Dauphin était sur le balcon de la chambre du Roi.

Après la revue, le Roi alla rendre visite et faire ses compliments de condoléance à Mme la duchesse du Maine.

L'étang de Clagny fut mis en coule en 1736. L'écoulement des eaux dura jusqu'au 10 juin.

M. le duc d'Antin adjugea le comblement de cet étang aux sieurs Pinson, Couvert et Légeret, à raison de 5 livres 17 sols 6 deniers la toise cube. Ils commencèrent à y faire travailler le lundi 26 mars 1736. Les ouvriers y gagnent à peine leur pain. Il y en avait environ trois cents au commencement du mois de mai. Une partie quitta au commencement de juin.

On fait venir d'Alsace pour y travailler deux bataillons suisses, composés de 30 officiers et de 1,169 soldats.

Août 1736.

Le 8 août 1736, S. A. R. Mme la duchesse d'Orléans donna un souper à la Reine, dans un fort joli salon qu'elle a fait faire à Chaillot, sur le bord du chemin.

Ce fut une véritable fête. On tira l'oie sur la rivière. Il y eut des concerts de musique, symphonies, tambourins et musettes.

La table de la Reine était de quinze couverts. Il y avait une chère excellente, tant en gras qu'en maigre, mais le service s'y fit sans beaucoup d'ordre, par la faute des officiers.

Vers minuit on tira un feu d'artifice assez médiocre.

Les Parisiens, grands amateurs de nouveautés, y étaient en grand nombre, et l'île Maquerelle était remplie du plus petit comme du plus grand monde.

Les chaises de paille y furent louées jusqu'à cent sous la pièce.

Il y avait dans l'île plus de trois mille carrosses remplis de gens de toutes conditions. Ce grand concours de monde formait un très beau coup d'œil.

Le mercredi 15 août 1736, jour de l'Assomption de la Vierge, à l'heure de midi, le sieur Jean Ramond, marchand-négociant à Paris, se promenant dans le jardin du château de Versailles, le long de l'appartement de M. le comte de Toulouse, fut arrêté par Margrot de la Roche, huissier au Châtelet, à la requête de Denis Blache, marchand à Lyon, en vertu d'une sentence de la conservation de Lyon, du 26 août 1735, et d'un *pareatis* du sieur Colinet, lieutenant de la prévôté de l'hôtel, du 23 juillet 1736, pour faute de payement d'une somme de 6,637 livres 16 sols 6 deniers (1).

L'huissier dit à Ramond qu'il l'arrêtait de l'ordre du Roi, et qu'il rendît son épée. Ramond obéit, puis demanda à voir l'ordre du Roi, qu'on ne put lui montrer, puisqu'il n'y en avait point.

Il fut conduit dans une chaise aux prisons de Versailles, et écroué sur le registre de la geôle.

Le sieur Loyson, commis de M. le contrôleur général, se rendit aussitôt auprès de Ramond. Sur les cinq heures, ils envoyèrent chercher le commissaire de police pour faire des protestations contre cet emprisonnement. Sur l'observation qu'il fallait que ces protestations fussent reçues par un

---

(1) Il s'était réfugié chez Chaudron, suisse des roulettes, près le réservoir d'eau. Dans ce lieu, Ramond était sous la protection de M. le cardinal de Fleury. (*Note de Narbonne.*)

Par les valets de chambre et les intrigues, Chaudron a obtenu de bâtir, au-dessus des fontainiers, sur le jardin, une maison que ses enfants louent 600 livres, après avoir marié ses filles et vécu avec les honnêtes gens de ce pays, où de pareils marauds trouvent toujours ressource et protection.
(*Note d'une autre main.*)

notaire, ils envoyèrent chercher Lamy, notaire, qui dressa un acte de protestation.

M. Bachelier, inspecteur général du gouvernement de Versailles, fut très piqué de cet emprisonnement. Il en écrivit à M. le cardinal de Fleury, à Compiègne, qui envoya de suite un ordre du Roi en vertu duquel Ramond fut mis en liberté le 20 août.

Le sieur Guillois, garde de la prévôté de l'hôtel, qui avait assisté l'huissier pour cette arrestation, fut mis dans les prisons de Versailles, et il lui a été enjoint de se défaire de sa charge de garde de la prévôté. L'huissier, porteur de pièces, et un exempt de la Monnaie, qui l'avaient aussi assisté, ont été mis en prison au Châtelet.

Cet emprisonnement viole, en effet, les immunités du lieu où le Roi fait son séjour, où on ne peut arrêter personne qu'en vertu d'un ordre du Roi, de celui de M. le gouverneur de Versailles ou de celui de M. le grand prévôt de l'hôtel.

1736.

En 1736, le régiment suisse de Bézenval dressa un camp derrière l'ancien bois des Glacières, à Versailles, pour travailler au comblement de l'étang de Clagny.

Par un traité conclu en 1736 entre le Roi de France et l'empereur Charles VI, le duc de Lorraine a cédé son duché au roi Stanislas, lequel est reversible à la couronne de France à la mort de ce prince. Pour équivalent, on donne au duc de Lorraine, qui a épousé Marie-Thérèse d'Autriche, fille aînée de l'empereur Charles VI, le grand duché de Toscane avec l'espérance de succéder à l'empire.

Janvier 1737.

Le lundi 28 janvier 1737, M. le maréchal de Noailles étant chez M. d'Angervilliers, ministre de la guerre, y resta un peu trop longtemps.

Le maréchal de Noailles, comme capitaine des gardes, devait accompagner le Roi à la messe. Le garde du corps ambulant vint l'avertir que la garde-robe du Roi était entrée, afin qu'il se rendît dans la chambre du Roi. Mais le maréchal arriva comme le Roi était déjà entré dans la tribune de la chapelle.

Le Roi étant habillé, au moment où il partait pour aller à la messe, ne voyant auprès de lui que M. le cardinal de Fleury, premier ministre, il se tourna vers le cardinal et lui dit en riant : « C'est donc vous, Monsieur, qui me servez de capitaine des gardes. » Cela fit rire le cardinal.

Février 1737.

M. Chauvelin, ci-devant président au Parlement de Paris, fut fait garde des sceaux et ministre des affaires étrangères en 1727. Il avait de la capacité et était grand travailleur, mais lui et surtout Mme Chauvelin aimaient beaucoup l'argent.

Mahomet II avait fait présent au roi François Ier d'une cuirasse garnie de diamants. M. Chauvelin proposa à M. le cardinal de Fleury de faire acheter au Roi pour 150,000 liv. de diamants. M. le cardinal s'y opposa à cause de l'argent à débourser. M. Chauvelin leva la difficulté en disant à Son Eminence qu'il était facile de donner au Roi ces diamants sans débourser d'argent, qu'il n'y avait pour cela qu'à vendre la cuirasse de Mahomet, et que des marchands auxquels il l'avait montrée en offraient les 150,000 liv. M. le cardinal y consentit. Alors M. Chauvelin obtint un arrêt qu'il scella, qui autorisait la vente de cette cuirasse, et qui était nécessaire, comme décharge, au sieur Nerot, gardien du garde-meuble de la Couronne, et qui servait de sûreté aux acheteurs.

Cette cuirasse fut vendue par Mme Chauvelin 600,000 liv. Le Roi eut les diamants sans bourse délier, et M. Chauvelin garda 450,000 liv.

Le mercredi 20 février 1737, M. de Maurepas, secrétaire d'État de la Maison du Roi et ministre de la marine, se rendit à Paris chez M. Chauvelin. M. Chauvelin, qui traitait avec assez de hauteur M. de Maurepas, fut assez surpris de le voir venir chez lui dès six heures du matin; mais il le fut encore bien plus quand M. de Maurepas lui demanda les sceaux, au nom du Roi. Il les lui remit, et M. de Maurepas les apporta au Roi, sur les huit heures du matin. Sa Majesté les donna immédiatement à M. le chancelier d'Aguesseau.

Pendant ce temps, M. Chauvelin entra dans la chambre de Mme Chauvelin, qui était au lit. Il lui demanda si elle dormait, et, comme elle lui répondit qu'elle n'avait pu fermer l'œil de la nuit : « Ah! Madame, lui dit-il, l'apostume est crêvé; le Roi m'exile à Gros-Bois. Vous viendrez me rejoindre quand il vous plaira. Je pars! »

Il fut en effet conduit à Gros-Bois par cinquante mousquetaires.

On dit que sa destitution est due surtout à l'empereur et au roi d'Espagne, qui ont envoyé des lettres écrites par lui aux ministres d'Espagne pour les engager à faire prolonger la guerre.

> En voulant trop remplir les sceaux,
> Chauvelin est tombé dans l'eau;
> Chacun riait d'un tel naufrage ;
> Les sceaux se sauvaient à la nage,
> D'Aguesseau, les voyant passer,
> A bien voulu les ramasser.

Mai 1737.

Le fils de M. Chauvelin, âgé de 17 ans, était orgueilleux et difficile à servir. Il donna dernièrement, d'une manière brutale, un soufflet à son valet de chambre. Celui-ci lui représenta que, s'il n'était pas content de lui, il pouvait le renvoyer, mais non le maltraiter. Irrité de cette observation, Chauvelin tira son épée et voulut la lui passer à travers le corps; mais le valet de chambre, plus prompt, s'empara d'un bâton qu'il trouva sous sa main, et en donna un coup si bien appliqué sur la tête du jeune homme qu'il crut l'avoir tué.

Le valet de chambre accourut aussitôt à Versailles demander sa grâce au Roi, qui la lui accorda.

La blessure de Chauvelin ne paraît pas mortelle, on espère qu'il guérira.

Quelle différence de temps! Si cette affaire fût arrivée lorsque le père était en place, le valet de chambre aurait été pendu.

Juin 1737.

Le Roi assista à Versailles à la procession de la grande Fête de Dieu, il était accompagné de M. le comte de Clermont, de M. le prince de Dombes et de M. le comte d'Eu.

La procession sortit de l'église à neuf heures trois quarts, et rentra à onze heures et demie.

Il fit du vent, mais assez beau.

Le jeudi 6 juin 1737, M. Chauvelin fut conduit par la maréchaussée, de sa maison de Gros-Bois, où il avait été exilé, au château de Saumur.

On prétend que des personnes puissantes travaillaient à la Cour pour le faire rappeler, et que, pour détourner le coup, M. le cardinal de Fleury l'avait envoyé au château de Saumur.

Depuis, il fut transféré au château d'Angers, où il fit une belle figure.

Juillet 1737.

NAISSANCE DE MADAME HUITIÈME.

Le lundi 15 juillet 1737, la Reine ayant commencé à ressentir quelques douleurs pour accoucher, vers les cinq heures du soir, on envoya immédiatement chercher le curé Jomard, qui était à sa maison de campagne, à la Marche; elle accoucha d'une princesse, à onze heures du soir.

Quinze jours avant, l'on disait que la Reine accoucherait le 15 juillet.

Le Roi, qui voulait un peu s'amuser, dit en sortant de la chambre de la Reine, qu'elle venait d'accoucher d'un duc d'Anjou.

Aussitôt la nouvelle en courut partout le Château et dans la ville.

Le peuple de Versailles, qui attendait la nouvelle dans les cours et sur les places, frappa bruyamment dans les mains et fit des acclamations de joie.

On tira des boîtes et des fusées; on fit des feux dans la place d'Armes, devant les hôtels de plusieurs seigneurs et dans plusieurs rues, sans attendre les ordres de la police. Mais lorsque le bruit se répandit que ce n'était pas d'un prince, mais bien d'une princesse que la Reine venait d'accoucher, les acclamations cessèrent, les feux s'éteignirent et le plus grand calme succéda à ces bruyantes démonstrations.

Il n'y eut point de *Te Deum* pour cette naissance, et il ne fut point ordonné de faire de feux.

Depuis l'événement désagréable arrivé à la naissance de Madame cinquième, Pérard, le chirurgien-accoucheur, était un peu plus attentif aux couches de la Reine. On conçoit qu'il eût été assez désagréable pour lui de ne plus faire des accouchements pour lesquels il recevait chaque fois deux cents louis d'or, et qui lui donnaient l'avantage d'avoir, pendant tout le temps qu'il restait à Versailles, une table de huit couverts qui coûtait plus de 80 livres par jour. ⟩

Décembre 1737.

M. le comte de Toulouse mourut à Rambouillet, le 1ᵉʳ décembre 1737.

Louis-Alexandre de Bourbon, comte de Toulouse, prince légitimé, naquit à Versailles, le 6 juin 1678 ; il est né des amours de Louis XIV et de la marquise de Montespan. Il était grand-amiral de France et gouverneur de la Bretagne.

Par son édit de 1714 et la déclaration de 1715, Louis XIV lui conféra la faculté de succéder à la Couronne et le titre de prince du sang. Mais les princes de la maison de Condé et de Conti s'étant unis, firent un procès aux princes légitimés, et, dans un lit de justice tenu en 1718, ils furent dépouillés de ces grandes prérogatives.

Cependant le comte de Toulouse, prince sans ambition et très pacifique, fut rétabli dans la dignité de prince du sang.

Il a épousé, en 1724, Marie-Sophie de Noailles, fille du maréchal duc de Noailles, et veuve du marquis de Gondrin, fils du duc d'Antin. La chronique dit que le comte de Toulouse fit ce mariage par motif de religion, ayant eu déjà un enfant avec elle. De ce mariage est issu, l'année suivante, un enfant mâle qui reçut le nom de duc de Penthièvre.

Le comte de Toulouse était aussi grand-veneur de France. Entre autres biens, il possédait la terre de Rambouillet, à sept lieues de Versailles, où est mort François 1ᵉʳ. Il a beaucoup augmenté les bâtiments, a acquis un grand nombre de terres et de bois, et en a fait un très beau pays de chasse.

Le Roi Louis XV y fait de fréquents voyages et s'y plaît beaucoup.

Le comte et la comtesse de Toulouse ont toujours été très bien avec le Roi.

En 1721, on tint un conseil pour faire restituer ceux qui avaient fait des gains trop considérables dans le commerce du papier.

M. le duc annonça qu'il avait quinze cents actions.

M. le prince de Conti dit qu'il n'en avait plus.

M. le comte de Toulouse dit à son tour qu'il en avait deux cents, et qu'il offrait de les remettre au Roi. Aussitôt, M. le duc d'Orléans, régent, l'interrompant: « Oh! pour vous, Monsieur, lui dit-il, vous n'êtes pas dans le cas de la restitution. On sait que vos actions proviennent du remboursement qui vous a été fait de quatre millions que vous aviez sur la ville. Il est juste que vous les gardiez. »

M. le comte de Toulouse répliqua que ce qu'il possédait provenant des libéralités du feu Roi, il ne pouvait mieux en marquer sa reconnaissance qu'en les remettant à Sa Majesté, si elle en devait retirer le bénéfice. Et que, si c'était le public qui en devait profiter, il était assez bon citoyen pour être ravi de contribuer de ce peu au soulagement du peuple.

En 1737, le comte de Toulouse tomba malade dans son château de Rambouillet, et, après deux à trois mois de maladie, se voyant sur le point de mourir, il fit venir le duc de Penthièvre, son fils, et lui fit de tendres remontrances sur la manière dont il devait se conduire, et mourut le 1er décembre.

Le Roi accorda au duc de Penthièvre la survivance des charges de son père.

J'étais avec Demay et Griby à la dernière chasse que fit à Rambouillet le comte de Toulouse. Comme il faisait beau, Tassin, officier du prince, nous engagea à aller nous promener dans la forêt. Nous étions à jouer aux cartes dans une des routes, quand M. le comte de Toulouse vint à passer devant nous dans une calèche. Nous nous levâmes aussitôt, le chapeau à la main. Le prince nous aperçut, et, quand il fut à quelques pas de nous, il ôta son chapeau et fit arrêter sa calèche : « Je vais, Messieurs, nous dit-il, vous donner le plaisir de la chasse, et faire mon possible pour faire passer le cerf devant vous. »

Nous lui fîmes une profonde révérence. Il partit aussitôt à grand train pour devancer la chasse, mais quand il arriva le cerf était déjà pris.

Il ordonna d'en lancer un second, afin que nous pussions voir la chasse, comme il nous l'avait promis ; mais le cerf ayant pris sa course vers Clairefontaine, le prince revint par la route où nous étions, et nous dit qu'il était désolé de n'avoir pu faire passer la chasse devant nous, et il continua sa route vers Rambouillet. Il n'est rien de plus obligeant que ce procédé du prince. J'en étais connu et je l'aimais de tout mon cœur.

Quelques jours après, le prince tomba malade à Rambouillet et mourut. Je le regretterai toujours, non pas qu'il m'ait jamais fait pour un sou de bien, mais parce qu'il était bon par excellence.

Le deuil de M. le comte de Toulouse, mort à Rambouillet le 1ᵉʳ décembre 1737, a été de vingt-un jours pour la Cour.

1737.

Coche, valet de chambre de M. le duc d'Orléans, régent du royaume, allait souvent chez Quoniam, rôtisseur à la porte de Paris, qui avait épousé la fille d'un nommé Cottereau, pâtissier à Paris.

Coche ne tarda pas à devenir amoureux de la femme à

Quoniam, qui ne pouvait plus souffrir son mari depuis qu'elle avait accordé ses faveurs au valet de chambre.

Coche s'entendit avec elle, et pour jouir plus à son aise de sa maîtresse, il obtint, en 1720, une lettre de cachet qui envoyait le pauvre Quoniam dans les provinces de Mississipi.

Un jour donc que le rôtisseur paraissait vouloir prendre un peu de divertissements, sa femme lui proposa de faire un tour de promenade en voiture. Ils montèrent ensemble dans un carrosse de louage et partirent; mais à peine la promenade était-elle commencée qu'un exempt et une troupe d'archers arrêtèrent le carrossse, prirent le mari, lui mirent les menottes et le menèrent dans les prisons de la Tournelle, d'où il fut conduit au Mississipi.

Le sieur Matho, fils d'un musicien du Roi, qui s'y trouvait alors, m'assura l'y avoir vu arriver ayant encore les menottes aux mains.

Une fois que la femme Quoniam se fut ainsi débarrassée de son mari, rien ne la retint plus, et elle continua publiquement ses débauches avec Coche.

En 1726, cette horrible femme, voulant profiter des attraits naissants de sa fille, alors âgée de treize ans, consentit à la prostituer à M. le comte de Clermont.

Ce jeune prince, frère de M. le duc de Bourbon, avait quinze à seize ans, et jouissait en bénéfices d'un revenu de 400,000 livres.

Il plaça la mère et la fille chez la demoiselle Bertin, qui tenait une maison garnie chez le sieur Maillard, rue des Tournelles, au Parc-aux-Cerfs, à Versailles (1).

Sa liaison avec cette fille fut d'un mois environ, pendant lequel il coucha avec elle vingt-deux nuits.

Au bout du mois, il la renvoya, et il chargea le marquis ou comte de l'Aigle de donner cent louis d'or à la mère;

---

(1) Ce qu'on nommait le Parc-aux-Cerfs était un quartier de Versailles. Voir *Curiosités historiques*, par J.-A. Le Roi.

mais celui-ci, qui trouvait sans doute que c'était beaucoup trop, ne lui en donna que cinquante et garda pour lui les cinquante autres.

Le prince s'attacha ensuite à la Souris, de l'Opéra, qui lui fit don d'une galanterie; puis, quelques années après, il reprit la fille de Quoniam, pour la quitter de nouveau.

Cette débauche publique de la femme Quoniam, et surtout la prostitution qu'elle fit de sa fille au comte de Clermont, et depuis à d'autres personnes, auraient sans doute mérité une punition sévère et qui pût servir d'exemple; mais il n'en fut pas ainsi, et elle s'est en quelque sorte honorée de son infâme conduite. Tout Paris n'a eu qu'un cri de réprobation contre une si indigne femme, et encore plus indigne mère, et le magistrat seul, à qui était réservé le droit de la punir, l'a applaudie; aussi l'on en a conclu que le ministère de la justice ne s'exerce que sur les misérables.

En 1737, la Quoniam vint à Versailles. Elle alla chez M. le cardinal de Fleury, premier ministre, et lui demanda une grâce qui lui fut refusée. Elle insista et revint de nouveau; le cardinal se fâcha et la fit mettre dans les prisons de Versailles, où elle resta détenue pendant deux mois.

Sa fille la vint voir le 5 février; elle était dans son carrosse, qu'elle fait rouler avec l'argent du comte de Saxe, qui lui donne 12,000 liv. par an, et avec celui de plusieurs autres qui viennent aider le comte dans son entretien.

M. le duc d'Orléans a fait sortir de prison la Quoniam et l'a fait placer dans une communauté, où il paie sa pension. Elle a l'esprit un peu malade. Sa place aurait été plutôt dans un hôpital, pour le reste de ses jours, que dans une communauté; mais le crime et le vice sont rarement punis lorsque l'on a des protections et de l'argent.

Les juges étaient autrefois des épées nues qui se faisaient craindre des méchants, mais ils sont devenus des fourreaux vides qui ne cherchent qu'à se remplir de l'argent des parties : c'est un Anglais qui a fait ce hideux portrait des juges en 1737. Cependant, quoique le fond en soit moralement vrai, il y a toujours quelques exceptions à y faire.

Il faut convenir que les frais de justice sont immenses, et que d'ailleurs on ne peut faire terminer les procès qu'à force d'argent; mais cependant, il est certain que l'on trouve des juges d'une intégrité et d'une équité à toute épreuve. J'en ai la preuve moi-même par deux procès qui m'avaient été faits injustement, et dont les rapporteurs n'ont point été influencés par les personnes puissantes qui sollicitaient contre moi.

Mais quoique j'aie gagné mes procès avec dépens, il ne m'en a pas moins coûté 2,000 liv. de faux frais, en pure perte.

On doit trembler avant d'entreprendre un procès. Si les miens eussent été de nature à passer par la voie de l'accommodement, j'y aurais souscrit volontiers; mais on voulait me dépouiller injustement d'un bien légitime dans lequel j'ai été maintenu par arrêt.

Depuis, j'ai beaucoup mieux aimé perdre plusieurs créances que d'entreprendre des procès, et j'y ai gagné (1).

Le fameux juif Samuel Bernard mourut en 1737. Il s'établit à Paris où il fit d'abord plusieurs commerces. Après

(1) Il y a certainement des juges de cette espèce; mais il met, sur le compte des juges en général, les abus que font de la procédure les procureurs, huissiers, avocats, greffiers, notaires, et les droits que le Roi perçoit par le papier timbré et le contrôle ; de sorte que maître Narbonne a raison dans la conclusion de son avis. Mais il ne devrait pas en imputer la faute aux juges qui n'y peuvent remédier. Il a été témoin du désintéressement de MM. Fresson, père et fils, baillis de Versailles ; et que si le fils eût été plus appliqué et moins facile, il n'y aurait eu aucun reproche à lui faire.
(Note d'une autre main.)

trois banqueroutes successives, il se livra entièrement au commerce de juif, c'est-à-dire à prêter de l'argent, et gagna un grand nombre de millions.

Il fit bâtir, au bout du village de Passy, une maison digne d'être occupée par un prince, qu'il donna à sa maîtresse.

Samuel Bernard recevait à sa table les princes et les seigneurs. Sa dépense pour ce seul objet était de plus de cinq-cent mille livres par an.

Il laissa, chose odieuse! cinquante mille livres de rente à sa maîtresse. Son fils, désirant conserver sa maison de Passy, en fit construire une autre qu'il donna en échange à la maîtresse de son père.

Les rois de France étaient dans l'usage de toucher les personnes affligées d'écrouelles la veille des quatre fêtes solennelles.

Louis XV suivit cet usage jusqu'en l'année 1737. Le Roi disait à chaque malade : *Dieu te guérisse, le Roi te touche!* Il imposait en même temps sa main sur le visage et la portait du front au menton et de la joue droite à la joue gauche. Ensuite l'aumônier donnait à chaque malade une pièce de 24 sous.

Juin 1738.

Le Roi vint en carrosse pour assister à la procession de la Fête-Dieu de la paroisse de Versailles ; M. le comte de Clermont était à côté du Roi, et MM. le prince de Dombes et le comte d'Eu sur le devant ; M. le prince de Guise, chambellan, était à une portière, et le capitaine des gardes à l'autre.

A la petite Fête-Dieu, le Roi est arrivé à dix heures. Toutes les dispositions étaient faites pour sortir ; mais comme il tomba de la pluie, la procession se fit dans l'église.

Août 1738.

Par sa déclaration du 10 février 1638, le roi Louis XIII prit la sainte Vierge pour la protectrice du royaume de France, et institua la procession du jour de l'Assomption.

Le 15 août 1738, le roi Louis XV, qui était venu le matin à la grand'messe de paroisse à l'église Notre-Dame de Versailles, manda, sur les deux heures, M. Jomard, curé de cette paroisse, et M. Forgeron, curé de la paroisse Saint-Louis, et leur enjoignit de se rendre, avec leur clergé et les Récollets, sur les quatre heures après midi, à la chapelle du Château pour y faire la procession.

Les officiers du bailliage allèrent en robe, suivant l'usage, à la grand'messe dans leur banc du chœur, et retournèrent entendre le service de l'après-midi, espérant aller comme à l'ordinaire à la procession qui a lieu dans la ville. Mais tout fut changé. On dit seulement les vêpres et les complies, et il n'y eut point de sermon.

Le clergé se rendit à la chapelle du Château. On fit la procession autour de la place d'Armes.

Le Roi y assista, ainsi que le duc d'Orléans, le duc de Chartres, le comte d'Eu, fils du duc du Maine, le duc de Penthièvre, fils du comte de Toulouse, et beaucoup de seigneurs de la Cour.

Les officiers du bailliage ne furent point invités à y aller et s'en retournèrent chez eux.

Décembre 1738.

L'empereur Charles VI envoya, comme ambassadeur auprès de Louis XV, le prince de Lichtenstein.

Il fit son entrée à Paris le dimanche 21 décembre 1738, et à Versailles le 23 du même mois ; il avait cinq carrosses, une calèche, dix-huit pages, quarante valets de pied, quarante chevaux de main.

Les harnais des carrosses étaient superbes, en fil d'or, trait et soie.

Les carrosses du Roi, de la Reine, des princes et des princesses précédaient ceux de l'ambassadeur.

C'est chose assez rare que de ne pas aimer la danse ; j'ai connu cependant un page du roi Louis XV qui ne pouvait souffrir la danse. Peut-être était-ce pour imiter le Roi son maître, qui n'a nul goût pour ce plaisir.

Le roi Louis XIV fit bâtir Marly pour la marquise de Maintenon. Ce lieu est enchanteur et ressemble à un palais de fées. Ce magnifique séjour, consacré aux dernières amours de Louis XIV, et digne de la grandeur de nos rois, est à l'heure que j'écris, 1738, presque abandonné.

Le roi Louis XV y est peu allé jusqu'à présent, et encore a-t-il choisi l'affreuse saison d'hiver, tandis que dans l'été, l'art et la nature ont fait un véritable lieu de délices de ce charmant palais.

En 1716, sous la surintendance des bâtiments du duc d'Antin, on détruisit la rivière en face du château, qui avait coûté des sommes considérables, et une infinité de jolis bosquets.

Le duc d'Orléans, régent, avait eu le dessein de détruire entièrement Marly et d'autres maisons royales qu'il considérait comme inutiles, telles que Compiègne, Monceaux, Chambord, Blois et Saint-Germain. On dit que, parlant de ce projet à un seigneur de la Cour, celui-ci lui demanda quel motif on pourrait donner à cette destruction, si quelque ambassadeur, en allant à Versailles, demandait à voir Marly, et que le duc d'Orléans, embarrassé de la réponse, envoya immédiatement un contre-ordre aux ouvriers qui étaient déjà arrivés à Marly, dont la démolition devait commencer le lendemain des fêtes de la Toussaint, 1717 (1).

1739.

Le jeudi 22 janvier 1739, le roi Louis XV ayant décidé qu'il voulait donner trois bals pendant le carnaval, le premier fut arrêté pour le lundi 26 janvier.

Tout fut préparé en conséquence. La grande galerie et les appartements, jusqu'au grand salon, près la chapelle, furent ornés d'un grand nombre de lustres et de guéridons couverts de bougies. Des buffets, garnis de pâtés, de jambons, de langues fourrées, de cervelas, de fruits, de vins de toutes sortes, et de toutes espèces de rafraîchissements, étaient dressés dans plusieurs pièces.

Le lundi 26, dès deux heures après midi, toutes les personnes qui avaient pu trouver le moyen de se faire inviter cherchaient à entrer dans les appartements. On avait, par précaution, placé aux portes des barrières en bois, afin de mettre de l'ordre, et de ne laisser passer qu'une personne à la fois ; mais la foule fut si considérable que ces précautions devinrent inutiles.

Le bal paré devait commencer à six heures du soir dans le grand salon, à côté de celui de la chapelle. M. le duc de la Trémoille, premier gentilhomme de la chambre, de quartier. M. le maréchal de Noailles, capitaine des gardes, de quartier, et M. le comte de Noailles, gouverneur de Versailles, avaient donné les ordres. On avait cependant laissé entrer tant de monde dans la salle du bal paré que lorsque le Roi, la Reine et toute la Cour parurent, il n'y avait plus de place. Alors le maréchal de Noailles cria tout haut qu'on

(1) Ce château a été vendu pendant la révolution et a été entièrement détruit au commencement du règne de Napoléon Ier.

fit sortir, et se mit lui-même en devoir de faire retirer une partie des personnes qui étaient entrées, parmi lesquelles il y avait jusqu'à des grisettes et de simples particuliers.

Une femme étrangère, à qui il s'adressa, lui répondit qu'elle ne sortirait pas, et l'envoya promener.

Le maréchal, étonné, vint avertir le Roi, qui y alla lui-même et ne fut pas mieux obéi. Elle répondit au Roi qu'elle était venue de trop loin pour le voir, qu'on l'avait laissée entrer dans la salle, qu'elle y resterait, et elle y resta.

La chaleur produite par l'encombrement de tout ce monde et par les bougies devint si grande, qu'on fut obligé de casser les glaces des croisées du salon pour avoir de l'air.

Le bal commença, et fut ouvert par Mgr le Dauphin et Madame première, dont les habits étaient couverts de diamants, et par M. le duc de Penthièvre, fils de feu M. le comte de Toulouse, avec Madame seconde. On dit que l'habit du duc de Penthièvre était plus riche en diamants que celui de Mgr le Dauphin.

Le coup d'œil de ce bal était magnifique, tant à cause de la beauté des parures que par la richesse de l'illumination.

La petite cour et l'avant-cour du château étaient éclairées par des lampions (1).

Lorsque le bal paré fut fini, l'on ouvrit le bal masqué, qui dura jusqu'au lendemain sept heures du matin.

Tous les masques eurent la liberté d'entrer dans les salons. On dansait dans trois salles, mais la confusion y était si grande qu'il était impossible de s'y retourner.

Le Roi y vint et changea plusieurs fois de costume. Sa Majesté raconta le lendemain à son dîner qu'elle avait reçu bien des coups de poings, mais qu'elle en avait aussi bien donné.

(1) La petite cour qui précède la cour de marbre était alors séparée de l'avant-cour par une grille.

On dit que la dépense de ce bal s'est élevée à 300,000 livres, ce qui paraît bien exagéré.

Les autres bals que le Roi devait donner les deux lundis suivants furent retranchés par le cardinal de Fleury, premier ministre.

LETTRE ÉCRITE PAR M. LE PROCUREUR GÉNÉRAL AU SUJET DES BALANCES.

Monsieur le Procureur,

On a découvert de si grands abus à Paris et dans les provinces au sujet des balances, que cet objet si important pour l'ordre public paraît exiger un règlement. L'abus va jusqu'au point qu'une balance, qui paraît exacte les bassins étant vides, est tellement défectueuse lorsque les bassins sont pleins, que, quoique pleins de chaque côté d'un poids absolument exact, l'un des deux côtés tombe et l'autre lève, comme si les poids étaient inégaux.

Ayez agréable de me mander si l'on s'est aperçu de quelques abus sur cela dans votre ville ou dans votre ressort, et si l'on y construit, ou pour parler plus correctement, si l'on y ajuste des balances; enfin s'il y a quelque communauté qui s'y destine à cette profession.

Je suis, monsieur le Procureur, votre frère et bon ami.

Signé : JOLLY DE FLEURY.

A Paris, ce 18 février 1739.

POUR RÉPONDRE A LA LETTRE DE M. LE PROCUREUR GÉNÉRAL.

On ne s'est point encore aperçu dans Versailles de l'abus qui peut avoir été pratiqué ailleurs dans la fabrique ou construction des bassins de balances, qui se font ordinairement en cuivre rouge ou en cuivre jaune; et il n'en a été fait aucune plainte.

L'abus dont on se plaint est fort singulier. Il peut tenir à quelque procédé particulier dans la fabrication du fléau, ou bien à l'habileté des ajusteurs dans la manière de faire les nœuds des cordes attachées aux deux bouts du fléau, ce qui fait pencher l'un des deux bassins lorsque la balance est suspendue pour de fortes pesées, ou qu'elle est élevée de la main droite dans les pesées ordinaires.

Dans ce cas, l'habileté du vendeur en fraude l'emporte toujours sur l'attention de l'acheteur, qui n'est occupé que d'observer si l'aiguille est droite au milieu du fléau et si elle penche plutôt du côté du bassin où est la marchandise que du côté de celui où se trouvent les poids.

Mais il peut arriver encore que cet abus tienne à la dextérité du marchand vendeur qui, par un mouvement imperceptible du pouce et du doigt qui tient le fléau suspendu, fait baisser le bassin où l'on a mis la marchandise, et lever le bassin où sont les poids.

Dans le premier cas, il serait possible de s'assurer de la tromperie en transposant la marchandise du bassin ou elle était d'abord dans celui où étaient les poids; c'est même le meilleur moyen de s'assurer si le poids est bon. Mais cette précaution est tout à fait inutile dans le second cas, qui suppose au vendeur le dessein prémédité de tromper, et une grande dextérité dans l'usage du fléau.

Versailles n'est point encore en possession de toutes les communautés qui devraient y être établies, et qui, si elles l'étaient, deviendraient un secours pour la police (1).

Il n'y a encore que la communauté des chirurgiens qui soit établie régulièrement et qui marche assez tranquillement; quant à celle des perruquiers et barbiers qui vient

---

(1) Mauvais moyen, surtout pour Versailles, où l'autorité ne veut être gênée en rien, et où la plupart des gens ne peuvent subsister d'un seul métier. C'est d'ailleurs donner occasion à des taxes et impositions, comme cela est arrivé aux barbiers. *(Note d'une autre main.)*

aussi d'être établie, elle est très agitée et a beaucoup de peine à s'entendre.

Il n'y a à Versailles, ni dans l'étendue de son ressort, aucun ouvrier capable d'ajuster des balances. Celles dont les marchands se servent s'achètent à Paris.

A Versailles, on tient la main aussi sévèrement que possible aux poids et aux balances (1), ainsi qu'aux autres parties de la police, mais il serait à désirer qu'il fût établi dans cette ville tout ce qui est nécessaire à une police régulière.

On croit avoir suffisamment répondu à la lettre de M. le Procureur général.

On veillera cependant avec soin sur l'abus qui fait le principal motif de la lettre, et si on découvre sur ce point la moindre chose, on en informera M. le Procureur général.

On croit que M. Darmant, ingénieur du Roi (2), qui demeure au Louvre au-dessus du guichet, pourrait donner des éclaircissements au sujet des balances, car il a fait des expériences sur cette question.

———

Le 28 mai 1739, le Roi vint à la procession de la grande Fête-Dieu, à Versailles. Il était accompagné de M. le prince de Conty, du prince de Dombes et du comte d'Eu.

Le Roi arriva à neuf heures trois quarts, la procession rentra à midi.

Il fit très chaud.

———

(1) Et avec succès; c'est le seul objet sur lequel je n'ai point éprouvé de contradiction sur la police à Versailles.

(2) Père de Mme du Chiron, dont le mari était premier commis de la guerre, et qui a ensuite épousé M. Devisannes, major des chevau-légers, retiré à Vaugirard. (*Note de X...*)

La paix conclue à Vienne entre le Roi Louis XV et l'empereur Charles VI, fut publiée à Paris le lundi 1ᵉʳ juin 1739.

L'on y mit une grande pompe; la marche commença à neuf heures du matin et finit à cinq heures et demie du soir.

Le Roi avait envoyé les trompettes et haut-bois de sa chambre et de sa grande écurie pour marcher en tête de la cérémonie. Le cortége était composé de plus de huit cents personnes. L'on remarquait, après les officiers inférieurs, le prévôt des marchands, quatre échevins, le procureur et l'avocat du Roi, le receveur de la ville, six conseillers de l'Hôtel-de-Ville, quatre quartiniers, qui marchaient à la gauche, tandis qu'à la droite se trouvaient le lieutenant criminel, deux lieutenants particuliers, six conseillers du Châtelet, le procureur du Roi du Châtelet, six commissaires et huissiers à cheval; et enfin la marche était fermée par quarante inspecteurs de police.

Le lendemain 2 juin, on fit fermer les boutiques, le *Te Deum* fut chanté à l'église Notre-Dame de Paris; il y eut feu d'artifice tiré à la Grève, à neuf heures du soir, et feux dans les rues.

On fit seulement défense de tirer des fusées.

Le 3 juin, le Roi fit chanter un *Te Deum* après la messe, dans la chapelle du château de Versailles, et il y assista.

En sortant de la messe, Sa Majesté reçut les compliments du Parlement, de la Chambre des comptes et de la Cour des aides.

M. Le Camus, premier président de la Cour des aides, après avoir fait son compliment au Roi, ajouta quelques paroles que l'on trouva très hardies :

Faites surtout, lui dit-il, Sire, que votre peuple ne dispute plus sa vie avec les bêtes.

C'était une allusion à ce qu'en 1738 et 1739, dans les provinces du Perche, du Mans et du Poitou, où le pain était devenu d'une excessive cherté, on avait vu un grand nombre de paysans manger l'herbe dans les champs comme des animaux.

Le dimanche 7 juin, suivant le mandement de Mgr l'archevêque de Paris, on chanta un *Te Deum* dans l'église Notre-Dame de Versailles, à quatre heures, à l'issue des vêpres. Rien ne fut plus simple, il n'y eut même point de lustres d'allumés dans le chœur.

Dès le matin de ce jour, Narbonne, suivant l'ordre qu'il en avait reçu de M. le maréchal de Noailles, fit publier l'ordonnance suivante :

DE PAR LE ROI
ET MONSEIGNEUR LE MARÉCHAL DE NOAILLES, PAIR DE FRANCE, GOUVERNEUR DE VERSAILLES.

Il est ordonné aux bourgeois, habitants et concierges des hôtels de la ville de Versailles, de faire des feux devant les portes de leurs maisons et hôtels, et de mettre des illuminations sur leurs fenêtres, ce jourd'hui dimanche 7 juin, à huit heures du soir, en réjouissance de la paix.

Comme aussi il est fait défense, à toutes personnes, de tirer aucune arme à feu, boîtes ni fusées dans les rues de ladite ville de Versailles; le tout à peine d'amende, dont les pères et mères demeureront garants pour leurs enfants et leurs domestiques.

Il est ajouté en marge : Comme c'était un dimanche, et que les boutiques étaient fermées, il ne fut pas nécessaire d'enjoindre aux habitants de les fermer; ce qu'il faudra ajouter lorsque pareille cérémonie se fera un jour ouvrier.

Aussitôt après la conclusion du mariage de don Philippe, deuxième Infant et grand amiral d'Espagne, né à Madrid le 15 mars 1720, avec Madame première, Louise-Elisabeth de

France, née à Versailles le 14 août 1727, le roi d'Espagne envoya un ambassadeur extraordinaire pour en faire la demande.

Les bans furent publiés dans l'église paroissiale de Notre-Dame de Versailles, par M. le curé Jomard, le dimanche 16 août 1739 ; et l'ambassadeur fit son entrée à Versailles le dimanche suivant, 23, à onze heures du matin.

Son cortége était composé de deux suisses, vingt-quatre palefreniers, vingt-quatre valets de pied, quatre pages, magnifiquement habillés, cinq carrosses à huit chevaux, couverts de riches harnais.

Toute la Cour de France, couverte de brillantes toilettes, l'attendait pour la réception.

Il fut conduit dans le cabinet du Roi, où il fit son compliment, après quoi Mgr le Dauphin et Mesdames de France, première et seconde, l'accompagnèrent jusqu'au bas de l'escalier, d'où l'introducteur des ambassadeurs le mena dans la salle du grand-maître, dans laquelle on lui servit un excellent dîner et un superbe dessert.

Le 25, le Roi tint appartement dans la galerie de Versailles ; à neuf heures du soir, il passa dans son cabinet, où se firent les fiançailles.

Le lendemain 26, jour du mariage, dès le grand matin, le commissaire de police fit publier dans Versailles une ordonnance portant injonction aux marchands et artisans de fermer leurs boutiques.

Sur les onze heures et demie, les princes, princesses et seigneurs de la Cour se rendirent dans la chapelle du château de Versailles, où devait se faire le mariage.

Puis vinrent l'ambassadeur d'Espagne et sa suite ; le Roi, la Reine, brillante de diamants, Mgr le duc d'Orléans, premier prince du sang, chargé de la procuration de don Philippe pour épouser Madame. — Madame première vint ensuite à la chapelle et s'en retourna conduite par Mgr le Dauphin. La queue de sa robe était portée par un officier des gardes du corps. Elle n'avait point de manteau, attendu qu'elle n'épousait que le deuxième Infant d'Espagne.

Les princesses et les dames de la Cour qui suivaient Madame étaient toutes étincelantes de pierreries.

La cérémonie du mariage fut faite par M{sr} le cardinal de Rohan, grand aumônier de France, et en cette qualité curé primitif de la Cour, en présence de M. Jomard, curé de l'église paroissiale de Notre-Dame de Versailles, qui en fit signer l'acte sur le registre, au Roi, à la Reine, à Madame, à M{sr} le duc d'Orléans, à M{sr} le Dauphin, à Madame seconde, à l'ambassadeur d'Espagne, etc.

Dans la soirée, le Roi tint appartement dans la grande galerie, depuis six heures jusqu'à neuf heures. A cette heure, le Roi alluma lui-même une lanterne placée à l'une des croisées de la galerie, vis-à-vis son appartement. C'était le signal que l'on attendait pour commencer le feu d'artifice préparé sur la terrasse, au-dessus du grand escalier qui descend à Latone. Une fusée volante fut aussitôt tirée ; à l'instant, l'artillerie, qui était dans les parterres au-dessous de Latone, fit une décharge, et l'on commença le feu d'artifice qui dura jusqu'à neuf heures trois quarts.

L'on avait construit des échafauds et placé des bancs de bois entourés de barrières depuis l'appartement de M{sr} le Dauphin jusqu'à celui du duc de Penthièvre, fils de feu M. le comte de Toulouse (1). Il y avait au moins de six à sept mille personnes placées sur ces bancs et échafauds, et presque autant sur d'autres échafauds construits sur les combles du château ; en outre, plus de quatre-vingt mille personnes se pressaient sur la terrasse, au-devant des barrières, et dans les parterres du nord de l'Orangerie.

Les décorations et les illuminations de ce feu furent d'une magnificence extraordinaire. On avait de plus illu-

---

(1) C'est-à-dire dans toute la longueur de la terrasse du centre, au-dessous de la grande galerie.

miné tous les parterres du jardin ainsi que l'Orangerie, et un nombre considérable de lampions avaient été placés dans les cours, avant-cours et sur les grilles et parapets du Château et des grandes et petites Écuries.

Après le feu d'artifice, le Roi alla souper à son ordinaire, et il n'y eut point de festin royal.

Il était venu à Versailles une si grande quantité de personnes de Paris, que beaucoup ne purent trouver de voitures pour le retour et furent obligées de rester jusqu'au samedi suivant. Il n'y avait pas d'habitant qui n'en eût quatre, cinq ou six, et quelques-uns jusqu'à vingt-cinq et trente (1).

Il fut fait, pendant les quatre jours de fête, 23, 24, 25 et 26 août, une énorme consommation de pain, de vin et de viande. Ainsi, l'on put constater que, dans les cabarets seulement, il avait été consommé, pendant ces quatre jours, six cent vingt deux muids de vin, douze muids de bière, cent vingt-trois bœufs, quinze porcs, quatre cent vingt-quatre veaux, sept cent quatre-vingt-six moutons, et mille sept cent sept livres de viande de toutes sortes apportées du dehors.

Le jeudi 27 août, l'ambassadeur fit tirer le feu d'artifice qu'il avait fait préparer sur la rivière de Seine. Il était placé de façon que le derrière se trouvait vis-à-vis le guichet du Louvre et la face regardait le quai des Théatins, où se trouvait situé l'hôtel de M. Glu, conseiller au Parlement, que l'ambassadeur avait emprunté pour être mieux en état de recevoir les princes et seigneurs qu'il avait invités à cette fête.

Madame première et Madame seconde partirent de Versailles pour y assister. Mgr le Dauphin leur donna à souper au château de la Meute, dans le parc de Boulogne.

Le feu d'artifice de l'ambassadeur fut bien servi, et sans interruption.

Il avait fait préparer un grand repas auquel étaient in-

---

(1) Le 26, jour du mariage, les plus mauvaises chambres, garnies et dans les endroits les plus éloignés du Château, se louaient 10 livres par nuit.

vités les princes du sang et les seigneurs de la Cour; mais comme il avait envoyé prier les princes par un gentilhomme et les autres par lettres, ils ne se crurent pas convenablement invités et n'y allèrent point. On dit même que M. le Duc fit réponse au gentilhomme que, si l'ambassadeur ne venait pas lui-même, il ne se trouverait point à son repas.

Le samedi 29 août, fut tiré le feu d'artifice que la ville de Paris, d'après les ordres de M. Turgot, prévôt des marchands, avait fait préparer sur le Pont-Neuf, autour de la statue d'Henri IV.

On avait fait fermer toutes les boutiques de la ville. Toutes les fenêtres étaient illuminées.

La rue Saint-Honoré était surtout remarquable par une illumination de deux rangs de lustres de trente-six lampions chaque, placés dans toute sa longueur et terminés par des arcs de triomphe.

On regarda cependant cette illumination comme inutile, puisqu'elle n'avait aucun rapport avec le feu d'artifice, et l'on cria beaucoup contre M. Turgot qui l'avait ordonnée et qui la fit payer au corps des marchands.

Le Roi, la Reine, Mgr le Dauphin et Mmes de France partirent de Versailles pour aller au Louvre, où l'on avait préparé pour eux un balcon magnifiquement illuminé.

On prétend que le feu de la Ville a surpassé de beaucoup celui du Roi et celui de l'ambassadeur. On dit même qu'il partit d'un seul coup, du haut du feu, huit mille six cents fusées, et qu'il y a eu d'employé aux décorations six millions de lampions, ce qui, à ne les compter qu'à un sol pièce, ferait une somme de trois cent mille livres.

Le feu fut languissant; on en accuse les artificiers employés sous les ordres de l'entrepreneur, qui, par jalousie, le servirent mal et furent par suite mis en prison.

Les illuminations ne furent achevées que trois quarts d'heure après que le feu eut été tiré. Ce fut alors un coup d'œil magnifique.

On avait dressé sur deux bateaux placés devant le balcon où se trouvait le Roi, le temple d'Apollon, rempli d'instruments de musique.

On reprocha beaucoup à M. Turgot, prévôt des marchands, comme un acte peu honorable, d'avoir vendu les places qui se trouvent en dedans des parapets, de chaque côté de la Seine, pour y dresser des échafauds afin d'y placer des spectateurs; ce qui fit que ces places, suivant leur situation, furent louées depuis 20 sols jusqu'à 24 livres.

Il y eut sur les quais des chambres louées jusqu'à 200 livres.

Le lundi 31 août 1739, à midi précis, Madame première de France partit de Versailles.

Sa suite était partie sur les onze heures. Il y avait six carrosses, le premier à huit chevaux et les cinq autres à six chevaux, remplis d'officiers, valets et femmes de chambre.

A midi, le premier carrosse du Roi, dans lequel était le capitaine des gardes, le duc de Gesvres et d'autres seigneurs, se mit en marche.

Le Roi suivit dans un autre carosse, où il monta le premier; Madame monta ensuite et se plaça à la gauche du Roi; puis Mme la duchesse de Tallard et trois autres dames.

On alla jusqu'à Plessis-Piquet, près Sceaux, à trois lieues de Versailles.

Le Roi revint dîner à Versailles, et, sur les cinq heures du soir, partit pour aller coucher au château de Rambouillet.

Le peuple de Versailles croyait que le Roi ferait jeter des médailles à la sortie de la cour du Château, en souvenir du départ de Madame première. Mais le peuple fut trompé, ou n'en jeta point, ce qui le mécontenta et fut critiqué.

Le carrosse du Roi n'était escorté que d'un officier et de douze gardes du corps.

L'escorte de Madame de France se composait de : un lieutenant, deux exempts, trois brigadiers, deux sous-brigadiers et cinquante gardes du corps.

Le sieur Fantin, prêtre de la Congrégation de la Mission et curé de la paroisse de Saint-Louis, à Versailles, âgé d'environ soixante ans, était un homme de belle figure et prestance. Il s'était acquis la confiance de la Reine et de nombre de seigneurs et de dames de la Cour. Il en recevait des aumônes considérables pour distribuer aux pauvres.

Il s'était aussi acquis la confiance de M. Raudot, premier commis de M. de Maurepas, et intendant des classes de la marine.

Le sieur Raudot étant tombé malade, fit un testament et un codicile devant Decourt, notaire à Versailles, par lesquels il lègue, savoir : à ses domestiques tous ses effets mobiliers, meubles, argenterie et argent monnayé de la valeur d'environ cent mille livres.

Dans ce legs, les pauvres sont compris pour une part qui forme le septième.

Il donne à M. de Maurepas sa bibliothèque, de la valeur au moins de vingt mille livres.

Il donne au sieur Fantin ses tableaux de piété.

A M. Fresson, bailli de Versailles, ses tableaux profanes.

A M. Aubry, avocat au Parlement, un grand tableau du Bassan.

Et il nomme les sieurs Fantin, Fresson et Aubry, exécuteurs testamentaires.

Le sieur Raudot étant décédé le dimanche 28 juillet 1737, on commença à faire son inventaire le vendredi 2 août.

On tira d'une armoire où étaient, selon toute apparence, les papiers de conséquence, son argent d'abord et une partie des papiers, afin de mettre à part ceux qui concernaient le Roi.

Pendant que les sieurs Fresson et Aubry étaient occupés à examiner ces papiers, le sieur Fantin, qui avait vu l'endroit où était l'argent, croyant que personne n'avait la vue sur lui, mit la main sur un rouleau de papier dans lequel il y avait quarante-et-un louis d'or à vingt-quatre livres qu'il serra dans sa poche.

Les sieurs Fresson et Aubry examinèrent ensuite le reste des papiers de l'armoire et comptèrent les espèces d'or et d'argent.

Le nommé Gouverne, l'un des laquais du défunt M. Raudot, avait mis, la veille du décès du sieur Raudot, le rouleau de louis d'or qui ne se trouvait plus dans l'armoire, puisque le curé Fantin l'en avait ôté. Le laquais, irrité du vol que le curé faisait ainsi aux domestiques et aux pauvres, dit hautement qu'il devait se trouver dans l'armoire. On chercha, ou pour mieux dire, on affecta de chercher dans cette armoire ce rouleau de louis d'or. Comme on ne le trouvait pas, et que le laquais s'opiniâtrait toujours à soutenir qu'il devait s'y trouver, on ne savait quel parti prendre. Le bailli et le sieur Aubry ayant dit qu'il fallait que tout le monde fût fouillé, le laquais Gouverne les tira à part et leur dit qu'il était inutile de faire fouiller personne, et que c'était le curé Fantin qui avait pris le rouleau de louis d'or. Les sieurs Fresson et Aubry furent dans la dernière surprise. Pour ne pas déshonorer publiquement le curé, on employa un expédient. On lui dit de chercher lui-même dans l'armoire, et qu'il trouverait probablement le rouleau de louis d'or (c'était lui dire tacitement qu'il l'avait).

Le curé chercha ; il se mit à genoux pour fouiller le bas de l'armoire. Feignant alors de chercher d'une main, il tira de l'autre le rouleau de louis d'or de sa poche avec beaucoup de peine, voulant faire en sorte d'éviter que l'on s'en aperçût. Mais comme il ne savait pas le métier des joueurs de gobelets, il ne fut pas assez adroit pour empêcher qu'on ne le vît.

Aussitôt qu'il l'eut tiré de sa poche, il dit : « Le voilà. » Mais il avait si fort changé de couleur, qu'il fit même de la peine aux spectateurs de cette scène.

Quoique l'on eût pris la voie la plus simple et la plus couverte pour dérober aux autres gens la connaissance de ce vol et la restitution que le curé en avait faite (comme s'il eût retrouvé ce rouleau de louis d'or dans quelque coin de l'armoire), il a été impossible d'empêcher que cette vilaine action du curé Fantin ne se soit répandue par toute la ville. De retour chez lui, il n'a plus osé reparaître à l'inventaire.

On a fait des chansons sur ce curé qui coururent non-seulement la ville de Versailles, mais encore celle de Paris et les provinces (1).

---

(1) Voltaire s'est emparé de l'histoire du curé Fantin, et il en parle dans beaucoup de ses ouvrages. Dans la satire intitulée : *Nicodême et Jeannot*, il met ces vers dans la bouche de Jeannot :

> J'ai toujours remarqué que l'esprit rend malin.
> Vous vous ressouvenez du bon curé Fantin,
> Qui, prêchant, confessant les dames de Versailles,
> Caressait tour à tour et volait ses ouailles.

Dans *le Russe à Paris*, on trouve ce vers :

> Dans le fond de son âme il se rit des Fantin, etc.

Et en note :

> Fantin, curé de Versailles, fameux directeur qui séduisait ses dévotes, et qui fut saisi volant une bourse de cent louis à un mourant qu'il confessait ; il n'était pourtant pas philosophe.

Enfin dans le chant XVIII de *la Pucelle*, on lit ces vers :

> Vous voyez là, reprit l'homme aux semaines,
> Les plus discrets et les plus vertueux
> De ceux qui vont sur les liquides plaines;
> L'un est Fantin, prédicateur des grands,
> Humble avec eux, aux petits débonnaire :
> Sa piété ménagea les vivants;
> Et, pour cacher le bien qu'il savait faire,
> Il confessait et volait les mourants.

Et Voltaire ajoute en note :

> En effet, nous avons vu un Fantin, docteur et curé à Versailles, qui fut aperçu volant un rouleau de cinquante louis à un malade qu'il confessait. Il fut chassé, mais il ne fut pas pendu.

En voici une, sur l'air de *la Béquille du père Barnabas :*

> Le bon curé Fantin,
> Pour une gentillesse,
> Éprouve du destin
> La fureur vengeresse ;
> Quelque duchesse habile
> L'eût tiré de ce pas,
> S'il eût eu la béquille
> Du père Barnabas...

Le 14 août, le sieur Fantin fut conduit au couvent des Cordeliers de Noisy, en conséquence d'un ordre du Roi.

Le 29 août, il partit de Noisy à quatre heures du matin, pour se rendre à l'abbaye de Sept-Fonts, où le Roi l'a relégué.

M. le duc d'Orléans lui fait une pension de 400 livres.

Le curé Fantin est mort en 1739.

M. le duc de Bourbon a épousé en secondes noces Charlotte de Hesse-Rheinsfeld, née le 18 août 1714, de laquelle il a eu Louis-Joseph de Bourbon, prince de Condé, né à Paris le 9 août 1736.

On prétend que cette princesse avait contracté une intrigue amoureuse avec le comte de Bissy, neveu du cardinal de Bissy ; que M. le duc, en ayant été averti, les surprit ; qu'il voulait poignarder la princesse, mais qu'il en fut empêché par Mme la duchesse de...

Le comte de Bissy se sauva. On a généralement excusé cette princesse, M. le duc étant très laid, et le comte de Bissy un très beau cavalier.

M. Harlay de Cély est mort au mois de décembre 1739. Il fut d'abord intendant de Strasbourg et ensuite de Paris, en 1734. Il était le seul qui restait de cette illustre famille, et il est mort sans postérité.

Il avait une maîtresse à qui il donnait peu de chose, parce qu'il était obéré de dettes. Elle convint avec lui qu'elle lui donnerait trois jours par semaine, et qu'elle aurait trois jours à elle dans lesquels elle recevrait qui bon lui semblerait.

Un jour deux mousquetaires firent apprêter chez la belle un très beau souper qu'ils devaient venir manger à la sortie de l'opéra.

L'intendant, étant allé ce même jour chez sa maîtresse, lui demanda pour qui étaient tous ces apprêts. Elle lui dit que c'était pour deux mousquetaires qu'elle allait aller rejoindre à l'opéra et qui devaient souper avec elle. M. de Harlay court à l'opéra, va trouver le commandant des mousquetaires ; il lui annonce que deux mousquetaires devaient se battre en duel à la sortie de l'opéra, et il lui désigne la loge dans laquelle ils se trouvaient. Le commandant ne les perd pas de vue, et, à la fin de l'opéra, il leur ordonne de l'ordre du Roi de monter avec lui dans sa voiture ; les mousquetaires, surpris d'un pareil ordre, se défendent d'avoir rien fait qui pût motiver leur arrestation, mais le commandant ne veut écouter aucune raison et les conduit à l'hôtel où il les met tous deux aux arrêts.

Pendant ce temps, M. de Harlay était retourné chez sa maîtresse, et, après lui avoir annoncé qu'une affaire grave étant survenue aux deux mousquetaires, ils ne viendraient certainement pas, ils mangèrent ensemble le souper payé par les deux officiers.

De retour chez lui le lendemain, l'intendant de Paris monta en carrosse et alla à l'hôtel des mousquetaires trouver le commandant. Il lui raconta alors toute la vérité sur le mauvais tour qu'il avait joué la veille aux deux mousquetaires et le pria de les mettre en liberté. Puis, lorsque les deux officiers furent amenés chez le commandant, il leur dit que s'il avait ainsi mangé leur souper d'hier, il voulait le leur rendre et qu'il les invitait pour le soir même, avec le commandant, à celui qu'il voulait leur donner chez leur commune maîtresse.

Tout le monde rit de ce tour, qui fut bientôt connu de tout Paris.

Un jour, M. de Harlay se promenant aux Tuileries avec sa maîtresse, deux jeunes gens les reconnurent. L'un deux se mit à dire : « Ah! voilà *Regina cœli*. » M. de Harlay, qui l'entendit, lui répondit avec sang-froid : « C'est vrai, Messieurs, mais vous n'en aurez pas *lætare*, » c'est-à-dire la jouissance.

M. le cardinal de Fleury était accablé de placets des créanciers de M. de Harlay. Un jour, il les lui montra et l'engagea à s'arranger avec eux : « Au moins, Monseigneur, lui dit-il, ne croyez pas que je me sois entendu avec mes créanciers pour vous faire payer mes dettes. C'est un labyrinthe dans lequel je ne conseille pas à Votre Eminence d'entrer, car ni moi, ni elle, nous n'en pourrions pas sortir. »

M. de Harlay avait beaucoup d'esprit. Il amusait les dames de la Cour par des contes plaisants, qui auraient mieux convenu à quelques jeunes seigneurs. Mais il était très dur pour faire payer les impôts au peuple.

Le 31 décembre 1739, sur les deux heures après-midi, le feu prit dans une salle de l'hôtel de Toulouse, à Versailles. Il gagna une soupente dans laquelle se trouvaient un grand nombre de papiers importants concernant les états de Bretagne et la marine.

Ce feu fut mis par le singe de M. Delalot, secrétaire des commandements de M. le duc de Penthièvre, fils de M. le comte de Toulouse, mort à Rambouillet, en 1737 (1).

---

(1) Voir sur cet hôtel, *Histoire des rues de Versailles*.

1740.

M. le duc de Bourbon est mort en son château de Chantilly, le 27 janvier 1740, âgé de quarante-sept ans et demi.
Il n'est point regretté.

Le Roi a accordé au prince de Condé, son fils, la survivance de grand maître de sa maison, qui sera exercée, jusqu'à ce que le prince de Condé ait atteint l'âge de dix-huit ans, par le comte de Charolais ; et le gouvernement de la Bourgogne, qu'exercera M. le duc de Saint-Aignan, ambassadeur à Rome, pendant le même temps, pour le récompenser des dépenses de ses ambassades.

Le Roi a dit que M. le duc faisait vivre onze cents personnes qui étaient à son service.

Il laissa 1,500,000 livres de rentes en fonds de terre, sans compter le revenu de ses actions de la compagnie des Indes, qui est très considérable.

On dit que ce prince est mort d'avoir été à une battue à la chasse, et d'y avoir eu très froid.

On dit aussi que Mme la duchesse est grosse de trois mois.

Le deuil de M. le duc a été pris par le Roi et la Cour, le samedi 30 janvier, pour onze jours.

Le corps de M. le duc fut amené de Chantilly à Paris, à l'hôtel de Condé, où il fut exposé sur un lit de parade.

Son cœur fut porté aux Jésuites, et son corps à Enghien-Montmorency.

PILLAGE DES BOIS DE PORCHÉFONTAINE, APPARTENANT A MM. LES CÉLESTINS DE PARIS.

Le domaine de Porchéfontaine, près Versailles, appartient aux Célestins de Paris. On croit qu'il contient plus de douze cents arpents de bois. Depuis le commencement du mois de février, quelques pauvres habitants de Montreuil (1), village appartenant aux Célestins, allèrent faire des fagots dans ces bois ; quelques pauvres de Versailles y allèrent aussi et se réunirent à eux. Bientôt on y vit aller les ouvriers et journaliers sans ouvrage, les soldats, et jusqu'aux palefreniers des grandes et petites écuries du Roi et du chenil. Tout le menu peuple s'y porta par bandes de deux à trois cents.

Ce fut le 6 février que les habitants du Parc-aux-Cerfs (2) commencèrent à y aller, puis ceux du vieux Versailles et de la ville neuve les suivirent, et l'on estime que le 9 et le 10, il y avait dans ces bois quatre à cinq mille personnes. Les uns y allaient pour couper du bois, d'autres pour le ramasser, et un assez bon nombre pour en acheter à bon marché.

Ce fut alors un véritable pillage. On coupa tout, aussi bien les petits arbres que les chênes les plus vieux. Aucune opposition n'ayant été faite à ce désordre, dès l'origine, il se continua pendant plusieurs jours. Un grand nombre de bourgeois et d'habitants allèrent par curiosité voir ce pillage, et la foule devint si considérable qu'on ne pouvait presque plus passer sur l'avenue de Paris.

Le bruit se répandit dans le peuple que le Roi, informé de ce désordre, voulait qu'on ne s'y opposât point, et qu'il devait même venir de Marly, avec toute la Cour, pour assister à ce spectacle. On disait aussi qu'un Père Célestin était venu le premier jour, qu'il avait encouragé ceux qui abattaient le bois, en leur disant : « Courage, mes amis, travaillez bien ! » et qu'il leur avait donné à chacun six sous.

Le bois ainsi abattu était vendu par eux, sous le prétexte d'avoir de l'argent pour pouvoir acheter du pain. On l'enlevait ensuite dans des voitures qui venaient des villages

(1) Montreuil, qui forme aujourd'hui un quartier de Versailles, ne faisait point alors partie de cette ville.
(2) Le Parc-aux-Cerfs formait autrefois un quartier de Versailles, c'est aujourd'hui le quartier Saint-Louis. Voir à ce sujet, *Histoire des rues de Versailles*.

voisins et de Versailles même, où l'on en vit rentrer attelées de cinq ou six chevaux.

Le bailli de Versailles, chargé de la police de la ville, ne pouvait rien sur ce désordre, qui se passait en dehors de sa juridiction, Porchéfontaine et Montreuil appartenant aux Célestins de Paris. Les officiers de la prévôté de l'hôtel, qui semblent avoir quelques droits de connaître de ce délit, ne publièrent rien, la Cour étant en ce moment à Marly, ainsi que M. le comte de Noailles, gouverneur de Versailles, et pas un de ces officiers n'étant assez sûr de l'étendue de son pouvoir pour oser se compromettre en agissant sans avoir reçu d'ordre.

Cependant, le désordre devenant de plus en plus considérable, on sentit la nécessité d'agir. J'avais déjà adressé un Mémoire sur tout ce qui se passait à M. le comte de Noailles, qui l'avait montré au cardinal de Fleury, et qui n'avait attiré, de leur part, qu'un léger sourire ; mais le 10, le procureur du roi du bailliage, M. Hennin, écrivit une lettre pressante au comte de Noailles, qui vint aussitôt à Versailles, s'assura par lui-même de ce qui se passait, et, après avoir été chez Mme la comtesse de Toulouse, retourna à Marly l'après-midi en rendre compte au Roi.

L'ordre fut aussitôt donné à M. de Champigny et à d'autres officiers des gardes françaises, de réunir cette garde et la garde suisse, et de marcher sur le lieu du rassemblement. M. de Champigny partit avec sa troupe à huit heures du soir, marcha tambour battant sur le bois des Célestins, et refoula dans tous les sens la populace, qui travaillait encore à cette heure à abattre les arbres.

Dans ce désordre, un enfant fut tué par la chute d'un arbre.

On plaça une centaine de soldats aux gardes et suisses dans la ferme de Porchéfontaine, et le reste de la troupe resta en patrouille dans le bois.

Le même jour, M. le procureur du Roi reçut, fort tard, l'ordre de Mgr le maréchal de Noailles, de défendre à tout habitant de la ville d'aller dans le bois de Porchéfontaine. Après s'être concerté avec M. Fresson, bailli de Versailles, M. le procureur du Roi, le lendemain jeudi 11, fit publier cet ordre au son du tambour, dans tous les quartiers, par l'huissier Petit. En même temps, le sieur Foirestier, commandant des suisses du Château et du Parc, et de la patrouille de Versailles, fit occuper, dès six heures du matin, les barrières de l'avenue de Paris, de l'avenue de Saint-Cloud et du chemin de Sceaux, par où l'on entrait dans la ville le bois volé.

Déjà la brigade de la maréchaussée de Sèvres, commandée par le sieur de Guerry, accompagné d'un garde de Mgr le prince de Dombes et du sieur Gougniou, garde des Célestins, avait arrêté et conduit dans les prisons de Versailles les sieurs Saulnier, Chenet, Reglet, Baron, Balieux, pris en flagrant délit; les suisses, à leur tour, arrêtèrent les nommés Barbet, Juelle, Edeline et Godefroy.

Le vendredi 12, les commissaires de police firent, d'après les ordres du Roi, et en vertu d'une ordonnance de M. le bailli de Versailles, des visites domiciliaires chez tous les bourgeois et habitants, pour retrouver les détenteurs du bois. Les hôtels des seigneurs furent exemptés de ces visites.

Aussitôt que l'on sut que l'on faisait des perquisitions pour retrouver le bois, beaucoup de particuliers s'empressèrent de le brûler. On faisait du feu jour et nuit, et le feu prit à plusieurs cheminées.

Dans la nuit du 13 au 14, tous ceux qui voulaient se débarrasser du bois qui pouvait les compromettre, le jetèrent dans les rues. La crainte devint si grande qu'on jetait jusqu'aux plus petites branches. J'ai fait ramasser tout ce bois et l'ai fait conduire avec des voitures dans la cour de la geôle.

Une vingtaine de pages de la grande écurie ont roulé dans leur cour un gros tronc de chêne que l'on avait placé près de leur porte, sur l'avenue de Saint-Cloud. On ramassa ainsi dans les rues des deux quartiers de Versailles près de six cents troncs de chêne, environ mille baliveaux et du petit bois coupé, évalué à environ vingt-quatre cordes.

Outre ce bois et celui qui a été brûlé, il en a été emporté une grande quantité dans les villages circonvoisins. On évalue à cent arpents la partie du bois de Porchéfontaine pillée par le peuple.

Tout le bois retrouvé fut remis aux officiers de la maîtrise des eaux et forêts de Saint-Germain, auxquels il appartenait par suite d'arrangements avec les Célestins.

Cet hiver fut très rude, et la forte gelée dura soixante-deux jours. Il y avait une quantité prodigieuse de glace dans les rues adjacentes au château de Versailles et dans la ville.

Par charité, le Roi voulut que l'on occupât à casser la glace les pauvres et les mendiants. M. le cardinal de Fleury, premier ministre, envoya chercher M. Fresson, bailli de Versailles, lui transmit les ordres du Roi, et l'engagea à occuper à ce travail les journaliers les plus pauvres et les mendiants. Narbonne, commissaire de police, fut chargé de cette opération. Dès le lendemain, 2 mars, jour du mercredi des cendres, cinq cents pauvres furent réunis; on leur acheta les outils nécessaires, et la glace fut cassée et enlevée dans les tombereaux de Demay, adjudicataire du nettoiement des boues.

On les occupait ainsi depuis quatre jours; ils recevaient chacun 15 sous par jour; et, en comptant la dépense des outils et des voitures, cela montait à 500 livres par jour, et, pour les quatre, à 2,000 livres. Sur la parole de M. Fresson, Narbonne avait fait cette première avance; mais pour pouvoir continuer, et en même temps rembourser Narbonne, M. le Bailli alla trouver M. Orry, contrôleur général. M. Orry le reçut fort mal; lui dit de faire cesser ce travail, et ajouta qu'il fallait faire prendre tous ces mendiants et les faire jeter dans un cul-de-basse-fosse. Un peu étonné de cette réception, M. Fresson lui fit observer que cet ouvrage avait été commencé sur l'ordre de M. le cardinal de Fleury ; à quoi M. Orry répliqua qu'il lui importait fort peu qui en avait donné l'ordre, qu'il fallait le faire cesser ; ce que l'on fit.

On ne comprend pas comment M. le cardinal de Fleury, qui avait ordonné ces travaux, ne les fit pas continuer en dépit du contrôleur général.

Dans cette occasion, M. Orry fut d'une dureté incoyable, et M. Fresson eut toutes le peines du monde à obtenir un ordre pour aller à Paris recevoir les 2,000 livres pour rembourser Narbonne et l'adjudicataire des boues.

Il y avait trois foires établies à Versailles par des lettres-patentes de Louis XIII et de Louis XIV : une le 1er mai, jour de Saint-Jacques et Saint-Philippe ; une le 9 octobre, jour de Saint-Denis ; et une troisième, le 28 août, jour de Saint-Julien. On ne sait pourquoi cette dernière ne se tient plus (1).

La foire du premier jour de mai 1740 étant arrivée le dimanche, le bailli, M. Fresson, et M. Hennin, procureur du Roi, donnèrent l'ordre au commissaire de police de la laisser tenir le dimanche, ce qui était un changement à l'ordre établi.

Le Bailli donna pour prétexte que si on la remettait au lundi cela ferait tort au fermier des droits de la place.

(1) Cette foire ne se tient plus le jour de la Saint-Julien, ancien patron de Versailles, mais le 25 août, jour de la Saint-Louis, sous le patronage duquel Louis XIV plaça la ville de Versailles.

La gelée fut si forte, la nuit du 3 au 4 mai 1740, en Saintonge et en Angoumois, que de mémoire d'homme, il n'y en eut point de pareille. Les vignes gelèrent complétement dans ces deux provinces, qui sont ruinées.

HISTOIRE DES JUGES DE SAINT-PIERRE-LE-MOUTIER.

Le 12 mars 1726, le procureur du Roi, au siége de Saint-Pierre-le-Moutier, ayant appris que le nommé La Mazille avait été excédé de coups la nuit, dans un grand chemin qui conduit de Coulonge à Cercy-la-Tour, par des gens armés, en rendit plainte aux officiers du siége, comme d'un assassinat prémédité. Il demanda permission d'en informer, et requit en même temps qu'on reçût la déclaration de La Mazille, qu'il fût fait visite de sa personne, et qu'à l'effet de tout cela, le juge se transportât sur les lieux, accompagné de lui et du greffier.

Le sieur Desprefays, assesseur en l'absence de Mᵉ Pierre Alixand, lieutenant criminel, répondit à la requête par une ordonnance de *soit fait ainsi qu'il est requis*.

Le 14 mars, l'assesseur se transporta à Cercy-la-Tour, avec le procureur du Roi et le greffier, et il nomma Cabaille, chirurgien, pour visiter La Mazille qui était à Lanty.

Le 16 mars, La Mazille, qui était peu blessé, se transporta aussi à Cercy, et, devant les juges réunis, il fit la déclaration :

Que la demoiselle Bongard de Maumigny, sa femme, s'était séparée de lui depuis quatorze mois pour vivre en concubinage avec le nommé Jourdier, à Coulonge ;

Que le 2 mars, il partit de Cercy et alla trouver sa femme pour se reconcilier avec elle, suivant l'avis de son directeur, et que dès qu'elle le vit elle se mit à crier au meurtre ;

Qu'elle envoya le nommé Châtelain, manœuvre à Coulonge, chercher le sieur Bongard de Maumigny, son frère, sous prétexte de la secourir (il est gentilhomme) ;

Que Maumigny arrivé maltraita de paroles La Mazille, qu'après il s'enferma dans une écurie avec sa sœur et la nommée Merlin, sa servante, et qu'ils restèrent une demi-heure à concerter leur complot ;

Que le fruit de leur délibération fut de proposer à La Mazille de souper avec eux, pour se préparer le temps nécessaire à l'exécution de leur projet ;

Que La Mazille l'ayant refusé, et étant reparti de Coulonge pour retourner à Cercy, il entendit à vingt pas de la maison de sa femme ouvrir et fermer la porte ;

Qu'en suivant son chemin et passant un ruisseau, la nuit étant obscure, il se sentit frapper de trois coups de pieux qui le renversèrent dans le ruisseau ; que quatre hommes lui tombèrent en cet instant sur le corps et lui donnèrent plusieurs coups de bourrades de fusils ;

Qu'il y en eut un qui tira son fusil jusqu'à trois fois, sans que le coup partît ; mais qu'à la lueur de l'amorce, il reconnut le nommé Châtelain et le nommé Beugnon, meunier de Chevillon, mais qu'il ne put reconnaître les deux autres qui le tenaient au col et à la bouche ;

Que pour s'en débarrasser, il s'avisa de crier : *A moi, Saint-Amour!* et qu'ils se sauvèrent tous quatre du côté de Coulonge ;

Que La Mazille, s'étant relevé, se traîna jusqu'à Cercy, répandant tout son sang, et se retira chez Mongat, cabaretier, où il resta dix jours, pendant lesquels les nommés Lasonde, Bouquain et Cabaille l'avaient pansé et médicamenté.

Il déclarait se rendre dénonciateur contre Châtelain, Beugnon, Jourdier, Maumigny, sa femme et leurs complices, et offrait d'administrer témoins.

Le même jour 16, et le 17 mars, l'assesseur reçut les informations des excès commis sur la personne de La Mazille, de nuit et sur un grand chemin.

Dans cette information, Châtelain se trouva seul chargé.

En conséquence, le 18 mars, l'assesseur rendit contre lui, à Décise, où les officiers de justice séjournèrent jusqu'au 19, un décret de prise de corps.

La compétence fut jugée le 3 avril, et on ordonna que le procès serait instruit présidialement et en dernier ressort.

Le 26, un avocat du siége, en l'absence du procureur du Roi, présenta requête pour obtenir et faire publier monitoire, ce qui fut ordonné et exécuté.

Le 22 avril 1727, Châtelain fut arrêté et conduit dans la prison de Saint-Pierre-le-Moutier. Le 23, il subit un premier interrogatoire. Le 21 mai, jugement contradictoire de la compétence, conforme au premier, qui n'avait été prononcé que par contumace.

Le même jour, 21 mai, second interrogatoire de Châtelain par le lieutenant criminel. Ces interrogatoires sont remplis de contradictions, et il nia presque tous les faits.

Le 25, les témoins venus à révélation furent répétés. Il fut ensuite procédé au récolement et à la confrontation.

Le procureur du Roi donna des conclusions définitives par lesquelles il se réduisit à un plus *amplement informé* de six mois, pendant lesquels Châtelain serait élargi. Mais les juges assemblés crurent trouver trop d'indices de l'assassinat pour adopter des conclusions qui semblaient en assurer l'impunité. Le 6 août 1727, ils rendirent un jugement présidial par lequel ils ordonnèrent qu'avant faire droit, Châtelain serait appliqué à la question, et nommèrent le sieur Alasseur, conseiller, à l'effet d'assister au procès-verbal de torture. Le 12 août, le lieutenant criminel procéda en présence du sieur Alasseur.

Châtelain fut d'abord interrogé. Après, on lui fit lecture du jugement de question. On le déshabilla et on lui fit mettre les brodequins. Il dit que c'était le prieur de Conlonge qui lui avait envoyé dire à son valet d'aller chercher le sieur de Maumigny ; qu'ils allèrent attendre La Mazille près du ruisseau ; que Beugnon donna le premier coup ; que

Maumigny frappa ensuite et le valet du prieur; que lui, Châtelain, lui donna trois coups de son fusil dans les côtes, après l'avoir inutilement tiré : que l'amorce avait seulement pris; que c'était le prieur de Coulonge qui l'y envoya, en présence du sieur de Maumigny, qui lui dit : « Allons, viens t'en avec moi, attendre ce b....-là, pour lui donner deux ou trois étrillades. » Puis il a ajouté qu'on ne lui avait rien promis, mais que le prieur de Coulonge lui a donné dix-huit mesures de blé depuis, et l'a caché trois jours dans sa chambre. Il a dit encore :

Qu'il faisait clair de lune et qu'ils cessèrent de frapper parce que La Mazille appela à son secours Saint-Amour, et qu'ils craignaient qu'il ne vînt; qu'ensuite, ils allèrent souper chez le prieur de Coulonge.

Ces réponses et autres ayant été faites par Châtelain, sans force ni tourment, on lui appliqua un premier, un deuxième et un troisième coin. Et comme les juges crurent qu'il n'aurait rien à ajouter, il fut détaché et mis devant le feu, quoiqu'il eût encore dix coins à essuyer.

Ceux qui avaient commis le crime étaient donc Châtelain, Maumigny, beau-frère de La Mazille, le valet du prieur et Beugnon; ils avaient pour complices la femme de La Mazille, la Merlin, sa servante, et le prieur de Coulonge.

Un avocat du siége, en l'absence du procureur du Roi, donna des conclusions définitives à mort contre Châtelain, le 12 août, sans interrogatoire sur la sellette. Le jugement définitif fut rendu conforme aux conclusions.

Châtelain fut conduit au supplice le 18 août.

Ils ont prétendu n'avoir pu faire venir l'exécuteur plus tôt, ayant été obligés d'envoyer à Moulins et à Bourges. Ils auraient dû en dresser procès-verbal.

La femme de Châtelain avait été arrêtée et interrogée le 13 août. Elle ne convint d'aucun fait. Elle est morte en prison.

Beugnon, arrêté et interrogé le 16 août, convint d'une

partie des faits, mais il se défendit d'y avoir eu part. Il mourut en prison le 18 août.

On procéda à l'instruction de contumace contre les autres accusés, parmi lesquels se trouvait dom Philippe, religieux bénédictin de l'ancienne observance de l'ordre de Cluny, prieur de Coulonge. Il fut décrété et disparut. Mais comme les priviléges de dom Philippe empêchaient que le procès commencé présidialement ne pût être continué de la même manière, le procureur du Roi requit et il fut ordonné que le procès serait continué à l'ordinaire et jugé à la charge de l'appel.

Le 2 septembre, arrêt du Parlement qui ordonne l'apport des charges et informations.

Le 27 janvier 1728, second arrêt qui ordonne qu'il serait reçu appelant, mais que son procès serait continué, fait et parfait par l'officiai de Nevers et par le lieutenant criminel de Saint-Pierre-le-Moutier, jusqu'à sentence définitive inclusivement, sauf l'appel.

Le 2 octobre 1728, Gabrielle Ramage, mère de Châtelain, avait présenté requête au Roi, par laquelle elle demandait la révision du procès ; et, pour moyens, elle allégua : Que les juges de Saint-Pierre, animés à poursuivre la perte de la femme de La Mazille, de Maumigny, son frère, gentilhomme, et du prieur de Coulonge, s'étaient livrés à tous excès pour y réussir ; — Qu'ils avaient supposé un assassinat prémédité, commis dans la personne de La Mazille, homme de mauvaises mœurs, qui était en bonne santé ; — Que, quoiqu'il n'y eût aucune preuve du fait au procès, ils n'avaient pas laissé de condamner Châtelain à la question ; — Que la force des tourments lui avait fait dire tout ce qu'on avait voulu, et qu'il avait été condamné à mort sur sa seule confession, ce qui offensait également toutes les lois divines et humaines.

Le 28 décembre 1728, arrêt du Conseil privé du Roi, qui rejette la demande et ordonne qu'il sera mis *néant* sur la requête.

Dom Philippe, prieur de Coulonge, présenta une requête au Roi, tant en son nom qu'à celui des autres accusés et décrétés, pour être renvoyés devant d'autres juges que ceux de Saint-Pierre, et, pour appuyer cette demande, il rapporta diverses prévarications et malversations de ces juges.

Le 10 mai 1729, M. le chancelier écrivit à l'assesseur de rendre compte de sa conduite.

Le 29 octobre 1729, dom Philippe se rendit dans les prisons de Versailles, dans l'espérance d'obtenir la grâce du crime dont il était accusé, à cause de la naissance de Mgr le Dauphin. Il fut le cent vingt-cinquième du nombre des refusés. Il se retira à la faveur du sauf-conduit général.

Le 24 janvier 1730, le prieur fit signifier au greffe de Saint-Pierre l'arrêt du Parlement du 27 janvier 1728, et il offrit de se mettre en état.

Le 6 février, le procureur du Roi le fit assigner à huitaine, suivant l'ordonnance, et le somma de se rendre dans les prisons de Saint-Pierre.

Le prieur prétexta de cette sommation pour rétracter les offres qu'il avait faites de se mettre en état, et il déclara, par un acte du même jour, que cette sommation était contraire à l'arrêt du 27 janvier 1728 qui lui enjoignait de se rendre dans celles de l'officialité de Nevers, et protesta de nullité pour tout ce qui serait fait au préjudice de cette déclaration.

Le 9 février, le lieutenant criminel, le procureur du Roi et le greffier se transportèrent à Nevers pour y procéder à l'instruction, conjointement avec les officiers de l'officialité; mais le promoteur dénonça aussitôt l'assignation du prieur et déclara qu'il ne passerait pas outre.

Le lieutenant criminel ne put se dispenser de surseoir. Il en écrivit à M. le procureur général, qui manda à l'official et au lieutenant criminel que le prétexte qui les avait arrêtés était insoutenable.

Le 30 avril, ils rendirent un jugement portant que les témoins seraient récolés dans leurs dépositions, et que le récolement vaudrait confrontation.

La Merlin, servante de La Mazille, fut arrêtée et interrogée les 5 et 6 mai 1730.

Dom Philippe se rendit dans les prisons de l'officialité de Nevers, où il fut écroué le 13 mai. Lors des interrogatoires et des confrontations, le prieur fit plusieurs réquisitoires.

Le procureur du Roi écrivit à ce sujet à M. le procureur général, et il lui fit observer qu'il s'était glissé quelques erreurs dans les grosses qui avaient été portées au greffe de l'officialité. La réponse est du 24 juin 1730. Le procureur général lui marque, entre autres choses, que les vices qui se trouvent dans les grosses doivent être réformés sur les minutes, et que s'il y a des témoins qui aient rétracté leurs dispositions et leurs récolements lors de la confrontation, il faut les décréter.

Le 10 juillet 1730, l'official et le lieutenant criminel procédèrent conjointement à la réformation des erreurs.

Et le 18 juillet, l'official rendit une sentence par laquelle il décharge purement et simplement le prieur de l'accusation.

Le 23 juillet, le prieur est transféré dans les prisons de Saint-Pierre.

L'instruction étant terminée, le procureur du Roi donne, le 6 septembre 1730, ses conclusions définitives, et il demande la question préparatoire contre le prieur, un sursis contre La Merlin, la mort contre la femme de la Mazille, Maumigny et le valet du prieur, qui tous trois étaient contumaces, et les galères contre les deux témoins qui s'étaient rétractés.

Les juges ne trouvèrent pas les preuves suffisantes pour suivre les conclusions à l'égard du prieur. Ils ordonnèrent, tant pour lui que pour la Merlin, un plus amplement informé d'un an; et, à l'égard des autres accusés, ils suivirent les conclusions.

La sentence fut prononcée au prieur et à la Merlin, le 15 septembre, le prieur interjeta appel, et, le 21, il partit dans le panier du carrosse de Moulins qui passa ce jour là à Saint-Pierre.

Le 12 octobre 1730, arrêt sur requête de la chambre de la Tournelle, qui ordonne que dom Philippe soit transféré de la Conciergerie au collége de Cluny et mis à la garde du prieur et du procureur général de l'ancienne observance de l'ordre. Il y mourut au mois de février 1731.

La Merlin présenta requête à la Tournelle, sur laquelle intervint arrêt le 27 février 1731, sur le rapport du sieur de Louvencourt, conseiller. Par cet arrêt, le plus amplement informé fut réduit à six mois, pendant lequel temps elle serait mise en liberté, et il fut ordonné que le procès serait communiqué à M. le procureur général et que Mᵉ Alixand, lieutenant criminel, et Mᵉ Alasseur, conseiller, qui avaient été commis pour assister au procès-verbal de torture de Châtelain, seraient tenus de se rendre dans quinzaine aux pieds de la Cour, pour y rendre compte de leur conduite et répondre aux conclusions de M. le procureur général.

Les officiers de Saint-Pierre prétendent que c'est une entreprise des présidents et conseillers qui composent la Tournelle contre les jugements présidiaux.

La Tournelle rendit encore un arrêté ledit jour, 27 février 1731, portant que les *juges seuls qui avaient rendu l'arrêt* connaîtraient à l'avenir, à l'exclusion de tous autres, du procès dont il s'agit.

Les magistrats qui avaient rendu l'arrêt du 27 février cessèrent d'être de la Tournelle à Pâques.

Les religieux de l'ordre de Cluny présentèrent une requête à la chambre de la Tournelle, le 1ᵉʳ mars 1731, par laquelle ils demandèrent qu'en infirmant la sentence définitive, la mémoire du prieur fut déchargée de la calomnieuse accusation; et qu'il leur fût permis de prendre à partie le procureur du Roi, le lieutenant criminel, l'assesseur, et autres officiers, pour répondre et demeurer garants des dommages et intérêts et dépens dûs à la mémoire du prieur.

Le 1ᵉʳ juin, arrêt qui permet de prendre à partie.

Maumigny se rendit prisonnier à la Conciergerie, le 3 juin; le 4, il subit interrogatoire. Le 5 juin fut rendu le second arrêt par les juges qui n'étaient plus de la Tournelle, mais qui, par leur arrêté, s'étaient réservé la connaissance de cette affaire.

Maumigny fut renvoyé devant le lieutenant criminel de Moulins, pour être confronté aux témoins entendus et récolés par les officiers de Saint-Pierre-le-Moutier.

Le 27 juin, arrêt de jonction de pièces, sur la requête des religieux de Cluny.

Le 6 juillet, les deux officiers qui s'étaient rendus aux pieds de la Cour sont entendus. Ce jour, les mêmes juges rendent un quatrième arrêt, par lequel il est ordonné que ces deux officiers et autres pris à partie, qui avaient assisté au jugement de torture de Châtelain, seraient ajournés à comparoir en personne par devant le rapporteur, pour être interrogés sur les faits de prévarications et de malversations par eux commises, au sujet du procès-verbal par eux fait, sur le prétendu assassinat de la Mazille; et il fut ordonné que, à la requête du procureur général, il serait informé des mêmes faits.

Le 23 août 1731, autre arrêt qui ordonne qu'il sera dressé procès-verbal de l'état des minutes apportées à la Cour, par le greffier de Saint-Pierre.

Le 1ᵉʳ septembre, les officiers décrétés subirent interrogatoire.

Le 4 septembre, arrêt portant décret de prise de corps contre les officiers de Saint-Pierre-le-Moutier, qui avaient travaillé alternativement à l'instruction et au jugement du procès de Châtelain. Le procureur du Roi, qui avait tenté, dit-on, d'avoir le bénéfice du prieur de Coulonge pour son frère, Jaligny, greffier, et deux chirurgiens, furent décrétés d'assigné, pour être ouïs ; et il fut ordonné qu'il serait procédé à l'instruction et au jugement du procès, même en temps de vacations.

En vertu de cet arrêt, M⁰ Alixand, lieutenant criminel, et Despréfayes, assesseur, furent sur-le-champ constitués prisonniers à la Conciergerie et mis au secret.

Le 13 octobre 1731, il fut rendu deux arrêts par la chambre des vacations, sur le rapport du sieur de Louvancourt qui se trouva de service et qui n'a point cessé d'être rapporteur. Le premier regarde Maumigny, renvoyé à Moulins pour être confronté ; le second décrète de prise de corps Huet greffier, qui avait apporté les minutes du procès de Châtelain.

Le 19 décembre, les juges commis par les deux arrêts rendirent deux arrêts, le président de Blancménil étant à la tête : par le premier, Maumigny et la Merlin sont déchargés de l'accusation ; par le second, la mémoire du prieur de Coulonge est pareillement déchargée, sauf à se pourvoir pour les dommages et intérêts.

Les juges de Saint-Pierre-le-Moutier ont fait observer que ces deux arrêts n'ont eu aucun égard à la nullité de la procédure qui était demandée ; qu'ils ont prononcé purement et simplement la décharge de l'accusation sur le mérite de la procédure instruite par les officiers de Saint-Pierre ; que s'ils y avaient malversé, elle n'aurait pu servir ni à la décharge, ni à la condamnation des accusés ; que, dès qu'on l'a crue propre à fonder un arrêt de décharge, il faut qu'on ait reconnu les officiers qui l'avaient instruite exempts des prévarications qu'on leur avait imputées, et ils s'écrient : « Pourquoi tenir depuis trois années tous les officiers du siège en interdit, et trois d'entre eux dans les horreurs de la plus affreuse captivité ? »

Le 20 décembre, le secret cessa ; ils se trouvèrent alors en état de consulter sur les moyens qu'ils pouvaient employer pour se tirer de la vexation cruelle à laquelle (disent-ils) ils étaient livrés.

Leur première vue fut d'en adresser leurs plaintes directement au Roi, et de lui demander la cassation de tous les arrêts qui avaient été rendus contre eux, comme autant d'attentats à son autorité et à toutes les règles judiciaires. Mais leur conseil leur ayant fait entendre qu'ils avaient la voie de l'opposition, et que celle de la cassation était la dernière, ils réclamèrent le privilége attaché à la charge de lieutenant criminel, d'être jugés par la grand'chambre et la Tournelle assemblées, et formèrent opposition à toute la procédure faite contre eux, aussi bien qu'aux arrêts qui en avaient été la suite.

Le 12 janvier 1732, ils firent remettre aux commissaires assemblés la requête du lieutenant criminel, tendant au délaissement du procès aux deux chambres.

La Commission (c'est-à-dire les juges qui s'étaient commis à la Tournelle) rendit un dernier arrêt par lequel elle ordonna que tous les procès instruits à l'occasion des différents chefs d'accusation seraient joints pour ne composer qu'un seul et même procès; que le lieutenant criminel, l'assesseur, et Huet, greffier, seraient arrêtés et recommandés, et vingt autres décrétés.

Le procès fut délaissé aux deux chambres par arrêt du 1er février.

Dans ce procès, il y a deux objets principaux : l'un, la prise à partie des religieux de Cluny; l'autre, le procès criminel instruit à la requête de M. le procureur général.

En février 1733, requête des officiers de Saint-Pierre, portant récusation du lieutenant criminel de Moulins.

Le 26 février, arrêt qui ordonne que les parties en viendraient à l'audience.

Le 22 février 1734, requête des juges de Saint-Pierre qui contient leurs conclusions tant sur la prise à partie que sur le procès criminel. Ils concluent : à ce que tous les arrêts et la procédure soient déclarés nuls ; — Les religieux condamnés en 10,000 livres de dommages et intérêts ; — Et à être déchargés des accusations intentées contre eux, tant à la requête des moines, que sous le nom de M. le procureur général ; — Et, en conséquence, élargis des prisons.

Le 29 mai 1734, le Parlement répondit à cette requête par un arrêt d'appointé en droit et joint au procès criminel.

Les juges de Saint-Pierre-le-Moutier adressent alors une requête au Roi, dans laquelle ils déclament contre le Parlement et demandent la cassation des arrêtés et arrêts de la Tournelle et de la grand'chambre. (Elle est attribuée à M⁰ Lenormand, avocat au Parlement, qui a plaidé pour eux à la grand'chambre.)

Dans cette requête, les juges de Saint-Pierre exposent que la grand'chambre assemblée se trouvait composée de deux parties différentes ; — Qu'une moitié avait formé la commission dont ils se plaignaient et dont ils attaquaient l'autorité ; que cette moitié, intéressée à défendre son ouvrage, fut d'une grande exactitude à assister au jugement, tandis que l'autre moitié, qui n'avait pas les mêmes raisons, n'était pas obligée d'avoir la même attention ; — Que, par conséquent, le nombre de ceux qui avaient rendu les arrêts auxquels ils étaient opposants se trouvant supérieur, l'événement ne pouvait que leur être funeste, et qu'ainsi, par arrêt du 29 mai 1734, il a été ordonné que tous les arrêts dont on a parlé seraient exécutés et que les parties, sur la demande de prise à partie et à fin de dommages et intérêts, appointés en droit et joints au procès criminel.

Ils traitent ainsi de vexations les arrêts du Parlement rendus contre eux et ajoutent : Que les vices, irrégularités et prévarications dont on les a accusés n'étaient qu'un prétexte pour préparer au Parlement le moyen de juger de la validité d'une procédure dont il ne pouvait recevoir l'appel, et qui ne pouvait, dans aucun cas, être soumise à son autorité, surtout lorsqu'elle avait passé sous les yeux du Roi, qui l'avait approuvée en refusant la révision.

Voici les moyens de cassation proposés par les juges de Saint-Pierre-le-Moutier :

Le premier est fondé, disent-ils, sur l'incompétence du Parlement. Cette incompétence est telle, que, quand tous les arrêts dont ils se plaignent auraient été l'ouvrage de la Tournelle, même des grand'chambre et Tournelle réunies, ils n'en seraient pas moins radicalement nuls.

Ils ajoutent : Que le Parlement ne peut recevoir l'appel des jugements présidiaux; — Que le grand Conseil lui-même, juge des présidiaux, ne peut connaître de ces jugements, la connaissance lui en étant interdite par la déclaration du 23 sepembre 1678; — Enfin, que le Parlement, voulant connaître d'une procédure présidiale et d'un jugement en dernier ressort confirmés par Sa Majesté, serait un attentat à l'autorité souveraine.

Ils établissent, comme second moyen : Que les arrêts dont ils se plaignent n'ont été rendus ni par le Parlement ni par aucune des chambres du Parlement, mais par une assemblée de personnes sans pouvoir et sans caractère, et qui, par conséquent, était bien plus qu'incompétente pour rendre de pareils jugements; — Qu'un conseiller, hors de sa place et de ses fonctions, n'est qu'un simple particulier qui n'a plus ni pouvoir ni caractère; — Que le premier des arrêts, du 27 février 1731, a été bien rendu par la Tournelle, qui était valablement saisie de l'appel interjeté par le prieur et par la Merlin de la sentence contre eux rendue à Saint-Pierre, mais qu'aucun de ceux qui ont suivi n'a été rendu par la Tournelle; — Que le plus ancien est du 5 juin 1731, et qu'alors la Tournelle, qui existait effectivement au 27 février 1731, ne subsistait plus au mois de juin suivant

Qu'anciennement, le civil comme le criminel se traitaient à la grand'chambre; — Que les rois établissaient tous les ans, pendant le temps des vacations, une chambre pour juger les procès criminels dont le pouvoir ne subsistait que pendant le temps marqué dans les lettres-patentes ; — Que ce fut François Ier qui, par son édit du mois d'avril 1515, établit une chambre de la Tournelle ; qu'elle est composée de cinq présidents à mortier, qui y sont sédentaires jusqu'à ce qu'il vaque une place à la grand'chambre pour y monter ; qu'elle est encore composée de moitié des conseillers de la grand'chambre et de deux conseillers de chaque chambre des requêtes ; — Que cette chambre se renouvelle deux fois l'année ; ceux qui y entrent à la Saint-Martin en sortent à Pâques, au lendemain de Quasimodo ; — Que les conseillers qui étaient restés à la grand'chambre viennent prendre à la Tournelle la place de ceux qui retournent à la grand'chambre ; — Que chaque chambre des requêtes reprend ses deux conseillers et y en envoie deux autres ; — Que ceux qui sont sortis de la Tournelle n'ont plus aucun pouvoir sur les procès criminels ; — Que, s'ils en exerçaient aucuns, il est évident qu'ils empiéteraient sur les fonctions de ceux qui sont venus prendre leur place ; — Que, par une ordonnance d'Henri II, de 1549, art. 9, il est porté que les conseillers des enquêtes, après avoir fait leur service à la Tournelle, seront tenus trois jours après de remettre au greffe tous les procès qu'ils ont des prisonniers, à peine de privation de leurs gages ; — Que l'art. 140 de l'ordonnance de Blois contient les mêmes dispositions ; — Que les conseillers de la grand'chambre ont un pouvoir plus étendu, par le même art. de l'ordonnance de 1549 ; — Que les présidents leur pourront laisser tels desdits procès qu'ils aviseront pour l'expédition de justice, sur ce principe que les conseillers de la grand'chambre, quand ils sont rapporteurs, peuvent être continués par les présidents pour le rapport seulement, et non pour juger sur le rapport des autres ;

Que tous les arrêts dont les juges de Saint-Pierre se plaignent, depuis le 5 juin 1734 jusques et compris celui du 12 janvier 1732, ont été rendus par les seuls juges tant de la grand'chambre que des enquêtes qui étaient sortis de la Tournelle à Pâques 1731, et tous sur le rapport du sieur de Louvencourt, conseiller à la troisième des enquêtes et dont le service était fini; — Qu'il y a plus de quatorze arrêts infectés du même vice; — Qu'il y en a deux du 19 décembre 1731, et un troisième du 12 janvier 1732, auxquels a présidé le sieur de Blancménil, quoiqu'alors il fût monté à la grand'chambre par le décès du sieur président de Maisons; — Que tous ces arrêts ont été rendus par des juges incompétents et sans caractère; — Qu'ils n'ont pas douté qu'il ne leur fallût un pouvoir particulier pour en user ainsi; mais ce qu'il y avait de singulier, c'est qu'ils avaient cru pouvoir se le donner eux-mêmes, et qu'en effet ils se le sont donné; et que c'est ici où éclate l'attentat le plus manifeste et le moins excusable contre l'autorité de Sa Majesté; — Que le 27 février 1734, jour du premier de tous les arrêts, par lequel le lieutenant criminel et le conseiller, qui avaient assisté au procès-verbal de torture de Châtelain, furent mandés pour rendre compte de leur conduite, les magistrats qui composaient alors la Tournelle et qui rendirent cet arrêt firent le premier des deux arrêtés, portant : *Que les juges seuls qui ont rendu l'arrêt du 27 février 1731 connaîtraient à l'avenir, à l'exclusion de tous autres, du procès dont il s'agit;* — Que ce même arrêté fut répété le 6 juillet; — Et que ces deux arrêtés sont les titres en vertu desquels quatorze ou quinze magistrats dont les fonctions étaient cessées à Pâques 1731, ont de leur seule autorité formé un tribunal particulier dans lequel ils ont rendu tous les arrêts dont les juges de Saint-Pierre sont obligés de se plaindre; — Que c'est peu de prétendre vicieux ces arrêtés et ces arrêts, et que, de toutes les entreprises qui ont été faites sur l'autorité suprême, il n'y en a jamais eu de plus manifeste et de plus signalée;

Qu'il est souvent du bien de la justice et de l'intérêt des parties que les juges qui ont commencé une affaire continuent d'en connaître jusqu'à la fin ; mais qu'alors on doit avoir recours à l'autorité souveraine de laquelle tout pouvoir est émané, afin d'avoir des lettres-patentes avec le secours desquelles tout pouvoir devient parfaitement légitime; et qu'il est inouï qu'aucun tribunal, tel qu'il soit, ait jamais entrepris de s'arroger un droit qui ne réside, qui ne peut résider que dans la seule personne du souverain ;

Que les magistrats, quelque éminente que soit leur dignité, ne la tiennent que du Roi ; qu'ils n'ont de pouvoir que celui qu'il a plu à Sa Majesté de leur donner ; que ce pouvoir, sans l'autorité de Sa Majesté, ne peut sortir des bornes dans lesquelles elle a jugé à propos de le renfermer ; que tout le monde est obligé de reconnaître ces maximes fondamentales, et le danger qu'il y aurait de rien tolérer qui pût y donner la moindre atteinte ; et cependant, comment les concilier avec les deux arrêtés des 27 février et 6 juillet 1734, qu'une Tournelle qui voit sa fin ordonne, par un arrêté, qu'elle continuera pour une affaire particulière, et qu'elle seule en connaîtra à l'exclusion de tous autres ; que non-seulement elle s'attribue un pouvoir que le Roi seul pouvait donner, mais encore qu'elle enlève au tribunal ordinaire celui qu'il tenait de Sa Majesté ; et qu'on ne peut colorer ce double attentat à l'autorité de Sa Majesté.

Voilà donc deux moyens de cassation auxquels il est impossible de résister. Le premier présente une incompétence certaine et un attentat caractérisé à l'autorité de Sa Majesté, puisqu'on ne travaille que pour anéantir une procédure présidiale, qui ne pouvait être soumise à la censure du Parlement, et des jugements que Sa Majesté avait confirmés.

La seconde ne laisse entrevoir que des jugements rendus par des juges sans caractère et qui n'avaient d'autres pouvoirs que ceux qu'ils s'étaient attribués. Il y a donc, dans tout ce qu'ils ont fait, contravention marquée aux ordonnances du royaume, et entreprise manifeste sur l'autorité suprême, qui ne réside que dans la seule personne de Sa Majesté.

Mais, indépendamment de ces deux moyens généraux, qui ne laissent aucune ressource contre la cassation, il n'y a pas un seul des arrêts que la prétendue commission a rendus qui ne porte en soi quelque irrégularité particulière, qui seule est suffisante pour le détruire. On ne pouvait ordonner la prise à partie sans une contravention formelle à l'art. 1er du titre 28 de l'ordonnance de 1670, qui ordonne à tous juges, même aux Cours supérieures, de n'admettre aucuns faits justificatifs qu'après la visite du procès.

L'instruction sur l'assassinat de La Mazille n'était pas achevée, non plus que le plus amplement informé de la Merlin ; permettre de prendre à partie les juges qui ont commencé l'instruction, c'est admettre les faits justificatifs des accusés. La grand'chambre assemblée pouvait rétablir les choses dans leur état naturel ; l'opposition que les juges de Saint-Pierre avaient formée à tout ce qui avait été fait par les prétendus commissaires la mettait à portée de rendre hommage à l'autorité du Roi, blessée par l'ouvrage de la commission ; mais la voix des juges de Saint-Pierre n'a pas été écoutée, et c'est à Sa Majesté à détruire des entreprises auxquelles elle ne pourrait faire grâce sans oublier ce qu'elle se doit à elle-même, c'est-à-dire le maintien de son autorité et l'observation de ses lois.

En conséquence, les juges de Saint-Pierre-le-Moutier concluent : à ce qu'il plaise au Roi de casser et annuler les deux arrêtés des 27 février et 6 juillet 1731. Ensemble les arrêts des 5, 27 juin, 6 juillet, 6, 23, 29 août, 4 septembre, 13, 19 octobre, 19 décembre 1731, 12 janvier 1732 et 20 mai 1734, et tout ce qui s'en est suivi ; et pour être fait droit aux parties, les renvoyer en telle autre Cour qu'il plaira à Sa Majesté pour y procéder comme avant lesdits arrêtés et arrêts ; et enfin ordonner qu'ils seront élargis, et les Religieux de Cluny condamnés en 50,000 livres de dommages et intérêts et en tous dépens.

La requête est signée : Thorel, avocat desdits juges, Duportault et Godefroy, anciens avocats, M. Mabour, rapporteur.

Il était impossible que le Parlement ne répondît pas aux attaques outrageuses que la requête des juges de Saint-Pierre-le-Moutier venait de diriger contre la première et la plus illustre compagnie du royaume. Il parut en effet un mémoire intitulé : Observations contre les moyens de cassation proposés par les sieurs Alixand, lieutenant criminel de Saint-Pierre-le-Moutier, et Despréfayes, lieutenant-assesseur au même siége, dans lequel on réfutait avec force tous les arguments de la requête.

A ces observations, les juges de Saint-Pierre répondirent par une consultation signée de Me Duportault, Clavyer, Baizé, Godefroy, Pelet, Estève et Thorel, avocats aux conseils du Roi. Cette consultation ne fit que répéter tous les arguments de la requête sans y ajouter de nouvelles considérations.

Réflexions.

Quand le Roi casserait les arrêtés et les arrêts dont les juges de Saint-Pierre-le-Moutier se plaignent, et que Sa Majesté les renverrait, ainsi qu'ils le demandent, à un autre Parlement (ce qui est bien douteux), le sort de ces juges n'en serait pas meilleur.

En quelque tribunal que cette affaire soit portée, on ne se méprendra jamais sur leur haine secrète contre le prieur de Coulonge et la femme de La Mazille et sur le prétexte qu'ils ont pris du prétendu assassinat de La Mazille pour les y envelopper. On ne pourra nier que les condamnations à la question et ensuite à la mort prononcées et exécutées contre Châtelain n'aient été rendues très légèrement; et on entrevoit assez dans cette affaire que la passion l'a emporté sur la prudence.

On ne pourra jamais penser que le Parlement, où l'on rencontre les plus grandes lumières de la jurisprudence, et dont on connaît l'intégrité et l'équité, ait agi par aucun motif d'indisposition, en général contre les présidiaux, et en particulier contre les juges de Saint-Pierre ; mais qu'au contraire, les membres de cette compagnie ont agi d'après les mouvements de leur conscience, qui ne leur permettait pas de garder le silence envers des juges inférieurs, qui, d'une affaire très légère dans son origine, en ont fait une d'une très grande importance.

Les clameurs par trop indiscrètes de ces juges ne peuvent rien faire à la légèreté et aux vices de leur procédure, et, sous ce rapport, ils auraient dû s'opposer à l'ardeur peu réfléchie de leurs conseils.

Cette affaire devait être rapportée au conseil privé, devant M. le chancelier, le lundi 25 avril 1735, à Versailles. Mais soit qu'il y ait eu quelques rapports plus anciens, soit pour toute autre cause, elle fut remise au lundi 2 mai, puis ensuite au mardi 10 du même mois. Ce jour, elle fut enfin rapportée au conseil privé du Roi, devant M. le chancelier d'Aguesseau.

M. Maboul, maître des requêtes et rapporteur, fut plus de deux heures à en faire le rapport. Les opinions durèrent ensuite depuis cinq heures jusqu'à huit heures et demie du soir ; après quoi M. le chancelier prononça le jugement qui casse les arrêtés et arrêts du Parlement relatifs aux juges de Saint-Pierre-le-Moutier, et les renvoie devant le Parlement de Dijon pour instruire et juger cette affaire au fond.

Bien des gens ne croient pas qu'il soit possible que ces juges soient innocents, et pensent que les moyens de forme qui ont donné lieu à l'arrêt de cassation et de renvoi n'ont fait qu'éloigner leur condamnation.

Ces juges, qui avaient tant crié contre le Parlement de Paris, furent encore plus maltraités par celui de Dijon. Il y en eut de jugés à être pendus, d'autres aux galères, enfin quelques-uns purent se sauver de prison.

Voilà ce qui m'a été rapporté, le 10 mai 1740, par M. Chambault, commis de M. d'Ormesson, intendant des finances, qui avait épousé la veuve d'un notaire de Paris, et qui, par ce mariage, était devenu allié d'un des accusés. Il avait même fait beaucoup de sollicitations auprès de M. d'Ormesson, beau-frère de M. le chancelier, pour le renvoi de cette affaire devant le Parlement de Dijon. Mais les accusés n'en furent pas plus avancés, comme on vient de le voir.

J'ai toujours été d'opinion qu'il y avait eu de la passion dans leur conduite. C'est ce que tout honnête homme doit éviter, et préférer sa conscience et son honneur à toute autre considération.

Le jour de la grande Fête-Dieu, le Roi arriva à l'église de Notre-Dame de Versailles à dix heures. La procession sortit à dix heures et quart. Mgr le Dauphin se mit à côté du dais. La procession rentra à midi juste.

Il ne fit pas si chaud qu'en 1739.

Juillet 1740.

Le 30 juillet 1740, on trouva derrière le Point-du-Jour, près Paris, dans la ravine d'un chemin que Samuel Bernard, le fameux banquier juif, avait fait faire près de sa belle maison de Passy, un trésor considérable composé de pièces d'or du temps de François Ier et de Henri II, frappées en 1552.

1740.

MÉMOIRE AU VRAI CONCERNANT L'ÉMOTION POPULAIRE ARRIVÉE A VERSAILLES, LE LUNDI 22 AOÛT 1740, A DEUX HEURES APRÈS MIDI.

Il est d'usage que les boulangers de Paris viennent depuis l'établissement du Poids-le-Roi à Versailles y acheter des farines (1). Sa Majesté l'a autorisé par un arrêt de 1723.

L'achat des farines au Poids-le-Roi, à Versailles, est avantageux aux boulangers de Paris, tant à cause de la bonté des farines que par rapport à ce que le boisseau, qui ne pèse que douze livres à Paris, pèse treize livres à Versailles.

Les meuniers et fariniers des environs, trouvant un grand débit de leurs farines à Versailles, en amènent habituellement en grande quantité ; mais il est d'expérience que leurs prix sont plus élevés quand il vient beaucoup de boulangers de Paris que quand il en vient peu.

La longueur de l'hiver de 1740 et la continuation d'un temps peu favorable ayant donné de justes craintes pour la récolte des grains jusqu'à la fin de mai, on ordonna des prières publiques et des processions (2). Ces prières changèrent subitement le temps qui se remit au beau pendant les mois de juin et de juillet ; mais le mois d'août s'étant de nouveau tourné à la pluie, l'inquiétude sur le résultat de la récolte recommença.

Comme il ne faut qu'un prétexte aux gens avides de gains illicites, les laboureurs, les marchands de blé, les meuniers et les fariniers s'empressèrent de profiter de la crainte générale pour augmenter, chacun de leur côté, le prix du blé.

La dureté du temps et la misère du menu peuple, qui provient pour les uns de l'ivrognerie et de leur peu d'économie, et pour les autres de leur fainéantise, furent la cause qu'un grand nombre d'individus passa bientôt de l'inquiétude aux murmures.

Comme le marché au pain de Versailles se tient actuellement tous les jours, et qu'il y a habituellement sur ce marché plus de douze cents personnes, sans compter les forains,

(1) Le Poids-le-Roi ou Poids-à-la-Farine était placé dans un des carrés du marché. C'était une espèce de halle à la farine.

(2) Mgr l'archevêque de Paris, par son mandement du 20 mai 1740, ordonna des processions dans tout son diocèse. On les commença à Versailles le dimanche 22 mai, et on alla en procession à Sainte-Geneviève de Nanterre le 23 et le 30 mai 1740.

Narbonne, ancien commissaire de police de Versailles (1), se trouvant au commencement de juillet 1740 dans la chambre de M. le comte de Noailles, proposa, par mesure de précaution, au sieur Foirestier, commandant les suisses du Château de Versailles, d'établir tous les jours sur le marché une patrouille de trois suisses seulement, qui aurait été à portée de voir tout ce qui s'y passait, et de prévenir le corps-de-garde de la patrouille (2) au moindre mouvement, car il y avait à craindre que, dans de pareilles circonstances, le moindre cri poussé par une seule personne ne mît en l'air tout le peuple. Mais le sieur Foirestier repoussa cette proposition, se fondant sur ce qu'il passait sur le marché deux fois par jour en allant à l'hôpital, et qu'il n'y avait rien à craindre.

Déjà Narbonne avait eu la précaution de dresser un procès-verbal, à l'occasion duquel est intervenu un jugement de police, daté du 12 juillet, qui oblige les boulangers de tenir leurs boutiques et le marché suffisamment garnis de pain, depuis le matin jusqu'au soir.

Les boulangers de Paris, continuant de venir en grand nombre au Poids-le-Roi de Versailles pour y acheter des farines, les firent augmenter de prix; aussi, comme le jeudi 18 août ils étaient encore plus nombreux, la farine blanche augmenta de quatre sols, et la bise de sept sols par boisseau.

Le lendemain de cette subite augmentation, le vendredi 19 août, Narbonne remit à M. le bailli et à M. le procureur du Roi, dans la chambre du conseil du bailliage, un mémoire dans lequel il leur représentait qu'il serait à propos d'écrire à M. de Marville, lieutenant de police de Paris, afin qu'il donnât l'ordre aux boulangers de Paris qui étaient dans l'usage de venir s'approvisionner de farines au Poids-le-Roi,

---

(1) Il parle ainsi souvent de lui à la troisième personne.
(2) Situé au Château.

à Versailles, de ne pas y venir en si grand nombre ; qu'alors les meuniers et fariniers, voyant moins de boulangers de Paris, ne tiendraient pas leurs prix aussi élevés.

Cette proposition ne fut point admise, M. le bailli étant d'avis de la liberté absolue des marchés.

M. le procureur du Roi, cependant, tout en pensant qu'on ne devait pas avoir recours à M. de Marville, ajouta qu'il en écrirait à M. le procureur général, ce à quoi M. Fresson (le bailli) lui répartit que M. le procureur général ne se mêlerait point de cela.

Le lundi 22 août, non-seulement il vint au Poids-le-Roi des boulangers de Paris, mais encore de Charenton, de Meudon et même de Saint-Germain, de sorte que leur nombre s'élevait à près de cent.

Le Poids renfermait environ trois cents sacs de farine restés du dernier marché, et sept cent quarante-cinq qui y étaient arrivés le jour même, 22 août, ce qui faisait une quantité de plus de mille sacs.

Les règlements de police veulent que les boulangers n'achètent qu'à trois heures de l'après-midi ; j'avais déjà fait observer à M. le bailli que l'on ne suivait pas ces règlements et il m'avait répondu qu'il fallait laisser acheter sans distinction d'heure ; aussi, dès leur arrivée, les boulangers de Paris faisant clore immédiatement les sacs aux prix que les meuniers et les fariniers leur faisaient, et trois cents sacs ayant été immédiatement vendus, la farine augmenta de suite de quatre sols par boisseau.

Plusieurs des boulangers de Paris firent alors charger leur farine dans des charrettes, dans la place du Poids. Quelques-unes de ces charrettes étaient déjà parties sans que le peuple eût dit mot, lorsque plusieurs femmes étant venues au Poids vers une heure et demie, demandèrent à acheter quelques boisseaux de farine. Mais quelques marchands leur ayant refusé de vendre au boisseau, et d'autres leur ayant fait le boisseau un écu, elles se mirent à crier que pour de l'argent elles ne pouvaient pas avoir de farine. Elles coururent aussitôt se plaindre à M. le procureur du Roi et au commissaire Narbonne. Celui-ci, sur la lettre de M. le procureur du Roi, se transporta au Poids et fit entendre au fermier du Poids qu'il était nécessaire de vendre de la farine au boisseau au peuple, qui ne pouvait pas en acheter un sac à la fois.

Le fermier paraissant ignorer le refus dont lui parlait Narbonne, on envoya chercher la Romaine, marchande qui débite au boisseau, ainsi que trois autres, et, après lui avoir demandé si elle ou ses camarades avaient refusé de vendre au boisseau, elle expliqua qu'on ne leur en avait presque pas demandé dans la journée, et que les femmes qui avaient été se plaindre, au lieu de s'adresser à elles, étaient allées demander à en acheter au boisseau aux meuniers qui ne sont point dans l'usage d'entamer leurs sacs et les vendent au contraire toujours entiers.

Il était alors deux heures, et tout était encore tranquille, lorsque quelques harengères du marché, ivres d'eau-de-vie depuis le matin, résolurent entre elles de s'opposer à l'enlèvement des farines qui se chargeaient sur les charrettes des boulangers de Paris. En un clin-d'œil elles s'assemblent, et se mettent à crier : que les boulangers de Paris venaient pour enlever les farines de Versailles ! qu'on les en avait empêchés à Saint-Germain et qu'il fallait les en empêcher de même à Versailles.

Le commissaire Narbonne courut aussitôt chez M. le procureur du Roi pour le prévenir de ce qui se passait. Ils montèrent ensemble au Château afin d'en informer M. le comte de Noailles, mais il était à la chasse avec Mgr le Dauphin. Narbonne descendit alors chez M. Foirestier, commandant des suisses du Château et de la patrouille, pour le prier d'envoyer immédiatement sur le marché tous les suisses de la patrouille et des portes du jardin ; il venait de se rendre à la geôle. En sortant de chez M. Foirestier, il se rendit au corps-de-garde des suisses de la patrouille, dont sept ou huit hommes venaient de partir pour aller sur le marché. Il donna l'ordre de réunir de suite les suisses des portes et de les envoyer rejoindre leurs camarades, puis il annonça à M. le procureur du Roi l'intention où il était de retourner sur le marché avec les quatre suisses qui restaient au corps-de-garde. M. le procureur du Roi, qui était alors avec le sieur Besnier, l'un des fermiers du Poids, trouva cette démarche inutile et ne parut pas disposé à l'y accompagner; mais sur l'observation de Narbonne qu'il était nécessaire d'y aller afin de chercher à adoucir le peuple par quelques remontrances, M. le procureur du Roi changea d'avis et se détermina à y venir. Arrivés sur le lieu du rassemblement, ils trouvèrent la rue Duplessis ainsi que les chaussées et la place du marché couvertes de menu peuple parmi lequel il y avait plus de quatre mille femmes. On voyait au milieu de ce peuple une charrette en partie chargée de sacs de farine, tout autour se trouvaient d'autres sacs qui étaient mis à terre par les femmes qui s'étaient opposées au départ des farines. M. le procureur du Roi, le commissaire Narbonne et le commandant des suisses qui était venu se réunir à eux, cherchèrent par leurs exhortations à calmer le peuple; ils l'engagèrent à rester tranquille et cherchèrent à lui faire comprendre que l'augmentation survenue sur le prix de la farine n'avait été causée que par le mauvais temps et les pluies continuelles; que la farine ne croissait pas à Versailles; qu'on l'y amenait d'endroits fort éloignés; que ce qui produisait l'abondance des farines à Versailles était la facilité que les meuniers et les fariniers trouvaient à y vendre leurs farines aux boulangers de Paris; que sans cela ils n'en apporteraient pas une si grande quantité à Versailles; que, défalcation faite de ce que les boulangers avaient acheté, il en resterait au Poids sept ou huit cents sacs; qu'ils ne devaient par conséquent avoir nulle crainte que la farine manquât à Versailles! Mais toutes ces observations et beaucoup d'autres, ne purent parvenir à calmer tout ce peuple qui s'opiniâtrait de plus en plus à crier que les boulangers de Paris n'emmèneraient point de farine.

Comme il est très important de ne point fléchir sous les menaces du menu peuple, on se décida à faire replacer les sacs de farine dans la charrette qui se trouvait sur la place, et à faire charger les autres charrettes qui étaient auprès du Poids et à les faire sortir et filer une à une dans la rue Duplessis.

M. de Noyon, lieutenant de la prévôté, et le sieur Gantois, exempt, étant arrivés vers les trois heures, se concertèrent avec les officiers du bailliage sur les mesures qu'il y avait à prendre. M. de Noyon était d'avis de faire rentrer dans le Poids la moitié des farines qui en étaient sorties. Narbonne lui fit alors observer que ce serait du plus mauvais exemple et que tout le menu peuple s'en applaudirait. Les officiers de la prévôté et ceux du bailliage délibérèrent de nouveau, et il fut décidé que l'on ferait partir toutes les voitures qui étaient alors chargées.

Narbonne ayant fait remarquer à M. Foirestier que les suisses étaient sans mousquetons, on les envoya chercher, afin de donner plus de crainte. Malheureusement, les suisses étaient presque tous revêtus de leurs surtouts bruns; en sorte que ceux qui n'avaient point de mousquets, n'ayant aucune marque qui les distinguât des autres particuliers, ne firent pas sur le peuple la même impression que s'ils avaient été revêtus de leurs habits de la livrée du Roi.

On fit ensuite plusieurs roulements de tambour sur la place du Marché et au commencement de la rue Duplessis, et le commandant Foirestier enjoignit au peuple de rentrer chacun dans sa maison. Beaucoup se retirèrent, mais un grand nombre d'individus gagnèrent les avenues de Saint-Cloud et de Paris. Alors, le commandant Foirestier, à la tête des suisses de la patrouille, fit partir les charrettes chargées de farine. Elle suivirent les rues Duplessis, Saint-Pierre, du Chenil (1), de l'Aventure et l'avenue de Paris, escortées par des suisses commandés par le sergent Tandon, qui les conduisit ainsi jusqu'à Sèvres.

Ce départ ne s'effectua pas sans quelque danger. La populace, furieuse de voir ainsi partir les charrettes, s'arma de pierres, qu'elle lança sur les suisses et surtout sur les meuniers et les fariniers, et en blessa plusieurs, ce qui n'empêcha pas les voitures d'arriver à Sèvres en bon état. La brigade du sieur de Guerry, commandant à Sèvres, qui avait été avertie, vint au-devant du convoi et l'escorta ensuite le reste de la route. Dans sa marche, elle arrêta deux perturbateurs, les nommés Jean Huet, dit Georget, et Duchesne, crocheteurs, qu'ils mirent en prison à Chaillot, et qui furent transférés le 15 septembre dans les prisons de Paris.

Pendant la nuit du dimanche 28 août au lundi 29, on arrêta à Versailles sept femmes et un homme.

Par arrêt du Parlement, du mois de septembre 1740, l'instruction du procès contre ces individus fut renvoyée à M. de Marville, lieutenant de police de Paris, et ils furent transférés des prisons de Versailles dans celles du Châtelet, le dimanche 16 octobre 1740.

Après avoir été récolées et confrontées à divers témoins, les femmes ont toutes été mises en liberté et sont revenues à Versailles le 20 novembre 1740.

Après cette émeute, j'adressai à M. le comte de Noailles la note suivante, qui lui fut remise le 24 août 1740 :

« Il a toujours été d'usage à Versailles, en temps de cherté du pain, d'avoir sur le marché tous les suisses de la patrouille. Outre cette patrouille, il y en avait une autre de soldats du régiment aux gardes, et M. le major donnait l'or-

(1) La place des Tribunaux n'existait pas alors : c'était la cour du Chenil, et elle était fermée par des grilles. Pour gagner l'avenue de Paris, il fallait donc passer par la rue du Chenil (rue de Jouvencel) et la rue de l'Aventure (rue Jean-Houdon).

dre aux sergents de s'entendre entre eux pour agir de concert, en cas de besoin.

« Il serait nécessaire, dans les circonstances présentes, que M. le comte de Noailles en parlât à M. le major, afin qu'il pût établir le même ordre.

« La populace ne craint pas de dire dans les rues que, si les boulangers de Paris viennent demain jeudi enlever des farines au Poids, et si la farine ne diminue pas, ils étrangleront les fariniers du Poids et les boulangers.

« Il est donc très nécessaire qu'il y ait demain une forte patrouille sur le marché. »

J'envoyai cette note à M. le comte de Noailles. Mgr le maréchal, son père, à qui il l'avait remise, partit de suite pour la Meute où se trouvait la Cour, et le Roi écrivit aussitôt l'ordre de sa main, au colonel et aux officiers du régiment des gardes, de mettre des patrouilles dans toute la ville.

Le lendemain jeudi 25 août, dès cinq heures du matin, plusieurs patrouilles, de dix soldats chaque, furent placées, l'une à la porte de l'Orangerie, une sur l'avenue de Paris, une sur l'avenue de Saint-Cloud, une rue de la Paroisse, et une de vingt hommes sur le marché. Cet attirail effraya les habitants et tout demeura tranquille.

Les jours suivants, il y en eut une seule de placée sur le marché.

Cette patrouille des gardes resta jusqu'au voyage du Roi à Fontainebleau, elle fut remplacée par des invalides, dont on fit venir deux compagnies à Versailles (1).

———

Le dimanche 18 septembre 1740, dans l'après-midi, le Roi partit de Versailles pour aller à Choisy. Il passa par

(1) C'est là l'origine de l'établissement des Invalides à Versailles. En 1769, on supprima le corps-de-garde du marché et celui de la prison, malgré les représentations du bailli. Ces corps-de-garde furent de nouveau rétablis après l'émeute de 1775, sous Louis XVI.

Issy, où était M. le cardinal, avec lequel il resta en conférence pendant trois quarts d'heure, puis il traversa Paris en passant par le faubourg Saint-Germain, le Luxembourg, l'Estrapade, et gagna la porte Saint-Bernard pour aller à Ivry, terre qui appartient à M. le Premier. Plusieurs seigneurs avaient été d'avis que le Roi ne passât pas par Paris, à cause de la cherté du pain, mais Sa Majesté tint au contraire à y passer.

Le sieur Larchevêque, contrôleur de la marque d'or et d'argent, qui a vu le Roi à Paris, m'a dit le lendemain que le peuple l'avait laissé passer sans aucune marque de joie, et qu'il n'y eut aucun cri de : Vive le Roi.

Le lundi 19 septembre, M. le cardinal de Fleury, M. le contrôleur général et les autres ministres se réunirent en conseil, et l'on y prit des mesures pour faire venir des blés de Dantzick en Pologne, de Sicile et de Barbarie.

Le lundi 19 septembre 1740, sur les onze heures du matin, M. Fresson, bailli de Versailles, M. Regnier, lieutenant, M. Hennin, procureur du Roi, M. Foirestier, commandant des suisses, Narbonne et le Paige, commissaires de police, se réunirent au Poids-le-Roi, dans une salle attenant au Poids. On fit venir tous les boulangers, et M. Hennin, après en avoir reçu l'autorisation de M. le bailli, les engagea à ne pas acheter la farine plus cher que le jeudi 15 septembre.

On fit venir ensuite les meuniers et les fariniers, et M. Hennin leur recommanda de ne pas augmenter leur prix.

Marie-Anne Bridet, femme de David Roussel, meunier aux Vaux-de-Cernay, chargée de porter la parole pour les meuniers, demanda la permission de l'augmenter seulement de quarante sous par sacs, parce que le blé était augmenté sur tous les marchés. On ne voulut pas accéder à leur demande, et le procureur du Roi les engagea à aller à leurs sacs vendre leur marchandise, ce qu'ils firent.

Malgré ces recommandations, le nommé Repecet, meunier à Houdan, ayant offert sa farine à 90 livres le sac de 25 boisseaux, M. Hennin le fit arrêter et conduire en prison. Cela n'empêcha pas la farine d'être vendue 7 livres 10 sous par sac de 25 boisseaux, plus cher que le dernier marché. C'est 6 sous de plus par boisseau. Ainsi :

	Prix du jeudi 15 *septembre.*		*Prix du lundi* 19 *septembre.*	
	BOISSEAU.	SAC.	BOISSEAU.	SAC.
La fleur.	2 liv. 18 s.	72 liv. 10 s.	3 liv. 4 s.	80 liv. » s.
Blanc bourgeois.	2 16	70 »	3 2	77 10
Commune . . .	2 14	67 10	3 »	75 »
Bise	2 12	65 »	2 18	72 10

Il me semble que, puisqu'on avait dit à tout le monde de ne point augmenter, on n'aurait pas dû le permettre tacitement; ou si l'on voulait permettre une augmentation, on aurait dû adopter les quarante sous par boisseau, que la Roussel avait demandés immédiatement avant l'ouverture du marché.

Il vient d'arriver à Bicêtre une aventure tragique par suite du manque de pain.

Le 20 septembre, il n'y avait pas pour deux mois de provision de blé. Dans la crainte d'en manquer tout à fait, on diminua la ration, qui fut réduite à une demi-livre au lieu de cinq quarterons. Les prisonniers renfermés dans le château, ayant trouvé le moyen d'ouvrir leurs portes, se révoltèrent contre la garde, en disant qu'on voulait les faire mourir de faim. Ils tuèrent plusieurs soldats, mais l'émeute fut réprimée et l'on a pendu sept des principaux chefs.

Septembre 1740.

Le pape ayant envoyé dans une châsse, à la Reine, la tête de saint Onésime, disciple de saint Paul, on la déposa dans la sacristie de l'église Notre-Dame de Versailles, en 1739.

Le transport, à la chapelle du Roi, devait en être fait le mercredi 21 septembre 1740, mais la pluie étant survenue, on le remit au lendemain.

Cejourd'hui 22 septembre, les R. P. Récollets et le curé de l'église Saint-Louis, avec son clergé, s'étant rendus à Notre-Dame à quatre heures et demie, le transport se fit processionnellement dans l'ordre suivant :

1° Les deux bannières. — 2° Deux cents pauvres jeunes filles habillées en blanc, voilées chacune d'un morceau de toile de deux aunes. — 3° Les R. P. Récollets. — 4° Le clergé de Saint-Louis et de Notre-Dame. — 5° La châsse portée par quatre prêtres.

Derrière la châsse, à gauche, M. Forgeron, curé de Saint-Louis, et les marguilliers de Saint-Louis; à droite, M. Jomard, curé de Notre-Dame, et les marguilliers de Notre-Dame. M. le comte de Noailles, gouverneur de Versailles, vint au devant de la procession dans la première cour du Château. Il était accompagné du sieur Foirestier, chevalier de Saint-Louis, commandant les suisses de la patrouille.

La Reine vint dans la chambre du Roi pour voir venir la procession. Elle se rendit ensuite à la chapelle en bas.

Le clergé seul alla baiser la châsse.

Les blés étaient devenus très cher. Les fermiers ne se pressaient pas d'amener du blé nouveau sur les marchés. On les accusait de ne point les faire battre afin de faire croire à une récolte encore plus mauvaise que celle qui avait eu lieu, et d'augmenter ainsi la valeur de leurs grains. Dans ces circonstances, et à cause des craintes que la cherté des vivres faisaient naître à Paris, M. d'Argenson, intendant de Paris, fit paraître l'ordonnance suivante :

« De par le Roi, Marc-Pierre de Voyer de Paulmy, comte

d'Argenson, conseiller d'État ordinaire, chancelier-garde des sceaux de l'ordre royal et militaire de Saint-Louis, intendant de justice, police et finances de la généralité de Paris, étant informé que les derniers marchés n'ont pas été garnis de blés en aussi grande quantité qu'il aurait été à désirer, et ce défaut d'abondance ne pouvant être causé que parce que ceux qui ont en leur possession des grains de la précédente récolte les conservent dans l'espérance d'en tirer un plus grand profit, ou parce que les fermiers, laboureurs, dîmeurs et autres, qui ont fait la récolte des grains de la présente année, diffèrent de les faire battre et de les envoyer dans les marchés, en sorte que les peuples se trouvent privés en partie des secours de l'une et de l'autre récolte dans un temps où ceux qui les ont à leur disposition pourraient subvenir à leurs besoins ; à quoi étant nécessaire de pourvoir :

Art. 1er.

« Nous avons fait et faisons très expresses inhibitions et défenses à tous laboureurs, fermiers et autres particuliers de quelque qualité et condition qu'ils soient, faisant valoir des terres dans la paroisse de......, élection de......, soit qu'ils soient propriétaires desdites terres, soit qu'ils les tiennent à titre de recette ou de bail à ferme, lesquels ont du blé des précédentes récoltes, d'en garder une plus grande quantité que ce qui leur est nécessaire pour leur subsistance pendant six semaines, par proportion à leur consommation ordinaire. Leur enjoignons de faire porter chaque semaine, à compter du jour de la publication de la présente ordonnance jusqu'à celui de la fête de Saint-Martin d'hiver prochain, au marché le plus voisin de ladite paroisse, ou à celui auquel ils ont coutume de vendre leur blé, un sixième desdits vieux blés excédant la quantité nécessaire à leur subsistance pour six semaines, et ce à peine de trois cents livres d'amende contre chaque contrevenant et pour chaque contravention.

Art. 2.

« Les fermiers, laboureurs, receveurs et autres particuliers faisant valoir des terres dans ladite paroisse, à quelque titre que ce soit, seront tenus de faire battre des blés nouveaux de la récolte dernière et d'en faire porter sur le marché où ils ont coutume d'en vendre, la quantité de deux septiers par semaine, pour chaque charrue de leur exploitation, soit en propre ou à loyer, et ce pareillement à compter du jour de la publication de la présente ordonnance jusqu'à celui de la fête de Saint-Martin d'hiver prochain, à peine de trois cents livres d'amende pour chaque contrevenant et pour chaque contravention.

Art. 3.

« Les propriétaires des dîmes de ladite paroisse qui les tiennent par eux-mêmes, ou ceux qui en sont détenteurs à titre de ferme ou d'adjudication, seront pareillement tenus, sous les mêmes peines, de faire battre des blés provenant des dîmes de la présente année et d'en faire porter au marché voisin de leurs granges et auquel ils ont coutume de les mener, la quantité d'un septier par semaine pour deux charrues de l'étendue de leurs dîmes ; en sorte que, si ladite paroisse est composée de dix charrues, le dîmeur sera obligé de porter au marché cinq septiers par semaine, jusqu'audit jour de la fête de Saint-Martin d'hiver prochain, et ce à quelque quotité que la dîme se perçoive dans ladite paroisse.

Art. 4.

« Ordonnons que dans les vingt-quatre heures de la publication de la présente ordonnance, le syndic ou marguillier en charge de ladite paroisse, sera tenu de remettre ès-mains de notre subdélégué un état de ceux qui font valoir des terres dans l'étendue d'icelles, soit comme propriétaires, soit à titre de receveurs ou fermiers, du nombre de charrues de l'exploitation de chacun d'eux et du lieu de marché auquel tant lesdits exploitants que le détenteur de la dîme sont dans l'usage de vendre leurs blés, à peine de prison contre ledit syndic ou marguillier, en cas d'inexécution du présent article ou d'infidélité dans la confection dudit état.

ART. 5.

« Les officiers ayant la police du marché auquel les exploitations et le dîmeur de ladite paroisse ont coutume de mener leurs blés, tiendront un contrôle de ceux qui, en exécution de la présente ordonnance, auront envoyé des blés au marché, lequel contrôle nous sera envoyé chaque semaine.

« Mandons, tant à notre subdélégué qu'auxdits officiers de police, de tenir chacun à leur égard la main à l'exécution de la présente ordonnance, laquelle sera lue, publiée et affichée à la porte de l'église paroissiale ou au principal carrefour de ladite paroisse, à ce que personne n'en ignore ; enjoignons à tous officiers et cavaliers de maréchaussée de prêter pour ce toute assistance et main-forte nécessaire à toute réquisition soit de notre subdélégué ou desdits officiers de police.

« Fait à Paris, le 22 septembre 1740.
   « Signé : M.-P. DE VOYER D'ARGENSON.

   « Et plus bas, par monseigneur,
        « Signé : MABILE. »

Par suite de la cherté du pain, le Parlement rendit, le 22 septembre 1740, un arrêt qui fait défense aux amidonniers de faire de l'amidon.

Comme la poudre à poudrer provient de l'amidon, qui se fait avec de la farine de gruau, elle ne valait avant l'augmentation du prix du blé et de la farine que 3 sous la livre ; elle augmenta d'abord jusqu'à 8 sous ; mais aussitôt que l'arrêt qui fait défense de faire de l'amidon eut été publié, le 24 septembre, en deux jours de temps la poudre monta à 24 sous la livre.

———

Par arrêt du parlement du 22 septembre 1740, il fut ordonné de ne faire que du pain bis-blanc et du pain bis. On permit seulement de faire un pain blanc, très long, que l'on coupait par rouelles dans les cafés au lieu de petits pains.

A Paris, on observa strictement cet arrêt. Plusieurs boulangers, ayant été pris à faire en cachette du pain mollet, furent condamnés, le 14 octobre, les uns à 600 livres, les autres à 400 livres d'amendes, le total en monta à 25,000 livres.

A Versailles, on a été tout aussi sévère, et l'on n'a fait que du pain bis-blanc ou du pain bis. Il n'y eut que Mme la duchesse de Ventadour qui, à cause de son grand âge, elle avait plus de quatre-vingt-dix ans, obtint la permission de faire faire du pain mollet.

Le pain bis-blanc valait à Versailles, au mois d'octobre, 5 sous la livre.

A Fontainebleau, le pain était aussi cher, mais comme la Cour y était, on permit de faire du pain mollet.

———

Il tomba du ciel, en Autriche, une espèce de grêle ou manne en forme de grains qui parut très singulière, et, comme elle ne fondait pas, on la ramassa. On en fit du pain qui se trouva bon ; on en porta à l'Empereur qui en mangea.

L'Empereur en envoya au Roi, et Sa Majesté en fit remettre un morceau à Mgr le duc d'Orléans qui le goûta. Il en donna une petite bouchée à plusieurs de ses officiers, et Dugué, l'un d'eux, me dit, le lundi 26 septembre 1740, qu'il en avait mangé et qu'il était bon.

Un arrêt du Parlement, du 22 septembre 1740, vient de défendre à tous les brasseurs de fabriquer et faire aucune bière, à peine de 3,000 livres d'amende, afin de conserver les orges pour faire du pain.

Le même arrêt défend aux amidonniers de faire de l'amidon pendant un an.

L'hiver de 1740 ayant été très rude et les mois de mars, d'avril et de mai s'étant maintenus froids et mêlés de gelées, de neige et de pluies froides, les biens de la terre souffraient extrêmement et rien n'avançait.

Les blés couvraient à peine la superficie de la terre dans beaucoup d'endroits à la mi-mai, et dans d'autres on s'est trouvé forcé de retourner les blés.

On eut recours aux prières publiques, et, suivant le mandement de Mgr l'archevêque de Paris, on commença les prières des quarante heures dans l'église Notre-Dame de Versailles, le 22 mai, à l'issue de la grand'messe.

Ce jour-là même, le temps se mit un peu au beau et s'échauffa.

Le lundi des Rogations, 23 mai, le curé et les habitants de la paroisse de Saint-Louis de Versailles partirent à quatre heures du matin et allèrent en procession à Sainte-Geneviève de Nanterre.

Le même jour, lundi 23 mai, le curé de la paroisse de Notre-Dame alla en procession des Rogations à l'église Saint-Louis et aux Récollets. Mgr le duc d'Orléans y assista.

Le mardi 24, il alla au Chesnay, et le mercredi 25, à Viroflay.

Le lundi 30 mai, le curé et les habitants de la paroisse Notre-Dame de Versailles allèrent à leur tour en procession à Sainte-Geneviève de Nanterre. Ils partirent à cinq heures du matin.

Le curé mena la procession jusqu'à la butte de Picardie, après quoi son vicaire la conduisit jusqu'à Rueil. Le curé était monté en carrosse et s'était rendu à Rueil où il reprit la procession qu'il conduisit jusqu'à Nanterre. Elle arriva à neuf heures. Il faisait beau et frais. Le curé fit une station dans la chapelle de Sainte-Geneviève, puis alla dire la messe dans l'église de la paroisse, après quoi il dîna dans une salle du cloître où les marguilliers avaient fait préparer un repas.

La procession repartit à une heure après midi. Le curé la conduisit de nouveau jusqu'à Rueil où il fit une station, remonta en carrosse et se rendit à la butte de Picardie d'où il revint avec elle jusqu'à l'église de Notre-Dame de Versailles. Elle arriva à cinq heures et demie après midi.

Il y avait environ 5,000 personnes à cette procession.

Depuis le moment où l'on a commencé les prières, le temps est devenu de plus en plus beau. Je regarde véritablement comme un miracle le changement subit et brusque qui s'est fait dans le temps.

Les grains et les autres produits de la terre commencèrent à pousser, et les mois de juin et de juillet ayant été très beaux et favorables, on eut l'espérance d'une récolte qui, quoique médiocre, était encore bien au-dessus de ce que l'on avait craint d'abord.

Au commencement du mois d'août le temps changea. Dans la nuit du 3 au 4, il fit une forte gelée et il y eut des endroits où la glace avait jusqu'à trois lignes d'épaisseur, ce qui fit un tort considérable aux fruits, et surtout aux poires et aux pommes. Jusqu'au 10 août, le temps varia entre le beau et la pluie; mais, depuis le 11 jusqu'au 24, il tomba constamment une pluie froide. On craignit de nouveau pour la récolte. Les blés et les seigles qui étaient sciés germèrent. On eut alors une seconde fois recours aux prières publiques. Mgr l'archevêque, par un mandement du 22 août, ordonna de nouvelles processions, et la châsse de Sainte-Geneviève fut découverte pour la deuxième fois de l'année.

Le 25 août, le temps changea tout à coup et se maintint beau et chaud pendant sept jours, jusqu'au 31.

Pendant ces sept jours, on travailla à force à la récolte, et l'on coupa et rentra environ le tiers des grains.

Le même jour, 31 août, un violent orage, qui eut lieu à dix heures du soir, vint encore changer le temps et amena de la pluie pendant les premiers jours de septembre.

On comptait sur une abondante vendange et déjà les premières pluies de septembre avaient commencé à faire tourner le raisin, lorsque les gelées des 7, 8, 9 et 10 du même mois l'empêchèrent de mûrir et le gâtèrent entièrement; de sorte qu'au lieu d'une très bonne récolte à laquelle on s'attendait, si le temps eût été favorable, on n'en obtint qu'une très médiocre, et encore le peu de vin qu'on recueillit était-il sans qualité.

Le vin provenant de ce raisin, qui n'avait point reçu les influences du soleil, ne pouvait pas bouillir dans les cuves; les hommes qui le foulaient étaient transis de froid.

On fut obligé, pour le faire bouillir, d'y ajouter du vin que l'on avait fait chauffer avec du sucre afin de le ranimer. Quelques-uns y mirent même de l'eau-de-vie.

On commença les vendanges à Suresnes le 10 octobre, et à Mantes le 12.

Octobre 1740.

Cette année la foire de la Saint-Denis, à Versailles, tomba le dimanche, comme celle de mai. Elle commença aussi le même jour.

M. Jomard, le curé de Versailles, ne s'en est pas plaint. S'il l'eût fait, on lui aurait répondu qu'à Saint-Cloud, bourg qui appartient à M⊃gr&/sup; l'archevêque de Paris, la foire de septembre, quoiqu'elle tombe le 8 septembre, jour de la fête de la Vierge, se tient sans opposition, non-seulement ce jour, mais encore le dimanche suivant.

Une misère extrême affligea l'Espagne pendant les années 1737 et 1738. Elle manquait de blé. La France lui en fournit. Mais, soit parce qu'on ne s'était pas rendu un compte suffisant de ce qu'il y avait alors de blé en France, soit que les intendants en aient laissé passer une trop grande quantité, plusieurs provinces s'en trouvèrent complétement dégarnies. Il y eut une véritable famine dans le Perche, au pays du Maine, en Saintonge et en Poitou, pendant l'année 1739.

Paris et ses environs se trouvèrent raisonnablement approvisionnés. Le pain n'y valut que 2 sous 6 deniers la livre. Mais comme on fut obligé d'envoyer des blés de Paris dans les provinces qui souffraient, et qu'à cause de la rigueur de l'hiver, les grains ayant souffert, la récolte fut médiocre et d'environ un tiers d'année, le pain y devint cher et se paya 5 sous la livre au mois d'octobre 1740.

Novembre 1740.

M. Fresson, bailli de Versailles, m'a raconté qu'une femme seule, qui était sa locataire dans sa maison de Paris, étant morte subitement, le 4 novembre, le commissaire du quartier fit ouvrir la porte en sa présence; qu'ils furent surpris, en entrant dans la chambre, de trouver un grand nombre de pains. Cette femme, qui était à son aise, et très avare, n'avait personne pour la servir. Probablement, dans la crainte de mourir de faim, elle avait acheté tous ces pains qui étaient au nombre de 42, du poids de 8 livres, et dont la plupart étaient gâtés.

A Versailles, on remarqua aussi plusieurs personnes qui

achetèrent, le 10 octobre, dix à douze pains de douze livres, mais c'était par crainte de l'augmentation que l'on redoutait le lendemain. En effet, ce jour, la farine ayant augmenté de 9 à 10 sous par boisseau, le pain augmenta aussi le lendemain de 10 sous, et fut vendu 3 livres les 12 livres, ou 5 sous la livre.

Extrait d'une lettre écrite par le sieur Lemosnier, marchand au Hâvre, à l'occasion des blés, du 12 novembre 1740.

« A l'égard du petit mémoire que vous m'envoyez à remplir, cela est bien difficile, à cause de la grande quantité de navires qui arrivent tous les jours de Hollande.

« Il en est arrivé peu de Dantzick, mais il en vient en grande quatité de Marans et de Vannes en Bretagne. Tous ces navires déchargent de bord en bord dans des alléges qui montent la rivière de Seine. Il en passe une quantité devant le port, qui montent tout droit à Rouen et, de là, à Paris. Il n'en reste aucun ici.

« On attend beaucoup de navires de Palerme, de Naples, de Calabre et de Marseille, tous chargés de blés, mais il n'y en a point encore d'arrivés. Ce sera pour le mois prochain.

« A l'égard de ceux qui sont arrivés de Hollande, ce sont tous navires de différentes grandeurs, depuis 50 tonneaux jusqu'à 250. Il y en a la moitié qui ont apporté des seigles. Tous ceux qui viennent de Bretagne sont de 50 à 150 tonneaux, tous chargés de blé froment.

« Je ne puis vous dire combien il faut de temps pour rendre ces blés à Paris. Ils restent quelquefois plus de quinze jours à monter à Rouen, à cause de l'entrée de la Seine que l'on dit être très mauvaise pour le présent, suivant le rapport de nos pilotes de Quillebœuf.

« Les bateaux qui chargent à Rouen pour Paris sont neuf jours à s'y rendre.

« Comme l'on dit que la rivière est débordée par suite

des neiges et des pluies qui tombent tous les jours, cela pourra causer des retards.

« Il y a eu, aux environs, de 5,000 tonneaux de blé et de seigle déchargés ici en passe-debout, et il en est passé au moins autant en rivière tout droit.

« Le tonneau est de 2,000 livres pesant. Ainsi, un tonneau contient 8 septiers, mesure de Paris, et les 10,000 tonneaux font 80,000 septiers, outre ce qui est sur les navires, qui est bien plus considérable, et les navires qui doivent arriver incessamment.

« Il ne nous est arrivé aucuns suifs ni beurres d'Irlande. Il y a un embargo qui défend la sortie de toutes les marchandises du crû de ce pays. Cet embargo s'étend même aux navires de toutes les nations qui ne peuvent sortir des ports d'Irlande. Nos navires, qui sont à *Cork*, pour prendre des cargaisons de bœufs, beurre et chandelles, ceux qui sont chargés, comme ceux qui n'ont point commencé, sont tous arrêtés. Nous avons changé la destination des navires qui devaient partir d'ici pour Cork et porter leurs bœufs à la Martinique et aux îles voisines. Voilà un commerce interrompu, et qui nous fait suspendre tous nos chargements, comme si nous étions en guerre avec l'Angleterre. N'ayant pas de viande en France pour porter aux îles, nous ne pouvons pas non plus y porter des farines, à cause de la cherté du blé. L'on ne peut pas non plus envoyer tous les navires avec des marchandises sèches. Je vous assure que nous sommes bien à plaindre. Il fait, depuis vingt-quatre heures, un vent épouvantable, et il a été très violent cette nuit. Dieu veuille avoir conservé les bâtiments qui sont à la mer.

« Le pain vaut toujours ici 4 sous la livre. »

Décembre 1740.

Le 1er décembre 1740, le Roi prendra le deuil en violet pendant trois semaines, pour la mort de la Czarienne.

Le 6 décembre 1740, la Seine commença à déborder sur les quais de Paris. Le 24 décembre, l'eau arriva sur la dernière marche du degré de l'Hôtel-de-Ville.

Le samedi 24 décembre 1740, M. le comte de Noailles, gouverneur de Versailles, me prévint que le Roi et Mgr le cardinal de Fleury, premier ministre, désiraient qu'il ne fût plus bâti de maisons dans Versailles, et il me chargea de prévenir M. le bailli et M. le procureur du Roi d'en publier la défense.

Comme il n'est pas au pouvoir du juge ordinaire d'empêcher le propriétaire d'un terrain d'y bâtir, et que le Roi seul peut le faire, je dressai un projet d'arrêt pour l'exécution de celui du 10 mars 1725 qui faisait déjà cette défense, et un autre projet d'ordonnance de police que je remis à M. le procureur du Roi, afin qu'il conférât avec M. le comte de Noailles et M. le bailli, pour savoir lequel de ces deux projets il valait mieux adopter.

Le 19 novembre 1740, M. le lieutenant de police de Paris rendit une sentence qui fait défense à toutes les personnes allant dans les jeux de billards de faire aucun pari, et qui enjoint aux maîtres des jeux de ne souffrir qu'il en soit fait aucun, et de ne donner à jouer passé sept heures du soir en hiver et neuf heures en été, sous peine de 50 livres d'amende.

Une autre sentence de police du 29 décembre ajoute que ceux qui voudront faire des paris seront arrêtés et mis en prison.

Quelques personnes ont prétendu que M. de Louvois, ministre de la guerre et surintendant des bâtiments du Roi, étant devenu l'ennemi secret de la marquise de Montespan (maîtresse de Louis XIV, et pour laquelle Sa Majesté avait fait bâtir le château de Clagny), fit construire l'aqueduc de Montreuil par vengeance, pour ôter la vue de son château.

Il proposa au Roi de faire venir l'eau de la machine de Marly pour les fontaines du jardin de Versailles, ce que Sa Majesté approuva. Alors, M. de Louvois, au lieu de faire venir directement ces eaux par des aqueducs sous terre, depuis le grand aqueduc de la machine jusqu'à Versailles, le long du chemin de Marly, fit faire sur la gauche des aqueducs d'une profondeur extraordinaire pour venir à la butte de Picardie, et fit ensuite élever l'aqueduc de Montreuil entre la butte de Picardie et celle de Montbauron, sur laquelle on creusa deux grands bassins pour recevoir l'eau.

Cet aqueduc avait quatorze pieds de large aux fondations, douze pieds au rez-de-chaussée, et sept pieds sous la tablette de pierre de taille. Il avait cent pieds de hauteur, et cinq cent vingt-huit toises de longueur. Sur le dessus, il y avait une auge ou conduite de plomb. Sa construction avait coûté 600,000 livres.

M. de Louvois fit véritablement venir l'eau sur cet aqueduc ou mur de Montreuil; mais il n'en passa pas longtemps.

Le Roi ayant fait faire beaucoup de fontaines dans les jardins de Marly, et entre autres une rivière en face du château, depuis le haut de la montagne jusqu'en bas, on dirigea toute l'eau de la machine sur Marly, et il n'en vint plus par l'aqueduc ou mur de Montreuil (1).

Le duc d'Antin, voyant que l'aqueduc ou mur de Montreuil était devenu inutile, en fit ôter les plombs. On dit qu'il y en avait pour 100,000 livres.

La démolition de cet aqueduc a été adjugée, en 1736, au sieur Thévenin, maçon, moyennant 45,000 livres. Il doit fournir au Roi 2,000 toises de moellons à raison de 4 livres

(1) Cette rivière coûta plus de 100,000 écus. Après la mort de Louis XIV, le duc d'Antin, qui avait été fait surintendant des bâtiments du Roi, vendit au nommé Lamoureux, maçon, les marbres, pierres et autres matériaux de cette rivière qu'il fit démolir. Lamoureux les acheta moyennant 14,000 livres. Il y gagna beaucoup. Cela se fit en 1716.

la toise. On compte que cette démolition lui coûtera 60,000 livres. Il fait jouer de petites mines, seulement pour faire écrouler le mur qu'il doit abattre en cinq ans. Il a commencé le lundi 19 mars. On croit que le moellon lui rapportera 120,000 livres, et la pierre de taille 36,000 livres ; il lui resterait donc de bénéfice 51,000 livres.

En 1739 et 1740, le Roi ayant fait faire un grand aqueduc depuis l'abreuvoir (1) de Versailles jusqu'au-delà de Gallie, qui coûta à ce que l'on dit plus de 1,500,000 livres (2), et le sieur Thévenin, qui en fut chargé, y ayant employé tout son moellon, réalisa ainsi de très grands bénéfices.

La longueur et la rigueur de l'hiver de 1740, puis les nielles qui survinrent à la veille de la récolte ayant gâté les blés et autres grains, la récolte fut très médiocre et évaluée à un tiers d'année commune. Le Roi, pour éviter les grandes extrémités auxquelles serait livré le royaume et particulièrement Paris, sa ville capitale, qui n'avait aucune provision, prit la précaution de faire venir en France des blés des pays étrangers.

On en acheta à Dantzick, en Pologne, en Danemark, en Barbarie, en Sicile, en Hollande et dans d'autres pays ; et l'on prit encore la précaution d'en faire diriger sur Paris des diverses provinces qui en récoltaient le plus, tels que le pays Chartrain, le Vendômois, le Lyonnais, Marseille et Rennes.

On désigna différents endroits pour faire des magasins de blés, soit à Paris même, comme les Invalides, les Augustins, Saint-Lazare, etc., soit hors Paris, comme Saint-Germain, Port-Marly, Pontoise, Mantes et autres lieux.

(1) Cet abreuvoir était situé au bout de la rue des Réservoirs, près la rue Neuve. On le plaça où il est actuellement, lorsque l'on fit le boulevard du Roi, en 1773.

(2) D'après un détail fourni par Gabriel, premier architecte du Roi, qui fit faire cet aqueduc, il coûta 1,031,156 liv. 11 s. 10 d. — Voir *Mémoires de l'Acad. des Sciences*, 1762.

Une partie des blés achetés à Dantzick et en Hollande arrivèrent les premiers en vue du Havre-de-Grâce, mais ne purent entrer dans le port par suite des vents contraires qui durèrent environ trois semaines. Le vent ayant changé, on les déchargea dans des allèges, et on les fit monter par Rouen jusqu'à Paris, où on les emmagasina au commencement du mois de décembre.

Les autres blés ne devaient arriver qu'à la fin de décembre ; cependant ils arrivèrent un peu plus tôt. Malgré cela, on ne put les faire entrer dans Paris, ni les déposer dans les autres lieux désignés pour les recevoir, attendu que la pluie et les neiges fondues firent déborder la Seine dès le 7 décembre, que le 15 l'eau passait par-dessus le pavé du Cours, et qu'il ne put se faire aucun arrivage.

Les boulangers de Paris, qui étaient dans l'usage de venir à Versailles acheter leurs farines au Poids-le-Roi, ne purent prendre la route ordinaire et furent obligés de passer par Châtillon.

A cette époque, Brière, meûnier à Saint-Rémy, près Chevreuse, a apporté au Poids-le-Roi, le lundi 12 décembre, un échantillon de blé de la récolte de 1734 ; et il a assuré qu'il y en avait encore beaucoup en Beauce, et même de 1729.

Il serait intéressant de savoir de ceux qui ont encore de ces blés, quels sont les moyens qu'ils ont employés pour les conserver.

Les blés étrangers que le Roi avait fait venir à Paris commencèrent à être vendus sur les marchés. Ils ne revenaient guère au Roi qu'à 25 livres le septier. Mais comme ceux qu'on avait achetés à Chartres et dans beaucoup d'autres marchés, pendant le mois de novembre 1740, lui revenaient, rendus à Paris, au moins à 45 livres le septier, on chercha à établir un prix moyen.

On les vendit d'abord 36 livres le septier ; quelques jours après, on les mit à 38 livres, puis ils redescendirent à 36 livres, et enfin, le lundi 12 décembre, on les mit à 34 livres.

On dit dans le public que M. Orry, contrôleur général des finances, ne veut pas que le Roi fasse de perte sur le prix des blés qu'il a fait acheter tant en dedans qu'en dehors du royaume.

Un jour, à son lever, le Roi ayant demandé à M. le contrôleur général Orry combien le pain valait la livre à Paris, ce ministre l'assura qu'il ne valait que 3 sols, ce qui n'était point la vérité, puisqu'il valait alors 4 sols 6 deniers, et il n'y eut pas un seul des seigneurs présents qui eût le courage de dire la vérité au Roi.

On doit conclure de là que le ministre des finances cachait au Roi la connaissance de la véritable situation du peuple, et par rapport au prix du pain, qui est excessif depuis très longtemps, et par rapport à tout ce qui sert à la vie et au vêtement, surtout du menu peuple, qui est cher à proportion (1).

(1) On trouve assez difficilement des documents qui permettent de comparer les prix des denrées alimentaires aux époques de Louis XIV et de Louis XV avec les prix actuels. La Bibliothèque de la ville de Versailles possède, parmi ses manuscrits, deux états et menus généraux de la dépense ordinaire de la chambre aux deniers du Roi. L'un de ces états est de 1683, sous Louis XIV, et l'autre de 1758, sous Louis XV. En comparant ces deux états, on voit que, dans l'espace de 75 ans qui les sépare, les mêmes denrées ont déjà augmenté du double, ainsi que le montre le tableau suivant :

		En 1683.			En 1758.		
Pain,	la livre	» liv.	1 s.	3 d.	» liv.	2 s.	
Bœuf,	—	»	5	»	»	9	
Mouton,	—	»	5	»	»	9	
Veau,	—	»	5	»	»	9	
Vin de table, le septier		4	8	»	9	14	
Un cent d'œufs		4	»	»	6	»	
Lard,	la livre	»	10	»	1	»	
Huile vierge,	—	1	»	»	1	10	
Chapon de pailler		1	10	»	2	4	
Chapon gras		1	18	»	3	10	
Riz de veau		»	10	»	»	18	
Un coq d'Inde		2	10	»	3	10	
Un cent d'écrevisses		2	10	»	5	»	
Un quarteron d'huîtres		»	15	»	1	10	
Un brochet de 1 pied 4 doigts		3	5	»	11	»	
Une carpe de 1 pied 2 doigts		2	»	»	3	10	
Une perche		3	»	»	7	10	

Les pluies et les neiges fondues qui tombèrent pendant les mois de novembre et décembre 1740 ayant fait déborder les grandes rivières, ces débordements causèrent des dommages très considérables en différents endroits du royaume. Les vallées étaient comme des fleuves. Plusieurs moulins furent entraînés. Celui de Coubertin, bâti à neuf en 1739, à un quart de lieue de Chevreuse et à trois lieues de Versailles, fut détruit et emporté par la violence de l'eau, le 20 décembre 1740.

La Seine étant débordée dès le 6 décembre, les voitures de Paris à Versailles furent obligées de passer par les hauteurs des Bons-Hommes. On allait en bateau sur le chemin pavé au-dessous de Chaillot.

On a remarqué que le débordement de la Seine, cette année 1740 et 1741, en décembre et janvier, avait excédé celui de 1711 de onze pouces en hauteur.

Les boulangers de Chaillot, qui sont dans l'usage de venir acheter à Versailles leurs farines, étaient obligés de passer par Montmartre, de traverser Paris, gagner le faubourg Saint-Jacques, passer par Châtillon, suivre les derrières de Meudon, et arriver à Versailles par le Pont-Colbert.

Paris, faute de précautions, a été sur le point de manquer de farines, et par conséquent de pain. Le Poids-à-la-Farine de Versailles lui a été d'un grand secours dans cette occasion.

Le jeudi 29 décembre 1740, M. de Marville, lieutenant de police de Paris, envoya à Versailles un exempt et cinquante chevaux de trait pour aider les voitures des boulangers de Chaillot à enlever les farines de Versailles. Ce qui eut lieu aussi pour les autres marchés.

Paris était dans une si grande détresse que l'on fit venir des farines dans des tonneaux, de Chartres, de Rouen et de partout où l'on put en trouver.

Le 30 décembre 1740, Mgr l'archevêque de Paris ordonna partout des prières publiques.

A Versailles, on les commença le dimanche 1ᵉʳ janvier 1741. La consternation était générale.

M. le comte de Noailles, gouverneur de Versailles, dit ce jour au sieur Foirestier, commandant les suisses de la patrouille, au sieur Bienvenu, à moi Narbonne, et à plusieurs autres personnes qui se trouvaient dans son appartement, qu'il venait de chez Mᵍʳ le cardinal de Fleury, premier ministre, et qu'il l'avait trouvé les larmes aux yeux de la triste situation où se trouvait la France exposée à tant de dangers et de misère.

La Seine baissa de quatre pieds du 31 décembre 1740 au 2 janvier 1741 ; mais les pluies ayant recommencé avec abondance, elle augmenta de nouveau. Enfin, vers le 20 janvier, elle baissa rapidement et la navigation put se rétablir.

A Paris, Mᵐᵉ la duchesse (1) fut obligée d'abandonner son palais près les Invalides.

Tout Paris était dans la crainte non-seulement de manquer de pain, mais encore des malintentionnés que l'on savait fort nombreux et qui ne cherchaient qu'une occasion pour exciter une émotion populaire.

Toutes les caves des parties basses de la ville étaient remplies d'eau, et l'on fut obligé d'en tirer les marchandises et de les laisser exposées dans les rues. On allumait des feux autour pour les conserver. Le guet à cheval et à pied, et les soldats des gardes françaises faisaient des patrouilles dans les rues jour et nuit.

Il y eut de l'eau jusqu'à la dernière marche du degré de l'Hôtel-de-Ville.

On cessa le service divin à l'église du Saint-Esprit.

On allait en bateau dans la cour de l'Archevêché.

A la place Maubert, l'eau entrait presque dans l'église des Carmes.

On n'a jamais vu à Paris une consternation plus générale

(1) De Bourbon.

et mieux fondée, puisqu'on avait à combattre en même temps et l'eau et la faim.

Le nombre des pauvres devint si considérable à Versailles, à la fin de l'année 1740, que les rues en étaient pleines. La Charité des sœurs (1) manquant de fonds par suite de la diminution des aumônes et des quêtes, M. Jomard, curé de Notre-Dame, fit retrancher le pain au mois d'octobre et donna à la place du riz aux pauvres de la ville.

Il convoqua les principaux habitants de Versailles qui se réunirent, le mardi 13 décembre, dans la salle de la Mission. Là, il leur retraça la misère générale, le grand nombre de pauvres qu'elle avait produits, et les exhorta à contribuer par une aumône volontaire à leur soulagement.

Il proposa en outre de diviser la paroisse de Notre-Dame en douze quartiers, de nommer un prêtre de la Mission avec deux des principaux habitants dans chaque quartier pour aller dans chaque maison, afin d'inscrire sur un rôle le nom des personnes en état de contribuer au soulagement des pauvres, et la somme qu'elles voudraient donner par mois.

D'inscrire sur un autre rôle les noms, surnoms et professions des pauvres de chaque maison, leur nombre, celui de leurs enfants, et depuis combien de temps ils sont établis à Versailles.

Les propositions furent unanimement approuvées, et le lendemain les missionnaires et les bourgeois désignés commencèrent leur travail.

On trouva que sur la paroisse Notre-Dame il y avait cinq cents familles pauvres, auxquelles il fallait faire l'aumône, ce qui formait quinze cents pauvres, et que pour leur donner une livre de pain à chacun par jour, à 4 sous la livre, cela ferait 300 livres par jour, ou 9,000 livres par mois.

(1) On appelait alors ainsi le Bureau de bienfaisance.

Le 25 décembre, jour de Noël, M. Jomard me raconta que la veille il était monté au Château; que le Roi était alors au conseil, et que, comme il attendait dans la grande galerie que le conseil fût fini, on le fit entrer dans la salle même du conseil; qu'il expliqua alors au Roi les arrangements qu'il avait pris pour secourir les pauvres; que Sa Majesté les avait approuvés et qu'elle lui avait promis de contribuer pour sa part à raison de 200 livres par mois, et que Mgr le cardinal s'y était aussi engagé pour deux louis d'or par mois.

Le curé de la paroisse Saint-Louis étant mort, on ne prit pas les mêmes arrangements dans cette paroisse où il y a presque autant de pauvres qu'à Notre-Dame. Les missionnaires et les dames de charité firent seulement des quêtes dans chaque maison.

Dans l'arrêt rendu par le Parlement, le 30 décembre, pour la subsistance des pauvres, on dit que dans les villes murées où il y a plusieurs paroisses, le rôle de la taxe sera fait par les curés, les marguilliers en charge, les anciens et notables habitants de chacune desdites paroisses, et que dans les autres villes les rôles seront faits par les juges, en présence du curé, du substitut du procureur du Roi, du syndic et de deux habitants nommés par les autres.

Il est assez difficile de savoir si par ces mots *villes murées* on entend celles qui l'ont été anciennement, et à quelle époque, car presque toutes l'ont été en 1560, pendant les guerres civiles du prince de Condé, ou bien si l'on comprend sous cette dénomination les villes où les droits d'aides et d'entrées sont établis, et qui sont réputées villes murées.

A Versailles, les dispositions prises dès le 13 décembre, par M. Jomard, pour secourir les pauvres, ayant précédé l'arrêt du Parlement, les officiers du bailliage ne s'occupèrent pas de l'exécution de cet arrêt, et ils laissèrent au curé le soin de continuer l'œuvre qu'il avait si bien commencée.

1740.

Par édit du mois de décembre 1666, les chirurgiens doivent déclarer aux commissaires les blessés qu'ils auront pansés chez eux ou ailleurs, à peine d'amende et de déchéance de la maîtrise.

A Paris, cela s'observe régulièrement, mais à Versailles les chirurgiens n'ont jamais voulu se soumettre à cette mesure (1).

POLICE DE PARIS.

Avant l'année 1667, le lieutenant civil était chargé de la police; c'était alors une fonction très considérable. Cette année 1667, on créa la charge de lieutenant général de police de Paris qui fut donnée à M. de la Reynie.

Le deuxième fut M. Le Voyer d'Argenson, en 1697. M. d'Argenson ayant été fait vice-chancelier et garde des sceaux le 28 janvier 1718, M. de Machault fut nommé pour le remplacer comme lieutenant général de police; ce fut le troisième.

Le quatrième fut M. de Baudry, en 1720.

Le cinquième, M. d'Argenson fils, en 1722.

Le sixième, M. d'Ombreval, en 1724. M. d'Ombreval ayant été chassé pour ses criminelles manœuvres sur les grains, qui causèrent l'augmentation du pain en 1725, on nomma à sa place M. Hérault, intendant de Tours, en septembre 1725; ce fut le septième.

Le huitième fut M. de Marville, gendre de M. Hérault, qui remplaça ce dernier mort en 1740 (2).

Pour la sûreté de Paris, il fut établi, en 1567, seize centeniers, pris parmi les principaux habitants, qui commandaient chacun cent hommes de la bourgeoisie.

(1) C'est un honneur pour eux.
(2) On trouve à la suite et d'une autre main, les noms de MM. Berrier, de Sartine, Lenoir, Albert et Lenoir, sans dates.

A présent cela est changé. Il y a un guet à cheval, un guet à pied, des gardes sur les ports. Et lorsqu'il y a nécessité, on commande les mousquetaires et les soldats des gardes françaises et suisses.

M. le comte de Noailles, gouverneur de Versailles, ayant atteint l'âge de majorité en 1740, les officiers du bailliage de Versailles allèrent en corps et en robe lui en faire leur compliment. La parole fut portée par le bailli, M. Fresson.

Cette année sera mémorable par plusieurs événements. La rigueur et la longueur de l'hiver, le peu de récolte des blés à cause de la gelée et de la nielle, le manque de raisins en septembre lorsque les vignes présentaient la plus belle apparence, les pluies et les vents, la mort de l'Empereur, la mort de la Czarienne.

Janvier 1741.

Le 30 décembre 1740, le Parlement de Paris rendit un arrêt pour la subsistance des pauvres. Dans le sens littéral de cet arrêt, les deux tiers de tous les revenus des biens doivent contribuer du sou pour livre à la subsistance des pauvres. Les revenus des domaines du Roi ne paraissent pas exempts de cette contribution.

La chambre des comptes prétend que le Parlement ne peut pas se mêler de ce qui concerne les domaines du Roi. Appuyée sur ce principe, elle voulut faire modifier l'arrêt du Parlement. Elle fit des représentations à M. le chancelier, et le bruit se répandit qu'elle avait rendu un arrêt cassant celui du Parlement. Mais dans une assemblée des membres du Parlement, qui se tint à Versailles le 13 janvier 1740, à laquelle assista l'archevêque de Paris, il fut décidé que l'arrêt de la cour aurait son exécution.

Il parut, à cette occasion, les mauvais vers suivants :

> De par la chambre, en sa *buvette*,
> Défense de faire la *cueillette*
> Pour la veuve et pour l'orphelin.
> Pour magistrats à ventre plein,
> Les pauvres ont tort d'avoir faim.
>
> La chambre, qui n'a de police
> Que sur omelette et saucisse,
> Vient de casser étourdiment
> Votre arrêt, gens du Parlement.
>
> Pour faire à ces grimauds la nique
> Et empêcher toute critique
> De ce sénat ignorantin,
> Rendez vos arrêts en latin.

La chambre des comptes est une cour souveraine fort ancienne. Dans les cérémonies, elle marche à la gauche du Parlement. Elle a été fixée et rendue sédentaire à Paris sous le règne de Philippe le Bel. Avant ce temps, elle faisait partie du conseil du Roi et avait la direction des finances.

Le conseil du Roi fut partagé en deux, le Parlement, que l'on appelait aussi chambre, et la chambre des comptes. C'est pourquoi ces deux cours ont eu d'abord des avocats et des procureurs généraux qui leur étaient communs.

La chambre des comptes était anciennement ce qu'est aujourd'hui le conseil des finances.

Il paraît très vrai que la chambre des comptes a rendu un arrêt qui casse celui du Parlement ; seulement les gens des comptes n'osèrent ni le faire imprimer ni le faire afficher. Ils se contentèrent d'en faire faire un bon nombre de copies à la main qu'ils envoyèrent sous enveloppes cachetées à tous leurs amis.

Tout ceci me paraît très irrégulier ; car pourquoi rendre un arrêt et n'oser ni le faire imprimer, ni le faire afficher? N'est-ce pas la preuve la plus évidente qu'en rendant cet arrêt ils savaient faire un acte mal fondé contre le Parlement?

Le Parlement, offensé de l'entreprise de la chambre des comptes, s'en plaignit au Roi et en demanda justice. Sa Majesté rendit un arrêt par lequel elle casse et annule celui de la chambre des comptes, lui fait défense de faire à l'avenir de pareilles entreprises, et lui enjoint dans des cas semblables de se pourvoir à Sa Majesté par des remontrances.

L'arrêt fut signifié à la chambre des comptes, et le Parlement triompha.

Cependant, Mgr le cardinal de Fleury, premier ministre, exigea du Parlement que l'arrêt du conseil d'État ne fût ni imprimé, ni affiché, celui de la chambre des comptes n'ayant été ni imprimé, ni affiché.

Cette attaque de la chambre des comptes contre le Parlement n'en a pas moins excité de fâcheuses impressions dans le public, et beaucoup de personnes furent très étonnées que l'arrêt du conseil n'ait pas été publié.

Mai 1741.

Le duc de Gramont étant mort sans enfants, en mai 1741, sa succession, qui était fort considérable, passa au comte de Gramont, son frère.

Le Roi lui donna aussi la charge de colonel du régiment des gardes françaises, dont le duc était pourvu.

Sa réception se fit sur la place d'Armes, à Versailles, le 31 mai. Le régiment se réunit et se forma en carré. Le Roi y arriva à trois heures. M. le maréchal de Biron, comme premier maréchal de France, lui mit l'esponton (1) à la main. Il dit ensuite aux officiers et sergents qui étaient rassemblés, que le Roi avait donné la charge de colonel du régiment de

---

(1) Demi-pique que portaient alors les officiers d'infanterie.

ses gardes à M. le comte de Gramont, et qu'ils eussent à le reconnaître en cette qualité, et à lui obéir en tout ce qui serait du service de Sa Majesté.

Juin 1741.

Le Roi vint, le 1ᵉʳ juin 1741, à la procession de la Fête-Dieu de la paroisse de Versailles. Dans sa voiture se trouvaient M. le comte de Clermont, le prince de Dombes et le comte d'Eu. M. le duc de Béthune, capitaine des gardes, était à la portière de droite, et M. le duc de Rochechouart, premier gentilhomme de la chambre, à la portière de gauche.

Mᵐᵉ la duchesse de Bourbon, deuxième douairière, est morte le 14 juin 1741.

Août 1741.

Marie-Anne de Bourbon Condé, Mˡˡᵉ de Clermont, est morte à Paris le 11 août 1741. Mˡˡᵉ de Clermont était la sœur aînée de M. le duc de Bourbon. Lorsque celui-ci devint premier ministre, il nomma Mˡˡᵉ de Clermont surintendante de la maison de la Reine, et il fit porter les appointements de cette place, qui jusqu'alors avaient été de 15,000 livres, à la somme énorme de 81,500 livres.

Le Roi prit le deuil de cette princesse pour onze jours, lorsqu'il eut fini celui de la reine de Sardaigne.

Septembre 1741.

Le dimanche 10 septembre 1741, le sieur d'Hyvert, vicaire de la paroisse de Notre-Dame de Versailles, prêcha dans cette église, et dans son sermon déclama beaucoup contre la police. Entre autres choses, il dit que M. Blouin, gouverneur de Versailles, avait toujours empêché que les foires de Versailles se tinssent les jours de fêtes et dimanches, mais qu'un autre gouverneur (voulant parler de M. le comte de Noailles) l'avait permis. Qu'il avait fait lui-même des réclamations, mais qu'elles n'avaient pas été écoutées.

Le sieur d'Hyvert, en prêchant contre les foires de Versailles, a sans doute oublié que Mgr l'archevêque de Paris, seigneur de Saint-Cloud, n'empêche point que la foire ne se tienne à Saint-Cloud le jour de la Notre-Dame de septembre, que l'on ne danse pendant la grand'messe et les vêpres, et que l'on ne joue à une infinité de jeux de blanque et de dés. Et cette foire se tient encore le dimanche suivant, et l'on y danse et l'on y joue de la même manière. Du moins, à Versailles, on ne permet les danses qu'après les vêpres jusqu'à la brune, et on ne souffre aucun jeu de blanque.

Et pourquoi les missionnaires lazaristes eux-mêmes souffrent-ils que la foire Saint-Laurent se tienne dans leur enclos les dimanches, et qu'il s'y passe bien plus de choses contraires au bon ordre qu'à Versailles?

Il y aurait bien des choses à dire sur tout cela; mais pour s'en tenir à une, on peut dire seulement que les gens d'église, pour la plupart, ne veulent pas que l'on fasse ce qu'ils font, mais ce qu'ils disent; mais tant qu'ils ne prêcheront pas d'exemple, leurs sermons ne feront pas grand effet.

Le caractère dont ils sont revêtus est si respectable qu'il empêche que l'on ne dise d'eux tout ce que l'on en pense.

Octobre 1741.

Le 20 octobre 1741, vers six heures du soir, il fit à Versailles un violent coup de tonnerre, au moment où le Roi rentrait de la chasse. Sa Majesté dit aussitôt qu'elle était sûre qu'il était tombé. En effet, une demi-heure après, on s'aperçut qu'il était tombé rue du Chenil, maison du sieur Guénon, dans la chambre de Mlle de Caumont, fille de la musique du Roi, qui habitait une partie de l'appartement du sieur Duverger, de la musique du Roi. Le feu était déjà dans la cuisine du sieur Duverger. J'y courus aussitôt et je dressai procès-verbal des dégâts produits par le tonnerre.

Novembre 1741.

M. de Marville vient de rendre, le 10 novembre 1741, une nouvelle sentence contre les jeux de billards.

Il est défendu à tous soldats, tant des régiments des gardes françaises et suisses que de tout autre régiment, et à tous cavaliers et dragons, d'entrer dans les maisons de jeux de paume et salles de billards, sous le prétexte de jouer ou de regarder jouer, soit que lesdits soldats soient revêtus de leurs habits d'ordonnance, ou qu'ils se soient travestis, à peine d'emprisonnement. Les maîtres de ces jeux ne doivent pas les souffrir dans leurs maisons à peine de 100 livres d'amende ; et dans le cas où lesdits soldats voudraient y entrer de force ou y rester, d'en porter leur plainte au commissaire du quartier qui donnera ordre à la garde de la barrière d'emprisonner les contrevenants.

1741.

Dans le courant de 1741, M. le maréchal de Noailles se démit de la grandeur d'Espagne en faveur de M. le comte de Noailles, son fils cadet, qui se maria quelque temps après, le 27 novembre, avec Mlle d'Arpajon, âgée de treize ans. A son retour de Paris, les officiers du bailliage allèrent lui faire leur compliment. M. le bailli Fresson porta la parole ; il lui souhaita toutes les félicités possibles et une nombreuse postérité.

M. le comte de Noailles, après avoir remercié les officiers de leur compliment, ajouta qu'il sortait de bonne race et de père et mère vertueux ; que, depuis sept à huit cents ans, aucun homme de sa famille n'avait eu le moindre différend dans son ménage ; qu'à la vérité ils y avaient toujours vécu un peu bourgeoisement et qu'il espérait vivre de même ;

qu'en toutes occasions il donnerait aux officiers en particulier, et à la ville de Versailles en général, toutes les marques de bienveillance qui dépendaient de lui, d'autant plus volontiers qu'il espérait bien que le gouvernement de Versailles passerait à ses enfants.

Le marquis d'Antin est frère du duc d'Épernon, et l'un et l'autre sont fils du marquis de Gondrin et petits-fils du duc d'Antin. Leur mère est Mlle de Noailles, sœur du maréchal de Noailles d'aujourd'hui. Après la mort du marquis de Gondrin, elle épousa le comte de Toulouse, grand amiral de France.

La comtesse de Toulouse est fort bien avec le Roi, qui fait de fréquents voyages à Rambouillet. Elle fit avoir au marquis d'Antin, son fils, la vice-amirauté.

Le Roi fit équiper une flotte pour surveiller les mouvements de la flotte anglaise qui devait partir d'Angleterre pour aller prendre les galions d'Espagne à Carthagène. Le commandement de la flotte française fut confié au marquis d'Antin, alors âgé de trente-deux ans.

La flotte anglaise attaqua celle de France. L'amiral anglais, n'ayant point réussi dans son attaque, envoya faire des excuses au marquis d'Antin, sous le prétexte qu'il y avait eu méprise de sa part.

Quelques jours après, l'occasion se présenta de prendre la revanche de cette insulte et de battre l'amiral anglais. Mais malgré le sentiment des plus anciens officiers qui l'engageaient à combattre, il n'en voulut rien faire. Indisposés contre leur chef, ils en écrivirent en Cour. Le marquis irrité maltraita l'un de ces officiers. Arrivé à Brest et débarqué, cet officier provoqua le marquis d'Antin, lui fit mettre l'épée à la main, et le tua. Il n'a point été plaint à la Cour.

La dépense de cette flotte a été de dix millions, et on n'en a retiré que du déshonneur, par la faute du marquis d'Antin.

La récolte de vins fut très médiocre cette année. La vigne, qui commence ordinairement à fleurir du 12 au 18 juin, n'a commencé cette année que du 22 au 26, comme je l'ai remarqué dans mon jardin.

L'année, quoique tardive, promettait beaucoup. Le raisin était admirable et abondant, lorsqu'à la veille de la vendange, les 7 et 8 octobre, il arriva des gelées qui gelèrent entièrement les raisins. Rien de plus triste à voir que cette récolte qui eût été si belle si le temps était resté chaud seulement 8 jours de plus. Mais la gelée gâta tout, et le peu qui resta ne donna que de mauvais vin.

On fit toutes sortes de manœuvres pour le rendre un peu meilleur. On y mit du vin bouilli avec du sucre, de l'eau-de-vie, mais on n'en obtint toujours qu'un vin sans qualité et vert. Il fallut cependant le boire tel qu'il était, car on n'en trouvait que très peu de vieux.

Janvier 1742.

Le 3 janvier 1742, jour de Sainte-Geneviève, Mme la comtesse de Noailles vint à la Cour faire sa première visite de noces au Roi, à la Reine, et aux princes et princesses.

Elle fut présentée par la duchesse de Villars, sœur de M. le comte de Noailles.

Le même jour, sur les cinq à six heures du soir, les marguilliers de Notre-Dame allèrent lui faire leurs compliments. Les officiers du bailliage n'y allèrent point, et ils n'en ont pas fait mieux.

Le même jour, sur les huit heures, on tira plusieurs boîtes et cinq ou six douzaines de fusées volantes, dans la grande cour du château de Versailles, un peu au-dessous de la vedette, à gauche en entrant par la grille de la place d'Armes. Le signal fut donné d'une croisée de l'appartement de M. le comte de Noailles.

Mgr le Dauphin, qui était en train de jouer au quadrille dans son cabinet, entendant le bruit des boîtes, accourut à une fenêtre voir ce que ce pouvait être. Après qu'on lui eut expliqué ce dont il s'agissait, il retourna à son jeu.

Au souper du Roi, M. le comte de Coigny et quelques autres seigneurs plaisantèrent un peu M. le comte de Noailles sur cette fête donnée dans la cour du Château, le Roi y étant. Le comte se défendit d'y avoir eu la moindre part, et ajouta qu'il avait fort grondé ceux qui l'avaient faite.

On dit partout dans le public que M. le comte de Noailles a en cela manqué de respect au Roi, qui seul a le droit de donner des fêtes dans les cours de son Château.

Le Roi n'en dit pas un mot à son souper.

On dit que Mlle d'Arpajon aura un jour, c'est-à-dire après la mort de sa mère, cent mille livres de rentes.

———

M. Jomard, curé de la paroisse Notre-Dame de Versailles, eut, dans les premiers jours de janvier 1742, une fluxion de poitrine dans laquelle il fut saigné onze fois. On craignit beaucoup pour ses jours, mais enfin il se rétablit et entra bientôt en convalescence. Le 17 janvier, les bedeaux de la paroisse firent en réjouissance un feu de joie à côté de l'église, devant le perron de l'entrée de la Mission, et tirèrent environ deux douzaines de fusées volantes.

Le lendemain 18, la chapelle du curé, dans laquelle se trouve le tableau de saint Vincent de Paul, fut ornée d'illuminations, et le sieur d'Hyvert, vicaire, y dit la messe.

Le samedi suivant, on chanta dans le chœur une grand'-messe à laquelle assistèrent tous les missionnaires.

Le mercredi 24, les régents du collége fondé par M. le duc d'Orléans, et qui est à côté de Notre-Dame, firent chanter une grand'messe dans la vieille église (1), toute illuminée de cierges, bougies et lampions. Le soir, ils firent chanter un *Te Deum* dans la même église, dont le dedans et le dehors étaient couverts d'illuminations. L'on fit ensuite plusieurs décharges de boîtes et de fusées volantes.

M. le comte de Noailles, gouverneur de Versailles, assista à toutes ces cérémonies, et lorsqu'il partit, les enfants et les écoliers l'accompagnèrent aux cris de : Vive M. le gouverneur !

On solennisa ainsi par des prières et des réjouissances publiques la convalescence du curé Jomard.

Beaucoup de personnes ont critiqué ces cérémonies, prétendant que le curé eût dû les empêcher, ou du moins défendre les illuminations extérieures et les décharges de boîtes et de fusées volantes.

Ce bruit, ces réjouissances éclatantes ne conviennent guère à l'humilité qu'un curé doit avoir ; en quoi il a fait voir que la vanité n'est pas abhorrée chez les missionnaires.

Mai 1742.

Le 24 mai 1742, jour de la fête du Saint-Sacrement, le Roi prit le deuil en violet pour la mort de la gouvernante des Pays-Bas. Mgr le Dauphin et la Cour le prirent en noir.

Le jour de la grande Fête-Dieu, le Roi arriva à l'église Notre-Dame de Versailles à neuf heures trois quarts, accompagné de Mgr le Dauphin, du prince de Dombes, du comte d'Eu et du duc de Châtillon, gouverneur de Mgr le Dauphin.

(1) Voir la description dans l'*Histoire des Rues de Versailles*.

La procession sortit à dix heures et rentra à onze heures et demie. Il fit très froid. Le Roi mit son manteau pendant la procession, qui marcha plus vîte qu'à l'ordinaire. Comme la jonchée se trouva trop courte, on coupa du blé vert pour servir de jonchée, ce qui n'était point encore arrivé depuis quarante ans que je fais la police.

Voici les rangs dans l'église.

D'abord le Roi à sa stalle, puis une stalle vide, Mgr le Dauphin, deux stalles vides, M. le duc de Chartres, M. le prince de Dombes, M. le comte d'Eu, M. le duc de Penthièvre. M. le prince de Guise, grand chambellan, était dans le banc des princes. Le bedeau lui ayant présenté du pain bénit après en avoir offert à nombre de seigneurs, il refusa d'en prendre.

Le Roi était en deuil violet de la mort de l'archiduchesse gouvernante des Pays-Bas.

Mgr le Dauphin et la Cour étaient en noir.

Juin 1742.

L'AMBASSADEUR TURC A VERSAILLES.

Le Roi eut avis que le Grand-Turc envoyait pour ambassadeur, à la Cour de France, le fils de celui qui vint à Paris en la même qualité, en l'année 1721, Méhémet Effendi, auquel M. le duc d'Orléans, régent, fit faire une magnifique réception.

On résolut d'en faire aussi une très belle au fils.

Il se nommait Saïd-Méhémet Pacha.

Le Roi envoya un détachement de sa maison au devant de lui jusqu'à Toulon, où il arriva le 17 septembre 1741. Il fit sa quarantaine au Lazaret; on lui avait donné cinquante hommes de garde.

Il arriva à Paris le 16 décembre et fit son entrée publique, qui fut très belle, le 7 janvier 1742.

Le mercredi 10 de janvier, veille du jour où l'ambassadeur fut présenté au Roi, il vint coucher à la maison de M. Bontemps, premier valet de chambre du Roi, située sur l'avenue de Paris, à un demi-quart de lieue de Versailles (1).

Le jeudi 11 janvier, dès huit heures du matin, les régiments des gardes françaises et suisses étaient rangés dans l'avenue de Paris, sur trois lignes, depuis le bout de l'avenue jusqu'à la grille du Château, et la garde ordinaire dans la cour.

Les gardes du corps étaient à la droite dans la place d'Armes, vis-à-vis les petites écuries.

Les gendarmes, chevau-légers et mousquetaires de l'autre côté, à gauche, vis-à-vis la grande écurie.

Comme il faisait très froid, on alluma des feux le long de l'avenue de Paris, des deux côtés, pour réchauffer les soldats, en attendant l'heure de la marche.

L'ambassadeur partit de la maison de M. Bontemps sur les onze heures trois quarts. Il était à cheval et avait à sa droite M. le comte de Brionne, et à sa gauche M. de Verneuil, introducteur des ambassadeurs. Il s'arrêta entre les grandes et les petites écuries environ un quart d'heure ; on n'a point su à quelle occasion. Ensuite il continua sa marche avec son cortége à cheval et entra dans la petite cour du Château, dont il fit le tour, et alla descendre à la porte de la salle des ambassadeurs où il fut conduit par M. de Verneuil, introducteur.

Il arriva un accident à cet ambassadeur dans sa marche. Comme il avait été incommodé depuis quelques jours, il c... dans sa culotte, et, dès qu'il fut entré dans la salle, il envoya chercher une chemise, culotte et autres objets. Après qu'il se fut nettoyé et accommodé, M. de Dreux le conduisit par le grand escalier et les appartements jusqu'au trône du Roi, au bout de la grande galerie.

Le Roi était sur son trône, Msgr le Dauphin d'un côté, M. le

(1) Voir *Hist. des Rues de Versailles.*

duc d'Orléans de l'autre ; les princes et seigneurs les plus titrés aux environs, les autres le long de la galerie du côté du jardin.

Les dames étaient sur trois rangs de gradins du côté de l'appartement du Roi.

La Cour était superbement habillée, mais tous les gradins des dames n'étaient pas remplis.

L'ambassadeur passa au milieu de toute cette magnificence pour arriver au trône du Roi.

Il fit d'abord une révérence à l'entrée de la galerie, puis une seconde au milieu, et au bas des degrés du trône sa troisième, après laquelle le Roi ôta son chapeau et le remit sur-le-champ.

L'ambassadeur fit alors son compliment, après lequel il fut reconduit dans la salle des ambassadeurs où il dîna avec sa suite.

La table fut d'environ deux cents couverts ; le dîner fut magnifique et dura deux heures.

La plus grande partie des Turcs y but du vin, et ils mangèrent de bonne grâce et d'une manière aisée.

Sur les cinq heures du soir, l'ambassadeur retourna à Paris.

Il a fait au Roi de très beaux présents dont on estime la valeur à près de deux millions.

CHANSON SUR L'ARRIVÉE DE L'AMBASSADEUR TURC EN FRANCE, PENDANT SON SÉJOUR A LYON. — NOVEMBRE 1741.

AIR : *Réveillez-vous, belle endormie.*

A mon mari, je suis fidèle,
Mais je tremble pour mon honneur ;
J'ai nuit et jour dans la cervelle
Les trois queues de l'ambassadeur.

Air : *Que j'estime mon cher voisin.*

Le héros le plus vertueux
    N'est qu'un homme ordinaire,
Mais une Excellence à trois queues
    Est un Dieu tutélaire.

Air : *De la béquille du père Barnabas*

Du Turc l'ambassadeur
Vers Paris s'achemine ;
Chacun avec ardeur
Vient contempler sa mine.
La plupart de nos filles
Comptent les queues qu'il a
Pour autant de béquilles
Du père Barnabas.

La maison de l'ambassadeur était composée de cent quatre-vingt-trois personnes, sans y comprendre cinq Turcs de distinction dont il s'est fait accompagner et à qui il a été bien aise de faire voir la France.

Saïd-Méhémet est âgé de quarante-cinq ans et est homme de grand mérite.

Il a amené avec lui son fils qui se nomme Meksous Begh, et Saïd-Achmet Aga, son gendre, maréchal de l'ambassade et écuyer cavalcadour du grand seigneur.

Le mardi 12 juin, l'ambassadeur vint à Versailles prendre son audience de congé du Roi.

Après qu'il eut dîné au Château, dans la salle ordinaire, on l'emmena promener dans les calèches du Roi. On fit jouer les eaux. Il y avait une grande foule de Parisiens.

Il alla ensuite sur le canal, où il s'embarqua avec sa suite pour aller voir le palais de Trianon. Il devait aller à la Ménagerie, qui est vis-à-vis Trianon, à l'autre croix du canal, pour y voir tous les animaux ; mais comme il se faisait tard, il n'y alla pas et retourna à Paris dans les carrosses du Roi.

Il partit de Paris le 30 du mois de juin.

On a remarqué que le séjour de Paris a paru beaucoup lui plaire et qu'il était très triste quand il en est parti.

On raconte que quelques jours avant son départ son gendre avait formé le dessein de le faire-assassiner, mais qu'ayant été averti, il s'était mis sur ses gardes.

Le Roi lui fit des présents considérables, ainsi qu'à sa suite, et lui en remit pour le grand visir; il y avait pour plus de 1,500 marcs d'argent d'ouvrages d'orfévrerie d'un goût admirable; des miroirs de 15 pieds de haut sur 8 de large, chacun desquels est composé d'une grande glace de 95 pouces de hauteur sur 56 de large; des pendules à boîtes d'or, des montres et tabatières d'or, des diamants, des tapis et nombre de différentes curiosités en or et argent d'un travail admirable.

Ces présents valent au moins un million.

1742.

Le 29 juin 1742, jour et fête de Saint-Pierre, il s'éleva à Versailles, sur les quatre heures de l'après-midi, un vent impétueux suivi d'un orage mêlé de pluie, de grêle, d'éclairs et de tonnerre.

Cet orage s'étendit à quatre ou cinq lieues à la ronde. Ville-d'Avray, Marnes, Saint-Cloud, Rueil, Sèvres, ont été entièrement grêlés.

Saint-Aubin et la plaine de Gommers ont extrêmement souffert.

Il y a des particuliers qui ont été complétement ruinés; leurs vignes, blés, avoines et autres grains ont été si violemment battus par la grêle qu'il était impossible de rien distinguer de ce qui avait été semé.

On a remarqué dans plusieurs endroits jusqu'à quatre doigts de hauteur de grêle.

Juillet 1742.

Le 20 juillet 1742, le Roi dit à son lever, à Versailles, que le fils de M. d'Argenson, l'intendant de Paris, qui était dans un poste près de Prague, y avait été tué par le tonnerre avec treize de ses compagnons.

Septembre 1742.

M. le maréchal de Maillebois ayant été chargé d'aller à la tête d'une armée de 35,000 hommes délivrer Prague, M. le prince de Conty, qui était oisif à la Cour, en partit sans permission du Roi pour aller le rejoindre. Il arriva à l'armée le lundi 17 septembre.

On dit que le Roi a envoyé l'ordre au maréchal de Maillebois de mettre le prince aux arrêts à son arrivée.

Le dimanche 23 septembre, le comte de la Marche, fils de M. le prince de Conty, âgé de huit ans, vint de Paris à Versailles trouver Mgr le cardinal de Fleury, premier ministre, pour lui demander la grâce de son père. Mgr le cardinal, après lui avoir répondu qu'il n'y pouvait rien et que cela regardait entièrement le Roi, le mena devant Sa Majesté qui lui accorda la grâce qu'il lui demandait.

Le Roi partit le même jour, après midi, pour aller à Choisy, et le lendemain, lundi 24, il reçut la nouvelle de la levée du siége de Prague.

On dit que M. le maréchal de Maillebois, après avoir fait sa jonction avec l'armée de M. le comte d'Harcourt, n'a pas su profiter de ses avantages, qu'il n'a pas voulu écouter les avis du comte de Saxe lorsqu'il était aux environs de Pilsen, et qu'il a perdu l'occasion d'attaquer convenablement le prince Charles de Lorraine.

Octobre 1742.

Dans les premiers jours du mois d'octobre 1742, il s'introduisit à Paris une nouvelle manière d'assassiner et de voler les gens dans les rues.

Voici ce qui y avait donné lieu :

M. de Marville, lieutenant général de police, avait fait sortir de l'hôpital de Bicêtre, sur la fin du mois de septembre, environ six cents mauvais sujets.

Il se forma alors entre ces mauvais sujets et gens sans aveu une association pour assommer les personnes qu'ils rencontraient dans les rues passé neuf heures du soir. Un serrurier, qui faisait partie de cette bande, avait imaginé de faire une espèce de clavette ou ressort qu'il plaçait au bout d'un gros bâton, long de deux pieds et demi; l'extrémité du bâton où était placé ce ressort avait été préalablement creusée et le creux rempli de plomb, ce qui faisait de ce bâton une véritable massue.

Tous ces assassins étaient armés d'un de ces bâtons et parcouraient Paris, les uns vêtus comme à l'ordinaire, et d'autres habillés en prêtres ou en femmes. Lorsqu'ils rencontraient quelque personne dans une rue peu passagère, ils lui portaient adroitement sur la tête un coup de leur bâton ferré, l'étendaient ainsi à leurs pieds sans qu'elle eût poussé un cri, et la volaient.

Un habitant de Versailles, le sieur Dumas, menuisier des Menus plaisirs, fut ainsi assassiné à neuf heures du soir, rue Saint-Honoré, près celle de la Ferronnerie, par ces gens qu'on appelait *Raffias*, du nom de leur chef. Il fut volé et resta sans connaissance sur le pavé. Du coup qu'il reçut sur le front, il lui est resté le reste de ses jours un trou à y faire entrer le petit doigt.

Ces assassinats allant tous les jours en augmentant, et cinq ou six personnes ayant été assassinées et volées dans une seule nuit, le Parlement manda M. de Marville pour le réprimander sur le peu de sûreté des rues de Paris.

Mais M. de Marville, quoique subordonné au Parlement, et pour se soustraire à son injonction, alla sur-le-champ trouver M. le comte de Maurepas, secrétaire d'Etat, qui lui donna un ordre du Roi pour le dispenser de répondre (1).

On dit que l'on travaille à prendre des précautions pour faire cesser ce désordre; que les Invalides feront la patrouille la nuit dans les différents quartiers de la ville, qu'on en emploiera quatre cents à ce service, et que, comme on sera obligé de donner à chaque homme un extraordinaire de 100 livres, chaque propriétaire de maison sera tenu de payer 30 livres par an, ce qui fera 40,000 livres, somme égale à celle nécessaire pour organiser ce service (2).

Pour prévenir et empêcher qu'il ne se commette à Versailles des assassinats comme il s'en commettait à Paris, on fit l'ordonnance suivante :

DE PAR LE ROI

ET M. LE BAILLI, LIEUTENANT GÉNÉRAL DE POLICE DE VERSAILLES,

LE 20 OCTOBRE 1742.

« Il est ordonné à tous propriétaires et principaux locataires des maisons situées à Versailles, de fermer les portes cochères et les portes des allées de leurs maisons à sept heures précises du soir, à commencer de cejourd'hui, à peine de 30 livres d'amende. »

Cette ordonnance a été publiée à Versailles, ledit jour 20 octobre, conformément à celle publiée à Paris.

---

(1) On trouve en marge des notes d'une autre main et qui paraissent avoir été écrites depuis par quelqu'un aussi employé à la police de Versailles.

Note. — C'est assez l'usage de MM. les lieutenants généraux de police. M. Hérault n'avait point, disait-il, de plaisir plus grand que de faire casser un arrêt du Parlement par le Conseil. M. de Marville était son gendre. C'était un homme trop vif et de trop peu de tête pour bien s'acquitter d'une police telle que celle de Paris. Aussi n'a-t-il pas exercé longtemps cette charge. M. Devisé, capitaine aux gardes françaises, lui donna un soufflet tête à tête, à l'occasion d'un démenti au sujet d'un soldat de sa compagnie.

(2) Cela n'a pas eu lieu. Il y a apparence que les Invalides ne se seraient pas mieux acquittés de ce service que de celui qu'ils font à Versailles.

Novembre 1742.

M⁽ᵐᵉ⁾ de Mailly, maîtresse du Roi, eut ordre de se retirer de la Cour le 2 novembre 1742.

La comtesse de Mailly est fille aînée de M. de Mailly, marquis de Nesle, prince d'Orange. Elle fut mariée au comte de Mailly, son cousin germain. Les biens du marquis de Nesle, qui montent à environ 400,000 livres de rente, lui furent substitués; mais comme le comte est très dépensier et qu'il aime surtout les beaux équipages, il s'est considérablement endetté.

Le mariage eut lieu vers l'année 1726. M⁽ᵐᵉ⁾ de Mailly était dame du palais de la Reine. Elle avait alors environ quinze à seize ans. Le comte de Mailly était très débauché et voulait absolument se marier avec la fille d'un fourbisseur qui était très belle. Il fallut un ordre du Roi pour enlever cette maîtresse et lui faire épouser M⁽ˡˡᵉ⁾ de Nesle, sa cousine; M⁽ᵐᵉ⁾ de Mailly était grande et bien faite, elle n'était pas très jolie, mais elle était très spirituelle et surtout très amusante.

Elle était de toutes les parties de chasse du Roi et des soupers des petits appartements; on dit même qu'elle était fort aimable le verre à la main.

Le Roi en devint amoureux et en fit sa première maîtresse. Au mois de juillet 1737, on répandit le bruit qu'elle était grosse, ce qui n'était pas vrai.

Le Roi continua de la voir en secret. Mais il se lassa de se gêner ainsi et il alla, pour la première fois, souper publiquement chez M⁽ᵐᵉ⁾ de Mailly, le samedi 14 janvier 1738, dans son appartement de l'aile neuve (1), au-dessus des cuisines de M⁽ᵐᵉ⁾ la comtesse de Toulouse. M⁽ᵐᵉ⁾ de Mailly était toujours restée en faveur, lorsque, le 2 novembre 1742, elle reçut l'ordre de se retirer de la Cour. Elle partit de Versailles

---

(1) Du côté de la chapelle.

à sept heures du soir et alla à Paris à l'hôtel de Toulouse.

Au commencement de cette même année 1742, le Roi lui avait fait arranger un appartement dans la petite galerie, de plain-pied avec le sien.

On ne sait point au juste ce qui a occasionné la disgrâce de Mme de Mailly.

Les uns l'ont attribuée à quelques discours qui auraient été tenus sur le chapitre des cardinaux de Fleury, premier ministre, et de Tencin.

D'autres ont dit que Mme de Mailly avait pris avec trop de chaleur la défense de M. le maréchal de Maillebois, qui paraît n'avoir point fait en Allemagne tout ce qu'il devait pour le service du Roi.

Mais tout cela sont des propos en l'air auxquels on ne doit pas ajouter grande confiance.

Ce qu'il y a de certain, c'est que le Roi est la bonté même, et qu'il faut qu'il ait eu de fortes raisons pour se déterminer à prendre un semblable parti.

Bien des personnes regrettent l'éloignement de Mme de Mailly de la Cour, parce qu'elle était tout à fait bienfaisante et généreuse. On disait même qu'elle donnait au-delà de ses facultés, puisqu'elle avait peu de biens.

On raconte qu'avant d'être maîtresse du Roi, elle avait été élevée, ainsi que ses quatre sœurs, par Mme la duchesse de Mazarin, veuve en premières noces de M. le marquis de la Vrillière, qui était une Mailly et par conséquent sa tante. Elles n'avaient de bien du côté de leur mère que deux mille livres de revenu chacune, ce qui était bien peu de chose pour des personnes de leur condition.

De son côté, Mme de Mazarin n'était pas riche, surtout après avoir eu la faiblesse de donner sa main à M. Dumesnil, exempt des gardes, qui était accablé de dettes. Mais elle était très bonne et aimait extrêmement ses nièces. Elle est morte quelques mois avant l'exil de Mme de Mailly.

Le cardinal de Tencin a prêté serment, entre les mains du Roi, le samedi 2 novembre, dans la chapelle du château de Versailles, comme archevêque de Lyon.

Le même jour, 2 novembre, il arriva, sur les sept heures du soir, un courrier apportant la nouvelle que les Hollandais avaient offert à l'Angleterre de lui fournir des troupes, dans le cas d'une agression de sa part contre la France.

M. de Fulvi, intendant des finances et frère de M. Orry, perdit au jeu, en une seule nuit, cinq cent mille livres. Il aurait mérité un sévère châtiment, mais le Roi, beaucoup trop bon, l'a laissé en place.

1742.

M. le duc de Noailles eut cette année le commandement de l'armée de Flandre, où il ne se passa rien.

Cette année, la vigne a fleuri pendant un temps favorable, et elle a été très chargée de grappes. On a eu une très bonne récolte, ce dont on avait grand besoin, car il n'y avait plus de vin vieux.

Le vin de Rueil, qui s'est vendu, en 1744, 80 livres le muid au mois de novembre, cette année 1742, au même mois de novembre, ne vaut que 40 livres.

En Bourgogne, il y a eu une si grande abondance de vin, qu'il n'a pas été possible de tout recueillir faute de futailles. Il resta beaucoup de raisin sur les vignes.

Le vin d'Andrésy, qui se vend souvent 40 à 50 écus, ne vaut que 48 livres le muid.

A Fourqueux, le sieur Lazurier a voulu donner cent muids de vin pour cent louis d'or.

PETIT JOURNAL DES VOYAGES DU ROI, DE 1722 A 1742.

1722. — Le Roi partit de Versailles pour aller à Reims, où il fut sacré le 25 octobre. Il revint à Versailles le 9 novembre.

1723. — Le 20 février, le Roi alla à Paris tenir un lit de justice au Parlement, pour l'acte de sa majorité. Il fut déclaré majeur le 22, et revint à Versailles le 25.

Le dimanche 7 février, le Roi s'était trouvé mal à la messe et était tombé dans les bras de M. le Duc.

Le 4 juin, il alla à Meudon, d'où il revint à Versailles le 13 août.

1724. — Le 2 janvier, le Roi alla habiter Trianon et revint à Versailles le 24.

Le 30 juin, il alla à Chantilly, maison de M. le duc de Bourbon, alors premier ministre. Il en revint le 1er août.

Pendant le séjour du Roi à Chantilly, M. le duc de Melun, prince d'Epinoy, fut grièvement blessé à la chasse par un cerf qui lui donna un coup d'andouiller. Il en mourut deux jours après.

Le 23 août, le Roi alla à Fontainebleau et en revint le 2 décembre. Ce voyage fut de cent jours complets.

1725. — Le Roi partit de Versailles le 17 janvier pour aller à Marly, d'où il revint le 1er février.

Le 3 février, il retourna à Marly et revint le 17.

Le 15 mars, il alla encore à Marly jusqu'au 7 avril.

Le 8 juin, il partit pour Chantilly, où il resta jusqu'au 8 août.

Le 24 août, il partit pour Fontainebleau.

Pendant son séjour à Fontainebleau, le Roi épousa, le 5 septembre, Marie Leckzinska, fille du roi de Pologne, qui fut obligé d'abdiquer cette couronne en 1709.

Il y eut de grandes magnificences à Fontainebleau, et, malgré les misères publiques, la Cour y parut avec éclat.

La plupart des seigneurs avaient des bas de fil d'or pur trait, de la valeur de trois cents francs.

Partout l'on fit des feux d'artifice et l'on chanta des *Te Deum* en l'honneur de ce mariage.

La Reine, dans le commencement de son mariage, se levait de très bon matin. Dès huit heures elle allait à l'église, où elle entendait très souvent jusqu'à trois messes. Comme cela gênait beaucoup ses dames, elle n'en entend plus qu'une seule, et encore à midi trois-quarts ou une heure.

Le 1er décembre, le Roi revint à Versailles avec la Reine. Tous les appartements depuis la chapelle, ainsi que la grande galerie, étaient garnis de huit cents bougies. C'est là tout ce qui fut fait pour son arrivée; ni le corps de la justice, ni les habitants ne pensèrent à aller faire leurs compliments à la Reine. Voilà une nouvelle preuve du peu d'ordre qu'il y a à Versailles, et de l'indifférence de ses habitants.

1726. — Le Roi alla à Marly le 2 janvier et en revint le 1er février.

Le 8 février, il retourna à Marly, d'où il revint le 9 mars.

Il a fait, en juin et en juillet, beaucoup de petits voyages à Rambouillet pour aller à la chasse.

Le Roi est un prince très beau et bien fait. Il est d'un tempérament robuste, et va presque tous les jours à la chasse, où il dépeuple de cerfs les forêts.

Il mange beaucoup et a souvent des indigestions.

Le lundi 22 juillet, après avoir bien dîné, il alla à la Meute au bois de Boulogne. Il y mangea beaucoup de figues, d'abricots, de lait, un levraut et une grande omelette au lard qu'il fit lui-même. Il revint ensuite à Versailles et soupa comme à l'ordinaire. Le lendemain, il eut une indigestion et se trouva mal à la messe.

Le mercredi 24, il voulut encore aller à la chasse à Rambouillet et s'y trouva mal de nouveau. On le saigna aussitôt du bras et il revint à Versailles, où le soir on le saigna du pied. Le jeudi, il se trouva un peu mieux et on lui donna de l'émétique. Le vendredi 26, sur les neuf heures du soir, on le saigna une seconde fois du pied, ce qui fit un peu diminuer le mal de tête et la fièvre qui accompagnaient l'indigestion. Le samedi 27, la fièvre diminua un peu.

Le dimanche 28, la fièvre ayant redoublé, Dodart, premier médecin, Lapeyronnie, chirurgien, et une partie de la Faculté se réunirent chez le Roi. On fut d'avis de saigner Sa Majesté une troisième fois du pied. Mareschal, le premier chirurgien, s'y opposa, et ayant énergiquement annoncé que, si on saignait le Roi du pied, il se retirerait; son opinion prévalut, et le Roi ne fut pas saigné.

Le lundi 29, le Roi se trouva sans fièvre; le 30, de même, et le Roi dormit huit heures de suite pendant la nuit.

Le 31, Sa Majesté, se portant beaucoup mieux, M. le duc de Gesvres fit tirer quelques fusées volantes sur les neuf heures du soir.

Déjà, le 30, le Parlement ayant appris le rétablissement du Roi, avait fait chanter un *Te Deum*.

Le 1er août, la Reine se trouva indisposée et fut saignée du pied. Le 5 et le 6, elle fut encore saignée du pied. Cette indisposition ayant encore augmenté, le 13, elle reçut les sacrements.

Le 27 août, le Roi partit de Versailles pour Fontainebleau.

Le 26 septembre, la Reine, rétablie de son indisposition, partit de Versailles pour aller rejoindre le Roi à Fontainebleau et coucha à Petit-Bourg, maison du duc d'Antin. Le 27, elle arriva à Fontainebleau sur les six heures du soir. Tout le monde croyait que le Roi irait à sa rencontre; mais, tout au contraire, il alla à la chasse, prit deux cerfs et ne revint au château qu'à neuf heures du soir.

Le 30 novembre, le Roi revint à Versailles.

1727. — Le Roi partit de Versailles le 2 janvier pour aller à Marly, d'où il revint le 1ᵉʳ février.

Le 4 février, il retourna à Marly jusqu'au 1ᵉʳ mars.

En avril, le Roi a couché à Rambouillet 7 nuits, en mai 13, et en juin 8.

La Reine est accouchée de deux princesses le 14 août.

Le 9 septembre, le Roi alla à Fontainebleau et y resta jusqu'au 24 novembre, et à Petit-Bourg, jusqu'au 29, ce qui fait 81 jours d'absence.

1728. — Le Roi partit de Versailles pour aller à Marly le 2 janvier, et revint le 31. Le 2 février, après midi, il y retourna jusqu'au 13.

Le 1ᵉʳ avril, il alla à Rambouillet. Il y fit différents voyages pendant ce mois et celui de mai, et y coucha 30 nuits.

Le 4 juin, le Roi partit de Versailles pour Compiègne, d'où il revint le 30.

Le 9 juillet, il alla à Rambouillet et en revint le 12.

La Reine accoucha d'une troisième princesse le 28 juillet.

Le 18 août, le Roi alla à Fontainebleau et revint à Versailles le 20 novembre.

Pendant ce voyage, le 21 octobre, il se trouva mal à la messe, et le lendemain se manifesta la petite vérole.

Le 8 décembre, le Roi alla à Marly et revint le 17.

Le roi a couché cette année hors Versailles, 207 nuits.

1729. — Le Roi alla à Marly le 3 février et en revint le 28; le 1ᵉʳ mars, il y retourna jusqu'au 5. On joua gros jeu à Marly. On mettait sur chaque carte huit louis d'or, et à la réjouissance il y avait quinze cents louis d'or.

Le 22 avril, le Roi partit de Versailles pour aller à Compiègne, d'où il revint le 1ᵉʳ juin.

Le 10 juillet, il alla à Rambouillet et y fit plusieurs voyages pendant ce mois et le mois d'août.

Il est allé à Petit-Bourg le 12 et le 13 octobre, et à Marly depuis le 9 décembre jusqu'au 22.

Il a couché hors Versailles....................	125 nuits.
— à la Meute......................	52 —
	177 nuits.

1730. — Le Roi a couché :

A Marly......................	52 jours.
A Fontainebleau...............	50 —
A Marly......................	17 —
A Compiègne..................	46 —
A Rambouillet.................	33 —
A Marly......................	17 —
Dans les voyages de la Meute.	52 —
	267 jours.

Ainsi, le Roi n'est resté cette année à Versailles que 102 jours.

1731. — Le Roi a couché :

A Marly......................	75 jours.
A Fontainebleau...............	68 —
A Rambouillet................	44 —
A Petit-Bourg	3 —
Outre ces voyages, le Roi va toutes les semaines souper et coucher à la Meute, ce qui fait.........................	52 —
	239 jours.

Le Roi est resté à Versailles 126 jours.

1732. —

Le 3 février, à Marly, jusqu'au 1ᵉʳ mars...............................	27 jours.
Le 25 avril, parti pour Compiègne, revenu le 30 mai ; retourné le 3 juin jusqu'au 1ᵉʳ juillet...	67 —
A reporter......	94 jours.

JOURNAL DE NARBONNE.

	Report......	94 jours.
Le 10 juillet, à Rambouillet, jusqu'au 14 août, il a fait fait cinq voyages; en tout............	27	—
Le 16 août, à Marly, jusqu'au 2 septembre...	16	—
Le 9 septembre, à Fontainebleau, jusqu'au 18 novembre, et couché 3 nuits à Petit-Bourg..	71	—
Les voyages de la Meute.................	52	—
	260	jours.

Le Roi a été à Versailles 105 jours.

1733. — Le 13 janvier, à Marly, jusqu'au 31.	17 jours.	
Le 2 février, le Roi fit à Versailles la procession des chevaliers et retourna à Marly jusqu'au 28................................	27	—
Les 1ᵉʳ et 2 mars, à Marly................	2	—
En avril, à Rambouillet...................	8	—
En mai, à Rambouillet....................	2	—
Le 12 juin, à Compiègne..................	19	—
En juillet, à Compiègne...................	31	—
En août, à Compiègne....................	15	—
Les 16, 17 et 18 août, à Chantilly..........	3	—
Le 25 septembre, à Petit-Bourg, jusqu'au 29.	5	—
Le 30 septembre, à Fontainebleau..........	1	—
En octobre, à Fontainebleau...............	31	—
En novembre, à Fontainebleau.............	23	—
En novembre, à Petit-Bourg...............	2	—
En décembre, à Rambouillet...............	2	—
Les voyages de la Meute..................	52	—
	240	jours.

Le Roi est resté à Versailles 125 jours.

1734. — Le 7 janvier, à Marly, jusqu'au 27..	20 jours.	
Le 11 février, à Marly, jusqu'au 13 mars.....	30	—
	A reporter......	50 jours.

Report.......	50 jours.
Le Roi a été un jour à Ecouen.............	1 —
A Rambouillet.......................	40 —

Mais sa maison est restée à Versailles.

M. le cardinal ayant retranché les voyages des officiers de sa bouche et du gobelet, pour éviter la dépense, M. le comte de Toulouse a nourri le Roi et sa suite, et pour l'en indemniser, Sa Majesté lui a fait délivrer des ordonnances sur le trésor royal.

Le Roi a été à Fontainebleau, où sa Maison l'a suivi......................................	55 —
Et, en revenant, a séjourné chez M. le duc d'Antin à Petit-Bourg.....................	3 —
	149 jours.

Non compris les voyages et couchées de la Meute, qui ne sont point réputés absence.

1735. — Le 3 février, le Roi a couché à Marly et y est resté jusqu'au 25.................... 23 jours.
A Rambouillet, en plusieurs voyages........ 36 —
A Petit-Bourg, en plusieurs voyages .... 15 —
Le 10 octobre, le Roi partit de Versailles pour Fontainebleau, où il resta jusqu'au 8 novembre... 30 —
104 jours.

Non compris les voyages et couchées de la Meute.

1736. — Pendant le cours de cette année, le Roi a couché :

A Versailles.................	246 jours.
A Rambouillet..............	43 —
A Petit-Bourg..............	11 —
A la Meute.................	5 —
A Chantilly.................	8 —
A Compiègne...............	52 —
	365 jours.

Parti la nuit du 2 au 3 juillet pour aller coucher à la Meute.

Le 3 juillet, parti de la Meute pour aller coucher à Chantilly ; et le 6 juillet, parti de Chantilly pour aller à Compiègne, où il resta jusqu'au 27 août.

Le 27 août, parti de Compiègne pour aller coucher à Chantilly. Le 1er septembre, revenu à Versailles.

1737. — Pendant le cours de cette année, le Roi a couché :

A Versailles...............	272 jours.
A la Meute................	6 —
A Rambouillet.............	27 —
A Vauréal.................	2 —
A Fontainebleau...........	58 —
	365 jours.

Le 23 septembre, parti de Versailles pour aller coucher à Fontainebleau. Le 21 novembre, revenu à Versailles.

Le bruit commun est que le Roi est devenu amoureux de la comtesse de Mailly, quoiqu'elle ne soit pas belle. Elle est charmante le verre à la main. On dit qu'elle est restée grosse du fait du Roi au mois de juillet 1737.

Ce Prince a été huit mois sans coucher avec la Reine. Il a recommencé à coucher avec elle le 22 et le 23 décembre, et n'y a plus couché depuis. — Le 24, le Roi eut une forte indigestion.

1738. — Pendant le cours de cette année, le Roi a couché :

A Versailles...............	233 jours.
A Marly...................	20 —
A la Meute................	11 —
A Rambouillet.............	11 —
A Chantilly...............	4 —
A reporter..	279 jours.

Report...	279 jours.
A Compiègne	26 —
A Fontainebleau	60 —
	365 jours.

Le 6 juillet, a été coucher à la Meute.

Le 7 et le 8, à Chantilly ; le 9, à Compiègne.

Le 4 août, revenu coucher à Chantilly ; le 6, à Versailles.

Le 22 septembre, parti pour aller à Fontainebleau ; le 21 novembre, revenu à Versailles.

Le bruit général est que le Roi n'a point couché avec la Reine pendant le cours de cette année.

Le Roi a cessé de toucher les écrouelles.

1739. — Pendant le cours de cette année, le Roi a couché :

A Versailles	190 jours.
A Marly	20 —
A Rambouillet	14 —
A Choisy	7 —
A Chantilly	5 —
A la Meute	21 —
A Compiègne	53 —
A Villeroy	2 —
A Fontainebleau	53 —
	365 jours.

Le bruit commun est que le Roi doit recommencer à coucher avec la Reine le mardi 2 juin, jour de la revue des mousquetaires. On a dit ensuite que cela était remis au mercredi 10 juin, à Chantilly, mais cela n'est pas arrivé.

1740. — Pendant le cours de cette année, le Roi a couché :

A Versailles	157 jours.
A Marly	39 —
A reporter...	196 jours.

Report....	196	jours.
A la Meute................	12	—
A Choisy.................	49	—
A Rambouillet............	10	—
A Saint-Léger............	2	—
A Compiègne.............	42	—
A Fontainebleau..........	53	—
A Villeroy...............	1	—
	365	jours.

1741. — Pendant le cours de cette année, le Roi a couché :

A Versaillles.............	233	jours.
A Marly.................	23	—
A la Meute..............	10	—
A Choisy................	64	—
A Rambouillet...........	15	—
A Saint-Léger...........	20	—
	365	jours.

1742. — Pendant le cours de cette année, le Roi a couché :

A Versailles.............	226	jours.
A Marly.................	»	—
A la Meute..............	7	—
A Choisy................	62	—
A Fontainebleau.........	42	—
A Saint-Léger...........	28	—
	365	jours.

GUERRE DE LA SUCCESSION D'AUTRICHE.

L'Empereur a régné depuis 1711 jusqu'au 20 octobre 1740, qu'il décéda entre une et deux heures après minuit, sans enfants mâles.

Par cette mort, le trône impérial devint vacant.

C'est un des plus grands événements historiques.

Charles VI avait marié sa fille aînée (qu'il avait fait reconnaître reine de Hongrie) au duc de Lorraine. Ce prince qui, par les derniers traités de paix, a cédé son duché de Lorraine au roi Stanislas de Pologne, beau-père de Louis XV, roi de France, a reçu en échange le grand duché de Toscane, dont il a pris le nom le 19 février 1737.

Le duché de Lorraine est reversible à la couronne de France à la mort du roi Stanislas.

CAUSES DE LA MORT DE L'EMPEREUR.

Il avait été à la chasse le 16 octobre 1740 ; à son retour, il avait extrêmement faim. Il engagea l'Impératrice sa femme et sa fille, reine de Hongrie et grande duchesse de Toscane, à venir souper avec lui ; ce qu'elles firent. On lui servit un plat de ragoût aux truffes qu'il trouva bon. Il en mangea beaucoup et s'en trouva incommodé la nuit. Ce commencement d'indisposition, qui était peu de chose dans son origine, fut mal traité par la Faculté qui se détermina à proposer une saignée le 19.

Le médecin du grand duc de Toscane dit à son maître que, si l'on saignait l'Empereur, il était mort. Le duc alla trouver l'Impératrice et lui dit de s'opposer à la saignée. Mais la Faculté n'ayant pas voulu changer d'opinion, l'Empereur fut saigné à sept heures du soir et mourut six à sept heures après.

Par son testament, il établissait la grande duchesse de Toscane, sa fille aînée, régente des pays héréditaires.

Mgr le cardinal de Fleury, premier ministre de Louis XV, reçut la nouvelle de cette mort le vendredi 28 octobre, sur le minuit. Il était couché; on l'éveilla et il ne se leva point.

Le samedi matin, il alla chez le Roi et lui apprit cette nouvelle.

Sa Majesté la tint secrète jusqu'au lundi matin 31 octobre, qu'elle la rendit publique à son lever.

La maladie de l'Empereur, qui d'abord n'était qu'une indigestion d'avoir mangé trop de truffes qui lui avaient mis le feu dans le bas-ventre, n'aurait eu aucun mauvais succès si on l'eût fait vomir, mais il fut mal traité. L'ignorance de la Faculté laissa augmenter l'indisposition au point que l'empereur rendait ses excréments par la bouche et par le nez.

Après sa mort, on trouva qu'il avait le ventre pourri et gangrené (1).

PRÉTENDANTS A L'EMPIRE.

Le roi de Prusse, électeur de Brandebourg;

Le roi d'Angleterre, électeur de Hanovre;

Le roi Auguste de Pologne, électeur de Saxe, du chef de Marie-Joseph d'Autriche, sa femme, fille aînée de l'empereur Joseph;

Le Duc, électeur de Bavière, du chef de Marie-Amélie d'Autriche, deuxième fille de l'empereur Joseph; et d'ailleurs, en vertu de la cession faite par l'empereur Charles-Quint à Ferdinand, son frère, de l'empire d'Allemagne, à la condition qu'à défaut d'enfants mâles de sa postérité, l'empire passerait dans la maison de Bavière;

Et le duc de Lorraine, grand duc de Toscane, du chef de Marie-Thérèse d'Autriche, sa femme, première fille de l'empereur Charles VI.

---

(1) Ce qui doit faire supposer qu'il a succombé à quelque étranglement interne et non à une indigestion, comme le dit Narbonne, qui paraît toujours heureux d'avoir une occasion de frapper sur les médecins.

On regarda, en France, la mort de l'empereur Charles VI comme un événement qui devait procurer de grands avantages à la France.

Le roi Louis XV prit des mesures pour avoir part à l'élection d'un nouvel empereur.

Sa Majesté nomma M. le comte de Belle-Isle, son ambassadeur, pour aller à la diète de Francfort; et il fut à cet effet fait maréchal de France le 11 février 1741.

Il partit quelques jours après pour se rendre à la Diète.

Le Roi fit des conventions avec le roi de Prusse, le roi de Pologne, le roi de Sardaigne et autres potentats.

Ensuite Sa Majesté fit passer le Rhin, le 15 août, à 40,000 Français. Ces troupes occupèrent différents postes, tandis qu'un autre corps de troupes s'avança en Bohême où les troupes du roi de Prusse et celles du roi de Pologne, électeur de Saxe, s'étaient aussi avancées.

Le comte de Saxe, fils naturel du roi Auguste de Pologne, ayant commandé une des attaques de la ville de Prague, se rendit maître de cette ville la nuit du 25 au 26 novembre.

Quelques temps après les rois de Prusse et de Pologne retirèrent leurs troupes et les firent cantonner.

Les Français firent de même de leur côté. Ils occupèrent différents postes éloignés les uns des autres.

M. de Belle-Isle fit quitter aux troupes françaises deux postes avantageux (le Tabor) qui assuraient les convois.

Les troupes françaises, depuis leur entrée en Allemagne, n'avaient point été à leur aise, à beaucoup près. Le pain et autres denrées étaient cher. Etant toujours restées campées sous leurs tentes sur lesquelles il y avait deux pieds de neige, elles souffraient beaucoup.

Le grand duc de Toscane ne sépara pas son armée, et, ayant fait occuper par ses troupes les deux postes que M. de Belle-Isle avait abandonnés, il prit trois convois considérables de 25,000 paires de souliers, les provisions et les munitions de bouche, ce qui réduisit les troupes françaises à la plus extrême misère. Les officiers n'avaient que du pain de munition, et les soldats furent deux jours sans pain et en eurent ensuite à peine pour se sustenter.

Le 24 janvier 1742, l'électeur de Bavière fut élu roi des Romains, futur empereur, d'une voix unanime.

Le chevalier de Belle-Isle en apporta la nouvelle au Roi, et arriva à Versailles le samedi 27 janvier 1742, sur les sept heures du soir.

Le 12 février suivant, l'électeur fut couronné empereur, et sa femme devait être couronnée impératrice le 15, mais cela fut retardé sous divers prétextes jusqu'au 8 mars 1742.

Pendant que l'électeur de Bavière était occupé à se faire élire roi des Romains et couronner empereur, le grand duc de Toscane faisait passer un corps de 6,000 hussards en Bavière, où ils firent un pillage effroyable et mirent tout à feu et à sang.

D'un autre côté, le grand duc a fait attaquer différents corps de troupes bavaroises et françaises qui ont toujours été battus.

Ensuite le grand duc a fait attaquer la ville de Lintz, capitale de la haute Autriche, sur le Danube, dans laquelle se trouvait M. le comte de Ségur avec 10,000 Français.

On tient qu'il y avait longtemps qu'il était engagé dans cette ville et qu'il ne pouvait pas en sortir, ce qui devait faire prendre des mesures pour le dégager. Mais les troupes bavaroises qui venaient à son secours ayant été battues, il fut forcé de capituler.

Par la capitulation, il s'est engagé, lui et son corps, à ne point servir pendant un an; mais, comme il a manqué de faire stipuler qu'il lui serait permis de se retirer par le plus court chemin, on lui a fait prendre des chemins longs et escarpés, ce qui ruina ce corps de troupes.

L'électeur de Bavière, en allant se faire couronner, manqua d'être enlevé par un parti de hussards.

Le grand duc de Toscane a fait raser entièrement la ville

de Lintz ; on assure que ce prince est entré avec deux flambeaux dans cette ville et qu'il a mis lui-même le feu à la dernière maison.

On tient que le Roi a écrit une lettre au grand duc, par laquelle Sa Majesté lui mande que l'on ne doit point faire la guerre comme il la fait en Bavière. Mais le mal est fait.

Le Roi fait faire de vives négociations auprès des Hollandais par M. de Fénelon, son ambassadeur, et si elles réussissent, cela lui facilitera le moyen de faire passer de nouvelles troupes en Allemagne.

M. le maréchal de Maillebois y est entré avec trente-cinq mille hommes. Mais cela n'a servi à rien.

L'expérience acquise par les événements ci-dessus marqués a montré que l'on avait trop temporisé, et que l'on n'avait pas pris assez de précautions ; car, dès que le Roi s'était engagé à favoriser l'élection de l'électeur de Bavière à l'empire, Sa Majesté devait envoyer en Allemagne une armée assez forte pour qu'elle pût toujours être supérieure à celle de la reine de Hongrie et du grand duc de Toscane, son mari.

Mais le Roi n'a pas voulu agir ouvertement, ni déclarer la guerre, il a voulu ménager les princes d'Allemagne.

Il y a apparence que l'on avait pris la précaution d'empêcher les Hollandais et le roi d'Angleterre, électeur de Hanovre, qui était dans son électorat, de se joindre, puisque l'on tint un corps de troupes sous les ordres du Maréchal de Maillebois pour le tenir en échec.

Et que le dessein qui avait été concerté entre la France, le roi de Prusse et le roi de Pologne, électeur de Saxe de pénétrer en Bohême et de se saisir de Prague qui en est la capitale, avait pour objet de se conserver une communication de la Prusse et de la Saxe par la Bohême en Allemagne.

Le grand duc de Toscane, qui prévoyait bien qu'il lui était important de se conserver la ville de Prague, avait fait avancer vers cette ville son armée sous les ordres de M. de Neuperg; mais il arriva trop tard, et les Français l'avaient déjà prévenu en s'en rendant maîtres.

La guerre se poursuit vivement en Bavière, où les Autrichiens continuent d'exercer des cruautés inouïes, et qui font horreur, suivant la relation que le sieur de Lieret, commis des bureaux de la guerre, m'a fait voir le 23 mai 1742.

Les Bavarois sont si abattus, qu'ils se laissent battre, brûler et piller sans avoir le courage de se défendre.

Le prince Charles de Lorraine, âgé de 30 ans, frère du grand duc de Toscane, a surpris et attaqué le camp du Roi de Prusse (1). Le combat a été très vif. Le Roi de France en reçut la nouvelle le mercredi 23 mai à 9 heures du soir, la lettre marque seulement que le roi de Prusse est resté maître du champ de bataille, mais sans aucuns détails. On attend un second courrier.

Le 28 mai 1742, pendant que le Roi était occupé à passer une revue des gendarmes et des chevau-légers de la garde, à Marly, dans la plaine du Champ-de-Mars, anciennement appelée Trou-d'Enfer, il arriva sur les trois heures après midi un aide-de-camp du roi de Prusse qui apporta le détail de la bataille.

M. le maréchal de Broglie avait écrit une lettre au roi de Prusse, et lui donnait avis de se tenir sur ses gardes. A peine avait-il reçu cet avis, qu'en effet il fut vivement attaqué. Sa cavalerie plia; le roi y courut, la rallia et fit mettre derrière 200 cavaliers avec ordre de casser la tête à ceux qui s'enfuiraient. L'infanterie fit des merveilles. Le prince Charles de Lorraine, frère du grand duc de Toscane, y fit le devoir d'un grand capitaine; mais tous ses efforts devinrent inutiles. Il eut un cheval tué sous lui et il fut blessé d'un coup de mousquet. La valeur du roi de Prusse l'em-

(1) Le roi de Prusse est âgé de trente-un ans, brave de sa personne. C'est un prince qui est rempli de lumières et qui conduit lui-même ses affaires et entre dans tous les détails. (*Note de Narbonne.*)

porta sur celle du prince Charles; il fut obligé de se retirer et d'abandonner tout son canon, consistant en vingt pièces, environ 3,000 hommes tués qu'il laissa sur le champ de bataille, et 2,000 prisonniers. Le roi de Prusse le poursuivit pendant deux lieues.

Cette victoire est d'autant plus considérable que dans les circonstances elle raffermit les affaires du nouvel empereur, qui étaient devenues chancelantes.

Les Anglais avaient fait débarquer leurs troupes pour faire diversion sur les frontières de France.

Les Hollandais, qui étaient aux écoutes sur les événements, sont restés tranquilles.

Le même jour, 28 mai, les gardes françaises partirent de Paris pour se rendre sur les frontières.

Les gardes du corps, gendarmes, chevau-légers et mousquetaires partirent aussi pour s'y rendre, afin de tenir tête aux Anglais.

On attend encore des nouvelles de quelque action en Allemagne.

— Le vendredi 1er juin 1742, à onze heures et demie du soir, le fils cadet de M. le comte maréchal de Broglie arriva à Versailles et apporta au Roi la nouvelle d'un combat qui s'était donné entre les Français et les troupes autrichiennes de la reine de Hongrie, dont une partie avait été défaite.

M. de Broglie commandait l'aile droite, et M. le maréchal de Belle-Isle l'aile gauche.

Ce combat fut peu de chose, et les troupes autrichiennes se retirèrent et ne perdirent rien.

M. le comte d'Harcourt n'a pas été si heureux dans son poste; il comptait sur la fidélité d'un seigneur allemand au parti du nouvel empereur; mais il s'était trompé. Ce seigneur ayant livré son château aux Autrichiens qui tiennent le parti de la reine de Hongrie, ils ont défait quelques troupes de l'armée de M. d'Harcourt, qui devait prendre des mesures plus justes dans un pays ennemi, où on doit se méfier de tout.

M. le comte de Noailles agit avec beaucoup de prudence, et sans lui un corps de 4,000 français aurait été entièrement défait.

— Le dimanche 9 juin, le Roi fit duc à brevet M. le comte maréchal de Broglie.

— Le 21 juin, on reçut à Versailles la nouvelle que M. le maréchal de Broglie s'était encore laissé surprendre.

Le prince Charles de Lorraine, frère du grand duc de Toscane, qui était à vingt-deux lieues de l'armée du maréchal de Broglie, fit une marche forcée et arriva au camp du maréchal sans qu'il en eût de nouvelles. Il n'eut que le temps de se retirer précipitamment avec son armée, et se rendit sous le canon de Prague. La plupart des équipages des officiers généraux et principaux furent pris, et, entre autres, ceux de M. le comte de Tessé, qu'on tient qui ne sauva que la chemise qu'il avait sur le corps ; il y perdit généralement tout et 40,000 francs d'argent.

On avait d'abord dit que le trésor de l'armée, qui était de deux millions, avait été pris, mais quelques jours après, on dit que non (1).

On dit aussi que M. d'Aubigné, ancien lieutenant général, avait fait couper un pont mal à propos ; qu'il s'était laissé surprendre (2), et que la mésintelligence régnait beaucoup parmi les officiers généraux, ce qui fait un très mauvais effet.

M. le maréchal de Broglie est très blâmé dans le public de n'être pas plus surveillant, et de n'être informé de la marche de l'armée ennemie, qui était à vingt-deux lieues, que lorsqu'elle arrive dans son camp.

Et en effet, un général qui a le principal commandement

---

(1) Mais il est certain que le Trésor fut pris.

(2) Il ne voulut pas écouter les avis qui lui furent donnés de la marche du prince Charles ; il dit que c'étaient des partis de hussards.

(*Note de Narbonne.*)

d'une armée, doit à toute heure savoir avec certitude des nouvelles des mouvements de l'armée qui lui est opposée; et lorsqu'il arrive que l'ennemi se trouve engagé dans quelque position peu favorable, il doit en profiter, et par des ruses tromper son ennemi, le surprendre et le combattre.

On reproche à M. le maréchal de Broglie de n'être pas assez vigilant; il a été surpris en Italie jusque dans sa propre maison, d'où il fut obligé de se sauver en chemise et sans culotte.

En Allemagne, au commencement de cette campagne, il avait encore manqué d'être surpris. Cela fit gloser sur lui.

Ayant à la fin de mai obligé le prince Charles à se retirer, cela lui fit honneur dans le public. Il en reçut la récompense, ayant été fait duc; mais cette dernière surprise lui a fait un tort considérable, même dans les bureaux de la guerre, où les commis le blâment totalement.

Le 24 juin, on répandit à Versailles le bruit que le roi de Prusse avait réuni, sous Prague, son armée à celle de M. le maréchal de Broglie. Cela s'est trouvé faux.

On dit aussi que le roi de Pologne doit rejoindre avec une armée de 30,000 hommes. Si cela est vrai, on peut espérer que les affaires changeront de face.

Mais avant de pouvoir amener la reine de Hongrie à un accommodement convenable, il faudrait faire en sorte de donner une bataille décisive, et si par l'événement l'avantage en restait au parti de l'Empereur, saisir le moment d'un accommodement toujours préférable à la guerre. Mais aussi, si la victoire restait du côté de la reine de Hongrie, cela déconcerterait le parti de l'Empereur, et la guerre deviendrait pour la France d'une conséquence si importante, que l'on n'oserait dire ce que l'on pense.

C'est pourquoi on doit absolument prendre toutes les mesures nécessaires pour la réussite; autrement cette guerre traînera en longueur, et peu à peu ruinera la France, qui en supporte seule tout le fardeau.

Le temps, qui après Dieu est un grand maître, nous apprendra la suite de cette élection du nouvel Empereur, qui a fait crier victoire aux Français, mais qui depuis leur abat bien le courage.

— Il vient à la Cour de France, à Versailles, des courriers des armées d'Allemagne tous les jours, mais on ne dit rien de ce qu'ils rapportent, ce qui fait croire que les affaires de l'Empereur prennent une très mauvaise face.

— Le Roi continue ses parties de chasse à Saint-Léger, avec une douzaine de courtisans et la comtesse de Mailly.

Le 1er juillet, il alla coucher à Choisy, d'où il reviendra mardi soir, et le lendemain il retournera à Saint-Léger, où il continuera d'aller toutes les semaines, jusqu'au 9 août, qu'il y soupera, et après souper il partira pour venir coucher à Versailles.

Après ce temps, Sa Majesté fixera d'un autre côté ses amusements.

— On vient d'apprendre que le roi de Prusse s'est désuni d'avec le Roi de France et l'Empereur, et qu'il s'est arrangé avec la reine de Hongrie.

On n'en dit pas encore les conditions. On tient seulement qu'il a fait accorder quinze jours aux troupes françaises pour se retirer de la Bohême, et que cet arrangement a été conclu le onzième de juin.

Un particulier que je ne connais pas et qui est de la connaissance du sieur Butet, commis de la marine, répandit cette nouvelle dans le café de Dupré, et ajouta que le roi de Prusse aurait dit que les troupes françaises étaient braves, mais que les officiers généraux qui les commandaient étaient des jean-f.....

— On tient qu'il y a eu de la mésintelligence parmi les officiers généraux français.

Si cela est, il est triste pour le Roi, qui est le meilleur prince du monde, que la mésintelligence des généraux ait porté le roi de Prusse à quitter son parti.

On remet toujours au temps à apprendre le dénouement de cette affaire.

— Il se répand le bruit que le roi de Prusse, dans son accommodement avec la reine de Hongrie, n'a fait accorder aucune condition pour les troupes françaises, et que le maréchal de Broglie s'est retranché sous le canon de Prague.

— Le roi de Prusse a joué le rôle d'un rusé politique ; il a fait la conquête de la Silésie, qui vraisemblablement lui restera, avec d'autres avantages que son accommodement lui aura procurés.

Le roi de Sardaigne, de son côté, a fait ses arrangements avec la reine de Hongrie, pour les états d'Italie.

Ces deux princes ont préféré leurs intérêts à leur honneur, et le Roi de France, par les fausses mesures qui ont été prises par ses généraux, est demeuré la victime.

— Il se répand beaucoup de mauvais bruits dans les cafés de Paris sur la déroute du maréchal de Broglie. On a arrêté et mis à la Bastille vingt-deux personnes à cette occasion, pour avoir dit que le trésor de l'armée avait été pris, et tenu des discours peu mesurés.

On a été jusqu'à afficher des placards qui contenaient : « Hôtel à louer à Paris, pour le nouvel Empereur. »

— On dit à Versailles que M. le maréchal de Broglie a fait une belle exhortation aux officiers et soldats de son armée pour ranimer leur courage, dans le cas où l'armée de la reine de Hongrie viendrait l'attaquer dans ses retranchements sous le canon de Prague.

On dit aussi qu'on lui a envoyé 7,000 soldats de milice, ce qui porterait son armée à 25,000 hommes ; que les troupes du roi de Pologne doivent se joindre à lui au nombre de 25,000.

— On s'attend que l'armée commandée par M. d'Harcourt, qui est de 35,000 hommes, aura bientôt une affaire en Bavière.

— L'envoyé de la régente de Moscovie, ou Czarienne, a donné un bal paré et masqué à Paris le mercredi 11 juillet 1742.

— Comme l'armée du grand duc s'est trouvée de beaucoup supérieure à celle de France retranchée sous Prague, on tient qu'il a entrepris de faire le siége de cette ville, et que la tranchée a été ouverte le 6 août.

— Les affaires de l'Empereur allant mal en Allemagne, il a fallu se retourner. On tient que le Roi de France a fait un arrangement avec les Hollandais, au moyen duquel le corps d'armée que M. le maréchal de Maillebois commandait sur les frontières de Hollande a pu se mettre en marche pour aller au secours de Prague. Les premières colonnes sont parties le 3 août, les autres ont suivi. On dit qu'il y a cent vingt-huit lieues de marche et qu'il arrivera devant Prague le 28 août.

— Le prince Charles de Lorraine a levé le siége de Prague le 13 septembre 1742.

Il y a eu beaucoup de mésintelligence pendant ce siége entre les maréchaux de Broglie et de Belle-Isle; et il a paru des relations de ce siége à l'avantage de l'un et de l'autre de ces généraux.

— Le maréchal de Belle-Isle était resté dans Prague où il cherchait l'occasion d'évacuer cette ville. Il en sortit le 16 décembre 1742, pour venir à Egra qui en est éloignée de trente-cinq lieues. Sa marche fut des plus rudes et des plus pénibles à cause du grand froid. Il avait avec lui 16,000 hommes, en ayant laissé 4,000 dans la place.

Il arriva à Egra le 28 décembre, et on tient qu'il n'a amené au plus que 10,000 hommes en état de servir. Il doit venir avec cette petite armée sur le Rhin.

On dit que l'armée de M. de Belle-Isle, en Bohême, était de 50,000 hommes; s'il n'en ramène que 10,000, voilà 40,000 hommes de morts, dans cette guerre de Bohême, des plus belles et des meilleures troupes du royaume de France, sans avoir donné aucune bataille.

Sans compter ce que M. le maréchal de Broglie a perdu de son côté.

JOURNAL HISTORIQUE

Du voyage fait par ordre du Roi, de Versailles à Francfort, au sujet de l'élection de l'Empereur, par le sieur de Saint-Quentin, écuyer de la bouche (1).

Le Roi ayant nommé le comte de Belle-Isle pour son ambassadeur à la Diète de Francfort, lui ordonna d'y faire une figure brillante et de n'y rien épargner.

M. de Belle-Isle pria le Roi de lui donner le sieur de Saint-Quentin, écuyer de la bouche, ci-devant contrôleur de

(1) Ce journal est la relation d'un voyage fait à Francfort en 1741, lors de la réunion des princes allemands dans cette ville pour y nommer un successeur à l'empereur Charles VI, mort le 20 octobre 1740.

On sait le rôle que joua la France dans cette élection, et la guerre malheureuse qui en fut la suite. Le comte de Belle-Isle fut chargé de l'ambassade de France auprès de la Diète. Rien ne fut épargné pour que l'ambassadeur y pût représenter dignement son souverain. On lui donna un grand train de maison, et, comme la table devait jouer un rôle important dans cette ambassade, on crut devoir mettre à la tête de ce service l'un des principaux officiers de la bouche du Roi, et l'on en chargea le sieur de Saint-Quentin, écuyer de la bouche et ancien contrôleur du comte de Toulouse.

Il fallait encore un chef de cuisine capable de soutenir l'honneur de la cuisine française dans cette assemblée princière ; M. de Saint-Quentin confia cet emploi au sieur Tassin, dont il avait pu apprécier les talents chez le comte de Toulouse, alors que Tassin était chef de cuisine de ce prince.

Tassin était grand ami de Narbonne. Il voulut le tenir au courant de tout ce qu'il allait voir pendant ce voyage et des événements dont il allait être le témoin, et il écrivit pour lui cette relation.

On ne doit pas s'attendre à trouver dans ce journal beaucoup de renseignements sur le côté politique de cette ambassade, d'ailleurs connue sous ce rapport dans tous ses détails ; la position subalterne qu'occupait son auteur ne pouvait le mettre à même d'avoir connaissance des grands intérêts qui se débattaient alors dans la ville de Francfort. Mais ce qu'on y trouvera, ce sont les détails les plus circonstanciés sur les mœurs, les usages, le commerce de cette ville à cette époque ; c'est le mauvais vouloir des Allemands vis-à-vis des Français, les mille tracasseries que le peuple de Francfort leur suscite ; les descriptions les plus circonstanciées des équipages, des costumes, des réceptions, enfin de ces mille détails qui sont comme le tableau de la vie intime de chaque jour et que ne peuvent donner les relations officielles. C'est sous ce point de vue surtout que ce journal me paraît offrir un véritable intérêt.

M. le comte de Toulouse, pour le service des tables qu'il devait tenir.

Le sieur Saint-Quentin emmena avec lui le sieur Tassin, chef de cuisine de feu M. le comte de Toulouse.

C'est le sieur Tassin qui a fait ce journal comme témoin oculaire de la plupart des faits qu'il rapporte.

MDCCXLII.

Je partis de Versailles le 3 février 1741, pour Paris, où je couchai, — 4 lieues.

Le 4, parti de Paris à sept heures, en chaise de poste. — Pris le chemin ordinaire de Strasbourg par la Lorraine. — Passé à Villers-Cotterets, château assez beau appartenant à M. le duc d'Orléans ; — à Soissons. — Couché à Fismes.

Les débordements qui ont eu lieu cette année et la dernière avaient rendu les chemins effroyables.

Le 5, dimanche, nous entendîmes la messe à Reims.

Le chemin de Soissons à Reims était affreux. — Il y avait quatre chevaux sur la chaise.

Reims est une assez grande ville ; la cathédrale, où se fait le sacre et le couronnement des rois, est belle, et le portail en est magnifique.

De Reims à Châlons en Champagne. — De Châlons à Bar-le-Duc où on entre dans la Lorraine. Dans la Lorraine, on ne paie les chevaux de poste que 20 sols.

De Bar-le-Duc à Nancy, qui est une très jolie ville.

De Nancy à Lunéville, où réside le roi de Pologne, père de la Reine de France.

A Lunéville, il y a un très beau château. Les maisons de la ville sont bien bâties, la plupart en bois de charpente et peu en moellons ; elles n'ont qu'un étage et sont plates dessus.

On voyage toujours en Lorraine entre bois et rivières. — Les terres sont bien cultivées ; — le pays est fertile en blés, et on n'y voit point de villages pauvres.

On quitte la Lorraine à Strasbourg qui est un pays français et conquis.

Nous arrivâmes le 8 février à midi chez un luthérien qui est maître de la poste. — Nous y avons couché deux nuits.

A Strasbourg, les habitants sont la plupart habillés à l'allemande.

L'on y permet les indiennes, tabac et autres marchandises de cette nature.

C'est une ville très marchande et très belle.

L'église cathédrale, qui est très grande, a un portail magnifique, et une tour ou clocher d'une hauteur extraordinaire.

Il passe dans la ville une rivière nommée l'Isle, qui a environ 30 pieds de largeur; de distance en distance, il y a, pour la commodité publique, des ponts en bois sur lesquels les carosses et voitures passent.

Les carrosses bourgeois, de remises et les fiacres y sont très communs.

Le Rhin passe au bord de la ville du côté du fort de Kelh et de la citadelle; il est quatre fois plus large que la Seine et sert de rempart de ce côté-là.

La citadelle et la ville sont très fortes et pour ainsi dire imprenables.

La citadelle est arrosée par le Rhin tout autour.

Il y a un pont d'environ un quart de lieue pour aller de Strasbourg à Kelh; il est tantôt dans l'eau et tantôt sur de petites îles.

Les sentinelles placées à la tête du pont du côté de Strasbourg ne sont qu'à une portée de mousquets des sentinelles allemandes. — Elles sont à l'entrée du fort de Kelh dont le Rhin bat les murs, ce fort n'est pas si grand que la Bastille de Paris.

Il y a toujours dans Strasbourg sept à huit mille hommes de garnison de troupes réglées.

Toutes les personnes qui entrent dans la ville sont obligées de dire qui elles sont et où elles vont loger; et les aubergistes sont obligés de rendre compte tous les jours de celles qui sont logées chez eux.

Le cardinal de Rohan, qui est archevêque de Strasbourg, y a un très beau et très grand palais. Il s'y trouve une salle à manger dans laquelle on peut aisément placer quatre tables de vingt couverts chacune. Il fait sa résidence ordinaire à Saverne, très beau château situé à huit lieues de Strasbourg du côté de France. Il y reste six mois de l'année, et y tient grande table où il y a tous les jours au moins quarante étrangers.

Les cerfs, sangliers, chevreuils, lièvres et autres gibiers sont très communs à Strasbourg ainsi que dans toute l'Allemagne. Ce sont les seigneurs qui les font vendre en plein marché. Leurs terres en sont très garnies, ou les y conserve avec soin, et il y a des peines très sévères contre les braconniers et contre les voituriers qui passent dans les blés le long des grands chemins.

Le 10 février, nous partîmes de Strasbourg pour aller à Francfort dans un carrosse à quatre roues, qui ne put nous mener que jusqu'à Spire, à dix-huit lieues de Strasbourg. Le chemin était très mauvais à cause du débordement du Rhin qui avait tout inondé. Nous payâmes 72 livres pour cette voiture.

Spire est une petite ville où il y a une petite rivière de sept à huit pieds de large, et de petits ponts en bois de distance en distance pour passer d'un côté à l'autre de la rue.

A Spire nous prîmes la poste jusqu'à Worms, qui en est à environ huit lieues.

L'usage en Allemagne est de trouver à chaque poste des chaises à quatre roues, dans lesquelles on tient quatre personnes. Quand on en a une à soi, les mêmes chevaux vous mènent quatre lieues.

On paye cinquante sous par cheval, et vingt-cinq pour le loyer de la chaise.

Les postillons de poste sont très respectés par les voituriers. Ils ont la livrée de l'Empereur et portent un petit cor de chasse avec lequel ils sonnent pour avertir les voituriers de se ranger, ainsi que les chaises ou les carrosses bourgeois.

A Worms, nous trouvâmes une chaise vide, bien attelée de trois chevaux. Nous la louâmes 17 livres pour nous mener jusqu'à Mayence, située à environ onze lieues, et nous y arrivâmes à sept heures du soir, après avoir passé par de très mauvais chemins et souvent à quatre pieds du Rhin.

On voit à trois quarts de lieue du chemin Manheim, qui paraît une belle ville; elle appartient à l'électeur Palatin.

A Mayence, nous nous adressâmes à M. Blondel, chargé des affaires de la Cour de France, auquel M. le maréchal de Belle-Isle avait donné des ordres pour ce qui regardait sa maison. Nous couchâmes une nuit à Mayence, assez belle ville et bien marchande.

Le 14 février, nous partîmes de Mayence dans une chaise de poste que nous louâmes 17 livres, et en cinq heures nous fîmes huit lieues; le chemin était beau. Nous arrivâmes à Francfort en prenant une autre route que celle ordinaire, à cause du débordement du Rhin et des rivières.

La ville de Francfort est assez grande et peut avoir de circuit deux fois autant d'étendue que Versailles. Les rues en sont belles; les maisons ont la plupart trois étages et les autres deux; elles sont couvertes en ardoises et peintes en dehors; presque toutes les fenêtres sont garnies de grilles en fer et de jalousies; les marteaux des portes cochères sont de cuivre poli, et l'endroit qui reçoit les coups de marteau est partout garni de lions, de léopards, ou autres animaux, de même en cuivre poli.

On a creusé dans les rues, de distance en distance, des puits qui servent à fournir de l'eau en cas d'incendie, les maisons étant presque toutes bâties en bois

Cette ville est très riche et est habitée par toutes sortes

de marchands et de banquiers, dont la plupart ont carrosse.

Le commerce est l'épicerie, les draps, les étoffes des Indes, le cuivre, le fer, etc.

Francfort est une ville impériale, où se fait l'élection et le couronnement des Empereurs. Elle est libre et indépendante des électeurs, et dans les occasions donne son contingent à l'Empereur.

Il s'y tient deux foires franches par an, l'une au printemps et l'autre en automne.

On y amène des marchandises des quatre parties du monde.

Il existe dans la ville plusieurs fontaines publiques.

Le bœuf, le veau, le mouton y sont bons. Il s'y vendent 4 sous la livre dans les bonnes maisons.

Le gros gibier se vend le même prix, un gros lièvre communément vaut 17 à 18 sous.

Les poules et les poulardes y sont assez bonnes.

Communément, il s'y consomme beaucoup de légumes.

On y mange des soupes faites avec de l'avoine et du millet.

Les allemands font assez grande chère, mais mal arrangée.

Ce sont les hommes qui font le commerce et qui tiennent les comptoirs. Les femmes ont leurs appartements séparés et ne sont pas très scrupuleuses, ce que l'on attribue aux différentes sectes religieuses.

Le thé et le café sont en grand usage, et l'on en offre à quelque instant du jour que l'on entre dans une maison.

On n'y trouve pas de poisson de mer, à cause de l'éloignement.

Le poisson d'eau douce, tel que carpe, brochet, anguille, perche, écrevisse, esturgeon et saumon, y est bon et s'y vend à la livre.

Quoique Francfort soit situé près des forêts, le bois s'y vend 12 livres la corde.

Le bois de menuiserie, qui communément est de sapin, n'est pas si cher.

Le cent de planches d'un pouce d'épaisseur, dix pieds de long et un pied de large, vaut 30 livres. On ne trouve presque point de planches de chêne.

Les enterrements de luthériens sont singuliers : quand il en meurt un, l'usage est de garder le corps pendant trois jours. On l'embaume, et une vingtaine d'écoliers de l'âge de quinze à vingt ans viennent chacun de ces trois jours, couverts de manteaux bleus, chanter quatre ou cinq fois à la porte du mort et aux portes des parents.

Le jour de l'enterrement, ces écoliers ouvrent la marche en chantant; viennent ensuite une vingtaine d'hommes, en manteaux noirs et crêpes, gants blancs, chacun un citron à la main; à leur tête, on porte une croix. — Puis un carrosse de deuil, les chevaux couverts de housses. Ce carrosse a la forme d'un char avec un dais dessus. Le corps est placé sur ce char et sous ce dais, dans une bière de bois noir, bien sculptée et lissée, recouverte d'un drap noir.

Suivent cinq ou six carrosses de deuil, à l'ordinaire.

Dans le premier est le ministre ou prêtre luthérien, en manteau court, et qui porte au lieu de rabat une fraise à la cent-suisse autour du col.

Dans les autres se placent les parents et amis du défunt.

A la porte du cimetière, huit des plus proches parents prennent le corps du défunt et le portent dans la fosse.

Pendant qu'on le couvre de terre, le ministre fait un sermon, et les écoliers chantent à force de voix des cantiques.

Le sermon fini, toute la compagnie va faire un bon repas, à la sortie duquel on donne une demi-pistole à chacun.

Il n'y a ni luminaire ni prêtres à ces enterrements.

Lorsque le corps passe devant une église luthérienne, une bande de peuple monte autour, chante et joue des instruments.

Il y a des enterrements qui coûtent jusqu'à deux mille écus.

A Francfort, le vin rouge est assez bon, mais c'est le vin blanc qui est communément en usage.

Cette ville est gouvernée par des bourgmestres, dont l'un fait les fonctions de principal magistrat.

Les troupes qui sont dans la ville sont disciplinées par des officiers et payées par la ville, sous la direction du principal magistrat et des bourgmestres, à la porte desquels on monte la garde.

L'Hôtel-de-Ville s'appelle le Rœmer, la place qui est au-devant est grande, environ comme la place Dauphine à Versailles. Elle est environnée d'assez belles maisons occupées par les marchands les plus considérables de la ville.

Au milieu de la place est une très belle fontaine : une statue représentant la Justice, tenant des balances à la main, en occupe le milieu ; huit ou dix petits tuyaux forment une gerbe d'eau sur cette statue.

La façade de l'Hôtel-de-Ville est fort belle ; c'est dans la place de l'Hôtel-de-Ville que se tiennent les deux foires franches, la première à Pâques, la seconde au mois de septembre.

C'est dans cet hôtel que l'on traite toutes les affaires du gouvernement de la ville.

L'ouverture de la Diète fut arrêtée pour le 1ᵉʳ mars 1744, dans les bâtiments de l'Hôtel-de-Ville.

Le 28 février, deux envoyés de l'électeur de Mayence, grand chancelier de l'empire, arrivèrent à Francfort, ainsi que ceux de plusieurs princes qui ont droit d'y envoyer.

M. le comte de Belle-Isle fut nommé par le Roi de France son ambassadeur à Francfort, pour assister aux négociations qui devaient avoir lieu au sujet de l'élection d'un Empereur, quoique la couronne de France ne donne aucun droit à son Roi sur cette élection. Comme le Roi est regardé comme le plus puissant monarque de l'Europe, et qu'il est en grande considération parmi les princes allemands, la plupart d'entre eux, aussi bien que le peuple, paraissaient désirer que Sa Majesté portât ses vues jusqu'à se faire élire Empereur.

M. de Belle-Isle avait reçu ordre du Roi de ne rien épargner pour rendre son ambassade brillante et marquer en cela la grande puissance de Sa Majesté. En quoi il n'a pas exactement fait tout ce qu'il aurait dû faire, quoique l'argent ne lui ait point été épargné.

M. de Belle-Isle tira de Paris et d'ailleurs presque tout ce qui était nécessaire pour cette célèbre ambassade, soit par mesure d'économie, soit pour tout autre motif.

Il chargea aussi M. Blondel, chargé d'affaires du roi à Mayence, de faire de son côté quelques arrangements. M. Blondel, qui est beau-frère de M. Dutheil, premier commis des affaires étrangères sous le ministère de M. Amelot de Chaillou, aurait dû connaître les mœurs des Allemands, et singulièrement de ceux de Francfort, leurs droits et leurs usages.

Il fit faire à Mayence une centaine de bois de lit pour les domestiques de M. de Belle-Isle. Ces bois de lit, étant arrivés à Francfort par eau, furent chargés sur des charrettes pour être conduits du port à l'hôtel de M. de Belle-Isle, qui était dans le quartier marqué pour l'électeur de Bavière (car il n'y en avait pas et il ne pouvait pas y en avoir de marqué pour l'ambassadeur de France). Aussitôt une multitude de menu peuple et des enfants de quinze à dix-huit ans arrêtent les charrettes, et cassent et brisent les bois de lit avec une insolence inouïe.

M. de la Pierre, chevalier de Saint-Louis, officier à qui M. le comte de Belle-Isle avait confié la principale inspection de sa maison, ayant eu avis de ce tumulte, alla sur-le-champ porter ses plaintes au principal magistrat, qui envoya aussitôt des gardes pour faire cesser le désordre.

Ce qui restait de bois de lit entiers fut conduit au palais de M. de Belle-Isle, et y arriva sur le midi, le 20 mars 1741.

Aucun des gens de la maison de M. de Belle-Isle ne jugea à propos d'aller montrer son nez dans cette bagarre, et ils firent bien.

M. de la Pierre en écrivit sur-le-champ à M. le maréchal de Belle-Isle, qui était à Coblentz, et à M. Blondel, qui était retourné à Mayence.

Francfort étant une ville impériale libre, les ouvriers et, en cette rencontre, les menuisiers crurent que l'ambassadeur de France les méprisait de ne les avoir pas employés à faire ces menus ouvrages.

Les ouvriers de chaque espèce, à la faveur de leur liberté, ne veulent souffrir aucun ouvrage étranger.

Mais dans cette occurrence ils n'auraient vraisemblablement pas pu suffire aux travaux immenses que chaque étranger était obligé de faire faire pour s'établir et se meubler.

— Pour faire les arrangements convenables dans le palais ou hôtel de M. de Belle-Isle, on fit venir des ouvriers de sept à huit lieues aux environs, maçons, charpentiers, etc.

Le 25 mars, il y avait à Francfort :

Le nonce du pape, de la maison de Doria.

M. de Montigo (*sic* pour Montijo), ambassadeur d'Espagne.

Les deux envoyés de l'électeur de Mayence, arrivés le 28 février, comme on l'a déjà dit.

Deux envoyés de l'électeur de Cologne.

Un envoyé de l'électeur de Trèves.

Un envoyé de l'électeur de Saxe et roi de Pologne.

Deux envoyés de l'électeur de Bavière.

Deux envoyés de l'électeur de Brandebourg, roi de Prusse.

Deux envoyés de l'électeur de Hanovre, roi d'Angleterre.

Deux envoyés de Bohême.

— Choses rares à Francfort :

Les beaux chapeaux. — L'or de Paris en galon. — Les bourses à cheveux. — Les soieries en doublures et à coudre. — Les galanteries pour les femmes, comme coiffures, pala-

tines, pièces de corps, manchettes de blondes et de gaze.
— Le satin pour l'hiver.

Il faut que les ajustements pour les femmes soient riches et bien enjolivés de fleurs et de mouches d'argent. — Il y a un tiers à y gagner.

Les choses communes sont les étoffes des Indes, les indiennes, les pelleteries, les dentelles, les toiles, les basins.

Il y a des mouchoirs des Indes qui valent jusqu'à 30 livres.

— Le 25 mars, M. le maréchal de Belle-Isle arriva à Mayence avec un fort gros cortége. Il courait la poste à quarante chevaux. Sa suite était : le chevalier de Belle-Isle, son frère, et plusieurs gentilhommes, quatre secrétaires, deux pages, quatre valets de chambre, quatre valets de pied, un capitaine de sa garde et deux gardes.

M. l'électeur de Mayence envoya son carrosse au devant de lui, à trois quarts de lieue, avec M. le comte de Stadin, son grand maréchal, qui conduisit M. de Belle-Isle et sa suite au palais de l'électeur, où il est resté.

Après les premières civilités, le comte de Stadin dit à M. de Belle-Isle qu'il aimait mieux le voir aujourd'hui que comme il l'avait vu, cinq ans auparavant, fourrager jusqu'aux portes de Mayence.

— Le 26 mars, jour du dimanche des Rameaux, il se fit à Mayence une très belle procession, où toute la passion de Notre-Seigneur est représentée.

— Le 29 mars, jour du mercredi saint, trois cents bourgeois de Francfort, vêtus d'habits uniformes, galonnés en or et en argent, montent à cheval. Ils vont recevoir les gardes que les électeurs envoient à Francfort pour garder les grands chemins et en écarter les voleurs, afin de faciliter l'arrivée des marchands qui viennent à la foire, qui s'ouvre la veille de Pâques.

— Le jour du vendredi saint est très révéré, même parmi les luthériens. On ne travaille point ce jour-là. Toutes les boutiques sont fermées.

Les luthériens ne mangent point le jour du vendredi saint que la nuit ne soit venue.

— Le maréchal de Belle-Isle vint incognito à Francfort le 9 avril. Il arriva en poste avec environ quarante personnes, tant gentilshommes que domestiques.

Il s'est fait voir davantage que la première fois.

Il alla dîner chez M. de Montijo, ambassadeur d'Espagne. Son habit était rouge; il avait son cordon bleu passé par-dessus son justaucorps et un plumet sur son chapeau.

Le peuple se mit aux fenêtres pour le voir passer dans son carrosse.

Le lendemain, 10 avril, M. le maréchal de Belle-Isle partit de Francfort pour aller visiter les électeurs. Il commença par celui de Saxe, qui est roi de Pologne. De là il vint en Bavière, chez le roi de Prusse, et ensuite chez l'électeur palatin.

On tient que sa tournée sera d'environ deux mois.

Il était accompagné du chevalier de Belle-Isle, son frère, du comte d'Harcourt et d'autres gentilshommes, de quatre secrétaires, d'un aumônier, d'un chirurgien, d'un capitaine des gardes, de deux pages, de deux gardes, de trois valets de chambre, de quatre valets de pied et de deux courriers.

— A Francfort, la religion luthérienne a pris le dessus sur la calviniste, qui y dominait anciennement, et il y a toujours guerre intestine entre les partisans des deux religions.

La religion catholique, apostolique et romaine y est aussi exercée; ce qui forme un troisième parti.

Il y a de plus dix mille juifs, à ce que l'on prétend, mais ils n'ont point d'église, et vont pratiquer leur culte à un quart de lieue de la ville.

Le nombre des habitants de Francfort est environ de cent mille.

Ces quatre différents corps d'habitants ne vivent ensemble que politiquement, chacun affectionnant ceux de la même religion.

Il y a aussi à Francfort beaucoup de réfugiés français; ce sont pour la plupart des banqueroutiers des principales villes de France. Il y en a parmi eux de très riches.

— Le 10 avril, les envoyés des princes de l'empire qui ne ne sont point électeurs, mais qui n'en sont pas moins souverains dans leurs Etats, se sont réunis chez l'un d'eux, à une demi-lieue de Francfort, où ils tiennent depuis des assemblées fréquentes pour s'entendre sur leurs intérêts particuliers qu'ils doivent défendre à la diète, lors de sa réunion.

— Le 18 avril, l'ambassadeur d'Espagne étant allé à Mayence et s'étant logé dans une auberge, l'électeur le fit prier de venir loger dans son palais. L'ambassadeur ayant refusé, l'électeur fit défense à l'aubergiste de recevoir l'argent de l'ambassadeur, qui y demeura quatre jours. Il donna en partant au cabaretier trente louis pour boire à sa santé.

— L'hôtel où était logé M. le maréchal de Belle-Isle, à Francfort, dans le quartier marqué pour l'électeur de Bavière, est grand et spacieux : il appartient à Mlle de Kronschetel, âgée environ de soixante ans, de famille noble, et qui a, dit-on, une fortune considérable.

Les tables, guéridons et foyers de cette dame sont d'argent massif, aussi bien que les bordures des glaces et miroirs.

Comme la suite de M. de Belle-Isle était nombreuse et qu'il avait ordre de paraître avec éclat, on avait fait faire, par augmentation, une cuisine de cent pieds de long sur quarante-cinq de large. Il y avait été employé huit milliers de planches de sapin, outre la charpente, qui était considérable.

Les charpentiers et menuisiers, en y travaillant, avaient fait beaucoup de copeaux.

Ce bâtiment était presque achevé et en état d'y pouvoir faire le manger, lorsque le 17 avril, sur les huit heures du soir, le feu y prit. En une heure de temps il fut entièrement consumé.

Il n'a pas été possible de découvrir les auteurs de cet incendie.

Quelques personnes l'ont attribué à des gens malintentionnés qui n'aimaient pas les Français. Toutes les circonstances pouvaient le faire supposer, car des coups avaient déjà été donnés aux gens de la maison et aux Français par les Allemands, qui disaient hautement que quand les Français seraient brûlés, il n'y aurait pas grand mal.

D'un autre côté, on expliquait encore le feu par la faute des menuisiers, qui fumaient en travaillant, et dont les restes des pipes avaient pu être jetés ou tombés par hasard sur les tas de copeaux.

M. le comte de Pappenheim, grand maréchal héréditaire de l'empire, accourut porter secours à la tête de cinquante hommes de la garde.

Ces hommes restèrent dans l'hôtel, que l'on qualifiait de palais, pour empêcher quelque mutinerie, et l'on conseilla aux Français de se retirer et de laisser éteindre le feu par les nationaux.

Quelques gens répandirent le bruit que les Français avaient mis le feu exprès dans l'intention de brûler la ville ; ce qui est en effet très facile, car, la plupart des maisons étant construites en bois, il arrive souvent que, lorsqu'il y a un incendie, quatre à cinq cents maisons se trouvent brûlées.

Après cet incendie de l'hôtel de M. de Belle-Isle, on fut quinze jours sans pouvoir obtenir des bourgmestres l'autorisation de faire construire de nouvelles cuisines. On ne l'accorda qu'à la condition qu'elles seraient faites en briques et en moellons. On en éleva une de cent pieds de long sur cinquante de large à la place de celle qui avait été brûlée, et une autre de quarante pieds de long sur soixante de large, couvertes en tuiles.

— Les gens qui croient bien penser censurent l'économie de M. de Belle-Isle. Ils disent que Son Excellence devait, dès l'arrivée de sa maison à Francfort, entretenir un carrosse pour M. de La Pierre, chevalier de Saint-Louis, qu'il avait choisi pour remplir les fonctions d'intendant; qu'il aurait dû lui donner quatre domestiques, portant la livrée des gens qu'il avait lors de son entrée ; que cela aurait peu coûté et aurait fait le meilleur effet du monde, et jeté de la poudre aux yeux des Allemands lorsque cet intendant aurait été et venu dans cet équipage, et que cela aurait donné une meilleure idée de la maison de M. de Belle-Isle ; que d'ailleurs il aurait fallu captiver les marchands et les ouvriers de Francfort en achetant chez eux et en les faisant travailler à ses ameublements, livrées et équipages, tandis qu'en les faisant venir de Paris et d'autres villes, on s'était attiré la haine des habitants ;

Que l'ambassadeur d'Espagne, au contraire, s'y était pris tout différemment, et que, quoiqu'il n'ait pas fait à beaucoup près une aussi grande dépense que M. de Belle-Isle, il avait su acquérir l'affection des habitants en faisant confectionner à Francfort tout ce dont il avait eu besoin.

— Le 27 avril, l'ambassadeur d'Espagne partit en poste de Francfort pour aller rendre visite au roi de Prusse. Il courut à trente chevaux.

— Les équipages de M. le maréchal de Belle-Isle, qui étaient restés à Metz, arrivèrent à Francfort le 20 avril. Il y avait quatorze bateaux chargés de toutes sortes de provisions, telles que farines, vins, lard et autres, ce qui était parfaitement inutile, puisqu'on trouve à Francfort tout ce qui est nécessaire à la vie.

On y trouve des légumes magnifiques. Les asperges et les morilles y sont très communes depuis le 1er avril, quoiqu'il y fasse froid.

— C'est au grand maréchal de l'empire qu'appartient à Francfort le droit de marquer toutes les maisons lorsque les diètes s'y tiennent ; il a sous lui des officiers qu'on appelle quartiers-maîtres.

Ces quartiers-maîtres assignent plusieurs rues adjacentes pour former ce que l'on nomme le quartier d'un électeur.

Un quartier-maître luthérien ayant marqué un couvent de carmes, ceux-ci s'en plaignirent à l'électeur de Mayence, et la marque fut révoquée.

Quelque temps avant la marque du quartier-maître, ils s'étaient arrangés avec M. de Belle-Isle pour loger volontairement quelques officiers de sa suite ; mais ils furent obligés de rompre leur engagement, craignant, avec juste raison, qu'on ne les forçât à recevoir tous ceux qu'on leur enverrait, sous le prétexte qu'ils pouvaient aussi bien les loger que les Français. Cela fit perdre à ces carmes ce qu'ils auraient pu recevoir de M. de Belle-Isle.

— A Francfort, pour prévenir les incendies, on loge un gardien dans chacun des clochers des églises de la ville. Cet homme, pour faire savoir qu'il veille, est obligé, à toutes les heures du jour et de la nuit, de jouer des instruments placés au dehors sur un balcon. Lorsqu'ils aperçoivent un incendie le jour, ils mettent un drapeau du côté du feu, et la nuit ils avertissent en tirant un coup de fusil.

Aussitôt que ce signal est donné, on tire un coup de canon du corps de garde placé au centre de la ville. Immédiatement les corps de métiers, couvreurs, charpentiers, menuisiers et maçons, sont tenus de se rassembler pour aller porter secours.

Des pompes, des haquets avec de gros tonneaux, des entonnoirs et des seaux sont toujours préparés. Il y a de plus dans tous les carrefours de fortes échelles attachées avec des chaînes, et des gens préposés pour les détacher lors des incendies, ainsi que des poteaux placés de distance en distance, où l'on met des fallots pour éclairer la route. Chaque fois qu'il y a un incendie, la bourgeoisie et les troupes sont sous les armes.

— M. le maréchal de Belle-Isle revint de sa tournée à Francfort le 14 juin, qui était un mercredi. — Pendant trois jours il n'a vu personne de la ville ni du dehors.

Le 18, qui était le dimanche, il alla dîner chez le nonce du pape avec plusieurs personnes de sa suite.

Il vivait à Francfort comme s'il y était sans caractère.

Le 24 juin, il partit de Francfort pour aller au devant de Mme de Belle-Isle, sa femme; il lui avait envoyé un carrosse, un écuyer et plusieurs personnes huit jours avant.

— Le 6 juillet 1741, M. le maréchal de Belle-Isle partit de Francfort à cinq heures du matin, en berline, pour se rendre à la Cour de France, où il était mandé. Il était accompagné de M. de Mortagne, de deux secrétaires et de huit personnes à cheval.

On fit à Francfort beaucoup de raisonnements sur le départ de M. de Belle-Isle : les uns disaient qu'il était rappelé de son ambassade; les autres que la guerre allait commencer et qu'il commanderait sur le Rhin.

En l'absence de son mari, Mme la maréchale tenait une table de vingt couverts où il venait peu d'étrangers, la maison étant assez considérable en noblesse de la suite pour l'occuper.

Il n'y avait que le dîner et point de souper, mais seulement un morceau pour les gentilshommes de la suite.

— Le 11 juillet 1741, Mme la maréchale de Belle-Isle donna à manger pour la première fois dans la grande salle que l'on avait construite à cet effet.

Il y avait deux tables, dont l'une de vingt-cinq couverts, où se trouvaient : M. le prince de la Tour, grand-maître des postes de l'empire; c'est un prince accompli en toutes manières, — la princesse sa mère et ses frères, — la sœur du roi de Suède, — les princesses de Nassau, — et autres personnes de distinction.

— Il arrivait souvent des courriers du roi de Prusse, qui était en Silésie, et sur-le-champ il en partait un de l'hôtel ou palais de M. le maréchal, pour porter les dépêches à la Cour de France.

— Le 1er août 1741, M. le maréchal de Belle-Isle revint de la Cour de France à Francfort.

— Le 7 août, il alla à Manheim, où il resta jusqu'au 9.

Les préparatifs de guerre qui se firent pendant le mois de juillet, aux environs de Strasbourg, intriguèrent furieusement les Allemands.

— Le 15 août et les jours suivants, les troupes françaises passèrent le Rhin à Offenbourg, et se mirent en marche pour la Bavière. Il leur fut ordonné, sous les peines les plus sévères, de payer de gré à gré tout ce dont elles auraient besoin, avec défense de commettre aucune hostilité.

— Le 20 août 1741, M. de Montijo, qui était revenu le 31 juillet de sa visite chez les électeurs, alla pour la première fois à la comédie. Il donna 100 florins aux comédiens français; chaque florin valant 50 sous, cela faisait 250 livres qui leur firent beaucoup de bien.

Le 24 août, M. le maréchal de Belle-Isle a célébré la fête du Roi, son maître, avec toute la magnificence possible. Elle a duré quatre jours.

Le premier jour, jeudi 24, on servit deux tables de vingt-cinq couverts chacune, matin et soir; elles furent couvertes de tout ce qui était le plus recherché à Francfort.

Le vendredi 25, il y eut une messe solennelle au Dôme, qui est l'église cathédrale des catholiques romains.

Toute la noblesse catholique y assista. M. de Belle-Isle était revêtu de son magnifique costume de l'ordre de Saint-Louis.

Douze carrosses, remplis de la noblesse de la suite de l'ambassadeur, partirent du palais de l'ambassade pour se rendre à l'église. Cent domestiques revêtus de leur livrée entouraient les carrosses.

Au retour de la messe, il y eut deux tables de vingt-cinq couverts, auxquelles se placèrent tous ceux qui faisaient partie du cortége.

Dans la soirée, les comédiens français donnèrent la comédie gratis au public.

Pendant ce temps, le palais fut illuminé, et l'on tira sur l'eau un feu d'artifice.

On avait dressé au bord de l'eau plusieurs tentes dans lesquelles les dames jouaient et prenaient le thé, le café et les rafraîchissements.

Après le feu, toute la compagnie revint souper au palais du maréchal.

Le samedi 26, il y eut aussi grande table.

On tira l'oie sur la rivière. Le prix consistait en deux écuelles d'argent couvertes et leurs assiettes.

Les mariniers étaient revêtus de costumes qui leur avaient été donnés par M. le maréchal.

Ensuite la compagnie alla souper au palais.

Le dimanche 27, il y eut déjeuner et dîner.

Le soir, on servit quatre tables. Une en fer à cheval où il y avait cent personnes.

On servit sur cette table : onze pots *à loielle à cuvettes* (*sic*) (1), quatre-vingt-quatorze entrées ou relevées, trente plats de rôts, quatre-vingt-deux entremets, cent trente plats de fruits, quatre-vingt compotes.

Les trois autres tables, de vingt-cinq couverts chaque, furent servies à proportion.

On but à la santé du Roi, du Dauphin et de la Reine. A chaque santé, on fit une décharge de cent boîtes, car, quoiqu'il y ait du canon dans la ville, ce n'est pas l'usage de le tirer.

Après le souper, le bal commença dans deux salles de deux cents pieds chaque; il finit à cinq heures du matin.

Pendant le bal on distribua toutes sortes de rafraîchissements.

---

(1) Ces mots semblent désigner une espèce de ragoût; nous n'avons pu en déterminer la nature.

L'on avait illuminé tous les environs du palais, et l'on distribua des tonneaux de vin dans plusieurs quartiers de la ville.

L'ambassadeur d'Espagne, dont le palais était proche de celui du maréchal de Belle-Isle, le fit illuminer avec de grands flambeaux de cire blanche.

Les Allemands furent bien étonnés de voir la magnificence de l'ambassadeur de France. Ils ne savaient plus que dire.

Dans plusieurs quartiers de la ville on cria : Vive le Roi de France !

Pendant ces quatre jours de fêtes, les bourgmestres firent mettre sous les armes les troupes et la bourgeoisie.

— Le lundi 28 août, il y eut à l'ordinaire chez M. de Belle-Isle une table de vingt-cinq couverts, matin et soir.

— Le mardi 29, le prince de La Tour, grand maréchal des postes de l'empire, traita à son tour toute la compagnie.

Il y eut bal qui commença à six heures après midi.

A dix heures, on servit dans différentes salles huit tables de trente couverts chaque. Elles furent très bien servies.

Pendant le souper, les timbales et les trompettes alternaient avec la musique ordinaire, suivant l'usage des princes allemands, qui ont toujours pendant leurs repas de pareilles musiques.

Après le souper, le bal recommença jusqu'à cinq heures du matin.

Le prince de La Tour est très noble dans toutes ses manières. Son hôtel est très beau et bien distribué ; il est bâti dans le goût de l'hôtel de Toulouse à Paris, place des Victoires. Il a été construit par le même architecte, qui est le sieur Aubra, de Paris.

— Le jeudi 31 août, ce fut le tour de l'ambassadeur d'Espagne de traiter.

Il n'y eut que deux tables de vingt-cinq couverts, car la petitesse du local ne pouvait permettre d'en recevoir davantage.

— Pendant la fin du mois d'août, plusieurs seigneurs de la suite de M. de Belle-Isle partirent pour aller en Bavière se mettre à la tête de leurs régiments.

— Le 8 septembre, M. le maréchal de Belle-Isle partit pour Mayence où il coucha une nuit; ce qui fit penser à toute la ville que la Diète allait bientôt s'ouvrir, et que l'électeur de Mayence, grand chancelier de l'empire, ne tarderait pas à arriver à Francfort, d'autant plus qu'on était informé que depuis quelque temps chacun faisait travailler à ses équipages, les uns pour l'élection de l'Empereur, les autres pour la guerre, qui devenait indubitable.

— Le 24 septembre, M. le maréchal de Belle-Isle fit partir son équipage pour la Bavière, ce qui surprit les habitants de Francfort.

— Le 20 octobre, l'électeur de Mayence partit de cette ville, et vint coucher à deux lieues de Francfort.

Le 24 octobre, il entra dans Francfort sur les trois heures après midi, à pas d'ambassadeur, accompagné de sa maison, au nombre d'environ huit cents personnes, et suivi d'une grande partie de la noblesse de Mayence en très bel équipage.

La bourgeoisie de Francfort était sous les armes, et bordait les rues par où l'électeur devait passer.

Voici dans quel ordre se fit cette entrée :

La bourgeoisie de Francfort à cheval, en habits uniformes, l'épée à la main, timbales et trompettes en tête, marchant six par six devant la maison de l'électeur.

La maison de l'électeur, tant d'écuries que de livrées, couverte de drap pourpre galonné d'or.

Venaient ensuite un grand nombre de seigneurs allemands bien montés et magnifiquement habillés.

Puis quarante carrosses à six chevaux, ayant deux seigneurs dans chaque.

Dans les carrosses de l'électeur étaient les *Tomer* (1), qui

---

(1) *Domherr*, signifie chanoine.

sont des prêtres de la cathédrale de Mayence, tous de grande naissance, parmi lesquels on choisit ordinairement l'électeur.

Les deux carrosses du corps, le premier vide.

Le second, où se trouvait l'électeur, était en velours couleur de feu, brodé en or, la couronne impériale dessus.

Ces deux carrosses étaient entourés de plusieurs seigneurs bien montés et magnifiquement habillés, suivis de leurs pages.

Les harnais et équipages des chevaux des carrosses étaient d'une grande richesse.

Suivaient les gardes du corps, quatre à quatre, l'épée à la main, habits pourpre et or.

Marchaient à la suite environ soixante cavaliers en habits blancs et bandoulières.

L'électeur est âgé de soixante-dix-sept ans.

Il descendit au Compostelle, qui est sa maison ou palais.

Il y avait à cette entrée environ deux mille personnes.

On a tiré une vingtaine de coups de canon de la ville, et toutes les cloches des églises catholiques ont sonné.

— Le 26 octobre, le maréchal de Belle-Isle reçut le présent de ville. Il consistait en une pièce de vin du Rhin et un chariot d'avoine. Ce présent pouvait valoir mille écus.

Le maréchal avait été à Francfort pour ainsi dire incognito jusqu'au 22, n'ayant fait notifier ses titres que ce jour-là.

Depuis cette époque, les troupes se mettaient sous les armes et battaient aux champs chaque fois que M. le maréchal passait devant les corps de garde.

— L'électeur de Mayence, qui était resté chez lui depuis son arrivée, sortit le 26 octobre, jour de sa fête, pour aller à la cathédrale entendre la messe solennelle qui s'y chanta.

— Les assemblées de la Diète, pour l'élection de l'Empereur, ont commencé le samedi 4 novembre 1741, à l'Hôtel-de-Ville, que l'on appelle le *Rœmer*.

— L'ouverture de la Diète a attiré à Francfort beaucoup de monde : princes, envoyés et autres personnes.

— Le 11 novembre, sur les onze heures du matin, le maréchal de Belle-Isle alla, comme ambassadeur de France, rendre sa visite de cérémonie à l'électeur de Mayence. Il était accompagné d'environ cent personnes, seigneurs, courtisans, pages et gens de livrée.

Le cortége était composé de cinq carrosses à six chevaux, dans l'un desquels se trouvait le maréchal, en habit de l'ordre du Saint-Esprit, entouré de tout le reste de sa maison à cheval et formant la haie.

Arrivé au palais de l'électeur, celui-ci alla au devant de M. le maréchal jusqu'à son carrosse. Il le prit par la main et le conduisit dans la salle destinée à recevoir les visites, qui sont courtes.

Puis, après quelques mots échangés, l'électeur reconduisit par la main M. le maréchal jusqu'à son carrosse, et ne rentra dans son palais qu'après le départ de l'ambassadeur.

Toute la maison de l'électeur était sur pied.

Deux Tomers, ou chanoines de la cathédrale et comtes de Mayence, attendaient l'arrivée du maréchal, et restèrent à la portière de sa voiture, qui resta fermée jusqu'à l'arrivée de l'électeur.

— Le nonce du pape rendit aussi le même jour sa visite à l'électeur de Mayence.

— Le lendemain, dimanche 12 novembre, le maréchal de Belle-Isle partit de Francfort, à cinq heures du matin, pour aller rejoindre l'armée. Il était accompagné de plusieurs officiers ; il y avait quatre voitures à six chevaux et vingt-quatre personnes à cheval.

Le même jour, sa table fut rompue, et les gens de sa maison eurent leur argent à dépenser. Celle de Mme la maréchale fut réglée de dix à douze couverts, matin et soir.

M. Blondel fut chargé des affaires du Roi pendant l'absence du maréchal de Belle-Isle.

— L'ambassadeur d'Espagne qui, par sa générosité, était très aimé à Francfort, rendit sa visite à l'électeur de Mayence le 14 novembre. Il avait cinq carrosses à six chevaux et était accompagné de plusieurs seigneurs, gentilshommes, pages et gens de livrée en très beaux costumes.

— Le 17 novembre, il fit son entrée publique dans la ville. Il avait été coucher à une demi-lieue la veille.

Cette entrée fut très belle et très galante.

Il y avait huit carrosses à six chevaux, plusieurs gentilshommes, pages, valets de pied, courriers et officiers de sa maison, au nombre d'environ cent cinquante personnes, magnifiquement habillés; la bourgeoisie à cheval, les troupes en haie sur son passage, avec des timbales et trompettes en tête.

— Le lendemain 18, fête de la reine d'Espagne, cet ambassadeur donna une très jolie fête dans sa petite maison de campagne, à deux portées de mousquet de la ville.

Il y eut une illumination autour de la maison et dans le jardin de l'autre côté de la rivière, qui fut d'un très beau coup d'œil; un très beau feu d'artifice sur l'eau, concert et grand souper dans une salle de cent cinquante pieds de long sur cinquante de large, construite exprès le long de la maison, au bord de la rivière (1).

Toute la noblesse, à dix lieues à la ronde, s'était rendue à cette fête.

Dans la ville, son hôtel et les trois maisons qu'il occupe étaient illuminés par quinze cents flambeaux de cire blanche, du poids de six livres chaque.

Le même jour, il a fait jouer à ses dépens la comédie française et allemande, où tout le monde entra gratis.

Et une fontaine de vin coulait devant la porte de son hôtel.

— Le lendemain 19 novembre, on chanta une messe solen-

---

(1) Il existe une estampe représentant l'une des fêtes données à Francfort par M. de Montijo, l'un des ancêtres de S. M. l'Impératrice Eugénie.

nelle dans la cathédrale. Tous les envoyés y furent invités.

Le soir, on servit délicatement quatre tables : deux de cinquante couverts et deux autres de vingt-cinq couverts.

Mais toute la noblesse des environs s'étant rendue à cette fête, il y eut plus de quatre cents personnes qui soupèrent, et l'on fut par conséquent obligé de servir à la hâte cinq ou six autres tables.

Il se faufila à l'une de ces tables une comédienne, nommée Lecocq, fille d'un pâtissier de Paris de ce nom. C'était une femme très galante, et comme elle avait eu part aux faveurs de l'ambassadeur, elle crut que cela lui donnait le droit de se mêler dans une si respectable assemblée. Elle en fut très blâmée.

Mme la maréchale de Belle-Isle fit les honneurs de cette fête à titre d'amie (l'ambassadeur d'Espagne n'ayant point de femme).

La maison ou palais de l'ambassadeur et le voisinage étaient illuminés de deux mille flambeaux de cire blanche.

L'intérieur de la cour faisait un très joli coup d'œil, les allemands ayant beaucoup de goût pour les illuminations.

Le 18 novembre 1741, M. de Brandau, ambassadeur de la reine de Hongrie, reçut de M. de Pappenheim, grand maréchal de l'empire, l'ordre de se retirer.

Le 20 novembre, se tint au *Rœmer* la première assemblée pour l'élection de l'Empereur.

Tous les envoyés s'y rendirent dans des carrosses à six chevaux magnifiques, suivis de toutes leurs suites, comme s'ils faisaient leur entrée.

L'heure avait été indiquée pour dix heures du matin.

M. l'électeur y arriva à onze heures avec toute sa maison et huit carrosses à six chevaux.

Cette première réunion dura une heure et demie.

Toutes les troupes de la ville bordaient le passage des envoyés, et lorsqu'ils passaient, les tambours battaient, puis s'arrêtaient et recommençaient, pour indiquer que l'on faisait honneur à chacun en particulier.

La séance finie, chacun sortit et remonta dans sa voiture, suivant le rang de son électorat, ou celui de son maître.

M. l'électeur de Mayence sortit le premier, en qualité de grand chancelier de l'empire.

Après lui, Cologne, Bavière, Saxe, Prusse, Palatin, Hanovre. Puis M. de Pappenheim, grand maréchal héréditaire de l'empire, dans un équipage très galant.

Tous ces envoyés avaient chacun six carrosses de suite, attelés de six beaux chevaux.

Celui de Hanovre en avait de magnifiques, tant pour la taille que pour la richesse des harnais. Chaque cheval valait bien mille écus.

— Le 22 novembre, il y eut une seconde séance, sur les neuf heures et demie ; les envoyés y allèrent et en sortirent comme la première fois.

— Le 24 et le 27, il y eut encore séance.

— Le 28 novembre, on reçut la nouvelle que la ville de Prague, capitale de la Bohême, venait d'être prise d'assaut par les troupes françaises, bavaroises et saxonnes, et que le comte de Saxe y était entré le premier.

— Le 29, il y eut séance de la Diète ; le même jour, l'électeur de Mayence rendit ses visites de cérémonie à l'ambassadeur d'Espagne et au nonce du pape.

— Le 1er décembre 1744, M. le marquis de Tavannes traversa Francfort pour aller porter le détail de la prise de Prague aux Cours de France et d'Espagne.

— Les ambassadeurs de France, d'Espagne, de Bavière et du Palatin, qui avaient fait des préparatifs de réjouissances et d'illuminations à l'occasion de la prise de Prague, les retardèrent de quelques jours.

— Les 2, 4, 5 et 8 décembre, il y eut séances.

— Le 9, l'électeur de Cologne arriva à Francfort avec une très belle suite.

— Le 11 et 13 décembre, séances.

— Le 15, séance, à laquelle se rendit l'électeur de Cologne, accompagné d'une vingtaine de carrosses magnifiques et de toute sa maison, au nombre de mille à mille deux cents personnes à pied.

On pense que cette cérémonie lui tiendra lieu d'entrée.

Cet électeur est âgé de trente-cinq ans; c'est un prince très populaire et sans façon.

Trois jours après son arrivée, il alla faire visite, sans cérémonie, à Mme la maréchale de Belle-Isle; le 14, il vint de même lui demander à souper.

— Le 16 décembre, le nonce du pape et l'ambassadeur d'Espagne allèrent en cérémonie rendre leur visite à l'électeur de Cologne.

— Le 18 décembre, l'ambassadeur d'Espagne donna une fête pour la naissance du roi d'Espagne. Il y eut à dîner deux tables de trente couverts, et une de trente seulement le soir.

— Le sieur Prevost, ci-devant attaché à la maison d'Orléans, s'étant rendu à Francfort pour observer ce qui se passerait au sujet de l'élection de l'Empereur, y composa plusieurs lettres qu'il fit paraître sous le titre de : *L'Espion turc à Francfort pendant la Diète et le couronnement de l'empereur Charles VII, électeur de Bavière.* Ces lettres, très satiriques, déplurent à beaucoup de personnages, et le magistrat de Francfort en empêcha la continuation. L'on fit des recherches pour découvrir l'auteur; mais l'on pense que ce ne fut qu'en apparence, et qu'on facilita son évasion.

— Par suite de la réunion de la Diète à Francfort, le prince de Hesse-Cassel vient de venir habiter Hagueneau, qui lui appartient.

La ville d'Hagueneau, qui a le titre de principauté, est à quatre lieues de Francfort. C'est une assez jolie ville, située sur le bord de la rivière du Mein, bien bâtie, et dont les rues sont droites et bien pavées.

Elle est éclairée la nuit par des lanternes placées de distance en distance sur des poteaux faits exprès.

Le château où se tient la Cour du prince est situé dans la vieille ville. Il est très logeable et est entouré de fossés.

On y remarque une magnifique écurie où pourraient passer dix carrosses de front. Il y a un autre château fort joli, dans le goût de celui de Marly, à trois portées de mousquet de la ville, sur le bord de la rivière.

Les troupes du prince sont belles et bien entretenues ; il peut mettre sur pied, en temps de guerre, environ douze mille hommes.

Un de ses frères a épousé la fille du roi d'Angleterre.

— Le 18 décembre 1741, il y eut séance de la Diète à l'Hôtel-de-Ville de Francfort. On y décida que l'élection de l'Empereur serait faite le 24 janvier 1742.

Le bruit se répandit dans la ville qu'il y avait apparence que l'électeur de Bavière serait nommé, ce qui faisait plaisir aux catholiques et fâchait les luthériens.

— Le 19 décembre, tous les envoyés des électeurs et les ambassadeurs de France, d'Espagne et de Rome firent de fort belles illuminations à leurs hôtels ou palais, tant en réjouissance de la prise de Prague que pour l'avénement de l'électeur de Bavière à la couronne de Bohême.

Sa proclamation comme roi se fit à Prague le 7 décembre 1741, à une heure après-midi, au son des timbales et des trompettes, de la manière suivante :

Un officier de la Cour du Roi, à cheval ;

Un timbalier et quatre trompettes ;

Un capitaine des archers de la garde royale ;

Quatre rangs d'archers ;

Les hérauts revêtus de leurs cottes d'armes, aux armes royales de Bohême ;

M. du Hestade, conseiller aulique du roi de Bohême, que Sa Majesté avait déclaré tel, dans son antichambre, le matin même ;

Deux chanceliers, autorisés à l'assister dans cet acte solennel.

La marche était fermée par quatre archers de la garde du Roi.

La cavalcade traversa la partie de la ville appelée le Petit-Côté, depuis le palais jusqu'au marché de la ville vieille, où le héraut fit lecture de la patente de proclamation en langue bohémienne et allemande, en présence d'une immense multitude de peuple.

La seconde lecture s'en fit devant l'université dite Caroline ;

La troisième devant l'Hôtel-de-Ville ;

La quatrième, dans la petite ville, dite le Petit-Côté ;

Et la cinquième, à l'endroit dit Hudschin.

Ensuite le cortége retourna dans le même ordre au palais royal.

Le lendemain 8 décembre au matin, une grande partie de la noblesse parut à la Cour en habits magnifiques.

Sa Royale Majesté la reçut avec beaucoup de bienveillance, et l'admit au baise-main. Après quoi elle se rendit avec sa Cour et la noblesse de Bohême à l'église métropolitaine, où l'on chanta le *Te Deum* en action de grâces, au bruit du canon des remparts et de la citadelle.

A midi, Sa Royale Majesté mangea en public, sous un dais, et fut servie par la grande noblesse. Les gentilshommes de la chambre électorale de Bavière portèrent les plats.

Vers les sept heures du soir, Sa Majesté se rendit au palais archiépiscopal, où toute la grande noblesse se trouvait réunie.

L'hommage doit se faire le 19 ou le 20 de décembre.

— On a un peu interrompu la suite de la narration, pour parler du couronnement de l'électeur de Bavière, comme roi de Bohême, à Prague. — On va maintenant continuer de rapporter ce qui se passa à Francfort, au sujet de l'élection de l'Empereur.

Les personnes qui se sont le plus distinguées pour les réjouissances à Francfort sont :

L'envoyé de l'électeur palatin, celui de l'électeur de Saxe, roi de Pologne, et l'ambassadeur de France.

L'envoyé de Bavière fut celui qui fit le moins de frais.

— Les séances de la Diète se sont continuées à Francfort: il y en eut une le 28 décembre.

Les habitants sont très fâchés qu'elles avancent si fort; car, depuis l'ouverture de la Diète, il se fait à Francfort une consommation immense de toutes choses, et les loyers sont à des prix exorbitants.

— Le maréchal de Broglie, qui commandait à Strasbourg, en est parti le 15 décembre, pour aller prendre le commandement des troupes françaises en Bohême, pendant l'absence de l'électeur de Bavière et du maréchal de Belle-Isle, qui viennent à Francfort.

— Le samedi 30 décembre, séance de la Diète.

— Le mardi 2 janvier 1742, le prince de la Tour donna un très beau bal à la Comédie-Française, où toute la noblesse alla masquée.

Cette fête fut des plus magnifiques ; elle fut surtout remarquable par la bonté de la musique, la diversité des danses et la profusion des rafraîchissements.

Le maréchal de Belle-Isle revint de Prague à Francfort, suivi de cinq carrosses courant la poste et de vingt domestiques.

À son arrivée, on lui rendit les mêmes honneurs qu'à un électeur. Le canon de la ville tira, et les troupes se mirent sous les armes.

Il fit faire tous les préparatifs pour son entrée d'ambassadeur, qui fut fixée au 18 janvier.

La Diète tenait régulièrement trois séances par semaine, et quelquefois une quatrième par extraordinaire.

— Le rendez-vous pour l'entrée de M. le maréchal de Belle-Isle était à une petite maison qui appartient à la ville et qui en est éloignée d'une lieue.

On y porta une forte halte, pour donner à manger aux gens de la maison et à une partie des magistrats de Francfort qui s'y rendirent.

Cette entrée fut magnifique et très nombreuse, elle étonna en général les Allemands.

Cependant, avec tout cela, M. de Belle-Isle n'a point su gagner l'affection des Allemands, tandis que M. de Montijo, ambassadeur d'Espagne, avec bien moins de dépenses, mais avec de belles manières, s'est fait aimer de tout le monde.

— Entrée de M. le maréchal de Belle-Isle, ambassadeur extraordinaire de France à la Diète de Francfort pour l'élection d'un Empereur (1).

Le 18 janvier 1742, les députés nommés par le vénérable magistrat de Francfort se réunirent à onze heures du matin, au lieu indiqué par ce magistrat, pour aller à la maison de chasse de la ville, qui en est éloignée d'une lieue, pour complimenter M. l'ambassadeur.

Les députés sortirent de Francfort avec trois compagnies de cavalerie bourgeoise.

Aussitôt que Son Excellence eut reçu, sous la tente dressée à cet effet, les compliments des députés, elle ordonna qu'on se mit en marche.

Les trompettes sonnèrent à cheval, et la marche se fit dans l'ordre suivant :

L'écuyer de la cavalerie de la bourgeoisie, M. Daniel Breitenbach ;

Neuf chevaux de main de ladite cavalerie, conduits par neuf palefreniers à cheval ;

M. Bernard Rasor, écuyer de la ville ;

Quatre palefreniers à cheval, aux livrées de la ville, menant autant de superbes chevaux couverts de superbes housses en broderie ;

(1) Le Roi, suivant un traité de 1658, concernant la Lorraine, a le droit d'envoyer un ambassadeur à la Diète de Francfort, lors de l'élection d'un Empereur, à cause de l'Alsace et de la Lorraine.

Les laquais des députés de la ville, à cheval ;
Quatre laquais aux livrées de la ville, à pied ;
Messieurs les députés, à cheval ;
Quatre archers, à cheval, aux livrées de la ville ;
Un caporal avec six cavaliers ;
Le timbalier avec ses timbales ;
Quatre trompettes ;
M. de Beverdick, capitaine de la première compagnie bourgeoise ;
Le cornette, portant l'étendard, au milieu de quatre cadets de la première compagnie, l'épée à la main ;
M. Busch, capitaine de la deuxième compagnie, à la tête de sa compagnie ;
M. Grunelius, lieutenant, faisant fonction de capitaine, à la tête de la troisième compagnie.

La seconde et la troisième compagnies avaient leurs étendards et trompettes particuliers, et chaque cornette était accompagné de quatre cadets, l'épée à la main.

S. Exc. M. le comte de Pappenheim, maréchal héréditaire de l'empire, qui avait envoyé complimenter S. Exc. M. l'ambassadeur, se trouva à moitié chemin. Il descendit aussitôt de son carrosse complimenter lui-même M. l'ambassadeur, et fit entrer ses équipages dans la marche, immédiatement après la cavalerie bourgeoise et dans l'ordre suivant :

Le prévôt de l'Empire, à cheval, portant son bâton ;
Quatre chevaux de main, avec de superbes housses et caparaçons en broderie, conduits par un pareil nombre de palefreniers ;
Quatre valets de pied ;
Un carrosse vide à six chevaux ;
Six valets de pied ;
Le carrosse vide de S. Exc. M. le comte de Pappenheim, attelé de six chevaux isabelle, magnifiquement enharnachés ;
Après suivaient toutes les personnes de la maison de M. le

maréchal de Belle-Isle, montées sur de très beaux chevaux, richement harnachés, avec des housses de velours vert à ses armes, en broderie d'or et d'argent, et dans l'ordre suivant :

Un sous-écuyer de Son Excellence, en habit vert galonné d'or ;

Le sieur de Saint-Quentin, contrôleur de la maison du Roi, et le sieur Poinsot, contrôleur de la maison de Son Excellence, avec des habits gris de fer, galonnés sur toutes les coutures ;

Deux palefreniers de Son Excellence qui suivaient les contrôleurs ;

Deux chefs d'office, avec des habits gris de fer, chamarrés en argent, les vestes de brocard ;

Cinq chefs de cuisine, avec des habits gris de fer, aussi chamarrés en argent, mais d'une façon différente, pour les distinguer, les vestes d'écarlate galonnées d'argent ;

Quatorze aides d'office et de cuisine, avec des habits gris de fer, bordés d'argent, et vestes d'écarlate galonnées d'argent ;

Deux couvre-tables, habillés de vert, avec des brandebourgs, et bordés d'argent, vestes d'écarlate bordées d'argent ;

Un sous-écuyer en habit vert, galonné d'or ;

Douze fourgons attelés de vingt-quatre chevaux, magnifiquement harnachés, menés par douze postillons à la livrée de Son Excellence.

Les fourgons étaient recouverts de riches couvertures en velours vert, brodées d'or et d'argent, avec un bord de double galon d'or ;

Un sous-écuyer à cheval, vêtu comme les précédents ;

Trente-six valets de pied, à la livrée de Son Excellence, marchant sur deux files.

Cette livrée est de drap vert, parement rouge, galonnée sur toutes les coutures et les manches en plain, d'un double galon de soie rouge, noire et blanche, avec un galon d'argent au milieu, les nœuds d'épaule, des couleurs de la livrée, travaillés en argent, avec des franges d'argent. Les vestes écarlates, chamarrées en plein d'argent. Le plumet blanc et vert. La cocarde blanche, bas de soie blancs; jarretières d'argent et souliers à talons rouges.

Deux cors de chasse à cheval, avec des habits gris chamarrés en argent, la veste de même;

Quatre hautbois à cheval, et de front, avec le même uniforme que les cors de chasse;

Douze valets de chambre, avec des habits gris chamarrés en argent, les vestes de brocard d'argent;

Un écuyer de Son Excellence, habillé de vert, chamarré d'or, veste écarlate chamarrée d'or.

Douze chevaux de main de Son Excellence, conduits par autant de palefreniers à sa livrée; ces chevaux, d'un grand prix, étaient magnifiquement harnachés : ils avaient les crinières natées des deux côtés, soie et or, les nœuds d'oreilles et de queue assortis aux couleurs de leurs riches housses, brodées en or et en argent, de superbes caparaçons de velours vert bordé d'un double galon d'or, dont toute la surface était couverte par les armes de Son Excellence, en broderie d'or, relevée en bosse;

Deux piqueurs vêtus d'écarlate chamarré et galonné d'or sur toutes les coutures, la veste de même;

Le maître d'armes des pages, vêtu d'écarlate chamarré d'argent, la veste de même;

Le sous-gouverneur des pages, vêtu d'écarlate galonné d'or sur toutes les coutures, veste brocard d'or;

Douze pages de Son Excellence, habits de velours vert, avec parements de velours cramoisi, chamarrés en plein d'un point d'Espagne d'argent, sur toutes les coutures, les nœuds d'épaule en tissu d'or brodé d'argent et franges d'argent, vestes de brocard d'argent;

Ces pages étaient montés sur des chevaux anglais de prix,

richement harnachés, avec des housses de velours vert brodées d'argent ;

Le gouverneur des pages, vêtu d'écarlate, chamarré et galonné d'or sur toutes les coutures; la veste de brocard d'or;

Huit gentilshommes de Son Excellence, en habits d'écarlate, galonnés d'or, chapeaux à point d'Espagne, or et argent, avec plumets et cocardes blanches. Ils étaient montés sur des chevaux de prix, garnis de harnais de velours vert brodés d'or ;

Un timbalier, en habit de velours vert, tout couvert de galons d'argent; les tabliers des timbales de velours vert, brodés d'or et d'argent ;

Quatre trompettes de front, vêtus de velours vert, avec leurs trompettes d'argent ;

Le fourrier de l'Empire, à cheval ;

Un valet de chambre et le porte-arquebuse de S. Exc. M. le comte de Pappenheim, à cheval ;

Un conseiller de la chancellerie et un secrétaire de M. le comte de Pappenheim, à cheval ;

M. de Knobelsdorff, gentilhomme de M. le comte de Pappenheim ;

M. Welk, quartier-maître de l'Empire, à cheval ;

S. Exc. M. le comte de Pappenheim, maréchal héréditaire de l'Empire, richement vêtu et superbement monté ; à ses côtés, deux *Trabans* (1) à pied avec leurs pertuisanes ;

En arrière, deux pages de sa livrée, à cheval.

Ensuite venait le cortége de l'ambassade de France, marchant en groupe devant l'ambassadeur. Les habits, d'une magnificence extraordinaire, étaient tous en broderie ou en point d'Espagne d'or, les chevaux superbes et très richement harnachés.

Le cortége était composé de vingt-deux personnes, qui marchaient suivant leurs grades militaires, savoir :

(1) Soldats de la garde impériale.

M. le chevalier de Belle-Isle, M. le marquis de Bissy, M. le chevalier de Courteu, le chevalier d'Harcourt, le chevalier de Gravelle, le marquis de Poyannes, le marquis d'Asfeld, le comte Fouquet, le marquis de Joyeuse, le chevalier de Bélac, le chevalier Robert, le chevalier de Sallabéry, M. de Chabrier, M. le comte Houel, M. Cavalier, le marquis d'Espenses, le comte de Chabot, le comte de Sommièvre, le comte Dourches, M. de Vaux, M. de Verneuil;

Quatre coureurs de M. l'ambassadeur, avec leurs bonnets richement brodés, leurs vestes de damas vert galonnées;

S. Exc. M. le maréchal comte de Belle-Isle, à cheval, vêtu d'un habit de velours bleu, brodé d'or en plain et sur toutes les coutures, avec l'ordre du Saint-Esprit et la plaque de diamants. Son cheval superbement harnaché à la polonaise, avec une housse de pied de drap d'argent brodé d'or; à ses côtés se tenaient deux écuyers, habillés en vert chamarré d'or, veste rouge chamarrée d'or.

A droite et à gauche, il y avait six heiduques avec leurs sabres, et six Suisses avec leurs pertuisanes.

Derrière Son Excellence marchaient son capitaine et son lieutenant des gardes, habillés de vert chamarré d'argent, galonné sur toutes les coutures.

La cavalcade était terminée par un sous-écuyer habillé comme les autres.

Suivaient ensuite :

Un grand carrosse à deux fonds et à sept glaces, garni en dedans de velours cramoisi, ciselé avec une large cartisane (1) d'or de dix pouces de hauteur, richement orné, et tiré par six chevaux gris danois, ornés de dentelle d'or;

Deux calèches à trois glaces, garnies en velours bleu céleste, traînées par six chevaux poils isabelle;

Une berline à sept glaces, traînée par six chevaux;

Une autre berline, tirée par six chevaux danois; les harnais

---

(1) Fils d'or tortillés sur de petits morceaux de carton fin.

de ces voitures étaient de velours de différentes couleurs, ornés en or;

Une autre berline, traînée par six chevaux pies, dans laquelle se trouvait le secrétaire ;

Un vis-à-vis à sept glaces, traîné par six chevaux noirs prussiens ; dans cette voiture étaient les aumôniers.

Puis venaient encore :

Un carrosse à six chevaux, appartenant à Mgr Doria, nonce du pape, précédé de six valets de pied ;

Un carrosse à six chevaux, à M. le comte de Montijo, ambassadeur d'Espagne, précédé de six valets de pied ;

Un carrosse à six chevaux, à M. Blondel, ministre du Roi très chrétien à la Diète d'élection, précédé de six laquais ;

Un carrosse à six chevaux, à M. Bernsdorff, ministre du Roi de Danemarck à la Diète d'élection, précédé de six laquais.

Lorsque Son Excellence entra par la porte de Saxen-Haussen, elle fut saluée de vingt-quatre coups de canon des remparts de la ville.

La porte et les rues dans lesquelles marcha le cortége étaient occupées de la manière suivante par la bourgeoisie et par la garnison, sous les armes :

A la porte, une compagnie entière de la garnison, avec un capitaine en tête.

Depuis cette porte jusqu'à l'hôtel de France, la compagnie bourgeoise du cinquième jusqu'au treizième quartier inclusivement bordait les rues au travers de Saxen-Haussen, le pont, toute la longueur de la rue Fahrgasse jusqu'à la porte de Bornheim, toute la rue dite de Zeil et la grande place dite le Rosmarck.

A la porte du pont, sur le Mein, à la maison du Poids-des-Farines, au corps-de-garde des canonniers et à l'arsenal, étaient placés de gros détachements de la garnison.

Au grand corps-de-garde était un capitaine à la tête d'un détachement de grenadiers.

Proche dudit corps-de-garde était la garnison entière de la ville, rangée par bataillons, tambours battant aux champs, drapeaux déployés, et ayant à sa tête M. le colonel de Kellner, lieutenant-colonel de Pappenheim, major de Klettembourg, et les autres officiers principaux.

Enfin, MM. les députés à la tête des trois compagnies de cavalerie, qui s'étaient rangées en bataille sur le Rosmarck, place où est l'hôtel de France, défilèrent devant S. Exc. l'ambassadeur, et furent suivies de neuf compagnies d'infanterie bourgeoise, selon leur rang, qui firent chacune une salve de leur mousqueterie, à laquelle le peuple répondit par les cris réitérés de : *Vive le Roi*.

Tout s'est passé dans le plus grand ordre, et S. Exc. M. le comte de Belle-Isle s'est, en cette occasion, distingué par ses manières pleines de grandeur et de politesse, en passant sous les fenêtres des maisons où se trouvaient les ambassadeurs, les princes et toute la noblesse de l'Empire.

1742. — L'électeur et l'électrice de Bavière arrivèrent à à Manheim, le 17 janvier, pour assister au mariage des deux petites-filles de l'électeur palatin, qui se fit le lendemain 18.

L'aînée épousa le prince Soulsbac, cousin de cette princesse, et héritier de cet électorat.

La seconde épousa Clément de Bavière, fils d'un des frères de l'électeur de Bavière.

Ces deux mariages se firent à la même messe.

— Le 20 janvier, la bourgeoisie et les magistrats de Francfort s'assemblèrent à l'Hôtel-de-Ville, pour prêter serment de fidélité entre les mains de l'électeur de Mayence.

Toutes les portes de la ville furent fermées ce jour-là, et personne ne put entrer ni sortir.

— Le 22, l'électeur de Cologne fit son entrée.

Plus de deux mille personnes composaient son cortége.

Les costumes et les chevaux étaient magnifiques.

Il y avait quarante carrosses de suite.

Le carrosse où se trouvait l'électeur était des plus riches. L'électeur, qui est âgé de quarante ans, était habillé comme un cardinal, en velours rouge et manteau de même.

— Le chevalier de Belle-Isle partit de Francfort, le 22 janvier, pour aller à Manheim attendre que l'élection fut faite, et en porter immédiatement la nouvelle à la Cour de France. Ce qui eut lieu en effet, et dont il fut récompensé par le grade de lieutenant général des armées du Roi.

Comme le nonce du pape, l'ambassadeur de France et celui d'Espagne ne pouvaient rester à Francfort pendant l'élection de l'Empereur, ces trois ambassadeurs sortirent de la ville le 23 janvier au soir, et allèrent à la maison de campagne de M. de Montijo, où ils soupèrent et couchèrent.

M. de Belle-Isle ayant oublié son portefeuille dans son carrosse, on fut obligé de le lui passer à l'aide d'une corde, aucune des portes de la ville ne pouvant s'ouvrir.

— Le mercredi 24 janvier, jour arrêté pour l'élection de l'Empereur, les électeurs ou leurs envoyés se rendirent en grande cérémonie de l'Hôtel-de-Ville à la Cathédrale.

Le cortége était des plus remarquables, tant par la quantité de personnes qui le composaient que par la magnificence des habillements.

Les six envoyés des électeurs de Brandebourg, de Saxe, de Trèves, Palatin, Hanovre et Bavière, étaient montés sur de très beaux chevaux magnifiquement harnachés ; ils étaient revêtus du manteau ducal, de drap d'or, enrichi de dentelles ; leurs chapeaux étaient de velours, ornés de plumets.

L'électeur de Cologne, à cheval, était revêtu de son costume d'électeur, dont le fond était écarlate, avec un collet en forme de mantelet d'hermine semé de mouches noires, son bonnet électoral, aussi d'hermine, à fond écarlate.

L'électeur de Mayence terminait la marche ; son grand âge, soixante-dix-sept ans, ne lui permettant pas de monter à cheval, il était assis dans une chaise à porteur. Il était costumé comme l'électeur de Cologne.

L'électeur de Bavière fut élu, d'une voix unanime, roi des Romains, — futur Empereur.

M. de Pappenheim se rendit immédiatement à Manheim annoncer à l'électeur de Bavière son élection à l'Empire, et il reçut de ce prince un très beau diamant.

M. de Courteu alla aussi de la part de M. de Belle-Isle complimenter l'électeur sur son élection, et en reçut aussi un très beau diamant.

Chaque envoyé fit de même, et les personnes chargées de ces compliments reçurent toutes un présent du futur Empereur.

— Le même jour, 24 janvier, M. de Pappenheim fit publier par un héraut d'armes, dans tous les carrefours de Francfort, l'élection du futur Empereur.

L'électeur de Cologne et les ambassadeurs de France et d'Espagne, ainsi que le nonce du pape, donnèrent de grands soupers et firent illuminer leurs palais.

— Le 26 janvier, sur le soir, l'ambassadeur d'Espagne partit de Francfort pour rejoindre à Antibes don Philippe, prince d'Espagne, qui y arriva déguisé en matelot.

Le départ précipité de cet ambassadeur donna lieu à beaucoup de conversations et inquiéta les marchands de Francfort, auxquels il devait de grosses sommes, ayant fait belle figure et grande dépense.

— Le même jour, 26 janvier, le prince de la Tour, général des postes de l'Empire, alla à Manheim pour y chercher le futur Empereur.

Le prince était habillé en postillon, parce qu'il doit, à cause de sa charge, courir en postillon devant l'Empereur.

Il avait fait faire de magnifiques habits à tous les postillons de poste qui devaient le suivre, et leur avait fait distribuer à chacun un cornet d'argent. Le sien était d'or. C'est l'usage en Allemagne que chaque postillon porte un petit cor de chasse, dans lequel ils sonnent pour faire ranger les voitures.

— Le même jour, arrivèrent d'Aix-la-Chapelle les habits impériaux. Ils entrèrent dans Francfort escortés par la garde de l'électeur de Mayence.

— La cérémonie du couronnement, qui devait se faire le 12 février, attira un monde extraordinaire à Francfort.

— Le 30 janvier, le maréchal de Belle-Isle partit de Francfort pour aller au-devant de l'électeur de Bavière. Il coucha à Darmstadt, petite ville à six lieues de Francfort.

— Le 31 janvier 1742, jour où le futur Empereur devait arriver à Francfort, dès le matin à la pointe du jour, l'on fit une salve des canons de la ville.

Tout était en mouvement. Les rues par lesquelles le futur Empereur devait passer étaient sablées. Les devants des boutiques et les auvents furent abattus.

Les troupes et la bourgeoisie étaient sous les armes.

A midi, il y eut une nouvelle salve.

Le futur Empereur arriva à trois heures et demie de l'après-midi, et alla descendre à l'église cathédrale.

Cette entrée fut des plus belles. Ceux qui s'y firent le plus remarquer furent : l'électeur de Cologne, l'envoyé Palatin, celui de Trèves et celui de Hanovre.

La cérémonie ne finit que sur les six heures du soir.

On fit alors une troisième salve.

Le soir, les palais de tous les électeurs et ambassadeurs furent illuminés.

— Pendant que l'on faisait à Francfort des préparatifs de toutes façons, tant pour le couronnement du futur Empereur que pour les réjouissances qui devaient se faire à cette occasion, les affaires allaient mal pour lui en Bohême.

Les troupes de la reine de Hongrie et du grand duc de Toscane, son mari, s'emparèrent du fameux poste du Tabor abandonné par les Français et les Bavarois malgré les avis du comte de Saxe, qui considérait ce poste comme de la plus grande nécessité pour la conservation de la conquête de la haute Autriche et de la Bohême.

Le grand duc força M. de Ségur d'abandonner Lintz, où il était avec environ dix mille Français. La retraite se fit par des chemins impraticables, et beaucoup de soldats périrent de misère.

D'un autre côté, la reine de Hongrie fit passer en Bavière un corps de troupes sous les ordres de M. de Kenvulher.

L'armée hongroise ravagea tout le pays jusqu'aux portes de Munich, et commit les cruautés les plus inouïes ; on ne voyait partout que meurtre, incendie, viol et pillage. Les Bavarois étaient attachés, suivant l'endroit où on les prenait, soit aux portes, soit aux arbres, et en cet état on les arquebusait à coups de fusil. Rien de semblable ne s'était vu depuis longtemps.

Ce qui était encore plus fâcheux pour les habitants, c'est que le futur Empereur n'avait aucun moyen de s'opposer aux Hongrois, et que la saison avancée ne permettait pas au roi de France de faire passer de nouvelles troupes en Bavière.

— Le 7 février, le futur Empereur fut attaqué d'une douleur de goutte. On craignit que cela ne fit retarder le couronnement.

— On tient qu'il a nombre de maîtresses, et entre autres trois sœurs. — Si cela n'est pas, il faut avouer que la médisance est bien grande.

— Le 10 février, le duc de Fleury arriva à Francfort. Il venait pour voir la cérémonie avant de rejoindre son régiment. Il est neveu de M. le cardinal de Fleury, premier ministre du roi de France ; ce ministre est âgé de quatre-vingt-sept ans et a un visage très frais.

— Couronnement de l'Empereur.

Tout étant disposé pour la cérémonie, l'électeur de Bavière, élu roi des Romains, se rendit de son palais à l'Hôtel-de-Ville sur les dix heures du matin.

Les électeurs ou leurs envoyés, les ambassadeurs et autres personnes qui ont droit d'y assister y étaient déjà réunis.

La rue où devait passer le cortége était battue de sable.

A onze heures, le cortége se mit en marche pour se rendre à l'église Saint-Barthélemy, la cathédrale.

L'Empereur, placé sous un dais, était monté sur un très beau cheval isabelle ; il avait à ses côtés, aussi sous le dais, son frère, l'électeur de Cologne, revêtu de ses habits ecclésiastiques et électoraux.

Un seigneur allemand à cheval, et précédé de l'épée, des masses et des hérauts d'armes, portait devant l'Empereur, sur un coussin de velours, la couronne impériale.

Après le couronnement, qui a lieu dans la cathédrale, l'Empereur doit retourner à pied à l'Hôtel-de-Ville. On dressa à cet effet, depuis l'église jusqu'à l'Hôtel-de-Ville, un parquet couvert de drap bleu et blanc, sur lequel l'Empereur retourna à pied et sous un dais, revêtu des habits impériaux et la couronne sur la tête. Son frère l'électeur de Cologne marchait encore à ses côtés.

Le peuple a beaucoup crié : *Vive l'Empereur !*

Immédiatement après son passage et pendant même que les gardes étaient encore sur le parquet, le peuple s'est jeté sur le drap et l'a arraché par lambeaux.

L'Empereur étant rentré à l'Hôtel-de-Ville, M. de Pappenheim, grand maréchal de l'Empire, monta sur un très beau cheval, et, tenant de la main droite une espèce de demi-boisseau d'argent, il poussa son cheval dans un tas d'avoine, contenant environ six charretées, dressé en monceau dans la place. Après être ainsi entré trois fois dans ce tas d'avoine et avoir rempli sa mesure jusqu'aux bords, il la vida sur le tas, et alla ensuite descendre de cheval à la porte de l'Hôtel-de-Ville, où mangeait l'Empereur, et lui présenta la mesure d'argent.

Aussitôt le peuple se jeta sur l'avoine, chacun emportant ce qu'il put.

Ensuite un des grands officiers de l'Empereur vint couper un morceau du bœuf qui cuisait depuis trois jours dans la même place dans une cuisine faite exprès avec des planches, et l'alla porter à l'Empereur. Le peuple se jeta alors sur le bœuf comme il venait de le faire pour l'avoine, le dépeça et l'emporta, ainsi que la cuisine, qui fut abattue à coups de hache.

Il y eut ensuite des distributions de pain et des fontaines de vin.

Un grand nombre de pièces d'or et d'argent furent aussi jetées au peuple des fenêtres de l'Hôtel-de-Ville.

— Le jour du couronnement, les maisons qui sont au pourtour de la place de l'Hôtel-de-Ville furent louées extraordinairement cher.

Le prince d'Orange de Nassau en loua une pour 8,000 livres.

On évalue que la location des chambres qui avaient vue sur la place a produit aux propriétaires, pour le seul jour de la cérémonie du couronnement, la somme de 562,000 livres, sans compter ce qu'ont dû rapporter les fenêtres des maisons dans les rues où le cortége a passé.

— Le chevalier d'Harcourt est parti le jour même du couronnement pour en porter la nouvelle au Roi de France.

— Le palais de M. le maréchal de Belle-Isle fut très bien illuminé. Au devant il y avait un très beau transparent, avec des trophées et les armes de l'Empereur.

Plusieurs fontaines de vin coulaient vis-à-vis le palais.

Dans l'intérieur, tout le monde était bien venu, et chacun des gens de la maison pouvait y amener ses amis, qui s'y trouvaient traités.

Il y avait quatre tables de trente couverts supérieurement servies, où tous les convives burent à la santé de l'Empereur.

— Le temps était passablement beau, mais il fit un peu de vent qui fut contraire aux illuminations.

— Le festin royal de l'Empereur se fit à l'Hôtel-de-Ville dans une salle d'environ cent pieds.

On avait placé à l'extrémité deux dais sous lesquels se trouvaient élevés deux trônes pour l'Empereur, l'un comme empereur d'Allemagne, et l'autre comme roi de Bohême.

Il y en avait sept autres placés de chaque côté de la salle, et sous chacun de ces dais se trouvait une table auprès de laquelle on avait dressé contre la muraille une espèce d'autel d'une grande magnificence.

— Le 13 février, l'Empereur se reposa et reçut les compliments.

Le soir, il y eut grand souper au palais de l'ambassadeur de France. Il y avait à table plus de trois cents personnes.

Après le souper, il y eut grande musique, ce qui fit commencer un bal qui, commencé à l'improviste, se prolongea jusqu'à quatre heures du matin.

Les rafraîchissements et les vins de toute espèce y furent servis à profusion.

Ce fut la princesse de Soulzbac et le prince des Deux-Ponts qui ouvrirent le bal par un menuet très bien dansé.

— Le lendemain 14 février, il y eut au palais de France un bal masqué.

Il commença à minuit après le souper, et dura jusqu'à cinq heures du matin.

L'Empereur et l'Impératrice y vinrent masqués.

Ce bal fut fort bien exécuté et sans confusion.

Douze pages magnifiquement habillés et un grand nombre d'officiers de la maison de M. le maréchal de Belle-Isle offraient les rafraîchissements.

— Il y eut cinq jours de divertissements chez M. le maréchal de Belle-Isle.

— Le 18 février, les bourgmestres de la ville de Francfort ordonnèrent des prières publiques pour le couronnement de l'Impératrice, qui devait se faire le lendemain 19. Mais il fut remis au jeudi 22, ce qui fit faire bien des conjectures.

— Pendant qu'à Francfort on ne songeait qu'à s'occuper de plaisirs et de réjouissances, les Hongrois, en Bavière, emmenaient (comme dit le proverbe) *les bœufs et les moutons*, et continuaient leurs dévastations avec une rage et une fureur incroyables, mettant tout à feu et à sang.

— Le couronnement de l'Impératrice fut encore retardé sous divers prétextes.

— Le maréchal de Belle-Isle partit de Francfort le 24 pour la Cour de France.

On congédia la plupart des officiers et domestiques extraordinaires, et on fit leur compte le lendemain 25.

Comme on ne savait pas ce que deviendrait M. de Belle-Isle, on retint seulement cinq ou six personnes du corps des officiers pour augmenter sa maison, soit qu'il fût à l'armée ou qu'il revînt à Francfort pour le congrès qui s'y devait tenir.

— Le couronnement de l'Impératrice, qui avait été tant de fois remis, se fit le 8 mars 1742, avec toute la magnificence possible.

— Le 15 mars, la bourgeoisie de Francfort prêta le serment de fidélité à l'Empereur.

— Pendant les fêtes de Pâques, l'Empereur et l'Impératrice ont donné des marques de leur piété en assistant aux offices avec le prince Clément, leur fils aîné, les deux princesses et toute la Cour.

— Le 4 avril, l'ambassadeur d'Espagne, M. de Montijo, remit, de la part de son maître, au prince Clément de Bavière, l'ordre de la Toison d'or, enrichi de diamants de la valeur de plus de 300,000 livres.

— Le départ des officiers de la maison de M. le maréchal de Belle-Isle de Francfort se fit le 20 avril 1742.

En revenant, le sieur Tassin a fait les observations suivantes sur Lunéville :

Lunéville est une ville fort gracieuse de Lorraine où le roi de Pologne fait sa résidence ordinaire.

Le château est en petit dans le goût de celui de Versailles.

Le Roi s'amuse à faire bâtir dans les jardins beaucoup de petits cabinets, grottes et bassins. Il donne ces cabinets à différents seigneurs de sa Cour, auxquels il demande de temps en temps à dîner ou à souper, et cela trois heures avant de se mettre à table.

Ce sont de petits divertissements que le Roi aime beaucoup, sans aimer pour cela la table, car il n'y reste au plus qu'une heure.

Sa table ordinaire est très bien servie. Il y a toujours seize couverts. Il s'y met à la sortie de la messe, un peu avant midi.

Les dames de la Reine et ses principaux officiers s'y placent avec lui.

Il y a symphonie pendant le dîner.

Le Roi entend tous les jours une grand'messe sans musique, et immédiatement après une petite en musique. Sa Majesté se prosterne par terre, se tenant les bras tendus une partie de la messe.

La musique est très bonne et est composée de cinquante-cinq musiciens; il y a parmi ceux-ci sept ou huit musiciennes.

— Il y a aussi une très belle salle de spectacle où l'on joue la comédie lorsque le Roi le demande.

— Le Roi est très familier et très populaire.

Ses gardes sont habillés de sa livrée.

Il y a une compagnie de cadets, gens de condition, dont vingt-cinq Français et vingt-cinq Polonais. Ces cadets sont entretenus et nourris, ont des maîtres de toute espèce, et, quand ils ont passé un certain temps dans cette compagnie, ils sont incorporés comme officiers dans des régiments.

Sa maison n'est pas considérable, mais elle est fort brillante.

— Colombel, son maître d'hôtel, est un homme poli qui fait bien les honneurs de sa maison. Il y a trois chefs de cuisine dans le même goût, qui ont sous eux des aides. Ils reçoivent très bien leurs amis.

— Toute la dépense de la maison est payée exactement, et ce qui se fait par extraordinaire est payé tous les mois.

— Les appartements sont très beaux et bien meublés.

Janvier 1743.

Le mauvais succès de la guerre de Bohême et de Bavière ayant fait sentir la nécessité d'augmenter les forces de l'armée, le Roi rendit, le 30 du mois d'octobre 1742, une ordonnance pour la levée de trente mille hommes de milice, dans les villes principales et privilégiées du royaume.

Les habitants de la ville de Versailles présentèrent un placet à Sa Majesté pour la supplier de les exempter de la milice, en considération de ce qu'elle était née dans cette ville, ainsi que Mgr le Dauphin.

Ce placet, mal rédigé, fut généralement censuré. Le Roi ne voulut exempter de la milice ni Versailles, ni Fontainebleau, ni Saint-Germain, ni Compiègne.

Les quartiniers de Versailles eurent ordre, de M. Fresson, bailli et subdélégué de l'intendance de Paris, d'aller dans les maisons des bourgeois, habitants et artisans, et de dresser des listes de tous les garçons en état de servir, depuis l'âge de seize ans jusqu'à quarante. Il s'en trouva environ quinze cents, dans le nombre desquels six cents environ étaient en état de servir et de tirer.

Le mardi 15 janvier 1743, dès sept heures du matin, plusieurs détachements de soldats des gardes françaises et suisses furent placés dans le marché et à la geôle.

On plaça la garde invalide et les suisses de la patrouille aux portes et dans les cours de la geôle, avec deux brigades de maréchaussée.

M. Feydau de Brou, intendant de Paris, M. Fresson, son subdélégué, Petit, greffier de la subdélégation, le sieur

Foirestier, commandant les suisses de la patrouille, se rendirent dans la chambre de l'audience du bailliage, à huit heures du matin, et on commença à tirer.

Sur cent billets, il y en avait quatre-vingt-deux de blancs et dix-huit de noirs.

Cent quatre garçons prirent des billets noirs.

Le tirage finit à six heures du soir. — Puis l'intendant et les diverses personnes employées au tirage soupèrent dans la geôle.

On avait exempté du tirage les clercs de procureurs, de notaires et greffiers, ainsi que les fils des officiers du Roi.

Les fils des quartiniers en charge furent pareillement exemptés par M. l'intendant, sous prétexte que leurs pères étaient officiers de ville et qu'ils avaient travaillé à établir les listes des jeunes gens.

La milice de Versailles partit au mois d'avril.

Un seigneur qui est arrivé de Prague à Versailles dit à M. le duc de Gesvres, dans sa chambre, en ma présence, le 19 janvier 1743, que le premier projet de la guerre d'Allemagne était bien de prendre Prague, mais qu'on n'avait pas dessein de le garder; qu'au contraire l'intention de la Cour était dans les négociations d'offrir de l'évacuer.

Le cardinal de Fleury mourut à Issy le 29 janvier 1743.

L'abbé de Fleury naquit le 23 juin 1653. Il était contemporain de l'abbé de Fénelon parvenu à l'archevêché de Cambrai. L'un et l'autre furent précepteurs de Mgr le duc de Bourgogne. L'abbé de Fleury allait prononcer des sermons chez Mme la duchesse d'Arpajon, dame d'honneur de Mme la dauphine de Bavière.

L'abbé de Fleury parvint à obtenir l'évêché de Fréjus.

En 1707, le duc de Savoie, passant à Fréjus pour aller faire le siége de Toulon, voulut obliger l'évêque de lui prêter serment de fidélité, ce qu'il refusa. Il obtint du duc la permission de se retirer et vint à la Cour.

Par un codicile, Louis XIV nomma en 1715 l'abbé de Fleury, qu'on appelait alors l'ancien évêque de Fréjus, sous-gouverneur du roi Louis XV pendant sa minorité.

Il fut confesseur du roi Louis XV depuis 1716 jusqu'en 1722, que le P. Lignière, jésuite, fut choisi pour le remplacer.

En le nommant confesseur du Roi, le duc d'Orléans, régent, dit à l'évêque de Fréjus qu'il l'avait choisi et préféré à tout autre, parce qu'il n'était ni janséniste, ni moliniste, ni ultramontain. Ou le régent ne le connaissait pas, ou bien l'évêque était bien dissimulé.

L'évêque de Fréjus exerça ses fonctions de confesseur du Roi avec beaucoup de douceur, et gagna l'amitié de ce prince.

Il a refusé l'archevêché de Cambrai.

Lorsque, le 10 août 1722, le maréchal de Villeroy fut éloigné du Roi, l'évêque de Fréjus fit mine d'en être fâché et quitta la Cour.

Le duc de Mortemart, l'un des quatre premiers gentilshommes de la chambre du Roi, dit alors à Sa Majesté qu'elle l'engageait à faire revenir l'évêque. Il eut ordre de l'aller chercher et le ramena à la Cour au bout de cinq ou six jours. Il ne la quitta plus et fut traité avec plus d'honneurs qu'auparavant. A la mort du duc d'Orléans, arrivée le 2 décembre 1723, le duc de Bourbon fut immédiatement fait premier ministre.

Le duc de Bourbon ayant mal administré les affaires du royaume, on disait tout haut que l'évêque de Fréjus lui casserait le cou. En effet, de concert avec le P. Lignières, le confesseur du Roi, il disposa le Roi à éloigner le duc de Bourbon, qui fut exilé le 11 juin 1726.

Dès le lendemain 12 juin, l'évêque de Fréjus reçut les visites de tous les ministres et même des princes, qui le regardèrent dès ce moment comme celui qui devait remplir la place du duc de Bourbon.

Le 16 juin, le Roi tint un grand conseil dans lequel il déclara qu'il voulait gouverner lui-même ses états, et que l'évêque de Fréjus assisterait à tous les conseils.

Au mois de septembre 1726, le Roi étant à Fontainebleau, l'évêque de Fréjus fut fait cardinal.

Le Roi se reposa entièrement sur le cardinal du gouvernement de ses états et continua d'aller à la chasse tous les jours.

Tous les ministres et autres personnes chargées des affaires du royaume vinrent travailler chez le cardinal de Fleury aux heures qu'il leur indiqua.

Le cardinal était un homme pacifique. On lui reprocha surtout deux choses, l'une de faire des pensions à des étrangers pour entretenir la paix, l'autre d'avoir adopté le parti des jésuites et la Constitution Unigenitus : deux objets qui épuisent les finances.

Le 1er avril 1733, le cardinal de Fleury présenta au Roi M. Chauvelin, garde des sceaux et ministre des affaires étrangères, pour être son coadjuteur, et travailler avec Sa Majesté. On crut alors que le cardinal allait se retirer; il n'en fut rien. On dit qu'il resta sur les instances du Roi.

En 1741, à la mort du duc de Gramont, colonel du régiment des gardes françaises, le cardinal voulut faire donner cette place, que l'on dit rapporter 200,000 livres, au duc de Fleury, son neveu. Il n'y réussit pas. Le Roi la donna au comte de Gramont, frère du défunt, qui est un bon seigneur et qui était pauvre.

Presque à la même époque mourut le duc de la Trémoille, premier gentilhomme de la chambre. Comme il ne laissait qu'un fils âgé de deux à trois ans, le cardinal parvint à faire donner cette place de l'un des quatre premiers gentilshommes de la chambre du Roi, au duc de Fleury. Le Roi, revenant de la procession du Saint-Sacrement, à Notre-Dame de Versailles, le jeudi 8 juin 1744, lui annonça lui-même sa nomination.

Si le cardinal de Fleury eût empêché, en 1740, la cherté du pain, comme il le pouvait, et il n'avait pour cela qu'à dire une parole au contrôleur général, il se serait attiré la bénédiction du peuple.

Le cardinal avait loué une maison à Issy, près Paris, où il allait de temps à autre se délasser de ses travaux. Il la trouva trop éloignée de Versailles, et prit une jolie habitation que possédait à la Celle, à une lieue de Versailles, M. Bachelier, premier valet de chambre du Roi (1). Son Excellence la fit meubler pour y aller prendre l'air et se reposer. Il commença à l'habiter au mois d'octobre 1742, mais il ne s'y plut pas et se retira tout à fait à Issy au mois de décembre et abandonna la Cour. Il se sentait affaiblir et ne vint plus que deux fois à Versailles pour voir le Roi.

Il mourut à Issy le 29 janvier 1743, âgé de près de quatre-vingt-dix ans.

On fit contre lui une infinité de satires.

Au commencement du mois de décembre 1742, le cardinal de Fleury, premier ministre, se sentant affaiblir, avait quitté la Cour et s'était retiré dans la maison qu'il louait depuis quelques années à Issy, entre Paris et Versailles, et où il allait de temps en temps se reposer, pendant les voyages du Roi à Choisy ou à Rambouillet.

Le 5 janvier 1743, M. de Breteuil, secrétaire d'Etat ayant le département de la guerre, partit de Versailles sur les dix heures et demie du matin pour aller à Issy travailler avec M. le cardinal et dîner avec lui.

(1) Cette maison de la Celle appartint plus tard à Mme de Pompadour. C'est aujourd'hui la propriété de Mme Pescatore.

Après le dîner, ils se mirent au travail sur les six heures et demie du soir. Il prit un saignement de nez à M. de Breteuil, mais comme il ne voulait pas interrompre son travail, il le cacha avec son mouchoir.

A sept heures, il quitta M. le cardinal et descendit l'escalier. Un officier qui se trouvait en ce moment près de lui, lui ayant demandé quelque avancement, fut fort étonné d'entendre le ministre lui répondre les mots sans suite : *colonel, — brigadier, — lieutenant-général.*

Les abbés Brissard et Couturier s'apercevant alors que les jambes du ministre faiblissaient et qu'il avait de la peine à descendre, lui offrirent leur bras qu'il accepta. Ils le reconduisirent ainsi jusqu'à sa chaise de poste, le placèrent dedans et recommandèrent au postillon d'aller bon train. Un seul laquais se trouvait derrière la voiture. Quoiqu'il fît très froid et qu'il gelât, la chaise était restée ouverte pour que M. de Breteuil eût plus d'air, et comme Issy est plus près de Paris que de Versailles, on se décida à le mener à son hôtel à Paris.

Le postillon qui avait couru bride-abattue, entra rapidement dans la cour de l'hôtel. Deux des officiers de M. de Breteuil, qui ne le voyaient point descendre de la voiture, s'en approchèrent, et l'apercevant la tête penchée sur la poitrine, coururent effrayés chercher du secours. On l'ôta de la chaise, on le porta dans son lit, mais il n'était plus temps et il était déjà frappé d'apoplexie. On pense que le froid qu'il avait enduré dans la voiture y contribua beaucoup. Il ne cessa cependant de respirer que le lundi 7 janvier, à 8 heures du matin, qu'il expira sans avoir pu parler.

On raconte que M. de Breteuil avait eu besoin, à Issy, d'aller à la garde-robe, qu'il s'était retenu, et que cela avait occasionné le saignement de nez.

On a beaucoup blâmé ceux qui l'ont mis dans sa chaise de poste, MM. les abbés Brissard et Couturier, de ne l'avoir pas fait mettre, au contraire, dans un lit de la maison de M. le cardinal ou dans un cabaret d'Issy.

Il y a apparence que l'on ne voulut point dire à M. le cardinal l'indisposition de M. de Breteuil, dans la crainte de causer quelque révolution à Son Eminence ; toujours est-il qu'il y a eu bien de l'imprudence de ne l'avoir pas fait mettre dans un cabaret à Issy et surtout de ne l'avoir pas fait saigner sur-le-champ.

— Le dimanche 6 janvier, jour des Rois, M. le cardinal vint à Versailles pour la dernière fois. Il arriva à onze heures trois quarts, travailla avec le Roi et s'en retourna à Issy sur les deux heures et demie.

— Le lundi 7 janvier, à midi, le Roi nomma M. d'Argenson, ci-devant lieutenant de police et intendant de Paris, qui depuis quelques mois avait entrée au conseil en qualité de ministre, secrétaire d'Etat, pour remplacer M. de Breteuil.

— Le même jour, 7 janvier 1743, on reçut la nouvelle de la reprise de Prague par les troupes de la reine de Hongrie, et de la sortie des troupes françaises, que le maréchal de Belle-Isle y avait laissées en garnison. Ces troupes, au nombre d'environ quatre mille hommes, dont deux mille malades et deux mille en état de porter les armes, s'étaient retirées avec les honneurs de la guerre. Ce qui prouve que c'est une honnête évacuation de la Bohême.

— Ledit jour, 7 janvier, on reçut encore à Versailles la nouvelle d'un incendie à Brest, dans lequel le plus beau vaisseau du Roi, percé de cent-vingt canons, avait été brûlé, ainsi que plus de quatre-vingts toises de magasins.

On attribue cet incendie aux Anglais.

— Le 14 janvier, le bruit courut à Paris que M. le cardinal de Fleury, qui depuis quelques jours était attaqué d'une petite fièvre, était mort; tandis que ce jour-là même il travaillait avec les ministres.

Mais le soir, s'étant trouvé fatigué du travail, il tomba en faiblesse; sur les sept heures on le mit au lit, et à minuit on lui administra les sacrements.

On tient que depuis quelques jours il avait travaillé à mettre sa conscience en repos, avec un simple prêtre du diocèse de Chartres, qu'il avait préféré à tant d'ecclésiastiques élevés, dont il avait adopté les opinions. Ce choix a paru extraordinaire et singulier à beaucoup de personnes savantes.

— Le Roi partit de Versailles le samedi 19 janvier, à deux heures après midi, pour aller à Issy voir M. le cardinal. Sa Majesté revint sur les quatre heures du soir à Versailles.

La Reine y alla le lundi 21 janvier, et Mgr le Dauphin le mercredi 23.

On remarqua que le prince fut très affecté de voir le cardinal dans cet état, et on trouva mauvais de l'avoir fait aller ainsi voir un mourant.

Dumoulin, fameux médecin de Paris, dit que le cardinal était un homme mort, et Lapeyronie, chirurgien du Roi, dit à Sa Majesté le même jour, 23 janvier, que M. le cardinal pourrait encore aller un ou deux jours au plus.

Le vendredi 25 janvier, sur les deux heures, le bruit ayant couru à Versailles que M. le cardinal était mort le matin, on fit courir aussitôt l'épitaphe suivante :

> Ci-gît un cardinal antique,
> Ministre rusé, sans éclat,
> Qui, par un trait de politique,
> Mourut pour le bien de l'État.

Cependant le cardinal n'était pas mort, mais les nouvellistes parisiens voulaient qu'il le fût, et prétendaient que l'on cachait sa mort par politique, à cause de la situation des affaires d'Allemagne.

Sur le soir, on annonça que le cardinal était mieux, que la fièvre avait disparu et qu'il pourrait se tirer d'affaire.

Enfin le moment fatal arriva, et il mourut dans les bras de

Barjac, son premier valet de chambre, le mardi 29 janvier, sur les onze heures et demie du matin, âgé de quatre-vingt-onze ans.

Le même jour, tous les ministres allèrent dans son appartement, au château de Versailles, et prirent chacun les papiers qui les concernaient.

Trois jours avant sa mort, le cardinal de Fleury reçut la visite du cardinal de Tencin et lui donna la feuille des bénéfices pour la remettre au Roi. Ils espéraient l'un et l'autre que Sa Majesté la rendrait au cardinal de Tencin. Mais celui-ci, pour être plus sûr de son fait, feignit une indisposition, se fit saigner, le lendemain prit médecine, et n'alla chez le Roi que lorsqu'il eut appris la mort du cardinal de Fleury. Ayant alors présenté à Sa Majesté la feuille des bénéfices, le Roi la prit de ses mains, la plia, la mit dans sa poche et lui tourna le dos sans lui adresser un mot. Le cardinal de Tencin resta un peu surpris de cette réception à laquelle il s'attendait peu.

Quelques instants après, le Roi envoya chercher Mgr l'évêque de Mirepoix, précepteur de Mgr le Dauphin. Il lui dit qu'étant très content des peines et des soins qu'il se donnait auprès de son fils, il voulait l'en récompenser en lui accordant la feuille des bénéfices, et il la lui donna.

Le même jour, le Roi donna les autres charges dont le cardinal de Fleury était revêtu, savoir :

La direction des postes à M. Amelot de Chaillou, ministre d'Etat des affaires étrangères ;

La charge de grand aumônier de la Reine à l'archevêque de Rouen ;

Celle de premier aumônier fut alors donnée à l'abbé Fleury, neveu du cardinal.

— Le vendredi 1er février, les ministres allèrent à Issy jeter de l'eau bénite sur le corps du cardinal de Fleury.

Il doit être inhumé dans un caveau de la chapelle que le Roi fait faire dans l'église de Saint-Louis du Louvre.

Le cardinal de Fleury avait fait don de 100,000 livres pour aider à construire cette église, sur l'emplacement de celle de Saint-Thomas du Louvre, qui tombait de vétusté.

— Le Roi a donné 4,000 livres de pension à M. Du Parc, premier secrétaire de Mgr le cardinal de Fleury, qui a amassé 30,000 livres de rentes ; — 3,000 livres de pension à Girard, autre secrétaire, qui tenait la feuille des bénéfices, et qui a amassé aussi 30,000 livres de rentes, — et 3,000 livres de pension à Montglas, autre secrétaire.

A propos de ces secrétaires, si riches et si bien récompensés, on raconte que Bessat, suisse de l'appartement du cardinal de Fleury, au château de Versailles, dit que si ces messieurs se portaient bien, pour lui il se portait fort mal. Quelqu'un lui ayant alors demandé ce qu'il avait, il répondit qu'il était malade de n'avoir point eu d'étrennes, le cardinal étant à Issy au 1er janvier.

— Après la mort du cardinal, on fit courir la plaisanterie suivante, sous le nom de bibliothèque de Mgr le cardinal de Fleury :

Préparation à la Mort, dédiée au cardinal de Fleury, par M. Casgrain.

Sermons sur l'Espérance, prononcés aux Grands-Jésuites, par le cardinal de Tencin.

Traité des qualités nécessaires pour bien remplir toutes sortes d'états, dédié à M. d'Argenson.

Continuation de l'histoire des Favorites, de Mme d'Aulnoy, par Mmes de Mailly et de la Tournelle.

Traité de la Charité chrétienne envers les malades, par les abbés Brissard et Couturier, dédié à M. de Breteuil.

Traduction de la Retraite des dix mille, de Xénophon, par M. le maréchal de Belle-Isle, traduite du hongrois par M. de Lobkowitz.

Vie de Fabius Maximus, par M. le maréchal de Broglie.

Dissertations sur le droit des gens, dédié au roi d'Angleterre, par l'amiral Malthus.

Dissertations grammaticales sur les fonctions d'un général d'armée, par le maréchal de Maillebois.

Traité de neutralité, dédié au roi des Deux-Siciles, par le chef d'escadre Tuerlin.

Histoire des fameux conquérants des Indes, par l'amiral Vernon.

Traité de Sénèque sur la pauvreté, augmenté de réflexions sur l'adversité, dédié à l'Empereur par le prétendant.

Histoire des Souveraines et des Femmes illustres, augmentée par la reine de Hongrie de plusieurs traités inconnus jusqu'à présent; corrigée par le roi de Sardaigne et dédiée à la Czarine.

Traité de la prééminence des Femmes, dédié au grand duc.

Explication du proverbe : *Charité bien ordonnée commence par soi-même*, par le roi de Prusse.

Dissertation sur ces paroles : *Je suis venu, j'ai vu, j'ai vécu*, par M. de Las Minas, dédié à don Philippe.

Histoire du passage des Alpes, par Annibal, traduit de Polybe, par le duc de Savoie.

La fable du *Chien qui laisse sa proie pour courir après l'ombre*, mise en vers, par le duc de Holstein Gotorph.

Aussitôt la mort du cardinal de Fleury, premier ministre, arrivée le 29 janvier 1743, Chauvelin envoya au Roi un mémoire dans lequel il cherchait à prouver son innocence.

Le Roi, loin de croire à son innocence, le relégua à Issoire, au fond de l'Auvergne. On dit qu'il n'a que ce qu'il mérite. Personne ne le plaint.

1743.

Le marquis de Nesle, est d'une ancienne maison de Picardie, qui y avait des biens considérables. Il lui resta environ 400,000 livres de revenu.

Le marquis était magnifique dans ses habits, ses équipages et sa table. Il contracta des dettes considérables, et l'on fut obligé de ne lui laisser que la jouissance du revenu de ses biens, le fonds en ayant été substitué au comte de Mailly.

En 1729, le Roi nomma des commissaires de son conseil pour liquider les dettes de ce seigneur. Mais ces sortes de commissions achèvent plutôt de ruiner les affaires que de les arranger, car les vacations et les frais qu'il faut faire finissent par tout consommer.

Le marquis de Nesle, de son mariage avec la fille du duc de Mazarin, eut cinq filles. La première, mariée au comte de Mailly, son cousin. Ce fut la première maîtresse du Roi. — La deuxième, mariée à M. de Flavacourt. — La troisième, à M. de la Tournelle, veuve en 1740. — La quatrième, à M. de Vintimille, neveu de Mgr l'archevêque de Paris. Elle fut aussi la maîtresse du Roi, et est morte à Versailles, le 9 septembre 1741, à l'âge de 27 ans. — La cinquième, qui était encore au couvent lors de la mort de sa sœur, fut mariée au duc de Lauraguais, en janvier 1743. Elle est de toutes les parties de chasse du Roi et des voyages de Choisy et de la Meute.

Ces cinq filles n'avaient chacune que 2,000 livres de revenu du côté de leur mère.

Le marquis de Nesle avait de son côté des maîtresses, tandis que la marquise de Nesle avait du sien des amants. C'était une des plus belles femmes de la Cour. La chronique dit qu'elle aimait la grande dépense, et qu'elle ruina le prince de Soubise, fils du prince de Rohan. M. le duc de Bourbon fut aussi du nombre de ses amants.

Le marquis de Nesle eut trois intendants, dont l'un gagna ou vola à son service 30,000 livres de rente, et les deux autres furent gueux. Il ne lui en aurait fallu qu'un seul bon.

On réserva 24,000 livres de rente au marquis sur ses revenus, et le reste pour ses créanciers, ou, pour mieux dire, pour la commission de la liquidation.

Vallot, son maître d'hôtel, à qui il était dû environ 80,000 livres, n'avait pas encore touché en 1744, et il meurt de faim, après avoir fait la plus grande chère du monde.

Le marquis de Nesle, qui s'appelle Louis de Mailly, et prend la qualité de prince d'Orange, a présenté une requête au Roi, dans laquelle il se plaint de la commission, qui, d'après lui, ayant touché 2,400,000 livres de ses revenus, n'a payé aucun de ses créanciers, avec lesquels, lui, s'était accommodé par contrat passé devant notaire, en 1739, et dont il a demandé l'homologation le 10 avril 1739.

Le marquis prétend que, lorsque ses biens furent saisis en 1726, il ne devait que 600,000 livres ; et en 1739 les intérêts, joints au principal et aux frais immenses qui lui ont été faits, portent ses dettes à plus de 1,500,000 livres. Il se plaint beaucoup de M. Maboul, et en général de tous les officiers.

Février 1743.

Louis, duc d'Orléans, ci-devant duc de Chartres, est né à Versailles le 3 août 1703. C'est le seul fils de Philippe, petit-fils de France, duc d'Orléans, régent du royaume. Il est premier prince du sang.

Le duc d'Orléans, régent, le revêtit de la charge de colonel-général de l'infanterie de France, charge dont il s'est démis entre les mains du Roi, en 1731.

La mort précipitée du duc d'Oléans, régent, son père, le toucha tellement qu'il commença dès ce moment à fouler aux pieds les grandeurs humaines.

En 1724, il épousa Auguste-Marie-Jeanne de Bade, petite-fille du prince Louis de Bade. De ce mariage est issu Louis-Philippe d'Orléans, duc de Chartres, né à Versailles le 12 mai 1725.

Au commencement du mois d'août 1726, Mme la duchesse d'Orléans était sur le point d'accoucher de nouveau à Versailles. S. A. R. Mme la duchesse d'Orléans, douairière, voulut absolument qu'elle allât faire ses couches à Paris, et la força à partir le 4 août.

Arrivée à Sèvres, la princesse ressentit de très vives douleurs et voulut s'arrêter, mais on lui fit continuer son chemin, et, à peine arrivée à Paris, elle accoucha d'une fille qui mourut. Les suites de cet accouchement furent très mauvaises, et la princesse succomba le 8 août.

Elle fut vivement regrettée par M. le duc d'Orléans, qui l'aimait tendrement, et en général par tout le monde. C'était une princesse belle, bonne et vertueuse.

M. le duc d'Orléans est d'une dévotion édifiante. Il assiste très régulièrement au service divin et aux sermons, et il en fait sa principale occupation. Ce prince a cessé d'aller au conseil depuis les fêtes de la Pentecôte de 1741.

Au mois de juillet 1742, M. le duc d'Orléans, ayant été au lever du Roi, y resta fort longtemps. Il retourna ensuite chez lui. L'heure du conseil étant venue, et le Roi étant entré, Balon, huissier de la chambre et du cabinet, alla avertir M. le duc d'Orléans de se rendre au conseil. Le prince en fut surpris et demanda à Balon s'il venait de la part du Roi. Balon lui ayant répondu que non, M. le duc d'Orléans répliqua que depuis les fêtes de la Pentecôte 1741, le Roi l'avait dispensé d'assister au conseil, et il n'y alla point (1).

Ainsi il paraît certain que M. le duc d'Orléans ne retournera pas au conseil que le Roi ne le lui ait dit; à quoi il n'y a nulle apparence, car le Roi a dit plusieurs fois *que M. le duc d'Orléans dormait toujours au conseil* (2).

Ce qui ne répond pas à la haute opinion que le public a de M. le duc d'Orléans. Car la place du conseil n'est point

---

(1) Je tiens tous ces détails de Dugué, valet de chambre de M. le duc d'Orléans, qui me les a racontés le 4 février 1743, chez Bertheville, valet de chambre, tapissier du Roi. (*Note de Narbonne.*)

(2) Le même jour, Bertheville, qui est un homme très prudent, m'a assuré l'avoir plusieurs fois entendu dire au Roi. (*Id.*)

un lieu où l'on doive dormir. Il semble, au contraire, qu'on ne saurait y avoir les yeux et les oreilles trop ouverts, pour voir et entendre tout ce qui s'y traite ; et on doit non-seulement y décider les affaires, mais il faut encore remarquer les visages, et tâcher de juger si ceux qui y assistent n'ont pas quelque répugnance à adopter les opinions d'autrui, ou si les résolutions sont unanimes.

Après la mort de M. le cardinal de Fleury, arrivée à Issy, le 29 janvier 1743, tout le monde était aux aguets pour savoir si le Roi donnerait au cardinal de Tencin la place de premier ministre.

Duparc, premier secrétaire du cardinal de Fleury, arriva à une heure à Versailles, avec le portefeuille renfermant les papiers les plus importants que possédait le cardinal.

Le Roi était en ce moment au conseil. Duparc y entra, présenta au Roi le portefeuille. Sa Majesté lui ayant dit alors de le donner à M. le comte de Maurepas, ministre et secrétaire d'État, qui assistait au conseil, il le fit et se retira.

L'après-midi, le Roi réunit les secrétaires d'État et leur annonça qu'ils viendraient travailler avec lui, comme ils le faisaient avec le cardinal de Fleury, aux mêmes jours et aux mêmes heures.

Le lendemain, 30 janvier, le bruit se répandit que le Roi avait écrit à M. le duc d'Orléans pour le mander à Versailles et le placer à la tête du conseil, et que M. le maréchal de Noailles lui était adjoint.

Le prince arriva en effet à Versailles le vendredi 1er février, et assista le lendemain 2, jour de la Chandeleur, à la procession des chevaliers du Saint-Esprit, mais il n'assista point au conseil d'État tenu par le Roi le dimanche 3.

Le même jour, dans l'après-midi, le Roi partit pour aller à la Meute ; il emmena avec lui Mme de Charolais et Mmes de Flavacourt, de la Tournelle et la duchesse de Lauraguais, qui sont trois filles de M. de Nesle.

Le lundi 4, M. le duc d'Orléans alla voir à son lever

Mgr le Dauphin. Ce prince lui demanda à quelle heure il se couchait et à quelle heure il se levait. M. le duc lui répondit qu'il se couchait ordinairement à neuf heures trois quarts du soir, et qu'il se levait ordinairement à cinq heures un quart du matin. Mgr le Dauphin ne se ressouvint pas qu'il lui avait fait la même question huit jours auparavant. Dans l'après-midi, M. le duc d'Orléans retourna à Paris.

Ainsi voilà évanouie l'espérance populaire d'avoir M. le duc d'Orléans à la tête du conseil, et de voir mieux marcher les affaires de l'État.

On donne beaucoup d'esprit et de lumière à ce prince. Ce qui ne s'accorde pas trop avec ce qu'a dit le Roi, qu'il dormait au conseil.—*On faisait semblant de dormir, ses lumières étant trop pures pour être suivies, véritable cause de sa retraite* (1).

L'abbesse de Chelles, fille du duc d'Orléans, régent, étant morte le 17 février 1743, il y eut diverses opinions pour savoir si la Cour devait prendre ou ne pas prendre le deuil de cette princesse.

Ceux qui soutenaient qu'on ne devait pas le prendre prétendaient qu'elle était morte au monde par sa profession, et que par conséquent on ne devait point en porter le deuil.

Le Roi, pour décider la question, fit assembler son conseil qui fut d'avis qu'on devait le porter; en conséquence, Sa Majesté le porta en noir pendant onze jours.

M. le comte de Saxe arriva à la Cour, à Versailles, à la fin du mois de février. Le Roi le reçut très bien.

On tient qu'il a rendu compte à Sa Majesté de bien des choses. En effet, si l'on avait écouté les conseils de M. le

---

(1) Tout le paragraphe souligné est d'une autre main.

comte de Saxe, en Bohême, les affaires de la guerre d'Allemagne seraient dans une bien meilleure situation qu'elles ne le sont.

Mars 1743.

Le maréchal de Belle-Isle arriva de l'armée le dimanche 3 mars 1743. Il fut présenté au Roi par M. Amelot de Chaillou, ministre des affaires étrangères, parce que M. d'Argenson, ministre de la guerre, était malade. Ce maréchal était accompagné de deux écuyers qui le soutenaient sous les bras.

Le Roi s'est enfermé dans son cabinet avec le maréchal; ils travaillèrent ensemble pendant deux heures et demie.

Pendant que le maréchal était enfermé avec le Roi, les deux écuyers qui l'avaient conduit étant restés dans l'antichambre, l'huissier de la chambre leur demanda pourquoi le maréchal de Belle-Isle marchait tout courbé. Ils lui répondirent que c'était les fruits de la guerre qu'il avait recueillis à Prague. On en a fait une dérision, et nombre de personnes ont dit que ce maréchal avait contrefait l'infirme pour faire valoir son talent.

Le sieur Cigale, épicier à Versailles, avait obtenu l'adjudication de la fourniture des chandelles du Château pour trois années, à commencer du 1ᵉʳ janvier 1742, à raison de 8 sous 11 deniers la livre; mais ayant perdu considérablement par suite de l'augmentation survenue sur le prix des suifs, il se trouva hors d'état de continuer cette fourniture.

Il présenta au procureur du Roi du bailliage de Versailles une requête à l'effet de résilier son marché.

Sur le vu de cette requête, le procureur du Roi rédigea un petit mémoire dans lequel il concluait à l'acceptation de la résiliation du marché de Cigale, et annonçait que le sieur

Roblastre, épicier, offrait de reprendre la continuation du marché de Cigale pendant les vingt-un mois qui restaient à expirer, à la condition qu'on lui accorderait la même fourniture pendant trois autres années, à raison de 10 sous la livre.

M. le comte de Noailles présenta ce mémoire au Roi, au bas duquel Sa Majesté mit un *bon*.

Avec ce *bon* du Roi, M. le comte de Noailles était en droit de passer le marché avec Roblastre. Cela était tout simple et dans l'ordre; et même sans faire un marché, une simple soumission de Roblastre aurait suffi.

Mais au lieu de prendre ce parti, qui était le plus simple et le plus naturel, M. le bailli et le procureur du Roi, qui protégeaient Roblastre et ne voulaient pas avoir l'air de le favoriser plus qu'un autre, firent entendre à M. le comte de Noailles de faire une adjudication à l'audience, parce qu'ils espéraient que personne ne mettrait au-dessous du prix de Roblastre.

On mit en conséquence des affiches au coin des rues, et on en envoya même chez les épiciers, annonçant que l'adjudication s'en ferait à l'audience.

Le vendredi 29 mars 1743, M. le comte de Noailles s'étant rendu au bailliage, on commença l'adjudication. Roblastre et d'autres épiciers mirent au rabais; Roblastre étant arrivé à 10 sols la livre, conformément à sa soumission, le procureur du Roi aurait dû se lever et requérir, qu'en conséquence du *bon* du Roi et de l'agrément de M. le comte de Noailles l'adjudication fût faite en faveur dudit Roblastre à raison de 10 sols la livre, cela aurait tout terminé; mais, comme on pensait qu'il n'y aurait aucun rabais au-dessous de celui de Roblastre, on continua.

L'huissier Pillard mit à 9 sols 9 deniers pour son frère, épicier. Roblastre mit à 9 sols 8 deniers. L'épicier Pillard se disposait à mettre au-dessous lorsque M. le comte de Noailles, le bailli et le procureur du Roi, déconcertés et ne sachant quel parti prendre, arrêtèrent l'adjudication.

Alors le bailli dit à Pillard qu'il était inutile qu'il continuât le rabais, attendu que M. le comte de Noailles avait un *bon du roi* pour donner le marché et fourniture de ladite chandelle au sieur Roblastre.

Monseigneur, répondit Pillard en s'adressant à M. le comte de Noailles, il était inutile de faire mettre des affiches au coin des rues et d'en envoyer chez les épiciers pour les faire venir perdre leur temps à votre adjudication; et puisque vous aviez un *bon* du Roi, il n'y avait qu'à donner tout d'un coup la fourniture au sieur Roblastre.

Pillard avait raison, et M. le comte de Noailles ne répliqua pas un mot.

Pillard s'étant retiré, la fourniture fut adjugée à Roblastre à raison de 10 sols la livre, quoiqu'il eût porté son rabais à 9 sols 8 deniers.

Les procureurs et toutes les personnes qui assistaient à l'audience ont beaucoup ri de la manière dont cette adjudication a été faite.

Tous ces faits m'ont été rapportés au sortir de l'audience par Delisle, procureur et substitut du procureur du Roi.

Pendant l'hiver de l'année 1734, il y eut une grande quantité de rhumes. Le roi avait nommé cette maladie *la follette*.

Pendant les mois de février et de mars 1743, il régna aussi beaucoup de rhumes et de fluxions de poitrine. Le Roi appela cette épidémie *la grippe.*

Avril 1743.

Le dimanche 10 mars, M. le maréchal de Noailles fut fait ministre et il assista le même jour au conseil.

Le lundi 15 avril, il partit de Versailles pour aller commander l'armée du Rhin.

On apprit à Versailles, le 1ᵉʳ juillet, que le maréchal avait attaqué les Anglais à Dettinghen, auprès de Francfort, le 27 juin, et qu'il avait été battu ; quelque temps après on fit courir la chanson suivante :

CHANSON sur l'air : *Du haut en bas.*

La pelle au c...,
Messieurs nos maréchaux reviennent,
La pelle au c...
Grands dieux! qui l'aurait jamais cru,
Que des gens de cette importance
Dussent s'en retourner en France
La pelle au c...?

La pelle au c...,
Tu la connaissais bien, De Broglie,
La pelle au c...,
Tu devais être convaincu
Que ta culotte, en Italie,
Te présageait en Germanie
La pelle au c...

La pelle au c...,
La maison du Roi nous apporte
La pelle au c...;
Son désastre était bien prévu.
Qu'il est plaisant de voir Noailles
Traîner pour épée dans Versailles
La pelle au c...!

1743.

Au mois de mai 1742, M. le comte de Noailles partit de Versailles pour aller servir en Bavière dans l'armée de M. le duc d'Harcourt. Il s'y comporta très bien et revint à la Cour au commencement de février 1743.

Le 18 avril, il partit de nouveau pour se rendre à Landau, sous les ordres de M. le maréchal de Noailles, son père.

Juin 1743.

Mgr le Dauphin, fils de Louis XV, âgé de treize ans et neuf mois, courut la bague, pour la première fois, dans la carrière de Versailles, le vendredi 7 juin. Il emporta deux bagues.

Le vendredi 23 août, il tira à la méduse dans la même carrière.

ÉGLISE SAINT-LOUIS DE VERSAILLES.

Le roi Louis XIII acheta, en 1632, la terre de Versailles 66,000 livres. Ce n'était alors qu'un village dont la paroisse, qui s'appelait Saint-Julien, était située où est aujourd'hui le Grand-Commun du Roi.

Le roi Louis XIV fit transférer l'église de Saint-Julien dans la ville neuve. C'est ce qu'on nomme aujourd'hui la vieille église, près le cimetière (1). Sa Majesté fit ensuite construire l'église de Notre-Dame qui fut achevée en 1686.

Le roi Louis XV fit commencer la petite église de Saint-Louis en 1725 ; elle fut achevée en 1727 et servit de succursale à Notre-Dame. On commença à y enterrer les morts le 27 avril 1727, et à y baptiser le 17 du mois de mai 1728.

M. le duc de Noailles, qui faisait les fonctions de gouverneur de Versailles pour M. le comte de Noailles, son fils, la fit ériger en paroisse sous l'invocation de Saint-Louis, et on commença à y marier le 19 du mois de juin 1730.

Le sieur Mansart (2), architecte à Paris, commença la construction de la grande église de Saint-Louis, sur le modèle de l'église de Saint-Roch à Paris, au mois de juillet 1742. Les fonds, pour la construction de cette église, se

---

(1) Cette église était placée rue Sainte-Geneviève. — Voir sur cette église et sur la petite église de Saint-Louis, l'*Hist. des Rues de Versailles.*

(2) Mansart de Sagonne, petit-fils de celui qui fut l'architecte de Louis XIV.

prennent sur les économats. On compte qu'elle sera achevée en 1748.

Les fondations étant terminées, le Roi résolut d'en poser la première pierre le 12 juin 1743, et fit frapper pour cette cérémonie une médaille en or et quatre d'argent, toutes de la grandeur d'un écu de six livres.

Le 11 juin, Mgr de Vintimille, archevêque de Paris, vint à Versailles, et dans l'après-midi il fit la bénédiction d'une croix de bois qui fut placée à l'endroit où doit être le maître-autel.

Le lendemain, mercredi 12 juin, l'archevêque déjeuna sur les neuf heures du matin à la maison de la Mission de Saint-Louis. Il but un grand verre d'eau et de vin, ensuite un grand verre de vin de Bourgogne pur, et après un grand verre de vin d'Espagne.

Il bénit les médailles, la pierre de fondation du rez-de-chaussée du milieu, dans laquelle, à un pied du bord du côté droit, on avait fait un trou de six pouces carrés pour mettre les médailles, et celle qui doit être placée dessus et servir d'assises.

Le Roi étant arrivé avec Mgr le Dauphin à onze heures trois quarts, on chanta les litanies processionnellement autour des pierres. Sa Majesté mit la médaille d'or et les quatre médailles d'argent dans le trou, sur lequel elle plaça une plaque de cuivre doré qui contient l'inscription de cet édifice. Puis les ouvriers, ornés de cocardes, poussèrent la pierre d'assises avec des madriers et la mirent en place de niveau.

Une fois la pierre placée, M. Orry, contrôleur général des finances, en qualité de directeur des bâtiments du Roi, présenta à Sa Majesté une truelle d'argent pour prendre le plâtre qui devait sceller la pierre. Le Roi la passa au sieur Mansart, l'architecte chargé de la construction de l'église, qui, après avoir pris le plâtre dans une auge en bois, présenta la truelle au Roi, et Sa Majesté scella la pierre d'assise aux quatre coins.

Ensuite M. Orry tira de sa poche une médaille d'or, pareille à celle que le Roi avait placée dans la pierre et la présenta au Roi qui la donna au sieur Mansart.

Cette médaille pèse treize louis.

Le sieur Gabriel, premier architecte des bâtiments du Roi, piqué de n'avoir pas été chargé de la construction de cette église, et aucun des contrôleurs des bâtiments n'assistèrent à cette cérémonie.

Le sieur Jomard, curé de Notre-Dame, n'y vint pas non plus.

La Reine vit la cérémonie de la fenêtre du sieur Prunier, prêtre de Saint-Louis.

On dit que le sieur Mansart est fils de Mansart, comte de Sagonne, et d'une fille de débauche qu'il a épousée depuis, ce qui aurait occasionné un procès dans cette famille.

Ce comte de Sagonne était fils du célèbre M. Mansart, surintendant des bâtiments du Roi. Il fut d'abord intendant de Moulins et devint fort misérable. Il fut ensuite gendarme de la garde du Roi, puis garde du corps. On le chassa de ce dernier corps et il est mort tout à fait gueux.

Après la pose de la pierre, le Roi alla voir chez le sieur Mansart, rue des Tournelles, le modèle de cette église. Il coûte 15,000 livres.

La Reine assista, à Versailles, à la procession de la grande Fête-Dieu. Elle arriva à la paroisse à neuf heures et demie avec Mme la duchesse de Luynes, dame d'honneur, et quatre dames du palais.

Le Roi arriva à dix heures accompagné de Mgr le Dauphin, de M. le prince de Guise, chambellan, et de M. le duc de Béthune, capitaine des gardes. Les princes du sang étaient à l'armée d'Allemagne.

La procession sortit à dix heures et rentra à midi.

Il fit très beau.

Le comte de Clermont, qui avait été en 1734 à la prise de Philipsbourg, et qui avait fait en 1742 la campagne de Flandres avec le maréchal de Noailles, fit en 1743, avec les autres princes, sous les ordres de ce maréchal, la campagne d'Allemagne. Il fut blessé à la bataille de Dettinghen, le 27 juin 1743.

Juillet 1743.

La première nouvelle de la bataille de Dettinghen fut apportée sans ordre par un valet de chambre de M. le duc de Rochechouart qui avait été tué. L'écuyer du duc envoya ce valet de chambre, dès que son maître fut tué, à Mme de Rochechouart. Il arriva à Versailles, à deux heures du matin, le lundi 1er juillet.

Le Roi n'était point couché, il était avec M. d'Argenson, ministre de la guerre, dans l'attente tous deux de l'arrivée d'un courrier. Le Roi accorda immédiatement à Mme de Rochechouart la charge de premier gentilhomme de la chambre, pour son fils, âgé de trois ans, et lui dit fort gracieusement : « Madame, il est bien juste que j'accorde au fils la charge du père qui a été tué à mon service. »

Le Roi ne se coucha qu'à trois heures du matin.

Ce valet de chambre dit au Roi qu'après son départ le feu avait cessé, mais qu'étant à environ quatre lieues, il avait entendu un bruit épouvantable de canon.

— Le Roi attendait toujours l'arrivée d'un courrier ; enfin le mardi 2 juillet, sur les trois heures après midi, pendant un gros orage de pluie et de tonnerre, arriva un courrier de M. d'Argenson, qui apporta au Roi la nouvelle de la bataille. On n'en sut pas alors le détail. On se contenta de dire que M. le comte de Noailles viendrait l'apporter.

— Le Roi partit le même jour, mardi 2 juillet, sur les cinq heures du soir, avec quatre dames dans une calèche, pour aller à Choisy. C'étaient Madame, Mme de la Tournelle, qui est, dit-on, sa maîtresse ; Mme la duchesse de Lauraguais et Mme ***.

Le Roi revint de Choisy le vendredi 5 juillet, et arriva à Versailles à cinq heures et demie.

Le même jour, il soupa à son grand couvert, et il demanda à plusieurs seigneurs s'ils savaient combien il y avait eu de tués à la bataille? Ils répondirent que non.

— Pendant que le Roi était à Choisy, on répandit le bruit à Versailles que M. le comte de Noailles était arrivé la nuit du 3 au 4 juillet à Choisy. On augurait déjà que, puisqu'il s'était chargé d'apporter les détails de la bataille, il fallait que l'avantage fût resté aux Français.

Mais c'était une fausse nouvelle, et M. le comte de Noailles n'est point venu.

— Le dimanche 7 juillet, dès le matin, les lettres qui avaient été retenues pendant plusieurs jours à la poste ayant été distribuées, on sut positivement que les Français, malgré leur bravoure, avaient perdu la bataille, et que les Anglais avaient couché sur le champ de bataille toute la nuit; que le lendemain ils avaient décampé et s'étaient retirés vers Hanau, en traversant la place occupée la veille par les Français, pour prendre leur route vers Mayence, repasser le Rhin et venir en Flandre.

On reproche aux généraux français de n'avoir pas fait rester sur le champ de bataille les troupes qui avaient passé la rivière et combattu, et de n'avoir pas profité de la nuit du 27 au 28 pour faire passer le reste de l'armée, composé de troupes fraîches et qui n'avaient pas combattu, pour livrer le lendemain une nouvelle bataille. Alors on aurait pu jeter les Anglais dans le Mein, ou dans les gorges, et les forcer faute de vivres à se rendre prisonniers. On tient même qu'il y avait plus de six mille paysans sur le haut des montagnes, disposés à assommer les Anglais une fois qu'ils eussent été entrés dans les gorges.

C'est une action unique manquée, à ce que l'on dit, car pour moi j'avoue que je n'y connais rien.

— On dit que dans cette bataille la tête avait tourné à

M. le maréchal de Noailles. Il a en effet écrit une lettre à Mᵐᵉ la duchesse de Villars, sa fille, dans laquelle il lui dit qu'il ne conçoit pas comment il a été battu et qu'il n'en peut pas revenir.

C'est le sieur Beauchamps, garçon du Château, qui m'a raconté ces circonstances, dans la carrière des Grandes-Écuries, le 10 octobre 1743.

Il a ajouté que l'on blâmait M. le maréchal de n'avoir pas fait arrêter le duc de Gramont et conduire à la citadelle de Strasbourg.

Il m'a dit encore qu'il avait entendu dire au Roi que ce n'était pas la faute de M. le maréchal s'il avait perdu la bataille, et qu'il s'était exposé partout comme un simple grenadier; que cependant il n'aurait pas dû se retirer, mais faire passer, au contraire, le reste de son armée la nuit, et recommencer une seconde action le lendemain; qu'on aurait pu perdre, il est vrai, quatre à cinq mille hommes, mais que par cette manœuvre toute l'armée anglaise aurait pu être totalement détruite. Tandis qu'en voulant ménager les troupes, qui cependant ne sont faites que pour cela, M. le maréchal a perdu la plus belle occasion du monde de s'acquérir une gloire immortelle.

Le prince Eugène, en parlant de ce seigneur, disait qu'il avait tout l'esprit et le talent nécessaire pour faire un bon général; mais qu'il oubliait parfois les choses les plus essentielles pour s'occuper de minuties.

— On a nommé la journée de Dettinghen la bataille des bâtons rompus, par allusion au duc de Gramont.

En effet, si le duc de Gramont n'eût pas quitté son poste pour se jeter sur l'ennemi, et que les Anglais eussent été battus, il est certain qu'il eût été fait maréchal; mais en quittant sa position, il a fait une faute qui a été la cause de la perte de la bataille, et qu'il devait payer de sa tête, suivant l'opinion de bien des gens.

— On raconte que depuis, dans une réunion où se trouvait le marquis de Souvré, le duc de Gramont élévant un peu la voix, M. de Souvré lui dit spirituellement : « M. le duc, vous criez comme un aveugle qui a perdu son bâton. »

— Beaucoup de soldats du régiment de M. de Gramont se jetèrent dans le Mein pour se sauver, et plusieurs même s'y noyèrent. A ce propos, on raconte que M. le duc de Gesvres, frère du duc de Gramont, lui dit que son régiment avait fait une faute, mais qu'il s'en était bien lavé.

— En parlant de l'affaire de Dettinghen, bien des gens ont dit que M. le maréchal de Noailles avait bien projeté et mal exécuté.

Desmoulins, officier du Roi, a dit à M. Désiles, procureur du Roi, et à moi, dans l'église Notre-Dame de Versailles, le 8 septembre 1743, que M. le maréchal de Noailles, étant à table le soir de l'action, avait dit en se joignant les mains : *Un projet de trois semaines avorté en un instant, Dieu n'est pas pour nous!*

Beauchamps m'a dit que M. le maréchal l'avait encore répété dans sa lettre à Mme de Villars.

Le jeudi 11 juillet, pendant que le Roi entendait la messe dans la tribune de la chapelle du Château de Versailles, un homme, habillé d'un mauvais justaucorps bleu, en guêtres et en culotte de peau, entra dans le bas de la chapelle, se plaça directement au-dessous du Roi, et lui cria plusieurs fois en le regardant, et en lui montrant un papier qu'il tenait à la main : « Sire, voilà un placet qui vous regarde ! vos armées sont détruites ; vous êtes trahi de tous côtés ! »

L'exempt des gardes accourut aussitôt, arrêta cet homme, et le remit entre les mains de Fleury, suisse de la chapelle.

Le sieur Foirestier, commandant les suisses de la patrouille et des appartements, arriva. Il voulut ôter des mains de cet homme le placet qu'il tenait, mais celui-ci, le portant vivement à sa bouche, en déchira une partie et l'avala.

Lorsque le sieur Foirestier voulut l'emmener, il lui dit qu'il n'avait point affaire à lui, et qu'il était aussi bien que lui le sujet du Roi. On arrêta en même temps la femme de cet homme qui l'accompagnait, ainsi qu'un enfant d'environ huit ans, et on les conduisit en prison.

On remarqua que cette scène avait beaucoup ému la Reine, et qu'elle versa quelques larmes.

Cet homme fut généralement considéré comme un fou; quoique quelques personnes aient pensé que c'était un agent secret des ennemis de ceux qui commandent les armées du Roi.

Ce qu'il y a de certain, c'est que le service auprès du Roi n'est pas fait avec la même exactitude qu'il l'était du temps du feu Roi, et que les sentinelles laissent entrer dans la chapelle et dans les appartements toutes sortes de gens, ce qui ne devrait pas être.

Cet homme a été remis à la justice du prévôt de l'hôtel. Il a été interrogé aussi bien que sa femme.

C'est un journalier, batteur de ciment. Il demeure à Versailles, rue d'Anjou, au Parc-aux-Cerfs, dans la maison du sieur Nativelle.

Sa femme se dit de condition et alliée au duc de Gramont. Elle prétend que les ducs de Gramont se sont emparés de son bien.

On les a renfermés à l'hôpital, en vertu d'un ordre du Roi.

Par une ordonnance du 12 juillet 1743, le Roi vient d'augmenter de trente-six mille hommes le corps de ses milices. Elles seront levées de préférence dans les villes et subsidiairement dans les paroisses du Plat-Pays.

Seront sujets à la milice : les garçons de l'âge de seize à quarante ans, de la taille de cinq pieds; au défaut de garçons, les jeunes gens mariés de l'âge de vingt ans et au-dessous, seront appelés à tirer au sort concurremment avec les garçons.

Sa Majesté voulant que ladite milice soit assemblée du 15 octobre au 1ᵉʳ novembre 1743, tous ceux qui seront tombés au sort ou qui seront déclarés miliciens, pour cause d'absence, seront tenus de se rendre dans ledit temps aux lieux indiqués pour la réunion, à peine de *galères perpétuelles*.

Dans le courant de juillet, l'armée française qui était en Bavière se retira et passa le Rhin. Le dimanche 28 juillet 1743, le bruit se répandit à Versailles que le comte de Saxe avait fait arrêter, de l'ordre du Roi, à Strasbourg, le prince de Guise, de la maison de Lorraine, et qu'il était arrivé la veille, samedi 27, sur les dix heures du matin, à la Bastille.

Ce jeune prince, âgé de vingt-deux ans, et colonel d'un régiment, était accusé de trahir la France pendant le séjour de l'armée en Bavière; et l'on assure qu'il donnait avis de tout ce qui se passait dans l'armée française au prince Charles de Lorraine, frère du grand duc.

Au commencement du mois de juillet, le maréchal de Broglie fut relégué à son gouvernement de Strasbourg.

On dit que ce maréchal ne peut vivre avec personne. On suppose qu'il fut la cause du rapprochement qui eut lieu entre le roi de Prusse et la reine de Hongrie, à l'insu de la France.

— L'abbé de Broglie eut aussi ordre de se retirer à son abbaye de Vaux, à quatre lieues de Versailles.

— Le maréchal de Broglie fut exilé à la fin de juillet, à sa terre de Chambray, près Lizieux, en Normandie.

— M. Orry, contrôleur général des finances, a été fait cordon bleu.

Le sieur de Voltaire, si fameux comme auteur de quantité d'ouvrages (entre autres les *Lettres philosophiques*, qui mériteraient d'être brûlées et dont l'auteur devrait être enfermé le reste de ses jours), vint à Versailles, avec la marquise du Châtelet, au commencement de juillet 1743. On fit jouer les eaux pour eux. Ce *Volontaire* monta dans une des calèches à bras du Roi, traînée par les suisses.

Plusieurs personnes dirent qu'il aurait plutôt fallu le mettre dans le donjon de Vincennes, que de le promener dans les calèches du Roi.

Août 1743.

Le jeudi 22 août 1743, on tira un feu d'artifice dans le bosquet de Mgr le Dauphin, appelé le Retour de chasse de Diane (1), sur les huit heures trois quarts du soir. Il dura un quart d'heure. Le Roi, la Reine, Mgr le Dauphin et toute la Cour y étaient.

On dit que c'est pour faire l'essai d'un nouveau genre d'artifice fait par un Italien. Il n'y eut que dix-huit petites fusées de demi-pied qui s'élevèrent très haut. Il y avait deux soleils.

— Le même jour, on prit le deuil pour onze jours, à cause de la mort de Mlle du Maine, arrivée à Anet.

Le dimanche 25 août 1743, fête de la Saint-Louis, le Roi, la Reine, Mgr le Dauphin et Mesdames de France sortirent de leurs appartements sur les onze heures et demie pour se rendre à la chapelle, où ils entendirent la grand'messe.

Au retour de la messe, le Roi étant entré dans son cabinet, les jardiniers des maisons royales vinrent lui présenter chacun leur bouquet.

(1) Ce bosquet n'existe plus.

Les tambours des régiments des gardes françaises et suisses qui étaient rassemblés dans la petite cour de marbre, donnèrent aussi leur bouquet en battant de la caisse pendant un quart d'heure.

Il avait toujours été d'usage que les vingt-quatre violons, hautbois et autres instruments de la chambre jouassent dans la chambre du Roi, au retour de la messe et pendant le dîner; mais le Roi n'ayant pas dîné aujourd'hui, le concert n'a pas eu lieu; peut-être sera-ce pour ce soir, pendant que le Roi soupera à son grand couvert.

— Il est venu aujourd'hui à Versailles un nombre plus considérable d'habitants de Paris et des environs que dans les années précédentes.

— A l'issue des vêpres, on fit des prières de quarante heures, pour la paix, dans l'église Notre-Dame de Versailles.

— Le Roi a soupé ce soir à son grand couvert avec la Reine, Mgr le Dauphin et Mesdames de France. Les musiciens de la chambre y ont exécuté de très belles symphonies.

Le Roi rendit, le 12 juillet 1743, une nouvelle ordonnance pour la levée de trente-six mille hommes de milice.

On tira au sort, à Versailles, le mercredi 28 août 1743, dans la chambre de l'audience.

M. l'intendant de la généralité de Paris et les autres personnes qui avaient procédé au premier tirage s'y trouvèrent aussi.

On commença à sept heures du matin et l'on finit à midi.

Il n'y eut que six cents jeunes gens, y compris plusieurs jeunes mariés.

Il y eut cent billets noirs.

Le 20 septembre 1743, les miliciens de Versailles partirent de cette ville pour se rendre au quartier d'assemblée, à Saint-Denis.

Septembre 1743.

Le comte d'Eu, second fils du duc du Maine, et grand maître de l'artillerie, ayant été blessé d'un coup de mousquet au pied, à la bataille de Dettinghen, près Francfort, est revenu de l'armée à son château de Septeuil, près Houdan, où il est arrivé le 3 septembre 1743.

Il a beaucoup de peine à guérir de cette blessure; l'ongle du gros doigt du pied lui est tombé.

Octobre 1743.

La Provence ayant besoin de blé, parce que la récolte avait été très médiocre dans cette province, le Roi rendit, le 17 septembre 1743, un arrêt qui y permet l'entrée des grains des autres provinces du royaume avec exemption de tous droits.

Cet arrêt fut affiché à la porte de l'église Notre-Dame de Versailles, le 19 octobre 1743, et par conséquent dans les autres villes du royaume.

Les marchands de blé, les meuniers et les fariniers, qui ne demandent qu'un prétexte pour augmenter les blés et les farines, en trouvèrent un dans cet arrêt.

Dans les deux marchés qui suivirent sa publication, les fermiers augmentèrent le blé de 3 livres par septier; les meuniers, leur farine de 100 sous par sac de deux septiers, et les boulangers augmentèrent à leur tour le pain de douze livres de 2 sous.

Cette augmentation subite, après les abondantes récoltes de 1741, 1742 et 1743, répandit dans le peuple la crainte d'une nouvelle cherté du pain et de vives alarmes.

Le prince Charles de Lorraine ayant fait nombre de tentatives pour passer le Rhin, sans pouvoir réussir, et aimant assez à boire, on a fait sur lui la chanson suivante :

> Quand Charlot a bu du vin,
> Quand Charlot a bu du vin,
> S'approche pour passer le Rhin,
> S'approche pour passer le Rhin ;
> Mais à jeun craint sa défaite,
> Aussitôt bat la retraite.
> Lampons, lampons, camarades, lampons !

Les princes de France revinrent à la Cour, à Fontainebleau, vers la fin du mois d'octobre; au commencement de novembre, les troupes se mirent en quartiers, et les généraux revinrent aussi à la Cour, à la vérité peu chargés de lauriers.

Novembre 1743.

M. le comte de Noailles partit de Versailles la nuit du 18 au 19 avril pour rejoindre l'armée du Rhin, commandée par M. le maréchal de Noailles, son père. Il quitta l'armée après la bataille de Dettinghen, perdue par la faute du duc de Gramont, colonel du régiment des gardes françaises, qui engagea trop tôt et mal à propos le combat.

M. le comte de Noailles arriva à Versailles le lundi 18 novembre, à une heure après midi.

Le sieur Foirestier, qui commande les suisses du Château et les deux compagnies d'invalides qui servent de garde bourgeoise à Versailles, fit mettre ces deux compagnies sous les armes et en haie, depuis la porte de la première grille du Château jusqu'au milieu de la place d'Armes, dès dix heures et demie du matin.

Aussitôt que M. le comte de Noailles fut arrivé entre les Grandes et Petites-Écuries, les tambours des invalides battirent aux champs.

Le lendemain, mardi 19 novembre, j'allai voir M. le comte

sur les huit heures et demie du matin avec le sieur Petit, mon confrère, aussi commissaire de police. On le peignait. Il nous reçut fort bien et me demanda comment allait ma goutte, ce dont je le remerciai.

Il s'habilla pour aller au bailliage à neuf heures et demie. Il fit neuf adjudications des bois des parcs, montant à 185,000 livres, et, après dîner, il partit pour Fontainebleau rendre compte au Roi des adjudications.

De retour de la campagne d'Allemagne, le duc de Gramont, à qui l'on attribuait la perte de la bataille de Dettinghen, vint à la Cour dans le courant du mois de novembre 1743, pendant qu'elle était à Fontainebleau. Il se présenta devant le Roi, et l'on assure que Sa Majesté lui dit : « Duc de Gramont, vous avez un bel habit! » Et il lui tourna le dos.

Le prince de Dombes, après la bataille de Dettinghen, revint à la Cour. Il arriva à Fontainebleau au commencement du mois de novembre. Il resta une heure enfermé avec le Roi, mais on ne sait pas ce qui fut dit dans leur conférence.

Avant d'arriver à Fontainebleau, il passa à sa terre de La Queue, y chassa un cerf, le prit et entra chez le Roi tenant le pied du cerf à la main.

Décembre 1743.

Mgr le duc de Chartres, fils unique de M. le duc d'Orléans et de la princesse de Bade, est né à Versailles le 12 mai 1725.

C'est un prince d'une grande espérance et qui promet beaucoup. Il est très civil et salue tous ceux qui passent devant lui.

Ce prince, dès l'âge de quinze ans, était déjà très gros et très puissant. Il a fait la campagne de Flandre en 1742, sous M. le maréchal de Noailles, et en 1743 la campagne d'Allemagne, où il acquit de la gloire.

La publication de son mariage avec Mlle de Conty, née le 20 juin 1726, fut faite à Versailles par M. le curé Jomard, le premier dimanche de l'Avent, 1743 (1).

1743.

Les lanternes publiques de Paris ont été établies en l'année 1667. On ne les alluma d'abord que pendant cinq mois : novembre, décembre, janvier, février et mars. En 1671, on les augmenta et on commença à les allumer du 20 octobre au 31 mars. Depuis, elles ont été considérablement augmentées et on les allume pendant huit mois.

A Paris, on en compte 6,368; à Versailles, il y en a, en 1743, 643.

Le roi Louis XIV avait obligé les propriétaires des maisons de Paris de faire le rachat des boues et lanternes, au moyen de quoi Sa Majesté en faisait la dépense. C'est ce qui a eu lieu jusqu'en 1743. Mais par sa déclaration du 3 décembre 1743, registrée au Parlement le 23, le roi Louis XV vient d'ordonner qu'à compter du 1er janvier 1744 la somme de 450,000 livres, employée depuis 1722 sur les états des finances de la généralité de Paris pour l'entretien des boues,

---

(1) Mme la princesse de Conty et Mademoiselle s'étaient mises sous la direction de M. Jomard; elles ne manquaient aucun office pour parvenir à ce mariage. Fait, elles n'y ont pas reparu, surtout Mme la duchesse de Chartres, qui a mené la vie la plus scandaleuse. Binet (*) en a fait autant pour être premier valet de chambre de Mgr le Dauphin. *(Cette note est d'une autre main.)*

(*) Binet, quoique valet de chambre du Dauphin, était maître de camp de cavalerie et chevalier de Saint-Louis. Il fit bâtir sur l'avenue de Paris le pavillon servant aujourd'hui d'habitation au général commandant la subdivision militaire. Il le vendit plus tard à Mme du Barry, qui fit construire à côté le grand hôtel, actuellement caserne de cavalerie.

lanternes et pompes, sera imposée sur tous les propriétaires des maisons de Paris.

En 1741, la récolte des raisins fut médiocre ; le vin de Rueil valut 80 livres le muids, et celui de Bourgogne 130 livres.

En 1742, elle fut abondante ; le vin de Rueil se vendit 35 livres le muids, et celui de Bourgogne 85 livres.

En 1743, la récolte ayant été aussi abondante, le vin de Rueil valut 30 livres le muids.

Le Roi n'a point touché les écrouelles pendant cette année 1743, ni dans les années 1738, 1739, 1740, 1741 et 1742.

M. Orry, contrôleur général, était ci-devant capitaine de dragons ; ensuite il fut fait conseiller au Parlement de Metz, — maître des requêtes, — intendant de Soissons, — ensuite de Perpignan, — nommé à l'intendance de Lille, après la retraite de M. Le Pelletier-Desforts, le 20 mars 1730, — enfin contrôleur général des finances à trente-deux ans.

Son père a été munitionnaire en Espagne, d'où il a été obligé de se sauver.

On dit qu'il n'a que 17,000 livres de rentes.

En 1743, il a été fait cordon bleu (1).

Un cuisinier de M. de Villacerf, maître d'hôtel de Mme la Dauphine de Bavière, nommé Vaillant, de peu d'apparence

---

(1) M. Orry est mort le moins riche et le plus honnête homme des contrôleurs généraux. *(Cette note est d'une autre main.)*

et d'une figure petite et maigre, but un jour, sans s'enivrer, un demi-septier de vin dans chacun des cabarets de Versailles et une chopine dans le dernier; il y avait alors plus de trois cents cabarets.

CHANSON QUI FUT FAITE PEU DE JOURS AVANT LA MORT DU CARDINAL DE FLEURY.

Sur l'air de *Joconde* :

Trois cardinaux règnent en cour :
   Fleury, par sa prudence ;
Tencin, au conseil, chaque jour
   Montre son éloquence ;
Et La Tournelle (1), tous les mois,
   Montre son Éminence.
De ce dernier, L... fait choix
   Pour gouverner la France.

M. le chancelier de Lhôpital rapporte la longueur des procès à plusieurs causes.

La première, à l'usage de lire et d'enseigner les lois romaines. Depuis l'étude du droit romain, il y a plus de procès en un seul bailliage ou sénéchaussée qu'il n'y en avait avant dans toute l'étendue de la France.

La deuxième, à la fondation des écoles de droit et des universités qui ont appris aux Français à argumenter et à plaider, car avant leur établissement il n'y avait quasi point de procès.

La troisième, à la diversité et à la subtilité de l'esprit de chacun des docteurs, avocats et procureurs, qui, quoique puisant la même science dans les mêmes livres et dans les mêmes lois, finissent, à force d'arguments et de faux raison-

(1) Mme de La Tournelle passait pour la maîtresse du Roi.

nements, à beaucoup plus embrouiller les points décisifs qu'à les éclaircir.

La quatrième cause, à la vénalité des charges de judicature introduite par le chancelier Duprat, sous le règne de François Ier.

Pour un savant sur cent que font les écoles de droit, et encore c'est beaucoup, elles font tout au plus vingt demi-savants, et le reste en sort parfaitement ignorant, crachant, il est vrai, quelques mots de latin et argumentant tant bien que mal, mais n'ayant pas le sens commun dans les dix-neuf vingtièmes de leurs plaidoiries.

L'étude des bonnes mœurs serait bien plus utile que celle des sciences. On me dira que par l'étude des sciences on acquiert de bonnes mœurs ; sans doute cela devrait être, mais au lieu de cela la plupart de ces savants sont durs, vains et entêtés et n'ayant pas l'ombre de bon sens.

L'habitude du monde fait bien connaître ce que j'avance. J'ai connu mille latinistes, infatués de leur science, ne s'occupant que d'eux, tandis que j'ai rencontré un homme qui ne savait pas un mot de latin, dont les sentiments étaient excellents et qui était un véritable ami, ce qui est chose tout à fait rare au moment où j'écris, en l'année 1743.

Ce n'est pas que je veuille dire qu'il n'y ait pas encore de bonnes personnes et des gens d'honneur parmi le tiers-état ; car je ne parle nullement du clergé et des grands auxquels on doit porter respect, et je ne m'occupe absolument que du tiers-état, où je vois que les bonnes mœurs sont rares, et j'en ai acquis l'expérience par moi-même.

Ainsi j'ai la quittance d'un avocat dont j'ai payé 300 livres une pièce d'écriture qui ne valait pas cent francs, au dire même de ses confrères.

Un procureur d'une grande dévotion et fort habile dans sa profession n'a jamais voulu me tenir compte de 200 livres qu'un de mes amis lui avait remis pour moi au palais, parce qu'il n'avait pas eu le soin de les écrire sur son livre ; aussi, comme les exemples rendent sage, je n'ai plus rien payé sans quittance depuis ce temps.

Le vil intérêt, voilà le point capital de la plupart des gens de robe, aussi bien que du marchand et de l'artisan, et le voile dont ils cherchent à se couvrir n'est pas assez épais pour qu'on ne puisse voir qu'il y a parmi eux bien plus de mauvaise foi que de probité. Partout, le véritable honnête homme est victime de tout ce qui l'entoure, et il lui faut une probité acquise dans une bonne éducation pour résister au grand nombre d'exemples pernicieux qu'il voit tous les jours devant ses yeux.

Janvier 1744.

Le 1er janvier 1744, le Roi, dans un conseil tenu à dix heures du soir, nomma M. le prince de Conti généralissime de son armée d'Italie; M. de Maillebois devant commander sous lui.

Sa Majesté annonça cette nouvelle à la sortie du conseil.

— Le prince de Conti partit de Versailles dans le commencement du mois de mars pour se rendre à l'armée qui s'assemblait en Provence, pour passer en Italie. M. le maréchal de Maillebois resta à Paris.

Le Roi alla à l'Opéra le vendredi 3 janvier 1744. Il y avait dans le carrosse sept dames avec Sa Majesté, savoir :

Mesdames de France, — Mme la duchesse de Châteauroux, maîtresse du Roi, — Mme la duchesse de Lauraguais, sa sœur, — Mme la marquise de Flavacourt, autre sœur, — Mme la duchesse de Tallard et Mme la duchesse de Luxembourg. Le Roi fut de retour à Versailles vers onze heures.

Mgr le Dauphin alla aussi à l'Opéra; il était dans son carrosse.

Bien des personnes disent que le Roi ne devrait pas mener sa maîtresse avec ses filles.

Le Roi ayant annoncé qu'il voulait donner un bal à Marly le dimanche 26 janvier 1744, il s'éleva un conflit entre M. le duc de Fleury, premier gentilhomme de la chambre, de quartier, qui prétendait régler et ordonner tout ce qui était nécessaire pour ce bal, et M. le comte de Noailles qui, comme gouverneur de Versailles et de Marly, réclamait la même prérogative.

Il résulta de ces discussions que le bal n'eut point lieu.

Le Roi a eu tort de ne point exiger qu'il y eût un bal, puisqu'il l'avait annoncé; et, pour couper court à ces discussions, il aurait dû charger de son arrangement quelque autre personne, par exemple le maître de la musique, de quartier, et faire payer la dépense sur sa cassette.

Beaucoup de personnes disaient que le Roi était trop bon et qu'il devait parler en maître.

Le 28 janvier 1744, on a exécuté à Paris le nommé Delaborde, chirurgien privilégié.

L'acte d'accusation porte qu'il est accusé du meurtre et assassinat de la veuve Henriot et du vol de ses effets. Il est aussi accusé d'avoir abusé de sa profession en célant la mort de Dominique-Marie-Simon Verzure de Saindot qui était décédé chez lui, où il s'était retiré pour être traité d'une maladie ; — d'avoir donné le cadavre dudit de Saindot, dont il a déguisé le nom, la religion et la patrie, à un chirurgien pour faire sur icelui une démonstration d'anatomie ; — de plus, d'avoir, depuis la mort dudit Saindot, volé partie des effets qui lui appartenaient, et, à la faveur de lettres fausses, fabriquées par lui et signées du nom de Saindot, alors mort, s'être fait remettre d'autres objets appartenant à Saindot, par des personnes auxquelles ce dernier les avait confiées.

Par sentence du lieutenant criminel du Châtelet de Paris, du 10 janvier 1744, confirmée par arrêt du Parlement du

27 dudit mois, Delaborde a été condamné à avoir les bras, cuisses, jambes et reins rompus vifs, par l'exécuteur de la haute justice, sur un échafaud dressé en place de Grève, son corps mis sur une roue, la face tournée vers le ciel, pour y demeurer tant et si longuement qu'il plaira à Dieu de lui conserver la vie. Ses biens acquis et confisqués au Roi, ou à qui il appartiendra. Sur ces biens et autres non sujets à confiscation, préalablement pris la somme de 200 livres pour faire prier Dieu pour le repos de l'âme de la veuve Henriot, et pareille somme d'amende envers le Roi, et, avant l'exécution, ledit Jean Delaborde appliqué à la question ordinaire et extraordinaire pour apprendre par sa bouche la vérité des faits résultant du procès et les noms de ses complices.

Arrêt qui a été entièrement exécuté.

Le 30 janvier 1744, le feu prit à un magasin de Brest qui fut entièrement brûlé avec une partie des papiers du contrôle.

On évalue la perte à un million.

Février 1744.

M. le comte de Noailles permit au sieur Hermand, son secrétaire, au sieur Cosson, son valet de chambre, et à plusieurs autres personnes de sa maison, d'établir des bals publics dans le cabaret du Jardin-Royal, rue Satory, à Versailles. L'entrée se payait un écu de 3 livres par personne (1).

Il alla d'abord peu de monde à ces bals, mais à celui de la nuit du dimanche 9 au lundi 10 février, on dit qu'il y avait deux cent cinquante-trois personnes.

(1) Rue Satory, n°ˢ 25, 27, 29 et 31, ancien hôtel de Lannion. (Voir *Hist. des Rues de Versailles*.)

Le Roi, après son souper, s'y rendit avec Mme la duchesse de Châteauroux, Mme la duchesse de Lauraguais, sa sœur, M. le duc d'Ayen et M. le comte de Noailles.

Il était déguisé de manière à n'être pas reconnu, ainsi que les personnes qui l'accompagnaient.

Il y resta cinq quarts d'heure, et l'on rapporte qu'en remontant en voiture, il dit : Voilà un vilain bal.

On ne comprend pas comment on a pu engager le Roi à aller à ce bal, et comment le Roi a eu la complaisance d'y aller (1).

Les notaires, dont les fonctions sont de rédiger scrupuleusement les conventions des parties, et d'en conserver les minutes pour la sûreté publique, ont cru depuis quelque temps s'être acquis assez de confiance dans le public et avoir assez de probité pour s'établir dépositaires de l'argent que chacun a dessein de placer soit en acquisitions de terres, maisons ou charges, soit en le donnant à constitution.

Ce que l'on ne conçoit pas, c'est la confiance du public à confier son or, son argent, ses titres et contrats à la bonne foi des notaires.

On sait que la probité, comme la mauvaise foi, se trouvent dans toutes les conditions ; que souvent un notaire, comme une autre personne, s'accrédite et acquiert la confiance publique par des dehors souvent trompeurs. Mais on ne conçoit pas comment quelqu'un, qui est sûr de soi-même,

(1) Mme Duhausset, dans ses *Mémoires*, dit que Louis XV aimait à fréquenter ce genre de société. « C'est avec des personnes comme cela, lui dit un jour Mme de Pompadour, que le Roi sans doute apprend des termes dont je suis toute surprise. Par exemple, il m'a dit hier, en voyant passer un homme qui avait un vieil habit : *Il a là un habit bien examiné !* Il m'a dit une fois, pour dire qu'une chose était vraisemblable : *Il y a gros !* C'est un dicton du peuple, à ce qu'on m'a dit, qui est comme : *Il y a gros à parier*. — Je pris la liberté de dire à Madame, ajoute Mme Duhausset : Mais ne seraient-ce pas des demoiselles qui lui apprennent ces belles choses ? Elle me dit en riant : Vous avez raison, *il y a gros !* »

aille se défaire de son argent et le confier à un notaire, pour le lui garder ! Cela serait seulement excusable dans un homme prodigue ou joueur, qui aurait quelque crainte de le dissiper.

Il arrive très souvent que les notaires ne veulent pas donner de récépissé de ce qui leur est confié; et c'est cependant ce qu'un notaire, honnête homme et de bonne foi, ne doit jamais refuser; au contraire, il doit l'offrir, et même si quelqu'un lui offre de le charger de son argent ou d'autres effets sans lui en donner un récépissé, il doit absolument le refuser.

Il y a déjà eu tant de prévarications, de mauvaises conduites et même de banqueroutes frauduleuses de la part des notaires, que ces exemples devraient engager le public à plus de précautions, et les notaires qui ont réellement de l'honneur à porter le plus minutieux scrupule sur toutes les affaires qui leur sont confiées, et ne jamais se charger d'aucun dépôt sans en donner récépissé.

Celui qui veut remplir sa profession avec honneur et intégrité, et qui se trouve chargé de quelques dépôts, doit toujours les laisser en nature et même ne les regarder que pour en faire l'emploi ou les remettre au propriétaire.

Il arrive souvent, au contraire, que les notaires font commerce de leurs dépôts pour en tirer de gros intérêts; ce que l'on peut nommer *usure*. Il résulte de là de graves inconvénients : 1° l'argent peut être engagé dans des mains que le notaire pouvait croire sûres, et desquelles il ne peut le retirer; — 2° le notaire se trouve alors forcé de toucher aux autres dépôts pour faire face à celui qu'il a voulu faire valoir; — 3° enfin le notaire, pour inspirer plus de confiance au public, fait souvent plus de dépense qu'il ne peut et que ses gains légitimes ne le lui permettent.

Voici ce qui vient d'arriver à Baptiste, notaire et syndic des notaires de Paris, demeurant rue Saint-Honoré.

On dit qu'une dame lui confia 60,000 livres pour les garder et ne les délivrer qu'à sa nièce, avec défense à Baptiste d'en rien donner à la mère de cette nièce. On ajoute que Baptiste, sollicité par la mère, avait fini par lui donner 30,000 livres, et que la somme totale lui ayant été redemandée le jeudi 13 février 1744, il resta tout interdit et avoua qu'il ne l'avait pas. La dame lui aurait dit alors d'y penser et se retira. Baptiste serait alors sorti par une porte de derrière de son cabinet, aurait été entendre la messe à Saint-Roch, ensuite serait entré dans un café pour y prendre une tasse de café, puis serait allé du côté du cours et se serait précipité dans la rivière vis-à-vis le bureau des commis aux entrées. Des bateliers l'ayant aperçu flottant sur l'eau, l'en retirèrent et le portèrent dans le bureau des commis aux entrées. L'un des commis l'ayant reconnu fit aussitôt prévenir le maître clerc, qui le fit porter chez lui. Au moment où il fut retiré de l'eau, on trouva dans ses poches cinquante-cinq louis d'or et un billet de 1,500 livres; son esprit paraissait très sain, et il ne semblait pas penser à ce qui venait de lui arriver.

Les scellés ont été mis chez lui, et on dit qu'il y a déjà pour 1,200,000 livres d'opposition.

Baptiste passait pour riche. Sa femme lui avait apporté beaucoup de bien, et il venait encore d'hériter de 200,000 livres de ce côté (1).

Lai-de-Guives, autre notaire à Paris, suivit de près l'exemple de Baptiste. Au commencement du mois de mars, il fit banqueroute de 2,500,000 livres. Il a emmené sa femme avec lui.

On tient que c'est le treizième notaire qui fait ainsi banqueroute depuis peu de temps.

(1) Après une pareille aventure, Baptiste étant perdu d'honneur et de réputation, sa famille l'a fait passer à Bruxelles. C'est du moins le bruit qui a été répandu dans le public, mais on tient pour certain qu'il a été enfermé à Charenton, par ordre du Roi. *(Note de Narbonne.)*

Dans les premiers jours de février, on répandit le bruit que le prétendant, fils du feu roi d'Angleterre Jacques II, devait se rendre à Dunkerque.

Le comte de Saxe partit incognito dans la nuit du 20 au 21 février pour se rendre dans cette ville. On dit qu'il s'y embarqua avec le fils du prétendant (1) pour y faire une descente sur les côtes d'Irlande. Mais les vents contraires firent échouer les projets de la France sur l'Irlande, qui avaient donné quelques inquiétudes à l'Angleterre.

On n'a pas mieux réussi avec la flotte de Toulon. M. de Court, qui la commandait, n'ayant pas secondé les Espagnols qui s'y conduisirent avec bravoure, a été la cause que la flotte anglaise n'a pas été battue ni même détruite, comme elle aurait pu l'être. On l'a envoyé planter des choux à sa maison de campagne de Gournay, à dix lieues de Paris, où il arriva à la fin du mois de mai.

M. de Court a, dans cette maison de campagne, une magnifique bibliothèque de toutes sortes de vins. M. de Maurepas, ministre de la marine, va quelquefois la consulter, et c'est même ce qui a fait avoir le commandement de la flotte à son propriétaire.

M. de Court, n'ayant pas fait son devoir dans cette circonstance, mérite un châtiment proportionné à la mauvaise volonté qu'il a montrée pour le service du Roi et de l'Etat, car il faut distinguer les fautes d'accident de celles de mauvaise volonté.

Pendant le carnaval, Mesdames de France ont donné plusieurs bals dans lesquels le Roi allait s'amuser avec sa Cour particulière.

Le Roi partit de Versailles le dimanche gras après midi

(1) Il paraît que ce n'était pas le prétendant, mais son fils qui se trouvait à Dunkerque.

pour aller à Choisy avec sa Cour favorite. Il en revint le mardi gras après midi.

Le même jour, mardi gras, Mgr le Dauphin a donné un bal masqué qui a commencé à onze heures du soir et a duré jusqu'à huit heures du matin.

Il y avait trois salles où on dansait et douze instruments dans chacune.

On avait dressé des buffets garnis de viandes froides qui furent changés à minuit et regarnis en maigre.

Mars 1744.

Riboullet, trésorier de feu M. le comte de Toulouse et ensuite de M. le duc de Penthièvre, voulut se donner des airs de seigneur et aller passer plusieurs mois de suite dans ses terres. Il prit un commis qu'il chargea de tenir sa caisse. Ce commis, voulant à son tour imiter son maître et se donner du talon dans le c.., fit banqueroute au mois de mars 1744.

Le trésorier de Mlle de la Roche-sur-Yon fit aussi banqueroute à la même époque, mais il a été assez bête pour se laisser prendre et mettre en prison. On dit qu'il sera pendu, mais je n'en crois rien. Comme l'argent est une bonne provision, il pourra bien, avec l'argent d'autrui, trouver grâce devant des juges dont la plupart sont aujourd'hui *très peu scrupuleux*.

Depuis quelque temps il s'est formé une espèce de confrérie qui a pris le titre de francs-maçons, à l'exemple de celle d'Angleterre.

Le duc d'Antin, petit-fils du directeur général des bâtiments, qui se nommait avant duc d'Epernon, en était le grand-maître.

A sa mort, arrivée à la fin de 1743, le comte de Clermont,

de la maison de Condé, lui a succédé dans cette dignité.

Plusieurs habitants de Versailles qui, de marmitons et autres viles professions, s'étaient élevés à quelques petites charges chez le Roi, se firent recevoir parmi les frères, moyennant quatre louis d'or valant 96 livres. Ils se considèrent alors comme des personnages importants, appartenant à un ordre distingué et mystérieux.

Mais quelque frère, las de s'être fourré dans une si pitoyable chose, divulgua le secret dans un écrit qu'il répandit au commencement du mois de mars 1744. Les frères furent un peu mortifiés de voir leurs sottises découvertes.

En effet, il n'y a rien de si odieux et de si méprisable que cette confrérie; et l'on ne conçoit pas que des princes, des ducs, des ministres et d'autres personnes de distinction se soient assez peu respectés pour s'en faire recevoir. Dans le fond, c'est que chacun ayant été atrappé a voulu en atrapper un autre; c'est l'individu qui, ayant été obligé de tirer avec ses dents une figue du cul d'un âne, ferait son possible pour le faire faire à un autre.

Avril 1744.

M. Amelot de Chaillou fut nommé, le 23 février 1736, ministre des affaires étrangères, après l'exil de M. Chauvelin qui eut lieu le 20. Il a exercé cette fonction jusqu'au dimanche 26 avril 1744. Le même jour, M. le comte de Maurepas, ministre d'Etat de la marine et secrétaire d'Etat de la maison du Roi, alla chez lui à minuit et lui annonça, de la part du Roi, que Sa Majesté le remerciait de ses services, n'en ayant plus besoin.

On ne dit point encore le sujet de sa disgrâce. On prétend qu'il avait reçu plusieurs lettres du roi de Prusse, qu'il a tenues secrètes sans les communiquer au Roi.

Le Roi ayant formé le dessein d'aller à l'armée, pour

faire la campagne, on a donné des ordres secrets pour arranger le peu d'équipages qui lui seront nécessaires, attendu qu'il ne mènera point de maison pour sa bouche, et qu'il doit manger alternativement chez le maréchal de Noailles et chez M. d'Argenson, ministre d'Etat de la guerre.

On voulait tenir secret ce voyage, mais c'est le secret de la comédie, et tout le monde en parlait dès le mois de janvier.

A la fin du mois d'avril, on fit partir un détachement de commis des bureaux de la guerre.

Les petits commis auront 300 livres pour leur voyage d'aller et 300 livres pour revenir, et 6 livres par jour pour leur dépense; les autres commis supérieurs en auront à proportion.

Mai 1744.

Le Roi partit de Versailles, pour se rendre à l'armée de Flandre, le dimanche 3 mai, à trois heures un quart du matin. Il sortit de sa chambre pour aller à la chapelle faire sa prière et adorer le Saint-Sacrement. Il descendit par le petit escalier de la chapelle et monta dans une calèche avec le duc d'Ayen, fils de M. le maréchal de Noailles, faisant les fonctions de capitaine des gardes, le marquis de Beringhen, premier écuyer, et le marquis de Meuze.

L'escorte était composée d'officiers aux gardes et de vingt gardes.

Le Roi avait une cocarde blanche à son chapeau, et paraissait de bonne humeur.

La chaise de poste du Roi suivait. Il y avait dans le coffre de cette voiture deux millions en or.

Venaient ensuite une cantine et un fourgon, sur lequel il y avait des roues, cordages, essieux et autres ustensiles pour servir au besoin.

Sur les quatre heures, le Roi fut rencontré à Sèvres,

suivi de sa chaise de poste, dans laquelle il n'y avait personne, et de onze autres chaises. Il passa à la Meute, où il entendit la messe, et en partit pour aller droit à Péronne, à trente-et-une lieues de Paris, où il doit rester jusqu'au mardi 5 mai.

Sa Majesté, qui devait partir incognito et n'emmener personne, a changé d'opinion. Le reste de sa maison militaire, comme gardes-du-corps, gendarmes, chevau-légers et mousquetaires, quatre-vingts cent-suisses, gardes de la porte, la prévôté de l'hôtel, vingt-quatre pages de la grande et de la petite écurie, vingt-quatre valets de pied, ont ordre de partir depuis le lundi 4 jusqu'au samedi 9 mai. Il y aura aussi un détachement de la bouche et autres offices du Roi.

On dit que les bureaux de la guerre se tiendront à Lille.

M. d'Argenson, ministre de la guerre, était parti dès la la veille du Roi.

M. de Maurepas, ministre de la marine, partira le 15 mai pour aller visiter Toulon et les autres ports de mer.

M. Orry, contrôleur général, ira à Paris, ainsi que M. le comte de Saint-Florentin.

— Le jour du départ du Roi, on disait à Versailles que le duc de Villeroy, capitaine des gardes, et l'un de ses plus intimes favoris, avait été exilé. L'on faisait courir ce bruit parce qu'étant alors de quartier, ce n'était pas lui qui avait accompagné le Roi; on ajoutait que le Roi lui avait dit, le samedi, veille de son départ, qu'il resterait et attendrait ses ordres.

Cette nouvelle était fausse, le duc de Villeroy ne fut pas exilé et se rendit à l'armée à la fin du mois de mai.

On raconte alors que le duc d'Ayen ayant dit que le duc de Villeroy aimait mieux être à sa maison de campagne qu'en campagne, le duc de Villeroy, à son arrivée à l'armée, était allé trouver le duc d'Ayen et qu'il lui dit : « Jeune homme, je veux voir si votre épée est aussi dangereuse que votre langue; » qu'ils s'étaient battus; que le duc de Villeroy avait porté deux coups d'épée au duc d'Ayen, et que l'on avait répandu le bruit que c'était une hémorrhagie qui retenait celui-ci au lit.

— La veille de son départ, 2 mai, le Roi écrivit une lettre à Mgr l'archevêque de Paris pour ordonner des prières publiques et pour demander à Dieu la prospérité de ses armes.

Le 3 mai parut un mandement de Mgr l'archevêque portant que l'on ferait des prières de quarante heures qui commenceraient à Paris le mercredi 6 mai et continueraient les deux jours suivants, et que, jusqu'au retour du Roi, on ferait des processions les dimanches et fêtes, entre vêpres et complies.

Les prières de quarante heures commencèrent à Versailles le dimanche 10 mai. La Reine vint à la grand'messe, puis à vêpres et au salut avec Mgr le Dauphin et Mesdames de France. Le lundi et le mardi, la Reine vint seule au salut; le mardi elle suivit avec toutes ses dames la procession, derrière le Saint-Sacrement.

Le 16 mai 1744, on chanta le *Te Deum* à Notre-Dame de Paris pour la prise du comté de Nice, de Villefranche et du fort de Montalban. Le Parlement et les autres cours y assistèrent. On ne fit point de feux dans les rues.

Le dimanche 17 mai, M. le curé Jomard chanta à l'issue des vêpres le *Te Deum* et l'*Exaudiat* dans l'église de Notre-Dame de Versailles, sans en avoir fait prévenir les officiers du bailliage qui, en conséquence, ne s'y trouvèrent pas. M. le procureur du Roi, qui l'apprit par hasard, y vint cependant en robe, mais vers la fin.

Autrefois le curé m'avertissait et me disait l'heure du *Te Deum* et j'en avertissais les officiers du bailliage. Il n'y eut par conséquent pas de feux.

On dit que le 28 mai 1744, M. le duc de Penthièvre est entré le premier dans la tranchée de Menin que le Roi assiégeait.

Le duc de Penthièvre est fils de M. le comte de Toulouse. A l'âge de dix-sept ans, il fit sa première campagne en Flandre, en 1742. Il ne s'y passa rien de remarquable.

En 1743, il fit la campagne d'Allemagne, sous les ordres du maréchal de Noailles, et il se trouva à la bataille de Dettinghen que le maréchal perdit. Le duc de Penthièvre s'y comporta avec une grande bravoure et rallia jusqu'à trois fois plusieurs escadrons de la maison du Roi.

En 1744, il vient de faire la campagne de Flandre et de se distinguer au siége de Menin.

Pendant les nombreux voyages que le Roi faisait à Rambouillet, Mme la comtesse de Toulouse avait su captiver l'esprit de Sa Majesté. De temps en temps elle en tirait des ordonnances de 150 à 300,000 livres, qui l'indemnisaient, et bien au-delà, des dépenses qu'elle pouvait faire pour Sa Majesté.

Elle a servi le Roi dans ses amours avec Mme de Mailly, Mme de Vintimille et Mme de la Tournelle, devenue duchesse de Châteauroux.

Le Roi, pour l'indemniser de sa maison de Buc qu'il fit démolir, lui en donna une très belle à Louveciennes. Mais la comtesse de Toulouse, qui est d'une avarice crasse, se fit donner 3,000 livres sur l'adjudication des matériaux, afin de n'avoir rien à débourser pour faire transporter ses meubles de Buc à Louveciennes.

On dit que pour avantager le fils bâtard qu'elle eut du comte de Toulouse, elle prit une somme considérable au trésorier du duc de Penthièvre qui déclara banqueroute à son instigation.

Quoique cette dame, ainsi que le maréchal de Noailles d'aujourd'hui, qui est son père, soient très riches, comme ils sont très intéressés et ne sont bons que pour eux, ils ne sont aimés de personne. Pour moi, j'ai peine à croire à tous les mauvais propos que l'on tient sur eux.

M. le duc de Penthièvre tiendra de son père pour la générosité. C'est un très bon prince. Il a épousé la princesse de Modène.

Juin 1744.

Le Roi n'assista point à la procession de la Fête-Dieu de Versailles. Il était à l'armée de Flandre qui faisait alors le siége de Menin, à trois lieues et demie au-dessus de Lille.

On fit le reposoir à l'ordinaire, à l'hôtel de Conty (1).

Mesdames de France arrivèrent à neuf heures et demie.

La Reine à neuf heures trois quarts, et Mgr le Dauphin à dix heures.

La procession sortit de l'église à dix heures un quart.

Mgr le Dauphin marchait derrière le dais, puis la Reine et les dames ensuite.

Il faisait beau, un peu de vent, le soleil chaud.

Il y avait quinze dames avec des parasols.

Le Roi ayant fait en personne le siége de Menin, la tranchée fut ouverte dans la nuit du 28 au 29 mai 1744, et la ville se rendit le jeudi 4 juin, jour de la grande Fête-Dieu.

A cette occasion, on chanta le *Te Deum* à Notre-Dame de Paris, le mercredi 17 juin, à six heures du soir. Le Parlement et les autres cours y assistèrent.

On avait préparé un très beau feu d'artifice à l'Hôtel-de-Ville. Le duc de Gesvres, gouverneur de Paris, y alla dans un carrosse magnifique traîné par deux beaux chevaux. Il marcha à pas d'ambassadeur. Les chevaux sautaient et faisaient la courbette, ce qui était d'un très bel effet.

Il avait un cortége de prince. Soixante gardes en habits

---

(1) Où sont aujourd'hui les bureaux du chemin de fer américain.

écarlates, galonnés d'argent sur toutes les coutures, ouvraient la marche. Vingt suisses avec leurs hallebardes les suivaient. Enfin trente carrosses de princes, princesses et seigneurs suivaient le sien.

Le duc de Gesvres était très richement costumé.

Il jeta à droite et à gauche, par les portières, des pièces de 12 et de 24 sous. Le menu peuple, qui était en foule dans les rues par où il passait, se précipitait pour les ramasser aux cris de : Vive le Roi !

Le feu d'artifice fut tiré sur les neuf heures, au bruit de plus de cent boîtes et de vingt canons placés du côté de la rivière.

Dans quatre endroits différents de la place de l'Hôtel-de-Ville, on avait mis des tonneaux de vin, du pain, des cervelas et des langues fourrées qui furent distribués au peuple.

Des distributions semblables eurent lieu dans plusieurs rues de la ville et aux fontaines.

On prétend qu'il y eut de consommé deux cents pièces de vin, qui, à raison de 100 livres la pièce, font. 20,000 livres.

De plus, en pain, langues et cervelas. . . . . 20,000 livres.

Ce qui donne un total de. . . . . 40,000 livres.

L'Opéra et la Comédie furent donnés gratis au peuple.

Il n'y eut point de feux devant les maisons, mais les commissaires allèrent criant par les rues que l'on illuminât toutes les fenêtres des premier, deuxième et troisième étages; ce qu'on exécuta de suite et qui fit un fort bel effet.

Le dimanche 21 juin, un *Te Deum* fut chanté dans l'église Notre-Dame de Versailles, à l'issue des vêpres qui ne commencèrent qu'à quatre heures et demie.

La Reine, Mgr le Dauphin, Mesdames de France y assistèrent, ainsi que M. le bailli et tous les officiers du bailliage.

Après le *Te Deum* on chanta *Domine non secundum* et les autres prières ordonnées par Mgr l'archevêque de Paris.

A la procession, Mgr le Dauphin marcha directement après le Saint-Sacrement, la Reine ensuite, puis Mesdames. Tout fut fini à sept heures.

A neuf heures du soir, le curé et les marguilliers sortirent de l'église Notre-Dame et vinrent allumer un feu composé de fagots et d'une demi-corde de gros bois placé devant le portail. Quoique dès le matin on eût ordonné à tous les habitants de faire des feux devant leurs maisons et de mettre des illuminations aux fenêtres, il y en eut beaucoup qui s'en abstinrent.

La ville d'Ypres capitula le 25 juin. La nouvelle en vint à Versailles à la Reine par une lettre de l'ambassadeur d'Espagne, qui arriva le vendredi 26, à onze heures du soir.

Le Roi envoya un page à la Reine. Il arriva le samedi 27, à dix heures du soir.

Le dimanche 28, à l'issue de la messe de la Reine, à la chapelle du Château, on chanta le *Te Deum* au son des timbales. Il fut très beau et dura trois quarts d'heure.

On raconte qu'un nommé Grasmont, brigadier des gardes-du-corps, avait conspiré de livrer le Roi à l'ennemi, moyennant cent mille écus, et que Sa Majesté en ayant été avertie l'avait fait arrêter et conduire à la Bastille au commencement de juillet.

Juillet 1744.

Le roi Stanislas ayant appris que le prince Charles de Lorraine, frère du grand duc de Toscane, avait fait passer un corps de troupes en Alsace, à Wissembourg, en juillet 1744, se retira à Metz.

La Reine vint à Saint-Cyr, où elle arriva le samedi 11 juillet.

Le Roi ayant pris la ville d'Ypres, on chanta le *Te Deum* à

Paris, à Notre-Dame, le dimanche 12 juillet 1744, à six heures du soir.

Mgr le Dauphin y assista. Ce prince alla ensuite à l'Hôtel-de-Ville voir le feu d'artifice qui fût tiré dans la place, à neuf heures du soir, après trois décharges de vingt-et-une pièces de canon.

Mgr le Dauphin soupa à l'Hôtel-de-Ville seul à table.

Il n'y eut point de feux dans les rues. La place seule de l'Hôtel-de-Ville et la rue Saint-Honoré furent illuminées.

Le jeudi 16 juillet, on fit publier à Versailles une ordonnance de police portant injonction à tous les habitants de mettre des illuminations aux fenêtres à huit heures du soir, avec défense de faire des feux ni de tirer des fusées, et aux marchands épiciers et autres d'en vendre, le tout à peine de 50 livres d'amende.

A cinq heures et demie précises, on chanta dans l'église de Notre-Dame un *Te Deum*, auquel assistèrent la Reine, Mme la duchesse de Luynes et quatre autres dames, ainsi que M. Fresson, bailli de Versailles, et tous les officiers du bailliage.

Août 1744.

Le Roi arriva à Metz dans les premiers jours du mois d'août. Il s'y trouva indisposé et fut saigné deux fois du pied et du bras, du 8 au 10 août.

Le 14, à deux heures, on reçut la nouvelle que le Roi était heureusement hors de danger, mais à dix heures du soir et une heure après il arriva deux courriers qui annoncèrent que le Roi était très mal et en danger de la vie; que sa maladie était une inflammation de bas-ventre avec un grand mal de tête et une fièvre maligne, et qu'il devait avoir reçu tous les sacrements.

Cette triste nouvelle causa à Versailles une consternation inexprimable, et on est très persuadé qu'il en a été de même partout.

La Reine fut toute la nuit sur pied et fit ses arrangements pour partir à Metz.

Le samedi 15 août, à six heures du matin, le Saint-Sacrement fut exposé dans l'église Notre-Dame de Versailles.

La Reine partit à sept heures du matin pour Metz. Il y avait quatre carrosses à huit chevaux et deux à six chevaux remplis de dames, des principaux officiers des gardes et quatre pages.

Mgr le Dauphin partit à midi avec deux gardes, et Mesdames à trois heures, aussi avec deux gardes.

Le dimanche 16 août, à six heures du matin, le Saint-Sacrement fut encore exposé et on commença les prières des quarante heures pour le rétablissement de la santé du Roi.

— Beaucoup de personnes reprochaient à M. le duc de Châtillon d'avoir emmené Mgr le Dauphin de Versailles, et disaient qu'il pouvait en résulter plusieurs inconvénients : 1° la fatigue du chemin ; 2° le mauvais air où il allait ; 3° la crainte de quelque parti ennemi qui aurait pu l'enlever.

On raconte que M. le chancelier l'avait conjuré au nom du Parlement et même de tout le royaume de ne pas emmener de Versailles Mgr le Dauphin, mais que toutes ses remontrances et même ses prières n'ayant point été écoutées par M. le duc de Châtillon, il lui aurait dit : « Monsieur, vous vous en repentirez ! » Mais on a de la peine à croire que M. le chancelier ait fait de pareilles menaces à M. de Châtillon, qui avait répondu, dit-on, qu'il prenait sur son compte les suites de l'événement.

— Le mardi 18 août, sur les sept heures du matin, M. le chancelier reçut un paquet par un courrier qui allait de Metz à Madrid, en Espagne, en passant par Paris, porter la nouvelle que depuis deux jours le Roi était sans fièvre et qu'il était entièrement hors de danger. M. le chancelier le fit aussitôt savoir à Mme de Ventadour, qui était à Glatigny.

Mais pendant que la nouvelle du rétablissement de la santé du Roi courait à Versailles et partout, et que l'on commençait à respirer, on ne savait pas que pendant la nuit du 17 au 18 août le Roi était tombé dans un sommeil léthargique qui dura dix-huit heures. Pendant six heures on le crut mort, et il fut totalement abandonné. On lui avait passé un miroir devant le visage et il ne donnait aucun signe de vie.

Le 18, sur les six heures du soir, on s'aperçut qu'il remuait un peu, ce qui fit cesser la consternation qui était répandue dans toute la ville de Metz, et depuis cet heureux moment le Roi n'a pas cessé d'aller de mieux en mieux.

Dès que le Roi, qui avait toujours été très faible, fut un peu mieux et assez fort pour se lever, il se promena dans sa chambre, les bras appuyés sur deux de ses officiers. Enfin, le 8 septembre, jour de la Nativité de la Vierge, il a pu s'habiller et est entré en pleine convalescence.

— Le mercredi 19 août, M. Jomard, curé de la paroisse Notre-Dame de Versailles, fit le vœu de dire une messe tous les jours, à dix heures, à l'autel du chœur, pendant huit jours, et le neuvième, qui serait le jeudi 27, d'aller en procession à Sainte-Geneviève de Nanterre, dire une grand'messe.

Ce vœu qu'il avait fait pour le rétablissement de la santé du Roi a été exécuté.

1744.

Le Roi ayant fait sa première campagne en Flandre et pris plusieurs villes, en partit au mois de juillet 1744 pour aller en Alsace chasser le prince Charles de Lorraine qui y était entré.

Sa Majesté arriva à Metz le 4 août. Le maréchal de Belle-Isle, qui en est le gouverneur, lui fit faire une magnifique réception par les troupes et par la bourgeoisie. Le Roi visita les fortifications et reçut le 6 un ambassadeur du roi de

Prusse qui lui annonça l'agréable et très utile nouvelle pour la France de la marche du Roi, son maître, sur Prague, à la tête de quatre-vingt mille hommes, et de l'envoi d'un autre corps de vingt-cinq mille hommes pour aller faire le siége d'Olmutz, capitale de la Moravie.

Le Roi, qui avait extrêmement fatigué en Flandre et pendant une route de plus de cent lieues, soit en carrosse soit à cheval, tomba dangereusement malade à Metz, le 8 août, et pendant six heures on le crut mort.

La Reine, Mgr le Dauphin et Mesdames y allèrent, et c'est un vrai miracle que le Roi en soit revenu.

Sa Majesté était logée au Gouvernement.

Pendant la maladie du Roi, qui fut longue ainsi que sa convalescence, le prince Charles repassa le Rhin à la barbe de l'armée de France, commandée par le maréchal de Noailles. Il ruina la basse Alsace et enleva les bestiaux des pauvres paysans.

Le comte de Belle-Isle, qui commandait Metz, était petit-fils du surintendant Fouquet, homme de beaucoup d'esprit; le Roi le désigna en 1741 pour assister à la Diète de Francfort, réunie pour la nomination d'un Empereur.

Le Roi lui donna pour cette ambassade soixante chevaux de ses écuries avec les harnais et les équipages qui avaient servi à son sacre, et lui ordonna de ne rien ménager dans sa dépense afin de le représenter brillamment.

Avant de partir, le Roi le fit maréchal de France.

Il quitta Versailles le 15 février et alla directement à Francfort. Il brilla fort peu dans ses négociations; cependant, au mois de mars 1742, le Roi le nomma duc de Gisors.

En 1743, il retourna en Bohême. En partant de Paris, il dit à Camus, son procureur au Parlement, qu'il avait fait un Empereur et qu'il allait maintenant faire la paix, à quoi il a réussi, comme dit la chanson : *A la façon de Barbari*.

Il est revenu à la Cour où tout le monde lui impute les tristes événements de la guerre de Bohême.

Il est gouverneur de Metz et du pays Messin depuis dix à douze ans et a fait faire de grands ouvrages de fortifications à la ville.

La vigne a eu un temps assez favorable pour la floraison qui a commencé vers le 24 juin. Il a fait beau et très chaud.

Le raisin a assez bien mûri. On a commencé la vendange à Boulogne, près Saint-Cloud, le lundi 28 septembre.

Le vin ne valut à Rueil, en novembre, que 30 livres le muids.

Mai 1745.

Le 11 mai, jour de la bataille de Fontenoy, le duc de Gramont, qui était rentré dans les bonnes grâces du Roi, alla dès cinq heures du matin reconnaître le mouvement des ennemis à la tête d'une douzaine de cavaliers du régiment de Grassin.

L'ennemi l'ayant aperçu tira sur sa petite troupe une volée de coups de canon dont un des boulets tua le duc de Gramont.

Les petits pois verts ont été vendus :

	Le litron.		La pinte.	
En 1733, 16 mai,	» liv.	10 s.	» liv.	20 s.
En 1734, 12 mai,	»	7	»	14
En 1735, 12 mai,	»	30	3	»
En 1736, 7 mai,	»	30	3	»
En 1737, 17 mai,	»	8	»	16
En 1738, 15 mai,	»	10	»	20
En 1739, 18 mai,	»	18	1	16
L'hiver ayant été très dur en 1740, 21 juin,	»	10	»	20
— — En 1741, 19 mai,	»	40	4	»
— — En 1742, 8 juin,	»	10	»	20
En 1743, 1ᵉʳ juin,	»	12	1	4
En 1744, 29 mai,	5	»	10	»
En 1745, 29 mai,	»	6	»	12

Juin 1745.

Le Roi étant à l'armée, au siége de la citadelle de Tournay, avec Mgr le Dauphin, ils ne vinrent ni l'un ni l'autre à la procession de la Fête-Dieu à Versailles.

La Reine arriva à la paroisse à dix heures avec Mesdames de France. Mme la Dauphine était indisposée d'un mal de gorge. Elle fut saignée.

Comme il faisait mauvais temps et une pluie continuelle, la procession ne sortit point et se fit dans l'église.

Décembre 1745.

Le 5 décembre, M. Orry demanda au Roi la permission de se retirer. Le Roi la lui accorda; cependant il continua de travailler avec Sa Majesté jusqu'à l'arrivée de M. de Machault, qui lui a succédé dans la charge de contrôleur général des finances et qui arriva à Versailles au mois de janvier 1746.

Mme la duchesse de Vantadour est morte âgée de quatre-vingt-douze ans, en 1745. Dans les dernières années de sa vie, elle dépensait en aumônes plus de 40,000 livres par an.

Les pluies continuelles et froides du mois de juin empêchèrent les vignes de fleurir. La floraison n'a commencé que les premiers jours de juillet, où il a fait beau et chaud.

Le vin s'est vendu 50 livres.

Janvier 1746.

Louis-Jean-Marie de Bourbon, duc de Penthièvre, naquit à Rambouillet le 16 novembre 1725.

Le mardi 29 décembre 1744, le duc de Penthièvre épousa Marie-Thérèse-Félicité de Modène, née le 6 octobre 1726, et fille du duc de Modène et de Charlotte-Aglaé d'Orléans.

La cérémonie du mariage se fit dans la chapelle du château de Versailles, à midi et demi.

Les fiançailles n'ayant point été faites dans le cabinet du Roi, attendu que la princesse est étrangère, elles eurent lieu quelques instants avant le mariage dans la sacristie, où s'étaient rendus les princes du sang.

Une foule de propos furent tenus à l'occasion de ce mariage avant qu'il fût fait. Comme il fallait une dispense du pape pour qu'il pût avoir lieu, le Roi avait envoyé un courrier à Rome. Il paraît que dans le voyage ce courrier fit une chute et se cassa la jambe; cela retarda l'arrivée de la dispense et par conséquent le mariage. On raconta alors que le duc de Modène ne voulait consentir à ce mariage que dans le cas où le duc de Penthièvre et ses enfants seraient reconnus princes du sang; d'autres disaient que c'était le prince de Conti qui allait épouser la princesse, etc. Mais enfin l'arrivée du courrier, qui eut lieu le 20 décembre, mit fin à tous ces propos.

Le contrat a été dressé par M. de Maurepas, comme secrétaire d'Etat de la Maison du Roi, et il a été fait en même temps un acte de renonciation à de certaines prééminences par le duc de Penthièvre, qui a été passé devant Me Verrier, notaire à Paris, et son confrère Baron, fils de Baron, valet de chambre de Mme la comtesse de Toulouse.

Les ducs ne se sont point trouvés à ce mariage, apparemment ils avaient leurs raisons. On n'y a remarqué que M. le duc de Biron.

Le 1er janvier 1746, sur les trois heures après midi, Mme la duchesse de Penthièvre, étant à Versailles, accoucha d'un prince que le Roi alla voir aussitôt et qu'il nomma duc de Rambouillet.

M. de Machault, fils du lieutenant de police, vient d'être fait contrôleur général, et est arrivé à Versailles au mois de janvier 1746.

Les surintendants et contrôleurs généraux des finances qui l'ont précédé depuis le commencement du règne de Louis XIV sont :

Bouthillier, dépossédé en 1643 ;

Le comte de Vaux ;

Et le président de Bailleul, qui le furent concurremment pendant peu de temps.

Emery, italien, d'abord seulement contrôleur général, fut fait surintendant en 1646. Il devint en horreur au peuple à cause des impôts excessifs qu'il créa.

Le maréchal de la Meilleraye lui succède en 1648.

Emery est rappelé à cause de sa grande capacité, en 1649.

Servient et ensuite Fouquet, procureur général, en 1653.

Fouquet fit des dépenses excessives dans sa maison de Vaux-le-Vicomte, où il avait donné une fête au Roi. Il était gouverneur de Belle-Isle et l'avait fait fortifier pour s'en faire une place de sûreté. Pour le perdre, on lui conseilla de se défaire de sa charge de procureur général, ce qu'il fit. Arrêté à Nantes le 5 septembre 1661, il fut conduit à Vincennes et ensuite à la Bastille. On fit son procès et il fut condamné à la prison perpétuelle. Il est mort à Pierre-Encise, en 1681.

Colbert lui succéda comme contrôleur général. C'était un habile ministre. Il travaillait beaucoup et rétablit les finances et les manufactures. Il mourut le 6 septembre 1683.

Le Pelletier, ministre trop judicieux. Sa délicatesse lui fit remettre les finances.

Pontchartrain, habile ministre, nommé en 1689.

Louis XIV en a fait les plus grands éloges. Nommé chancelier en 1699.

Chamillart lui succède en 1699. Ignorant, il fut disgracié, et, pour avoir mal administré, reçut 60,000 livres de pension.

Colbert-Desmarets, nommé le 20 février 1708, a eu la plus belle administration, la plus modérée et la plus difficile, à cause des tristes événements de la guerre arrivés sur la fin du règne de Louis XIV. Disgracié par le duc d'Orléans, régent, en 1715.

Le duc de Noailles, nommé en 1716.

La même année, il fit frapper les beaux louis qui portent son nom. Le duc de Noailles avait de la religion et de l'esprit. On croit qu'il eût été avantageux à l'Etat que son administration eût duré plus longtemps.

L'anglais Law est nommé le 5 janvier 1720. Il était inouï et contre la bonne politique de mettre un étranger à la tête des finances. C'était un fripon qui inventa un système de papier qui a plus ruiné la France que deux cents ans de guerre.

Il se retira le 10 décembre 1720.

Roulier du Coudray lui succéda, 11 décembre 1720.

Le Pelletier de la Houssaie, en 1721.

Dodun, président incapable, 20 mai 1722.

Exilé avec une grosse pension en 1726.

Le Pelletier-Desforts, habile ministre, juin 1726.

Retiré le 20 mars 1730, sans bienfaits de la Cour.

Il les avait refusés.

Orry, intendant de Soissons, contrôleur général en 1730. Il demanda au Roi, en 1745, la permission de se retirer. Cette permission lui est accordée le 5 décembre. Il travaille cependant encore plusieurs jours avec le Roi. Enfin, en janvier 1746, on nomme M. de Machault.

TABLE ALPHABÉTIQUE

DES

NOMS DE PERSONNAGES, LIEUX, ETC.

MENTIONNÉS DANS CET OUVRAGE.

A

Adenet, p. 8.
Adolphe, p. 311.
Adrien (le pape), p. 311.
Aguesseau (M. d'), p. 45, 55, 75, 87, 151, 152, 153, 154, 404, 458.
Aguesseau de Fresne (d'), p. 173.
Aix en Provence, p. 316.
Alasseur, p. 442, 447.
Aix-la-Chapelle, p. 574.
Alberoni (le cardinal), p. 97, 98, 100.
Alfred (roi d'Angleterre), p. 311.
Alixand (Pierre), p. 440, 447, 449, 457.
Allard, p. 190.
Allemagne, p. 196, 524, 526, 530.
Almanza (bataille d'), p. 81.
Amelot de Chaillou, p. 542, 589, 597, 627.
André, p. 214.
Andrésy, p. 511.
Anet, p. 14, 16, 17, 22, 30, 31, 32, 33.
Angers, p. 406.
Angervilliers (d'), p. 137, 158, 317, 387, 403.
Angleterre, p. 11, 17, 93, 131, 142, 480, 497.
Angoumois, p. 440.
Anjou (duc d'), fils de Louis XV, p. 184, 289.
Antibes, p. 573.
Antin (le duc d'), p. 63, 163, 196, 197, 302, 303, 326, 327, 329, 339, 345, 400, 407, 415, 482, 497, 514, 518, 626.
Antin (le marquis d'), p. 11, 304, 497, 498.
Aquin (d'), p. 52.

Argenson (Le Voyer d'), p. 55, 56, 87, 91, 153, 470, 473, 490, 587, 597, 604, 628, 629.
Argenson (d', le fils), p. 490, 506.
Arles (archevêque d'), p. 216.
Armagnac (Mme d'), p. 334, 335.
Armenonville (Fleuriau d'), p. 73, 153, 154, 374.
Arnault, p. 132.
Arpajon (la duchesse d'), p. 582.
Arpajon (Mlle d'), p. 496, 499.
Artagnan (d'), p. 70.
Asfeld (le marquis d'), p. 569.
Asturies (prince des), p. 34, 81, 100.
Attery (Jean), p. 7, 8.
Aubert, p. 139.
Aubigné (d'), p. 529.
Aubigny (d'), p. 50.
Aubry (avocat), p. 428, 429.
Auguste II (roi de Pologne), p. 297, 318, 523.
Auguste-Marie-Jeanne de Bade, p. 110.
Aulard, p. 361.
Aurillac, p. 75.
Autriche, p. 474, 522, 525.
Auvergne, p. 219.
Auvray (le curé), p. 283, 285.
Auzou, p. 8.
Ayen (comte d'), p. 220, 622, 628, 629, 630.
Aymon, p. 207.

B

Bachelier (valet de chambre du Roi), p. 154, 221, 238, 255, 321, 322, 324, 326, 327, 329, 338, 339, 340, 345, 380, 381, 385, 402, 585.
Bailleul (le président de), p. 642.

Bailly (curé de Versailles), p. 151, 162.
Bailly, p. 194.
Baizé, p. 457.
Balduin (comte de Flandre), p. 311.
Balieux, p. 437.
Balleroy (brigade de), p. 160.
Balon, p. 594.
Baptiste, p. 623, 624.
Baquat, p. 8.
Bar (duché de), p. 180.
Barbarie, p. 468, 483.
Barbet, p. 437.
Barcelonne, p. 25, 27, 28, 36, 218.
Barjac, p. 169, 171, 180, 589.
Bar-le-Duc, p. 535.
Baron, p. 437, 641.
Barré, p. 188.
Barry (Mme du), p. 615.
Basset (Spire), p. 6, 8.
Baudouin, p. 8, 177.
Baudry (de), p. 490.
Bavière (duc de), p. 149, 523, 525, 526, 542, 543, 545, 559, 561, 562, 573, 574, 575.
Bauvoisin (pont de), p. 19.
Beauchamps, p. 606.
Beaufort (duchesse de), p. 26.
Beauregard (de), p. 189, 190.
Beauvilliers (duc de), p. 95.
Becheran (l'abbé), p. 198.
Bélac (le chevalier de), p. 569.
Bellay (marquis du), p. 243.
Bellefont (le maréchal de), p. 105.
Belle-Isle (le comte de), p. 524, 528, 533, 534, 538, 541, 542, 543, 544, 545, 546, 547, 548, 549, 550, 551, 553, 554, 555, 556, 563, 564, 566, 569, 571, 574, 577, 578, 579, 587, 597, 637, 638.
Belle-Isle (le chevalier de), p. 525, 545, 569, 572.
Belle-Isle (Mme de), p. 550, 558, 560.
Berger, p. 155.
Bernier, p. 231.
Berny, p. 120.
Bernsdorff, p. 570.
Berrier, p. 490.
Berry (duc de), p. 3, 8, 10, 15, 21, 23, 24, 37, 38, 140.
Berry (Gilbert), p. 364, 365.
Bertheville, p. 594.
Bertin (Dlle), p. 410.
Berwick (maréchal de), p. 81, 334.
Besnard, p. 214.
Besnier, p. 464.
Bessat, p. 590.
Bessira, p. 8.

Béthune (le duc de), p. 494, 603.
Béthune (le marquis de), p. 237.
Beugnon, p. 441, 443.
Beverdick (de), p. 565.
Bézenval, p. 402.
Bicêtre, p. 469, 507.
Bidassoa (la), p. 3.
Bienvenu, p. 487.
Bignon, intendant de Paris, p. 71, 387.
Billarderie (de la), p. 227, 243, 250, 251.
Billardière (brigade de la), p. 160.
Binet, p. 615.
Biron (le maréchal de), p. 493, 641.
Bissy (le cardinal de), p. 307.
Bissy (le comte de), p. 431.
Blache (Denis), p. 401.
Blanchet, p. 384.
Blancménil (de), p. 449.
Blasmont (le comte de), p. 182.
Blois, p. 415, 453.
Blondel, p. 538, 542, 543, 556, 570.
Blot, p. 174.
Blouin, gouverneur de Versailles, p. 4, 53, 66, 67, 68, 71, 73, 109, 119, 120, 123, 124, 126, 127, 139, 147, 151, 156, 159, 162, 163, 168, 169, 170, 174, 175, 176, 178, 179, 180, 181, 182, 217, 218, 220, 287, 374, 375, 386, 387, 494.
Boexière (la), p. 214.
Bohême, p. 524, 526, 543, 638.
Bongard de Maumigny (le sieur), p. 440, 441, 442, 443, 444, 446, 448, 449.
Bongard de Maumigny (Dlle), p. 440, 444, 446.
Bonneval (le chevalier), p. 80, 196.
Bontemps, valet de chambre de Louis XIV, gouverneur de Versailles, p. 1, 176, 177, 178, 217, 502.
Bontemps (le fils), p. 217, 218.
Bordeaux, p. 34, 98.
Borel, p. 303.
Bosc (M.), p. 105.
Boucher, p. 155.
Boudin, premier médecin du Roi, p. 4, 5, 66.
Bouilhac (le médecin), p. 286, 287.
Bouillon (le cardinal de), p. 10.
Bouillon (Mlle de), p. 76.
Boulin, p. 194.
Boulanger (le président), p. 45.
Boulogne, près Saint-Cloud, p. 639.
Boulogne (bois de), p. 154.
Bouquain, p. 441.
Bourbon (le duc de), p. 11, 23, 46, 47, 68, 92, 101, 102, 104, 105, 115, 121,

TABLE ALPHABÉTIQUE. 647

129, 130, 133, 137, 140, 142, 143, 144, 145, 146, 147, 148, 200, 305, 410, 431, 484, 494, 512, 583, 584, 592.
Bourbon (Louis de), p. 149, 300.
Bourbon (la duchesse de), p. 114, 140, 487, 494.
Bourbon-Condé (Mlle de), p. 33, 392.
Bourbon (Louise-Françoise de), p. 392.
Bourg-en-Bresse, p. 221, 277, 278.
Bourgault, p. 8.
Bourges, p. 443.
Bourgogne (gouvernement de), p. 434, 511, 616.
Bourgogne (le duc de), p. 3, 8, 10, 13, 18, 19, 21, 25, 30, 32, 42, 53, 105, 114, 176, 582.
Bourgogne (le duc de), fils du premier duc de Bourgogne, p. 19.
Bourgogne (duchesse de), p. 3, 19, 20, 25, 31, 34, 42, 53, 81, 142.
Bourlet, p. 188.
Bourvallais, p. 96.
Bouschet (Louis de), p. 213.
Boutard, p. 169, 180.
Bouthillier, p. 642.
Brancas (l'abbé de), p. 13.
Brandau (de), p. 558.
Brandebourg (électeur de), p. 523, 543, 559.
Breitenbach (Daniel), p. 564.
Brest, p. 297, 497, 587, 621.
Bretagne, p. 98, 103, 114.
Bretagne (duc de), p. 20, 25.
Breteuil (le marquis de), p. 162, 585, 586, 587.
Breteuil, intendant d'Auvergne, p. 75.
Bridet (Marie-Anne), p. 468.
Brière, p. 484.
Brihuega, p. 22, 34, 35.
Brionne (le comte de), p. 502.
Brissard (l'abbé), p. 586.
Brissois (Claude), p. 383, 384, 385.
Brives-la-Gaillarde, p. 74.
Broglie (le maréchal de), p. 325, 326, 527, 528, 529, 530, 532, 533, 563, 600, 609.
Broglie (l'abbé de), p. 609.
Broussel, p. 87.
Bruneteau (Charles), p. 352, 353, 354, 355, 357, 359, 361, 362, 364.
Bruny, p. 191.
Bruxelles, p. 92, 624.
Buc, p. 631.
Bully (Jean), p. 352, 353, 354, 355, 357, 359, 361, 362, 364.
Busch, p. 565.
Butet, p. 531.

C

Cabaille, p. 440, 441.
Cadière (Catherine), p. 194, 195, 286.
Caen, p. 136.
Cailly, p. 9.
Calabre, p. 479.
Calcinato (bataille de), p. 29.
Cambrai, p. 74, 103.
Camus, p. 638.
Canet, p. 394.
Caperon, p. 385.
Capet (Jean), p. 6, 8.
Caraman (de), p. 326.
Carillon (la dame), p. 380, 381.
Carlos (don), p. 100, 399.
Carthagène, p. 497.
Cartouche (Louis-Dominique), p. 66.
Cassano (bataille de), p. 29, 79.
Castel, p. 325.
Catalogne, p. 26, 27, 28, 29.
Catherine de Médicis, p. 131.
Catinat (maréchal de), p. 26.
Cauchois, p. 365.
Caumartin (de), p. 173.
Caumont (Mlle de), p. 495.
Cavalier, p. 569.
Célestins (les), p. 434, 435, 436, 438.
Cellamare (le prince de), p. 97, 98, 103, 393.
Celle (la), p. 585.
Cercy-la-Tour, p. 440, 441.
Chabot (le comte de), p. 569.
Chabrier (de), p. 569.
Chaillot, p. 400, 466, 486.
Châlons, p. 2, 10, 535.
Chambault, p. 459.
Chambord, p. 302, 304, 415.
Chambray, p. 609.
Chamillart, p. 5, 80, 83, 196, 642.
Champigny (de), p. 436.
Champot, p. 193.
Chantilly, p. 123, 131, 136, 145, 146, 147, 148, 209, 295, 434, 512, 517, 518, 519, 520.
Charenton, p. 462, 624.
Charlemagne, p. 311.
Charles-le-Chauve, p. 311.
Charles IX, p. 131.
Charles II, roi d'Espagne, p. 3, 21, 28.
Charles III, p. 22, 34, 36.
Charles-Quint, p. 284.
Charles VI (l'empereur), p. 301, 402, 414, 421, 522, 524, 534.
Charles de Lorraine (le prince), p. 506, 527, 528, 529, 530, 533, 609, 612, 634, 637, 638.
Charlotte de Hesse-Rinsfels, p. 148.

Charlotte-Elisabeth de Bavière, p. 2, 77.
Charolais (Charles de Bourbon-Condé, comte de), p. 148, 149, 185, 434.
Charolais (Mlle de), p. 164, 343, 595.
Charost (le duc de), p. 145, 146, 222, 331.
Chartrain (pays), p. 483.
Chartres, p. 204, 484, 486.
Chartres (le duc de), p. 312, 414, 501, 593, 614.
Chartres (la duchesse de), p. 615.
Chartres (Mlle de), p. 197.
Châteauroux (Mme de), p. 619, 622.
Châtelain, p. 440, 441, 442, 443, 447, 448, 449, 454, 457.
Châtelet (la marquise du), p. 610.
Châtillon (le duc de), p. 500, 636.
Chaudron, p. 401.
Chaulnes (le duc de), p. 313.
Chaumont (Mme), p. 95.
Chauvelin, p. 154, 173, 285, 317, 356, 403, 404, 405, 584, 591, 627.
Chauvelin (Mme), p. 403, 404.
Chauvelin (le fils), p. 405.
Cháville, p. 302.
Chelles (l'abbesse de), p. 596.
Chémerault (le comte de), p. 31, 32, 33.
Chenet, p. 437.
Chéron, p. 147.
Chesnay (le), p. 475.
Chevillon, p. 441.
Chevreuse, p. 297, 486.
Chevreuse (le marquis de), p. 51.
Chevry, p. 195.
Chièvres (le comte de), p. 284.
Chiron (Mme du), p. 420.
Choisy, p. 467, 506, 520, 521, 531, 604, 605, 626.
Chrysostôme (le Père Jean), p. 189, 190.
Cigale, p. 597.
Clairefontaine, p. 409.
Clagny, p. 192, 482.
Clavyer, p. 457.
Clément de Bavière, p. 571, 579.
Clément (Pierre), p. 130, 133.
Clermont (le comte de), p. 165, 300, 395, 405, 410, 411, 413, 494, 604, 626.
Clermont (Mlle de), p. 164, 184, 494.
Cléry (Dlle), p. 103.
Coblentz, p. 543.
Coche, p. 409, 410.
Coigny (le maréchal de), p. 317, 318.
Coigny (le comte de), p. 318, 499.
Colbert, p. 133, 368, 642.

Colbert-Desmarets, p. 48, 85, 153, 218, 643.
Colinet, p. 378, 379, 380, 381, 382, 384, 385, 401.
Collette, p. 176.
Colombel, p. 580.
Cologne (l'électeur de), p. 543, 559, 560, 571, 572, 573, 574, 576.
Compiègne, p. 199, 200, 204, 206, 208, 272, 295, 302, 304, 402, 415, 515, 516, 517, 518, 519, 520, 521.
Condé (prince de), p. 26, 147, 392, 407.
Condé (Louis-Joseph de Bourbon, prince de), p. 431, 434, 489.
Constantinople, p. 196.
Conti (le prince de), p. 99, 100, 141, 165, 197, 312, 394, 407, 408, 420, 506, 619, 641.
Conti (Marie-Anne de Bourbon, princesse de), p. 12, 13, 26, 105, 218, 288, 289.
Conti (Mlle de), p. 615.
Corbigny (abbaye de), p. 199.
Cork, p. 480.
Cosson, p. 621.
Coste, voyer de Versailles, p. 326, 327.
Coste (de la), p. 8.
Cottereau, p. 409.
Coubertin, p. 486.
Coulonge, p. 440, 441.
Coulonge (le prieur de), p. 443, 444, 445, 446, 447, 448, 449, 457.
Court (de), p. 625.
Courten (le chevalier de), p. 569.
Couturier (l'abbé), p. 586.
Couvert, p. 400.
Crémone, p. 29.
Crespin, p. 63.
Cromwell, p. 2.
Croqueison, p. 8.
Czarienne (la), p. 480, 532.

D

Dampierre (le chevalier de), p. 47.
Dandela, p. 318.
Danemark, p. 483.
Dantzick, p. 318, 468, 479, 483, 484.
Darmant, p. 420.
Darmstadt, p. 574.
Darmstadt (le prince de), p. 27, 28.
Dauphin (Mgr le), p. 8, 10, 11, 12, 13, 14, 15, 16, 17, 18, 21, 23, 26, 40, 53, 459.
Dauphine (de Bavière), p. 582.
Dauphin (le fils de Louis XV), p. 145,

TABLE ALPHABÉTIQUE. 649

161, 162, 180, 186, 417, 423, 424, 425, 463, 499, 500, 501, 502, 596, 601, 602, 603, 610, 626, 630, 632, 634, 635, 636, 640.
Davant, p. 374.
David, p. 169, 180, 181.
Décise, p. 442.
Decourt, p. 428.
Delaborde, p. 620, 621.
Delalot, p. 433.
Delamotte, p. 303.
Delci (le nonce), p. 210.
Delisle (substitut du procureur du Roi), p. 164, 325.
Demay, p. 408, 438.
Denis (maître fontainier), p. 303.
Denis, p. 303.
Desfontaines (l'abbé), p. 207.
Désiles (procureur du Roi), p. 607.
Desmoulins, p. 169, 180, 181, 607.
Desplasse, p. 231.
Desprefays, p. 440, 449, 457.
Dettinghen (bataille de), p. 600, 604, 607, 612, 613, 631.
Deux-Ponts (le prince des), p. 578.
Devaux, p. 214.
Devienne (Mlle), p. 23.
Devisannes, p. 420.
Devisé, p. 508.
Dijon, p. 221, 393, 458, 459.
Dikpy, p. 134.
Dodart, p. 514.
Dodon (M.), p. 124.
Dodun (M.), p. 137, 148, 643.
Doisy (la femme), p. 282.
Dombes (le prince de), p. 164, 165, 212, 392, 394, 395, 405, 413, 420, 437, 494, 500, 501, 614.
Doria (Mgr), p. 570.
Doullens, p. 393.
Dourches (le comte), p. 569.
Dreux-Brézé (le marquis de), p. 288.
Dreux (le marquis de), p. 13, 502.
Druy (brigade de), p. 160.
Dubois (le cardinal), p. 74, 75, 76, 77, 102, 219, 305.
Dubois (directeur des ponts et chaussées), p. 68, 313, 314.
Duchesne, p. 466.
Duclos (Quentin), p. 6, 8.
Ducornet, p. 356.
Ducorps, p. 8.
Dufort, p. 317.
Dugué, p. 475, 594.
Duhausset (Mme), p. 622.
Dulatier, p. 193.
Dumas, p. 507.
Dumas (Dlle), p. 103.

Dumesnil-Aubert, p. 73, 370, 510.
Dumier, p. 336, 337.
Dumoulin (médecin), p. 588.
Dunkerque, p. 2, 625.
Duparc, p. 590, 595.
Dupont, p. 172.
Duport, p. 64.
Duportault, p. 456, 457.
Duprat (le chancelier), p. 618.
Dupré, p. 531.
Durel, p. 188.
Dutheil, p. 542.
Duval (commandant du guet), p. 319.
Duverger, p. 496.

E

Écouen, p. 518.
Edeline, p. 437.
Effiat (marquisat d'), p. 54.
Egra, p. 533.
Eltrude, p. 311.
Emery, p. 642.
Enghien-Montmorency, p. 434.
Epernon (le duc d'), p. 163, 197, 303, 497.
Epinoy (le prince d'), p. 512.
Escurial, p. 36.
Espagne, p. 2, 22, 27, 29, 81, 97, 98, 99, 100, 104, 114, 120, 121, 478.
Espenses (le marquis d'), p. 569.
Estain (d'), p. 133.
Estève, p. 457.
Estrée (le maréchal d'), p. 344.
Eu (le comte d'), p. 164, 165, 212, 392, 394, 395, 405, 413, 414, 420, 494, 500, 501, 612.
Eugène de Savoie (le prince), p. 29, 79, 80, 606.
Eugénie (l'impératrice), p. 557.
Evreux (comte d'), p. 54.
Exinard (Dominique), p. 188.

F

Fagon, p. 331.
Faisans (île des), p. 3.
Fantin (curé de Versailles), p. 257, 265, 428, 429, 430, 431.
Farnèse (Elisabeth, princesse de Parme), p. 22, 196.
Fauvel (brigade de), p. 160.
Fénelon (de), p. 526, 582.
Feuillade (le duc de la), p. 78, 79, 80.
Feydau-de-Brou, p. 581.
Fillon (la), p. 98.
Fismes, p. 535.
Flandre, p. 29, 30, 31, 49, 78, 142.

Flavacourt (de), p. 592.
Flavacourt (Mme de), p. 595, 619.
Fleury (le cardinal de), évêque de Fréjus, p. 68, 145, 147, 148, 149, 154, 157, 158, 168, 169, 170, 171, 180, 181, 184, 185, 204, 206, 209, 212, 220, 240, 243, 261, 274, 278, 283, 285, 298, 299, 306, 319, 374, 380, 401, 402, 403, 406, 411, 418, 433, 436, 438, 439, 468, 481, 487, 493, 506, 510, 523, 575, 582, 583, 584, 585, 587, 589, 590, 591, 595, 617.
Fleury (le duc de), p. 575, 585, 620.
Fleury (l'abbé), p. 589.
Fleury (valet de chambre), p. 315, 607.
Foirestier (commandant des Suisses), p. 193, 295, 325, 333, 381, 437, 461, 463, 465, 468, 470, 487, 582, 607, 608, 613.
Fontainebleau, p. 2, 11, 19, 53, 73, 127, 129, 130, 138, 150, 214, 215, 251, 272, 277, 282, 302, 304, 343, 467, 474, 512, 513, 514, 515, 516, 518, 519, 520, 521, 584, 613, 614.
Fontarabie, p. 99.
Fontenoy (bataille de), p. 639.
Fonton (le sieur), p. 237.
Force (duc de la), p. 63, 64, 65, 66, 95, 205.
Force (le fils du duc de la), p. 220.
Forgeron (curé de Versailles), p. 414, 470.
Forges (les eaux de), p. 217.
Fortisson (de), p. 331.
Fouquet (le surintendant), p. 638, 642.
Fouquet (le comte), p. 569.
Fourqueux, p. 514.
Fourqueux (de), p. 97.
Francfort, p. 524, 534, 538, 539, 541, 542, 543, 545, 546, 548, 549, 550, 554, 555, 556, 557, 559, 560, 563, 564, 572, 573, 578, 579, 638.
François Ier, p. 403, 407, 453, 459.
Fréjus, p. 582, 583.
Fresne, p. 152.
Fresson (bailli de Versailles), p. 6, 73, 74, 125, 158, 174, 175, 185, 188, 190, 247, 322, 336, 361, 385, 386, 387, 412, 428, 429, 437, 438, 439, 462, 468, 478, 491, 496, 581, 635.
Fulvi (de), p. 511.
Furetière, p. 303.
Furstemberg (le cardinal de), p. 372.

G

Gabriel (architecte), p. 109, 173, 483, 603.
Gacon, p. 207.
Gaillard, p. 397.
Gallie, p. 483.
Gamain (serrurier), p. 296.
Gaud, p. 30.
Gantois, p. 465.
Gaubier, p. 231.
Gerrin, p. 169, 180.
Gesvres (le duc de), p. 37, 169, 197, 427, 514, 582, 607, 632, 633.
Gilleson, p. 330.
Gilleson (Marie-Madeleine), p. 330.
Gilleson (Marie-Anne), p. 330.
Gilleson (Claudine-Louise), p. 330.
Girard (le P. J.-B.), p. 194, 195, 286, 306.
Gisors (duc de), p. 638.
Glatigny, p. 132, 636.
Glu (M.), p. 425.
Gobelins (les), p. 302, 304.
Gobert (butte de), p. 296.
Godefroy, p. 437, 457.
Gommers, p. 505.
Gondrin (marquis de), p. 407, 497.
Gondy (Jean-François de), p. 132.
Gontault-Biron (la duchesse), p. 183.
Gormis (François de), p. 316.
Gougnion, p. 437.
Gourlier, p. 8.
Gournay, p. 625.
Gouverne (le sieur), p. 429.
Gramont (le duc de), p. 493, 494, 584, 606, 607, 608, 613, 614, 639.
Grange (brigade de la), p. 160.
Grange-Lessart (la), p. 132.
Grasmont, p. 634.
Grassin (régiment de), p. 639.
Gravelle (le chevalier de), 569.
Grenier, p. 297.
Griby, p. 408.
Gros-Bois, p. 404, 405.
Grunelius, p. 565.
Guastalla (Victoire de), p. 326.
Guernesey, p. 136, 138, 143.
Guerry (de), p. 437, 466.
Guidy, p. 155.
Guillois, p. 402.
Guise (le duc de), p. 131, 413, 501, 603, 609.
Guise (la princesse de), p. 317.
Guyard, p. 231.
Guyon (Mme), p. 334.
Guyot, p. 169, 176, 180, 184.
Guy-Patin, p. 343.

TABLE ALPHABÉTIQUE.

H

Haguenau, p. 560.
Ham (château de), p. 200.
Hanovre (l'électeur de), p. 523, 526, 543, 559.
Harcourt (le comte d'), p. 506, 528, 532, 545, 600.
Harcourt (le chevalier d'), p. 569, 577.
Hardy (M.), p. 39.
Harlay (de), p. 55.
Harlay de Cely (de), p. 297, 431, 432, 433.
Havre-de-Grâce (le), p. 484.
Helvétius (médecin de la Reine), p. 292, 323.
Hennin (procureur du Roi), p. 386, 436, 439, 468, 469.
Henri II, p. 453, 459.
Henri IV, p. 26, 50.
Henriette d'Angleterre, femme du duc d'Orléans, p. 2.
Hérault (procureur du Roi), p. 263, 380, 381.
Hérault (lieutenant de police), p. 138, 155, 306, 319, 490, 508.
Hermand, p. 624.
Hesse-Cassel (le prince de), p. 560.
Hesse-Rheinsfeld (Charlotte de), p. 431.
Hestade (du), p. 561.
Hochstedt (bataille d'), p. 20.
Hollande, p. 142, 479, 483, 484, 526.
Hongrie (la reine de), p. 149, 526.
Horne (le comte d'), p. 94.
Hottot, p. 8, 177, 205.
Houdan, p. 469.
Houel (le comte), p. 569.
Houel (Guillaume), p. 6, 8.
Huchon, p. 6.
Huet (Jean), p. 466.
Huet, p. 449, 450.
Hyvert (d'), p. 198, 494, 495, 499.

I

Ipres, p. 634.
Issy, p. 585, 586, 587, 588, 590.
Italie, p. 29, 78, 299, 301.
Ivry, p. 468.

J

Jacques II (roi d'Angleterre), p. 625.
Jaligny, p. 449.
Janson (Jacques Forbin de), archevêque d'Arles), p. 280, 281.
Jersey, p. 136, 138, 143.
Jolly de Fleury, p. 141, 189, 200, 418.
Jomard (curé de Versailles), p. 184, 189, 198, 289, 309, 345, 406, 414, 428, 424, 470, 477, 488, 489, 499, 500, 603, 615, 630, 637.
Jonchère (la), p. 141.
Joseph (l'empereur), p. 48.
Joseph (le père), p. 132.
Jourdier, p. 440, 441.
Jouy, p. 193.
Joyeuse (le marquis de), p. 569.
Juelle, p. 437.

K

Kehl (le fort de), p. 300, 536.
Kellner (de), p. 571.
Kenvulher (de), p. 575.
Klettembourg (de), p. 571.
Knobelsdorf (de), p. 568.
Kronschetel (Mlle de), p. 546.

L

Labarre, p. 141.
Labbé, p. 63, 64.
Labrière, p. 155.
Lachapelle, p. 282.
Lacombe (receveur du grenier à sel), p. 331.
Lafarre, p. 70, 103.
Lai de Guives, p. 624.
Lalande (veuve), p. 291.
La Mazille, p. 440, 441, 442, 446, 448, 456, 457.
La Motte (Robert de), p. 191.
Lamoureux, p. 482.
Lamy (Denis), p. 231, 402.
Lamy, p. 6, 8, 67.
Landais (Bernard), p. 64.
Langallerie, p. 80, 196.
Languet (l'abbé), p. 207.
Lannion (de), p. 621.
Lanoue, p. 4.
Lanty, p. 440.
Laon, p. 233.
Lapeyronie (chirurgien), p. 514, 588.
La Queue, p. 614.
Larchevêque (le sieur), p. 468.
Lardé, p. 49.
Larivière (la dame), p. 281.
Laroche, p. 142.
La Rochelle, p. 50, 51.
Lasonde, p. 441.
Latruaumont, p. 17.
Lauraguais (Mme de), p. 592, 595, 604, 619, 622.

Law (Jean), p. 54, 56, 65, 85, 88, 91, 92, 93, 95, 96, 104, 105, 130, 202, 643.
Laymond, p. 8.
Lazurier, p. 511.
Leblanc, p. 141, 142, 387.
Lebœuf, p. 315, 337, 364.
Lebrun (Etienne), p. 281.
Lecamus, p. 421.
Leclerc-Duboillet, p. 373.
Lecocq (Mlle), p. 558.
Lecocq (huissier), p. 337.
Lécuyer (architecte), p. 323.
Lefébure (avocat), p. 225, 253, 265.
Lefèvre, p. 173, 324.
Légeret, p. 400.
Legrain, p, 379, 380.
Leloup (Louis), p. 174.
Lemarquant, p. 297.
Lemoine, p. 8, 379.
Lemosnier, p. 479.
Lenain, p. 173.
Lenoir (Albert), p. 490.
Lenormand, p. 337, 451.
Léopold (l'empereur), p. 18, 29.
Lepaige, p. 362, 364.
Lepage (Charles), p. 7, 8, 169, 180.
Lepelletier, p. 642.
Lepelletier de Beaupré, p. 173, 209.
Lepelletier de la Houssaye, p. 643.
Lepelletier-Desforts, p. 185, 616, 643.
Lepelletier fils, p. 205.
Lérida, p. 81.
Le Roi (J.-A.), p. 43, 70, 131, 410.
Lesueur (François), p. 326.
Lhôpital (le chancelier de), p. 617.
Liart, p. 159.
Libois (de), p. 70.
Lichtenstein (le prince de), p. 414.
Licksin (le prince de), p. 316.
Licret, p. 527.
Lignières (le R. P.), p. 145, 583.
Ligon, p. 169, 180.
Lille, p. 30, 31, 32, 317, 629.
Lintz, p. 525, 526, 575.
Loisel (la demoiselle), p. 292.
Loménie (Martial de), p. 131.
Lorraine (duché de), p. 522, 535.
Lorraine (duc de), p. 2, 47, 172, 182, 183.
Lorraine (le prince Charles de), p. 183, 219.
Lorraine (le chevalier de), p. 105.
Lotichy (de), p. 221, 222.
Louis le Jeune, p. 312.
Louis XIII, p. 48, 115, 131, 132, 210, 370, 414, 439, 601.
Louis XIV, p. 1, 2, 3, 8, 10, 11, 12, 17, 18, 20, 21, 22, 24, 28, 29, 33, 36, 38, 40, 42, 43, 44, 45, 46, 47, 51, 52, 53, 55, 65, 67, 74, 78, 81, 82, 83, 84, 88, 96, 99, 105, 110, 115, 132, 133, 140, 149, 152, 153, 154, 176, 177, 178, 197, 217, 304, 316, 321, 327, 338, 341, 392, 393, 407, 415, 439, 481, 485, 583, 600, 615, 642, 643.
Louis XV (d'abord duc d'Anjou), p. 13, 20, 21, 24, 25, 39, 42, 43, 44, 46, 66, 69, 70, 85, 99, 100, 120, 129, 133, 138, 140, 141, 148, 153, 154, 158, 160, 162, 163, 164, 165, 168, 175, 178, 180, 182, 183, 187, 189, 198, 213, 249, 285, 286, 287, 301, 302, 338, 341, 351, 356, 393, 397, 408, 413, 414, 415, 416, 421, 485, 522, 523, 524, 583, 601, 622.
Louis XVI, p. 1, 296, 467.
Louis Ier, roi d'Espagne, p. 22, 106, 195.
Louis-Philippe de Bourbon, duc de Chartres, p. 110.
Louis de Bade (le prince), p. 110.
Louis, p. 126.
Louvancourt (de), p. 449, 454.
Louveciennes, p. 193, 631.
Louvois (de), p. 481, 482.
Loyson, p. 401.
Lunéville, p. 535, 579.
Luquiet (Marie), p. 294.
Luxembourg (maréchal de), p. 26, 136.
Luxembourg (la duchesse de), p. 619.
Luynes (le duc de), p. 237, 344.
Luynes (la duchesse de), p. 603, 635.
Luzara (bataille de), p. 29.
Lyon, p. 19, 90, 503.
Lyonnais (le), p. 483.

M

Mabile, p. 473.
Maboul, p. 458, 593.
Mabour, p. 457.
Machault (de), p. 490, 640, 642, 643.
Madame Première, p. 151, 417, 422, 423, 424, 425, 427.
Madame Deuxième, p. 151, 417, 424, 425.
Madame Troisième, p. 156, 287, 289.
Madame Quatrième, p. 198.
Madame Cinquième, p. 291, 406.
Madame Sixième, p. 319.
Madame Septième, p. 395.
Madame Huitième, p. 406.
Mademoiselle d'Orléans, p. 2.

TABLE ALPHABÉTIQUE. 653

Madrid, p. 21, 34, 36, 37, 81, 100, 195, 340.
Mahomet II, p. 403.
Maillard, p. 8, 410.
Maillebois (le maréchal de), p. 506, 510, 526, 533, 619.
Mailly (le comte de), p. 509, 592.
Mailly (Mme de), p. 509, 510, 519, 531, 631.
Maine (le), p. 478.
Maine (duc du), p. 41, 42, 46, 68, 78, 82, 83, 140, 161, 212, 392, 393, 394, 399.
Maine (duchesse du), p. 98, 103, 393, 400.
Maine (Mlle du), p. 164, 610.
Maintenon, p. 204.
Maintenon (Mme de), p. 10, 11, 31, 50, 51, 52, 53, 54, 81, 218, 220.
Maisonneuve (de), p. 251.
Maisons (le président de), p. 454.
Malarme (le sieur), p. 296.
Mallet, p. 342.
Manheim, p. 551, 571, 572, 573.
Mans (le), p. 421.
Mansart (architecte de Louis XIV), p. 133.
Mansart de Sagonne, p. 601, 602, 603.
Mantes, p. 477, 483.
Marcelat, p. 361.
Marans, p. 479.
Marchand (procureur), p. 319.
Marchand (organiste), p. 187.
Marchand, p. 174.
Marche (la), p. 406.
Marche (le comte de la), p. 406.
Marcou (Anne), p. 330.
Maréchal (missionnaire), p. 325.
Maréchal (premier chirurgien de Louis XIV), p. 44, 514.
Marcil, p. 237.
Margon (l'abbé), p. 207.
Margrot de la Roche, p. 401.
Marie-Anne-Victoire de Bavière (dauphine), p. 10, 18, 23.
Marie-Anne-Victoire d'Espagne (infante), p. 68, 100, 101, 120, 141, 174.
Marie-Françoise de Bourbon, p. 77, 110.
Marie Leczinska (femme de Louis XV), p. 129, 146, 148, 151, 154, 156, 157, 158, 161, 162, 174, 184, 189, 190, 204, 512, 514.
Marie-Louise-Gabrielle de Savoie, p. 3, 21, 22, 37.
Marie - Louise - Elisabeth d'Orléans (duchesse de Berry), p. 23, 24.
Marie-Thérèse d'Autriche, p. 402, 522.
Marien-Werder, p. 318.
Marignier, p. 133.
Marillac (de), p. 132.
Marly, p. 2, 11, 12, 20, 23, 25, 31, 32, 33, 38, 39, 41, 49, 73, 113, 132, 149, 160, 180, 183, 186, 194, 209, 210, 211, 244, 247, 250, 253, 287, 294, 301, 302, 304, 308, 310, 324, 415, 416, 435, 436, 482, 483, 512, 513, 515, 516, 517, 518, 519, 520, 521, 527.
Marnes, p. 505.
Marsaille (bataille de la), p. 26.
Marsan (comte de), p. 316.
Marseille, p. 479, 483.
Marsin (le maréchal de), p. 78, 79, 80, 81, 102.
Martin, p. 159, 170, 181.
Martinet, p. 8.
Martinique (La), p. 50, 480.
Martinot, p. 345.
Marville (de), p. 461, 462, 466, 486, 490, 496, 507, 508.
Matho, p. 410.
Maupeou (le président de), p. 209.
Maurepas (le comte de), p. 73, 101, 111, 115, 124, 123, 124, 168, 169, 199, 212, 253, 256, 260, 261, 262, 297, 298, 333, 387, 396, 404, 428, 508, 595, 625, 627, 629, 641.
Mayence (l'électeur de), p. 541, 543, 549, 554, 555, 556, 557, 559, 572, 573.
Mayence, p. 538, 542, 543, 544, 546, 554, 555.
Mazarin (le duc de), p. 592.
Mazarin (la duchesse de), p. 510.
Meaux, p. 488.
Méhémet-Effendi, p. 501.
Méhémet - Rizabec (ambassadeur de Perse), p. 38.
Meilleraye (le maréchal de), p. 642.
Mein (rivière du), p. 560.
Meksous-Begh, p. 504.
Melun (le duc de), p. 512.
Membré, p. 315.
Ménagerie (la), p. 133, 142, 145, 183, 304, 504.
Ménars (le marquis de), p. 303.
Menin, p. 631, 632.
Merlin (la fille), p. 441, 443, 446, 447, 449, 452, 456.
Merlin, p. 111, 112.
Mesmond, p. 183.
Mesnard (M.), p. 123, 192.

Metz, p. 634, 635, 636, 637, 638, 639.
Metz (l'évêque de), p. 13.
Meudon, p. 10, 11, 12, 13, 24, 53, 72, 73, 75, 188, 302, 304, 374, 398, 462, 486, 512.
Meusnier, p. 8.
Meute (château de la), p. 24, 154, 296, 302, 425, 467, 513, 516, 517, 518, 519, 520, 521, 595, 629.
Meuze (le marquis de), p. 628.
Mézières, p. 159.
Milan, p. 300, 301, 307, 308.
Mirepoix (l'évêque de), p. 589.
Modène (duc de), p. 100.
Modène (la duchesse de), p. 344, 632, 641.
Mollet (contrôleur des bâtiments), p. 321, 322, 323, 324.
Moncaglierie, p. 80.
Monceaux, p. 302, 304, 415.
Mondragon, p. 280.
Mongat, p. 441.
Montalban (le fort), p. 630.
Montargis, p. 19.
Montespan (le marquis de), p. 196.
Montespan (Mme de), p. 52, 78, 110, 392, 407, 481.
Monti (de), p. 297.
Montijo (de), p. 543, 545, 551, 557, 564, 570, 572, 579.
Montlaur (l'abbé de), p. 374, 375.
Mont-Liban (le prince du), p. 156.
Montmartre, p. 486.
Montmasse (de), p. 334.
Montpensier (Mlle de), p. 2, 195, 392.
Montreuil, p. 5, 70, 71, 313, 435, 436, 482.
Montrouge, p. 68, 100, 121.
Montsoreau (comte de), p. 213, 214, 346, 388, 391.
Mortemart (le duc de), p. 47, 171, 172, 182, 183, 583.
Morville (le comte de), p. 154.
Mouchy (le marquis de), p. 175.
Moulins, p. 443, 447, 448, 449, 450, 603.
Munich, p. 10, 575.

N

Nancy, p. 535.
Naples, p. 479.
Napoléon Ier, p. 416.
Narbonne, p. 17, 19, 45, 54, 66, 67, 71, 73, 80, 82, 91, 98, 109, 111, 113, 119, 120, 124, 126, 127, 129, 151, 159, 162, 170, 174, 176, 178, 179, 180, 184, 186, 225, 257, 308, 322, 323, 327, 336, 365, 378, 379, 381, 382, 383, 385, 412, 422, 438, 439, 461, 463, 464, 465, 468, 487, 523, 534, 624.
Nativelle, p. 8, 304, 608.
Nausé (Charles), p. 123.
Neufchâtel, p. 144.
Nérot, p. 404.
Nesle (le marquis de), p. 591, 592, 593.
Nesle (la marquise de), p. 592.
Nesle (Mlle de), p. 509.
Neuillant (Mme de), p. 51.
Neuperg (de), p. 527.
Nevers, p. 444, 445, 446.
Nice, p. 630.
Nicot, p. 303.
Noailles (maréchal de), p. 26.
Noailles (duc de), p. 48, 51, 54, 74, 75, 85, 160, 175, 176, 182, 183, 184, 185, 190, 191, 193, 204, 205, 217, 218, 219, 220, 221, 222, 223, 224, 225, 228, 231, 232, 233, 234, 235, 236, 238, 239, 240, 241, 242, 243, 244, 245, 246, 247, 248, 249, 250, 251, 252, 253, 254, 255, 256, 257, 258, 259, 260, 261, 262, 263, 264, 265, 266, 270, 271, 272, 273, 274, 275, 276, 277, 278, 292, 296, 300, 301, 308, 316, 327, 330, 334, 340, 341, 345, 354, 362, 363, 364, 379, 380, 403, 407, 416, 422, 436, 467, 496, 497, 511, 595, 599, 600, 601, 604, 606, 607, 613, 615, 628, 631, 638, 643.
Noailles (le comte de), p. 182, 184, 220, 334, 416, 436, 461, 463, 466, 467, 470, 481, 487, 491, 495, 496, 498, 499, 500, 529, 598, 599, 600, 601, 604, 605, 613, 620, 621, 622.
Noailles (la comtesse de), p. 498.
Noailles (cardinal de), p. 153, 234, 255.
Noailles (duchesse de), p. 51.
Noailles (Marie-Sophie de), p. 407, 497.
Noailles (gardes-du-corps de), p. 160, 185.
Noisy, p. 5, 132, 194, 431.
Nouillard, p. 214.
Noyon (de), p. 73, 173, 374, 380, 397, 465.

O

Offenbourg, p. 551.
Ogier, p. 200.
Ollivier, p. 382, 383.
Olmutz, p. 638.

Ombreval (d'), p. 490.
Orange (le prince d'), p. 18, 577.
Orient (Charles), p. 64.
Orléans (duc d'), p. 8.
Orléans (duchesse d'), p. 8, 102.
Orléans (duc d'), régent, p. 23, 24, 42, 43, 45, 46, 47, 48, 53, 54, 55, 56, 63, 65, 68, 70, 74, 75, 77, 78, 79, 81, 82, 83, 84, 85, 86, 87, 88, 89, 90, 91, 92, 94, 95, 97, 98, 99, 100, 101, 102, 103, 104, 109, 110, 114, 115, 120, 137, 140, 142, 144, 149, 152, 178, 179, 180, 202, 217, 218, 219, 305, 342, 393, 408, 409, 415, 501, 583, 593, 643.
Orléans (duc d'), fils du régent, p. 68, 78, 101, 109, 161, 163, 165, 212, 307, 395, 411, 414, 423, 424, 431, 474, 475, 500, 503, 593, 594, 595, 596.
Orléans (duchesse d'), p. 163, 400, 593, 604.
Ormesson (d'), p, 459.
Orry (contrôleur général des finances), p. 438, 439, 485, 511, 602, 603, 609, 616, 629, 640, 643.
Orval (le comte d'), p. 237.
Oudenarde (bataille d'), p. 30.

P

Paige (le), p. 468.
Palatin (électeur), p. 2, 545, 559.
Palerme, p. 479.
Pallu, p. 173.
Pampelune (chevau-léger), p. 333, 334, 335, 336.
Pape (le), p. 300.
Pappenheim (le comte de), p. 547, 558, 559, 565, 568, 571, 573, 576.
Parc-aux-Cerfs, p. 126, 237, 238, 291, 435.
Paris, p. 9, 11, 38, 40, 45, 49, 97, 104, 114, 119, 121, 130, 131, 136, 147, 150, 154, 155, 157, 165, 178, 208, 211, 278, 286, 294, 297, 299, 300, 302, 304, 309, 346, 478, 481, 483, 487, 490, 512, 630.
Paris (archevêque de), p. 236, 237, 340, 460, 475, 477, 478, 486, 495, 630, 633.
Pâris (le diacre), p. 150, 155, 198, 286, 307.
Pâris (les frères), p. 104, 130, 141, 142, 143, 147.
Pâris (l'aîné), p. 296.
Pâris-Duverney, p. 138, 145, 147.
Pâris (de Montmartel), p. 296.

Parlement de Paris (le), p. 6, 9, 45, 46, 48, 49, 55, 63, 64, 67, 82, 86, 87, 92, 95, 98, 100, 103, 129, 139, 151, 158, 168, 185, 198, 190, 200, 203, 205, 210, 212, 216, 290, 298, 299.
Parlement d'Aix, p. 280.
Parme (bataille de), p. 317, 318.
Passy, p. 167, 413, 459.
Pelet, p. 457.
Pelletier (exempt de la Prévôté), p. 333.
Penthièvre (le duc de), p. 407, 408, 414, 417, 424, 433, 501, 626, 631, 632, 640, 641.
Penthièvre (la duchesse de), p. 641.
Péquigny (le duc de), p. 344.
Pérard (accoucheur de la Reine), p. 291, 292, 406.
Perche (le), p. 421, 478.
Péronne, p. 629.
Perrin (gouverneur des pages), p. 315.
Pescatore (Mme), p. 585.
Petit-Bourg, p. 514, 515, 516, 517, 518.
Petit (huissier), p. 224, 437, 581.
Petit (Jean), p. 134.
Pezé (l'abbé), p. 151.
Pézé (le chevalier de), p. 70, 71.
Phalaris (duchesse de), p. 77, 101.
Phélipeaux, p. 213, 356, 359.
Philippe-Auguste, p. 312.
Philippe de France, duc d'Orléans, frère de Louis XIV, Monsieur, p. 1, 2, 74, 77.
Philippe, duc d'Anjou, ou Philippe V, roi d'Espagne, p. 3, 10, 13, 20, 21, 22, 23, 28, 29, 36, 37, 42, 81, 82, 83, 100, 105, 106, 195.
Philippe le Bel, p. 492.
Philippe (don), p. 422, 423, 573.
Philipsbourg, p. 316, 320, 333.
Pichenet, p. 384, 385.
Pierre (de la), p. 542, 543, 548.
Pierre-Encise, p. 642.
Pillard (huissier), p. 598, 599.
Pilsen, p. 506.
Pinson, p. 400.
Pizzighitone, p. 299, 300.
Plessis-Piquet, p. 427.
Pleto, p. 318.
Poinsot, p. 566.
Point-du-Jour (le), p. 459.
Poissy, p. 290.
Poitier, p. 169, 180, 181.
Poitou (le), p. 50, 51, 421, 478.
Polignac (le cardinal de), p. 207, 307.
Pologne, p. 144, 483.

TABLE ALPHABÉTIQUE.

Pompadour (Mme de), p. 585, 622.
Pontchartrain (M. de), p. 42, 49, 113, 114, 115, 379, 642.
Pont-Colbert (le), p. 486.
Pontoise, p. 92, 202, 483.
Porchéfontaine, p. 70, 434, 436, 437, 438.
Portail (le président), p. 206, 209, 210.
Porto-Carrero (l'abbé), p. 98.
Port-Royal-des-Champs, p. 297.
Poyannes (le marquis de), p. 569.
Prague, p. 506, 524, 526, 529, 530, 532, 533, 559, 561, 587, 638.
Prevost, p. 560.
Prie (la marquise de), p. 105, 130, 137, 138, 143, 144, 147.
Prieur (Antoine), p. 330, 331, 332, 334, 335, 336.
Provence (la), p. 612.
Prunier, p. 603.
Pucelle (l'abbé), p. 199, 206, 278, 282.

Q

Quillebœuf, p. 479.
Quincampoix (rue), p. 63, 92.
Quoniam, p. 409, 410, 411.

R

Raffias, p. 507.
Ragouleau, p. 9.
Ramage (Gabrielle), p. 444.
Rambouillet (duc de), p. 641.
Rambouillet, p. 145, 146, 154, 175, 204, 309, 407, 408, 409, 427, 433, 497, 513, 515, 516, 517, 518, 519, 520, 521, 631, 640.
Ramillies (bataille de), p. 29, 78.
Ramond (Jean), p. 401, 402.
Rasor (Bernard), p. 564.
Raudot, p. 428, 429.
Ravost-d'Ombreval, p. 130, 131, 137, 143.
Rayer, p. 8.
Récollets (les RR. PP.), p. 156.
Reglet, p. 437.
Regnier, procureur du Roi, p. 6, 71, 126, 180, 189, 286, 322, 386, 387, 468.
Regnier, inspecteur du domaine, p. 127.
Reims, p. 129, 186, 512, 535.
Renard (exempt), p. 373.
Rennes, p. 103, 104, 483.
Repecet, p. 469.
Retz (le comte de), p. 131, 132.
Reventlaw (général), p. 29.

Reynie (de la), p. 490.
Rhin (le), p. 300, 536, 551, 613.
Ribouillet, p. 626.
Richelieu (le duc de), p. 316, 317.
Ricous (le marquis de), p. 372.
Riswisck, p. 28.
Robert (comte d'Angers), p. 311.
Robert (le chevalier), p. 569.
Robert, p. 200.
Roblastre, p. 598, 599.
Roche (de la), p. 155.
Rochechouart (le duc de), p. 494, 604.
Roche-sur-Yon (Mlle de la), p. 626.
Rohan (le cardinal de), p. 46, 47, 74, 162, 173, 198, 288, 307, 424, 537.
Rohan (le prince de), p. 592.
Rohan (le chevalier de), p. 17.
Rolland, p. 8.
Rondet, p. 155.
Rouen (l'archevêque de), p. 589.
Rouen, p. 40, 136, 147, 289, 479, 486.
Rouillé (de), p. 173.
Roulier du Coudray, p. 643.
Roure (la comtesse du), p. 13.
Roussel (David), p. 468.
Roussy (le comte de), p. 11.
Rueil, p. 476, 505, 511, 616, 639.

S

Saclay, p. 302, 313.
Sagonne (le comte de), p. 603.
Saïd-Achmet-Aga, p. 504.
Saïd-Méhémet-Pacha, p. 501, 504.
Saindot (de), p. 620.
Saint-Aignan (le duc de), p. 434.
Saint-Albin (l'abbé de), p. 74, 103.
Saint-Amour, p. 441, 443.
Saint-Ange, p. 123.
Saint-Aubin, p. 505.
Saint-Barthélemy (massacre de la), p. 131.
Saint-Bernard, p. 311.
Saint-Bertin (abbaye de), p. 311.
Saint-Cloud, p. 2, 241, 477, 495, 505.
Saint-Cyr, p. 11, 50, 53, 54, 237, 634.
Saint-Denis, p. 13, 46, 47, 161, 178, 209, 287, 289, 313, 439.
Saint-Félix (bataille de), p. 28.
Saint-Florentin (le comte de), p. 298, 373, 629.
Saint-Germain-des-Prés, p. 311.
Saint-Germain-en-Laye, p. 73, 97, 98, 99, 117, 150, 176, 205, 240, 289, 290, 302, 304, 415, 438, 462, 463, 483.
Saint-Jacques, p. 439.

TABLE ALPHABÉTIQUE.

Saint-Julien, p. 439.
Saint-Léger, p. 521, 531.
Saint-Leu, p. 241.
Saint-Mars (de), p. 155.
Saint-Onésime, p. 469.
Saint-Ouen, p. 311.
Saint-Paul (brigade de), p. 160.
Saint-Philippe, p. 439.
Saint-Philippe (marquis de), p. 106.
Saint-Pierre (de), p. 222.
Saint-Pierre, p. 150, 469.
Saint-Pierre-le-Moutier, p. 440, 442, 444, 445, 446, 447, 448, 449, 450, 451, 452, 453, 454, 456, 457, 458.
Saint-Pol (le comte de), p. 311.
Saint-Quentin (de), p. 534, 535, 566.
Saint-Remy (près Chevreuse), p. 193, 484.
Saint-Remy, p. 145.
Saint-Sébastien (le fort), p. 100.
Saint-Simon (le duc de), p. 50.
Saint-Valery (en Picardie), p. 246.
Sainte-Croix, p. 311.
Sainte-Geneviève (de Nanterre), p. 110, 460, 475, 476, 498, 637.
Sainte-Marguerite (les îles), p. 200.
Sainte-Maure (le comte de), p. 11.
Saintonge, p. 440, 478.
Sallabéry (le chevalier de), p. 569.
Salle, p. 157, 158.
Salons, p. 280.
Salvatory (Catherine), p. 189.
Salverre (de la), p. 183.
Samuel-Bernard, p. 138, 167, 296, 412, 413, 459.
Sancère (le comte de), p. 312.
Santa-Vittoria (bataille de), p. 29.
Samson, p. 8.
Saragosse (bataille de), p. 21, 34.
Sartine (de), p. 490.
Saulnier, p. 437.
Saumur, p. 405, 406.
Sauvageot, p. 336, 337.
Saverne, p. 537.
Savoie (le duc de), p. 3, 194, 288, 399.
Savonnerie (la), p. 302.
Saxe (l'électeur de), p. 523, 526, 543, 545, 559, 563.
Saxe (le comte de), p. 411, 506, 524, 574, 596, 597, 609, 625.
Scarron, p. 51.
Sceaux, p. 70, 393.
Ségur (le comte de), p. 525, 575.
Sendrier, p. 141.
Senlisse (Cour de), près Chevreuse, p. 317.
Sept-Fons (l'abbaye de), p. 431.

Septeuil, p. 612.
Servient, p. 642.
Sèvres, p. 466, 505, 594, 628.
Sicile, p. 468, 483.
Silésie (la), p. 532, 550.
Soissons, p. 199, 535.
Sommièvre (le comte de), p. 569.
Sortais (François), p. 383, 384, 385.
Soubise (le prince de), p. 288, 522.
Soubise (la princesse de), p. 289.
Soulsbac (le prince), p. 571.
Soulsbac (la princesse), p. 578.
Sourches (marquis de), p. 213.
Souris (La), p. 411.
Souvré (le marquis de), p. 607.
Soyer, p. 4.
Spire, p. 537.
Stadin (le comte de), p. 544.
Stanhope (milord), p. 35.
Stanislas, roi de Pologne, p. 129, 143, 144, 295, 297, 318, 398, 399, 402, 522, 634.
Staremberg (le comte de), p. 22, 35, 36, 218.
Steinflesche (le général), p. 318.
Steinkerque (bataille de), p. 26.
Strasbourg, p. 536, 537, 551, 609.

T

Tabor (le), p. 524, 574.
Tage (le), p. 35.
Talbot, p. 337.
Tallard (la duchesse de), p. 281, 288, 427, 619.
Talmont (la princesse de), p. 111, 112.
Tancarville (comté de), p. 54.
Tandon, p. 466.
Tannevot (le sieur), p. 109, 120.
Tassin, p. 408, 534, 535, 579.
Tavannes (le marquis de), p. 559.
Tavernier, p. 8, 155, 156.
Tellier (le père Le), p. 44, 47.
Tencin (le cardinal de), p. 510, 511, 589, 595, 617.
Tessé (maréchal de), p. 48, 219, 529.
Thévenin, p. 482, 483.
Thianges (le marquis de), p. 297.
Thiersant, procureur, p. 373.
Thorel, p. 456, 457.
Tiguaroz, p. 36.
Titon, conseiller au Parlement, p. 154, 155, 200, 290, 291, 294.
Torcy (de), p. 39, 40.
Tortose, p. 81.
Toscane (le duc de), p. 522, 523, 524, 525, 526.

42

Toulon, p. 194, 195, 501, 583, 625.
Toulouse (comte de), p. 41, 78, 154, 161, 165, 204, 212, 392, 393, 407, 408, 409, 433, 497, 518, 534, 535, 626, 631.
Toulouse (la comtesse de), p. 164, 204, 325, 408, 436, 497, 509, 631.
Tour (le prince de la), p. 550, 553, 563, 573.
Tournay, p. 640.
Tournelle (Mme de la), p. 592, 595, 604, 617, 631.
Tournelle (le président de la), p. 458.
Tours (archevêque de), p. 310.
Tours, p. 138.
Tourterel (Claude-Philibert-Michon de), p. 221, 222, 223, 224, 225, 226, 230, 231, 232, 253, 254, 266, 268, 269, 270, 271, 272, 273, 274, 277, 278.
Trappes, p. 302.
Trémoille (le duc de la), p. 13, 47, 416, 584.
Tresmes (le duc de), p. 47, 121.
Trèves (l'électeur de), p. 543.
Trianon, p. 73, 133, 304, 504, 512.
Trou-d'Enfer (le), près Marly, p. 339, 527.
Troya, p. 155.
Trudaine, p. 173.
Tuileries (le palais des), p. 289, 304, 433.
Tuloupe, p. 8.
Turcs (les), p. 149.
Turenne (maréchal de), p. 26.
Turgot (prévôt des Marchands), p. 166, 169, 171, 426, 427.
Turin, p. 3, 19, 21, 78, 79, 81, 102.

U

Urfé (la duchesse d'), p. 295.
Usson (d'), p. 27.

V

Vaillant, p. 616.
Val-de-Grâce, p. 289.
Vallée, p. 6, 8.
Vallière (Mlle de la), p. 105.
Vallot, p. 593.
Van-den-Euden, p. 17.
Vannes, p. 479.
Varsovie, p. 297, 298.
Vassout (l'abbé), p. 193.
Vauréal, p. 519.
Vaux (le comte de), p. 642.
Vaux (de), p. 569.
Vaux-de-Cernay, p. 468.
Vend'huise, p. 186.
Vendôme (César de), p. 26.
Vendôme (le duc de), p. 14, 15, 16, 17, 18, 22, 26, 27, 28, 29, 30, 31, 32, 33, 34, 35, 74, 78, 79, 80, 218.
Vendômois (le), p. 483.
Venise, p. 93.
Ventadour (Mme de), p. 282, 288, 474, 636, 640.
Vergennes (le comte de), p. 1.
Vermandois (duc de), p. 105.
Verneuil (de), p. 502, 569.
Verrier, notaire, p. 641.
Versailles, p. 1, 3, 4, 5, 6, 7, 9, 12, 14, 17, 19, 20, 21, 25, 29, 30, 33, 38, 39, 40, 41, 45, 54, 66, 67, 68, 69, 71, 72, 75, 77, 81, 97, 99, 101, 105, 109, 110, 111, 112, 113, 115, 116, 117, 118, 119, 120, 121, 126, 130, 131, 132, 133, 136, 138, 142, 146, 147, 149, 150, 154, 156, 157, 159, 160, 161, 167, 169, 176, 179, 187, 189, 192, 197, 205, 208, 211, 214, 217, 222, 278, 281, 282, 286, 289, 291, 293, 294, 295, 296, 297, 298, 300, 302, 304, 308, 309, 310, 312, 313, 315, 321, 326, 336, 338, 340, 351, 365, 376, 420, 433, 436, 439, 459, 469, 474, 477, 487, 488, 490, 495, 505, 508, 512, 514, 515, 516, 547, 518, 519, 520, 521, 581, 601, 605, 611, 621, 635.
Victor-Amédée, duc de Savoie, p. 2, 19.
Vienne (en Autriche), p. 421.
Villacerf (de), p. 616.
Villars (le maréchal de), p. 49, 100, 220, 301, 307, 317.
Villars (le marquis de), p. 301.
Villars (Mme de), p. 334, 335, 498, 606, 607.
Villaviciosa, p. 35.
Ville-d'Avray, p. 193, 505.
Villefranche, p. 630.
Villeroy, p. 520, 521, 583.
Villeroy (maréchal de), p. 29, 47, 53, 68, 69, 70, 78, 145, 294, 395, 629.
Villionne, p. 315.
Villers-Cotterets, p. 535.
Vincennes, p. 45, 178, 200, 304.
Vincent-de-Paul (saint), p. 50.
Vintimille (archevêque de Paris), p. 602.
Vintimille (Mme de), p. 306, 592, 631.
Viroflay, p. 71.
Voisin (le chancelier), p. 49, 152.
Voltaire, p. 430, 610.

Vrillière (marquis de la), p. 101, 102, 115, 152, 510.

Wissembourg, p. 634.
Worms, p. 537, 538.

W

Welk, p. 568.

Y

Ysabeau, p. 356.

www.ingramcontent.com/pod-product-compliance
Lightning Source LLC
Chambersburg PA
CBHW050314240426
43673CB00042B/1403